HENRI IV

DU MÊME AUTEUR

CHEZ LE MÊME ÉDITEUR

L'Homme au masque de fer. Le plus mystérieux des prisonniers de l'Histoire, 1970.

Lauzun ou l'insolente séduction, 1987.

Louise de La Vallière, 1990, « Tempus », 2011.

Louis XIV, 1995, « Tempus », 2002. Couronné par l'Académie des sciences morales et politiques, prix Hugues-Capet, grand prix de la biographie (histoire) de l'Académie française.

Fouquet, 1998, « Tempus », 2005.

Le Masque de fer, entre histoire et légende, 2003, « Tempus », 2004.

Louis XVI, 2005, « Tempus », 2010, prix Combourg, prix du Nouveau Cercle de l'Union, grand prix Charles-Aubert de l'Académie des sciences morales et politiques.

La Transparence de l'aube. Mémoires de Claire Clémence, princesse de Condé, 2007, prix littéraire Brantôme.

Louis XIII, 2008, prix de la biographie de la ville d'Hossegor, grand prix du livre d'histoire.

L'Assassinat d'Henri IV. Mystères d'un crime, 2009, « Tempus », 2012.

L'Affaire des poisons. Crimes et sorcellerie au temps du Roi-Soleil, 2009, « Tempus », 2013.

Louis XIV. Le métier de roi. Mémoires et écrits politiques (présentation), 2012, « Tempus », 2019.

Louis XV, 2014, prix Marcel-Pollitzer.

Le Siècle de Louis XIV (direction), 2015.

Les Énigmes de l'histoire de France (direction), 2018.

Les Énigmes de l'histoire du monde (direction), 2019.

Marie-Antoinette. Sur les pas de la reine (direction), 2020.

(suite en fin d'ouvrage)

JEAN-CHRISTIAN PETITFILS

HENRI IV

PERRIN

92, avenue de France
75013 Paris
Tél. : 01 44 16 08 00

ISBN : 978-2-262-05029-0
Dépôt légal : août 2021

Mise en pages : PCA

À Antoine Mulet,
mon ami

1

HENRI ET MARGUERITE, JEANNE ET ANTOINE…

Henri II d'Albret, roi de Navarre

Dominant du haut de son éperon rocheux les eaux fraîches du gave et du Hédas, le château de Pau, avec son donjon massif de brique construit par Gaston III Fébus, comte de Foix, ses trois tours carrées à mâchicoulis, son logis seigneurial et son chemin de ronde, avait au début du XVIe siècle l'allure d'une forteresse rébarbative. Du côté nord, cinq ou six corps de bâtiments accolés, aujourd'hui disparus, délimitaient une cour intérieure humide et sans agrément. Les murs étaient en galets du gave, appareillés en arêtes de poisson, hourdés en mortier et séparés par un cordon de tuiles. La pierre des corniches et des meurtrières provenait des vallées voisines d'Arros et de Gan.

À partir de 1528, pour plaire à son épouse Marguerite d'Angoulême, sœur de François Ier, le maître des lieux, Henri II, duc d'Albret, roi de Navarre et vicomte de Béarn, fit entreprendre d'importants travaux dans le style de la première Renaissance : aménagement du logis central du côté des Pyrénées, construction d'un escalier monumental conduisant aux appartements d'apparat du premier étage, transformation de la cour intérieure en cour d'honneur, assortie d'ouvertures cantonnées de pilastres et de médaillons sculptés, installation de nouvelles cuisines à l'est et d'une terrasse d'agrément au sud. Les salles furent tendues de tapisseries brodées et les solives peintes d'arabesques. On y rencontrait partout des cabinets et des dressoirs richement ornés de pièces d'orfèvrerie*. Quant aux jardins de style Renaissance italienne, aux senteurs enivrantes, ils devinrent parmi les plus réputés d'Europe.

La cité paloise elle-même était une bourgade de moins de 240 feux**, soit environ 1 200 habitants, avec des maisons de torchis coiffées de bardeaux ou de chaume, enserrées dans une enceinte du XIVe siècle. Elle était en plein essor, comme en témoignaient l'érection récente d'un hôtel de ville, lieu de réunion du corps des jurats, et l'apparition des premiers faubourgs composés de mazets couverts de tuiles.

Henri II d'Albret n'était en réalité qu'un roitelet dont le domaine en totale souveraineté se limitait à la Basse-Navarre : quelques arpents de prairies et de verts pâturages, parsemés de petits villages aux toits de lauzes, sur le versant nord des Pyrénées, autour de la châtellenie de Saint-Jean-Pied-de-Port, avec les pays d'Arberoue, de Mixe et d'Ostabarret, en fait un minuscule royaume de huit lieues de long et autant de large, que l'on pouvait, ironisait-on, traverser à cloche-pied. Ses seules activités, outre un artisanat local à destination des pèlerins de Saint-Jacques-de-Compostelle, consistaient dans la transhumance des troupeaux d'ovins et de bovins, dont on entendait le tintement argentin de leurs sonnailles ventrues, et

* Ce n'est que beaucoup plus tard, sous Louis-Philippe et Napoléon III, que le château, alors fort délabré, subira les nombreux remaniements qui lui donneront son allure actuelle, mélange de styles néogothique à la mode troubadour, néo-Renaissance et Second Empire.

** Feux ou foyers fiscaux servant dans les recensements pour le calcul de l'impôt. Il faut en règle générale multiplier leur nombre par cinq pour avoir une idée de la population réelle.

le transit par le col de Roncevaux des mulets chargés, à l'aller, de merceries de Lyon, de draperies du Languedoc, de pastel de l'Albigeois ou de duvet de Gascogne, et, au retour, de cuirs et peaux du Maroc, de figues et d'oranges d'Andalousie.

Il n'en avait pas toujours été ainsi. Avant l'an 1512, la Navarre, l'un des plus anciens royaumes d'Occident, qui avait vaillamment résisté aux invasions des Maures, était dix fois plus vaste. Elle s'étendait de l'autre côté de la chaîne des Pyrénées, avec pour capitale Pampelune, carrefour commercial important, connue dès le XIVe siècle pour ses foires et ses corridas.

Comme la plupart des provinces situées aux lisières du royaume capétien, la Navarre était désireuse d'affirmer sa souveraineté. Ses rois, les Foix-Béarn, puis leurs parents et successeurs, les Albret, avaient pratiqué une politique de bascule entre leurs puissants voisins, s'alliant tantôt avec la France, tantôt avec l'Aragon, sautant comme un « pou entre deux singes », disait plaisamment Henri II d'Albret. C'était évidemment jouer avec le feu.

Le 25 juillet 1512, l'infanterie de Ferdinand II le Catholique, roi d'Aragon et régent de Castille, commandée par le duc d'Albe – piquiers, hallebardiers, lansquenets et arquebusiers, coiffés de leurs morions étincelants –, s'emparait sans coup férir de Pampelune, contraignant son souverain d'origine française, Jean II d'Albret, sa femme, Catherine de Foix, et son fils, le petit Henri – futur Henri II d'Albret –, alors âgé de neuf ans, à se réfugier à Pau, en Béarn. La majeure partie du royaume fut terrassée en quelques semaines. Malgré plusieurs tentatives de la dynastie française pour la récupérer, la Haute-Navarre échut à l'Espagne, alors en voie d'unification. L'arbitrage du pape en faveur du vainqueur fit le reste. Cette dépossession, vécue comme une blessure béante, donna naissance à un irrédentisme navarrais qui perdurera chez les Albret : après Jean, son fils Henri II (il n'oubliait pas être né à Sangüesa, de l'autre côté des Pyrénées), puis sa petite-fille Jeanne, et jusqu'à son dernier rejeton, Henri III de Navarre (notre Henri IV) ; aucun ne parviendra à concrétiser le vieux rêve ibérique.

Les possessions d'Henri II d'Albret s'étendaient bien au-delà de son minuscule royaume montagnard*, avec de riches terres dans le sud-ouest de la France : le duché d'Albret (Nérac), la vicomté de Béarn et le comté de Foix, le Bazadais (Bazas), Tartas et Buch, le comté de Gaure (Fleurance), les vicomtés de Tursan (Saint-Sever) et Gabardan (Gabarret), et, sur la rive nord de la Garonne, les comté de Périgord et vicomté de Limoges.

Le Béarn en quête de souveraineté

Au sein de cette mosaïque féodale, la vicomté de Béarn, avec ses 4 750 km² et ses 100 000 habitants environ, représentait la pièce principale. C'est d'elle et de la bourgade de Pau, sa capitale, qu'était gouvernée la Navarre septentrionale, dont le seul prestige – incomparable il est vrai – résidait dans la couronne royale dont elle était dotée. Le Béarn formait une entité plus ou moins souveraine, qui s'était affranchie au fil des siècles des liens de vassalité l'unissant aux ducs de Guyenne et donc indirectement au roi de France. Au XIVe siècle, un prince pyrénéen, haut en couleur, avait joué à cet égard un rôle essentiel, Gaston III de Foix-Béarn, surnommé Phoebus (autrement dit le soleil, orthographié Fébus en langue d'oc), en raison de sa chevelure blonde tirant sur le roux rappelant l'astre solaire. Ce munificent et flamboyant chevalier, réputé au combat, aventurier follement audacieux, gentil troubadour adulé des pastours, mécène, bon administrateur, grand chasseur d'ours, ardent

* Créé sous la Révolution, en mars 1790, sous le nom de Basses-Pyrénées, l'actuel département des Pyrénées-Atlantiques se compose de plusieurs territoires : le Béarn et les trois provinces basques, le Labourd, la Basse-Navarre (seul et unique reste de l'ancien royaume) et la Soule.

bâtisseur de forteresses, mais totalement dénué de scrupules (n'avait-il pas occis son beau-frère et même son jeune fils ?), dont une partie des possessions dépendait des rois de France et l'autre de ceux d'Angleterre, avait profité de la guerre de Cent Ans pour affirmer l'indépendance du Béarn, avec la place forte d'Orthez pour capitale. « Béarn est si franche terre, assurait-il, que je n'en dois des hommages à nul seigneur au monde. » Son modèle était le duché de Bourgogne qui avait réussi à se libérer à cette époque de l'emprise des lys. Après lui, grâce aux 700 000 florins dont ses coffres regorgeaient, ce territoire était demeuré une zone de franchise et de privilèges. En 1512, un arbitrage rendu à Blois lui avait permis d'éviter l'application de la sentence du parlement de Toulouse confisquant la province au profit du roi de France pour hommage non rendu. La tension internationale, notamment en Italie, avait interdit alors à Louis XII de mettre à exécution son projet d'annexion.

En 1515, à peine couronné, François Ier, soucieux de garder dans son orbite ces pays pyrénéens et leurs hautes vallées, avait appelé à sa cour le jeune Henri d'Albret, âgé de treize ans, pour y être élevé. Très vite, ce dernier se lia d'amitié avec le souverain, généreux et fastueux, son aîné de neuf ans, dans l'espoir d'agrandir son royaume réduit à une peau de chagrin.

Au bout de cinq ans, son rêve envolé, Henri obtint du roi de revenir à Pau, afin de diriger ses États à la place de sa tante Anne qui exerçait la régence. Malgré son jeune âge, il se révéla un remarquable et méticuleux administrateur. Il établit un Conseil souverain et une Chambre des comptes incluant dans leur ressort la Basse-Navarre, le Béarn, les comtés de Foix et de Bigorre. Il créa un atelier monétaire dans la tour du Moulin, en contrebas du château, dans le but de frapper des pièces aux armes de Béarn* (avec les deux fameuses vaches), dont la

* Ces armes étaient « d'or aux deux vaches de gueules, accornées, colletées et clarinées d'azur, passant, posées en pal ».

teneur en or fut rigoureusement respectée, ce qui en fit tout de suite une monnaie forte. Il créa des liards, menue monnaie comportant à l'avers un grand « H » couronné et au revers, ornée d'une croix pattée, la devise : « Grâce à Dieu je suis ce que je suis. »

Cherchant constamment le contact avec son peuple, Henri II d'Albret se garda de jouer au souverain distant et méprisant. Essayait-il par là d'imiter Gaston Fébus, en forçant son naturel ? Son portrait par Clouet, conservé au musée Condé de Chantilly, nous montre un homme plutôt froid, au visage oblong, aux lèvres serrées et au regard méfiant et rusé, peu enclin en apparence à entretenir des liens d'affection avec ses sujets. Il est vrai que sa sagacité était grande.

Les mœurs de ces fiers et farouches montagnards, individualistes, entêtés, se querellant pour la moindre motte de terre, avaient imposé au Moyen Âge un régime de libertés, fondées sur des « fors », conventions écrites dérivées des *fueros* ibériques. Le mot venait du latin *forum*, place publique, lieu de délibérations populaires. C'étaient des traités à coloration plus « démocratique » que les chartes municipales du Nord, garantissant des droits personnels, des franchises, des privilèges, limitant l'autorité des seigneurs, au point de conférer au peuple le pouvoir de les nommer et de les révoquer en cas de manquements graves. Jaloux de leur particularisme, les Béarnais jouissaient ainsi de droits à peu près équivalents à ceux de la *Magna Carta* anglaise de 1215 : interdiction d'arrestation arbitraire, inviolabilité du domicile, immunité de juridiction, surveillance des péagers, répression des abus fiscaux...

En août 1391, sitôt annoncée la mort du despotique Gaston Fébus, qui avait violé sans vergogne les fors béarnais, les assemblées des communautés et la Cour *majour* (ou tribunal féodal suprême) décidèrent de fusionner pour former les états de Béarn, répartis en deux chambres : le Grand-Corps, composé du clergé séculier et régulier (les deux évêques du pays et les trois abbés des principales abbayes) et de membres de la noblesse (les quatorze barons et les gentilshommes les plus représentatifs de la province), et le Petit-Corps, dans lequel siégeaient les jurats des villes et délégués des bourgs ainsi que les représentants des vallées d'Ossau, d'Aspe et de Barétous. Se réunissant une fois l'an, siégeant séparément, les deux chambres disposaient chacune d'une voix pour voter les impôts et taxes. Elles devaient tomber d'accord sur un texte législatif, sinon celui-ci était abandonné. Avant d'être intronisés, les nouveaux vicomtes étaient tenus de prêter serment devant elles et de respecter les fors. Tout cela dégageait un parfum de république patricienne et corporative, loin des tentations absolutistes de la monarchie française. Ajoutons que les régions voisines avaient des institutions assez proches, sous forme de petits états provinciaux représentatifs, la Soule, la Bigorre, les Quatre-Vallées, le pays de Foix, le Nébouzan et la Basse-Navarre.

Henri II d'Albret joua un rôle non négligeable dans le récolement et la simplification de ces coutumes ancestrales. Il regroupa en un seul corpus le For général, ou la loi d'État, et les fors des différentes vallées, Oloron, Ossau, Aspe et Morlaàs, ancienne capitale du Béarn (le for le plus ancien, celui d'Oloron, remontait à l'an 1080). Homme habile et dissimulé, il rogna au passage les prérogatives des assemblées délibérantes pour mieux asseoir son autorité, soumettant en outre les ordonnances des évêques à sa censure. Se méfiant autant des Français que des Espagnols, il fit édifier au confluent du gave d'Oloron et du Saleys, par l'architecte italien Fabricio Siciliano, la place forte bastionnée de Navarrenx, afin de se protéger des « gens du Nord ». Plus d'un siècle avant Vauban, elle fut la première cité fortifiée de France dotée d'efficaces bombardes embusquées sur les remparts. Se préoccupant également de l'essor agricole de sa province, le Béarnais attira des laboureurs angoumois munis de contrats de métayage.

En 1523, il accompagna François Ier en Italie, et comme lui fut fait prisonnier lors de la catastrophique bataille de Pavie.

Il réussit à s'évader deux ans plus tard grâce à l'habileté de complices qui lui avaient fourni une échelle de corde. Ce succès lui valut un immense prestige à son arrivée à la Cour et surtout en Béarn, où le peuple avait commencé à se cotiser pour payer la faramineuse rançon de 100 000 écus exigée par Charles Quint.

L'incomparable Marguerite

Le roi François, à son tour revenu de captivité, maria alors le duc Henri à sa sœur unique, son aînée, sa chère et tendre Marguerite, veuve de Charles IV d'Alençon, mort sans descendance en 1525. La cérémonie eut lieu le 24 janvier 1527 à Saint-Germain-en-Laye. L'épousée avait trente-quatre ans et lui vingt-trois. Des fêtes somptueuses, assorties de joutes et de tournois, agrémentèrent cette union très politique.

Dans la corbeille de noces, François Ier déposa un cadeau royal. Il permit à Marguerite d'apporter en dot les biens patrimoniaux des Armagnac ayant appartenu au défunt duc d'Alençon : une faveur insigne puisque, selon les règles de dévolution en vigueur, ces biens auraient dû revenir à la Couronne. Pour les Albret, longtemps rivaux de cette famille influente dans les terres du Sud-Ouest, c'était un enrichissement prodigieux. Tombaient en effet dans leur escarcelle les comtés d'Armagnac (Nogaro), de Fezensac (Auch et Vic-Fezensac), de L'Isle-Jourdain (Léguevin et Grenade) et de Pardiac (Marciac et Monlezun), les vicomtés de Fezensaguet (Mauvezin), de Lomagne (Lectoure), des Quatre-Vallées (Aure et Labarthe) et de Carlat, auxquels s'ajoutaient le comté de Rodez dans le Rouergue et l'usufruit du duché d'Alençon.

Ce ne fut pas tout. En août 1528, François Ier nomma Henri d'Albret gouverneur de Guyenne et lieutenant général en Saintonge et en Angoumois. Quinze ans plus tard, il lui accordera la charge d'amiral de Guyenne.

Le portrait le plus célèbre de Marguerite d'Angoulême, « la Marguerite au petit chien » du musée Condé, nous révèle une femme belle, un peu froide, aux yeux clairs, aux cheveux tirant sur le roux, avec une lèvre supérieure mince et une légère fossette au menton. Grande figure des lettres de la Renaissance, parée de qualités morales et intellectuelles supérieures, elle était férue de poésie, de philosophie et de théologie, sans pour autant dédaigner certaines affaires du royaume dont elle s'occupait à la demande de son frère passionnément aimé. Parlant d'elle, les gens de lettres donnaient aisément dans l'hyperbole : quatrième des Grâces et dixième des Muses ! « Corps féminin, cœur d'homme et tête d'ange », s'exclamait le poète Clément Marot, son ancien secrétaire-valet de chambre, « princesse digne d'un grand empire », enchérissait Brantôme. Elle aimait les beaux esprits, les fréquentait, tout en évitant de subir la contagion du pédantisme.

Ses écrits étaient nombreux : *Dialogue en forme de vision nocturne* (1524), *Le Miroir de l'âme pécheresse* (1527-1529), *Les Marguerites de la Marguerite des princesses* (1531), *La Comédie de la nativité de Notre-Seigneur* (vers 1530), *La Comédie de l'adoration des trois rois* (vers 1530), *La Comédie du désert* (vers 1530), *Le Malade* (1535), *Le Coche* (1541), etc. Son œuvre majeure demeure *L'Heptaméron*, recueil de 72 nouvelles d'une grande variété d'inspiration, mêlant drames, portraits de femmes, histoires badines et débats sur le parfait amour. Commencé dans sa jeunesse, repris dans l'âge mûr, cet agréable pot-pourri, malheureusement inachevé, ne parut qu'après sa mort, en 1559.

Sa passion de l'absolu, vibrant aux félicités de l'esprit, l'avait conduite à rechercher une vie intérieure profonde, nourrie d'une spiritualité renouvelée. C'est la raison pour laquelle elle s'était rapprochée d'un groupe de réformistes chrétiens en quête d'une foi plus épurée et d'une Église plus évangélique, permettant aux fidèles d'accéder à la Bible en langue vernaculaire, le cénacle de Meaux, animé par l'évêque du lieu, Guillaume Briçonnet, qu'elle prit pour directeur spirituel, avec des prédicateurs et de doctes théologiens comme Jacques Lefèvre d'Étaples, professeur de philosophie au collège du Cardinal-Lemoine à Paris, Guillaume Farel ou Gérard Roussel… Mais ce cercle d'humanistes conciliants commença à subir l'influence des positions plus radicales du frère Martin Luther et de ses adeptes, désireux de rompre avec Rome. Guillaume Briçonnet se rétractera, interdisant les écrits de Luther dans son diocèse ; Lefèvre d'Étaples restera catholique, mais plusieurs de ses écrits seront condamnés ; Guillaume Farel rompra avec le catholicisme pour adopter la doctrine du réformateur Zwingli ; quant à Gérard Roussel, devenu évêque d'Oloron grâce à Marguerite, il scandalisera ses ouailles par ses prêches imprégnés de protestantisme.

On imagine les difficultés de cette femme libre, à l'intelligence affinée, accoutumée à la cour si brillante des Valois, à s'adapter à son nouveau pays, se désespérant autant de ses fausses couches que des infidélités de son époux. Le lointain Pau, tout comme Nérac sur la Baïse, la place forte gasconne des Albret en cours de reconstruction, ou Mont-de-Marsan, était dépourvu de livres et de distractions à sa hauteur. Aussi voyagea-t-elle beaucoup, seule ou en compagnie de son mari, revenant souvent à Paris, à Blois ou à Fontainebleau, où l'attendait son frère.

À l'époque, la controverse religieuse prenait de l'ampleur avec la propagation rapide des idées de Luther dans tous les milieux de la société, ecclésiastiques, nobles, bourgeois et petites gens. Les haines s'attisaient. On signalait à Paris et en province des scènes iconoclastes : églises profanées, chapelles vandalisées, statues de la Vierge et des saints jetées à terre. L'unité du royaume, qui avait vécu des siècles sur le socle intangible de la chrétienté médiévale, semblait brusquement se fissurer. Sous l'impulsion de la Sorbonne, la vieille faculté de théologie, et des catholiques les plus intransigeants, la répression contre les protestants s'accentua. Marguerite, en tant que sœur du roi de France, s'interposa à plusieurs reprises, protégeant notamment Lefèvre d'Étaples. Une nouvelle édition de son *Miroir de l'âme pécheresse* fut même menacée de censure.

L'affaire dite des placards – ces affiches anonymes raillant violemment la messe papale, le saint sacrement (ce « Dieu de pâte ») et le culte des saints, apposées dans la nuit du 17 au 18 octobre 1534 à Paris, Orléans, Amboise et, plus insolemment encore, sur la porte de la chambre du roi au château de Blois – déclencha l'ire du vainqueur de Marignan, qui avait jusque-là temporisé. La Sorbonne et les parlements reçurent instruction de faire la chasse aux luthériens. Au milieu de cette agitation, le roi et la reine de Navarre passaient pour suspects. Marguerite avait installé au château de Nérac une école de biblistes, où elle avait accueilli à bras ouverts plusieurs personnes recherchées, dont Clément Marot et le jeune théologien Jean Calvin, futur fondateur d'une nouvelle Église à Genève.

Jeanne d'Albret, une héritière en jeu

De son union avec Marguerite, Henri II d'Albret eut deux enfants, Jeanne, née le 16 novembre 1528 à Saint-Germain-en-Laye, et Jean, prince héritier de Navarre, né à Blois le 15 juillet 1530, décédé quelques mois plus tard. La loi salique ne s'appliquant pas en Navarre, Jeanne fut considérée comme l'héritière du royaume.

François Ier ne fut pas long à comprendre l'enjeu politique de première importance qu'elle représentait. Aussi, lorsque la fillette eut huit ans, il la prit sous sa coupe et la fit élever à sa mode durant une dizaine d'années dans l'austère château de Plessis-lès-Tours, ancienne résidence favorite de Louis XI. Elle n'était pas maltraitée – des femmes s'occupaient à parfaire son éducation –, mais elle s'ennuyait à mourir.

De son côté, Henri II d'Albret, qui n'avait pas renoncé à se servir d'elle pour faire avancer son projet de reconquête de la Navarre ultramontaine, s'était abouché avec Charles Quint, le tout-puissant empereur du Saint Empire romain germanique, roi des Espagnes, roi de Naples, de Sicile et de Jérusalem, duc de Bourgogne, dans le but de marier sa fille à l'infant Philippe (futur Philippe II). Bien entendu, le Roi-Chevalier eut vent de cette audacieuse manigance qui, en faisant basculer du côté espagnol les biens des Albret, eût représenté une menace redoutable pour son royaume. Il fallait prendre de vitesse son ancien compagnon d'armes.

Sitôt que Jeanne eut treize ans, il résolut de lui faire épouser Guillaume de Clèves, dit le Riche, comte de La Marck, né en 1516, qui venait de recevoir de Charles Quint le duché de Gueldre et le comté de Zutphen. Son idée était à la fois d'attirer dans son alliance ce personnage important dont la sœur, Anne, avait épousé Henri VIII d'Angleterre et d'attiser les divisions au sein de l'empire des Habsbourg.

Il obtint le consentement résigné de sa chère Marguerite. Pour arracher l'accord de son mari, lui aussi peu favorable à cette union, François, qui n'était pas avare de promesses, s'engagea à lui apporter son soutien dans une future opération de reconquête de Pampelune. Sur ces bases, le contrat de mariage fut signé le 16 juillet 1540.

C'était compter sans la principale intéressée qui se morfondait toujours à Plessis-lès-Tours. De santé fragile, minée par la tuberculose, mais d'un caractère résolu – mieux, d'une volonté de fer –, elle refusait de jouer les Iphigénie. Elle tint tête au roi et au cardinal de Tournon avec une opiniâtreté sidérante, déclarant qu'elle se ferait nonne, se jetterait dans un puits plutôt que d'épouser ce Germain abhorré ! Poussée peut-être par ses parents, elle se rétracta au matin de ses fiançailles, le 9 juin 1541, et reconnut qu'elle avait donné son accord sous la contrainte. Interrogée une dernière fois par le cardinal de

Tournon, elle finit par lâcher après un long silence : « Ne me pressez point ! »

Les noces n'en eurent pas moins lieu comme prévu à Châtellerault le 14 juin 1541 en présence de la Cour, avec l'éclat incomparable que les Valois savaient donner à de telles cérémonies. Au matin du même jour, Jeanne rédigea une nouvelle protestation devant témoins, de façon à conforter son dossier d'annulation à Rome. Puis, dans une scène pénible, elle se laissa conduire de force à l'autel, où l'officiant fit semblant de prendre pour un « oui » un sanglot étouffé.

Il fut convenu que la consommation du mariage attendrait, l'adolescente étant à peine nubile. Le soir, lors de la cérémonie du coucher, en présence du roi, des parents et des hauts dignitaires, le duc de Clèves s'étendit sur le lit nuptial et posa symboliquement sa jambe sur celle de sa femme, en guise de prise de possession, avant de se retirer. Puis il repartit seul pour l'Allemagne, tandis que Jeanne était reconduite à Plessis-lès-Tours, où, secouée par l'émotion, elle fit une jaunisse qui dura près de huit semaines.

Pendant de longs mois, le duc réclama sa présence à ses côtés. Or, un événement changea le cours de l'histoire : en août 1543, il livra sans combattre à l'armée de Charles Quint la place forte de Venloo, dans le Limbourg, ce qui le contraignit à restituer au vainqueur la Gueldre et le Zutphen et à rallier son camp. Cela suffit à le démonétiser aux yeux de François Ier, qui, dès lors, ne s'opposa pas à la procédure d'annulation du mariage pour défaut de consentement. Celle-ci fut prononcée le 15 novembre 1545 par un bref du pape Paul III.

Henri d'Albret avait repris l'espoir d'une union avec un prince espagnol. Chez lui dominait toujours la même obsession : récupérer d'une manière ou d'une autre la Navarre en son intégralité. Une nouvelle fois, il entra en pourparlers avec Charles Quint, revenant à la charge à propos du mariage de Jeanne avec l'infant Philippe, devenu veuf dans l'intervalle de sa cousine Marie-Manuelle de Portugal, décédée à dix-sept ans. François Ier ne tarda pas à être averti de ces tractations et à son habitude multiplia les promesses à l'égard de son ancien compagnon d'armes, tout en gardant auprès de lui la jeune captive, languide et mélancolique.

Henri d'Albret vivait en réalité le déchirement entre deux fidélités, difficilement compatibles : l'une au roi de France, en tant que gouverneur de Guyenne et titulaire de fiefs relevant de sa mouvance, l'autre à son royaume de Navarre et à sa vicomté de Béarn, dont il estimait de son devoir de maintenir la pleine souveraineté. Ce déchirement le conduisit sur le chemin de la trahison envers son principal suzerain.

Un vrai mariage d'amour

Après un projet de mariage avorté avec un cadet de la maison de Lorraine, François, comte d'Aumale, fils aîné du duc de Guise, mal apparié à la grandeur de la famille, le nouveau roi de France Henri II, fils de François Ier mort en mars 1547, imposa à sa tante Marguerite l'union de sa fille avec un prince du sang, Antoine de Bourbon, duc de Vendôme, fils de Charles IV de Bourbon et de Françoise d'Alençon, descendant du sixième fils de Saint Louis, Robert, comte de Clermont. Ne pouvant résister, Henri II d'Albret se résigna. Il faisait grise mine, comprenant que l'objectif des Valois était de placer sa dynastie sous leur contrôle.

C'était au demeurant un fort beau parti. Brave, bon compagnon n'ayant point l'humeur tournée vers la mélancolie, Antoine de Bourbon possédait le duché de Vendôme, les comtés de Marle et de La Fère, les seigneuries de Ham et de Condé-en-Brie. Par sa mère, il était détenteur du duché d'Alençon, du comté de Soissons, des baronnies de Château-Gontier, La Flèche et Beaumont-sur-Sarthe, cette dernière récemment érigée en duché. Pair de France, exerçant la charge de lieutenant général du roi en Picardie, il était l'un des seigneurs les plus puissants du royaume et portait le titre prestigieux de premier prince du sang, qui le rapprochait du trône. En effet, en cas d'extinction de la branche régnante des Valois, il ceindrait la couronne de France. La question pour l'heure ne se posait pas et semblait même des plus improbables. La jeune Catherine de Médicis, femme d'Henri II, avait eu un premier enfant, François, né en 1544, devenu Dauphin au décès de François Ier, et d'autres allaient naître.

Jeanne, qui avait rencontré le prince en Picardie au cours de l'été de 1543, avait été attirée par le charme et l'affabilité de ce hardi cavalier au regard soyeux, au long nez busqué, à la moustache et au collier de barbe roux bien taillés, dont le visage s'animait sitôt qu'il se trouvait en bonne compagnie. Elle ne cachait pas qu'il lui plaisait. Elle avait dix-neuf ans. Ses parents lui constituèrent une somptueuse dot de 100000 écus d'or.

La bénédiction nuptiale fut donnée le 20 octobre 1548 au château ducal de Moulins, capitale du duché de Bourbon, en présence du roi de France. Devenu propriété royale, le vieux château féodal avait été agrandi par Anne de Beaujeu, fille de Louis XI, et agrémenté de magnifiques jardins. Nul doute que ce mariage fondait une puissance nouvelle, avec un territoire d'environ un cinquième du royaume, si l'on cumulait les possessions des Foix-Albret avec celles des Armagnacs et des Bourbons-Vendôme.

L'Histoire a gardé de Jeanne d'Albret l'image d'une piegrièche, certes courageuse, ardemment pieuse, mais autoritaire, exclusive, intolérante, sectaire même. Pourtant, durant les premières années de son union, on la trouvait souriante, joyeuse, épanouie. « Jeanne, divine race / Que le Ciel composa / Plus belle qu'une grâce », écrivait Pierre de Ronsard dans un épithalame composé à l'occasion de son mariage. Elle était « belle, disait encore Brantôme, aimait bien autant une danse qu'un sermon et ne se plaisait point à cette nouveauté de religion ». Une aquarelle attribuée à François Clouet, conservée au musée Condé de Chantilly, nous la restitue dans sa jeunesse : grand front, cheveux retenus en arrière par une coiffe sertie de pierres précieuses, clairs yeux calmes, nez un peu long, bouche délicatement figée en un sourire indicible. Le tout dégageait un air de sérénité et de ferme franchise.

Rayonnante de joie au soir de ses noces, elle n'avait témoigné aucune crainte devant cet époux impressionnant, de dix ans son aîné. Le mariage fut consommé sans tarder. Antoine annonça le lendemain qu'il avait fait son « devoir de jour et de nuit, de sorte que six coups s'en étaient allés fort gaiement ».

Marguerite d'Angoulême ne survécut que quelques mois au mariage de sa fille. De complexion délicate, souvent valétudinaire, elle s'éteignit le 21 décembre 1549 dans le manoir bigourdan d'Odos, non loin de Tarbes, propriété des rois de Navarre, où, mélancolique, elle s'était commodément retirée. Elle fut inhumée le 10 février 1550 dans la crypte de la cathédrale de Lescar, nécropole des souverains de Navarre. Malgré ses encouragements aux premiers réformateurs, elle était restée en retrait du mouvement initié à Genève par Jean Calvin et sa république théocratique. Pour elle, il ne pouvait s'agir de fonder une nouvelle foi ni une nouvelle Église.

Dans les premiers temps, le couple que formaient Jeanne et son époux paraissait très uni, malgré les longues séparations imposées par l'obligation faite au mari de suivre le roi dans ses chevauchées militaires. Leur correspondance, publiée en 1877 par le marquis de Rochambeau, laisse deviner leur passion charnelle : lui assurant Jeanne dans de tendres épistoles qu'il dépérissait en son absence et que les autres femmes lui paraissaient « toutes laides et fâcheuses » ; elle répondant qu'elle avait « le plus grand contentement d'être auprès de la personne qu'elle aimait le plus » et signant ses lettres : « Votre très humble et obéissante fille et mignonne, femme et maîtresse. »

Contraint d'assurer le commandement des troupes en Picardie, dont il était gouverneur, il lui donnait des rendez-vous secrets dans des lieux peu éloignés des combats, craignant, tel un collégien, de se faire réprimander par Henri II. « Je vous prie de faire diligence de vous en venir auprès de Beauvais, lui écrivait-il par exemple, afin que ceux de la Cour n'en sachent rien, car si le roi savait que je vous eusse vue, il me renverrait sans plus vous voir en cette frontière. » Ils partageaient alors de brefs mais délicieux moments de complicité.

Une première puis une seconde grossesse

Lorsqu'il apprit qu'elle était enceinte, Antoine exulta. Mais au lieu de lui laisser faire ses couches au château de Mont-de-Marsan, comme elle en avait l'intention, il exigea qu'elle le rejoignît à La Flèche. Jeanne donna naissance en route, le 21 septembre 1551, dans la forteresse de Coucy, en Picardie, à un petit garçon, Henri, titré duc de Beaumont. « Mari n'aime jamais tant femme que je vous fais », lui écrivit le père comblé. « Maintenant, pour certain, je connais que je puis aussi peu vivre sans vous », ajouta-t-il peu après.

Malheureusement, aux frontières de la Picardie la guerre entre Français et impériaux continuait de faire rage. Si l'on en croit le nonce Santa Croce, ce n'était que désolation dans les campagnes, pillages, incendies, homicides. Les Bourguignons avaient pris Noyon, livrant la ville à un « torrent de feu et de sang ». « Si Dieu n'y met sa volonté, se lamentait l'envoyé du pape, nous verrons la guerre la plus cruelle qu'on s'est jamais faite. » Le 15 décembre 1552, Hesdin tomba enfin aux mains des Français. L'hiver venu, les troupes reçurent l'ordre de renforcer la cuirasse guerrière des différentes places de Picardie.

Profitant d'un moment d'accalmie, Antoine et Jeanne se donnèrent rendez-vous à Abbeville, « avec le plus petit train que vous pourrez », lui avait-il recommandé une nouvelle fois. C'est là, semble-t-il, vers la mi-mars 1553, à l'hôtel d'Ailly, prêté aux deux tourtereaux, que fut conçu le futur Henri IV.

Puis le prince retourna au camp, car les armées de Charles Quint menaçaient cette fois la ville forte de Thérouanne.

Antoine fut fou de joie lorsqu'il apprit la nouvelle grossesse de sa femme. Ce fut au Château-Neuf de La Flèche, propriété des Bourbons-Vendôme, qu'elle sentit pour la première fois le petit tressaillir en elle. « Ne laissez pas, je vous prie, lui écrivait Antoine, de me mander de l'état en quoi vous êtes, car je prends fort grand plaisir et principalement quand j'entends qu'il est endémené [agité] et qu'il se bouge. Je promets, ma mie, qu'il ne se peut dire plus grand contentement que celui que vous m'avez donné par votre lettre. »

À ce moment, hélas, la santé du premier-né donna des signes d'inquiétude. On commença à douter de sa survie. Ne vous en tourmentez point, lui conseillait Antoine, car « pour un que Dieu nous peut ôter [...], il nous en peut donner une douzaine. [...] Nous sommes encore tous deux jeunes assez pour en avoir beaucoup ».

Le bambin avait été confié à une gouvernante, Aimée Motier de La Fayette, dame de Silly et de Lonray, baillive de Caen, qui avait fait partie de la maison de Marguerite d'Angoulême. Cette femme âgée, rapporte André Favyn dans son *Histoire de Navarre* (1612), était frileuse de nature, au point de se tenir « close et tapissée de toutes parts, avec un grand feu ». Pour soigner le petit prince, elle le fit « haleter et suer de chaleur à toute outrance » dans une chambre close, en plein été. Comme les domestiques se récriaient, elle leur répondait : « Laissez-le, il vaut mieux suer que trembler ! » L'enfant de moins de deux ans mourut déshydraté et étouffé dans ses langes le 20 août 1553.

Un vif chagrin accabla Jeanne. Le père, désolé, se résigna. Tant de petits êtres mouraient en bas âge ! « Ma mie, écrivit-il à Jeanne, j'eusse bien voulu qu'il eût plu à Dieu de nous visiter par un autre moyen que celui-là mais, puisqu'il lui plaît ainsi, il ne nous faut point rebeller contre lui et ses volontés. »

Pendant ce temps, la guerre ne connaissait point de répit. Le 21 septembre, Antoine se trouvait à l'armée près du

Cateau-Cambrésis dans l'attente incertaine d'un affrontement avec celle de Charles Quint alors que sa femme enceinte de cinq mois présidait dans la collégiale Saint-Georges de Vendôme, nécropole des Bourbons, à l'inhumation du petit Henri de Beaumont.

De son côté, Henri II d'Albret, très affecté par la mort de son petit-fils, reprochant à sa fille et à son gendre leur négligence, tint à prendre personnellement soin de la naissance et de l'éducation de l'enfant à naître. Il demanda que l'accouchement du « petit fruit » se fît chez lui, à Pau, et non à La Flèche, comme prévu. Si l'on en croit la chronique de Palma Cayet, proche des Albret, il n'y alla pas par quatre chemins pour emporter la décision. En cas de désobéissance, il menaçait de se remarier et de concevoir un héritier qui l'emporterait en droit sur le rejeton attendu. Après tout, il n'avait que cinquante ans !

On savait qu'après la mort de Marguerite, il avait rêvé de s'unir à l'infante Juana, fille de Charles Quint, ou à Christine, duchesse de Lorraine, nièce de celui-ci, et qu'en attendant il avait pris pour maîtresse une certaine dame d'Adria. Pour corser le chantage, il assurait avoir rédigé un testament secret qui surprendrait bien du monde. Jeanne, qu'un fort sentiment de culpabilité tourmentait depuis la disparition de son premier-né, ne put s'opposer à l'ardent désir de son père, même en prétextant les fatigues de la route, comme le lui avait conseillé son mari.

En septembre, les Suisses furent licenciés, et une partie de l'armée se replia dans ses garnisons ordinaires. Le roi partit chasser à Villers-Cotterêts. Antoine reçut alors permission de rejoindre sa femme : « Je vous prie, ma mie, ne perdre heure de temps pour votre délogement à aller vers le roi votre père ; et de moi, je ferai la plus grande diligence qui me sera possible pour vous ratteindre. »

Jeanne partit donc en litière. Ce mode de transport un peu lent – une caisse de carrosse portée sur des brancards par des chevaux ou des mulets – était plus confortable pour une femme enceinte, sans éviter malgré tout les secousses de la route. On ne sait où Antoine la rejoignit, mais c'est ensemble, après un voyage harassant, qu'ils retrouvèrent Henri d'Albret qui était allé au-devant de sa fille.

Au château de Pau, Jeanne fut installée dans sa chambre au premier étage de l'aile méridionale, non loin de la vieille tour de Mazères. En ce début de décembre, la vue des Pyrénées et de leur diadème de glace était un spectacle grandiose. Mais elle n'avait guère le loisir de l'admirer. Préoccupée par les fanfaronnades de son père, elle cherchait à savoir « par tous les moyens qu'il lui fût possible » où se trouvait son testament et ce qu'il contenait. Le roi de Navarre finit par lui avouer qu'il le gardait dans une « grosse boîte d'or et dessus une grosse chaîne d'or qui eût pu faire vingt-cinq ou trente tours à l'entour du col ». Il promit de lui remettre cette boîte à trois conditions : qu'elle ne fît point « une pleureuse ni un enfant rechigné », qu'il pût assister à l'accouchement et qu'en enfantant elle se mît à entonner une chanson traditionnelle « en biarnais ». Car il était bien clair que c'était un Béarnais qui devait naître, un Albret et non un Bourbon, appelé à être le chef du précieux lignage. La façon négligée dont il traitait chez lui, dans sa vicomté indépendante, le premier prince du sang de France en disait long. Jeanne accepta tout.

Lorsque l'enfant paraît

Dans la nuit du 12 au 13 décembre, la parturiente ressentit les premières douleurs. Pour réchauffer la pièce, vite on jeta de nouvelles bûches dans l'âtre. Tandis que les matrones préparaient les linges à emmailloter, Jean Cotin, le fidèle serviteur du roi de Navarre, grimpait quatre à quatre les marches de l'escalier en colimaçon reliant la chambre de Jeanne à celle d'Henri au deuxième étage. Le seigneur des lieux descendit tout en émoi au moment où le château s'éveillait dans une agitation fiévreuse. Les lueurs tremblantes des lampes à huile couraient le long des fenêtres à meneaux.

Comme convenu, Jeanne se mit à entonner en langue béarnaise le vieux motet dédié à « Notre-Dame-du-Bout-du-Pont », bien connu des habitants de la région. Il y avait en effet à cette époque, de l'autre côté du gave, dans le faubourg de Jurançon, un modeste oratoire auquel on accédait par un pont de bois branlant, parfois emporté par les crues. Il s'appelait Notre-Dame-du-Bout-du-Pont*. Les bergers y invoquaient la statue de la Vierge afin de franchir sans incident les eaux capricieuses du gave, tandis que les femmes en douleur d'enfant lui demandaient l'accouchement heureux d'un garçon…

Noustré-Dame deù cap deù poun,
Adyudat-me ad aquest'hore !
Pregats aù Diù deù ceù
Qu'em bouille bié déliaùra leù
Que mon frut que sorte dehore.
D'u maynàt qu'am hassie lou doun :
Tout d'inqu'aù haùt dous mounts l'implore.
Noustré-Dame deù cap deù poun,
Adyudat-me ad aquest'hore** !

À peine eut-elle achevé que l'enfant vint au monde, apparemment sans cris ni pleurs. C'était un garçon ! Il était environ

* Une nouvelle église du Bout-du-Pont fut édifiée non loin de là en 1932 à partir des matériaux de l'ancienne chapelle des Ursulines de Pau. Elle n'a rien à voir avec la chapelle du temps d'Henri IV, qui avait disparu depuis longtemps.

** « Notre-Dame du bout du pont, / Aidez-moi à cette heure. / Priez au Dieu du ciel / Qu'il veuille vite me délivrer, / Que mon fruit sorte dehors ! / Qu'il me fasse don d'un garçon, / Jusqu'au sommet des monts je l'implore. / Notre-Dame du bout du pont, / Aidez-moi à cette heure. »

une heure trente du matin, 13 décembre 1553, jour de la Sainte-Lucie.

Henri, exultant, remit à Jeanne le coffret d'or et sa chaîne, sans pour autant lui en donner la clé. « Voilà qui est à vous, ma fille, mais ceci est à moi. » Et dédaignant le père, au premier rang, et les matrones qui réclamaient le petiot pour le laver à l'eau tiède, il s'empara de lui et remonta dans sa chambre. Selon un vieil usage, il prit une gousse d'ail et lui en frotta les lèvres qui se fripèrent « l'une contre l'autre comme pour sucer ». Puis il lui fit humer un verre de vin, probablement de Cahors ou d'Arbois, comme le disent les premiers témoignages, mais que Favyn dans son *Histoire de Navarre* transformera pour la bonne cause en jurançon, dont les ceps poussaient sur de gracieux coteaux face au château. « À l'odeur, raconte-t-il, ce petit prince branla la tête comme peut faire un enfant, et lors ledit seigneur lui dit : "Tu seras un vrai Biarnais !" » Comme révulsifs, l'ail et le vin étaient censés permettre à l'enfant de réguler sa respiration. Le jus d'ail était de surcroît réputé pour son caractère prophylactique.

Henri d'Albret, qui avait la mémoire rancunière et l'humeur impétueuse, surtout lorsqu'il s'agissait des Espagnols, n'avait pas oublié qu'à la naissance de sa fille Jeanne ceux-ci s'étaient gaussés de sa femme Marguerite : *« Milagro ! La vaca hijo una oveja »* (« Miracle ! La vache a fait une brebis »), allusion aux deux vaches rouges figurant dans les armes du Béarn depuis le XIe siècle. Belle occasion pour prendre sa revanche et lancer devant les jurats et membres des états qui s'étaient précipités au château malgré l'heure tardive : *« Ahora, mire que aquesta oveja pario un león ! »* (« Maintenant, voyez, cette brebis a enfanté un lion ! »). Puis, après avoir confié l'enfançon à un de ses serviteurs, il se présenta fièrement sur le balcon pour saluer la population paloise venue dans la nuit sur le Camp Batalher, en contrebas du château.

Aujourd'hui, la relique la plus emblématique du musée national du château de Pau est l'écaille de tortue géante que l'on montre dans la chambre dite d'Henri IV, au deuxième étage, et qui lui aurait servi de berceau. Des milliers de visiteurs viennent chaque année admirer cette pièce étrange : une carapace d'un spécimen adulte de tortue verte de type *Chelonia mydas,* que l'on trouve dans les eaux tropicales et tempérées des océans. Sa longueur est de 1,05 mètre et sa profondeur de 0,83 mètre. Posée sur une table recouverte d'un beau velours bleu semé de lys d'or et d'un « H » couronné de lauriers, elle est entourée d'un faisceau de trois lances de bois doré ornées de drapeaux aux armes de France et de trois autres aux armes de Navarre, faisceau enserré d'une couronne de lauriers et d'une écharpe blanche, le tout surmonté d'un casque empanaché de plumes d'autruche blanches. Un décor flamboyant qui date de la Restauration.

Autant dire que nous sommes au cœur de la légende henricienne. Non seulement la chambre du deuxième étage n'est pas celle où naquit Henri IV (elle correspond plutôt à celle de son grand-père), mais nous n'avons aucune certitude historique sur l'utilisation d'une carapace de tortue comme berceau, même s'il est vrai que la présence d'un tel objet est signalée dans un inventaire du Trésor des rois de Navarre de 1561-1562. Ce n'est qu'en 1776 qu'un texte fit le rapprochement. Sous la Révolution, la carapace-berceau fut brisée en plusieurs morceaux et brûlée en place publique le 1er mai 1793 par les sans-culottes palois, qui, en mal d'imiter ceux de Paris, avaient envahi le château. Quelques années plus tard, un pieux royaliste prétendit qu'il avait subtilisé l'originale et l'avait remplacée par une identique appartenant à la collection d'histoire naturelle de M. de Beauregard, directeur des Domaines. Il offrait donc l'authentique à Louis XVIII. L'anecdote paraît douteuse. Peu importe.

Le petit prince de Viane

Le nourrisson ne fut pas allaité par sa mère – encore un signe de sa haute naissance – mais par des nourrices, huit au total, ce qui fit dire à Michelet toujours lyrique que les différents laits qu'il but étaient « à l'image de sa vie mêlée de tant d'influences ». L'Histoire a retenu le nom de six d'entre elles : Arnaudine de Lareu, femme de Pierre Sardan, Madeleine de Lafargue, épouse de Pierre Sarabeig, Françoise Minot, mariée à François Duvigneau, jardinier au château, Jeanne Ravel, Marie de Cazeneuve, et surtout celle qui « gagna le prix », Jeanne Fourcade, femme de ce Jean Lassansàa, laboureur, qui, plus tard, pour se rappeler au bon souvenir du roi Henri, fera irruption au Louvre, un panier de fromages de la vallée d'Ossau sous le bras.

C'est dans la métairie de ce brave homme, située à l'extrémité du parc du château, à Billère, sur la route de Lescar, que le bambin passa quelques mois. En juin 1823, la duchesse d'Angoulême, la propre fille de la reine Marie-Antoinette, la visitera non sans émotion, posant de nombreuses questions aux descendants de l'ancien propriétaire avant d'acheter cette humble maison du souvenir et son demi-arpent de jardin. La demeure existe toujours, tant de fois remaniée qu'on ne sait plus ce qu'elle garde de l'originelle.

Henri II d'Albret voulut faire du baptême de son petit-fils une somptueuse fête dynastique. La cérémonie se déroula le 6 mars 1554 au premier étage du château, dans la grande salle aux vieilles solives de bois peintes, la chapelle étant trop étroite pour le nombre des invités. Qu'eût-il pensé si on lui avait dit que soixante-six ans plus tard, en ce même lieu, son arrière-petit-fils Louis XIII imposerait aux états de Béarn le rattachement définitif de la vicomté à la France ?

Pour l'heure, la salle, tendue de magnifiques tapisseries, accueillit la noblesse du pays et les représentants des autres domaines des Albret. Les parrains étaient le roi de Navarre et le roi de France, ce dernier représenté par l'oncle de l'enfant, frère d'Antoine, Charles de Bourbon, cardinal de Vendôme, venu spécialement du Louvre. Il est piquant de noter que ce personnage deviendra dans quelques décennies le rival direct d'Henri IV, désigné par la Ligue pour régner sous le nom de Charles X. La marraine était Isabeau d'Albret, veuve de René de Rohan-Guéméné, sœur d'Henri II d'Albret.

On n'avait pas lésiné sur la dépense. Des fonts baptismaux en argent rehaussés d'or avaient été commandés à un orfèvre de la ville, et pas moins de deux quintaux de cire avaient servi au moulage des cierges qui, par « buissons » entiers, illuminaient l'assemblée. Vers six heures du soir, le cardinal d'Armagnac, évêque de Rodez et vice-légat du pape, en rochet de dentelle et camail pourpre, entouré des évêques de Lescar, d'Oloron, d'Aire, de Mende et de Carcassonne, en simarre violette, administra au petit prince, frais et rose, désormais prénommé Henri, le sacrement du baptême.

Henri II d'Albret le para du titre de prince de Viane, du nom de la ville de Haute-Navarre (Viana en espagnol), dignité créée en 1423 par Charles III le Noble, roi de Navarre et descendant de Louis X le Hutin, pour les princes héritiers de ce royaume. Cette décision manifestait une nouvelle fois la revendication du grand-père sur la partie hispanique de la Navarre. Pour ne pas être en reste, Antoine de Bourbon, qui devait se sentir mal à l'aise au milieu de ce folklore béarnais, y ajouta le titre de duc de Beaumont qu'avait porté son frère aîné.

En contrebas du château, dans les jardins, bonnets et bérets volaient en signe de joie. Bientôt, des feux s'allumèrent au milieu des clameurs, donnant, de colline en colline, le signal aux villages environnants d'en faire autant. On fit imprimer des horoscopes prédisant, selon l'habitude, un avenir radieux – mieux, exceptionnel – au futur roi de Navarre. Seul celui d'Auger Ferrier, de Toulouse, médecin ordinaire de Catherine de Médicis, tranchait par une mystérieuse réserve : « Muse dans un pareil concours des astres, que peux-tu souhaiter davantage à mon héros ? Serait-ce des victoires ? Des trônes ? Un empire ? Il les obtiendra... Mais ici, je suis arrêté... Et après m'avoir montré un si brillant avenir, Muse, tu m'empêches d'en dire davantage. »

2

LE PETIT PRINCE DE NAVARRE

La mort d'Henri II d'Albret

À cinquante-deux ans, de plus en plus fatigué, Henri d'Albret se traînait en Gascogne de ville en village. Après un dernier passage à Casteljaloux, dans le Queyran, il décéda à Hagetmau, en Chalosse, au château de Gramont, ancienne résidence de Simon de Montfort, dans la nuit du 24 au 25 mai 1555. Toujours prêt jusqu'au dernier moment à pourfendre les moulins à vent et à partir à la reconquête de son royaume des chimères, ce royal extravagant aux desseins obscurs préparait encore dans le plus grand secret un mauvais coup contre la France : l'invasion de la Guyenne par les *tercios* espagnols, doublée d'une offensive menée en Picardie par les impériaux et les Anglais. Il fut inhumé deux mois plus tard dans la cathédrale de Lescar, où reposaient ses parents et sa femme Marguerite, en attendant le jour lointain et incertain où il pourrait rejoindre la crypte de la cathédrale Sainte-Marie de Pampelune.

Ses obsèques se déroulèrent selon un impressionnant cérémonial, scrupuleusement calqué sur celui de la cour de France, avec parade des évêques, vicaires et chapelains en *cappa magna*, longue procession de moines et de pauvres tenant des torches et des cierges allumés, cortège des gentilshommes de ses différents domaines, défilé des trésoriers, contrôleurs, huissiers de la Chambre, médecins, écuyers portant les attributs royaux, entourant le chariot d'armes couvert d'un drap d'or et d'un poêle de velours noir croisé de satin blanc. On n'avait pas oublié non plus l'effigie de cire du défunt portée par quatre seigneurs et escortée par les membres du Conseil, les chanceliers de Béarn et de Navarre ainsi que par les présidents des chambres civile et criminelle de Béarn, en robe rouge aux parements d'hermine.

Étaient également présents le Dauphin François, fils aîné d'Henri II et de Catherine de Médicis, onze ans, pâle, fluet et visage boudeur, mais joliet sous sa toque noire ornée de perles et surmontée d'une plume blanche, sa sœur Marguerite à la mine déjà éveillée – la future reine Margot ! – qui venait de fêter ses deux ans, et les principaux barons de France, Montmorency, Longueville, Guise, Nevers, ainsi que les cardinaux de Bourbon et de Lorraine.

Après la *missa solemnis* et la descente du cercueil dans la fosse, les hérauts d'armes y déposèrent leur cotte en signe de fin de leur service et les gentilshommes de chacune des possessions du défunt leur bannière, puis on y mit les *regalia* – éperons, gantelets, heaume, écu, cotte d'armes, penon, épée, bannière, main de justice, sceptre et couronne de Navarre. « Le Roy est mort », s'écria par trois fois le maître des cérémonies d'une voix forte, qui résonna sous les vieilles croisées d'ogives. Lentement la bannière de Navarre fut relevée au cri de « Vive Antoine ! » (on ne cria pas « Vive le roi ! », sa souveraineté n'ayant pas encore été reconnue par les états). Suivirent les bannières de Foix, Béarn, Bigorre, Armagnac, Albret, Rodez, Périgord, Limoges, Marsan, Tursan, Gabardan et Nebouzan.

Émouvant cérémonial dissimulant l'ambiguïté d'une situation où chacun s'observait. Peu après le décès, Henri II proposa sans vergogne à Antoine d'échanger la vicomté de Béarn contre des domaines en France. Le chancelier de Béarn lui-même, l'évêque Nicolas Dangu, organisa de concert avec les Français un coup de main sur la citadelle de Navarrenx, qui échoua. Autant dire que les relations n'étaient pas au beau fixe entre le royaume des lys et la vicomté des vaches.

En août, les états de Béarn refusèrent de reconnaître le mari de Jeanne comme souverain à part entière. Que se passerait-il, se demandaient les délégués, si sa noble épouse décédait avant lui ? Leur terre ne risquerait-elle pas de tomber dans l'escarcelle de son royal cousin aux aguets ? Selon eux, seule Jeanne était leur « vraie et naturelle Dame ». Mais, comme on ne pouvait la séparer de son mari, « seigneur de sa femme et de tous ses biens » selon la loi divine, ils acceptèrent, après maintes discussions, de qualifier celui-ci de « cosouverain ».

Tous deux prêtèrent donc serment sur le missel romain et la sainte croix le 18 août dans la grande salle du château de Pau devant les députés, qui, à leur tour, en firent autant, non sans avoir présenté des cahiers de doléances dans lesquels – le fait mérite d'être souligné quand on connaît l'avenir – ils réclamaient la poursuite des hérétiques réformés, propos contre lesquels ni Antoine ni Jeanne n'élevèrent la moindre objection. L'héritière des Albret devenait ainsi à vingt-six ans reine sous le nom de Jeanne III de Navarre, vicomtesse de Béarn, et son fils Henri, âgé de dix-huit mois, prince de Navarre.

Jeanne avait accouché d'un autre fils le 19 février 1555 au château de Gaillon. Prénommé Louis-Charles et titré comte de Marle, il connut à deux ans et demi une fin à la fois tragique et stupide au château de Mont-de-Marsan. En effet, un gentilhomme servant et la nourrice s'amusaient à s'envoyer comme un ballon l'enfant à travers une fenêtre basse. Lors d'une passe, la nourrice le manqua : le petit fit une chute d'un étage, tomba sur le perron et se froissa une côte. Terrorisés, les deux responsables dissimulèrent l'accident. Faute de soins, Louis-Charles dépérit et décéda. Quel malheur après le drame domestique du premier prince ! Autre malheur : en 1556, Jeanne mit au monde une fille, prénommée Madeleine, qui ne vécut que quinze jours.

L'éducation à la béarnaise

Lorsqu'il fut sevré, Henri quitta les bras généreux de dame Fourcade pour être confié à une gouvernante, Suzanne de Bourbon-Busset*, mariée à un cousin de la famille d'Albret, Jean de Miossens, qui le prit chez elle, au château de Coarraze, à cinq lieues au sud-est de Pau. La demeure avait été reconstruite après avoir été incendiée en 1508 en représailles du refus du propriétaire de l'époque, Gaston de Foix, comte de Carmaing, de rendre hommage à son suzerain Jean d'Albret.

Cette gentilhommière existe toujours, juchée sur son promontoire rocheux. La partie principale de l'habitation date du XVIIIe siècle. Il ne reste plus de l'époque henricienne que les cuisines voûtées, une partie du mur d'enceinte et une tour pentagonale édifiée vers 1350, d'où l'on peut admirer la beauté sauvage des alentours, le moutonnement de la forêt de Carrasquet et des bois de Sargaillouse, l'échine convulsée des Pyrénées et la verdoyante plaine de l'antique bastide de Nay, avec ses vastes étendues herbues. À l'entrée, une devise en castillan surplombe le portail : *« Loque a deser no puede faltar »* (« Ce qui doit arriver ne peut manquer »). En contrebas, le bruissement continu et impétueux des eaux du gave de Pau sur les cailloux lustrés se fait toujours entendre. À l'époque, le village ne dépassait par la quarantaine de feux, soit à peu près 200 habitants.

* Elle était la fille de Pierre de Bourbon, baron de Busset (1464-1530), dit le grand bâtard de Liège, fils naturel du prince Louis de Bourbon, évêque de Liège, lui-même descendant direct de Saint Louis par Robert de France. Du fait de sa bâtardise, cette branche des Bourbons, qui existe toujours et est même la plus ancienne, n'était pas dynaste.

Conformément aux vœux de son père, Jeanne demanda à son amie de traiter l'enfant « à la béarnaise », c'est-à-dire à la spartiate, sans jamais l'appeler « prince », dispensant chiquenaudes et nasardes, jouant du fouet si nécessaire pour le former à l'obéissance. Henri IV se souviendra toute sa vie des corrections et rudes gronderies reçues dans son enfance. Plus tard, sans hésitation, il ordonnera à Mme de Montglas, la gouvernante de son fils aîné, le futur Louis XIII, d'user de cet excellent châtiment : « Je vous commande de le fouetter toutes les fois qu'il fera l'opiniâtre ou quelque chose de mal, sachant bien par moi-même qu'il n'y a rien au monde qui lui fasse plus de profit que cela ; ce que je reconnais par expérience m'avoir profité, car, étant de son âge, j'ai été fort fouetté. »

Jeanne n'aurait renié aucun des préceptes éducateurs que Michel de Montaigne exprimera quelques années plus tard dans ses *Essais* : « Ôtez-lui toute mollesse et délicatesse au vêtir et au coucher, au manger et au boire ; accoutumez-le à tout ; que ce ne soit pas un beau garçon et dameret, mais un garçon vert et vigoureux. »

Henri passa à Coarraze entre quatre et cinq années, entrecoupées par quelques séjours à la Cour, vivant de manière frugale, se nourrissant de pain bis frotté d'ail, de viande et de laitage, babillant en robe longue avec les trois enfants de son hôte, se formant à la lecture et à l'écriture, puis, plus âgé, jouant à la soule, au volant et aux quilles de Gascogne avec M. de Miossens, courant en compagnie des petits pâtres et des fils de vignerons dans les ravines rocailleuses ou pataugeant dans les eaux limpides et fraîches du Lay, du Badé ou de l'Escaraude. On l'imagine au milieu de cette vaste nature vêtu comme un adulte dès trois ou quatre ans, selon la mode du temps, fier dans son haut-de-chausses, ses bottes de cuir, son pourpoint, le chef enserré dans son béret à plume. Il se rassasiait d'images, de couleurs, d'odeurs et d'émotions qui imprégneront ses souvenirs : sentes aux pierres râpeuses craquant sous les pas, ramures infinies des bois, collines dorées après l'orage, pâturages verdoyants d'où l'on entendait tinter, à la tombée du soir, les clarines des troupeaux… « Ce fut en ce lieu âpre et montagneux, écrit André Favyn, que fut nourri et élevé ce jeune prince, et non délicatement, mais à la rustique, ainsi que le voulait le roi son aïeul, accoutumé dès ses jeunes ans à manger chaud et froid, à aller nu-tête et nu-pieds avec les petits enfants du pays… de si bonne heure endurci à la peine et non aux délicatesses de la Cour. » Une telle expérience éducative, même si elle fut plus courte qu'on l'a prétendu, explique sans doute la franche convivialité, la simplicité sans morgue aucune, la gaillardise même avec lesquelles Henri IV traitera toujours les braves et les rustauds aux mains calleuses. « Lou nousté Henric », comme on l'appellera dans le pays, restera toujours par certains côtés un vrai « Biarnais ».

Voyage à la Cour

À peine montée sur le trône, Jeanne ne fut pas longue à épouser le grand dessein de son défunt père. Elle renoua les négociations avec les Espagnols. Le nouveau souverain, Philippe II, aussi madré que son père retiré au monastère de Yuste, saisit l'occasion pour faire à son mari une proposition des plus alléchantes, lui laissant entendre qu'en échange de son alliance il était prêt à lui offrir la couronne de France. Antoine se laissa-t-il vraiment séduire par le chant des sirènes ibériques ? Toujours est-il qu'à Paris Henri II ne tarda pas à faire diligenter par le premier président du parlement de Bordeaux une enquête sur ses agissements. Antoine se défendit, protesta et finalement obtint la disgrâce du magistrat, qui était sans doute allé trop loin dans ses conclusions. Pour s'assurer de sa fidélité, le roi lui donna les charges exercées antérieurement par son beau-père, le gouvernement et l'amirauté de Guyenne.

Antoine et Jeanne décidèrent alors de se rendre à la Cour afin de présenter officiellement leur héritier. Le voyage à travers la France s'étira sur deux mois et demi. À Limoges, les autorités municipales les reçurent de manière somptueuse, en tant que vicomte et vicomtesse de la ville : remise des clés de la cité, acceptées « avec une bénignité joyeuse et grand contentement » selon la relation officielle des échevins, concert de trompettes, fifres et tambours, coups de canon, feu d'artifice, harangues, défilés des compagnies d'archers et de hoquetons ainsi que de la noblesse locale, chorales et réjouissances populaires.

Ils arrivèrent à Paris le 12 février 1557. Entre deux séjours à Coarraze, le petit prince de trois ans et deux mois était dans un âge trop tendre pour ressentir quelque émotion en découvrant la capitale exubérante de vie, de tumultes et d'odeurs, avec ses rues sales et étroites, encombrées d'échoppes, de maisons lépreuses et d'enseignes rouillées, ses places exiguës et grouillantes, où hommes, chevaux et véhicules pataugeaient dans une boue fétide, ses fontaines où les lavandières faisaient la queue en se harpignant, ses hôtels particuliers en construction aux porches élégants, ses églises, ses monuments imposants et, en premier lieu, le vieil et rébarbatif ensemble du Louvre. Pierre Lescot venait d'y achever dans l'esprit majestueux de la Renaissance le « pavillon du roi » abritant les appartements d'apparat et la Petite Galerie.

Henri II, par amabilité pour ses parents, embrassa le blondinet gracieux, piquant sa joue de sa barbe dure, le mignota et le prit sur ses genoux. « Voulez-vous être mon fils ? », lui demanda-t-il tout à trac. L'enfant, éveillé pour son âge, avait un clair entendement du français, mais ne le parlait pas encore, car chez les Miossens on s'exprimait ordinairement en béarnais. Prenant la question au premier degré, il se retourna et lui montra Antoine : *« Aquet es lou seigne rei »* (« Mon père, c'est le seigneur roi qui est là ! »). Henri II sourit et enchaîna : « Puisque vous ne voulez pas être mon fils, voulez-vous être mon gendre ? » Sans se démonter, le petit répondit : *« Obé »*

(« Eh bien oui ! »). Il ne savait sûrement pas ce qu'était un « gendre ».

Antoine, lui, n'en revenait pas ! Quelle proposition ! Son cher et tendre fils épousant la fille du roi de France ! Quelle ascension prodigieuse pour la lointaine branche des Capétiens qu'il incarnait ! Cependant, le doute le saisit. N'était-ce pas une simple boutade, lancée au hasard d'une conversation ? Eh bien non ! Six semaines plus tard, il obtint confirmation de la bouche même de Sa Majesté. Le 21 mars, dans son style ampoulé, il s'empressa d'en informer sa sœur, Marguerite de Bourbon, duchesse de Nevers, lui faisant part des « bien et faveur qu'il a plu au roi me démontrer par l'accord entre nous du mariage de Madame Marguerite, sa fille, avec mon fils aîné, chose que je prends à si particulier témoignage de sa bonne grâce que je me tiens aujourd'hui en repos et satisfait de ce que le plus affectueusement je pouvais désirer au monde ».

Demeuré à la Cour, Antoine retrouva Jeanne quelques mois plus tard, lorsqu'elle vint le rejoindre pour son entrée solennelle à Bordeaux le 15 août 1557, puis la suivit à Pau. Premier prince du sang, duc de Vendôme, cosouverain de Navarre, gouverneur de Guyenne, chef militaire prestigieux, bénéficiant de surcroît de la promesse d'Henri II de marier sa fille à son propre fils, il avait de quoi bomber le torse ! Que pouvait-il espérer de mieux ? N'était-il pas l'un des plus puissants seigneurs possessionnés de France ?

Palinodies

C'était compter sans la folie « ultramontaine » qui semblait saisir tous les souverains de Navarre. De même que Charles VIII, François Ier et Henri II s'étaient fourvoyés dans le funeste rêve italien, Antoine se jeta à corps perdu dans une nouvelle tentative insensée de récupérer Pampelune et la Navarre du Sud, intégrées au royaume d'Espagne depuis trois décennies. En discussion avec les représentants de Philippe II, il hésita à signer une promesse d'alliance militaire contre la France. S'il renonçait à la Navarre, on lui laissait entendre qu'il aurait le Milanais, le royaume de Naples ou la Sardaigne, ou encore la Tunisie à reconquérir sur le redoutable Dragut, pacha de Tripoli. Pour une vraie couronne fermée, le naïf mari de Jeanne d'Albret était prêt à tout gober.

Ces ténébreuses tractations étaient graves, car dès janvier 1557 la trêve de Vaucelles entre les deux grandes nations d'Occident avait été rompue et, à l'été de la même année, Emmanuel-Philibert de Savoie, lieutenant général du roi d'Espagne, avait mis le siège devant Saint-Quentin à la tête d'une puissante armée de 60000 fantassins et de 17000 cavaliers, appuyés par 80 canons. Le connétable Anne de Montmorency, parti pour lui barrer la route avec des troupes inférieures en nombre – 20000 fantassins, 18000 cavaliers et dix-huit canons –, avait été vaincu à plate couture le 10 août, jour de la Saint-Laurent*, et fait prisonnier. Le jeune frère d'Antoine, le duc d'Enghien, était mort au combat. Quelques jours plus tard, la place vaillamment défendue par Gaspard de Coligny, amiral de France et gouverneur de Picardie, et quelques centaines de volontaires tomba, écrasée sous un intense feu d'artillerie. Elle fut totalement pillée puis incendiée. La plupart des occupants furent passés au fil de l'épée. Il s'en fallut de peu que Philippe II, arrivé trois jours après la bataille, marchât sur Paris. Sa décision maladroite de parachever le siège sauva le royaume d'un désastre qui aurait pu être total.

Pris de panique, Antoine s'apprêtait à faire passer sa famille en Espagne lorsque, se ravisant, il résolut de retrouver les bonnes

* Ce fut en souvenir de cette victoire et en expiation du bombardement par son artillerie d'une église de cette ville, dédiée à ce martyr romain du IIIe siècle, où s'étaient réfugiés des civils, que Philippe II décida de bâtir le palais-monastère de l'Escurial, sur le plan d'un gril, l'instrument du martyre de ce saint.

grâces d'Henri II. Il lui avoua qu'il avait commis une grave erreur, qu'il s'était fourvoyé. D'une prière instante, il implorait la clémence d'Auguste. Le royaume était dans un tel état de délabrement, ses armées en si mauvaise posture qu'il parut impossible au monarque de sévir contre un personnage aussi puissant. C'eût été prendre le risque de faire basculer le Sud-Ouest dans le camp espagnol. Par la force des choses, il passa l'éponge sur cette nouvelle tentative de trahison et le convia avec sa femme à revenir à la Cour, afin d'assister à Notre-Dame le 24 avril 1558 aux noces du Dauphin François et de Marie Stuart, fille du roi d'Écosse Jacques V et de Marie de Lorraine.

Cette union consolidait les liens de la France et de l'Écosse : une clause secrète prévoyait même le rattachement de cette contrée à la France. Elle rapprochait également du pouvoir la famille de Guise, d'origine lorraine, donc tenue pour étrangère, qui avait connu une prodigieuse ascension grâce à ses intrigues et à ses alliances matrimoniales, depuis la faveur du premier duc, Claude, sous François Ier. Les deux oncles de la jeune fille étaient les enfants de ce Claude : François de Guise, duc et pair, comte d'Aumale, baron de Joinville, de Sablé et de Mayenne, grand chambellan, gouverneur du Dauphiné, prestigieux chef militaire à qui tout semblait réussir, marié à Anne d'Este, fille du duc de Ferrare et petite-fille de Louis XII, et le cardinal Charles de Lorraine, archevêque de Reims, abbé de Saint-Denis, de Cluny, de Fécamp, vraie tête politique du clan, fort intelligent, habile négociateur, mais retors et d'une féroce intransigeance. Henri II, déterminé à extirper l'hérésie de son royaume, s'appuyait désormais sur ces deux arrogants seigneurs sans pourtant disgracier son favori, le connétable Anne de Montmorency, qui avait failli à Saint-Quentin.

Situation préoccupante pour Jeanne et Antoine, qui donnaient des signes de rapprochement avec la religion réformée. Dès octobre 1557, le Bourbon avait fait venir en Béarn un pasteur de Genève, François Le Gay, dit Boisnormand, et l'avait fait prêcher au château de Pau. Sur la route, à La Rochelle, ils avaient assisté ostensiblement en l'église Saint-Barthélemy au prêche du pasteur Pierre David qui les avait accompagnés depuis Pau.

À Paris, où le maillage de « ceux de la religion » s'était développé au sein de la noblesse et des gens de robe, les tensions interreligieuses se renforcèrent trois semaines après le mariage du Dauphin. Le 13 mai, 4000 protestants, dont beaucoup d'étudiants, se rassemblèrent au Pré-aux-Clercs, cette vaste prairie située le long de la Seine, à l'ouest de l'abbaye de Saint-Germain-des-Prés, face au Louvre, pour y chanter des psaumes. Cela passa pour une provocation. Le 16, une nouvelle manifestation se déroula au même lieu, avec cette fois la présence remarquée d'Antoine de Bourbon, de son frère cadet Louis, prince de Condé, et de plusieurs gentilshommes. Les positions au sein de la haute noblesse semblaient se cristalliser : d'un côté les Guises, tout-puissants par la volonté du roi, de l'autre les Bourbons, faisant figure d'opposants, de plus en plus mal en cour. Après tout, songeait ce bravache d'Antoine, toujours prêt à abandonner la proie pour l'ombre, si le mariage avec la fille des Valois échouait, il restait encore en Europe de très beaux partis pour son fils, comme Éléonore, fille de l'empereur Ferdinand, roi de Bohême, ou Anne, celle de l'archiduc Maximilien d'Autriche.

Le 20, tempêtant, Henri II interdit les gesticulations des réformés et fit arrêter l'un des meneurs du mouvement, François de Coligny d'Andelot, frère de l'amiral et neveu du connétable de Montmorency. Quant à Antoine, il se contenta de le sermonner, lui conseillant de « tenir son rang en France, sinon lui s'occuperait du Béarn ».

Vers la paix

Au lieu d'emmener leur fils avec eux à Paris, le roi et la reine de Navarre décidèrent de le laisser à Pau et de le nommer régent et lieutenant général, sous la tutelle d'un Conseil composé de Jean d'Albret, baron de Miossens, et de sa femme, propriétaires du domaine de Coarraze, et de Louis d'Albret, évêque de Lescar, fort soumis à la reine Jeanne. C'est de cette époque que date probablement un des premiers portraits d'Henri attribué à François Bunel et conservé à Versailles. Dans son costume princier, la main posée sur une table couverte d'un tapis vert, l'autre tenant une épée de parade, le petit garçon a l'air sage et grave, conscient de ses responsabilités. Le visage est rond sous ses cheveux frisés, enfantin, la bouche menue et le nez légèrement allongé.

Alors qu'Antoine et Jeanne se trouvaient encore à Paris en juillet, les troupes espagnoles envahirent le Pays basque et occupèrent Saint-Jean-de-Luz, modeste port de pêche sur la Nivelle, entre mer, dunes et marais. Dans l'affolement, les états de Béarn se réunirent en formation restreinte et votèrent la levée en masse des montagnards des vallées d'Ossau, d'Aspe et de Barétous. Le texte fut soumis pour ratification au petit régent. On garde encore sa signature – la première – sur un ordre de mobilisation du 22 octobre 1558, enjoignant aux Ossalois âgés de dix-huit à cinquante ans de défendre les hautes vallées et la place forte de Navarrenx : « Le Prince regent et loctenant general deus Rey et Regine, seigno et dame souvriane. »

Antoine sauta sur l'occasion pour descendre en Navarre prendre la tête d'une petite armée de 3000 hommes qu'Henri II avait discrètement mise à sa disposition, avec de fougueux guerriers tels Blaise de Monluc, Guy Chabot, baron de Jarnac, et Jean d'Escars. Il s'agissait de lancer une contre-offensive dans le but de le conduire jusqu'à Pampelune. Trahi par un agent double qui avait tenté de l'attirer dans un traquenard à Fontarabie, il préféra jeter l'éponge et se replier vers Bayonne.

Cet humiliant échec lui ôta toute influence lors des conférences franco-anglo-espagnoles de l'abbaye Notre-Dame de

Cercamp, qui débouchèrent sur la signature des traités du Cateau-Cambrésis. Épuisés financièrement, économiquement et militairement, les belligérants attendaient de la paix – une « paix pour l'éternité », croyait-on – la liberté de pouvoir régler enfin leurs problèmes intérieurs et tout particulièrement d'éteindre l'incendie du protestantisme tant en France que dans les Flandres espagnoles.

Un premier traité signé le 2 avril 1559 avec la nouvelle reine d'Angleterre Élisabeth Ire, qui venait d'instituer l'anglicanisme comme religion d'État, permit à la France, en contrepartie d'un versement de 500 000 écus, de conserver le port de Calais, que le brillant François de Guise, lieutenant général du royaume, avait enlevé par surprise aux Anglais en janvier 1558. Au second traité, conclu avec les plénipotentiaires espagnols, la France renonçait à ses prétentions sur la péninsule italienne, particulièrement sur le Milanais, abandonnait son ambition de s'emparer de la Franche-Comté et rendait au duc Emmanuel-Philibert la Savoie, de belles places en Piémont, sans compter le Charolais, le Bugey et la Bresse. Elle restituait aussi la Corse à la république de Gênes et le marquisat de Montferrat au duc de Mantoue. En revanche, elle conservait le marquisat de Saluces et recevait les places de Saint-Quentin, Ham et du Catelet.

Cet accord, qui laissait en suspens le sort définitif des trois évêchés lorrains occupés par la France, Metz, Toul et Verdun, faute d'un traité avec l'empereur germanique Ferdinand Ier, consacrait la prééminence de la monarchie espagnole, à l'apogée du Siècle d'or, et dessinait pour des décennies la carte de l'Europe. Comme d'habitude, des mariages royaux devaient consolider la paix : Henri II offrait sa fille aînée Élisabeth à Philippe II, veuf, pour la seconde fois, de Marie Tudor, et sa sœur Marguerite, duchesse de Berry, à Emmanuel-Philibert de Savoie.

Ni la France ni l'Espagne n'avaient songé à se préoccuper du sort de la Navarre pamplonaise. Quant à Jeanne, qui avait accouché en février à Paris de son cinquième enfant, Catherine, elle se sentait oubliée, même si la reine avait accepté d'être la marraine catholique de cette petite fille qui portait son nom.

À la fin de mai 1559, les calvinistes tinrent clandestinement à Paris, rue des Marais-Saint-Germain, leur premier synode national. La « confession de foi » élaborée à cette occasion installait une structure ecclésiale à la fois décentralisée et très perfectionnée, composée d'assemblées locales, de colloques régionaux, de synodes provinciaux, d'un synode national pour arbitrer les questions doctrinales et d'un consistoire de douze anciens pour les relations avec Genève. C'était vraiment une nouvelle Église qui se mettait en place en France, avec ses ramifications multiples. Se sentant menacé, le pouvoir royal ne pouvait que mal réagir. Le 2 juin, Henri II signa l'édit d'Écouen qui systématisait la peine du bûcher pour les hérétiques, autorisant les exécutions sommaires des révoltés et des fuyards.

L'avènement de François II

Le roi et la reine de Navarre se reposaient à Nérac lorsqu'ils apprirent avec stupeur la mort tragique d'Henri II le 10 juillet, grièvement blessé lors du tournoi donné rue Saint-Antoine devant l'hôtel des Tournelles à l'occasion des mariages royaux. La lance de son adversaire Gabriel de Lorges, comte de Montgomery, avait pénétré dans la visière du casque et sous l'effet du choc s'était brisée, un morceau se fichant en profondeur dans l'orbite de l'œil gauche du roi, qui expira après dix jours d'atroces souffrances.

Son fils aîné de quinze ans lui succéda sous le nom de François II. Il était souffreteux, renfrogné, sans grand esprit, roide et sévère comme tous les timides qui veulent s'affirmer. Du fait qu'il était majeur, il n'y avait pas de régence à prévoir. Sa mère, Catherine de Médicis, encore mal assurée et manquant d'expérience, s'efforça néanmoins de le conseiller dans la conduite des affaires, mais l'influence des oncles de la jeune reine Marie Stuart l'emporta. Le duc François de Guise, promu grand maître de France* à la démission forcée du connétable de Montmorency, jeta son dévolu sur l'armée, tandis que son frère le cardinal de Lorraine mit la haute main sur les finances, la justice et la diplomatie.

Le connétable, « premier baron de la chrétienté », comme il aimait à se qualifier, qui avait longtemps gouverné le royaume et dirigé la politique étrangère, se trouvait ainsi écarté du pouvoir au profit des deux nouveaux favoris qui accédaient au Conseil étroit ou des affaires instauré par François Ier et poursuivi sous Henri II. Il n'en restait pas moins le premier officier du royaume, le plus grand propriétaire terrien, avec près de 600 fiefs et 1 300 châteaux, parmi lesquels Chantilly et Écouen, et à la clientèle nobiliaire – les La Tour d'Auvergne, les La Trémoille, les La Rochefoucauld, les Lévis, les Rohan… – plus nombreuse que celle des Bourbons.

Lors de l'installation des Guises au sommet de l'État, le roi de Navarre comprit-il que sa position de premier prince du sang risquait d'être menacée s'il restait spectateur ? Le connétable l'avait averti pendant les quelques jours de l'agonie du roi. Il fallait vite revenir à Paris, s'imposer à tous et se débarrasser de ces exécrables et orgueilleux Lorrains, ivres de popularité et de domination, qui poussaient l'audace jusqu'à se dire les descendants de Charlemagne, comme pour contester de façon subliminale la légitimité des Valois. Malheureusement, Antoine manquait de fermeté. Il hésita.

Quand, poussé par ses parents et amis et stimulé par ses intérêts, il se décida enfin à marcher sur Paris avec une solide escorte, il était trop tard. Certes, en route, il rallia une bonne

* Grand officier de la Couronne en charge de la surintendance générale de la Maison du roi.

partie de la haute noblesse, son frère Louis, prince de Condé, jeune et impatient, son cousin le prince de La Roche-sur-Yon et les deux neveux du connétable, Gaspard de Coligny et François d'Andelot, colonel général de l'infanterie française. Mais les Guises et leurs clients rapaces avaient déjà raflé tous les postes, accaparé toutes les charges, s'étaient arrogé toutes les faveurs. Apprenant l'arrivée du prince et de son armée d'obligés, ils avaient par précaution conduit le roi à Saint-Germain-en-Laye. Quand Antoine s'y présenta, on lui dit que celui-ci était parti à la chasse. Enfin, au bout de trois jours, il put obtenir une audience du jeune souverain. Dûment chapitré, celui-ci se montra évasif et distant, ne l'appelant pas à siéger à son Conseil. Le prince en fut décontenancé. Même Catherine de Médicis se montra réservée. Elle avait compris de quel côté penchait la balance.

Au lieu de tenter un coup de force, de parler avec assurance, il paraissait ne plus savoir ce qu'il voulait ni ce qu'il faisait à la Cour, semant le désenchantement dans son camp. Jaugeant son inaptitude et son inconsistance, comprenant qu'il n'était pas le chef qu'ils attendaient, ses partisans, notamment les huguenots, s'écartèrent de lui.

Le coup d'État manqué

C'est ici que l'on mesure en creux l'importance du rôle des personnalités dans l'Histoire. À ce moment-là, en effet, avec une ferme détermination, tout lui était possible. Il disposait dans son jeu d'atouts exceptionnels : sa légitimité de premier prince du sang, le soutien des grands feudataires et du corps de la noblesse, offusqués de l'interposition de ces seigneurs étrangers entre eux et leur roi, l'appui des catholiques modérés et des protestants. Le peuple lui était d'instinct acquis. Quant à Catherine de Médicis, n'étant pas en position de force, elle se serait vite soumise. Le Rubicon n'était pour lui qu'un mince filet d'eau à franchir d'un pas allègre. Il devenait régent et protecteur du roi. Son indécision chronique, sa mollesse, sa tendance à la procrastination, son absence de vues politiques, bref sa « faiblesse de cervelle », comme dira Agrippa d'Aubigné, gâchèrent son destin, compromettant le sort de la France, désormais vacillant.

Il ne lui restait plus qu'à suivre le roi sur la route poudreuse de Reims. Au sacre qui eut lieu le 18 septembre 1559, le cardinal de Lorraine, archevêque de la ville, joua bien entendu le rôle principal. Antoine ne put que constater *de visu*, en se tenant au premier rang des princes laïcs – protocole exige –, la toute-puissance des Guises et sa propre déchéance. La faveur l'emportait sur la naissance. Qu'à cela ne tienne ! Il avait déjà enfourché d'autres chimères : à son émissaire secret dépêché à Marrakech, le sultan du Maroc al-Ghâlib n'avait-il pas promis de céder le port de Ksar es-Seghir, entre Tanger et Ceuta, contre un secours de 10000 soldats, du matériel de guerre et des munitions destinés à lutter contre les Turcs ? Opération des plus intéressantes, car au passage le bel Antoine était sûr de saisir la couronne de Sardaigne.

Symbole de la réconciliation franco-espagnole, prévu par le traité du Cateau-Cambrésis, le mariage d'Élisabeth de Valois, fille d'Henri II, quatorze ans, et du deux fois veuf Philippe II, roi de toutes les Espagnes, trente-deux ans, avait été célébré à Paris par procuration. Pour éloigner de la Cour le premier prince du sang, considéré comme gêneur, Catherine de Médicis le chargea de prendre la tête du fastueux cortège qui accompagnait sa fille au-delà des Pyrénées. Flatteuse proposition lui laissant penser qu'il allait enfin pouvoir s'entretenir du sort de la Navarre avec le fils de Charles Quint.

Après avoir quitté la Cour à Blois, la jeune reine s'arrêta à Bordeaux le 6 décembre, puis à Pau le 21, saluée lors de ces deux étapes par de somptueuses fêtes et de succulentes réjouissances de bouche, toutes aux frais du roi de Navarre préoccupé de faire étalage de sa munificence. Le lendemain de Noël, elle repartit pour les Pyrénées par la route de Compostelle. Malgré ses six ans, le prince Henri en grand arroi accompagnait son père : ne fallait-il pas montrer aux Béarnais d'outre-monts leur futur souverain ? Après Saint-Jean-Pied-de-Port, on aborda le col de Roncevaux par un froid aigu et des rafales de neige. C'était Noël. La longue théorie des litières cahotantes et des carrosses dorés peinait à avancer sur les ravines glacées, où chevaux et mulets – il y en avait des centaines – patinaient. Une partie des équipages des filles d'honneur, superbement habillées à l'espagnole de velours noir garni de gaze et coiffées de volants à la Lorraine, avait basculé dans les fondrières en un fracas de bois et de ferraille.

La remise officielle de la princesse eut lieu à la collégiale royale de Roncevaux, fondée au XIIe siècle par Alphonse Ier le Batailleur sur l'autre versant des Pyrénées. Antoine s'attendait à y voir Philippe II en personne, mais celui-ci n'avait daigné se déplacer ni pour lui ni pour sa jeune et troisième épouse. Le cortège s'ébranla au son des hautbois, des trompettes et des tambours à la moresque, laissant une nouvelle fois déconfit le fanfaron, qui s'en retourna à Pau le cœur empli d'amertume.

Bûchers et massacres

En France, le protestantisme gagnait du terrain. Des églises de la nouvelle religion avaient surgi à Saintes, Cognac, Angoulême, Lectoure, Condom, Agen, Bergerac. La grande noblesse du Midi se convertissait, les Duras, les Lusignan, les La Force, les Gramont, les La Rochefoucauld..., manière aussi de s'affirmer face au pouvoir royal. « Il n'était pas fils de bonne mère qui n'en voulait goûter », s'affligeait le rogue Blaise de Monluc.

Inspirée par les Guises, l'ordonnance du 5 septembre 1559, signée à Villers-Cotterêts par François II, prévoyait que les maisons où se tenaient des « conventicules nocturnes avec profanation de l'usage du saint sacrement et autres actes exécrables » seraient rasées. Les tribunaux d'Aix et de Toulouse se signalèrent par la rigueur de leurs arrêts, le bannissement, les galères ou la mort.

L'exécution sur le bûcher, en place de Grève, le 23 décembre 1559, du conseiller clerc au parlement de Paris Anne Du Bourg, disciple du réformateur suisse Ulrich Zwingli, frappa l'opinion. « Ô Dieu, mes amis, je ne suis point ici comme un larron ou un meurtrier, mais c'est pour l'Évangile... », avait lancé à la foule cet homme pieux et de grande vertu en montant à l'échafaud. Son crime était d'avoir répondu avec hardiesse à Henri II, venu au milieu de ses conseillers dénoncer les hérétiques. Sa harangue ayant été jugée provocatrice, il avait été arrêté et jeté en prison. Sous le règne suivant, le cardinal de Lorraine, voulant faire de son exécution un exemple, avait activé son procès. Le Parlement avait prononcé la sentence. Son martyre fut exploité comme un modèle pédagogique par les calvinistes, alors qu'ils avaient jusque-là défendu une culture de soumission et de non-résistance au pouvoir. Pour Florimond de Raemond, membre du parlement de Bordeaux et auteur d'une *Histoire de la naissance, progrès et décadence de l'hérésie de ce siècle* (parue après sa mort en 1605), le bûcher d'Anne Du Bourg fit plus de mal à la cause catholique que les discours de cent prédicateurs. Calvin continuait cependant de repousser l'usage de la violence. Mais à partir de ce moment ses disciples prirent les armes.

Deux mois et demi plus tard éclata le « tumulte d'Amboise », conspiration conduite par Jean Du Barry, seigneur de La Renaudie, autrefois condamné comme faussaire, qui s'était réfugié à Berne, en Suisse, et converti au protestantisme. Cet aventurier périgourdin reprochait aux royaux d'avoir fait arrêter et torturer son beau-frère, émissaire de Calvin. Rentré clandestinement en France, il avait enrôlé des seigneurs désœuvrés, des soldats démobilisés et autres gens du commun, à court d'écus et exécrant les Guises. Les quelque 500 gentilshommes qu'il avait recrutés n'étaient pas tous huguenots* ; ils appartenaient à la petite et moyenne noblesse de province et étaient victimes du système clientéliste des Guises qui les éloignait de leur souverain et leur fermait toute espérance de fortune et d'honneurs. La Renaudie avait contacté aussi quelques Grands écartés du pouvoir, dont Louis, prince de Condé, mais celui-ci avait préféré rester en retrait, d'où le surnom de « capitaine muet » qu'il avait acquis. Antoine sans doute avait été mis au courant. Il s'agissait de se saisir des Guises, de leur faire subir un mauvais sort, ou à tout le moins de convaincre le roi de les disgracier, en aucun cas de s'attaquer au souverain. Bien au contraire, on voulait le libérer de ces tyrans qui abusaient de sa jeunesse.

L'entreprise échoua en raison d'une dénonciation parvenue au cardinal de Lorraine. François II, qui se trouvait sur la route de Blois, fut averti par les Guises du grand danger qu'il encourait. Il fut incontinent conduit à Amboise sous haute protection. La Renaudie et les meneurs de la conjuration, réunis à dix kilomètres de là dans la maison forte de Noizay, décidèrent de jouer leur va-tout dès le lendemain 16 mars en s'emparant du château et en mettant à exécution leur plan. À nouveau renseigné par un proche de La Renaudie, François de Guise resserra la protection autour de la place et lança les troupes royales à la recherche des conspirateurs. Certains se trouvaient en ville, d'autres dans les châteaux alentour. Beaucoup avaient fui. La Renaudie fut tué quatre jours plus tard dans la forêt de Château-Renault. Son corps ramené à Amboise fut pendu

* Ce nom, qui vient probablement du mot allemand *eidgenossen* (« conjurés » ou « camarades liés par un serment »), commençait à être utilisé pour désigner les protestants de France et de Navarre. Le nom de « protestant » est antérieur et plus large. Il vise tous les adeptes de la Réforme et tire son nom de la protestation émise par un certain nombre de princes du Saint Empire romain germanique contre l'injonction qui leur avait été faite par Charles Quint en 1529 de rallier l'Église catholique romaine.

à une potence sur la place de la ville puis coupé en cinq morceaux exposés aux portes.

Sans aucune forme de procès, avec une férocité inouïe, de nombreux conjurés furent massacrés, suspendus par grappes entières aux créneaux et aux fenêtres du château. Des corps flottaient sur la Loire. « Les rues, raconte un témoin, étaient coulantes de sang et tapissées de corps morts de tous endroits. » Il était impossible aux habitants de sortir, tant la pestilence était grande.

La violence sauvage de ces tueries purificatrices, pratiquées au nom de Dieu et de la religion, avait profondément effrayé une partie de l'opinion qui se demandait si « les Guises n'avaient pas fait que venger une offense personnelle » (Jean-Hippolyte Mariéjol). Catherine de Médicis, à qui tant de sang avait donné des haut-le-cœur, jugeait que l'unité de l'État était menacée. La couronne de France pouvait rouler bas et le royaume s'abîmer dans d'abominables convulsions. Après la mort du chancelier François Olivier, au début d'avril 1560, elle poussa le roi à le remplacer par un modéré de bon sens, Michel de L'Hospital, ancien conseiller au parlement de Paris, premier président de la Chambre des comptes. Habile et prudent, ce partisan d'une réconciliation générale avait su plaire aux Lorrains en les couvrant de flatteurs versiculets, d'où leur consentement à cette expérience de pacification. Sans eux, en effet, rien ne pouvait se décider. Ils n'en restaient pas moins vigilants et soupçonneux.

Ainsi s'ouvrit une période d'accalmie. Par l'édit d'Amboise (8 mars 1560), les détenus pour cause de religion furent libérés. En mai, l'édit de Romorantin ôta les affaires d'hérésie aux tribunaux civils et les confia à des instances ecclésiastiques, utile moyen de distinguer le temporel du spirituel.

En août, un Conseil du roi, élargi aux grands officiers de la Couronne et aux chevaliers de l'ordre de Saint-Michel, au cours duquel chacun put s'exprimer librement, y compris le protestant Coligny, l'évêque de Valence Monluc et l'archevêque de Vienne

Marillac, ces deux derniers sévères à l'égard de la corruption des mœurs cléricales, décida de convoquer les états généraux à Meaux pour le 19 décembre, suivis d'un concile national pour rapprocher les points de vue religieux.

Les princes soupçonnés

L'un des traits fondamentaux de la société de cette époque était sa structuration selon un système fortement hiérarchisé de patronage, de fidélité et de réciprocité de services, dans lequel les membres de la petite noblesse se plaçaient dans la dépendance de seigneurs de la noblesse titrée – comtes, marquis, barons ou vicomtes –, tandis qu'à leur tour ceux-ci recherchaient la protection d'un Grand, prince ou duc et pair. Il en allait ainsi depuis l'affaiblissement au XVe siècle des liens de vassalité qui subsistaient seulement pour les domaines fonciers.

Le cardinal de Lorraine pouvait donc croire légitimement que la révolte à Amboise de ces hobereaux sans sou ni maille avait été montée avec la complicité active de personnages haut placés, tels le prince de Condé et accessoirement son aîné, le duc de Bourbon.

Les deux princes avaient protesté, bien sûr, tout en prenant le large et en se réfugiant à Nérac. Ils s'étaient gardés d'aller à Fontainebleau participer au Conseil élargi. Ils continuaient d'entretenir le mécontentement contre les Lorrains en encourageant la diffusion de libelles au ton parfois très violent. Antoine avait même chargé l'un de ses proches, le jeune seigneur de Maligny, de tenter une prise d'armes à Lyon, puis, hésitant comme toujours, avait annulé l'entreprise. Ces dangereuses palinodies ne pouvaient que conduire les Guises à reprendre leur politique de répression.

Nérac était devenue un important foyer du protestantisme dans le Midi. Jeanne et Antoine y accueillirent durant l'été de 1560 deux nouveaux prédicateurs renommés, le publiciste François Hotman, qui s'en était pris dans un pamphlet au cardinal de Lorraine, et Théodore de Bèze, gentilhomme bourguignon, puissant et remarquable harangueur, très proche collaborateur de Calvin. Haut lieu de la contestation romaine déjà active du temps de Marguerite de Navarre, c'était de là qu'était partie la conversion de Bergerac, d'Agen ou de La Rochelle. Si le Pays basque et la Navarre restaient fortement marqués par le catholicisme à la mode espagnole, le Béarn était plus perméable aux idées de Genève.

Restait à s'occuper de l'éducation du jeune prince. À six ans et demi, Henri quitta sa gouvernante, Mme de Miossens, pour un gouverneur. Ses parents choisirent Charles de Beaumanoir, baron de Lavardin, chevalier de Saint-Michel, et désignèrent pour précepteur le sieur de La Gaucherie, deux protestants convaincus.

La nouvelle déclencha la colère du cardinal d'Armagnac, ancien évêque de Lectoure, proche de Marguerite, de la reine mère et du nouveau pape Pie IV. Déterminé à sévir contre ce dangereux bouillon de culture de Nérac, ce dernier prononça une sentence d'excommunication contre La Gaucherie et les deux prédicants les plus en vue, Boisnormand et David. Il y ajouta la menace de déchoir de leurs droits les cosouverains de Navarre.

À ce moment, Jeanne hésitait entre la religion catholique et la réformée, assistant tantôt à la messe romaine, tantôt aux prêches, craignant en cas de rejet manifeste du papisme la vengeance des rois de France et d'Espagne, plus redoutable que les anathèmes pontificaux. Toutefois, en son for intérieur – on le sait par sa correspondance personnelle –, elle était acquise aux idées de Genève dès le mois d'août 1555. Antoine, pour sa part, était à son habitude ondoyant, même s'il apparaissait encore pour les ultracatholiques comme l'une des figures de proue du mouvement réformé en France, à côté de l'amiral de Coligny. À Pâques, il avait assisté à la Cène dans un temple de Pau, en présence de son fils.

Des affrontements violents avaient éclaté à Bordeaux, à Lyon, en Normandie et dans le Midi. Les Guises avaient réussi à persuader le roi que les princes du sang, Condé et Bourbon, étaient à l'origine de cette agitation et cherchaient à se venger de la conjuration d'Amboise, que Catherine de Médicis, par euphémisme, préférait appeler le « tumulte d'Amboise ». Il fallait engager les deux frères à revenir à la Cour et à se rendre non plus à Meaux, mais à Orléans, mieux fortifiée, où les états généraux avaient été finalement convoqués. François II leur dépêcha à Nérac leur troisième frère, le cardinal de Bourbon. Devant le refus des intéressés, qui flairaient à juste titre un piège, un ordre exaspéré du roi, porté par le sieur de Crussol, leur enjoignit d'obéir sans délai. « Vous pouvez être assurés, écrivait-il dans sa lettre de sommation, que là où il [Bourbon] refusera d'obéir, je saurai bien faire connaître que je suis bien le roi. »

La princesse de Condé, Éléonore de Roye, avait averti son mari des dangers qu'il encourait ainsi que son frère aîné Antoine. Mais comment se soustraire à un tel ordre ? Le 30 octobre, tous deux arrivaient à Orléans. Ils traversèrent une ville en armes sans rencontrer âme qui vive pour les accueillir selon leur rang. Avec anxiété, Condé se précipita chez le roi, qui s'était installé avec la Cour dans le bel hôtel du bailli Groslot, construit par Jacques Ier Androuet Du Cerceau. Il se mit à genoux. Le fusillant du regard, François ne tira que viles injures de ses lèvres moroses, avant de le faire appréhender par le capitaine de ses gardes et enfermer dans une chambre, aussitôt grillagée. Antoine restait libre, mais avec ordre de ne pas quitter la cité.

Si l'on en croit l'*Ample déclaration* rédigée plus tard par Jeanne d'Albret ou l'un de ses proches ministres, les Guises tentèrent alors de l'empoisonner ou de l'abattre d'une bonne pistolade. Ayant échoué, ils auraient persuadé le jeune monarque de l'attirer dans sa chambre et, en leur présence, de lui porter les premiers coups de dague. Pendant ce temps, les troupes espagnoles franchiraient la Bidassoa et marcheraient sur Pau, où, conjointement avec l'armée du maréchal de Termes descendant du Poitou, ils mettraient à mort la reine de Navarre et ses deux enfants. Catherine de Médicis aurait déjoué au dernier moment ce sinistre projet, dont à vrai dire on peine à trouver trace ailleurs.

Commencé devant un tribunal d'exception, le procès de Condé fut vite expédié. Survint alors un événement inattendu, providentiel, pensa certainement le prince : la maladie de François II. Rongé par la tuberculose, il fut victime d'un abcès à l'oreille. Les Guises avaient tout à craindre de son décès, car l'héritier du trône, son frère, le petit prince Charles, n'avait que dix ans. Celui-ci étant mineur, la régence devait en bonne logique revenir au premier prince du sang, Antoine. Aussi pressèrent-ils le tribunal de rendre sa sentence, de façon à créer l'irréparable. Louis de Bourbon, prince de Condé, fut condamné à la peine capitale le 26 novembre 1560 pour trahison, hérésie et conjuration. En raison de la situation politique, le chancelier de L'Hospital ajourna par prudence l'exécution. Le 5 décembre, François II expira à Orléans, à l'âge de seize ans, probablement d'une mastoïdite aiguë, après avoir régné un an et cinq mois. Le « capitaine muet » avait sauvé de peu sa tête.

3

LE DÉBUT DES GUERRES DE RELIGION

La difficile question de la régence

« Malheur à toi, pays dont le roi est un enfant », dit l'Ecclésiaste. Avant même que l'infortuné François n'eût poussé son dernier soupir, une question lancinante hantait les membres du Conseil : qui allait exercer la régence pendant les trois années séparant son frère Charles de sa majorité légale fixée à treize ans révolus ? Selon la loi salique, sitôt le décès annoncé, cet enfant, du seul fait de sa naissance, allait lui succéder sous le nom de Charles IX. Mais il ne pouvait gouverner seul. Or, aucune disposition claire ne réglait la question de la minorité royale. Là résidait une des grandes faiblesses de la monarchie française.

Un fait était sûr : Marie Stuart n'ayant pas enfanté, elle n'avait aucune légitimité à se maintenir au pouvoir. Il était prévu que la jeune veuve de dix-huit ans se retirerait à l'abbaye Saint-Pierre-les-Dames de Reims, afin d'y mener selon la tradition son deuil de quarante jours dans une chambre tapissée de noir, en attendant de retourner dans son pays natal.

Plusieurs cas de régence s'étaient présentés dans l'histoire de la France. Elle pouvait revenir soit aux oncles (Jean de Berry, Philippe de Bourgogne et Louis de Bourbon, pour la minorité de Charles VI), soit à la sœur du roi et à son mari (Anne de France et Pierre de Beaujeu, durant celle de Charles VIII). En l'occurrence, on n'était en face d'aucun de ces cas de figure. Bien que la mère fût écartée du trône en tant que femme, il lui était arrivé d'exercer l'autorité en attendant la majorité de son fils. Catherine de Médicis pouvait invoquer le cas de Blanche de Castille. Plus récemment, il y avait eu Louise de Savoie, mère de François Ier, mais l'intérim s'était produit du vivant du roi, pendant les campagnes d'Italie ou sa captivité. Catherine elle-même avait exercé la régence en 1552, pendant un temps assez bref, lors du départ à la guerre d'Henri II. Ce précédent ne lui donnait pourtant aucune préséance à la mort de son fils aîné.

Fallait-il recourir aux états généraux ou à ces messieurs du Parlement ? Le danger eût été de voir s'imposer la candidature d'Antoine de Bourbon, premier prince du sang. Bref, la prise de pouvoir de l'héritière des banquiers toscans fut un chef-d'œuvre de manœuvre politique.

Elle avait compris qu'il serait vain de chercher des appuis auprès des Guises. Il suffisait de ne leur point déclarer la guerre et de leur laisser entendre qu'elle pourrait se servir de leurs compétences. En revanche, il lui fallait se rapprocher des deux principaux opposants mis à l'écart depuis la mort de son mari, le connétable Anne de Montmorency et Antoine de Bourbon.

Pour le premier, chef de toutes les armées du royaume en vertu de sa charge et qui avait dans sa vaste clientèle une bonne part de la haute noblesse catholique, l'affaire était aisée : dans la compétition pour la régence, ce vieillard grincheux et solennel n'avait aucun droit. Il ne demandait qu'à revenir en grâce. Son appui, face aux Guises, pouvait donc être d'une grande utilité. Concernant Antoine, la position de Catherine était plus délicate. En tant que cousin du roi, premier prince du sang et héritier potentiel de la couronne, il avait davantage de légitimité qu'elle. Il fallait trouver un arrangement. Perspicace, la veuve d'Henri II avait décelé deux points faibles dans sa cuirasse, la vanité et le manque de caractère. Le 2 décembre, trois jours avant la mort de son fils, elle le convoqua dans son cabinet de l'hôtel Groslot à Orléans.

Une « femme extraordinaire »

À quarante et un ans, avec son visage arrondi enfoui sous les dentelles noires, son teint olivâtre rehaussé d'une collerette godronnée de lin blanc, son front fortement bombé, ses yeux à fleur de peau, son regard un peu trouble, ses lèvres charnues et son menton fuyant, l'arrière-petite-fille de Laurent le Magnifique était loin d'être une beauté à inspirer les stances des poètes. Malgré ses robes sombres atténuant ses formes, il était difficile d'oublier que son corps portait l'empreinte de ses dix grossesses. Brantôme la décrivait crûment comme une « dame hommasse en forme ». Mais quelle force intérieure, quelle énergie, quelle intelligence ! De la patience et de la dissimulation, il lui en avait fallu pour supporter du vivant de son mari cette déesse altière et superbe qui avait nom Diane de Poitiers, créée par lui duchesse de Valentinois. Elle avait bien été contrainte de jouer les épouses soumises et effacées.

Les portraits qu'ont brossés Michelet, Alexandre Dumas et leurs épigones – la « maquerelle des Guises », acariâtre, artificieuse, malfaisante, dévorée de jalousie, gouvernant par le poignard et le poison – ont heureusement disparu sous la plume de ses derniers biographes, Denis Crouzet, Robert Knecht, Janine Garrisson, Jean-François Solnon ou Thierry Wanegffelen. Honoré de Balzac l'avait dit, la figure de cette « femme extraordinaire » apparaît « comme celle d'un grand roi ». Que cette manipulatrice se soit servie de la ruse, qu'on l'ait prise souvent en flagrant délit de mauvaise foi est indéniable. Ce sont là les instruments éternels de la politique.

L'important n'était-il pas qu'elle mît son machiavélisme florentin au service du bien commun ?

Le coup d'État de Catherine

Face à son compère Antoine, qui entrait dans son cabinet plein d'inquiétude – une inquiétude qu'elle avait savamment entretenue en laissant courir des rumeurs alarmantes sur son compte –, elle avait arrêté sa stratégie. Point de cajoleries ni de flatteries. Il fallait le placer tout de suite en position de faiblesse, l'épouvanter, et ce en présence des Guises qui le détestaient et dont elle se faisait ainsi des alliés provisoires. Elle attaqua donc : elle avait en main, lui dit-elle, toutes les preuves de ses trahisons, de ses complots. Il avait perdu par sa faute sa capacité à exercer la régence.

Livide, tremblant, décontenancé, Antoine bredouilla qu'il était prêt à sacrifier ses droits. Alors Catherine, superbe et magnanime, le rassura. Elle lui promit qu'il occuperait le premier rang au Conseil et serait consulté sur les grandes affaires du royaume. Elle avait tant besoin de son expérience ! Et même de celle de son frère Louis, dont le procès avait été un malentendu, décidé par son fils mourant, et uniquement par lui. Son programme ? Réconcilier les partis et s'appuyer sur toutes les compétences. Les Guises à leur tour tombèrent dans le panneau. Et chacun de faire la paix autour de la future bonne régente. Pour un peu ils se seraient embrassés. Du grand art !

Cela dit, Catherine, impressionnée par les Guises, notamment par la haute figure du cardinal de Lorraine, devait naviguer entre les écueils avec prudence. Observateur subtil de la politique française, l'ambassadeur de la Sérénissime République, Michele Suriano, la portraiturait ainsi : « Il suffit de dire que c'est une femme, une étrangère, Florentine pardessus le marché, née d'une maison privée et ne correspondant point à la grandeur du royaume de France. À cause de cela, elle manque de l'autorité qu'elle aurait peut-être si elle était née Française et d'une maison plus illustre. On ne saurait cependant nier qu'elle ne soit femme d'un grand mérite et d'un grand esprit ; et si elle avait un peu plus d'expérience des affaires de l'État et si elle était un peu plus ferme, on en pourrait attendre de grandes choses. »

À l'égard d'Antoine, le jugement du diplomate était plus sévère : « Le roi de Navarre, pour parler franchement, est un homme très faible. Quoiqu'il soit très brave, de fort gracieuses et agréables manières, il est dépourvu de l'expérience et du sens qu'il lui faudrait pour soutenir un gouvernement d'une telle importance. L'expérience doit nécessairement lui manquer, parce qu'il ne s'est jamais occupé auparavant des affaires de l'État, mais plutôt de ses commodités et de ses plaisirs. »

Une nouvelle fois, comme le dit Bernard Berdou d'Aas, le dernier biographe de Jeanne d'Albret, Antoine de Bourbon n'avait pas su « saisir son destin ». En vérité, les cartes n'étaient pas encore toutes redistribuées. Catherine avait remporté la première manche – ravir la régence. Quelques mois plus tard, elle allait perdre la seconde – gouverner seule – par suite de l'instabilité d'Antoine, de la mauvaise volonté du Parlement à enregistrer ses édits de pacification et surtout de l'extension du conflit religieux, qui, implacablement, accentuait la dislocation de ce malheureux royaume de France.

Le chassé-croisé

Le jour de la Noël de 1560, à Pau, coup de théâtre : Jeanne d'Albret, éloignée de son mari et exerçant seule le gouvernement du Béarn, abjura publiquement la religion catholique et embrassa la Réforme lors de la Cène qui se déroula selon le plus parfait rite calviniste en l'église Saint-Martin, unique paroisse de la ville. Elle en avait assez de ménager le monde, de jouer double jeu par opportunisme politique ou, pour reprendre son expression, de fléchir hypocritement le genou devant les idoles de la superstition romaine. Telle était sa décision irrévocable. Dans cette conversion, il faut sans doute voir l'influence décisive de Théodore de Bèze, qu'elle consultait souvent et dont elle suivait avec soin les prescriptions. Parmi les nombreuses lettres de félicitations qu'elle reçut, deux au moins lui procurèrent un intense plaisir, celle de la reine Élisabeth Ire d'Angleterre, l'encourageant à propager dans ses États la vraie religion comme elle dans les siens, et celle de Jean Calvin, heureux de la voir enfin « retirée des ténèbres de la mort ».

Pendant ce temps, à Orléans, dans une salle construite à cet effet sur la place de l'Étape, face à l'hôtel Groslot, les 550 députés des états généraux s'étaient réunis le 13 décembre. Les élections avaient été faites un peu en désordre par bailliage, sénéchaussée, diocèse ou gouvernement, selon la tripartition traditionnelle, clergé, noblesse et tiers état. C'eût été grande maladresse de les ajourner en raison du décès du roi. Catherine y vit au contraire un excellent moyen de conforter sa situation, en dépit de la volonté de certains nobles huguenots d'imposer à sa place le premier prince du sang, même malgré lui. Elle le répéta, sa politique était celle de l'union des princes et, sur le plan religieux, celle de l'apaisement.

Elle s'appuyait principalement sur sa créature, le chancelier Michel de L'Hospital, sûr et solide, grand humaniste, excellent légiste, catholique favorable à la liberté de conscience et à une coexistence pacifique avec les protestants. Les députés des états généraux remarquèrent son ouverture d'esprit : « Tu dis que ta religion est meilleure, lançait-il. Je défends la mienne. Lequel est le plus raisonnable, que je suive ton opinion ou toi la mienne ? Ou qui en jugera si ce n'est un saint concile ? Ôtons ces mots diaboliques, noms de partis, factions et séditions, luthériens, huguenots, papistes. Ne changeons pas le nom de chrétiens. »

Les débats n'en furent pas moins houleux. À la division religieuse se superposait l'aigre rivalité des Grands, qui, le plus souvent par calcul politique, avaient épousé avec passion la cause réformée ou étaient restés dans la foi catholique romaine. Les trois ordres se dispersèrent le 31 janvier 1561. Seul échec essuyé par la régente : leur refus d'établir un nouvel impôt, dont le principe n'avait pas été prévu dans l'édit de convocation. En vertu de leur mandat impératif, les députés ne s'étaient pas sentis en droit de le voter. Or, l'état des finances était catastrophique : la dette représentait 43 millions de livres, le quadruple des recettes annuelles. Les états devraient donc à nouveau se réunir à ce sujet à Pontoise.

Surveillant l'opinion comme le lait sur le feu, surtout depuis les mouvements d'humeur des huguenots aux états généraux, Catherine s'était mise à craindre la concentration des oppositions autour d'Antoine de Bourbon, mal satisfait du peu d'autorité qu'elle lui avait concédé. Pour ménager les Bourbons, elle lava de toute accusation son frère Condé et conféra à Antoine le titre de lieutenant général du royaume. Une nomination de pure forme. « Je retiens toujours la principale autorité, expliquait-elle à son gendre Philippe II d'Espagne. Je l'ai fait lieutenant général du roi sous moi à qui reste la suprême autorité comme je l'ai eue jusqu'ici. »

À peine nommé, le matamore s'empressa de destituer le duc de Guise de ses responsabilités militaires, tout en revenant par opportunisme à la religion catholique romaine. En réaction, François de Guise, le connétable Anne de Montmorency et Jacques d'Albon, maréchal de Saint-André, constituèrent en avril un « triumvirat », coiffant un parti ultra en voie de formation, déterminé à combattre jusqu'au bout l'hérésie calviniste et en premier lieu leurs chefs, Condé et Coligny. Cette union, préfiguration de la Ligue, qui avait reçu le soutien du roi d'Espagne, du duc de Savoie et du pape Pie IV, modifiait la donne politique.

François de Guise avait alors signifié à la reine mère « qu'il n'était plus temps de boire à deux fontaines, qu'elle se devait déclarer d'un côté ou de l'autre ». Celle-ci maintint néanmoins sa politique conciliante à l'égard des réformés. L'édit du 19 avril 1561, comme le dit Denis Crouzet, avait « pour finalité l'objectif de modérer le pathos des prédicateurs : il interdisait de s'injurier en employant les termes de papistes et de huguenots et réitérait le commandement du 28 janvier de remise en liberté des prisonniers pour fait de religion ».

À la fin de juillet, à l'invitation de Catherine, Jeanne d'Albret, accompagnée de ses deux enfants, Henri et Catherine, prit la route de Saint-Germain, animée d'une fièvre prosélyte. Sa traversée de la France fut un triomphe. Partout des foules se mobilisaient pour l'acclamer et l'encourager. À Orléans, 25 religieuses exaltées enlevèrent leur voile en signe d'abandon de leurs vœux. Le 21 août, le « petit troupeau » faisait son entrée à Saint-Germain.

Tandis que l'ambassadeur de la reine d'Angleterre, sir Nicholas Throckmorton, jubilait, celui de Philippe II, Thomas Perrenot de Chantonnay*, était dans les transes de voir cette *Madama de Vendoma* « reçue par tous les hérétiques qui l'attendaient comme le Messie », ainsi qu'il le mandait à son maître le 31 août.

S'il n'y avait que les hérétiques ! À son arrivée à Saint-Germain, où le plus bel appartement du château lui avait été réservé, Charles IX et Catherine la traitèrent avec les honneurs dus à une souveraine étrangère. Feux d'artifice, joutes et même courses de taureaux, rien ne lui fut refusé, malgré un Trésor royal à sec. Au festin qui suivit, elle fut placée à côté de la reine mère et son fils Henri au même rang que le roi. Tout en ne partageant pas les engagements religieux de sa

* Il était d'origine franc-comtoise.

« commère », comme elle l'appelait, la régente avait besoin de sa présence pour contribuer à l'apaisement religieux qu'elle et le chancelier comptaient imposer au colloque de Poissy, sorte de synode national regroupant chefs protestants et docteurs de l'Église romaine.

Le vert galant

Jeanne n'avait pas côtoyé son mari depuis près d'un an. Rien n'allait plus entre eux. La reine de Navarre, au courant des aventures extraconjugales d'Antoine, avait perdu toute illusion. Ses promesses, disait-elle, étaient comme les « figures sur l'eau ou sur le sable, aussitôt effacées que faites ». Bref, leurs retrouvailles entraînèrent une tempête de récriminations.

La quarantaine venue, Antoine avait été saisi par le démon de midi. Il était devenu un vert galant volage et infidèle, multipliant les aventures. Ses paillardises entretenaient les clabaudages de la Cour. Boucles d'or et pierreries aux oreilles – il en avait lancé la mode –, il se servait de sa noble tournure pour butiner de fleur en fleur la jouvencelle disponible, mignoter la veuve charmante, encline à la bagatelle, ou coqueter la fille d'honneur sensible à ses douceurs. Avec chacune d'elles il dansait tout énamouré un branle et une courante, avant de passer à de plus substantiels contentements.

On ne connaît que quelques-unes de ses conquêtes, notamment la fille du capitaine portugais Melchior Vaëz, suivante de sa femme. Sa favorite en titre était une demoiselle d'honneur de la reine mère, Louise de La Béraudière de l'Isle-Rouhet, dite « la belle Rouhet », dont il avait eu un fils, Charles, en 1554, qui sera plus tard archevêque de Rouen. Beaucoup soupçonnaient Catherine de Médicis d'avoir encouragé cette idylle tapageuse pour mieux manœuvrer le naïf seigneur. Calvin était persuadé que son retour au catholicisme en était la conséquence : « La matrone qui est expérimentée en cet art a extrait de son harem ce qui pouvait attraper l'âme de notre homme en ses filets. » *Totus est venereus* (« Il appartient tout entier à Vénus »), concluait-il sentencieusement.

C'était le début de la légende de l'« escadron volant » de la reine mère qui envoyait ses filles, légèrement vêtues de soie et d'or, en service commandé, légende démentie par Brantôme, peu avare pourtant en descriptions libertines. S'il est vrai que Catherine se servit de quelques-unes afin de pratiquer une forme d'espionnage galant, jamais elle ne les encouragea à user de leurs charmes pour s'adonner à la débauche. Sous son gouvernement, les règles de l'amour courtois prévalaient. Dames et demoiselles de la Cour étaient étroitement surveillées... insuffisamment sans doute pour un joyeux compère comme le prince de Bourbon. À Louise succéda Marguerite de Lustrac, dite la belle maréchale de Saint-André. Les voies d'Antoine et de Jeanne divergeaient, irrémédiablement.

L'échec du colloque de Poissy

La volonté d'ouverture religieuse et de réconciliation de Catherine et du chancelier ne faisait aucun doute, à la sidération des catholiques zélés qui dénonçaient ce laxisme inadmissible et à l'inquiétude grandissante de l'ambassadeur Chantonnay qui redoutait de voir la France basculer dans la Réforme. « Toute la Cour était infestée d'hérésie », se souviendra Marguerite de Valois, fille d'Henri II et de Catherine, malgré son jeune âge. On se réunissait dans les appartements du château royal, où les prêches réformés avaient été autorisés. Traduits par Marot et imprimés à Genève, des livrets de prières étaient librement distribués. On vit même un jour Théodore de Bèze, grave et charmeur à la fois, prononcer une homélie en présence de la reine mère, d'Antoine de Bourbon, de Jeanne d'Albret et d'un parterre de grands seigneurs. Pis encore, à l'invitation de la reine de Navarre, Hippolyte d'Este, cardinal de Ferrare et légat du pape, sourire bienveillant aux lèvres, vint se joindre à l'une de ces assemblées pour entendre son fils Henri et son cousin le petit Condé chanter quelques psaumes de leurs voix fluettes.

Ces effusions œcuméniques avant la lettre se faisaient non sans ambiguïté. Charles IX, âgé de onze ans, et son frère, le petit duc d'Orléans, hésitaient, ne sachant quelle religion adopter. Leur mère ne les avait-elle pas autorisés à réciter leurs prières et à chanter des psaumes en français ? N'avait-elle pas ouvert la chapelle du château aux deux cultes ? Jeanne au contraire représentait la rigueur absolue. Elle refusait de se rendre à la messe, que son mari entendait quotidiennement. Son fils de huit ans, dûment chapitré, accompagnait son père jusqu'au seuil de la chapelle et s'en retournait sagement auprès d'elle.

À la vérité, les enfants de la maison de Valois, ceux de l'amiral de Coligny et le jeune Henri, affectueusement surnommé par ses camarades Vendômet, se gaussaient des divisions des grandes personnes. Un jour que Catherine de Médicis discutait avec le cardinal de Ferrare, la porte du cabinet s'ouvrit devant une procession de « petits mignons » montés sur des ânons et déguisés en prélats. À leur tête figurait le jeune Béarnais, toujours vif et turbulent, en soutane écarlate, rochet et camail, son compagnon Charles IX en évêque violet, d'autres enfants costumés en abbés ou en moines. Le cardinal sourit gentiment ; la reine s'esclaffa avant de se reprendre et de morigéner la troupe, ajoutant qu'il se trouverait « certainement à la Cour des personnes assez complaisantes pour rapporter ce qui s'était passé ». Elle avait vu juste. La mascarade fut immédiatement relatée à Philippe II comme une affaire d'État. Les garnements se moquaient si bien de ces remontrances que, quelques jours plus tard, ils renouvelèrent leur jeu. On vit cette fois le roi affublé d'une aube, portant crosse et mitre, suivi d'une suite aussi burlesque, dans laquelle Vendômet faisait bonne figure. S'ensuivirent une nouvelle lettre alarmiste de Chantonnay et une remarque acerbe du nouveau nonce, Mgr de Santa Croce, auxquelles Catherine se crut obligée de répondre que ces accoutrements étaient des « badinages de petits enfants ».

On attendait le colloque qui devait réunir les théologiens des deux confessions et servir de réunion préparatoire au concile national, dont on avait annoncé la réunion à Fontainebleau. Ce colloque se tint du 9 septembre au 14 octobre 1561 dans le grand réfectoire de l'abbaye bénédictine de Poissy. L'objectif de la reine mère et du chancelier était de ramener les protestants dans le giron de l'Église romaine « en toute douceur », par la persuasion et les libres discussions théologiques.

Les séances se déroulèrent en présence de Charles IX, de Catherine de Médicis, du duc d'Orléans, d'Antoine de Bourbon, de son frère Louis, de Jeanne d'Albret, des membres du Conseil et des grands dignitaires de la Couronne. Henri de Navarre, trop jeune, n'y assista pas. Six cardinaux, trente-six archevêques et évêques furent confrontés à douze ministres et députés protestants, conduits par Théodore de Bèze, impressionnant avec sa barbe de patriarche biblique. Pie IV, inquiet de ces discussions en marge du concile de Trente qui risquaient de déboucher sur la formation d'une nouvelle Église indépendante, à l'image de celle d'Angleterre, avait délégué pour le représenter le cardinal de Ferrare et Jacques Laynez, supérieur général des Jésuites.

Comme il fallait s'y attendre, les échanges achoppèrent sur la nature de l'eucharistie. Pour les catholiques, au moment de la consécration du pain et du vin, il y avait conversion totale de la substance du pain et du vin en celle du corps et du sang de Jésus, et par conséquent rémanence des espèces consacrées et non consommées dans le ciboire après la messe. C'est ce qu'on appelle la transsubstantiation. D'où pour eux la dévotion à l'hostie et l'adoration du saint sacrement. Pour les calvinistes, au contraire, la présence du Christ dans l'hostie était purement symbolique et ne prenait sa valeur qu'au cours de la Cène, Dieu se manifestant alors en celui qui recevait les espèces*.

Le colloque de Poissy ne pouvait pas changer le dogme de l'Église, réaffirmé dès 1551 par la deuxième session du concile de Trente, pas plus que les calvinistes ne pouvaient modifier la théologie de leur maître, sauf à se renier eux-mêmes. Folle illusion que de croire dans ces conditions à une mixtion théologique des doctrines ou à des ajustements dogmatiques ! « Le corps de Jésus-Christ, lança Théodore de Bèze, décidé à la rupture, est aussi loin du pain que le haut des cieux est éloigné de la terre », provoquant une vague d'indignation parmi les prélats. Dès lors, on s'aperçut qu'il n'y avait pas de rapprochement interconfessionnel possible. L'année suivante, en 1562, la troisième session du concile de Trente soulignera d'ailleurs le caractère sacrificiel du sacrement eucharistique, la sainte messe étant la réitération du sacrifice unique de la Croix, position que les calvinistes ne pouvaient en aucun cas adopter.

La première guerre de Religion

Le dialogue de sourds de Poissy eut deux conséquences. La première fut que les calvinistes français, qui avaient professé jusque-là une religion clandestine, considérèrent qu'ils avaient acquis une reconnaissance officielle, puisqu'ils avaient été traités d'égal à égal avec les hauts dignitaires catholiques. D'où la forte progression des conversions touchant à peu près toutes les classes sociales. Nicolas Fornerod et Philip Benedict, dans la *Revue historique* de mars 2009, ont estimé que, en 1562,

* Notons que pour les luthériens, la présence réelle existait dans les espèces consacrées, mais sous forme de la consubstantiation, la substance du corps et du sang du Christ étant conjointe à celle du pain et du vin, sans la changer : un point de vue plus proche des définitions dogmatiques de l'Église catholique que celui des calvinistes.

2 150 communautés environ avaient des résidents protestants et 650 des églises constituées. En octobre, à Paris, dans une ville pourtant très catholique, approximativement 8 000 personnes assistèrent à la Cène et aux prêches. Combien étaient-elles dans toute la France ? Faute de statistiques, il est difficile de le dire. Certains ont parlé d'un million et demi, soit environ 10 % de la population du royaume, ce qui semble plausible.

La seconde conséquence, découlant de la cristallisation des positions religieuses, fut l'explosion des violences. Pourtant, la reine mère et le chancelier avaient poursuivi leur politique d'apaisement et d'ouverture. L'édit de Saint-Germain du 17 janvier 1562, à la rédaction duquel collabora Théodore de Bèze, autorisait pour la première fois et pour une durée de deux ans les réformés à s'assembler non dans les villes, mais dans les faubourgs, à condition de restituer au préalable les biens de l'Église dont ils s'étaient emparés. Jeanne, alors très malade, considéra que cet acte, malgré ses restrictions, notamment l'interdiction de construire des temples, était une étape importante vers une plus grande liberté religieuse.

A contrario, les triumvirs – François de Guise, Anne de Montmorency, le maréchal de Saint-André – et les tenants du parti catholique, dont s'était rapproché par opportunisme Antoine de Bourbon, se lamentaient. Plus ce dernier faisait figure de rival de Catherine de Médicis, plus les liens de cette dernière avec Jeanne se resserraient. Une connivence était née, presque une amitié, mais une amitié houleuse avec des hauts et des bas, tant la reine de Navarre était entière dans ses convictions et imprévisible dans ses provocations. Aux recommandations de la reine mère de se rapprocher de son mari et de la religion catholique, elle répliquait que « plutôt que d'aller à la messe, si elle avait un royaume et son fils en la main, elle les jetterait tous deux au fond de la mer pour ne lui être un empêchement ».

À ce moment jaillit la malheureuse étincelle qui allait allumer le brasier de la première guerre de Religion. Le 1er mars 1562, dans le bourg clos de Wassy, dans la principauté de

Joinville en Champagne, dont le duc de Guise était le seigneur, 500 huguenots environ s'étaient réunis dans une grange proche de l'église afin d'assister à un prêche, cela en violation de l'édit de Saint-Germain n'autorisant ce type de rassemblement qu'en dehors des murs des cités. De passage avec son escorte, François de Guise voulut faire un exemple. Au refus obstiné des protestants de déménager, accompagné de jets de pierres dans sa direction, il chargea ses estafiers de riposter par des arquebusades, faisant ensuite cerner et incendier la grange. On releva une cinquantaine de morts, dont des femmes et des enfants, et environ 150 blessés.

L'entrée des triumvirs dans Paris, quelques jours plus tard, avec une escorte de 3 000 personnes, fut un triomphe. Antoine de Bourbon, qui se trouvait avec la Cour à Fontainebleau, ne voulut pas être en reste. Le Samedi saint 21 mars, il rejoignit ses nouveaux amis avec ses chevaux et mulets et ne fut pas moins ovationné. Puis il exigea le retour à Paris de la Cour. Charles IX et sa mère durent s'exécuter, se retrouvant sous l'étroite tutelle des chefs du parti catholique. Enfin, le Bourbon intima à sa femme l'ordre de se retirer à Vendôme avec sa fille uniquement. Elle obéit. Avant de se séparer dans la douleur d'Henri, elle le supplia de rester fidèle à la religion réformée, le menaçant de le déshériter en cas de désobéissance.

Pendant ce temps, à l'appel de Louis de Condé, les protestants, bouleversés par le massacre de Wassy, criaient vengeance et s'armaient. En réaction, les catholiques, aiguillonnés par la haine, s'adonnèrent à des massacres à Sens, Auxerre, Angers, Cahors, Avignon. Même François de Guise fut affolé des atrocités commises par la « commune », autrement dit la populace. Les protestants ripostèrent par d'autres carnages, notamment des assassinats de prêtres. Le sang coulait à flots. Le vandalisme s'étendait aux objets religieux, jusqu'aux tombeaux de la famille royale, comme celui de Louis XI à Notre-Dame de Cléry et celui de Jeanne de France au monastère de l'Annonciade à Bourges. Il ne semblait plus y avoir d'autorité, mais seulement deux camps prêts à en découdre. Le 2 avril, Condé, à la tête d'une petite troupe, s'empara d'Orléans. Rouen tomba le 15, suivi de Lyon en une nuit, le 30.

Pendant que ces mauvaises nouvelles parvenaient à la Cour, Antoine avait repris en main l'éducation de son fils. La Gaucherie, chassé, fut remplacé par un précepteur catholique, Jean de Losse, seigneur de Bannes, valeureux guerrier, capitaine du Louvre et de la garde écossaise du roi. Ainsi, une nouvelle fois, le garçon se trouvait ballotté entre ses parents, victime de la séparation de ce couple et enjeu de leur haine conjugale. Stylé par sa mère, il refusa d'abjurer et d'aller à la messe durant plusieurs semaines, même sous la menace du fouet.

Catherine trouva le moyen de le faire succomber : la fierté. Le 1er juin 1562, dans la Sainte-Chapelle de Vincennes, il fut intronisé chevalier de l'ordre de Saint-Michel, fondé par Louis XI. Revêtu du beau manteau de damas blanc bordé de coquilles d'or et fourré d'hermine, il portait un chaperon de velours cramoisi. Après avoir touché la croix et les saints Évangiles en signe de serment de fidélité, il reçut à genoux le grand collier d'or fait de coquilles lacées, d'où pendait le superbe médaillon représentant l'archange, debout sur un roc, terrassant le dragon. « Dieu veuille longuement [que vous] le puissiez porter à sa louange et service, exaltation de sa sainte Église, accroissement et honneur de l'ordre et de vos mérites et bonne renommée. Au nom du Père, du Fils et du Saint-Esprit », telle était la formule destinée aux récipiendaires ; ceux-ci répondaient : « Amen, Dieu m'en donne la grâce. » À huit ans, pour ce collier rival de la Toison d'or, il était redevenu papiste.

À Vendôme, Jeanne, de son côté, s'était gardée de rallier ouvertement ses coreligionnaires insurgés. Mais elle encourageait la horde de 400 cavaliers huguenots qui écumait la région à détruire les images idolâtres et à fondre les reliquaires, croix, chandeliers, vases et statues de la collégiale Saint-Georges. Ils en tirèrent huit kilos d'or et 90 d'argent. Malheureusement, vite dépassée par les désordres, elle ne put les empêcher de profaner les tombeaux des Bourbons-Vendôme – cercueils éventrés, ossements jetés à la voirie –, y compris ceux de ses beaux-parents, Charles de Vendôme et Françoise d'Alençon, et probablement aussi celui de son fils aîné, le premier duc de Beaumont. Apprenant avec effarement cet acte de vandalisme, Antoine entra dans une rage si terrible qu'il décida de faire enfermer sa femme dans une forteresse et de placer le Béarn sous l'autorité de son fils. Puis, se ravisant, il donna huit jours à Jeanne pour quitter Vendôme. Elle résolut alors de regagner le Béarn. La route fut difficile, car un capitaine gascon à la tête de bandes royales, Blaise de Monluc, multipliait les exactions en Guyenne, répandant partout la terreur. « On pouvait connaître par là où j'étais passé, se vantait ce soudard dans ses fameux *Commentaires*, car par les arbres, sur les chemins, on en trouvait les enseignes. Un pendu étonnait plus que cent tués. »

On comprend que le petit Henri, de Paris, se soit inquiété du sort de sa mère auprès d'un des gentilshommes de sa suite, Nicolas de Grémonville, sieur de Larchant : « Écrivez-moi pour me mettre hors de peine de la reine ma mère, car j'ai si grande peur qu'il lui advienne mal de ce voyage où vous êtes que le plus grand plaisir que l'on puisse me faire, c'est de m'en écrire souvent [des nouvelles] » (22 septembre 1562). Le chenapan avait changé de religion pour un collier, mais il aimait toujours tendrement sa mère.

Jeanne, enfin parvenue à Pau vers la mi-août dans un état de grande faiblesse, reçut un émissaire de son mari qui lui enjoignait de signer une procuration lui permettant de « recevoir et accepter pays, villes et places qui [lui] seront baillés ». De quoi s'agissait-il ? Tout simplement de négocier avec Philippe II l'échange de la Navarre contre le royaume de Sardaigne. C'était la reprise du rêve insensé dans lequel le roi d'Espagne continuait de promener cette tête à vent d'Antoine. Jeanne ne fut pas dupe. Elle signa par soumission conjugale, tout en faisant établir, un peu comme autrefois lors de son premier mariage, un acte secret de révocation de son engagement par-devant le sénéchal de la vicomté, afin de conserver les droits de ses enfants.

Jeanne, seule souveraine de Béarn

On s'enfonçait toujours davantage dans la folie meurtrière de la guerre. Le duc de Guise avait demandé des secours militaires à Philippe II. Une bonne partie de la Normandie, du Val de Loire, du Dauphiné, du Languedoc, de l'Angoumois, du Poitou et de la Saintonge avait basculé dans la Réforme, mais Bordeaux et Toulouse résistaient aux assauts furieux des huguenots. Par le traité d'Hampton Court signé le 20 septembre avec Élisabeth d'Angleterre, Condé, moyennant un secours en argent et l'envoi de 6000 hommes de troupe, s'engagea à lui livrer la place du Havre, en attendant la restitution de Calais. Le pays était à feu et à sang.

Les catholiques, menés par les deux chefs rivaux, François de Guise et Antoine de Bourbon, résolurent une contre-offensive d'envergure. Ils reprirent Blois, Tours et Bourges, puis lancèrent des assauts répétés contre les murailles de Rouen, défendues par Montgomery, seigneur de Lorges, l'homme qui avait involontairement tué Henri II au tournoi des Tournelles.

Le 16 octobre, aux avant-postes, Antoine, pressé d'uriner, sortit imprudemment de la tranchée et reçut une balle d'arquebuse dans l'épaule gauche. Évacué sur un brancard au camp de Darnétal, il fut soigné par plusieurs chirurgiens, dont Ambroise Paré, seul à douter de ses chances de guérison. La balle, longtemps introuvable, finit par être extraite dans le haut du bras, au milieu des chairs déjà gangrenées dégageant une odeur pestilentielle. Le 17 novembre, le blessé mourut à la hauteur des Andelys sur la galéasse à rames qui remontait la Seine vers Paris. Il avait quarante-trois ans.

Il s'était confessé à un prêtre catholique, et, nouvelle palinodie, s'était fait lire plusieurs passages de l'Écriture, dont l'histoire de Job, confiant à son fidèle médecin, le calviniste Raphaël de Taillevis de Mézière, qu'il voulait « vivre et mourir en l'opinion d'Auguste », autrement dit la Confession d'Augsbourg*. Peu avant de rendre son dernier souffle, saisissant par la barbe un de ses valets italiens, il lui avait recommandé : « Servez bien mon fils et qu'il serve le roi. »

Il fut inhumé dans la collégiale de Vendôme, qu'on avait restaurée. Voltaire s'amusera à lui mitonner cette épitaphe sarcastique : « Ami français, le prince ici gisant vécut sans gloire et mourut en pissant. » Jeanne, qui avait appris son décès à Navarrenx, n'avait pu se déplacer. Elle fit célébrer néanmoins un office à sa mémoire.

Durant cette période troublée, le jeune Henri avait été mis à l'abri au château de Montargis, chez Renée de France, fille cadette de Louis XII, veuve d'Hercule, duc de Ferrare, une femme respectée par les deux camps, de foi calviniste, mais dont la fille Anne d'Este avait épousé François de Lorraine, duc de Guise. Le prince avait vu son père un mois avant sa mort, alors qu'il était venu lui rendre visite en compagnie du roi et de la reine mère. Très affaibli par la rougeole, il n'en avait pas moins exprimé le vif désir de le suivre à la guerre, faveur qui, bien entendu, lui avait été refusée. Il racontera plus tard avoir eu au cours de la nuit fatale une vision du mourant l'exhortant à « marcher toujours dans le chemin de la vertu ».

La guerre civile se poursuivait. Le 19 décembre 1562, au sud des remparts de Dreux, au cours d'une sanglante mêlée, l'armée huguenote du prince de Condé fut battue à plate couture par celle du connétable de Montmorency et de François de Guise, le meilleur capitaine de son temps et de loin. En récompense, ce dernier fut promu lieutenant général du royaume à

* Texte de compromis, adopté en 1530 par les théologiens luthériens, mais rejeté par l'Église catholique.

la place d'Antoine de Bourbon. Le connétable, quant à lui, avait été fait prisonnier par les protestants. Quelques semaines plus tard, le 24 février 1563, éclata un coup de tonnerre : Guise était lâchement assassiné près d'Orléans par un gentilhomme saintongeais, Jean Poltrot de Méré, qui avait tiré sur lui à trois reprises. Ce fanatique fut arrêté et écartelé. Avant son supplice, il avait dénoncé parmi les inspirateurs du crime Théodore de Bèze et l'amiral de Coligny. Rien ne fut vraiment prouvé, même si Coligny ne se tint plus de joie : « Nous ne saurions nier les miracles évidents de Dieu. » Âgé de douze ans, le fils de la victime jura de venger tôt ou tard « le sang par le sang ».

La défaite sévère des huguenots, la décapitation inattendue du parti ultra et la détention du connétable redonnaient un espace politique à Catherine de Médicis. À nouveau, elle chercha à calmer le jeu. L'édit d'Amboise du 19 mars 1563 reprenait en partie les dispositions de celui de Saint-Germain : liberté de conscience, avec une limitation du culte principalement aux maisons nobles, « barons, châtelains, hauts justiciers et seigneurs tenant pleins fiefs de haubert ». Pour les bourgeois, une ville par bailliage était autorisée à pratiquer le culte nouveau, à l'exception de Paris et de sa vicomté et prévôté. Accepté par Condé, mais rejeté par Coligny, cet édit était plus désavantageux que celui de Saint-Germain, ce qui n'empêcha pas Pie IV de le qualifier de « paix honteuse ».

Pendant ce temps, Jeanne, désormais seule souveraine du royaume de Navarre et de la vicomté de Béarn, plus passionnée et obstinée que jamais, était déterminée à faire des deux contrées de véritables États protestants, purgés des superstitions idolâtres du catholicisme. Elle bénéficia du soutien enthousiaste de Calvin, qui lui envoya de Genève l'un de ses meilleurs administrateurs, le pasteur Jean Raymond Merlin, qui avait participé au colloque de Poissy. Avec l'active collaboration de celui-ci, elle lança une vaste campagne iconoclaste, supprimant dans les églises toute représentation de Dieu le

Père ou du Christ, renversant les autels, brûlant les retables et tableaux, détruisant les statues de la Vierge et des saints, faisant fondre les crucifix, calices, argenterie et joyaux, interdisant les processions du saint sacrement. Les protestations véhémentes d'une partie de la population et des états de Béarn la laissaient impavide.

Les tentatives de conciliation ayant échoué, notamment celles du cardinal d'Armagnac, le 28 septembre 1563, Pie IV la cita à comparaître devant lui dans les six mois, sous peine d'excommunication, de confiscation de ses biens, domaines et États. Jeanne demeura inébranlable. En lisant le monitoire pontifical, Catherine de Médicis, qui avait conseillé à son amie la modération, eut un haut-le-cœur. C'était une inadmissible intrusion du pouvoir spirituel dans les affaires temporelles, pis, une offense au roi de France son fils, dont dépendaient la plupart des domaines des Albret et des Bourbons. Un tel anathème ne risquait-il pas un jour de l'accabler à son tour ? Comment le Saint-Siège pouvait-il menacer ainsi une souveraine « dans la légitime possession de sa couronne » ? On n'était plus au temps de Boniface VIII. Bref, la reine mère y mit le holà, prenant Jeanne sous sa protection et dépêchant à Rome l'un de ses gentilshommes. Le pape, qu'en la circonstance Philippe II n'osa soutenir, se contenta d'excommunier la reine de Navarre, ce dont elle se gaussa, mais, sentant que la révolte couvait, elle fit un geste d'apaisement en proclamant la liberté de conscience, sans toutefois rétablir la religion catholique.

Henri de Navarre à la Cour

De huit à treize ans, Henri resta à la Cour selon la ferme volonté de Catherine, partageant la vie des enfants royaux. Charles IX, de trois ans son aîné, était un garçon timide et solitaire, inquiet, sauvage, avec une sorte de brutalité native qui lui faisait privilégier les exercices physiques violents, la paume, la chasse et les travaux de forge. On ne sait trop à quel moment il commença à donner des signes d'extravagance. Les études l'intéressaient peu, au désespoir de son précepteur, Jacques Amyot, humaniste réputé. Vendômet s'entendait bien avec celui qu'on avait surnommé le « roi morveux » parce qu'il avait pleuré le jour de son sacre.

Le deuxième, Henri, futur Henri III, d'abord baptisé Alexandre, de deux ans l'aîné du prince de Navarre, fut successivement titré duc d'Angoulême, duc d'Orléans, duc d'Anjou. Nettement plus séduisant et plus intelligent que son frère, il était agréable de conversation, léger, inconstant, aimant les arts et les lettres. C'était le préféré de sa mère. Le troisième, d'un an plus jeune que le fils de Jeanne d'Albret, François d'Alençon, nommé à sa naissance Hercule, était en réalité malingre et presque nain. Ce « petit moricaud », comme l'appelait sa mère, n'avait que « guerre et tempête en son cerveau ».

Du même âge que Vendômet, Marguerite était fine, intelligente, raffinée et coquette. On vantait la beauté de ses traits. La promesse de l'unir à l'héritier de Navarre n'était pas oubliée, mais Catherine, grande marieuse, se demandait si l'alliance de sa fille et du fils de Philippe II, don Carlos, ne serait pas d'un plus grand intérêt.

Pour le jeune Béarnais, la vie de cour avait élargi sensiblement sa connaissance du monde, accentué son aisance en société, lui avait appris la maîtrise des codes sociaux et avait renforcé ses capacités d'adaptation et de dissimulation. Malgré la réelle amitié que les petits Valois lui portaient, principalement Charles IX, malgré quelques bons compagnons comme François de Ségur ou François de La Rochefoucauld, il traversait à cette époque une période d'isolement familial et de solitude affective. Orphelin de père, d'un père indécis auquel il était difficile de s'identifier, éloigné de sa mère bannie, une femme froide, sans tendresse, avec laquelle il n'avait jamais eu grande complicité ni échanges, mais qu'il aimait malgré tout, il détonnait à la Cour par son allure provinciale et son accent qui devaient rencontrer – on l'imagine – railleries et persiflages. On ne saura rien de ses chagrins, sinon que, grâce sans doute à sa personnalité affirmée, largement extravertie, il parvint à les surmonter.

Par lettres patentes du 26 décembre 1562, Catherine avait voulu l'honorer en lui donnant les charges de gouverneur et d'amiral de Guyenne exercées par son père. Néanmoins méfiante, elle lui désigna comme adjoint, lieutenant général de la province, Blaise de Monluc, le farouche chef catholique qui avait tenté d'arrêter sa mère lors de son retour en Béarn. Blessée par ce choix, Jeanne protesta, en vain.

L'éducation du prince

Pour se remettre dans ses bonnes grâces, Catherine laissa à sa commère la responsabilité de l'éducation de son fils. La reine de Navarre choisit alors deux gentilshommes huguenots servant en alternance, Pons de Pons, marquis de Lacaze, sénéchal de Marsan, et Goulard de Beauvoir. Elle lui conserva son premier valet, Le Gay dit Boisnormand, mais renvoya le précepteur catholique Jean de Losse et rappela La Gaucherie, qu'elle fit assister du pasteur Pierre Victor Palma Cayet, intellectuel brillant, disciple du philosophe Pierre Ramus, à qui l'on doit d'intéressantes *Chronologies novenaire et septénaire*.

« Je n'entends pas que mon fils soit un âne couronné, un illustre ignorant », avait-elle affirmé. La Gaucherie s'attacha à lui donner une culture humaniste dégagée de la vieille scolastique médiévale, selon les préceptes de Guillaume Budé. Au programme figuraient le grec et surtout le latin, qu'il dut apprendre à parler, les maximes de vie et de morale, une morale stoïque et héroïque comme il se doit, puisée chez les auteurs de l'Antiquité. L'une de ces petites sentences lui restera en mémoire lorsqu'il tancera les parlementaires : « J'ai autrefois appris deux vers latins : *Oderunt peccare boni virtutis amore, oderunt peccare mali, formidine pœnae* ("Les purs détestent le péché par amour de la vertu, les méchants par crainte du châtiment"). » À ce bagage, honnête, sans surcharge excessive, s'ajoutaient l'étude des grands textes historiques, les *Vies parallèles* de Plutarque, les *Commentaires sur la guerre des Gaules* de César, des rudiments d'histoire de France et des pays voisins, un peu de dessin, des notions d'espagnol, d'italien et suffisamment de mathématiques pour comprendre la castramétation ou les bases de l'architecture.

Outre la chasse, qu'Henri pratiquera avec l'aisance d'un grand giboyeur, et le jeu de paume, divertissement à la mode dans le monde aristocratique, La Gaucherie le poussa à développer son endurance physique, comme s'y employaient les jeunes nobles qu'il serait un jour appelé à commander. « Le bois de Vincennes, dit l'historien Matthieu, fut sa première académie. » Il fit aussi un stage prolongé chez François de Kernevenoy, dit Carnavalet, qui dirigeait le manège royal des Tuileries. Le jeune garçon donnait toute satisfaction. Il devint un écuyer très adroit, capable de rester d'affilée quinze heures à cheval. « D'un naturel fort vigoureux, notait Sully, sain, sanguin, prompt, vif et grandement actif », il aimait « combattre à la barrière, sauter à plein saut et à la jarretière ; butter, courir, jouer aux barres, nager, danser à toutes sortes de danses, à tous lesquels exercices il se plaisait à la vérité davantage lorsqu'il s'y rencontrait de belles filles et femmes qui le regardaient ».

La Gaucherie l'aguerrit en le forçant à de longues randonnées, le faisant coucher sur des paillasses quatre ou cinq heures par nuit, enroulé dans son manteau, par grand vent ou par neige. Un certain La Coste, ancien lieutenant des gardes du roi, lui apprit à manier l'épée, la pique, la hallebarde, l'arquebuse, le pistolet. Trois heures durant, il lui faisait faire l'exercice au sein d'une compagnie de douze jeunes gentilshommes. Une fois, il lui en confia le commandement, tâche dont

Vendômet s'acquitta fort bien en maintenant la discipline avec une rigueur exemplaire.

En plus de cet enseignement assuré par des maîtres particuliers, Henri fréquenta pendant presque deux ans le très réputé collège de Navarre, rue de la Montagne-Sainte-Geneviève, fondé en 1309. Il y accomplit sa scolarité en compagnie de ses cousins Henri d'Orléans et Henri de Guise, fils du défunt duc. Le collège accueillait une centaine d'élèves portant l'uniforme noir, la plupart issus de la bourgeoisie robine et de la haute aristocratie. La pédagogie était moderne pour l'époque. Dans le premier cycle de grammaire, le seul qu'il fréquenta, on commentait des lectures, des histoires tirées de la Bible, on jouait de petites pièces de théâtre ou des proverbes antiques.

On sait par divers témoignages qu'il ne prisait guère la lecture. Un seul ouvrage faisait exception, l'*Amadis de Gaule*, le roman de chevalerie espagnol dont François Ier s'était entiché durant les longues heures de sa captivité à Madrid. L'humanisme bien tempéré de ses formateurs joua certainement un rôle clé dans le sentiment de modération et de maîtrise de soi qu'ils parvinrent à inculquer à leur élève, impulsif de tempérament. « La nature m'a fait colère, avouera plus tard celui-ci, mais depuis que je me connais je me suis toujours tenu en garde contre ma passion qu'il est dangereux d'écouter. »

On a dans l'ensemble peu d'échos de la vie du fils de Jeanne d'Albret à cette époque. Jaillie de cette semi-obscurité, on notera une dispute entre le petit Guise et lui, rapportée par une dépêche diplomatique du 15 mai 1563 : « Il y a eu une escarmouche en parole et en geste entre le prince de Navarre et le jeune Guise, pour laquelle ils ont été châtiés. Certains pensent que ces deux tempéraments s'accorderont difficilement par la suite. » Preuve que tout n'allait pas pour le mieux entre les jeunes princes. Il est vrai qu'Henri de Guise avait une raison impérieuse d'en vouloir aux huguenots en général.

Le lit de justice de Rouen

On s'acheminait vers le retour de la paix. En juillet, Le Havre, qu'avait inconsidérément livré aux Anglais le prince de Condé, fut repris. Le 16 août, Catherine, après un bref passage à Paris, fit proclamer la majorité de Charles IX au cours d'un lit de justice au parlement de Normandie à Rouen. Cette mise en scène solennisée et ritualisée, où le roi siégeait au milieu de ses conseillers pour faire savoir sa volonté, correspondait à la politique de reprise en main de la reine et du chancelier. Il n'y en avait pas eu depuis 1537 et c'était le premier au cours duquel une majorité royale était proclamée. « En décentrant un événement aussi capital dans un parlement provincial, écrit Loris Petris, L'Hospital voulait rabaisser le parlement de Paris et miner ses prétentions à être l'unique cour de justice suprême royale. » Le roi y fut clairement désigné comme seul législateur dans l'ordre du droit public et du droit privé, le Parlement étant défini comme un corps dont la juridiction se limitait au seul droit privé.

De surcroît, comme l'a bien vu Sarah Hanley, en utilisant la formule « le royaume n'est jamais vacant », dérivée de l'adage médiéval *Dignitas non moritur* (« La dignité ne meurt pas »), L'Hospital faisait franchir une étape nouvelle au droit de l'ancienne Constitution monarchique. Les termes juridiques utilisés pour exprimer la continuité de l'office royal relevaient désormais du langage du droit public et non, comme on l'avait fait jusque-là, de celui du droit privé, en ayant recours à la vieille formule successorale « le mort saisit le vif » (la mort, en respectant l'héritage, saisit la vie). Dans l'esprit pétri de juridisme du grand chancelier, le lit de justice célébrant la majorité royale devenait la plus importante cérémonie publique accompagnant la succession royale, réduisant l'importance des funérailles et même celle du couronnement.

Catherine, qui avait souffert des prétentions tatillonnes des magistrats à contrôler ses actes, réaffirmait ainsi les droits de son fils. Au regard de l'Histoire, c'était un moment important dans la lente affirmation de l'absolutisme royal. Pour Henri de Navarre, qui allait sur ses dix ans et ignorait qu'il ne retournerait plus au collège de Navarre, l'événement n'avait sans doute pas grande signification. C'étaient tout simplement les vacances scolaires.

4

JEANNE L'INTRAITABLE

Liturgie et propagande royale

Si Catherine de Médicis avait une qualité royale héritée de sa culture florentine, c'était bien son goût prononcé pour les arts, le faste, le décorum, les fêtes. De son expérience politique elle avait compris que la monarchie ne pouvait subsister en France, face aux Grands, à la puissance des corps sociaux et désormais aux divisions religieuses, que si elle s'exprimait à travers une liturgie du spectacle et une théâtralisation du pouvoir. Aussi résolut-elle de se mettre en scène à côté de son fils.

L'époque était au retour à l'Antique. Quel plus beau modèle allégorique retenir que celui d'Artémise, reine d'Halicarnasse ? Il y avait eu dans l'Histoire deux reines de Carie à porter ce nom. La première, qu'Hérodote qualifiait de « véritable merveille », assura le pouvoir au nom de son jeune fils Lygdamis et fit preuve de bravoure auprès de Xerxès lors de la bataille de Salamine en 480 avant J.-C. La seconde, veuve du roi Mausole, se rendit célèbre en faisant bâtir pour son mari en 353 avant J.-C. le Mausolée d'Halicarnasse, l'une des sept merveilles du monde. Apothicaire, poète et érudit, Nicolas Houel synthétisa la vie de ces deux héroïnes et leur dédia en 1562 une flatteuse *Histoire de la royne Arthémise,* dont le peintre attitré de Catherine, Antoine Caron, de l'école de Fontainebleau, tira plusieurs cartons qui eux-mêmes, plus tard, sous le règne d'Henri IV, furent déclinés en une suite de somptueuses tapisseries.

Exploiter les modèles antiques ne suffisait pas. Charles IX, à treize ans, était devenu majeur le 27 juin 1563. Il avait officiellement renouvelé sa confiance à sa mère et lui avait demandé, à sa suggestion bien entendu, de continuer de s'occuper des affaires du royaume. Catherine conçut un programme d'éducation à la fois original et concret, consistant en un vaste périple à travers ses États. Il visiterait la Champagne, la Bourgogne, le Dauphiné, la Provence, le Languedoc, la Gascogne, avant de remonter vers Paris par les pays de la Loire. L'objectif était de lui faire connaître la diversité géographique du royaume, ses monuments, ses langues, ses traditions. En se déplaçant avec une solide force armée, Charles montrerait aux provinces sa puissance militaire et raffermirait ainsi les liens de fidélité entre son peuple et lui, tout en cajolant la petite et moyenne aristocratie trop attachée aux Grands, dont les rivalités politico-religieuses fragilisaient tant le royaume.

Retour donc à l'ordre et à l'obéissance ! Les voyages étaient du reste une tradition bien ancrée chez les Valois qui leur permettaient de compenser la faiblesse de l'administration centrale par un contact relativement fréquent avec les populations, les élites et les institutions locales. Leur mobilité, comme l'ont bien vu Jean Boutier, Alain Dewerpe et Daniel Nordman dans leur étude sur le *Tour de France royal*, était « consubstantielle à leur pouvoir » et représentait le principal moyen d'asseoir leur domination sur un espace menacé de fragmentation. Ce n'est qu'un siècle plus tard, à partir du règne personnel de Louis XIV, que la monarchie, se sentant suffisamment forte, cessera de se déplacer, se coupant ainsi, pour son plus grand malheur, du lien affectif unissant les Français à leur souverain.

Le déplacement de Catherine aurait également pour but de revoir ses filles mariées, Claude, duchesse de Lorraine, à Bar-le-Duc, et Élisabeth, sa préférée, reine d'Espagne, à Bayonne, où un entretien diplomatique de la plus haute importance était prévu avec son gendre tout-puissant Philippe II.

Le tour de France

Le cortège, fort d'environ 4000 à 5000 personnes* et de 8000 chevaux, quitta Paris le lundi 24 janvier 1564. Aux côtés du roi, de ses frères Henri et François, de sa sœur Marguerite et de sa mère, on distinguait les princes, les ministres, les hauts dignitaires : Henri de Navarre, son cousin Louis de Condé, le connétable de Montmorency, les cardinaux de Bourbon et de Guise, le chancelier Michel de L'Hospital. Puis venaient les ambassadeurs, les plénipotentiaires et leurs estafiers. Suivaient les 80 filles et dames d'honneur de Catherine, les intendants, les pages, les valets de chambre, les petits laquais par centaines et la multitude de parasites dont on n'avait pu se débarrasser.

C'était une immense caravane, étirant sur quatre ou cinq lieues une débauche impressionnante de carrosses, coches, litières, fourgons, chariots, charrettes pleines à craquer de malles, de ballots et de bonbonnes, d'ânes et de mulets bâtés. Chacun avait tenu à emporter ses meubles, bahuts et coffres, ses tapisseries, tentures et paravents, son argenterie, ses cuivres et ses étains, son linge, ses habits de parade et sa garde-robe de rechange, sans oublier les costumes de bal et les déguisements pour les fêtes. Il était prévu de faire des étapes de huit à vingt kilomètres et de coucher plusieurs jours, voire quelques semaines, dans les grandes villes. Pour ceux qui n'avaient pas

* Des chiffres beaucoup plus importants ont été évoqués par les historiens – 12000 ou 15000 personnes –, mais semblent peu crédibles compte tenu de ce que l'on sait par ailleurs de la cour des Valois à cette époque.

la chance de loger dans les citadelles, les évêchés ou les châteaux, il restait les auberges, les habitations des particuliers, prises d'assaut quand elles étaient à peu près correctes, les granges et, dans les champs, les tentes ou les baraques de toile que l'on montait comme pour un spectacle ambulant.

On imagine l'ébahissement des habitants le long des routes et aussi leur inquiétude devant une cohue aussi monstrueuse. Que dire du ravitaillement : c'était comme une nuée de sauterelles s'abattant sur des régions parfois éprouvées, car tout ce monde en goguette ne songeait qu'à festiner. Il n'était pas question aux étapes de renoncer à la bonne chère des dîners, au raffinement des soupers et encore moins de rogner sur les délices de la table royale. Plusieurs dizaines de lieues à l'avance, il fallait passer des marchés avec les paysans et vignerons du cru pour l'acquisition en quantités suffisantes de victuailles et de tonneaux de vin, sans omettre de réserver ou de réquisitionner des montagnes de fourrage. Les mauvaises récoltes de l'année 1565 tout autant que les intempéries retarderont d'ailleurs les déplacements et contraindront à modifier l'itinéraire primitif. Ce fut l'occasion de constater l'état de vétusté du réseau routier, se résumant la plupart du temps à des chemins empierrés datant d'un siècle ou deux. Et encore s'efforça-t-on d'éviter les voies les plus hasardeuses, les chaussées défoncées et les fondrières impraticables.

Le plus extraordinaire était que, malgré les cahots des véhicules, le tintamarre des sabots et des roues cerclées de fer, la poussière et la fatigue de cette ville mobile, les affaires du royaume continuèrent à être traitées par le jeune roi, la reine mère et le chancelier avec une régularité exemplaire. La souplesse et la légèreté des institutions permettaient ce « gouvernement déambulatoire ».

Partie de Paris, la Cour séjourna longuement à Fontainebleau, où au moment du carnaval on multiplia les festins, combats de chevalerie et autres comédies « pour les seigneurs et dames ». C'est dans ce cadre que Ronsard écrivit d'aimables églogues, publiées plus tard sous le titre *Élégies, mascarades et bergeries*. Nicolas de La Grotte mit en musique une pastorale que les Enfants de France furent conviés à jouer : Charles IX était Carlin, le duc d'Orléans Orléantin, le duc d'Alençon Angelot, Henri de Guise Guisin et Marguerite Margot, surnom qui lui restera. Quant au fils de Jeanne et d'Antoine, il fut tout naturellement baptisé Navarrin. Le message à l'adresse des princes et des Grands était simple. Il s'agissait de les encourager à servir loyalement leur souverain. Quittant ses montagnes pyrénéennes, où vivaient des magiciennes et des fées, Navarrin était incité à demeurer dans le devoir et la fidélité envers son roi :

> Pour ce, jeune berger, il te faut dès l'enfance,
> Aller trouver Carlin, le grand pasteur de France,
> Ta force vient de lui…

Après ces réjouissances, la reine et sa nombreuse suite quittèrent Fontainebleau le 13 mars pour se rendre en quelques étapes à Sens puis à Troyes, capitale de la Champagne, couverte de trophées et d'inscriptions à la gloire du roi. En ce lieu symbolique fut signé le 6 avril un traité avec les représentants d'Élisabeth Ire confirmant la reprise du Havre et le rachat de Calais.

Une chute du prince de Navarre survenue deux jours plus tard, tombé sur la tête alors qu'il jouait aux barres*, inquiéta Catherine, qui resta avec lui le temps de son rétablissement. Elle rassura sa mère dont elle attendait la venue prochaine et à qui elle tenait à montrer la vive affection dont elle entourait son fils. « Je puis vous assurer qu'il se porte très bien et espère que [vous] le trouverez en très bonne santé, et, à mon avis, à votre contentement, car tous ceux qui le voient le trouvent comme il est le plus joli enfant que l'on vit jamais. »

* Jeu collectif opposant deux camps qui, pour gagner, devaient faire le plus grand nombre de prisonniers possible.

Les étapes, que l'on connaît en détail grâce au récit d'Abel Jouan, un des serviteurs du roi, se succédaient lentement. Après Châlons, Vitry-le-François, Bar-le-Duc, ce fut Langres, l'abbaye des Chartreux, lieu de sépulture des ducs de Bourgogne, puis Dijon, où le roi, ses frères et le prince de Navarre s'amusèrent à simuler l'assaut d'un fort, après avoir assisté à une séance des états de la province. Une courte descente de la Saône à partir de Chalon et l'on atteignit Mâcon, où se trouvait déjà la reine de Navarre. Jeanne en deuil, visage ridé, traits creusés, masque d'inquiétude et humeur chagrine, était accompagnée de huit pasteurs calvinistes tout de noir vêtus et de 200 gardes en livrée sombre. Pareille austérité stupéfia les cavaliers de la suite royale, lestes, joyeusement harnachés, feutres en bataille. On lui avait fait « belles promesses et flatteries » afin de l'attirer à la Cour.

Jeanne fait un esclandre

Elle arrivait avec la réputation non usurpée de bigote calviniste et de femme dominatrice, ne souffrant d'autre direction que la sienne. En Béarn, les cérémonies catholiques avaient été à peu près toutes abolies, et les mascarades, les chants, les jeux avaient été interdits. Les rapports entre les deux veuves royales étaient complexes, l'une étant mère déjà de deux rois Valois, l'autre, une Valois de sang, mère d'un Bourbon. L'une s'essayait à la coexistence religieuse, l'autre se raidissait dans son intransigeance.

À son arrivée, les protestants de Mâcon et de la région, au nombre de 1 200, lui avaient fait fête. Ses proches s'étaient sentis si revigorés que dès le lendemain 1er juin, jour de la Fête-Dieu, des fenêtres de son appartement ils avaient copieusement lancé des injures et fait des gestes déplacés au passage de la traditionnelle procession du saint sacrement, mené par le cardinal de Bourbon, propre beau-frère de Jeanne.

Ce scandale mit cette dernière en grand embarras. De son côté, Catherine était fort courroucée. Elle ne pouvait négliger l'incident, au risque d'indisposer l'ambassadeur d'Espagne qui suivait dans son carrosse. La rencontre avec sa commère se déroula mal. « Si vous faites prêcher publiquement en lieu où je le sache, vos ministres seront sévèrement punis », la menaça-t-elle. Et elle décida d'organiser une procession réparatrice, obligatoire pour tous, y compris pour la reine de Navarre et son entourage, qui, la mort dans l'âme, ne purent se dérober à cette injonction.

Dans chaque ville, Charles IX recevait les clés des échevins et faisait son entrée solennelle par la porte principale, au milieu de la foule en liesse, avant de se rendre à la cathédrale ou à l'église principale entendre un *Te Deum*. C'était le rite cérémoniel le plus prisé à l'époque, car il manifestait, avec la participation active des échevins et de la noblesse locale, l'agrégation de la « bonne ville » au corps politique de la monarchie. Parmi les entrées royales les plus triomphales, il y eut celle de Lyon le 13 juin, où l'on vit défiler derrière le roi et son frère le jeune Henri de Navarre, somptueusement vêtu d'un habit de velours cramoisi brodé d'or et coiffé d'une élégante toque de même couleur.

Les tensions avec Jeanne ne s'étaient nullement apaisées. Absolue dans ses idées, vouant aux gémonies cette cour de France impie, immorale et débauchée, cette dernière voulut profiter de la présence nombreuse à Lyon de ses coreligionnaires pour faire participer son fils aux cérémonies de plein air hors la ville, puisque les lieux de culte leur avaient été interdits. Mais elle comprit vite que l'oncle du prince, le cardinal de Bourbon, cherchait toute occasion de l'éloigner du jeune garçon, qui, par soumission filiale, avait une nouvelle fois changé de religion.

Fuyant Lyon, où une redoutable épidémie de peste s'était déclarée, le cortège reprit sa route. Au château delphinal de Crémieu, Jeanne demanda d'emmener Henri avec elle en

Béarn. Elle se vit opposer une fin de non-recevoir. « Ma sœur, lui dit Catherine, laissez-moi ici votre prince, car vous voyez qu'il y est bien et que le roi, mon fils, l'aime beaucoup. Il va à la messe et vit d'une autre façon que vous. » Jeanne prit le propos pour une provocation. « Madame, lui rétorqua-t-elle avec sa vivacité naturelle, que le roi fasse ce qu'il voudra de ma personne et de mes biens, mais qu'il n'intervienne pas en ce qui est de nos consciences, à moi et à mon fils, car elles doivent rester libres. » Rien n'y fit. Henri restait l'otage de la cour de France, comme l'avaient été dans leur jeunesse sa mère et son grand-père.

Jeanne paraissait fatiguée. Moyennant une gratification de 150000 livres, elle fut priée d'aller se reposer à Vendôme. La vraie raison était que Philippe II avait fait savoir à l'ambassadeur de France à Madrid, M. de Saint-Sulpice, que si « Madame de Vendôme », le prince de Condé ou quelque autre « séditieux » paraissaient à Bayonne, il serait vain d'y attendre sa fille. La reine de Navarre se résigna à partir.

La Cour dans le Midi

La Cour passa par Valence, Montélimar et Orange. À Avignon, terre pontificale, le légat, malgré un fort mistral, vint l'accueillir. Elle y resta du 24 septembre au 16 octobre, puis elle s'enfonça dans le Sud. Dans chaque localité de Provence des bandes de garçonnets et de fillettes allaient au-devant du cortège royal, « tous habillés de blanc, et criant *Vive le Roy et la sainte Messe* ». Après Saint-Rémy, ce fut Salon de Crau*, où Catherine, férue d'astrologie et d'art divinatoire, fit appeler Michel de Notre-Dame – Nostradamus – et l'interrogea fiévreusement sur sa destinée et celle de ses proches. Elle le connaissait pour l'avoir invité neuf ans plus tôt, après la

* Salon-de-Provence.

parution de son almanach dans lequel il mettait en garde le roi contre des dangers qu'il ne nommait pas.

L'étrange bonhomme s'intéressa également au prince de Navarre, qu'il voulut rencontrer. Le chroniqueur Pierre de L'Estoile racontera plus tard la scène dans son précieux journal. Le petit prince était sorti de son lit dans le plus simple appareil, attendant sa chemise. Le sexagénaire à la barbe blanche fut introduit discrètement dans la chambre et put de son regard scrutateur le considérer quelques instants et rendre son oracle, confiant à son gouverneur qu'il aurait « tout l'héritage » : « Si Dieu vous fait grâce de vivre jusque-là, vous aurez pour maître un roi de France et de Navarre. » L'anecdote est-elle véridique ? En tout cas, poursuit L'Estoile, Henri IV relatera la prédiction à sa femme Marie de Médicis, ajoutant que, comme on avait tardé à lui enfiler sa chemise, il avait craint un moment qu'on n'eût voulu lui donner le fouet.

Après un passage à la Sainte-Baume, le roi prit la route de Brignoles, où de jolies filles habillées de taffetas vert et blanc dansèrent tout l'après-midi d'entraînantes voltes et martingales, tapant le sol de leurs talons de bois. Le 30 octobre, il alla dîner au fort de Brégançon puis se rendit à Toulon, où il entra solennellement le 3 novembre, et fit une promenade en galère.

Trois jours plus tard, il assista au défilé des compagnies urbaines de Marseille avant de pénétrer dans la cité phocéenne. Le 9, les princes, dont Henri de Navarre qui ne le quittait pas, et lui participèrent au lancement d'une galère appartenant à Scipion de Fiesque, chevalier d'honneur de la reine, qui fut baptisée par Charles IX et sa mère *Charlotte Catherine*. Le lendemain eut lieu une brève promenade en mer sur *La Réale*, escortée de treize autres galères qui devaient les conduire pour le dîner à la tour du château d'If. Mais la tempête se levant, ils durent prendre leur repas sur une île voisine, Pomègues ou Ratonneau. Ensuite se déroula au large un simulacre de combat naval. Le retour de l'escadre se fit sous une joyeuse canonnade tirée du fort Saint-Jean et de Notre-Dame-de-la-Garde.

Le lendemain ou surlendemain, se rendant à l'église de la Major pour prier, Charles IX, qui savait que son cousin Henri ne pénétrait plus dans un lieu de culte catholique, s'amusa à lui arracher son bonnet et à le jeter à l'intérieur pour l'obliger à aller le récupérer, facétie qui déclencha les fous rires de l'entourage.

Quelques jours plus tard, le cortège repartit en direction de l'étang de Martigues, à travers de belles plaines odorantes couvertes de thym, d'hysope et de sauge. À Arles, danses locales et courses de taureaux se succédèrent. À Tarascon, il ne fallut pas moins de trois jours pour faire passer par bateaux de l'autre côté du Rhône les carrosses, les fourgons et les chevaux. Après Nîmes et un incontournable spectacle de tauromachie aux arènes, on reprit la route vers Aigues-Mortes et Montpellier, où se déroula le lendemain de Noël l'impressionnante procession traditionnelle. La Cour était à Agde le 2 janvier 1565, à Béziers le 3 et fêta les Rois à Narbonne.

À Carcassonne, la neige bloqua la caravane durant dix jours. Elle était si abondante que le roi et son entourage s'amusèrent à bâtir un bastion en glace et à se battre autour à coups de boules de neige. Le 1er février, Charles assista au défilé des compagnies de Toulouse, avant d'aller au parlement pour la tenue d'un lit de justice. Henri de Navarre était présent. Le 19 mars, l'interminable convoi quitta la ville rose après y avoir séjourné quarante-six jours.

En Guyenne, le jeune prince joua un rôle prééminent en tant que gouverneur de la province, précédant d'une journée le roi afin d'organiser son accueil à Montauban, Agen et le 1er avril à Bordeaux, où il resta six jours. À onze ans, il prenait son rôle très au sérieux. Le 4 mai, le souverain coucha au château de Mont-de-Marsan, vieux fief des Albret. Le 3 juin, il entra solennellement dans Bayonne, décorée de tapisseries et de verdures. À ses côtés, Henri portait un casque de velours cramoisi, cerclé de bandes d'argent, un pourpoint et des chausses de satin de couleur identique.

Le rendez-vous de Bayonne

Le 14, la reine d'Espagne arriva à Hendaye. Elle fut accueillie au milieu du fleuve Bidassoa par le roi son frère, qui fit tirer en son honneur de « magnifiques escopetteries ». La chaleur était étouffante. Le soleil du Midi dardait sur la route ses rayons implacables, causant la mort de plusieurs personnes et de nombreux chevaux. Lorsque Élisabeth mit pied à terre, on lui offrit le régal d'un concert de tambourins, trompettes et hautbois qui dura une bonne heure. Philippe II, trop orgueilleux pour se déplacer, s'était fait représenter par le duc d'Albe à la triste figure, qui remit à Charles IX, au nom de son maître, la Toison d'or.

Il est peu probable que Catherine, avisée et prudente, ait laissé Henri de Navarre se rendre à Saint-Jean-de-Luz, car l'archevêque de Pampelune figurait en bonne place dans le cortège espagnol. Il fallait éviter tout incident diplomatique. En revanche, la reine d'Espagne fut l'hôte du jeune prince le lendemain soir à Bayonne. Montée sur une haquenée blanche, défilant à la lumière de milliers de flambeaux, Élisabeth, dans la splendeur de ses vingt ans, était souverainement belle, avec son charmant visage de madone, élancée tel un lys, mais guindée et hiératiquement figée à la mode madrilène. Comment ne se serait-il pas remémoré la frêle adolescente qu'il avait accompagnée avec son père au col de Roncevaux six ans et demi plus tôt ? Après la remise des clés de la ville à la porte Saint-Léon, la reine se rendit à la cathédrale Notre-Dame pour un *Te Deum*. Quant à Henri, on ne sait s'il osa y pénétrer.

À Bayonne, les réjouissances populaires furent somptueuses, soupers fins, courses de bague, représentations théâtrales, défilés de troupes et de chars richement ornés, combats simulés, jaillissement dans le ciel étoilé de feux d'artifice. Le 21 juin, lors d'une mascarade autour du thème du château de Merlin l'Enchanteur, on vit parmi les figurants le prince de Navarre, éblouissant comme un dieu, escorté de six chevaliers en armure, vêtus de cottes de velours orange enrichies de cordons d'argent. Quelle allure ! Quelle ardeur juvénile ! L'amiral de Castille, Louis Henriquez, duc de Medina de Rioseco, en fut si impressionné qu'il s'exclama : « Il a l'air d'un empereur ou il le deviendra. »

Catherine l'autorisa à assister à certaines négociations en présence du duc d'Albe, mais, vu son âge, il n'y participa pas activement. On connaît mal les propos qui s'échangèrent, sinon que les Espagnols, peu enclins à la souplesse, exigèrent de Catherine de durcir très sensiblement sa politique à l'égard des dissidents religieux, d'interdire totalement le culte réformé en France et d'accepter l'intégralité des décrets du concile de Trente, ce qui n'avait pas été fait jusqu'à présent, le royaume se contentant d'appliquer les décisions doctrinales et refusant au nom des libertés de l'Église de France d'adopter les décrets ecclésiastiques et disciplinaires. Envisagea-t-on dans des conciliabules secrets l'assassinat de Coligny et le massacre généralisé des hérétiques, comme Jeanne, son fils et nombre de huguenots le prétendront ultérieurement ? C'est là, écrira la reine de Navarre, que « les lames des épées qui répandent aujourd'hui le sang des chrétiens furent forgées ». Cela paraît douteux. Catherine, comme à son habitude lorsqu'elle se sentait acculée, aurait préféré multiplier les paroles melliflues et les vagues promesses, redoutant de déclencher aussitôt la guerre civile si elle s'alignait sur l'intransigeance espagnole.

Le rappel de Jeanne

Après le départ du duc d'Albe et de la délégation espagnole, Jeanne fut rappelée par Catherine, désireuse de se rendre à Nérac, la ville des Albret, forte d'une quinzaine de milliers d'habitants majoritairement protestants. Le château gardait pieusement le souvenir de la « Marguerite des marguerites ». Il se présentait alors comme une vaste et austère forteresse comprenant quatre corps de bâtiments, flanqués de tours rondes. Seule subsiste de nos jours l'aile nord, avec sa galerie saillante ajourée en demi-voûte, soutenue par des colonnes torses, fleuron de la Renaissance. L'ensemble devait être très impressionnant.

Dans le « jardin du roi », où s'éployaient de beaux marronniers, une vasque de marbre blanc offrait sa corolle au ciel pommelé de Gascogne. Une terrasse aménagée dominait la douce et placide Baïse, aux eaux toujours un peu grises. La promenade se prolongeait jusqu'à la Garenne par une allée d'ormes et de chênes, fraîche et ombrée, avec le long du chemin quelques masses rocheuses couvertes de mousse.

La Cour séjourna à Nérac du 28 au 31 juillet. La plupart des historiens évoquent une entrevue entre Charles IX, Catherine et Jeanne, au cours de laquelle le monarque et la reine mère auraient insisté auprès de cette dernière pour le rétablissement complet du catholicisme sur ses terres et la restitution des biens ecclésiastiques confisqués par elle. Mais, comme l'a montré Anne-Marie Cocula, la présence de la reine de Navarre à Nérac à cette époque est loin d'être sûre. Le 1er août, en tout cas, le lent voyage reprit en direction de Buzet.

En signe de bonne volonté, Catherine consentit à laisser Henri se joindre à sa mère pour visiter les apanages des Bourbons entre Alençon, La Flèche et Vendôme, en attendant de se retrouver tous à Blois au début du mois de décembre. Avec son fils et sa fille Catherine, Jeanne séjourna quelque temps à Cognac, où elle rencontra le prince de Condé et l'état-major du parti huguenot.

Elle fut ponctuelle au rendez-vous de Blois pour une tenue du Conseil, en présence du cardinal de Lorraine, du connétable de Montmorency et de l'amiral de Coligny. Elle ne put s'empêcher toutefois de faire prêcher dans son appartement, encourageant les pasteurs à agir pareillement en ville. Le roi la mit en garde : « Vous agissez de façon à vous perdre et à me perdre. Réfléchissez. » Il finit par interdire toute cérémonie protestante à la Cour sous peine de mort.

Jeanne et ses enfants quittèrent Blois le 14 décembre pour aller coucher à Cheverny. Le 22, Charles IX fit son entrée à Moulins. Il y séjourna trois mois. La caravane poursuivit sa route par Vichy, Saint-Saturnin, les monts d'Or, Clermont en Auvergne, Aigueperse, avant de revenir par La Charité, Auxerre, Sens et Saint-Maur-des-Fossés.

Enfin, on atteignit la capitale le 1er mai 1566, après 829 jours, 196 étapes et plus de 4000 kilomètres de pérégrinations, au cours desquels les participants avaient pu voir de larges horizons, de magnifiques monuments, traverser de nombreux fleuves et rivières et passer au milieu de foules adulatrices. Ils avaient également contemplé des paysages désolés, de vastes solitudes, aperçu de nombreuses églises et châteaux incendiés ou ruinés, surtout dans le Midi huguenot, rencontré des seigneurs faméliques et des gens en guenilles, bref mesuré la détresse des provinces.

Ce voyage avait été un extraordinaire apprentissage pour le souverain, mais aussi pour deux autres jeunes gens qui monteront sur le trône après lui, Orléans, bientôt duc d'Anjou et futur Henri III, et Henri de Navarre, futur Henri IV. Tous trois sans doute fourbus revenaient la tête emplie de souvenirs et d'expériences. Palma Cayet vantait l'honnêteté et le courage de son élève « au rang qui lui appartenait en toute révérence ».

À l'issue de cet immense périple, la monarchie sortait renforcée – au moins provisoirement – par la visibilité de son prince, la promulgation de textes importants pour la centralisation administrative (l'édit de Crémieu de 1564 sur les pouvoirs municipaux) ou la justice royale (la grande ordonnance de Moulins de 1565) et l'abondance des pratiques cérémonielles : 108 entrées, quatre lits de justice improvisés au sein des parlements de Dijon, Aix, Toulouse et Bordeaux, toujours à dessein d'abaisser les prétentions de celui de Paris.

Jeanne et Henri à Paris

En compagnie de ses deux enfants, Jeanne demeura huit mois dans la capitale, où Catherine la tenait plus ou moins en résidence surveillée. Prenant ses distances avec le Louvre, elle alla s'installer dans un hôtel particulier, vraisemblablement l'ancien hôtel royal Saint-Pol, dans le Marais. Plus opiniâtre que jamais, elle avait repris l'organisation des prêches dans ses appartements, « toutes portes ouvertes ».

Elle s'occupa de différentes affaires, contribuant notamment aux poursuites, auprès de Théodore de Bèze, successeur de Calvin à Genève, contre Jacques Spifame de Brou, curieux personnage indélicat et ambitieux, à la fois homme de Dieu, homme de robe et homme de cour. Malgré la liaison discrète qu'il entretenait avec Catherine de Gasperne, dont il avait eu deux enfants, François Ier l'avait nommé évêque de Nevers, ce qui ne l'avait pas empêché de devenir maître des requêtes et conseiller privé de Catherine de Médicis. Au début de 1559, démissionnant de toutes ses charges, il était parti avec femme et enfants pour Genève, où il s'était imposé comme le troisième personnage de la Réforme derrière Calvin et de Bèze. Envoyé en Béarn en 1563, M. de Passy – tel était son nom de pasteur – devint un actif collaborateur de la souveraine de Navarre. Mais au bout de quelques mois, à la suite de dissensions entre lui et la figure principale du calvinisme dans la vicomté, le pasteur Jean Raymond Merlin, il avait fini par se brouiller avec elle, n'hésitant pas à l'accuser d'adultère avec Merlin et à prétendre – ô scandale ! – qu'Henri était son bâtard. Par ailleurs, devenu suspect aux yeux des gens de Genève en raison de sa vie privée et d'une intégrité loin d'être parfaite, il dut faire face à deux procès. Le dernier en 1566 lui fut fatal. Pour prouver la régularité de sa situation, il avait produit un faux contrat de mariage. Comportement impardonnable. Théodore de Bèze le fit alors condamner à mort. Il fut décapité place du Molard à Genève le 23 mars 1566. Blessée dans son honneur, Jeanne, querelleuse et procédurière, n'avait pas peu contribué à l'enfoncer.

Pour autant, l'impétueuse souveraine n'était pas toujours en phase avec ces messieurs de Genève. Une de ses grandes préoccupations était de poursuivre l'éducation de son fils. Elle n'était guère satisfaite de La Gaucherie qui venait de mourir et qu'elle considérait comme un esprit brouillon, mal structuré, enseignant sans ordre ni méthode. « Les sept ans que feu M. de La Gaucherie a tenu mon fils, il les a perdus, n'ayant rien appris que par certaines règles mal assurées, en sorte que n'ayant nuls fondements aux rudiments, le bâtiment qui se montrait apparent, parce qu'il lui avait fort appris par cœur sans art, est tombé en ruines » (6 décembre 1566).

Pour le remplacer, elle nomma Jean Morely, se disant sieur de Villiers. Ce fils d'un médecin de François Ier avait adhéré avec enthousiasme à la Réforme, mais ses idées d'organisation ecclésiale étaient à l'opposé du modèle consistorial de Calvin et de Théodore de Bèze. Pour lui, il fallait revenir à la démocratie de l'Église primitive, où, soutenait-il, l'assemblée des fidèles se prononçait sur les questions de doctrine, de mœurs et de discipline. Son *Traité de la discipline et police chrétienne* avait été condamné en 1562 par le synode protestant d'Orléans qui en avait excommunié l'auteur. Appelé à comparaître devant le consistoire de Genève, Morely, refusant de se rétracter, fut déclaré schismatique et son livre brûlé.

Jeanne, qui avait apprécié la clarté de sa plume et ses talents pédagogiques, ne s'embarrassa pas de ces considérations. Comme précepteur, il fit merveille. En trois ou quatre mois, Henri fit plus de progrès en grammaire latine et grecque que durant les sept années sous la férule de La Gaucherie. Mais ces messieurs de Genève, craignant un schisme, déléguèrent auprès de la reine de Navarre un pasteur chargé de lui « remontrer le fait, non par forme de plainte, mais par forme d'avertissement ».

Nullement convaincue, persistant à appuyer Morely, Jeanne décida de mener sa propre enquête, désignant un comité d'experts, dont firent partie l'amiral de Coligny et son frère Odet, ancien cardinal de Châtillon, qui avait défroqué et s'était marié. « Il faut que le temps et l'expérience éclaircissent son esprit », écrivait-elle à de Bèze. Un avis unanime ayant été prononcé par cette commission dite de Saint-Maur, elle dut se séparer de lui, sans requérir de sanction. Par qui le remplacer ? Genève avança les noms de deux candidats, Martinius et Massaillan. Le premier, Navarrais, « homme craignant Dieu et docte ès sciences », fut jugé par elle « trop simple et incivil », le second, Avignonnais de trente-quatre ans, de « face honnête et de bonne contenance », versé en culture gréco-latine, n'eut pas non plus l'heur de lui plaire. Elle choisit de son propre chef un jeune humaniste de vingt-six ans, fort lettré, féru d'histoire et de poésie, protestant cela va sans dire, Florent Chrétien, dit La Baronie, fils d'un autre médecin de François Ier, qui venait de traduire en français la tragédie néolatine de l'Écossais George Buchanan, *Jephté*. La petite Catherine, sœur cadette d'Henri, ne fut pas oubliée non plus. Elle eut droit à un autre précepteur, poète et helléniste de renom, Charles Macrin. Cette sœur d'Henri, au physique ingrat, fluette, affligée d'une difformité qui la faisait boiter, souvent ignorée des historiens, jouera un grand rôle dans sa vie.

Jeanne était une femme cultivée. De sa mère Marguerite d'Angoulême, dont elle surveillait étroitement la réédition des *Contes*, elle avait hérité l'art de rimailler d'aimables stances et rondeaux, le talent en moins il est vrai. En mai 1566, toujours à Paris, elle rendit visite avec son fils à Henri Estienne, éditeur attitré des protestants, qui demeurait à l'enseigne de l'Olivier, rue Saint-Jean-de-Beauvais. Celui-ci se fit un plaisir de tirer sur-le-champ de ses presses un quatrain qu'elle improvisa : quelques décasyllabes auxquels l'imprimeur répondit de la même manière.

La politique religieuse du Béarn la préoccupait au plus haut point. Elle décida de lui donner un nouvel élan en imposant un tour de vis supplémentaire aux libertés. Quelques mois auparavant, elle avait ordonné l'abattage des « mays », ces innocents troncs d'arbres que l'on plantait au mois de mai en signe de réjouissance agricole. Ses ordonnances de juillet 1566 prohibèrent toute manifestation publique du culte romain, à la fois les processions de croix et de bannières et le port de vêtements liturgiques pour les prêtres et les religieux. Jeanne n'était pas allée jusqu'à la suppression totale de la messe dans ses États comme le demandaient les membres du synode – du moins pas encore –, mais elle avait fait main basse sur les bénéfices ecclésiastiques. Un ordre moral strict régentait les populations : répression des blasphèmes, de l'ivresse, de la mendicité, de la vente des cartes à jouer, de la prostitution et même des danses populaires.

En outre, elle prit soin de former des pasteurs, chargés dans les villages d'annoncer la Bonne Nouvelle de l'Évangile en vivant aux frais de la population. À Orthez, où elle avait fondé une académie, elle fit venir un Vaudois de grande réputation, Pierre Viret, qui avait déjà enseigné la théologie à Lausanne. Antoine de Gramont, son lieutenant général, avait insisté auprès d'elle sur l'urgence absolue de suspendre les réformes, tant l'agitation avait gagné les esprits. Elle ne s'y résolut pas. Il n'y avait pas de compromis possible avec le mal.

Retour en Béarn

En janvier 1567, enfin, Catherine de Médicis autorisa Jeanne à rentrer en Béarn avec ses deux enfants. Celle-ci en éprouva une joie immense. En pédagogue rigoureuse, elle s'occupa avec une attention redoublée de la formation de son fils. Elle l'encouragea ainsi à s'adonner à des exercices d'endurance : marches de nuit, jeu de paume dans les fossés du château de Pau, chasses à l'ours, au sanglier et à l'isard sur les pentes neigeuses des Pyrénées. Souple, aimable, docile, le jeune garçon suivait avec déférence les avis de sa mère, supportait son humeur hautaine, pratiquait consciencieusement le culte réformé et apprenait son métier de futur souverain.

Au moment du carnaval de 1567, il était allé remplir ses fonctions de gouverneur de Guyenne à Bordeaux. « Nous avons ici le prince de Béarn, écrivait un magistrat de la ville. Il faut avouer que c'est une jolie créature. À l'âge de treize ans, il a toutes les qualités d'une personne de dix-huit et dix-neuf. Il est agréable, il est civil, il est obligeant. Il vit avec tout le monde d'un air si aisé qu'on fait toujours la presse au lieu où il est. Il agit si noblement en toute chose qu'on voit bien qu'il est un grand prince. Il entre dans la conversation comme un fort honnête homme. Il parle toujours à propos et quand il arrive qu'on parle de la Cour, on remarque assez bien qu'il est fort bien instruit et qu'il ne dit jamais rien que ce qu'il faut dire en la place où il est. »

Un autre observateur le dépeignait ainsi : « Il a le visage fort bien fait. Le nez ni trop grand ni trop petit, les yeux fort doux, le teint brun, mais fort uni, et tout cela est animé d'une vivacité si peu commune que s'il n'est bien avec les dames, il y aura bien du malheur. »

Comment Jeanne n'aurait-elle pas été enchantée et fière de ce garçon parfait ? Mais savait-elle tout ? Des témoins assuraient qu'il aimait la bonne chère, le jeu, semait les reconnaissances de dettes et que le regard des jolies femmes ne lui était pas indifférent. Son enjouement surtout contrastait avec la mine de carême-prenant de sa génitrice.

Politiquement, il restait sous étroite surveillance non seulement de sa mère, mais aussi de Charles IX et Catherine de Médicis en raison de ses charges à l'intérieur du royaume. Ainsi aurait-il aimé s'émanciper du lieutenant général et vice-amiral de sa province de Guyenne, Blaise de Monluc, terreur des huguenots. La Cour n'était pas prête à prendre ce risque.

Hormis une minorité austère et fervente qui se recrutait au sein de la bourgeoisie des petites villes, la majorité des Béarnais, exubérants et bons vivants, n'adhérait pas aux idées religieuses de leur souveraine. On murmurait, on cabalait. Un groupe de gentilshommes, conduits par Gabriel de Béarn, baron de Gerderest, et Henri de Navailles, seigneur de Peyre et d'Arbus, gouverneur de la ville et du château de Pau, s'appuyant sur des conseillers au parlement local, des avocats, des chanoines des chapitres d'Oloron et de Lescar et des délégués des vallées d'Ossau et d'Aspe, fomentèrent un coup d'État. Leur but était de s'emparer de la reine de Navarre et de ses deux enfants, de proscrire la religion réformée, d'expulser les ministres protestants de la vicomté et de rétablir le culte catholique et l'Église romaine dans ses droits. Le complot fut éventé, ce qui n'empêcha pas Oloron, épicentre du mouvement, de se soulever, avant d'être calmé par la troupe.

Quelques mois plus tard, en juillet 1567, au cours de la séance annuelle des états de Béarn, la politique de liquidation du catholicisme se heurta à de fortes résistances de la part de plusieurs conseillers qui excipaient des *fors et costumas* traditionnels. Jeanne, violemment prise à partie par l'évêque d'Oloron, Claude Régin, et une majorité de députés qui lui demandaient d'abroger ses ordonnances, refusa de leur donner satisfaction et leur répliqua qu'elle ne pouvait contenter les requêtes de ses peuples sans porter atteinte à la gloire et au service de Dieu. Elle se devait tout entière à son Créateur, dont elle tenait le pouvoir, et ne voulait pas l'offenser par la moindre faiblesse. Que lui importaient les *fors* et les *costumas* ! Bref, « elle aimait mieux plaire à Dieu qu'à son peuple ». Il s'agissait d'extirper l'idolâtrie jusqu'à la racine, pour le bien de tous. La séance se termina dans une houleuse confusion. Intransigeance et fanatisme ne pouvaient qu'engendrer de nouveaux troubles.

5

LA REINE DE LA ROCHELLE

La deuxième guerre de Religion

Chef des mécontents, Louis de Condé quitta la Cour en septembre 1567 et se mit à la tête d'une bande de huguenots prêts à en découdre. Avec la complicité de François d'Andelot, il tenta de rééditer l'opération d'Amboise : enlever le roi et la reine mère pendant leur séjour à Montceaux-lès-Meaux et leur imposer leur volonté. C'était une sédition caractérisée, doublée d'un crime de lèse-majesté. La famille royale parvint à s'échapper d'extrême justesse du château et à se réfugier à Meaux avant de regagner Paris le 28 septembre sous la haute protection des Suisses de la garde. Telle fut la « surprise de Meaux ».

Cet échec n'empêcha pas le chef des réformés, dont les troupes avaient grossi, d'occuper Saint-Denis, Charenton, Saint-Cloud, Poissy, Lagny et Montereau, et son second, le valeureux François de La Noüe, le « Bayard huguenot », de prendre Orléans. Pour les royaux, il fallait réagir, desserrer au plus vite l'étau autour de Paris, menacé d'asphyxie. Le vieux connétable Anne de Montmorency, resté fidèle à la religion catholique mais qui avait deux de ses neveux dans le camp adverse, Coligny et Andelot, se mit à la tête d'une armée de 25 000 hommes, composée en partie de mercenaires suisses et italiens, et marcha sur les huguenots, dont les effectifs atteignaient près de 30 000 hommes grâce à l'arrivée de 9 000 reîtres et lansquenets de l'Électeur palatin Frédéric III et de 4 000 Gascons et Rouergats.

Livrée le 10 novembre 1567, la bataille de Saint-Denis fut une rude bousculade. Commencée par une arquebusade, elle se poursuivit par de brèves charges de cavalerie et d'infanterie. Blessé d'un coup de pistolet dans le dos, Montmorency mourut deux jours plus tard à soixante-quatorze ans. Le reflux des protestants permit à Paris d'être ravitaillé.

Aucun des adversaires n'avait les moyens financiers de poursuivre la guerre. L'impétueux Condé parvint encore à pénétrer dans Blois et à mettre le siège devant Tours, mais il se heurta à d'insolubles problèmes d'approvisionnement. Bref, après six mois d'affrontement, une trêve fut conclue, consolidée par la paix de Longjumeau, signée le 23 mars 1568 et enregistrée quatre jours plus tard au Parlement. Celle-ci confirmait l'édit d'Amboise autorisant les gentilshommes à célébrer le culte calviniste dans leur maison, sauf dans le ressort de la vicomté de Paris et dans les villes *intra muros*. Ainsi s'acheva la deuxième guerre civile.

La troisième allait commencer peu après. En effet, le sceau sur queue de cire jaune de l'édit royal était à peine sec que les profanations et destructions d'églises, les pillages, les tueries d'un côté comme de l'autre reprirent dans un effarant climat de terreur qui renforçait les extrémistes des deux camps. Sous la pression des ultracatholiques menés par le cardinal de Lorraine, le chancelier Michel de L'Hospital fut écarté en octobre au profit de Jean de Morvillier.

La conjoncture internationale rejaillissait aussi sur la politique française. Dans les Pays-Bas espagnols*, travaillés depuis

---

* États autonomes rattachés à la couronne d'Espagne par une union personnelle. Ils comprenaient les actuels Pays-Bas, le Luxembourg, une large partie de la Belgique, de la Flandre française et quelques territoires allemands.

longtemps par la Réforme calviniste, des troubles puis un soulèvement général avaient éclaté sous la conduite du protestant Guillaume de Nassau, prince d'Orange. La répression sanglante menée en 1568 par les troupes espagnoles, à la tête desquelles Philippe II avait placé le duc d'Albe, avait suscité en France un fort courant de sympathie chez les protestants, qui rêvaient d'une union avec leurs coreligionnaires, et chez certains catholiques modérés désireux de prendre une revanche sur le désastreux traité du Cateau-Cambrésis. En réalité, la France, exsangue et terriblement endettée, n'avait qu'une faible marge de manœuvre face à la formidable puissance espagnole. Catherine l'avait compris. C'est pourquoi elle laissait agir le cardinal de Lorraine, dont elle ne partageait pas le rigorisme, mais qu'elle jugeait seul capable d'éviter la guerre.

Les ruses de Catherine

À l'égard de Jeanne, elle était partagée. D'un côté, elle en voulait terriblement à sa « sœur la reine de Navarre », en raison de l'« infâme entreprise » de Meaux dont elle la rendait responsable ; de l'autre, connaissant sa capacité de nuisance, elle redoutait de la jeter dans les bras du prince de Condé, d'où sa politique ondoyante et prudente. Elle retenait l'insatiable Monluc, qui, tel un molosse tirant sur sa chaîne, ne demandait qu'à se jeter sur le Béarn et la Navarre et à régler leur compte à tous ces huguenots du diable.

Jeanne, quant à elle, était restée à l'écart de la rébellion de son beau-frère, sachant qu'en optant pour cette voie elle risquait de compromettre l'avenir de son fils. Elle avait donc dissuadé ses sujets de s'engager dans les rangs de l'armée de Condé. Elle-même affrontait une nouvelle conjuration, cette fois en Basse-Navarre, où le comte Charles de Luxe avait formé une ligue de seigneurs destinée à combattre le calvinisme et à défendre les libertés locales. Les mutins envisageaient de se saisir des principaux ministres réformés et d'imposer le retour au catholicisme. Après avoir tenté de négocier, en février 1568 elle envoya un petit corps d'armée à la tête duquel elle plaça son fils de quatorze ans, assisté de son lieutenant général, Antoine de Gramont, comte de Guiche, maire héréditaire de Bayonne, qui avait gouverné le Béarn en son absence.

Pour Henri, plein d'entrain et de vaillance, c'était le baptême du feu. Il est vrai que de feu, il n'y eut guère. Apeurés et mal armés, les conjurés se réfugièrent dans la montagne de Valcarlos, côté espagnol, où il n'était pas question de les poursuivre. Arrivant à Saint-Jean-Pied-de-Port, le jeune et sémillant prince, fier de son commandement, rassembla les habitants et leur tint un discours traduit en basque par le procureur général Jean d'Etchard. Il y réaffirmait l'attachement de sa mère aux privilèges, fors, coutumes et libertés, y compris la liberté de conscience, et dénonçait la lâcheté de ces ligueurs qui s'étaient enfuis « au premier vent de l'arrivée des forces de la reine », les laissant seuls et sans défense face « à l'avarice et cruauté des soldats estrangers ». Le propos mérite d'être relevé, car les « estrangers » en question étaient les agents français venus prêter main-forte aux ennemis du Béarn et de la Navarre. Le petit prince qui attirait toutes les sympathies fut vigoureusement applaudi.

Charles IX et Catherine dépêchèrent auprès de Jeanne un émissaire chargé soi-disant d'une mission de bons offices destinée à ramener la paix dans ses États, Bertrand de Salignac, seigneur de La Mothe-Fénelon. La réalité était tout autre. L'homme devait entretenir discrètement la discorde et alimenter la rébellion. Jeanne lui fit confiance et suivit ses conseils. Elle assouplit ses ordonnances de 1566 et, lors de la tenue des états de Basse-Navarre à Saint-Palais, accorda une amnistie générale aux chefs félons, acceptant même de les recevoir à Pau. Mais lorsqu'elle apprit que le comte de Luxe venait d'être gratifié du collier de l'ordre de Saint-Michel, elle comprit qu'elle avait été jouée.

Aussi, quand La Mothe-Fénelon, de retour d'un voyage à Paris, lui remit un message l'invitant à se rendre avec ses enfants à la Cour en médiatrice entre le roi et les chefs huguenots, elle ne fut pas dupe. Elle comprit qu'on voulait la neutraliser et l'empêcher de se rapprocher de ses coreligionnaires. « Voilà, écrira-t-elle, de quelle glue étaient frottées les belles paroles dont ledit La Mothe me voulait prendre à la pipée. » Elle refusa d'obtempérer, déléguant auprès du roi et de la reine mère un de ses gentilshommes, le sieur de La Vaupillière, porteur d'un mémoire dénonçant les multiples violations faites à la paix de Longjumeau. Soucieuse de sauver le traité, elle proposait à Charles IX de le rencontrer en ses domaines de Guyenne, « pour y recevoir ses hommages et faire le meilleur ménage qu'il lui serait possible sur les grandes usurpations qui lui avaient été faites ». Il était entendu que son fils, gouverneur et amiral de Guyenne, serait à ses côtés.

Alea jacta est

Il n'entrait nullement dans les intentions de la Cour de satisfaire à sa requête. Bientôt, Jeanne apprit que le cardinal de Lorraine lui avait adressé un émissaire, Jean de Losse, ancien gouverneur de son fils, avec pour mission secrète d'enlever le jeune prince, au prétexte d'une chasse, ou en s'aidant des sbires de Monluc, cantonnés aux abords de ses États. Quittant rapidement sa villégiature de Vic-de-Bigorre, elle se replia à Nérac, où de nombreux gentilshommes, leurs fidèles et leurs domestiques vinrent la rejoindre, revêtus de leur attirail guerrier, avec hardes et ferraille dans leurs bagages.

En juillet 1568, Gaspard de Saulx, seigneur de Tavannes, lieutenant général de Bourgogne, avait reçu l'ordre de se saisir de Condé, barricadé dans la forteresse de Noyers-sur-Serein – un site imprenable en raison de sa situation géographique et de sa triple enceinte –, ainsi que de l'amiral de Coligny, retranché dans le vieux château de Tanlay. L'ordre émanait du surintendant René de Birague, créature de Catherine de Médicis. Tavannes se méfia. Pour arrêter un prince du sang, il fallait une lettre du roi signée en bonne et due forme. Ne la recevant pas, il prit sur lui d'avertir discrètement les rebelles, qui en profitèrent pour déguerpir avec femmes, enfants et serviteurs. Déjouant les troupes catholiques parties à leur recherche, ceux-ci rejoignirent La Rochelle, cité acquise à la Réforme, le 28 août 1568. Soulevés d'une ferveur enthousiaste, quasi mystique, les huguenots avaient l'impression de revivre des épisodes bibliques. Andelot avait à son tour franchi la Loire, chantant avec ses compagnons d'armes le psaume *In exitu Israel* qui commémorait la poursuite du peuple élu par les armées de Pharaon.

Jeanne, après les tromperies éhontées qu'elle avait endurées et les menaces pesant sur son fils, ne pouvait plus tergiverser. Il lui fallait elle aussi se rendre dans la capitale de l'Aunis, quitte à se voir confisquer ses biens et domaines. Après mûres réflexions et combats intérieurs contre « Sathan », elle franchissait ainsi le Rubicon, prête à la guerre, une guerre juste au service de l'Éternel !

Comme autrefois Henri II d'Albret, son fils et elle avaient assumé jusque-là, non sans déchirements, une double fidélité : la première au roi de France, à cause de leurs fiefs et de leur appartenance à la famille royale – et pour Henri, du fait de ses charges de gouverneur et d'amiral de Guyenne –, la seconde à la Navarre et au Béarn, dont l'une était la souveraine et l'autre le prince héritier. Les tensions religieuses avaient fini par tout faire éclater.

Jeanne confia l'administration de ses États à douze barons béarnais et la capitainerie générale au fidèle Bernard d'Arros, son maréchal des logis. Le lundi 6 septembre, elle quitta Nérac avec ses deux enfants et une cinquantaine de gentilshommes à cheval. Le 8, elle franchit la Garonne à Tonneins, « à trois doigts du nez du sieur de Monluc » qui avait pourtant multiplié les patrouilles aux différents ponts et gués. En revanche, elle ne put semer La Mothe-Fénelon qui ignorait en fait ses raisons. En route, celui-ci interrogea Henri, qui lui répondit avec une pointe d'humour macabre que c'était « pour épargner le drap du deuil », autrement dit limiter les frais de funérailles des princes qui mourraient tous ensemble. Une pirouette déjà bien dans ses habitudes ! Le lendemain, La Mothe revint à la charge : par cette prise d'armes, sa mère et lui allaient embraser la France entière. Le prince lui rétorqua avec sa vivacité naturelle qu'il éteindrait lui-même l'incendie « avec un seau d'eau ». Quel seau, lui demanda l'autre ? Eh bien, celui qu'il ferait « boire au cardinal de Lorraine jusqu'à en crever ! ».

Le 12 septembre, les voyageurs, accompagnés de huit cornettes de cavalerie et de trois régiments d'infanterie levés en Béarn et en Gascogne, firent leur entrée à Bergerac, rejoints par le baron de Fontrailles, sénéchal d'Armagnac, à la tête de la noblesse locale. Le 24, Condé vint les accueillir aux abords de Cognac, qui consentit à ouvrir ses portes. Aux échevins le saluant avec déférence par une harangue fleurie, le jeune garçon répondit avec « plein de gaillardise de cœur et gentillesse d'esprit » : « Je ne me suis pas tant étudié pour savoir parler comme vous, mais je vous assure que, si je ne dis pas assez bien, je ferai mieux, car je sais beaucoup mieux faire que dire. » Le 28 enfin, la nouvelle Genève accueillit les voyageurs par d'intenses démonstrations de joie.

Une ville libre, fière et orgueilleuse

La Rochelle, où les révoltés avaient élu domicile, était la cité idéale pour mener la troisième guerre de Religion. La quasi-totalité de ses habitants était dévouée au culte nouveau. Il ne faisait pas bon de s'y déclarer papiste. Au début de l'année, le maire François Pontard avait lancé les habitants contre les derniers catholiques. Treize prêtres avaient été égorgés, leurs corps précipités du haut de la tour de la Lanterne, et les cinq églises paroissiales rasées. La place s'était alors proclamée république calviniste indépendante.

Protégée du côté des terres par une double rangée de remparts et d'infranchissables marais et, du côté de l'océan, par la barrière naturelle de l'île de Ré ainsi que par les tours de la Chaîne et Saint-Nicolas à l'entrée du port médiéval, c'était une cité active et opulente, tournée vers le commerce maritime.

Dans le bassin principal dansaient au clapotis de la marée les coques ventrues des nefs, galiotes, pinasses, bricks, goélettes et autres brigantins, dont certains, aux voilures délavées emmêlées de cordages raidis par le sel, revenaient des « pescheries des terres neufves ». Sur les quais encombrés de futailles, bonbonnes et cageots de toutes tailles s'agitait une foule de matelots, soutiers, commis et portefaix chargeant des tonneaux de vin et d'eaux-de-vie d'Aunis et de Saintonge, ou déchargeant des ballots de toiles, de cuirs, de pelleteries, de fourrures, de matières tinctoriales, rapportés de Flandre, d'Angleterre et d'Espagne.

La ville elle-même – une des plus peuplées de France, avec environ 22000 habitants – avait le privilège insigne d'élire son maire et un échevinage tout-puissant. Elle était divisée en plusieurs quartiers, où vivaient de riches armateurs, commanditaires de compagnies maritimes, des banquiers et des financiers menant de fructueuses opérations internationales, ainsi que des bourgeois du négoce, aux chais et aux coffres bien remplis.

En prenant la tête du parti de la Réforme, Jeanne acquérait une dimension nouvelle. Ce n'était pas seulement la reine de Navarre et la vicomtesse de Béarn qui arrivait à La Rochelle, mais une princesse de Valois, dont le fils, un Bourbon, « tige de la fleur de lys », possédait des droits imprescriptibles sur la succession royale, après les deux frères du roi, les ducs d'Anjou et d'Alençon. Elle se dressait au nom du « bien public », comme les Grands au temps de Louis XI, pour défendre les armes à la main une conception de la royauté face aux « mauvais conseillers » étrangers qui entouraient la reine mère, les Guises, les Retz, les Birague et les Gonzague-Nevers. En elle comme en son fils Henri coulait le « sang de France ». Dans la mentalité du temps, tous deux détenaient de ce fait une parcelle de la légitimité royale. Leur combat n'avait rien de factieux. Ils agissaient pour la sauvegarde de la vraie religion, de l'édit de pacification et pour le service bien compris du roi, leur maître, contre lequel – c'était toute l'ambiguïté de ce type de révolte – ils ne se soulevaient pas. Si Jeanne était l'autorité morale cautionnant le mouvement et son fils le chef nominal, le poids des armes reposait sur Louis de Bourbon, prince de Condé, dont la réputation en matière de prouesses guerrières n'était plus à faire.

Le moment était venu pour Henri, qui allait sur ses quinze ans, d'apprendre « le métier auquel Dieu l'avait appelé ». Cela passait par une éducation militaire renforcée, confiée à l'amiral de Coligny. Le voilà donc avec les hommes en exercice parcourant la mélancolique Saintonge, si différente des collines luxuriantes de son Béarn natal. Combien de fois embrassa-t-il du regard, sous un ciel éternellement changeant, ces amples horizons qui se prolongeaient à l'infini dans le miroir étincelant de la mer jusqu'aux ultimes sursauts du jour ?

Mais le temps n'était pas aux rêveries. Entre les marches et contremarches, le maniement des armes et les longues manœuvres à cheval, le fils de Jeanne continuait sagement d'apprendre la littérature et l'histoire antiques sous la conduite de maître Florent Chrétien, tout entier tourné vers un seul but, devenir un prince accompli. Un jour, alors qu'il se promenait près de la redoute des Deux-Moulins, il tomba à l'eau. Un capitaine, Jacques Lardeau, qui se trouvait là par hasard, sauta pour le repêcher. Il en fut fortement récompensé par sa mère. Ce fut l'occasion de déceler une lacune dans son éducation : l'adolescent ne savait pas nager.

En tout cas, il s'était vite habitué aux mœurs rudes et au langage des camps. On ne sait trop où il avait appris les jurons habituels. Déjà La Gaucherie en avait adouci quelques expressions, de façon à supprimer leur caractère blasphématoire. « Ventre et sang du Christ » avait été transformé en ventre-saint-gris et « mordieu » en morbleu. Une fois sur le trône, Henri gardera à la bouche quelques interjections fortes et l'on verra son confesseur, le père Coton, s'offusquer de ses multiples « jarnidieu » (« je renie Dieu ») : « Sire, pour éviter cette indécence indigne du roi très-chrétien, dites plutôt jarnicoton. »

En quatre semaines, les huguenots n'avaient cessé d'affluer en armes vers la puissante cité portuaire. Bientôt Condé prit le contrôle de Niort, Saint-Maixent, Saintes, Saint-Jean-d'Angély, Angoulême, Cognac, Blaye et Pons, composant un imposant glacis destiné à protéger la « cité sainte ». Henri de Navarre avait été présent au camp devant Angoulême avec les trois régiments de cavalerie venus de Gascogne, assistant à un siège pour la première fois de sa vie.

Jeanne avait vieilli. Elle était malade. Son visage s'était allongé et desséché, les orbites creusées, les lèvres serrées. Du bel hôtel d'Huré, rue Bazoges, où elle s'était installée, elle n'en déployait pas moins une intense activité épistolaire, gouvernant ses États, veillant à ravitailler La Rochelle en vivres et en armes, empruntant aux bons bourgeois des espèces sonnantes et trébuchantes contre remise en gages de biens ecclésiastiques et cherchant à consolider son alliance avec Élisabeth Ire, vitale pour la survie de la sédition. Tandis que de petits convois maritimes anglais commençaient à décharger leurs cargaisons de pièces d'artillerie et de boulets, Coligny s'affairait à organiser une flottille de navires corsaires montés par des marins rochelais, poitevins et dieppois. Du vieux port, une dizaine de solides nefs équipées de canons de fer ou de bronze ainsi que quelques pataches plus légères, chargées de poudre et de salpêtre (l'une s'appelait *L'Antipape*, une autre *Le Huguenot*), mirent à la voile et traquèrent inlassablement galions espagnols, vaisseaux portugais et français. Parmi les captures de ces « écumeurs des mers » qui engendrèrent les plus vives protestations, il y eut deux belles caraques vénitiennes, dont l'une, la *Vergi*, fut rebaptisée *La Grande Huguenote*.

La réaction royale

Le 23 septembre 1568, l'édit de Saint-Maur supprima en France le culte réformé, enjoignant aux pasteurs de quitter le royaume et privant de leur charge les officiers royaux qui n'auraient pas abjuré l'hérésie. Seule la liberté de conscience était maintenue, mais que pouvait-elle signifier sans la possibilité de pratiquer sa foi ?

Dans la crainte de voir l'Espagne s'emparer des possessions méridionales des Albret, Charles IX et sa mère firent croire que la reine de Navarre et ses enfants étaient retenus de force à La Rochelle. Par mesure conservatoire, ils décidèrent de protéger leurs biens et domaines. En réalité, il s'agissait de mettre un terme à l'indépendance du Béarn, jamais reconnue. Charles de Luxe fut chargé de l'opération, tandis que les parlements de Bordeaux et de Toulouse réaffirmaient la souveraineté de la France sur cette terre. En réponse, au nom de Jeanne d'Albret, Bernard d'Arros convoqua les états ainsi que le ban et l'arrière-ban de la noblesse du pays. Dans un grand élan de patriotisme local, celle-ci, qu'elle fût protestante ou catholique, répondit à l'appel et forma des milices dont la combativité fit reculer la troupe mal équipée du comte de Luxe.

Les mois suivants, le Béarn fut le théâtre de violences inouïes, règlements de comptes, pillages, viols, exécutions sommaires. Les deux camps ne reculaient devant aucune horreur. Après l'avancée des catholiques sous la conduite d'Antoine de Lomagne, baron de Terride, la chute de Pau, puis le long siège de Navarrenx, ce fut le retour en force des protestants, dépêchés de La Rochelle. Le Béarn était à feu et à sang : massacre de masse à Orthez par le comte de Montgomery, pendaison des réformés à Pau par les catholiques, exécution des capitaines de l'armée de Terride à Navarrenx, repassée sous le contrôle huguenot, malgré la promesse de vie sauve qui leur avait été faite. La reprise en main fut implacable. Jeanne décréta cette fois la proscription intégrale du catholicisme, y compris en interdisant sous peine de mort les mariages selon le rite romain. D'un point de vue militaire, ces opérations n'avaient mobilisé que quelques milliers d'hommes.

Il en allait autrement en Poitou et en Angoumois, où Condé et Coligny avaient rassemblé une armée forte de près de 15 000 hommes, cavalerie incluse. Pour les royaux, il n'y avait pas à tergiverser. L'hiver de 1568-1569 achevé et les routes dégelées, il fallait l'affronter avant qu'elle ne pût faire sa jonction avec des renforts levés en Allemagne grâce aux subsides anglais.

À dix-sept ans, le duc d'Anjou fut nommé lieutenant général du royaume, comme l'avait été autrefois Antoine de Bourbon. À ce titre, il prit la tête des troupes royales. Son éducateur militaire, qui menait toutes les opérations, était Gaspard de Saulx-Tavannes, lieutenant général des armées du roi. La rencontre eut lieu le 13 mars dans la plaine de Bassac, non loin de Jarnac, sur la rive droite de la Charente, les deux princes Henri étant consignés à Cognac par crainte du danger. Remporté par les royaux supérieurs en nombre, ce rude engagement de cavalerie sur l'arrière-garde huguenote aurait laissé peu de traces dans l'Histoire si le prince de Condé n'y avait été tué et ce, dans des conditions contraires au code de l'honneur. Blessé à la jambe, désarçonné, il s'était rendu à deux officiers catholiques ; l'un d'eux, Joseph-François de Montesquiou, capitaine des gardes suisses du duc d'Anjou, avait répondu en lui déchargeant son pistolet dans le dos et à bout portant.

Cette mort était une catastrophe pour le camp des révoltés. Henri, comme le disait Jeanne, perdait en lui un « second père ». L'armée avait besoin à sa tête d'un nouveau prince du sang exerçant le commandement suprême. Ce ne pouvait être que lui, malgré une formation militaire inachevée. À Tonnay-Charente, petit port sur la rive droite de la Charente, en présence de l'infanterie et de la cavalerie – « quatre mille chevaucheurs bien montés et armés », comme dit le chroniqueur Jean de Serres – réunies par Coligny et après une vibrante harangue de sa mère, mêlant pleurs, soupirs et appel au courage, il prêta serment en compagnie du fils du défunt prince de Condé, qu'on lui avait donné pour adjoint. Pour servir la Cause et entretenir les troupes, Jeanne avait engagé ses derniers bijoux. Datée de Saintes le 15 mars 1569 et signée « Henri », mais rédigée sous l'inspiration de la mère, une ordonnance militaire interdisait aux troupiers de jouer aux cartes ou aux dés, de « commettre aucun acte de paillardise ou lubricité, sous peine de vie » et de « blasphémer le nom de Dieu ». Ventre-saint-gris !

C'est probablement de cette époque que date son portrait en pourpoint couleur chair boutonné au cou. Attribué à Antoine Caron ou à l'un de ses élèves, il est conservé à la bibliothèque de Genève : visage juvénile émergeant d'une fine collerette tuyautée, cheveux châtains tirant sur le roux dégageant un large front, bouche délicate, arête nasale commençant à s'affermir. Le regard volontaire et la mâchoire tendue montrent qu'il s'était aguerri.

L'armée des princes, comme on allait désormais l'appeler, partit pour Saintes et Saint-Jean-d'Angély sous la conduite de Coligny. En juin, à Châlus, en Limousin, elle fit sa jonction avec les reîtres et les lansquenets. Les troupes réunies marchèrent sur La Roche-l'Abeille. Là, le 25, à proximité de la lande désolée de Saint-Laurent, elles remportèrent une bataille sur l'armée du duc d'Anjou ; elles furent moins heureuses le 3 octobre à Moncontour, en Haut-Poitou, perdant de 2000 à 3000 hommes. Les deux jeunes princes avaient encore été tenus en réserve.

Faute de recevoir une solde régulière, la troupe vivait sur l'habitant, saccageant villes et villages, semant la ruine en Guyenne, en Languedoc et dans le Midi méditerranéen. Bientôt, elle remonta vers le nord par le Vivarais, s'empara de Saint-Étienne et poursuivit sa route par la Bourgogne, pillant et ravageant l'abbaye de Cluny, avec une hargne d'autant plus intense que le cardinal de Lorraine en était l'abbé commendataire.

La paix de Saint-Germain

La reine de Navarre, quant à elle, ne doutait pas que l'Éminence avait été l'instigatrice d'une obscure tentative d'assassinat perpétrée contre son fils. Au début de 1570, un individu masqué, revêtu d'une cotte de mailles et armé d'un estoc, avait voulu l'assaillir. Première tentative infructueuse d'une longue série qui s'achèvera rue de la Ferronnerie un certain 14 mai 1610.

Pendant ce temps, une seconde colonne venue de La Rochelle sous la conduite de François de La Noüe avait repris Les Sables-d'Olonne, Luçon, Fontenay-le-Comte, Niort, Marennes, Soubise, Brouage et Saintes. Cependant, pour Charles IX et sa mère, l'avancée de Coligny était plus préoccupante car elle menaçait Paris et l'Île-de-France. Aussi chargèrent-ils le vainqueur de Moncontour, le maréchal Artus de Cossé-Brissac, de lui barrer la route.

L'affrontement se produisit en Bourgogne, non loin d'Arnay-le-Duc, le 27 juin 1570, au milieu de belles collines boisées, entre les moulins de l'Eau de Beaune et ceux de Clomot et de Solonge. Pour la première fois, on vit Henri se jeter audacieusement dans la mêlée à la tête de ses gardes. Depuis l'étape de Nîmes il n'avait cessé de manifester son impatience. Malgré la disproportion des forces – 4000 combattants du côté protestant, 13000 du côté des royaux –, la victoire échut à l'amiral. Cossé, impuissant devant la déroute de ses troupes, ne put mener aucune contre-offensive. Heureusement, Coligny, malade, s'était replié sur La Charité-sur-Loire en attendant de reprendre les combats et de marcher sur Paris.

Le roi, Catherine et le cardinal comprirent qu'il était urgent de négocier. La paix de Saint-Germain, le 8 août 1570, marqua la fin de la troisième guerre de Religion. Vaillant soldat, cousin de Coligny dont il allait épouser la fille l'année suivante, Charles de Téligny signa l'accord au nom de Jeanne d'Albret et de l'amiral.

Les conditions étaient plus favorables aux huguenots, ce qui rendit furieux les catholiques ultras. Il avait fallu tenir compte des rapports de force, de la puissance militaire des réformés et de l'état d'épuisement du royaume. Les amis de Jeanne retrouvaient la liberté de pratiquer leur culte, une liberté strictement encadrée. Seuls les seigneurs hauts justiciers le pouvaient exercer sans contrôle dans leurs domaines, châteaux et maisons ; pour le reste de la population, l'autorisation se limitait aux faubourgs de vingt-quatre villes, deux par gouvernement. Le culte réformé restait proscrit à moins de dix lieues de Paris et de deux de la Cour lors de ses déplacements. Les charges et biens confisqués étaient restitués à leurs propriétaires. Enfin, quatre places de sûreté étaient accordées pour deux ans aux religionnaires : La Rochelle, La Charité-sur-Loire, Cognac et Montauban. Cette dernière disposition était très importante puisque les protestants avaient loisir d'y entretenir des troupes.

Les suites de la paix

Revenu à La Rochelle, où les visages étaient illuminés de joie par le retour de la paix, Henri secondait désormais sa mère. Il multipliait les correspondances afin de conserver des liens étroits avec Élisabeth d'Angleterre et d'encourager la révolte des Gueux de Flandre. Ainsi, dans une lettre à Charles IX, il protestait contre les agissements de l'escadre hispano-flamande de l'amiral de Hénin-Liétard, qui s'était avancée dans la rade et dont plusieurs marins avaient pris d'assaut les navires d'honnêtes commerçants rochelais. À la suite de cette injustice, il avait fait finalement relâcher les pillards, privilégiant, disait-il, « le bien universel de ce royaume par l'entretien de l'alliance et confédération que vous avez avec ledit roi d'Espagne [plutôt] que le dommage et intérêt particuliers d'aucuns de vos sujets ».

Néanmoins, il ne cessait de se plaindre de la manière dont ses coreligionnaires étaient traités. En plein accord avec sa mère, il pratiquait allègrement le double jeu. Les coups de main des corsaires protestants contre les navires de Philippe II se poursuivaient. Henri couvrait de même les recrutements de volontaires ainsi que l'armement de navires affrétés par Ludovic de Nassau, frère de Guillaume d'Orange, dans le but de renforcer la rébellion des Pays-Bas. Ce qui ne l'empêchait pas de protester auprès du roi de sa loyauté, de son dévouement et de son souci constant du maintien de l'ordre.

« Monseigneur, à mon arrivée de deçà, mandait-il à Charles IX le 21 novembre 1570, je trouvais quelque bon nombre de lansquenets qui vivaient à discrétion, écartés çà et là, chargeant et foulant grandement le pauvre paysan. » Afin d'empêcher ces soudards de nuire, il avait pris l'initiative de les regrouper dans un camp sous la responsabilité d'un commissaire. Le peuple, assurait-il, s'était spontanément offert à « contribuer à leur nourriture », ce qui l'avait décidé à taxer quelques villages. Toutefois, admettait-il, comme « il n'est aucunement loisible aux gouverneurs des provinces de faire des levées sans commission et ordonnance de Votre Majesté », il demandait un acte royal de régularisation *a posteriori*.

En avril 1571, Jeanne assista avec son fils à l'important synode national, présidé par Théodore de Bèze en tant que modérateur, qui définit pour très longtemps les bases de la foi et de l'organisation de l'Église calviniste en France. Par esprit de conciliation, Charles IX avait donné son accord à sa tenue. Outre les signatures des principaux pasteurs, le document final, ou Confession de La Rochelle, comportait celles de la reine de Navarre, de son fils, du prince de Condé, du prince Louis de Nassau et de l'amiral de Coligny.

En septembre, Jeanne, accompagnée d'Henri, retourna en Béarn, où elle édicta une nouvelle série d'ordonnances qui instituaient une véritable théocratie protestante dont elle se considérait le « pasteur ». Ces ordonnances furent son œuvre majeure.

Pendant ce temps, Catherine de Médicis avait réussi un joli coup politique : elle était parvenue à attirer à la Cour Gaspard de Coligny. Quel spectaculaire retournement ! Deux ans auparavant, ce brandon de discorde qui avait mené avec une détermination implacable la guerre contre le roi et cautionné bien des massacres, avait vu sa tête mise à prix. Désormais, il était entièrement pardonné, le texte de sa condamnation à mort biffé des registres et actes du royaume. Il avait reçu en outre une gratification de 100 000 livres. C'était une prise de grande importance, un coin enfoncé dans l'unité de la huguenoterie. Jeanne s'en montra très déçue. Coligny n'avait plus que trois idées en tête, convaincre Charles IX de porter secours aux rebelles néerlandais, s'entendre avec l'Angleterre et entrer en guerre contre Philippe II, principal adversaire, selon lui, de la paix entre catholiques et protestants.

Projets matrimoniaux

Soucieuse de conforter l'édit de Saint-Germain, dont un article secret prévoyait le mariage de sa fille Marguerite avec le prince de Navarre, Catherine songea à concrétiser ce projet grandiose promis par Henri II quelque quatorze ans auparavant au petit prince de Viane et à son père Antoine de Bourbon. La fille des Médicis ne concevait pas la haute politique sans ces mariages royaux qui favorisaient à la fois les intérêts de sa famille et, du moins l'espérait-elle, une meilleure entente entre les souverains européens.

L'union en novembre 1570 de Charles IX et d'Élisabeth d'Autriche, fille de l'empereur Maximilien II et nièce de Philippe II, était son œuvre. Il lui fallait trouver un parti avantageux à Marguerite. Elle avait pensé un moment au fils aîné de l'empereur Rodolphe puis à Sébastien de Portugal. En octobre 1568, apprenant avec douleur la mort à Madrid de sa fille aînée Élisabeth, emportée à vingt-trois ans probablement d'une éclampsie puerpérale, elle s'était demandé si la cadette ne pourrait pas la remplacer auprès de Philippe II. Celui-ci avait préféré épouser en troisièmes noces Anne, fille aînée de l'empereur Rodolphe II. Elle s'était rabattue sur Sébastien de Portugal – un jeune homme du reste austère, déséquilibré et violent –, mais le gouvernement de Lisbonne lui fit l'affront de refuser sa demande.

Incertaines ou inconsistantes, ces combinaisons étaient oubliées. Pour restaurer la paix au sein du royaume et réconcilier les Français entre eux, elle était désormais convaincue de la nécessaire union d'Henri de Navarre et de Marguerite.

L'absence du fils de Jeanne à Mézières le 26 novembre 1570, lors du mariage de Charles IX et d'Élisabeth d'Autriche, puis au couronnement de celle-ci à Saint-Denis le 25 mars suivant, lui avait déplu. Ce jeune homme vif, au visage avenant, qui allait sur ses dix-huit ans, difficile à cerner, il fallait l'attirer au plus vite à la Cour comme Coligny, l'éloigner de l'influence néfaste de sa mère.

Marguerite de Valois, du même âge que lui, était dans la fleur de la beauté. Brantôme, dans sa *Vie des dames galantes*, parle avec dithyrambe de celle qu'on appellera plus tard la « perle des Valois ». Tout en elle était magnifié : le teint éclatant, les yeux « si transparents et agréables », le corps « de la plus belle, superbe et riche taille qui se puisse voir, accompagné d'un port et d'une si grave majesté qu'on la prendra toujours pour une déesse du ciel plus que pour une princesse de la terre ».

Quand elle ne portait pas de perruque blonde, elle laissait voir des cheveux de jais, tortillés et tignonés à la perfection. Coquette, soignée de sa personne, Margot, comme l'avaient surnommée ses proches, choisissait les toilettes les plus recherchées : un jour, c'était une robe de satin blanc mêlé d'incarnadin, un voile de gaze à la romaine négligemment jeté sur la tête, un autre jour, une robe de velours rouge et un bonnet constellé de pierreries et surmonté de plumes. Elle dansait avec grâce la pavane d'Espagne, le *passamezzo* d'Italie ou le branle de la torche et du flambeau. Un dessin fin et réaliste datant de 1568, attribué à François Clouet, atténue toutefois la perfection de ses traits : le nez était un peu long, le regard trouble, les joues un tantinet flasques et le menton des Médicis, c'est-à-dire fuyant.

Mais comment lui dénier l'intelligence, la vivacité d'esprit, la culture de sa grand-tante Marguerite de Navarre ? On vantait sa passion de la lecture autant que l'agrément de sa compagnie, son sens de la repartie. Les manières minaudières de cette radieuse jouvencelle faisaient pressentir un tempérament sensuel qui ne demandait qu'à éclore. Si l'on écarte de stupides ragots lui attribuant deux ou trois amants avant l'âge de la puberté, le fait est qu'en 1570, à dix-sept ans, elle s'était follement éprise du bel et inquiétant Henri de Guise, jeune homme « fort caressé des dames ». Une correspondance secrète s'était engagée avec la complicité d'une dame d'atour de la reine mère, Mme Pic de La Mirandole.

Catherine découvrit avec stupeur l'étendue des ravages causés par cette amourette clandestine aux conséquences politiques incalculables. Il lui était insupportable d'imaginer que ce freluquet pût devenir son gendre, mais elle n'osait ni faire une scène à l'effrontée ni remettre à sa place le galantin de vingt ans. Et pourtant, comme l'écrivait le ministre protestant Simon Goulart, il y avait « danger d'approcher plus près le feu des étoupes ».

La Cour résidait alors en Normandie, à Gaillon, en ce château que le cardinal Georges d'Amboise avait transformé en une vaste et agréable demeure Renaissance. Charles IX apprit l'aventure par un billet doux intercepté. Il en fut si bouleversé que, le 25 juin 1570, à cinq heures du matin, en chemise et robe de chambre, il surgit dans la chambre de sa mère et fit appeler la coupable. Marguerite fut gourmandée, couverte de véhéments reproches, abreuvée d'injures, rudoyée, giflée, ses vêtements déchirés. Catherine elle-même n'en revenait pas de pareil esclandre. Pour sauver les apparences et prévenir les commérages, elle passa près d'une heure à aider sa fille à changer de toilette et à réparer le désordre de sa coiffure.

Les Guises se trouvaient sur la sellette. Le cardinal de Lorraine, qui avait poussé à cette prestigieuse alliance, se retira un moment de la Cour, et son neveu annonça précipitamment ses fiançailles avec la riche huguenote Catherine de Clèves, veuve d'Antoine de Croy, prince de Porcien, une femme dont les portraits peinent à dissimuler la laideur. Fille de Marguerite de Bourbon, sœur aînée d'Antoine de Bourbon, elle était par conséquent cousine germaine d'Henri de Navarre.

Des négociations difficiles

Quand sa mère l'interrogea sur ce projet de mariage navarrais, Marguerite, en fille soumise et encore craintive, répondit que c'était chose superflue puisqu'elle n'avait d'autre volonté que la sienne. Elle osa cependant exprimer une réserve, comme elle le conte dans ses *Mémoires* : « Je la suppliais de se souvenir que j'étais fort catholique [...] et qu'il me fâcherait fort d'épouser une personne qui ne fût de ma religion. »

Catherine, bien sûr, partageait ce point de vue, tandis que Jeanne d'Albret était méfiante, à son habitude. Au maréchal de Cossé, chargé de mener les premières négociations au début de janvier 1571, elle n'avait présenté qu'un « front renfrogné ». Sans doute la fière huguenote n'avait jamais dédaigné ce projet prestigieux, dont son défunt mari s'était longtemps flatté, mais elle redoutait de séjourner à la Cour où elle, son fils et sa fille Catherine seraient placés sous haute surveillance, malgré les faveurs et bons traitements dont on s'efforcerait de les entourer.

Quelques mois plus tard, une nouvelle mission menée par MM. de Biron et de Quincey la trouva sur la même réserve.

Le projet mettait en branle un jeu complexe de forces politiques qui s'opposaient ou se neutralisaient. Si la reine de Navarre voyait d'un bon œil Catherine prendre ses distances avec Philippe II et entamer des négociations matrimoniales entre le duc d'Anjou et la reine d'Angleterre Élisabeth, les réformés intransigeants condamnaient avec la plus grande fermeté une union entre Valois et Bourbons. Les Anglais aussi s'en inquiétaient. Le duc d'Anjou ayant témoigné sa nette aversion de se marier avec Élisabeth, l'ambassadeur de Sa Gracieuse Majesté en France, l'intrigant et astucieux Francis Walsingham, « maître espion de la reine », s'avisa d'envoyer à La Rochelle un de ses agents afin de proposer la main d'Élisabeth au prince de Navarre. « Nous le ferons roi d'Angleterre, de Navarre ou mieux d'Irlande, et sa sœur reine d'Écosse. » Rien de moins !

Offre alléchante ? Voire ! Jeanne d'Albret, qui avait la tête sur les épaules, ne s'en laissa nullement conter, contrairement à Coligny et à Ludovic de Nassau. La différence d'âge était considérable : vingt ans ! De surcroît, son fils ne serait pas roi, seulement prince consort (l'expression date de l'époque). Il n'aurait aucune part aux affaires de l'État. Surtout, en s'unissant à la reine d'Angleterre, il aliénerait ses droits à la couronne de France et de cela la farouche huguenote ne voulait à aucun prix, ces droits ne fussent-ils qu'une simple espérance.

À son retour en Béarn en novembre 1571, elle accepta donc d'entrer en négociation avec Catherine de Médicis pour la main de Marguerite, tout en posant ses conditions : qu'on lui remît d'abord sa bonne ville de Lectoure et son puissant château des comtes d'Armagnac encore occupé par les troupes royales, puis qu'on démolît à Paris la croix vengeresse dite de Gastine, qui avait été élevée sur le terrain de la maison rasée de deux hérétiques, Philippe et Richard de Gastine. Biron envoyé à Pau menait les discussions. Elle lui dit qu'elle ne voulait pas être trompée comme ceux qui étaient allés à la Cour et n'avaient rien obtenu, faisant sans doute allusion à Coligny.

Tout finit par s'arranger. La citadelle de Lectoure fut évacuée et la croix de Gastine transférée au cimetière des Innocents, son inscription expiatoire grattée. Quelques incidents retardèrent le départ de la reine de Navarre : une dysenterie pour elle et une malencontreuse chute de cheval pour son fils. Le 13 janvier 1572, elle quitta Agen avec sa fille, chargeant Henri de retourner à Pau et de veiller aux affaires du royaume pendant qu'elle s'occuperait des siennes avec les Valois. Ils ne devaient plus se revoir.

Mère et fils

La correspondance échangée avec lui pendant les six derniers mois de sa vie révèle que le fils soumis et obéissant de façade continuait doucement de s'émanciper. Sa foi calviniste ne paraissait pas très ferme, surtout lorsqu'il était loin d'elle. Lors du tour de France, Coligny avait remarqué la consternation du prince à voir tant d'églises saccagées dans la vallée du Rhône et en avait aigrement admonesté son gouverneur.

Jeanne le sermonnait comme un gamin de dix ans. « Je vous prie de vous appliquer à vos devoirs plus qu'à votre plaisir, lui mandait-elle le 21 janvier du château de Biron en Périgord, et surtout être soigneux tant pour votre devoir que pour l'exemple, d'ouïr souvent les prêches et tous les jours les prières, et obéir et croire M. de Beauvoir [son gouverneur], comme vous avez toujours bien fait, et ne faillir à ouïr quelques leçons de M. de Francourt [le chancelier de Navarre], comme vous m'avez promis. »

La rencontre avec Catherine eut lieu au château de Chenonceau, où la reine mère n'avait pas encore fait édifier la double galerie Renaissance sur le pont de Diane enjambant le Cher, qui lui donne l'enchantement de son aspect actuel.

Jeanne avait appris par des indiscrétions que ni le roi ni son Conseil n'agissaient envers elle avec sincérité. Toujours maugréant et rancunière, elle avait songé à rebrousser chemin ; on lui avait rétorqué qu'il n'était plus temps, qu'« il fallait passer outre et faire bonne mine en mauvais jeu ». Les entretiens avec la Florentine confirmèrent ses impressions. Certes, celle-ci l'avait accueillie avec transport, lui avait prodigué ses plus beaux sourires, lui avait fait bonne chère, mais elle ne cherchait en fait qu'à la mitonner à petit feu. Elle n'avait qu'une idée, faire venir Henri à la Cour, le soustraire à l'influence de sa mère et obtenir son abjuration. Quant à la conversion au protestantisme de Marguerite, que Jeanne avait crue possible, il n'en était pas question. Or, là était le point central qui la tenaillait. Comme l'écrivait un observateur espagnol, « la *Vendôma* verrait brûler son fils plutôt que de le voir se marier à la manière papista ». Pour elle, il était clair que si Marguerite « demeurait opiniâtre » en sa foi catholique, c'était à terme la ruine du camp calviniste et de ses temples en France.

Le 21 février, de Tours, elle envoya une mise en garde à son fils. « Je vous prie et recommande ne bouger de Béarn que vous n'ayez une seconde dépêche de moi. » Il devait lui écrire noir sur blanc que le seul obstacle l'empêchant de se résoudre à ce mariage était la religion de sa cousine. À Blois, où elle s'était transportée pour les dernières négociations, elle reçut la réponse conforme à ses souhaits. Elle était datée du 1er mars :

« Ma mère, [...] Je vous supplierai seulement vouloir avoir souvenance de ce que je vous ai dit à votre partement et principalement la volonté de Madame [Marguerite] sur le fait de la religion. J'ai bien vu par votre discours qu'*ils* ne tendent à rien sinon qu'à me faire aller à la Cour, pensant me séparer de la religion et de vous ; mais je vous supplierai de croire que, quelque embûche qu'ils me puissent dresser pour ce fait, ils ne gagneront, car il n'y aura jamais plus obéissant fils à sa mère que je vous serai, et aurais grand tort si j'étais autre, vu la grande obligation que je vous dois, non seulement pour m'avoir mis au monde, mais aussi pour la peine que vous avez prise et prenez encore pour mon bien et avancement. »

Jeanne, de plus en plus anxieuse, avait besoin d'un tel soutien. Elle savait qu'elle n'était pas de taille à lutter contre sa commère et ses airs de chattemite. Même si le légat Alexandrini, neveu du pape Pie V, avait échoué à lui mettre des bâtons dans les roues, elle voyait des obstacles partout. Brusquement, Catherine changea de tactique. Désormais convaincue de la défaite inéluctable de son interlocutrice, elle abandonna ses airs cauteleux et ne chercha plus qu'à la déstabiliser, lui riant au nez, la goguenardant cyniquement.

« Mon fils, écrivait à Henri sa mère le 8 mars, la reine me traite à la fourche [...]. Je m'assure que si vous saviez la peine en quoi je suis, vous auriez pitié de moi ; car l'on me tient toutes les rigueurs du monde et des propos vains et moqueries, au lieu de traiter avec moi avec gravité, comme le fait le mérite. » Madame (Marguerite), poursuivait-elle, est « belle et bien avisée et de bonne grâce, mais nourrie en la plus maudite et corrompue compagnie [...]. Voilà pourquoi je désire vous marier, et que vous et votre femme vous retiriez de cette corruption. Car, encore que je la croyais bien grande, je la trouve davantage. Ce ne sont pas les hommes ici qui prient les femmes ; ce sont les femmes qui prient les hommes ».

S'adressant quelques jours plus tard à Goulard de Beauvoir, le gouverneur de son fils, elle se plaignait pareillement : « L'on me gratte, l'on me pique, l'on me flatte, l'on me brave, l'on me veut tirer les vers du nez... » Les afféteries de sa future belle-fille l'irritaient au plus haut point. Assurément, avouait-elle, Madame est de « belle taille », mais « elle se serre extrêmement ». « Quant au visage, c'est avec tant d'aide que cela me fâche, car elle s'en gâtera ; mais en cette Cour le fard est presque commun comme en Espagne. » Ce n'était pas l'avis de Brantôme, qui, à Blois, le jour des Pâques fleuries, ou dimanche des Rameaux, la vit passer, son « beau visage blanc, qui ressemblait à un ciel en sa plus grande et blanche sérénité », superbement parée de rangées de grosses perles et de diamants brillants en forme d'étoiles. Sa piété confirmait son attachement à la « religion papiste ». Elle semblait s'attarder en dévotions pour mieux ôter toute illusion à la grincheuse reine de Navarre.

La vérité est que celle-ci s'était résignée au mariage mixte et à la messe catholique, à laquelle ne pourrait assister son fils. Si la Florentine se comportait avec elle avec tant de cynique désinvolture, c'était parce qu'elle disposait de deux atouts. Le premier, que nous révèle aujourd'hui la correspondance des ambassadeurs, était que les Portugais proposaient le roi Sébastien pour Marguerite, sans aucune exigence. Elle avait donc de quoi assurer ses arrières et rompre avec Jeanne, au besoin en la ridiculisant.

L'autre atout, plus puissant encore, était l'arme absolue. N'avait-on pas déjà susurré à Jeanne qu'on allait invoquer auprès du pape la bâtardise de son fils, puisqu'il était né d'un second mariage dont la validité restait douteuse. Perspective odieuse, insupportable, Henri risquant de perdre jusqu'à sa qualité d'héritier du trône de Navarre !

Bref, Jeanne, malade, épuisée nerveusement, qui avait été jusqu'au bout de ses forces, capitula. Elle accepta le compromis. Marguerite resterait catholique ; le mariage serait célébré à Notre-Dame par le cardinal de Bourbon selon le rite romain ; toutefois, par égard pour la religion de son mari, son consentement serait reçu sur le parvis. Une demande de double dispense serait présentée au pape Pie V pour la consanguinité des futurs (ils étaient cousins au troisième degré) et le mariage religieux mixte, mais en cas prévisible de refus, on passerait outre. L'accord fut conclu le 4 avril et le contrat de mariage signé le 11. Charles IX garantissait à sa sœur une dot de 900 000 livres, auxquelles la reine mère ajoutait une gratification de 200 000 livres, Monsieur, duc d'Anjou, et son frère Alençon, chacun 25 000 livres. De son côté, le futur époux promettait un douaire de 40 000 livres de rente. Les sourires revinrent de part et d'autre. Même Jeanne paraissait heureuse, du moins soulagée. « Madame [Marguerite], écrivait-elle à son fils le 25 avril, me fait tant d'honneur et bonne chère que cela me donne bonne espérance de votre contentement. »

6

LES NOCES VERMEILLES

Des préparatifs retardés

Plus rien ne s'opposait à la venue d'Henri à Paris. En mère aimante, ne connaissant que trop son caractère influençable et enclin aux plaisirs, Jeanne lui fit ses dernières recommandations : qu'il s'habitue à relever ses cheveux selon la nouvelle mode – et non celle de Nérac, qui faisait croire qu'il avait des poux ; qu'il n'hésite pas à parler hardiment, à se comporter en prince, afin d'offrir d'emblée une image positive ; qu'il ne se laisse pas détourner « par les appas de voluptés et corruptions ordinaires du monde » et qu'il oppose une « constance invincible » aux « allèchements que l'on pourrait donner pour le débaucher, soit en sa vie, soit en sa religion [...] ; je sais que c'est leur but ; ils ne le cèlent point ».

Les multiples préparatifs des noces nécessitaient également sa venue à Paris. Elle y arriva le 15 mai après un détour par Vendôme, où elle présida à l'inhumation de Louis de Condé, tué à Jarnac deux ans plus tôt. Refusant d'aller au Louvre, elle s'installa dans un hôtel particulier rue de Grenelle-Saint-Honoré (aujourd'hui rue Jean-Jacques-Rousseau), non loin du Louvre. Les perspectives de la noce semblaient lui avoir donné un regain de vitalité. Elle courait en carrosse les enseignes de luxe avec une frénésie nouvelle, dépensant sans compter – ce qui ne lui était jamais arrivé –, y compris pour l'achat de bijoux, pierres précieuses et surtout de perles, son péché mignon. Puis elle s'avisa de faire venir du château de Pau les plus somptueux atours de sa garde-robe.

Hélas, le 4 juin, elle fut prise de fortes fièvres et dut s'aliter. Elle mourut cinq jours plus tard. Elle avait quarante-trois ans. L'autopsie révéla un gros abcès qui avait éclaté dans le poumon droit. Se plaignant de névralgies depuis quelque temps, elle avait demandé à être trépanée. Les barbiers-chirurgiens scièrent donc le crâne et y trouvèrent de petits kystes le long de la dure-mère.

Il s'agissait d'une mort naturelle, due à un état tuberculeux avancé, mais la soudaineté de l'événement alimenta les rumeurs. N'était-ce pas à la suite d'un souper chez le duc d'Anjou qu'elle était tombée malade ? N'avait-elle pas respiré les émanations maléfiques de gants de senteur que René, le parfumeur de la reine mère, installé sur le pont Saint-Michel, lui avait offerts de sa part ? (Alexandre Dumas, bien sûr, en fera son miel dans *La Reine Margot*.) Pour Jehan de La Fosse, curé de la paroisse Saint-Barthélemy, ce décès prématuré ne pouvait être que le fruit du châtiment divin frappant une mécréante qui venait de faire détourner la procession de la Fête-Dieu pour ne pas entendre les cantiques catholiques ni voir de son hôtel l'ostensoir abhorré.

Pendant ce temps, Henri, retardé par des accès de fièvre répétés, ne se pressait pas de monter à Paris. Il attendait une lettre du roi le plaçant explicitement sous sa protection. La missive enfin arrivée, il se mit en route, accompagné des gens de sa maison, son gouverneur Goulard de Beauvoir, ses intendants, écuyers et pages, ainsi qu'une escorte de 800 gentilshommes béarnais, fiers, arrogants, tous bons bretteurs. Il parvint à Nérac le 23 mai. On racontera plus tard que la sensible Fleurette, fille de dix-sept ans du jardinier du domaine, qu'il courtisait depuis quelque temps, apprenant la nouvelle de son mariage, se noya dans la fontaine Saint-Jean. Tragique épisode immortalisé par une statue de la désespérée, érigée en 1896 dans la grotte de la Garenne, et qui serait, dit-on, à l'origine de l'expression « conter fleurette ». En réalité, on le sait aujourd'hui, ce suicide n'est qu'une légende : « Fleurette, jardinière du Roy », mourut vingt ans plus tard, le 25 août 1592.

Henri fut encore retardé par des intempéries et des crues. À l'étape de Chaunay, en Poitou, il apprit le décès de sa mère le 12 juin. Il en fut fortement secoué. « M. d'Arros, écrivit-il le lendemain au lieutenant général du royaume de Navarre et souveraineté de Béarn, j'ai reçu en ce lieu la plus triste nouvelle qui m'eût su advenir en ce monde [...]. Je ne saurais vous dire en quel deuil et angoisse je suis réduit, qui est si extrême que m'est bien malaisé de le supporter. »

Alors que sa formation politique et militaire n'était pas achevée, que sa personnalité demandait encore à mûrir, lui qui avait été constamment ballotté entre père et mère, mais toujours contraint d'obéir, se retrouvait soudain seul, anxieux et désemparé. À dix-huit ans, il lui fallait désormais assumer son destin, s'occuper de sa sœur de treize ans, « jusqu'à ce qu'elle fût mariée à un prince protestant », selon les instructions maternelles, et surtout prendre en charge le gouvernement de ses États, la direction du parti calviniste et... affronter la redoutable Catherine. La première consigne donnée à Bernard d'Arros fut de maintenir les ordonnances ecclésiastiques de sa mère, ainsi qu'elle l'avait d'ailleurs exigé dans son testament.

Il arriva trop tard aux obsèques. Parmi ses dernières volontés, Jeanne avait demandé à être inhumée dans la cathédrale de Lescar, auprès de ses parents. Il en décida autrement, ordonnant de faire placer son cercueil dans la collégiale Saint-Georges de Vendôme : geste symbolique montrant qu'entre les Albret et les Bourbons, il avait fait son choix. Certes, il devenait roi de Navarre sous le nom d'Henri III et prince souverain de Béarn, mais il était aussi et avant tout comme son père premier prince du sang, de la lignée de Saint Louis, gouverneur et amiral de Guyenne, et il allait devenir beau-frère du roi de France.

Accueilli à Palaiseau le 8 juillet par son oncle le cardinal de Bourbon et son cousin le duc de Montpensier, il entra le lendemain dans Paris par le faubourg Saint-Jacques en compagnie du prince de Condé, de l'amiral de Coligny, du duc de La Rochefoucauld, et alla loger au Louvre avec sa sœur.

Ceint de lourdes murailles grises coiffées de toits sombres, entouré de douves profondes, le château avait la même apparence que lorsqu'il y avait séjourné dans son enfance. On y accédait par l'étroite rue de l'Autruche. Après un double pont-levis, un sombre passage voûté entre deux tours rondes, on découvrait une cour de dimension médiocre*, bordée à droite par l'aile Charles V, au fond par le joli bâtiment de Lescot, avec en retour un avant-corps de même style sur une partie de l'aile méridionale, tous deux séparés à leur intersection par le noble et imposant pavillon du roi. Le caractère disparate de ces constructions se trouvait accentué par les communs, offices, écuries et jeu de paume dispersés aux alentours.

La noce avait été décalée en raison du grand deuil adopté par la Cour : voile noir jusqu'aux pieds pour les femmes, habit de même couleur pour les hommes. Les semaines passaient. Comme les dispenses sollicitées auprès du nouveau pontife Grégoire XIII, élu en mai, tardaient, le cardinal de Bourbon s'inquiétait. Un membre du Sacré Collège aussi éminent que lui pouvait-il célébrer un mariage sans l'aval du souverain pontife, nonobstant l'avis des docteurs en Sorbonne de passer outre ? Pour le rassurer, Catherine de Médicis et Charles IX n'eurent d'autre recours que de faire fabriquer un faux : une lettre de l'ambassadeur de France annonçant un retard dans la mise en forme de la dispense et son envoi imminent.

* Elle représentait à peu près le quart de l'actuelle cour Carrée.

Le déroulement des noces

Enfin tout fut paré. Les cérémonies et réjouissances s'étalèrent sur cinq jours, du 17 au 21 août. Les fiançailles eurent lieu au Louvre, le soir du dimanche 17. Après le souper et le bal, la jeune promise fut conduite par son frère le roi Charles, sa mère Catherine, la reine régnante Élisabeth de Habsbourg et Claude de France, duchesse de Lorraine, au palais épiscopal*, où elle passa la nuit, car elle ne pouvait décemment demeurer sous le même toit que son futur mari. Le lendemain matin, Henri de Navarre, accompagné des ducs d'Anjou et d'Alençon, du prince de Condé, de son frère le marquis de Conti, du duc de Montpensier et du duc de Guise, la rejoignit.

Du palais de l'évêché courait une longue galerie de bois couverte de draperies blanc et or, couleurs réservées aux noces des Filles de France. Le cortège des princes et seigneurs l'emprunta jusqu'au portail droit de la cathédrale. Là, il gravit les marches de l'estrade de bois édifiée devant la porte principale. La place sur laquelle se dressait cet édifice provisoire était plus petite que l'actuelle. Elle était envahie d'une foule de badauds impatients de voir le spectacle, même si la plupart jugeaient ce mariage contre nature.

Couronne sur la tête, Marguerite, l'air noble et altier, le « visage blanc comme un ciel » (Brantôme), resplendissait dans son costume couvert de perles et de brillants en forme d'étoiles. La traîne de son grand manteau bleu de quatre aunes de long était portée par trois princesses.

À côté d'elle, Henri, solide, musclé, qui avait bien grandi ces derniers temps, au soulagement de sa mère**, avait troqué

* Il était situé sur le flanc sud de la cathédrale. À noter que ce ne fut qu'en 1622, sous le règne de Louis XIII, que Paris devint un archevêché. Jusque-là la ville dépendait de l'archevêché de Sens.

** Il restait toutefois de taille moyenne, mesurant probablement entre 1,65 et 1,70 mètre.

ses habits de deuil pour de riches vêtements constellés de pierreries. Un portrait le représente en camail d'hermine en compagnie de Marguerite, le jour des noces : visage plus arrondi, front élevé, cheveux châtains, la bouche obombrée d'un soupçon de moustache. Mais on perçoit encore en lui la fragilité de la jeunesse.

C'est sur l'estrade que le cardinal de Bourbon reçut le consentement des époux. On a conté qu'au dernier moment Marguerite, hésitant à prononcer le « oui » fatidique, aurait reçu de son frère une bourrade lui faisant hocher la tête, invention dont on se servira quelques années plus tard afin d'obtenir l'annulation du mariage. Sur le moment, tout se passa normalement, même si d'évidence la mariée, toujours éprise du duc de Guise, se considérait comme contrainte et forcée. En privé, elle avait beaucoup pleuré.

Après cette première cérémonie, Henri et Marguerite pénétrèrent ensemble dans la cathédrale. Le roi de Navarre n'assista qu'au début de la grand-messe chantée, cédant sa place avant l'offertoire au duc d'Anjou, chargé de le représenter. Il sortit par la porte latérale, avec les seigneurs huguenots qui l'entouraient, et regagna le palais de l'évêché. Le maréchal de Damville ayant montré à l'amiral de Coligny les drapeaux de Moncontour appendus à la voûte, celui-ci répondit avant de s'éclipser avec Henri de Navarre : « Il faudra bien arracher ceux-là pour y loger de mieux séants. » Il parlait des trophées qu'il espérait gagner sur les Espagnols, si Charles IX se résolvait à porter secours aux révoltés des Pays-Bas, son vœu le plus cher. La messe dura quatre heures. À son issue, le marié rejoignit sa femme sur le parvis et lui donna un chaste baiser sur le front.

Le dîner (notre déjeuner) eut lieu à l'évêché. Les invités gagnèrent ensuite en longues carrossées le palais de la Cité pour le souper, en présence des corps constitués, Parlement, Chambre des comptes, Cour des aides et Cour des monnaies. La soirée s'acheva par un bal suivi d'un défilé de dix chars portant des rochers artificiels argentés. Sur les trois premiers se tenaient Charles IX et ses deux frères, tandis que les sept autres portaient des courtisans déguisés en dieux ou en monstres marins, le tout accompagné de chants et de musique. Tard dans la soirée, les jeunes mariés furent conduits à leur chambre, aménagée dans la salle de la chancellerie.

Le lendemain, mardi 19, après une grasse matinée, les convives se rendirent à trois heures à l'hôtel d'Anjou, rue des Poulies, où le roi de Navarre avait fait préparer le dîner, puis retournèrent au Louvre, tout proche, où à nouveau un bal fut donné.

Le mercredi 20, les réjouissances se poursuivirent par un spectacle allégorique, riche de symboles, dans la salle principale des Tuileries*. La scène, éclairée de lampes et de flambeaux, représentait à droite le paradis, défendu par trois vaillants chevaliers en armes, le roi et ses deux frères, à gauche l'enfer rempli de « diables et de diablotaux » qui faisaient de multiples singeries en agitant des clochettes. Ils étaient séparés par une rivière sur laquelle voguait la barque de Charon. Au fond, derrière le paradis, on distinguait un jardin fleuri, les Champs Élysées, peuplé de nymphes qui tournaient sur une grande roue ornée des douze signes du zodiaque. La pièce commença par la tentative d'une bande de « chevaliers errants » – dix huguenots derrière le roi de Navarre et le prince de Condé – de forcer la porte du paradis. Ils furent promptement rejetés en enfer par les trois vigilants gardiens. Descendant du ciel par une machinerie baroque, parut un coq gaulois monté par Mercure et Cupidon qui supplièrent en chantant ces preux d'aller à la rencontre de quelques jolies nymphes. Celles-ci exécutèrent un ballet qui dura plus d'une heure, à l'issue duquel les chevaliers errants furent enfin délivrés. Une joute générale acheva le spectacle, dans un embrasement suffoquant

* D'autres récits situent le spectacle au Petit-Bourbon, près du Louvre, le long de la Seine.

de traînées de poudre. Commentaire : « On disait que le roi avait repoussé et relégué les huguenots en enfer et qu'ils n'en étaient sortis que par le suffrage de l'amour. » Pour Henri de Navarre et ses amis, les allusions n'étaient pas du meilleur goût.

Il en fut de même le 21, lors de la cavalcade et de la course de bague organisées dans la cour du Louvre. Le roi de France, ses frères ainsi que les ducs de Guise et d'Angoulême étaient vêtus en amazones – qu'aurait dit Jeanne ! –, tandis que Navarre et sa troupe étaient habillés en hérétiques turcs, avec des caftans de drap d'or et des turbans sur la tête. Catherine, qui prisait ce genre de spectacle, avait étalé son triomphe sans vergogne. S'était-elle rendu compte qu'elle humiliait la religion réformée ?

Les mystères de la Saint-Barthélemy

Tournons nos regards vers Gaspard de Coligny, puisque les projecteurs de l'Histoire vont se braquer sur lui pour la dernière fois. Regardons-le tel que François Clouet l'a peint : le corps engoncé dans un habit sombre à boutons d'argent, une sobre collerette blanche découvrant un visage allongé à la gravité marmoréenne, le nez droit assez fort, des yeux clairs un peu inquiétants et sur des cheveux courts au poil châtain une toque de velours toute simple sans autre ornement qu'un galon torsadé agrémenté des mêmes boutons d'argent. De cette toile se dégage une impression à la fois d'austérité, de froideur et de détermination, celle d'un chef avisé. Ce qu'elle dérobe à notre vue n'en est pas moins important : la puissance de séduction, l'habileté de l'orateur.

Rassuré par les promesses du roi et de la reine mère, il avait donc accepté de jouer le jeu de l'apaisement. Il était arrivé à Blois le 12 septembre 1571 puis s'était rendu à Paris pour le mariage. En quelques semaines, devenu l'un des principaux personnages de la Cour, il prit un ascendant certain sur l'impressionnable Charles IX. Au sein du Conseil, où il avait été admis, il incarnait cette réconciliation nationale initiée par la paix de Saint-Germain, dont la principale originalité résidait dans l'oubli affirmé du passé. Tout cela était l'œuvre de Catherine de Médicis, qui avait remarquablement manœuvré entre les écueils.

Or, les atrocités de la Saint-Barthélemy, quelques jours après le mariage d'Henri et de Marguerite, marquèrent une rupture brutale avec cette politique. Les historiens se sont interrogés sur les mobiles de cette soudaine volte-face. S'ils s'accordent pour admettre que la reine mère n'avait pas dès le départ conçu de plan machiavélique pour attirer dans la capitale l'amiral et les principaux chefs huguenots, ils sont longtemps restés perplexes devant l'enchaînement stupéfiant des faits. En même temps que l'un des plus atroces massacres de l'histoire de France, la Saint-Barthélemy est aussi l'une de ses plus grandes énigmes. Qui en porte la responsabilité ? Catherine, inquiète de l'influence grandissante de l'amiral sur son fils ? Les Guises, désireux de venger la mort du duc François et qui avaient toujours considéré Coligny comme l'instigateur de son assassinat en 1563 ? Le duc d'Albe, vice-roi et gouverneur des Pays-Bas espagnols, qui, connaissant la volonté belliqueuse de l'amiral, avait lui aussi intérêt à sa disparition ? Pour tenter de comprendre cette affaire complexe, le mieux est de partir des événements, à la lumière des derniers travaux de Denis Crouzet et Arlette Jouanna.

Le détonateur

Dans la matinée du vendredi 22 août, Coligny avait assisté au Conseil, présidé en l'absence du roi par son frère Henri, duc d'Anjou. À onze heures, escorté d'une douzaine de gentilshommes de sa maison, il quitta le Louvre pour retourner chez lui, à l'hôtel de Ponthieu, que la famille de l'ancien chancelier Du Bourg avait mis à sa disposition rue Béthizy, non loin de Saint-Germain-l'Auxerrois.

Chemin faisant, rue des Poulies (aujourd'hui rue de l'Amiral-Coligny), il tomba dans un guet-apens. Embusqué à la fenêtre d'une maison faisant partie de l'enclos canonial de la vieille collégiale, un tireur fit feu. Par chance, le chef huguenot, qui lisait une lettre, s'était baissé, peut-être pour rajuster ses chaussures. Au lieu d'être atteint en pleine poitrine et tué sur le coup, l'arquebusade lui arracha un doigt de la main droite et lui transperça le bras gauche. Tandis que l'on transportait le blessé chez lui, où le chirurgien Ambroise Paré était accouru pour l'opérer, deux hommes de l'escorte se lancèrent aux trousses du tueur, qui, après avoir enfourché un cheval à l'arrière de la maison, gagna, grâce à un relais organisé à Charenton, le château de Chailly-en-Brie, protégé par ses douves, d'où il fut impossible de le déloger. Sa fuite avait été parfaitement organisée.

On ne tarda pas à l'identifier : il s'appelait Charles de Louviers, seigneur de Maurevert. C'était un aventurier sans foi ni honneur, tueur à gages, qui avait plusieurs crimes sur la conscience, dont celui d'un lieutenant de Coligny, Artus de Vaudray, sieur de Mouy. La maison d'où avait été tiré le coup d'arquebuse avait été louée par un ancien précepteur d'Henri de Guise, pour l'heure absent. François de Villiers, seigneur de Chailly, qui exerçait la double charge de maître d'hôtel du roi et de surintendant des affaires du duc, chez qui le tueur avait trouvé refuge, était également compromis. Ces indices et quelques autres semblaient désigner l'entourage des puissants Lorrains parmi les commanditaires de l'attentat.

Charles IX apprit la nouvelle alors qu'il jouait à la paume avec le duc de Guise précisément. Il blêmit et jeta de rage sa raquette. Par sécurité, le Louvre fut évacué. Le prévôt des marchands fit garder les portes de la capitale par des escouades de la milice bourgeoise. Une enquête fut confiée au président de Thou.

Henri de Navarre et son cousin Condé se précipitèrent au chevet du blessé, puis, tranquillisés sur son état, se rendirent au Louvre. Sentant que Paris était agité de maintes turbulences et tout particulièrement échauffé par les prônes des curés contre leurs coreligionnaires, ils supplièrent le monarque de leur donner congé. Charles IX, en présence de Catherine de Médicis, les rassura : tout serait fait pour châtier les responsables.

Au début de l'après-midi, le roi, sa mère, ses frères ainsi que les principaux princes du sang se rendirent rue Béthizy, afin de témoigner leur affection au blessé et lui dire qu'il n'avait rien à craindre. Charles lui proposa même de le faire transporter au Louvre, offre que Coligny déclina, avant de revenir à la charge sur son plan d'offensive dans les Pays-Bas, seul moyen selon lui d'éviter la guerre civile et de rassembler catholiques et protestants autour d'une grande cause. Le souverain ne répondit rien, mais, sitôt arrivé au Louvre, envoya un détachement de 50 arquebusiers aux abords de la maison de l'amiral, ordonnant en outre le regroupement des gentilshommes de sa suite à proximité de son hôtel. Des lettres adressées aux gouverneurs de province annonçant à la fois l'attentat et la volonté royale de châtier les coupables réaffirmèrent la politique de pacification stipulée dans l'édit de Saint-Germain.

Pendant ce temps, Henri et les principaux chefs du parti protestant, réunis dans une chambre au-dessus de celle du blessé, délibérèrent pour savoir s'il fallait ou non l'éloigner de Paris. Plusieurs gentilshommes huguenots s'apprêtaient eux-mêmes à quitter la capitale. Le vidame de Chartres, Jean de Ferrières, qui se méfiait de la parole royale, fut de cet avis, mais les médecins s'y opposèrent. Henri les appuya.

Le lendemain, on eut le désagrément de constater que, sur proposition de son frère Anjou, le roi avait désigné son maître de camp, Jean de Monlezun, sieur de Caussens, comme commandant des arquebusiers. Or, cet homme était connu pour être un des ennemis de l'amiral. Un nouveau conseil se tint autour du roi de Navarre, qui décida d'envoyer cinq des Suisses de sa garde personnelle rue Béthizy. On les installa dans une des cours de l'hôtel.

Qui fut responsable de l'attentat ?

De prime abord, tout semble désigner les Guises, le jeune Henri ou son oncle, le duc d'Aumale ; Maurevert et ses complices Villemur et Chailly faisaient partie de leur clientèle ; la maison d'où était parti le coup de feu appartenait à quelqu'un du clan ; le mobile du traquenard paraissait encore plus clair : la vendetta ! Mais, comme dans les romans policiers modernes, cette abondance d'indices laissés en évidence par les coupables paraissait en elle-même suspecte. Henri de Guise venait de se rapprocher ostensiblement de la Cour, après sa semi-disgrâce consécutive à la paix de Saint-Germain. Occire Coligny à ce moment-là revenait à faire un terrible affront au roi, à courir le risque, comme l'observait l'ambassadeur de Venise Giovanni Michiel, de se voir « priver de ses faveurs ». L'intérêt était donc minime.

La seconde théorie, celle d'un plan mûrement médité par Catherine de Médicis, avec la participation de son fils chéri, le duc d'Anjou, a été soutenue à l'époque par plusieurs diplomates en poste à Paris, notamment l'envoyé florentin Sassetti, avant de devenir la vulgate d'une longue tradition historiographique se prolongeant jusqu'à une période récente. Elle est aujourd'hui rejetée par les meilleurs spécialistes de ce drame. Depuis des années en effet la reine mère œuvrait pour la concorde et la paix. Le mariage de sa fille avec le roi de Navarre devait être l'apothéose de cette politique. Quel intérêt aurait-elle eu à tout détruire ?

Certes, le retour à la Cour de l'implacable huguenot avait sensiblement modifié les équilibres politiques et présentait à terme un danger pour le parti catholique. Grand parmi les Grands, il disposait d'une vaste clientèle de parents, amis et serviteurs, qui contrebalançait celle des Guises. Le traité d'alliance défensive signé à Blois avec la reine d'Angleterre le 19 avril 1571, soit huit jours après le contrat de mariage d'Henri de Navarre, semblait aller dans le sens de ses prises de position antiespagnoles.

Toutefois, son projet obsessionnel d'engager la France dans une expédition de soutien aux protestants des Pays-Bas avait été une nouvelle fois rejeté par le Conseil le 9 août. La tension avait été très vive. « Sire, aurait dit au roi l'amiral, je ne puis m'opposer à votre volonté, mais je suis certain que vous vous en repentirez [...]. Votre Majesté ne trouvera pas mauvais que, ayant promis appui et secours au prince d'Orange, je m'efforce de lui en fournir l'aide de tous mes amis, parents et serviteurs, et même de ma personne, s'il en était besoin. »

Le contexte politique était très délicat. En avril, en effet, un soulèvement avait éclaté en Zélande et en Hollande. Le mois suivant, discrètement encouragés par Charles IX, Ludovic de Nassau et Adrien de Genlis étaient partis à la tête d'un corps d'armée composé principalement de huguenots et s'étaient emparés en compagnie des Gueux des places de Mons et de Valenciennes. Mais, le 15 juillet, ils s'étaient fait battre à Saint-Ghislain par les Espagnols de don Fadrique. Charles IX redoutait de se voir démasqué par Philippe II alors que Coligny préparait sans vergogne une nouvelle expédition.

D'une dépêche diplomatique, écrite le surlendemain du Conseil par l'ambassadeur espagnol Zuñiga à son maître, il ressort que la reine mère, attachée à la paix avec l'Espagne, avait eu naturellement quelque dépit de voir ses « ennemis » se découvrir, « mais enfin, elle en était sortie avec ce qu'elle avait souhaité, à savoir qu'il n'y ait pas la guerre ». Le roi et elle savaient qu'un conflit ouvert avec la puissance espagnole aurait conféré à l'amiral, déjà populaire et très puissant, un surcroît redoutable de pouvoir. Au reste, la conjoncture internationale ne s'y prêtait pas : Élisabeth Ire, fidèle à la politique anglaise d'équilibre sur le continent, avait fait savoir qu'elle n'appuierait pas cette entreprise.

Si l'on consulte par ailleurs la correspondance de Catherine, on s'aperçoit que nul dessein sanguinaire n'y transparaît. La veille du traquenard de Maurevert, elle proposait encore par lettre à la reine d'Angleterre de poursuivre le projet de mariage avec son dernier fils François d'Alençon, suggérant une rencontre « en un beau jour bien calme, entre Boulogne, Calais et Douvres ».

Impliquer Charles IX dans le guet-apens paraît tout aussi invraisemblable. Depuis la paix de Saint-Germain d'août 1570, il ne souhaitait que pacifier les esprits et restaurer en son royaume la suprématie de l'autorité monarchique. Assassiner l'amiral allait à l'encontre de ses vues de réconciliation interreligieuse.

Faut-il alors se tourner vers l'Escurial ou vers Bruxelles ? S'il est vrai que Philippe II avait encore manifesté au début d'août, en présence du nonce Rossano, son désir de voir disparaître l'amiral, rien n'indique dans les archives, y compris dans les correspondances avec ses agents secrets, le début de la moindre tentative contre lui. Il en va de même du duc d'Albe, qui dans une lettre postérieure à Philippe II, alors qu'il avait appris la mort de Coligny, écrivait que c'était « maintenant » qu'il fallait redouter le roi de France ! Rien ne vient étayer une quelconque responsabilité de sa part dans le drame de la rue des Poulies.

L'hypothèse la plus vraisemblable est celle d'une initiative de quelques provocateurs guisards, tous ultracatholiques, Maurevert, Villemur et Chailly. Choqués par l'inaction de leur patron Henri de Guise, ils cherchaient à le compromettre et à déclencher une réaction des huguenots entraînant la reprise de la guerre civile et par contrecoup l'éradication totale des hérétiques. Bref, c'était un coup de billard dans ce Paris où les esprits étaient fort échauffés.

Le salaire de la peur

Si les auteurs de l'attentat avaient échoué à se débarrasser du vieux chef huguenot, ils n'en avaient pas moins déclenché en partie la réaction escomptée. La colère des protestants, en effet, avait été portée à incandescence, comme l'attestent de nombreux témoignages. Ils ne juraient que vengeance, tandis que le jeune Condé « bravait terriblement », au dire de l'ambassadeur espagnol. Le jour même de l'attentat, Téligny, gendre de Coligny, avait exigé du roi une justice immédiate, ajoutant insolemment que lui et ses coreligionnaires la rendraient eux-mêmes s'ils ne l'obtenaient pas. Or, au lieu de relativiser le propos et de le tenir pour une imprudence de langage due à l'émotion, Charles IX vécut cette menace comme un camouflet porté à son autorité et à la majesté de la Couronne.

Le lendemain, 23 août, une nouvelle délégation de gentilshommes huguenots proféra des propos plus audacieux encore : ils étaient prêts à forcer la garde du Louvre, à poursuivre le duc de Guise jusque dans sa chambre et à le tuer. Un magistrat, juriste et diplomate, Pomponne de Bellièvre, conte que le monarque en avait eu les cheveux dressés. Son témoignage est à prendre au sérieux : il avait entendu le roi en personne relater le fait à plusieurs de ses serviteurs, dont lui. « Je l'ai vu, je l'ai su, je l'ai ouï, j'y ai été présent, attestait-il, j'en ai eu par plusieurs fois horreur. »

À partir de ce moment, le pouvoir royal – Charles IX, mais aussi Catherine de Médicis et le duc d'Anjou, de plus en plus actif à la tête des catholiques intransigeants – revint à une attitude de radicale défiance et de répression qui rappelait à bien des égards celle qui avait suivi la « surprise de Meaux » en septembre 1567.

Pour Arlette Jouanna, le comportement des compagnons de Coligny dans la journée du 23 août fut déterminant. Dans une lettre postérieure du 13 septembre, le roi avouera que son ennemi Coligny « avait plus de puissance et était mieux obéi de la part de ceux de la nouvelle religion que je n'étais [...], de sorte que s'étant arrogé une telle puissance sur mesdits sujets, je ne me pouvais plus dire roi absolu, mais commandant seulement à une des parts de mon royaume ». Preuve que l'affaire n'était nullement confessionnelle, mais politique.

C'était le pouvoir de l'État, la conception de la monarchie traditionnelle qui étaient en jeu, menacés de subversion par un groupe d'aventuriers et de fiers-à-bras. Dans la soirée, nombre de rumeurs persuadèrent le roi qu'un coup de force était imminent. Selon le Florentin Cavriana, on devait se débarrasser le 26 des ducs de Guise et de Nevers, peut-être même attenter au sang royal. À en croire le Vénitien Michiel, un capitaine réformé, Antoine de Bayencourt, seigneur de Bouchavannes, effrayé par les projets des siens, était venu dénoncer au souverain et à la reine mère le plan de rassemblement des troupes protestantes à Meaux le 5 septembre suivant. Le spectre de la surprise de Meaux réapparaissait donc.

Dans l'affolement, Charles IX et Catherine tinrent dans la nuit un ou deux conseils (il y a une incertitude sur ce point) en compagnie du duc d'Anjou, du garde des Sceaux René de Birague, du maréchal de Saulx-Tavannes, peut-être d'Albert de Gondi, capitaine de la première compagnie des cent gentilshommes du roi, et du doyen du Conseil, Jean de Morvillier.

Catherine n'eut aucune difficulté à convaincre son fils. Tous tombèrent d'accord sur la nécessité de châtier les chefs séditieux, coupables de lèse-majesté. Il parut impossible, vu l'imminence du danger – réel ou supposé –, de procéder par voie ordinaire devant le Parlement. Il y avait 800 gentilshommes huguenots dans la suite du Béarnais et environ 8000 protestants dans Paris, prêts à les suivre. Pour sauver l'État, il fallait, par un moyen de « justice extraordinaire » dérogeant aux lois

son arrestation ou pire, leur dit : « Adieu, mes amis ; Dieu sait si nous nous verrons jamais plus ! »

Lorsque les deux princes furent seuls avec lui, Charles IX leur exposa la nécessité tragique à laquelle il s'était résolu, ajoutant qu'ils ne pouvaient sauver leur vie qu'en se désolidarisant de leurs coreligionnaires et par conséquent en abjurant leur foi. En attendant, il les tenait sous bonne garde dans un appartement du Louvre.

Restée dans la chambre conjugale, Marguerite, toujours aussi ignorante des événements, poursuit ainsi son récit : « Voyant qu'il était jour, estimant que le danger que ma sœur m'avait dit fut passé, vaincue de sommeil, je dis à ma nourrice qu'elle fermât la porte afin que je pusse dormir à mon aise. Une heure après, comme j'étais endormie, voici un homme frappant des pieds et des mains à la porte, criant : *Navarre ! Navarre !* Ma nourrice, pensant que ce fut le roi mon mari, court vitement à la porte et l'ouvre. Ce fut un gentilhomme nommé M. de Léran*, neveu de M. d'Audon, qui avait un coup d'épée dans le coude et un coup de hallebarde dans le bras et était encore poursuivi de quatre archers qui entrèrent tout après lui dans ma chambre. Lui, se voulant garantir, se jeta sur mon lit. Moi, sentant cet homme qui me tenait, je me jette dans la ruelle, et lui après moi, me tenant toujours en travers du corps. Je ne connaissais pas cet homme et ne savais s'il venait là pour m'offenser et si les archers en voulaient à lui ou à moi. Nous criions tous les deux et étions aussi effrayés l'un que l'autre. Enfin Dieu voulut que M. de Nançay, capitaine des gardes, y vînt qui me trouvant en cet état-là, encore qu'il y eût de la compassion, il ne se put tenir de rire ; et se courrouçant fort aux archers de cette indiscrétion, il les fit sortir et me donna la vie de ce pauvre homme qui me tenait, lequel je fis panser et coucher dans mon cabinet jusques à ce qu'il fût guéri. Changeant de chemise, parce qu'il m'avait toute couverte de sang, M. de

* Gabriel de Lévis, seigneur de Léran.

Nançay me conta ce qui se passait et m'assura que le roi mon mari était dans la chambre du roi et qu'il n'avait point de mal. Me faisant jeter un manteau de nuit sur moi, il m'emmena dans la chambre de Madame ma sœur de Lorraine, où j'arrivai plus morte que vive, où, entrant dans l'antichambre de laquelle les portes étaient ouvertes, un gentilhomme nommé Bourse, se sauvant des archers qui le poursuivaient, fut percé d'un coup de hallebarde à trois pas de moi. Je tombai de l'autre côté, presque évanouie, dans les bras de M. de Nançay et pensai que ce coup nous eût percés tous deux. Et, étant quelque peu remise, entrant en la petite chambre où couchait ma sœur, comme j'étais là, M. de Miossens, premier gentilhomme du roi mon mari, et Armagnac, son premier valet de chambre, me vinrent trouver pour me prier de leur sauver la vie. Je m'allai jeter à genoux devant le roi et la reine ma mère pour la leur demander, ce qu'enfin ils m'accordèrent. »

La poursuite des massacres

Cet épisode, relaté par la jeune reine de Navarre, n'était que le pâle reflet de ce qui s'était passé au Louvre et dans le quartier avoisinant. D'ordre du roi, Henri de Guise reçut une mission qui ne pouvait que lui plaire : aller achever chez lui l'amiral, avec l'aide d'une escouade de gardes suisses du duc d'Anjou et du duc d'Alençon. L'affaire fut promptement expédiée. Après avoir forcé les armuriers à les équiper – preuve qu'on agissait dans la précipitation –, les mercenaires se dirigèrent vers la rue Béthizy, où Monlezun de Caussens, chef des arquebusiers postés la veille, les aida à forcer les portes de l'hôtel. Les cinq gardes d'Henri de Navarre, qui tentèrent de résister, furent éliminés. Coligny, trouvé en prière, fut aussitôt occis à coups d'épée et de dague. Son corps, défenestré du deuxième étage, tomba aux pieds du duc de Guise, à la fois ravi et soulagé, qui le retourna d'un pied méprisant.

Des groupes de guisards partirent ensuite exécuter les principaux lieutenants de l'amiral, dont François de La Rochefoucauld et Charles de Téligny. Pendant ce temps, au Louvre, les gentilshommes protestants, pourtant hôtes du roi, furent surpris dans leur sommeil, tirés du lit, poussés sans ménagement dans la cour, où ils furent transpercés de piques et de hallebardes par les gardes suisses et françaises. Même les plus grands seigneurs, proches compagnons d'Henri de Navarre, ne furent pas épargnés, Barbier de Francourt, ancien chancelier de Navarre, Charles de Beaumanoir, baron de Lavardin, son ancien gouverneur, et Louis de Goulard de Beauvoir, son gouverneur.

Les capitaines protestants, les « huguenots de guerre », ainsi les appelait-on, étaient pour la plupart regroupés sur la rive droite. Au petit matin, avertis des troubles et des violences qui avaient éclaté dans le quartier du Louvre, ils se rassemblèrent au Pré-aux-Clercs sans savoir que faire. Certains se demandaient si le roi n'était pas attaqué en son palais et s'ils ne devaient pas lui porter secours. Apercevant les guisards et les soldats du roi traverser la Seine et se diriger vers eux, quelques-uns eurent le temps d'enfourcher un cheval et de prendre la fuite, les autres furent massacrés par les cavaliers du duc de Guise arrivant de l'île de la Cité.

Telle fut la première Saint-Barthélemy. Il y en eut une deuxième, celle spontanée, incontrôlée, qui mit en mouvement des groupes de catholiques fanatiques dans un déchaînement de violence et de sauvagerie inouï. Elle commença dès l'assassinat de Coligny. Des bandes de jeunes se précipitèrent sur son cadavre abandonné par les guisards. Ils lui firent subir tous les outrages possibles : on le dépouilla de sa robe de chambre, on l'émascula, on lui coupa la tête avec un coutelas. On voulut le brûler, sans y parvenir. On le jeta dans la Seine, d'où certains le récupérèrent pour aller le pendre par les pieds au gibet de Montfaucon.

Bientôt, le tocsin se mit à sonner au clocher de Saint-Germain-l'Auxerrois, puis à celui du palais de l'île de la Cité et à d'autres églises de la ville, sans qu'aucun ordre officiel eût été donné. Ce tintement lancinant dans les ténèbres avait quelque chose d'angoissant, comme un appel au sabbat des sorcières. C'était une panique irréfléchie, renforcée par les rumeurs les plus extravagantes. Des hordes d'enragés, soûlées de haine et de pulsions luxurieuses, s'étaient constituées spontanément, mettant un brassard blanc ou une croix de même couleur sur leur chapeau. Parmi elles se trouvaient des gens du duc de Guise, mais aussi des soldats réguliers n'ayant pas perçu leur solde, des bourgeois de la milice parisienne, que l'Hôtel de Ville avait mobilisée conformément aux ordres royaux.

Il est malaisé de démêler les motivations et les sentiments de chacun : l'arrivée des gentilshommes de la suite du roi de Navarre, arrogants, jargonnant avec superbe leur patois du Sud, « tous armés et bien montés, comme s'ils eussent voulu aller à la guerre », écrit le prêtre catholique Claude Haton dans ses *Mémoires*, avait alimenté l'effroi des catholiques et des bourgeois de la ville. La crainte d'une nouvelle disette comme on en avait connue six ou sept ans plus tôt et que paraissait confirmer la flambée des prix des grains joua également. Les catholiques ardents semblaient principalement saisis d'une rage purificatrice que leur inspiraient les prêches hallucinés des curés parisiens les plus frénétiques, à laquelle se mêlaient l'exaltant sentiment d'accomplir la justice de Dieu et sans doute aussi le goût des rapines ou des vengeances de voisinage.

On s'attaquait aux vies et aux biens des protestants présents dans cette métropole insalubre et surpeuplée, aux logis exigus perdus dans le dédale médiéval des ruelles putrides. Les maisons visitées étaient dévalisées. On tirait les malheureux de leurs logis, dont certains avaient été préalablement marqués à la craie. Les victimes étaient défenestrées, transpercées de coups de dague, d'épée, de pistolet ou de fourche, étripées, dévêtues, découpées en lanières ou traînées dans les rues jusqu'aux rives de la Seine.

Les pâleurs de l'aube révélèrent un monde hideux, glaçant d'horreur : spectres hébétés de femmes souillées, grappes d'agonisants aux yeux de terre, aux plaies sanieuses et au ventre ouvert, charrettes débordant de bras et de pieds, teintant d'un sang vermeil la grisaille du grand fleuve. Damoiselles, femmes, hommes, enfants, vieillards, personne n'était épargné. On s'acharnait sur les femmes enceintes, qu'on éventrait avec un plaisir sadique, sous prétexte d'empêcher la prolifération de l'hérésie.

Vers midi, ô « miracle » ! Au cimetière des Saints-Innocents, on découvrit que le plant d'aubépine devant l'image de la Vierge, desséché depuis quatre ans, s'était couvert d'une multitude de petites fleurs blanches. On crut que cette floraison imprévue était gage de l'approbation divine. La foule se précipita pour constater *de visu* le prodige.

Avec les fortes chaleurs, Paris s'était empli d'une odeur tragique. Nombre de victimes qui avaient dérivé dans le fleuve allèrent s'échouer sur deux îles en aval : on retrouvera leurs ossements lors des travaux de construction de la tour Eiffel.

Le désordre généralisé

Charles IX, malgré son injonction plusieurs fois répétée dès le 24 de déposer les armes, n'était pas écouté. On se moqua des gibets qu'il avait fait installer au coin des rues. Son autorité était anéantie. Pareillement, le Bureau de l'Hôtel de Ville fit en vain trompeter à tous les carrefours l'ordre d'arrêter ces folies dévastatrices. Le 25, ce fut pire. Les instructions royales d'incarcérer les survivants, afin de les protéger, furent détournées. En prison, on les assassina, sauf s'ils abjuraient.

Il y eut une troisième Saint-Barthélemy, en province cette fois : à La Charité-sur-Loire le 24 août, à Meaux les 25 et 26, à Bourges le 26, à Orléans le 28, à Angers et Saumur les 28 et 29, à Lyon le 31, à Troyes le 4 septembre, à Rouen du 17 au 20, à Bordeaux le 3 octobre, à Toulouse le 4, à Gaillac et Albi le 5. Lyon, Orléans et Rouen furent les villes les plus touchées. Soit les consignes royales n'étaient pas respectées, soit les autorités locales étaient victimes de rumeurs, voire d'ordres falsifiés. En certains lieux, les carnages s'étalèrent sur plusieurs semaines. Le retour au calme n'intervint qu'à la fin d'octobre 1572. On estime à au moins 3 000 le nombre de victimes à Paris et à 7 000 en province.

À ce moment-là, Henri de Guise, chef du parti catholique, n'était pas en phase avec les tueurs parisiens. Cherchant à se positionner comme lieutenant général du royaume, au côté du futur Henri III, il avait développé une vaste clientèle biconfessionnelle. Aussi lors des massacres de rue accepta-t-il de protéger certains protestants et de les accueillir dans son hôtel. Plusieurs couvents également ouvrirent leurs portes aux réfugiés, le plus discrètement possible, car la vengeance des bandes catholiques s'exerçait jusqu'à punir ceux qui osaient s'élever contre les exécutions sommaires. Ainsi périt par exemple l'abbé Roulart, chanoine de Notre-Dame et conseiller au Parlement. Cette tyrannie dura des semaines.

Les réactions

Les fanatiques ne boudèrent pas leur plaisir. Débordant d'allégresse, ils célébrèrent les tueries de masse comme une victoire définitive de la catholicité sur l'hérésie. À Rome, Grégoire XIII réagit d'abord de la même manière : il fit chanter un *Te Deum*, annonça un jubilé qu'il inaugura par une messe en l'église Saint-Louis-des-Français, ordonna une frappe spéciale de médailles commémoratives et enfin commanda au peintre Giorgio Vasari trois fresques pour le Vatican, l'une sur la tentative d'assassinat de Coligny, l'autre sur la défenestration de son corps et la troisième sur l'approbation par Charles IX des exécutions. Ce ne fut que lorsqu'on découvrit l'ampleur des massacres que Rome, sur les rapports du nonce Salviati, lui-même « épouvanté » par l'attitude du souverain pontife, modifia sa position.

Le roi se trouvait confronté à une difficulté nouvelle. Devant le déchaînement de la férocité populaire, il ne pouvait plus se disculper en invoquant la version de la vendetta entre Lorrains et partisans de l'amiral, comme il l'avait fait dans sa lettre-circulaire du 23 août. Le 26 août, il se rendit au Parlement pour y tenir une séance solennelle, au cours de laquelle il assuma pleinement la mise à mort des « huguenots de guerre » pour des raisons d'État et non de religion.

L'ancien garde des Sceaux Mgr de Morvillier insista pour que la justice royale reprît sa voie ordinaire, c'est-à-dire que l'on fît selon l'usage un procès au corps de l'amiral ainsi qu'à deux des meneurs huguenots les plus féroces, François de Beauvais, seigneur de Briquemault, et Arnaud de Cavaignes, qui avaient été arrêtés et emprisonnés. Condamnés à mort, ces derniers furent pendus le 29 octobre en place de Grève. Le premier, selon Brantôme et l'historien-abbé Claude Courtépée, mutilait les moines « de façon cruelle et barbare et se faisait de ces honteux trophées des colliers qu'il portait avec une impudente audace ». Quant à l'amiral, jugé *post mortem*, il fut déclaré coupable de lèse-majesté et pendu en effigie sous la forme d'un mannequin de paille.

Si la plupart des pays catholiques, Espagne comprise, admirent la thèse d'un complot de la « faction de l'amiral », certains réprouvèrent toutefois les moyens utilisés. Il fut plus difficile de convaincre la reine Élisabeth et ses conseillers, persuadés de la fourberie royale. Il en résulta une nette altération des relations entre les deux pays, qui, sans remettre en cause le traité d'alliance, le vida de sa substance, les Anglais signant un autre traité avec l'Espagne le 13 mars 1573. Pour les pays protestants, princes allemands, cantons suisses, naturellement l'effroi, la colère et l'exécration l'emportèrent. L'image de la France en Europe en fut fort altérée, au point de devenir en certaines capitales « odieuse ». L'ombre sinistre des massacres continuera longtemps d'obscurcir sa politique étrangère.

7

LES CONSÉQUENCES DU DRAME

La conversion forcée

Au lendemain de cette nuit désastreuse, voyant son gendre réticent à se convertir, Catherine de Médicis se demanda s'il ne valait pas mieux rompre le mariage de sa fille, pour lequel elle avait tant bataillé dans l'espoir d'une large réconciliation des Français. Il lui fallait savoir au préalable si l'union avait été consommée. Elle interrogea Marguerite. Son mari s'était-il comporté avec elle « comme un homme » ? Elle répondit sous serment qu'« elle ne se connaissait pas en ce qu'elle lui demandait ». Dans les huit nuits qu'il avait passées avec sa femme, Henri s'était-il retenu par calcul politique ? Cela paraît possible. Quant à Margot, si on lui a prêté des amants avant son mariage, le duc de Guise notamment, à la vérité rien n'est moins sûr. « Les princesses, rappelle Éliane Viennot, étaient très surveillées jusqu'à leurs noces, et les plus sérieux des biographes de Marguerite ont admis qu'elle n'avait pas eu de liaison charnelle avec Guise. » Vraisemblablement, elle ne jouait pas les ingénues. Elle disait vrai.

Sans exagérer le contraste qu'elle formait avec son mari, car ils se connaissaient de longue date, force est de constater que le couple semblait mal assorti : elle, raffinée, ironique, coquette, narcissique, divinité infatuée de sa naissance, à la fois Valois et florentine ; lui, gauche, provincial, sans doute moins rustaud qu'on ne l'a dit, mais roitelet montagnard, aux manières simples et directes, qui aimait se faire appeler par ses bons compagnons « *Lou moulié dé Barbasto* », « le meunier de Barbaste* ». Figurant dans le livre d'heures de Catherine de Médicis, une miniature des jeunes mariés, côte à côte, mains jointes en prière, lui en mantelet de velours bleu recouvert d'un rochet d'hermine, elle en robe couverte de lys d'or, nous révèle en réalité leur grande jeunesse, leur inexpérience, peut-être leur insouciance.

La nuit du drame, au Louvre, dans la chambre royale, lorsque Charles IX avait ordonné à ses cousins Navarre et Condé de changer de religion sous peine de mort, le premier, « doux comme un agneau », s'en était sorti par une pirouette. Inclinant respectueusement la tête, il avait déclaré qu'il était prêt à obéir à son roi « en toutes choses », soulevant une objection dont il fera plusieurs fois usage : avant de se convertir, il voulait se faire instruire par un bon prédicateur. Comme s'il ne connaissait pas le catholicisme que son père et ses précepteurs lui avaient inculqué en leur temps ! Non, il n'avait pas l'étoffe des martyrs ! Le second, roide, attaché à son honneur et à son rang de prince du sang, avait répliqué non sans panache qu'il n'avait de comptes à rendre qu'à Dieu et que les menaces ne lui feraient jamais renoncer à la vérité. Charles IX s'était emporté, l'avait traité d'enragé, de rebelle et de fils de rebelle, jurant que, si dans les trois jours il ne modifiait pas sa position, « il le ferait étrangler ».

La pression sur les deux hommes s'était poursuivie la semaine suivante. « Messe, mort ou Bastille ! », avait répété le jeune obsédé, dont la Saint-Barthélemy avait détraqué les nerfs. « Dieu ne permet point, mon roi et seigneur, que je choisisse la première, avait répliqué Condé ; les deux derniers sont à votre

* Du nom d'un moulin fortifié sur la Gélise dont il était propriétaire.

choix. » Plus ferme que jamais, il avait menacé son interlocuteur de venger le massacre de ses coreligionnaires par 500 de ses gentilshommes. Charles, dit-on, avait alors tiré sa dague. Le prince n'aurait eu la vie sauve qu'à la supplication de la reine régnante, Élisabeth de Habsbourg.

La situation avait fini par s'apaiser. Le plus singulier fut que Condé abjura le premier, le 14 septembre, en l'église Saint-Germain-des-Prés, en présence du nonce apostolique Anton Maria Salviati. Quant au souple et fuyant Henri, il réussit à gagner deux semaines, le temps de se faire dispenser la formation catéchétique réclamée. Dans ce dessein, on lui avait désigné un ancien ministre réformé d'Orléans, Hugues Sureau Du Rozier, fraîchement converti du lendemain de la tuerie du 24 août, mais ardent, zélé et convaincu. Henri vint donc à résipiscence le 26 septembre, à temps pour assister trois jours plus tard à Notre-Dame au solennel chapitre de l'ordre de Saint-Michel, qui avait été le déclencheur de son précédent reniement. À nouveau, il défila en habit de satin blanc, manteau à traîne de drap d'argent, chaperon de velours cramoisi et toque noire. Catherine, dit-on, eut en le voyant un sourire de triomphe, léger et ironique, qu'elle promena sur les rangs des ambassadeurs. Y avait-il quelque sincérité dans son revirement ? Sûrement pas. Il avait fait mine d'exercer son libre arbitre, de donner l'impression, en ménageant la transition, de faire une conversion réfléchie.

Le roi et la reine mère se contentèrent de ces apparences, sans s'interroger sur la contrainte spirituelle qu'ils venaient d'exercer. Au prix d'un acte de justice extraordinaire, d'une violence purificatrice et salvatrice, l'insupportable division religieuse avait été éteinte au sein de la famille royale. L'ordre naturel du monde était rétabli. Les derniers princes rebelles étaient rentrés dans le giron de la sainte mère l'Église. C'était là l'essentiel. Ils étaient tellement satisfaits des talents de Sureau Du Rozier qu'ils l'envoyèrent prêcher dans les églises de Paris. La dispense de consanguinité signée par Grégoire XIII enfin parvenue, les évêques français donnèrent au couple leur bénédiction, validant ainsi le mariage si controversé.

Plier mais ne rien oublier

Timide, embarrassé, encore politiquement immature – il allait avoir dix-neuf ans –, le fils de Jeanne d'Albret avait vécu en quelques semaines une suite impressionnante de drames déchirants, plus bouleversants les uns que les autres. Blessé dans son orgueil de roi de Navarre, il était prisonnier de la Cour, avec la conviction de s'être jeté dans le traquenard cynique que lui avaient tendu le monarque et sa mère. De profonds remords assaillaient ses nuits sans sommeil, hantées par la vision d'horreur des massacres. Ayant fait confiance au roi, ayant cru sincèrement en sa bonne foi, il se sentait coupable d'avoir entraîné dans la mort ses parents, ses proches commensaux, ses dévoués serviteurs, ses meilleurs amis de la noblesse, tous tombés sous les dagues ou les hallebardes des sbires de Charles IX. Ne s'était-il pas opposé au départ de Coligny blessé ? Il portait donc la responsabilité de son assassinat, cette étincelle qui avait tout embrasé. Ah, s'il avait été plus méfiant ! Il s'en voulait de sa naïveté, de sa complicité avec l'infamie. S'ajoutait à cela la contrainte du parjure : il avait renié les promesses faites à sa mère, dont il pleurait la disparition. Ce n'est pas faire du roman que d'imaginer qu'au lendemain de cette crise il ait été violemment secoué, anéanti peut-être.

Pourtant, loin de s'enfoncer dans le désespoir, il se releva, montrant en société un calme surprenant, une égalité d'humeur, une docilité lisse, presque indifférente, dénuée de toute tristesse ou mélancolie. Il sortait de l'épreuve le cœur endurci. Quelle force de dissimulation quand on songe aux lugubres images gravées dans sa mémoire !

Il n'était pas dans les usages du temps de s'épancher en confidences, de faire étalage de ses états d'âme. Henri s'y conforma. La seule exception – combien précieuse pour nous, car elle lève le voile sur une part de son caractère – fut les reproches qu'il adressa à la reine mère dans une déposition datée d'avril 1574* :

« Après mes noces, écrit-il, advint la Saint-Barthélemy où furent massacrés ceux qui m'avaient accompagné à Paris, dont la plupart n'avaient bougé de leurs maisons durant les troubles. Entre autres fut tué Beauvoir qui m'avait gouverné depuis l'âge de neuf ans. Vous pouvez penser quel regret ce me fut, voyant mourir ceux qui étaient venus à ma simple parole et sans autre assurance que [celle] que le roi m'avait faite, me faisant l'honneur de m'écrire que je le vinsse trouver et m'assurant qu'il me tiendrait comme frère. Or ce déplaisir me fut tel que j'eusse voulu les racheter de ma propre vie, puisqu'ils perdaient la leur à mon occasion. Et même les voyant tuer jusques au chevet de mon lit, je demeurai seul dénué d'amis et de fiance [de confiance]. »

Ce n'était hélas que le début des humiliations. Il lui fallait boire la coupe jusqu'à la lie. Il avait été le chef des huguenots de guerre ; il devait se satisfaire d'avoir eu la vie sauve et rentrer dans le rang. Le 3 octobre, le voilà donc obligé de demander dans une supplique au pape de lui « ouvrir les bras de son indulgence » et de le recevoir dans la foi de son baptême, dont il avait été malencontreusement détourné dès sa petite enfance. Le 16, il était encore contraint de signer un édit invitant les états de Béarn à rétablir le culte catholique et à expulser les ministres réformés, en d'autres termes à renier toute la politique maternelle et à en prendre le contrepied. Les états ne furent pas dupes : ils refusèrent une injonction qu'ils savaient insincère. Qu'importe ! Antoine de Gramont, prince de Bidache, épargné

* Le texte de ce plaidoyer avait été en fait rédigé par Marguerite de Valois après un entretien explicatif avec son mari.

par le roi lors de la Saint-Barthélemy et revenu au catholicisme, fut élevé au rang de lieutenant général du Béarn et de Navarre en remplacement de Bernard d'Arros. Henri n'était pas dépossédé de ses titres ; il conservait autour de lui un semblant de Conseil, mais il n'avait plus aucun pouvoir.

La quatrième guerre de Religion commençait, car, malgré la Saint-Barthélemy, la structure provinciale de la huguenoterie ne s'était nullement effondrée ; ses cadres militaires subsistaient. Ceux qui avaient échappé aux carnages s'étaient réfugiés dans les principales villes où ils étaient majoritaires. Charles IX et Catherine forcèrent Henri à contribuer activement à réduire à l'obéissance la plus puissante d'entre elles, La Rochelle, l'éternelle rebelle, toujours acharnée à défendre la Cause. Sous leur pression, le prince dut inviter ses anciens compagnons de combat à ouvrir leurs portes au nouveau gouverneur, Armand, baron de Gontaut-Biron, grand maître de l'Artillerie, catholique modéré, qui avait négocié la paix de Saint-Germain. Solidement retranchés derrière les remparts de la ville forte, ces messieurs de l'hôtel de ville firent la sourde oreille.

Quatrième guerre de Religion

Leur résistance s'éternisant, il fallut envoyer l'armée. Celle-ci fut placée sous le commandement du frère du roi, Henri, duc d'Anjou, qui avait versé dans le catholicisme le plus intransigeant au côté des Guises. Afin de prouver leur loyauté, Navarre et Condé furent priés de se joindre à elle et de combattre leurs anciens coreligionnaires. Y avait-il pour eux d'épreuve plus cruelle ?

Les deux hommes retrouvaient les paysages saintongeais qu'ils avaient connus cinq ans auparavant, les vastes plaines dénudées par l'hiver et les tristes marais adoucis par la brise de mer, d'où l'on apercevait au loin, dominant la cité indomptable, la flèche octogonale de la tour de la Lanterne, mais, cette fois, ils étaient dans le camp adverse.

Le 12 février 1573, l'héritier du trône établit son armée au nord de la cité rebelle, à Nieul, dont les falaises font face à l'île de Ré. Les troupes étaient peu nombreuses : 5 000 fantassins et 1 000 cavaliers, avec une solide artillerie de 40 canons. Elles comprenaient deux Fils de France, Henri d'Anjou et François d'Alençon, les princes du sang Henri de Navarre, Henri de Condé, le duc de Montpensier et son fils le dauphin d'Auvergne, ainsi que les principaux chefs militaires, Henri, duc de Guise, ses frères Mayenne et Aumale, Albert de Gondi, duc de Retz, Gontaut-Biron, le maréchal de Cossé, Louis de Gonzague, les ducs de Nevers, de Longueville, de Bouillon, d'Uzès, de Montmorency-Thoré, Blaise de Monluc, Henri de La Tour d'Auvergne, Villequier, bref la fleur de la haute noblesse, le tout formant un singulier mélange de papistes, de huguenots et de récents convertis.

Le calviniste François de La Noüe, surnommé Bras de fer en raison d'une prothèse métallique qu'il portait depuis une grave blessure reçue au combat, occupait une position ambiguë. Après avoir résisté en août 1572 à Mons, selon les instructions royales, aux troupes du duc d'Albe en compagnie de Ludovic de Nassau, il s'était présenté à Charles IX qui l'avait envoyé en médiateur à La Rochelle. Aussitôt, les habitants enthousiastes avaient insisté pour en faire leur gouverneur, d'où son embarras presque immédiat à s'interposer entre les unités huguenotes de la ville – 1 300 soldats aguerris et une milice de 2 000 bourgeois bien équipés – et les troupes régulières venant les mettre au pas. Écartelé entre deux fidélités, il se trouvait dans une position intenable, qui le contraignit en mars 1573 à franchir discrètement les lignes de défense et à rallier le camp du duc d'Anjou. De son côté, Élisabeth d'Angleterre jouait double jeu : tout en poursuivant les négociations en vue de son mariage avec le jeune duc d'Alençon, de vingt-deux ans son cadet, elle envoyait en secret à la cité rebelle six navires chargés de vivres, sous la conduite du comte de Montgomery, ce qui ne pouvait que prolonger la durée du siège.

Quant à Henri de Navarre, il continuait de se composer le personnage léger, ironique, fanfaron, désinvolte derrière lequel il dissimulait le fond de son âme. Jovial, goguenardant avec les égorgeurs, il donnait l'impression de s'accommoder de la situation avec un entrain stupéfiant. « Il faisait le rieur et le bon compagnon de tout ce qui s'y passait et se moquait de ceux qui y étaient attrapés, écrivait un témoin, François Racine, seigneur de Villegomblain ; car, dès sa plus grande jeunesse, il se donnait du bon temps de tout, se plaisant à se moquer, sans guère d'exception de personne, et parlait en railleries, mais toutefois de telle façon qu'on ne s'en offensait guère, car il y apportait une grâce, familiarité et complaisance après cela, qu'elles effaçaient incontinent la malveillance qu'on porte communément à telles humeurs. »

Ne lui prêtons pas le moindre début de résilience. N'ayant rien oublié ni rien pardonné, il était convaincu qu'il ne pourrait obtenir sa rédemption qu'en s'évadant de sa prison dorée et en lavant son déshonneur dans le sang, à la tête de ses anciens compagnons. Mais cela, il le taisait. Sous son humeur affable, c'était le plus secret des hommes.

En attendant, donnant le change, il ne ménageait pas sa peine, n'hésitant pas à monter en première ligne. En juin, très fier de sa première arquebuse à mèche niellée d'or, dont Brantôme lui avait fait cadeau, il participait à la tête de ses gardes à l'assaut, un assaut tonitruant qui donna l'éveil dans la ville assiégée. De l'autre côté du rempart, d'autres Gascons demandaient joyeusement à leurs compatriotes des nouvelles de leur bon et hardi roi de Navarre. Le 14, il se trouvait au côté du duc d'Anjou au moment où celui-ci reçut une arquebusade qui lui déchira la fraise, le blessa au cou, à la main gauche et à la cuisse.

Il n'y eut pas moins de huit tentatives contre les remparts. Le duc Claude d'Aumale, frère du défunt François de Guise, y fut tué. Le 23 mars, 150 assiégeants moururent dans l'explosion d'une puissante mine destinée à creuser une brèche sous le système de défense rochelais. Malgré l'arrivée en renfort de 6000 Suisses, les assaillants ne parvenaient toujours pas à l'emporter. Le temps était exécrable et leur moral au plus bas. Une épidémie de dysenterie vint de surcroît éclaircir les rangs. D'autres villes huguenotes s'étaient soulevées, Sancerre, Montauban, Nîmes, Privas, Sommières.

Pendant ce temps, Henri de Navarre tendait l'oreille à ce qui se chuchotait dans le village de tentes des royaux, rumeurs, ragots et complots. Des seigneurs catholiques d'opinion modérée se plaignaient de la politique de Charles IX à l'égard de l'aristocratie, qui semblait reléguer les privilèges de la naissance à un rang secondaire en favorisant la montée d'administrateurs roturiers. Pestant contre les Guises et autres étrangers de l'entourage de la reine mère, ces « malcontents » s'étaient rapprochés de certains protestants, tels Henri de Condé ou le jeune Maximilien de Béthune, futur duc de Sully.

Le dernier des enfants d'Henri II et de Catherine de Médicis, le sombre et instable François d'Alençon, attiré par la Réforme et qui avait désapprouvé la Saint-Barthélemy, chercha alors à se mettre à la tête du mouvement, multipliant les intrigues contre le roi son frère et sa mère, « Madame Serpente », comme on la surnommait. Le meilleur moyen de régénérer le royaume et de rétablir la concorde civile, estimait-il, serait d'unir les modérés des deux camps. De concert avec le Béarnais, Alençon envisagea un coup de main contre les places fortes d'Angoulême et de Saint-Jean-d'Angély, puis, sur la suggestion du jeune vicomte de Turenne, se rallia à l'idée de rejoindre la flotte huguenote de Montgomery et, avec l'aide de vaisseaux anglais, de s'emparer de l'escadre royale croisant au large de La Rochelle. Ces projets brumeux et largement chimériques ne furent suivis d'aucun commencement d'exécution.

La fin des hostilités

Le 26 mai, au camp devant La Rochelle, un événement vint tout bouleverser. Henri d'Anjou apprit son élection au trône de Pologne et du grand-duché de Lituanie le 11 mai précédent par les quelque 40000 membres de la diète de la « république des Deux Nations », réunis au village de Kamien, au sud de Varsovie. C'était l'œuvre de Catherine, qui avait déployé un zèle infini à installer un Valois sur le trône des Jagellons, vacant depuis la mort sans enfants de Sigismond II Auguste, trône que convoitaient l'archiduc Ernest de Habsbourg, fils de l'empereur Maximilien II, le duc de Prusse Albert II, le roi de Suède Jean III et le tsar Ivan IV le Terrible.

En cette lointaine et immense contrée (elle représentait plus d'un million de kilomètres carrés), les rois n'étaient pas héréditaires, mais électifs. Leurs pouvoirs venaient d'être strictement encadrés par un accord dit de la Confédération de Varsovie (28 janvier). Lors des négociations, pour l'emporter, l'émissaire de la reine mère, l'habile Jean de Monluc, évêque de Valence et de Die, frère puîné du terrible Blaise, s'était engagé, au nom du candidat, à respecter la pluralité des confessions, car en Lituanie existaient d'importantes minorités protestantes et orthodoxes qu'il s'agissait de ménager. Dans ces conditions le nouvel élu pouvait-il poursuivre la guerre contre les protestants ? Ce fut l'occasion d'arrêter ce siège épuisant qui s'éternisait et de conclure une trêve avec les opiniâtres Rochelais.

La paix fut signée le 11 juillet 1573 au château de Madrid, au bois de Boulogne, d'où le nom d'édit de Boulogne donné au texte royal. Il concernait tous les huguenots du royaume et mettait fin à la quatrième guerre de Religion. Vu l'ampleur de la secousse sismique et de ses répliques tant du côté protestant que du côté catholique, il n'était plus possible pour Charles et Catherine de revenir à l'édit de Saint-Germain.

L'exercice privé du culte protestant était limité à trois villes, Nîmes, Montauban et La Rochelle. Le « culte de fief », pour les seigneurs pourvus du droit de haute justice, était lui aussi restreint : seuls les baptêmes et mariages, et non plus la Cène, étaient autorisés, et encore devant une assistance n'excédant pas dix personnes. Cet accord, comme le souligne Olivia Carpi, traduisait à la fois la « manifestation tangible de la volonté de la royauté de relancer le processus de pacification et de concorde civile » et la puissance du parti catholique « reprise à la Cour depuis la Saint-Barthélemy, sous l'égide du duc Henri de Guise et d'Henri d'Anjou ». Ce n'était probablement pas l'accord équilibré qu'aurait souhaité la reine mère.

Le siège d'une dernière place huguenote, celui de Sancerre, s'acheva le 19 août : une famine atroce avait contraint les habitants à se nourrir de chevaux, chiens, chats, rats, et à faire bouillir jusqu'aux cuirs des selles. Dans sa relation hallucinante, le pasteur Jean de Léry citait le cas de parents poussés par les affres de la faim à manger le cadavre de leur petite fille de trois ans. Pour saluer le courage et la pugnacité des Sancerrois, le roi consentit à donner à leur ville martyre le droit de pratiquer le culte protestant à titre privé à l'égal des trois autres.

Cette paix boiteuse ne mit pas fin à l'agitation protestante, particulièrement dans le Midi, où elle se conjuguait avec des revendications d'autonomie municipale et provinciale de plus en plus fortes. Des assemblées se tinrent à Montauban et à Nîmes. Elles réclamaient la réhabilitation de l'amiral de Coligny et des victimes des massacres ainsi que la liberté totale du culte réformé. À l'automne de 1573, à l'assemblée de Millau, une ligue des villes et de la noblesse fut constituée avec des structures politiques, financières, fiscales, judiciaires et militaires permanentes. Il serait sans doute excessif d'y voir, comme certains historiens du siècle dernier, une aspiration indépendantiste à la manière des Provinces-Unies néerlandaises. Personne ne songeait à se soustraire formellement à l'autorité royale, mais le désir d'émancipation était radical, usurpant les droits régaliens et ne laissant que peu de place à l'État royal. « Une confédération de provinces largement autonomes, dirigée de haut par un souverain privé du pouvoir absolu, estime Michel Pernot, tel semble avoir été l'idéal des huguenots du Midi. » Le plus intéressant dans ces assemblées séditieuses était que leurs participants étaient désormais convaincus qu'une entente politique avec les catholiques modérés était la condition indispensable à leur désenclavement.

Comment comprendre le massacre ?

Dans l'histoire politique de la monarchie française, la Saint-Barthélemy marque indiscutablement une cassure. Par son ampleur, par la façon dont elle avait été assumée et couverte par l'autorité royale, elle ne pouvait s'apparenter aux atrocités précédemment commises d'un côté comme de l'autre. Jusque-là le pouvoir avait tenté de se placer au-dessus des factions et des luttes religieuses, de demeurer l'arbitre, même s'il n'avait jamais fait mystère de son union indéfectible avec le catholicisme romain. Son engagement aussi brutal dans un seul camp, quelles que fussent les nécessités de salut public invoquées, constituait par conséquent une rupture fondamentale. Le roi, ruinant son crédit personnel, avait brusquement abandonné son rôle traditionnel de père de ses sujets. Comme l'a montré Arlette Jouanna, l'« ordre de l'amour », soubassement de la monarchie paternelle et débonnaire, s'en trouva tragiquement détérioré. Revenant sur la parole donnée – cette parole sacrée qui servait de fondement aux rapports du vassal et de son seigneur, mais aussi du peuple et de son souverain –, la royauté traditionnelle cessait d'être un organe de modération pour ne faire place qu'à une autorité froide et brutale, fondée sur le cynisme et la perfidie. N'agissant plus au nom du bien commun, elle perdait du même coup une partie de sa légitimité.

Le retour de la paix permit aux huguenots de faire le point. Au temps de l'horreur succéda celui de la réflexion et de la remise en question. Accablés et largement découragés au lendemain de la Saint-Barthélemy, ils s'interrogèrent sur la signification de l'explosion de sauvagerie dont ils avaient été les victimes. Comment la déchiffrer à la lecture des Écritures ? En les châtiant de manière aussi sévère, Dieu ne les avait-il pas irrémédiablement abandonnés ? Quel sens donner à sa volonté ? Fiévreuse angoisse culpabilisatrice pour ces gens aussi convaincus que les catholiques de l'existence d'un dessein surnaturel dans l'Histoire. Ne devaient-ils pas douter de la justesse de la Cause ? Certains se le demandèrent, ce qui explique sans doute le nombre élevé de conversions au catholicisme, qui ne se firent pas toutes sous la contrainte. D'autres, au contraire, cherchèrent un sens caché à cet abandon apparent. Se raidissant dans la conscience de leur spécificité, ils voulurent y voir une rude leçon de la divine Providence dans la ligne des grands châtiments bibliques. Le Seigneur Dieu leur reprochait-il leur mollesse, leurs compromissions, leur manque de foi ? Ne s'étaient-ils pas trop rapprochés des catholiques et de la corruption mondaine de la cour des Valois, dont le mariage d'Henri de Navarre avec la fille de Catherine de Médicis avait été l'illustration la plus odieuse ? Avec beaucoup d'autres, Agrippa d'Aubigné était sur cette ligne de pensée, en opposition avec l'état d'esprit des huguenots du Midi, favorables à l'union des modérés :

> Ô tribus d'Israël, il faut marcher de rang
> Dedans le golfe rouge et dans la mer de sang
> Et puis à reins troussés passer, grimper habiles
> Les déserts sans humeur [sans eau] et les rocs difficiles.
> Le pilier du nuage à midi nous conduit,
> La colonne de feu nous guidera la nuit…
>
> *(Les Tragiques)*

La communauté des fidèles serra les rangs, honora ses martyrs, à commencer par Coligny, dont le courage et la piété furent proposés en modèles par maints récits hagiographiques. Pour expliquer ses malheurs, elle se compara au « petit reste » d'Israël, persécuté par le nouvel Hérode (Charles IX) et la nouvelle Jézabel (Catherine de Médicis). La réflexion s'étendit alors du domaine du religieux à celui du politique.

Les monarchomaques

Tel fut le cas des monarchomaques*. Dans l'abondante production de l'époque, quelques ouvrages fondamentaux marquèrent les esprits. Le plus connu est le *Francogallia* (« La Gaule française ») de François Hotman paru à Genève en 1573. Ce jurisconsulte éminent, fils d'un conseiller au Parlement, converti au protestantisme dès 1547, professeur de droit à Valence et à Bourges, s'était exilé à Genève après la Saint-Barthélemy.

Pour lui, la source essentielle des malheurs résidait dans le dévoiement de la monarchie capétienne et la perte de son harmonie primitive. Sa lecture de l'Histoire – en bonne partie fictive et fantaisiste – était mobilisée au service de son point de vue téléologique. Dans les temps les plus reculés, expliquait-il, l'autorité des rois était fortement limitée par la loi et les assemblées populaires. Il en fut de même lorsque les Francs envahirent le pays à la demande des Gaulois. Un gouvernement mixte, parfaitement équilibré, s'instaura : celui d'une royauté élective, contrôlée à la fois par l'aristocratie, qui dominait le Conseil du roi, et par le peuple, qui s'exprimait au

* Ce nom, qui signifie littéralement « qui combattent le pouvoir d'un seul », vient d'un juriste écossais exilé en France, William Barclay, auteur en 1600 d'un *De regno et regali potestate*.

travers d'assemblées préfigurant les états généraux, « champs de mars » au temps des Mérovingiens, « champs de mai » au temps des Carolingiens. Ce régime tempéré fut dénaturé par l'amplification démesurée de la puissance royale – on ne parlait pas encore d'absolutisme, mais l'idée était bien là –, qui glissa peu à peu dans l'arbitraire et la tyrannie, la « tyrannie turquesque », disait Hotman. Tout avait contribué à faire sauter les digues : l'utilisation du droit romain, le recours aux principes cyniques de Machiavel, le bon plaisir des monarques et la montée en puissance des favoris, insoucieux des besoins populaires. Le *Francogallia*, qui se voulait un essai de science politique, ne commentait ni le malheur des temps présents ni la prodigieuse sauvagerie des tueries. Il ne s'attardait pas à analyser les causes du cataclysme. Ces messieurs du Conseil de Genève qui avaient donné leur *imprimatur* ne l'eussent point autorisé afin de ne pas se brouiller avec le roi de France*. Mais chacun comprit, par des exemples historiques soigneusement choisis à l'époque mérovingienne (notamment ceux des reines Frédégonde et Brunehaut, ivres de pouvoir et de sang), que jamais les massacres de la Saint-Barthélemy ne se seraient produits si les institutions ne s'étaient pas profondément perverties au fil des siècles.

Le livre remporta un vif succès dans les milieux lettrés. Après trois tirages en latin, il fut traduit en français, vraisemblablement par le pasteur protestant Simon Goulart, et connut deux éditions augmentées, l'une en 1576, l'autre dix ans plus tard. Ce succès dépassa les cercles protestants. Les « bons François », notait dans son journal Pierre de L'Estoile – entendez les bourgeois modérés, les gens de robe catholiques ou réformés –, approuvèrent le traité d'Hotman, laissant à

* Hotman exprimera sa révolte dans son *De furoribus gallicis*, publié à peu près au même moment sous le pseudonyme d'Ernestus Varamundus. Mais dès 1560, il avait violemment attaqué le cardinal de Lorraine dans une *Épître au Tigre de France*.

« quelques corrompus machiavélistes et François italianisés » le soin de le critiquer.

Parmi les autres réflexions théoriques, signalons celles de Théodore de Bèze, modérateur de la Compagnie des pasteurs genevois depuis la disparition de Calvin. Écrit durant l'été de 1573 et publié l'année suivante à Genève et à Heidelberg, son traité *Du droit des magistrats sur leurs sujets* justifiait la légitimité de la résistance que les peuples pouvaient opposer aux décisions tyranniques des gouvernants. Il fut le premier à utiliser l'expression de « lois fondamentales » pour désigner les dispositions de la Constitution non écrite de la monarchie française.

Plus populaire, un opus, rédigé sous forme de dialogues, portait le titre plaisant de *Réveille-matin des François et de leurs voisins*. Dédié à la reine Élisabeth d'Angleterre, il avait pour auteur un certain Eusèbe Philadelphe Cosmopolite, que certains ont identifié au médecin dauphinois Nicolas Barnaud et d'autres au jurisconsulte bourguignon Hugues Doneau. Pour cet écrivain en tout cas, les magistrats – au sens de gouvernants – ayant été créés par Dieu pour le peuple, il était permis de leur résister par les armes s'ils déviaient de leur mission et commandaient des « choses profanes ou iniques ».

Un autre ouvrage se rattachant aux monarchomaques était le *Vindiciae contra tyrannos* de Philippe Duplessis-Mornay écrivant sous le nom d'emprunt d'Étienne Junius Brutus. Il connut une traduction française en 1581 : *De la puissance légitime du prince sur le peuple et du peuple sur le prince*. Didier Poton, biographe de Duplessis-Mornay, n'exclut pas que le livre, rédigé entre le début de 1575 et la fin de 1576, ait été coécrit avec Hubert Languet, conseiller de l'Électeur de Saxe et proche des idées réformées de Melanchthon.

Dans ces textes et d'autres moins connus prévalait l'idée que l'autorité politique devait être fondée sur un pacte originel contraignant le prince à garantir les libertés. À la monarchie paternelle, reposant sur la parole donnée, succéderait donc une monarchie contractuelle, limitée et modérée, plus protectrice des libertés publiques. En cas de manquement à ses engagements, le peuple se trouverait dégagé de son devoir de soumission. Cette théorie de la résistance légitime débouchait sur la conviction que les états généraux, cette institution représentative de la nation remontant au XIVe siècle, avaient le pouvoir de destituer le roi en cas de rupture grave du contrat social. L'auteur des *Vindiciae contra tyrannos* théorisait même le droit d'ingérence des princes étrangers voisins.

Gardons-nous de tout anachronisme et de parler à ce propos de démocratie au sens moderne du terme. Les états généraux auxquels les monarchomaques attribuaient des pouvoirs élargis n'étaient que la représentation de la société de corps et d'ordres, dominée par les élites sociales. Dans le monde germanique, ces conceptions convergeaient vers l'instauration d'un *Ständestaat*, c'est-à-dire d'un État d'États, de structure fédérative et corporative fortement décentralisée, en opposition à la souveraineté d'essence monarchique.

Ce bouillonnement intellectuel ne datait pas de la Saint-Barthélemy. On en trouve des traces dans le traité *Question politique : s'il est licite aux sujets de capituler devant leur prince* du parlementaire toulousain Jean de Coras, calviniste militant, connu pour avoir instruit l'affaire Martin Guerre et qui fut pendu en octobre 1572 revêtu de sa robe rouge de magistrat par une foule déchaînée d'ultracatholiques. Coras critiquait le droit divin et la monarchie absolue que les Valois voulaient imposer.

En réaction à ces idées subversives et régressives – car il s'agissait toujours de revenir à un âge d'or mythique –, il faut naturellement placer *Les Six Livres de la République* de Jehan Bodin, écrits en 1576, qui s'appuient sur le concept de souveraineté, « puissance absolue et perpétuelle » de l'État (ou *Res Publica*), fondement de l'autorité législative sans partage du pouvoir royal. Pour Bodin, jurisconsulte d'une immense érudition, ancien professeur de droit romain à Toulouse, avocat au parlement de Paris, conseiller du duc d'Alençon, la comparaison des systèmes politiques amène à privilégier la « pure monarchie » plutôt qu'un régime mixte, combinant aristocratie ou démocratie, qui ne peut être que source de turbulences et de déstabilisation. Professeur de grec au Collège de France, Louis Le Roy, dit de Coutances, avait déjà défendu l'année précédente la théorie de la monarchie absolue et pourfendu les thèses d'Hotman dans *De l'excellence du gouvernement royal* (1575).

Les Malcontents

Le siège de La Rochelle avait été une hécatombe pour la noblesse : selon l'historien britannique James B. Wood, spécialiste des études militaires, sur les 155 principaux chefs de l'armée, 70 avaient été tués et 47 blessés. Ce fait et la présence au sein de l'armée du duc d'Anjou d'un nombre considérable de protestants ou d'anciens protestants (il y en avait plus qu'à l'intérieur de La Rochelle, s'était plaint l'ambassadeur espagnol Zuñiga !) contribuèrent à renforcer le mouvement des Malcontents. C'était encore un contrecoup de l'électrochoc du 24 août sur les structures sociopolitiques du royaume et ses systèmes clientélistes. La haute noblesse, en effet, se mit à considérer que les tueries de la Saint-Barthélemy, voulues et organisées par le pouvoir, avaient eu pour but de se débarrasser des chefs protestants, et, de façon plus diabolique, des plus prestigieuses lignées catholiques. Ne disait-on pas que des listes de proscrits avaient été établies avant même le massacre, listes sur lesquelles figuraient les maréchaux de Montmorency et de Cossé, ainsi que le duc de Gontaut-Biron ?

Il n'en fallut pas davantage pour voir renaître les idées féodales, dans la tradition de la ligue du Bien public du temps de Louis XI, d'autant qu'avec la généralisation des désordres, l'influence du pouvoir central avait très sensiblement régressé dans les provinces au profit des instances locales. Les Grands, qui considéraient leur allégeance à la Couronne comme un pacte équilibré de droits et de devoirs réciproques, se sentaient menacés dans leurs pouvoirs, leurs droits et leurs responsabilités vis-à-vis de leurs réseaux de fidèles. S'estimant les gardiens naturels des anciennes lois du royaume, ils accusaient le monarque de comportement arbitraire et tyrannique, un peu à la façon des monarchomaques dans le camp huguenot, mais au lieu de réclamer les états généraux, eux voulaient rééquilibrer le Conseil du roi à leur profit. Ils étaient donc « malcontents » et prêts à le faire savoir. Telle était en particulier l'opinion des membres de la puissante fratrie des Montmorency, majoritairement catholiques, dont les principaux protagonistes professaient des idées modérées par opposition à leurs rivaux les Guises. L'aîné du défunt connétable, le duc François, maréchal de France, gouverneur de l'Île-de-France, était proche de François d'Alençon. À la fois bon soldat et fort lettré, il avait épousé Diane de France, fille naturelle d'Henri II. Le second, Henri, seigneur de Damville, lui aussi maréchal de France, avait succédé à son père comme lieutenant général du roi en Languedoc. Tout-puissant dans cette province, cet homme habile disposait d'un vaste réseau d'obligés, catholiques et protestants. Les autres fils du connétable, Charles, seigneur de Méru, colonel général des Suisses, et Guillaume, seigneur de Thoré, étaient alliés par leurs sœurs aux grandes familles aristocratiques du Sud-Ouest, les Foix-Candale, les Ventadour, les Turenne et les La Trémoille, qui comptaient à leur tour quantité de membres de la noblesse seconde parmi leur clientèle, dont plusieurs gouverneurs de places.

La haute noblesse s'en prenait naturellement aux créatures italiennes de la reine mère qui captaient les « bienfaits du roi », charges, pensions, gratifications, tels le Florentin Albert de Gondi, comte de Retz et maréchal de France, le Milanais René de Birague, promu chancelier de France en 1573 à la mort de Michel de L'Hospital, le Mantouan Louis de Gonzague, que le prestigieux mariage avec Henriette de Clèves en 1565 avait fait duc de Nevers et comte de Rethel.

Un autre courant, également las de la guerre civile et dégoûté des massacres, s'était développé au sein de la bourgeoisie d'affaires, des gens de justice et de la petite gentilhommerie. C'était celui des « Politiques », hommes de compromis, hostiles aux extrêmes, chrétiens convaincus mais modérés, stoïciens ou sceptiques, acquis à l'idéal humaniste et pacifique d'un Michel de Montaigne, magistrat retraité du parlement de Bordeaux, promu gentilhomme de la Chambre par Charles IX et qui avait entamé à partir de 1572 la rédaction de ses fameux *Essais*. À la différence des Malcontents, ils demeuraient respectueux de l'autorité monarchique.

Tous, finalement assez proches, s'interrogeaient sur l'avenir de la France, car la santé du roi donnait des signes d'inquiétude. De sa femme Élisabeth d'Autriche il n'avait qu'une fille, une petite Marie-Élisabeth, née le 27 octobre 1572, qui ne pouvait monter sur le trône en vertu de la loi salique. Ils commençaient donc à regarder avec un certain intérêt le duc d'Alençon, qu'on appelait Monsieur depuis l'élection de son aîné au trône de Pologne.

Nouvelles conspirations

Malheureusement, ce dernier subit coup sur coup deux déconvenues. Catherine sa mère avait tenu à maintenir les droits de son aîné à la couronne de France et lui avait refusé la charge de lieutenant général du royaume, qui allait devenir vacante au départ du duc d'Anjou. À la place, grâce à l'intervention du maréchal de Montmorency, il reçut le titre honorifique de chef du Conseil, garde du sceau privé et commandant des forces publiques (janvier 1574), ce qui était loin de satisfaire ses ambitions.

Frustré, jaloux, se sentant mal aimé de Catherine qui lui avait toujours préféré Anjou, la tête échauffée par de nouveaux projets séditieux, ce pauvre garçon, disgracié par la nature, défiguré par la petite vérole, était prêt à vingt ans à se lancer à la conquête du trône. Il se lia notamment avec Ludovic de Nassau et le duc Christophe, fils de l'Électeur palatin.

Après les somptueuses fêtes données à Paris pour l'élection du nouveau roi de Pologne, au cours desquelles Henri de Navarre avait reçu sa part d'hommages des ambassadeurs polonais, dont l'accoutrement à l'oriental – barbe longue, nuque rasée, haut bonnet fourré, bottines ferrées et cimeterre au flanc – avait été la risée du Tout-Paris, la Cour se mit en route pour accompagner le monarque jusqu'à la frontière de l'Est. En novembre, à Vitry-en-Perthois, Charles IX, de plus en plus rongé par la tuberculose, fut atteint d'une « langueur et fièvre lente ». Navarre, prié par sa belle-mère de rester à son chevet, ne rejoignit le cortège qu'à Reims sur le chemin du retour. Monsieur avait envisagé de se rendre à Sedan et d'y prendre la tête d'une armée de mercenaires protestants réunie grâce à Ludovic de Nassau et aux Malcontents, qui redoutaient l'avènement prochain du roi de Pologne sur le trône de France en raison de ses opinions ultracatholiques. Il était devenu le jouet d'une multitude d'intrigues. Henri de Navarre comme Henri de Condé, Turenne et Thoré l'encourageaient à la révolte, quitte à prendre en main ultérieurement la situation. Les deux premiers devaient s'échapper entre Soissons et Compiègne. Au-delà de cette agitation fébrile et brouillonne, il est important de souligner que le Béarnais avait partie liée avec la faction des Malcontents et des Politiques, unissant catholiques modérés et réformés libéraux, défenseurs de la liberté de conscience, et fort éloignée des positions intransigeantes de sa mère.

Tout en vivant très librement depuis son mariage, Marguerite de Valois aimait à sa façon son mari. Quand elle apprit par hasard la folle entreprise de son frère, elle se précipita chez le roi et la reine mère et, sous promesse absolue de ne faire aucun mal à ceux qu'elle nommerait, elle leur avoua ce qu'elle savait. Ceux-ci prirent alors les dispositions nécessaires pour empêcher les conjurés de s'échapper de la Cour, le capitaine des gardes inspectant chaque jour leurs chambres et regardant sous leurs lits.

Cinquième guerre de Religion

Les huguenots du Midi, aidés des Malcontents du duc de Montmorency-Damville, prirent les armes et firent main basse sur plusieurs villes du Languedoc, du Vivarais et du Dauphiné. Guerre religieuse et révolte nobiliaire contre le pouvoir absolu du roi se trouvaient ainsi étroitement liées.

Bientôt, le duc d'Alençon, Navarre et Condé s'en mêlèrent. Ils devaient profiter d'une partie de chasse prévue le 28 février pour s'échapper, sous la protection d'un officier du roi de Navarre, Jean de Chaumont-Quitry, et de 50 cavaliers. Mais un traître, Joseph Boniface de La Mole, courut tout conter à la reine mère. Alençon fut aussitôt interrogé. Fantoche ambitieux, il révéla le complot, de sorte que ses compagnons, Navarre et Condé, qui s'apprêtaient à monter à cheval, furent immédiatement arrêtés. Dans la nuit du 27 au 28 février, la Cour quitta précipitamment le château de Saint-Germain, suivie au matin de Charles IX et de ses gardes. C'est ce qu'on a appelé l'« effroi de Saint-Germain ». « Nous fûmes contraints de partir à deux heures après la minuit, relatait Marguerite de Valois, et mettre le roi Charles dans une litière pour gagner Paris. La reine ma mère mettant dans son chariot mon frère et le roi mon mari qui, cette fois-là, ne furent traités si doucement que l'autre. » Ils allèrent s'installer au Louvre puis de là à Vincennes.

Pour prix de sa grâce, Henri de Navarre dut signer une déclaration publique désavouant l'« entreprise dernièrement faite contre Sa Majesté à Saint-Germain ». « C'est chose du tout fausse et controuvée et à laquelle je n'ai jamais pensé », écrivait-il avec aplomb, « résolu, ainsi que le devoir de nature et les lois divines et humaines le commandent, de mettre et exposer sa propre vie pour celle du roi et pour la conservation et maintien de sa couronne et État ». Il s'engageait enfin à courir « sus tous rebelles qui troubleraient le repos et la tranquillité du royaume ».

Il était prêt à toutes les promesses. Des promesses de Gascon, évidemment ! L'humiliation qu'il avait subie était trop forte. Trois semaines plus tard, une nouvelle conspiration se noua autour du duc d'Alençon et de deux de ses favoris. Le premier étrangement était La Mole, qui venait de le trahir et qui reprenait donc du service. Un singulier personnage que ce hardi Provençal de quarante-quatre ans, intrigant, grand séducteur, « meilleur champion de Vénus que de Mars », et qui serait devenu l'amant de Marguerite de Valois. Le second était un aventurier d'origine piémontaise, Annibal, comte de Coconato – francisé en Conconat ou Coconas –, dont l'égérie était la troublante Henriette, duchesse de Nevers.

Le plan de cette « conjuration de Vincennes » correspondait à peu près au précédent : les princes devaient s'enfuir au cours d'une chasse et gagner Montfort-l'Amaury puis Sedan, principauté indépendante tenue par la famille protestante des La Marck. Prenant la tête des mercenaires allemands, recrutés par Ludovic de Nassau, ils devaient rallier les huguenots et catholiques enrôlés sous la bannière des Malcontents et marcher soit sur les Pays-Bas, soit sur Saint-Germain. Quelques personnages subalternes s'étaient joints aux conjurés : l'alchimiste Tourtay, l'astrologue Cosme Ruggieri et surtout Yves de Brinon, gentilhomme de la chambre de Catherine de Médicis, homme de lettres et traducteur des *Histoires florentines* de Machiavel. Ce dernier était en réalité un informateur de la reine mère qui la tenait quotidiennement au courant des brigues de ses prétendus amis.

Ce complot de cour, dont les fils demeurent aujourd'hui encore très embrouillés, se conjuguait avec de nouveaux soulèvements provinciaux. Dans la nuit du 23 au 24 mars, les protestants conduits par La Noüe, qui avait basculé dans la sédition, s'emparèrent par surprise des villes de Fontenay et de Lusignan. Ce fut la « surprise du Mardi-Gras » en raison des déguisements qu'avaient revêtus les assaillants.

Catherine avait laissé volontairement partir le prince de Condé pour son nouveau gouvernement de Picardie, dans l'espoir de l'assagir. Grave erreur : celui-ci en profita pour se réfugier au Palatinat et annoncer son retour à la religion protestante. Le 24, la reine mère fit arrêter son fils François et son gendre Henri. Le 4 avril, le duc François de Montmorency, qui avait appris par hasard le complot, eut la loyauté d'avertir à son tour Catherine, qui était au courant par Brinon. Le 10, La Mole et Coconas furent arrêtés avec 80 autres séditieux. Le 13, Alençon et Navarre furent soumis à des interrogatoires serrés par des commissaires du Parlement. Le premier fit des aveux complets, donnant le nom de ses complices. Plus habile et ne voulant compromettre personne, Henri demanda à sa femme, qui connaissait mieux que personne les pensées de sa mère, de l'aider à composer un argumentaire en sa faveur. Dans ce texte, il invoquait les menaces qui pesaient sur sa vie et celle du duc d'Alençon et la forte probabilité d'une seconde Saint-Barthélemy, dont ni lui ni le frère du roi n'auraient été épargnés.

Le 30 avril, La Mole et Coconas comparurent devant le Parlement qui les condamna à la décapitation. Ils furent exécutés le jour même en place de Grève. Selon une légende postérieure, figurant dans les *Mémoires de M. le duc de Nevers*, arrangés par le polygraphe Marin Le Roy de Gomberville (1665), leurs amantes, Marguerite de Navarre et la duchesse de Nevers, auraient obtenu leurs têtes du bourreau et les auraient emportées en carrosse afin de les faire embaumer. Fascinante et fallacieuse légende macabre dont Dumas, bien entendu, s'empara.

Coconas, soumis à la torture, accusa à tort le duc François de Montmorency de faire partie de la conspiration. Le 4 mai, celui-ci fut arrêté ainsi que le maréchal Artus de Cossé, son cousin, et tous deux conduits à la Bastille. Une bonne partie de la noblesse y vit le retour d'influence à la Cour des Guises, particulièrement du cardinal de Lorraine. En réalité, la reine mère avait décidé de mettre à l'ombre ces deux puissants personnages afin de désarmer les partisans de son fils François, alors que la maladie de Charles IX laissait supposer sa fin prochaine.

Marguerite, qui venait de perdre La Mole, dont elle était éprise, et qui craignait cette fois pour la vie de son mari et celle de son frère, entra dans la conjuration. Elle avait observé qu'elle pouvait sortir librement en coche du château de Vincennes avec ses suivantes masquées, sans que celles-ci fussent inquiétées. Elle leur proposa donc de les prendre l'un après l'autre, déguisés en dames de compagnie. Le projet échoua tout simplement parce que ni l'un ni l'autre ne voulurent être le dernier à partir.

Le 30 mai, à trois heures de l'après-midi, le roi, qui n'avait pas vingt-quatre ans, rendait son dernier râle de souffrance après s'être confessé et avoir reçu l'eucharistie. Il était resté traumatisé par la Saint-Barthélemy, au point, selon les confidences qu'il avait faites à Ambroise Paré, d'être hanté par des visions de « faces hideuses et couvertes de sang ».

En femme de tête énergique et soucieuse de l'État, Catherine lui avait demandé de signer une déclaration reconnaissant pour héritier son frère puîné Henri, roi de Pologne, et, en attendant le retour en France de celui-ci, lui confiant la régence.

Le soir même, Catherine rentrait au Louvre en compagnie de son gendre. Il s'était vu obligé de signer une lettre aux gouverneurs de province confirmant que le roi défunt avait bien nommé régente sa belle-mère. Pas question pour autant de relâcher la surveillance. Tout au contraire, celle-ci fut renforcée. Des grilles furent posées à son appartement, et le capitaine des gardes dut répondre sur sa vie de sa présence.

La nouvelle de la mort de Charles IX fut accueillie avec joie par les protestants. Ne lisait-on pas sur son visage, écrivait Agrippa d'Aubigné, l'« ire de Dieu flamboyante » ? « Il faut s'émerveiller du jugement de Dieu, renchérissait Théodore de Bèze : le tyran est mort en rejetant du sang par tous les orifices de son corps. » En réaction, les panégyristes du roi s'empressèrent de souligner sa mort pieuse, ses vertus et le caractère sacré de ce « roi miraculeux », ainsi que le souligna Arnaud Sorbin chargé de prononcer son oraison funèbre à Notre-Dame.

Catherine rétablit en partie la situation en concluant une trêve avec La Noüe et en faisant instruire le procès du comte de Montgomery, qui avait été saisi après son débarquement en Normandie avec des mercenaires anglais. Le responsable de l'accident fatal du tournoi des Tournelles fut condamné à la décapitation pour crime de lèse-majesté, torturé et son cadavre écartelé. D'une fenêtre de l'Hôtel de Ville, l'implacable régente assista au spectacle.

Quant à Henri, après deux autres tentatives d'évasion infructueuses, l'une à Saint-Denis lors des obsèques du roi le 12 juillet, l'autre à la poterne du Louvre, sur la Seine, où une barque avait été préparée par des complices, il donna brusquement l'impression de s'assagir, reprenant la vie de cour et ses amusements ordinaires. Méfions-nous de l'eau qui dort.

8

CHÈRE LIBERTÉ !

Le retour de Pologne

Le 14 juin 1574, Henri Ier – puisque tel était son nom en Pologne – apprit en sa résidence du Wawel à Cracovie la mort de son frère aîné. Les trois mois et demi durant lesquels il avait régné sur un pays dont il ignorait la langue, les mœurs et les usages politiques n'avaient été qu'une suite de désillusions qui avaient avivé un amer sentiment d'exil. Il s'était tant ennuyé sur les bords de la Vistule qu'il avait déclaré préférer vivre captif en France plutôt que libre en Pologne !

Pour rien au monde il n'aurait laissé passer sa chance. Il était de droit roi de France, tant pis pour les Polonais ! Quatre jours plus tard, il quitta secrètement Cracovie, abandonnant ses sujets à leur triste sort, sans abdiquer pour autant. Après être sorti du palais royal par une porte dérobée avec cinq compagnons français, il franchit la frontière de la Moravie puis galopa jusqu'à Vienne, où l'empereur Maximilien II le reçut avec faste. Ensuite, il s'attarda en route, ravi d'accéder au trône le plus prestigieux du monde, mais peu pressé d'exercer le pouvoir, qu'il savait en de bonnes mains maternelles.

À Venise, où la féerie des fêtes et des divertissements l'enchanta – sans oublier les bras généreux de la courtisane et poétesse Veronica Franco –, il musarda une dizaine de jours. Par Padoue, Mantoue et Monza, où un long entretien avec Charles Borromée, l'une des figures majeures du concile de Trente, le marqua en profondeur, il parvint à Turin. Entre deux réjouissances, il y rencontra le maréchal de Damville, le « roi du Languedoc », ardent défenseur de la noblesse d'épée et d'une monarchie limitée, qui plaida pour la liberté de culte. Il franchit les Alpes au col du Mont-Cenis dans une litière vitrée et gagna Chambéry le 2 septembre. Le lendemain, il entra enfin dans son nouveau royaume au Pont-de-Beauvoisin. Catherine, inquiète des manœuvres de Damville, cette brute épaisse sachant à peine lire et écrire, à qui elle venait d'ôter l'autorité effective de gouverneur pour la confier à son lieutenant général, le marquis de Villars, était venue à sa rencontre à la tête d'un imposant cortège, emmenant dans son carrosse Alençon et Navarre qu'elle ne voulait pas laisser seuls à Paris comme deux galopins prêts à faire de nouvelles bêtises.

Le dernier des rois Valois était un être déconcertant, pétri de contradictions et de paradoxes, qui n'a cessé de plonger les historiens dans la perplexité. À vingt-trois ans, homme de belle taille, au noble maintien, à la fois distant et raffiné, il était passionné de bijoux, de bagues, de gants parfumés, d'aigrettes de pierreries et de chiffons. Son hygiène corporelle et vestimentaire, son élégance outrancièrement maniérée contrastaient avec celles de nombreux seigneurs habitués à la rudesse des camps ou à la rusticité de leur castel. « Sa façon de s'habiller et ses agissements prétentieux le font paraître délicat et efféminé, écrivait l'ambassadeur vénitien Giovanni Francesco Morosini ; car, en plus des riches habits qu'il porte, tout couverts de broderies d'or, de pierreries et de perles du plus grand prix, il donne encore une extrême recherche à son linge et à l'arrangement de sa chevelure. Il a un double collier d'ambre serti d'or qui flotte sur sa poitrine et répand une suave odeur. Mais ce qui, plus que tout le reste selon moi, lui fait perdre beaucoup de sa dignité, c'est d'avoir les oreilles percées comme les femmes. » Il avait une prédilection pour les chiots qu'il collectionnait. Sully le vit un jour « porter un panier plein de petits chiens pendu à son cou par un large ruban, et il se tenait si immobile qu'en nous parlant il ne remua ni tête, ni pieds, ni mains ».

On a beaucoup moqué ce monarque cérémonieux, attaché à l'étiquette comme personne, aux goûts et aux allures frivoles, excellent danseur, mais s'intéressant peu à la chasse, s'entourant d'impertinents et bruyants compagnons toujours prompts à l'imiter, qu'on surnomma les « mignons* » : François d'Espinay, seigneur de Saint-Luc, Henri Ébrard, baron de Saint-Sulpice, Louis de Béranger, sieur Du Guast, Jacques de Lévis, comte de Quélus, Paul de Stuer, comte de Saint-Mégrin, François marquis d'O, Louis de Maugiron, Jean Louis de Nogaret de La Valette, futur duc d'Épernon. Ces petits maîtres bravaches, aux mœurs souvent violentes, prompts à dégainer, étaient, dit Pierre de L'Estoile, « fraisés et frisés [...], peignés, diaprés et pulvérisés de poudres violettes et senteurs odoriférantes qui aromatisaient les rues, places et maisons où ils fréquentaient ». D'où la facilité avec laquelle les libelles protestants accolèrent au roi l'étiquette d'homosexuel. Il est vrai qu'à l'époque il suffisait de se laver avec du savon et de se parfumer, de se servir à table d'une fourchette à deux dents ou d'enfiler une chemise de nuit pour passer pour un être dangereusement efféminé !

En réalité, il était amoureux des femmes, ne dédaignant ni les gaillardises ni la débauche. Outre une favorite en titre, Renée de Rieux, dame de Châteauneuf, fille d'honneur de sa mère, il se consumait d'amour pour l'inoubliable Marie de Clèves, épouse du prince de Condé, avec qui, de Pologne, il n'avait cessé de correspondre. À son retour de Cracovie, cette

* Ce terme désignait déjà au XVe siècle les serviteurs des Grands, sans qu'il faille lui donner une connotation péjorative. En l'absence d'une administration perfectionnée, c'étaient des hommes de confiance, voire des hommes de main, recrutés principalement au sein de la petite et moyenne noblesse.

passion continuait de l'embraser. « Que Votre Seigneurie, confiait le nonce Salviati au cardinal Tolomeo Galli, secrétaire d'État, sache que le roi aime de façon si déconcertante la princesse de Condé qu'il ne pense à rien d'autre qu'à trouver l'avoir et, si cela était possible, de l'épouser, ce qui lui fera différer beaucoup de prendre femme. » En octobre 1574, le trépas en couches, à vingt et un ans, de cette belle jeune femme le plongea dans un abîme de douleur. Au grand étonnement de la Cour, prostré de chagrin, il pleura trois jours durant, refusant de s'alimenter. Une femmelette ! jugea-t-on.

Cet homme de cabinet, toujours penché sur un livre, tranchait sur ses prédécesseurs. Il avait inventé, dit Emmanuel Le Roy Ladurie, la « fonction du roi paperassier », n'étant, de ce fait, guère compris des courtisans dont le modèle restait celui du roi-chevalier. Intelligent, cultivé, humaniste, érudit même, il s'appliquait avec soin à son métier de souverain, dépouillant les dépêches des ambassadeurs, travaillant les rapports de ses collaborateurs ou dictant réponses et dépêches à ses secrétaires.

Fort pieux, affichant une dévotion scrupuleuse et ostentatoire – c'était sa manière de faire pénitence de ses errements et de ses péchés –, accomplissant parfois de longues retraites dans les monastères, il se revendiquait d'un catholicisme intransigeant, après avoir eu quelques tentations pour la Réforme dans sa jeunesse. Il souhaitait rétablir dans son royaume la concorde « par la douceur et la clémence », sans accorder toutefois aux huguenots plus que la liberté de conscience. Son refus de négocier avec l'homme fort du Midi, Damville, qui avait fondé sa stratégie de pouvoir sur l'union des catholiques et des protestants contre l'autorité centrale de l'État, apportait la preuve de son manque d'appréciation de la situation et des vrais rapports de force, alors en nette défaveur de la monarchie.

Ce velléitaire, au tempérament à la fois indolent et jaloux, aux colères parfois violentes, affichait sa volonté de régner en maître absolu, libre de ses choix et seul dispensateur des grâces et bienfaits. À peine arrivé à Lyon, il réorganisa le Conseil, le réduisit à sept ou huit membres, gardant le cardinal de Bourbon, le duc de Montpensier, le chancelier René de Birague, Jean de Monluc, évêque de Valence, créatures de sa mère, et y introduisant ses compagnons de Pologne, Philippe Hurault de Cheverny, l'avocat Guy Du Faur de Pibrac et Pomponne de Bellièvre, promu surintendant des Finances. François d'Alençon, Fils de France, et Henri de Navarre, premier prince du sang, en étaient exclus, ce qui ne manqua pas d'indigner les intéressés et leurs nobles obligés. De même, il réduisit sensiblement les pouvoirs des secrétaires d'État, chargés des correspondances avec les provinces, qui sous Charles IX avaient eu tendance à se comporter en ministres à part entière.

Enfin, l'étiquette du lever et le rituel des repas furent soigneusement redéfinis et codifiés, contrastant avec les comportements familiers tolérés par son frère défunt. Désormais, un petit nombre de courtisans furent admis dans sa chambre au moment de son habillement. À table, il fut décidé qu'il mangerait seul en public, derrière un balustre doré tenant à distance solliciteurs ou flatteurs. Il s'agissait de renforcer l'éminente majesté du sang royal. Cette préfiguration du cérémonial louis-quatorzien, auquel nul à l'époque n'était accoutumé, mécontenta à ce point la Cour qu'Henri III, sous les remontrances de sa mère, dut consentir, à contrecœur, à quelques accommodements.

Henri et Marguerite

Face à ce monarque à la fois hiératique et fragile, son beau-frère, toujours surveillé, avait des allures de feu follet insaisissable, virevoltant d'une occupation à une autre. Il recherchait, notait Villegomblain, la « fréquentation des gens qui étaient d'humeur gaie et joviale, qui aimaient à draper [se moquer] comme lui, étant en perpétuel mouvement d'exercice, soit à la chasse, soit à la paume ou à la balle forcée, ou, s'il faisait mauvais temps, voir ribler ou folâtrer en sa chambre ». Sa bonne humeur autant que sa bonhomie narquoise attiraient la jeunesse. Il feignait d'aimer tout le monde « avec une apparence de familiarité comme fraternelle, bien que, en son âme, il ne les aimât nullement ».

À la même époque, l'ambassadeur de Florence le décrivait ainsi : « Il n'est pas grand, mais il est bien fait ; sans barbe encore, il a le cheveu noir [en réalité châtain], l'esprit vif et hardi, comme celui de sa mère. Il est agréable et familier au demeurant et très aimable dans ses manières, libéral, à ce qu'on dit, aimant fort la chasse et y dépensant tout son temps. Ses sentiments sont assez élevés. »

La Cour, aux mœurs plutôt relâchées, ne bruissait que de jaseries, d'intrigues amoureuses, de stratégies galantes, de rivalités de jeunes coqs mal emplumés et d'affaires de point d'honneur, c'est-à-dire de duels. Henri III et Catherine s'irritaient du comportement aguichant de Marguerite. Elle aimantait galants et godelureaux à collerette et fraise blanche. Les historiens doivent se méfier de la « légende noire » de la reine de Navarre, qui a fait d'elle une gourgandine, une dévergondée, une nymphomane vautrée dans la prostitution et l'immoralité. La plupart des anecdotes circulant à son propos remontent à un pamphlet anonyme paru en 1607, *Le Divorce satyrique*. Elles ont été longtemps prises pour argent comptant par les biographes, certains admettant jusqu'aux accusations d'avortement et d'inceste avec ses frères, Henri III et François d'Alençon. Margot ? « Une royale putain », assénait Jean Orieux.

Percer l'identité de l'auteur de ce brûlot ordurier est une énigme littéraire. Était-ce Pierre Victor Palma Cayet ou Charles de Valois, futur duc d'Angoulême, fils naturel de Charles IX et de Marie Touchet ? Ce n'est guère crédible. Avec plus de vraisemblance, Éliane Viennot, qui a œuvré à la réhabilitation de Marguerite de Valois, penche pour la thèse la plus communément admise, celle d'Agrippa d'Aubigné, brouillé avec elle, qui n'aurait osé, au moment où sur la fin de sa vie il dressait la liste de ses ouvrages, en reconnaître la paternité. L'historien russe Vladimir Chichkine penche pour un monarchomaque ou un pamphlétaire catholique qui aurait sciemment imité la prose violente d'Agrippa.

Reste le fond. Sans faire évidemment de la légère et sensuelle Marguerite un ange de vertu, l'historien américain Robert J. Sealy a démontré en 1994 l'inanité de la plupart des frasques amoureuses rapportées par *Le Divorce satyrique*. Ce qu'il importe de comprendre est l'atmosphère singulière de la Cour, où il était admis que les jeunes femmes mariées pussent recevoir les hommages admiratifs et discrets des hommes. Derrière cette tolérance galante se dissimulaient naturellement – mais pas nécessairement – maintes aventures piquantes et licencieuses.

Margot fut-elle comme on l'a dit la maîtresse de François d'Espinay, seigneur de Saint-Luc, proche du roi ? Rien n'est moins sûr. Après sa passion amoureuse pour l'infortuné La Mole, il est vraisemblable qu'elle se laissa séduire par un favori de Monsieur, Louis de Clermont de Bussy d'Amboise, hardi et outrageant bretteur, d'où la jalousie du sieur Du Guast, ce « mauvais homme, né pour mal faire », furieux d'avoir été rebuté.

Un jour qu'un de ses soupirants, Charles de Balsac d'Entragues, dit le bel Entraguet, avait été blessé, elle s'était précipitée à son chevet, l'avait mignoté avec cette grâce câline qu'elle possédait au plus haut point, sans se soucier du qu'en-dira-on. Probablement même ne fut-il pas son amant. À son retour, son mari, qui s'accommodait de ses fredaines, lui dit en riotant : « Allez donc chez la reine votre mère, que je m'assure que vous en reviendrez bien colère. » Ce qui se passa effectivement !

Navarre et les femmes

De son côté, le fils de Jeanne d'Albret ne s'embarrassait pas de pétrarquisme ni de manières précieuses, paradant sans vergogne auprès des dames et multipliant les bonnes fortunes. Il se laissa « prendre aux appas de certaines demoiselles de la Cour », écrivait avec une sobriété tout ecclésiastique son premier biographe, Mgr Hardouin de Péréfixe, en 1661. Si l'on néglige les tentations et aventures d'un soir, sans doute fort nombreuses, sa principale maîtresse était alors Charlotte de Beaune de Semblançay, femme de Simon Fizes, sieur de Sauve, secrétaire d'État, somptueuse et malicieuse coquette de vingt-trois ans, madrée cabaleuse – fines lèvres et regard de velours –, qui partageait ses faveurs avec Monsieur et s'accordait quelques passades parmi lesquelles Gilles de Souvré ou l'avantageux Du Guast. D'abord dame d'atour de Catherine de Médicis, elle était devenue dame d'honneur de sa fille, Marguerite de Valois.

Vive, intelligente, pleine d'esprit, cette dernière était loin de se montrer jalouse. De Catherine, sa mère, dit Éliane Viennot, elle avait hérité « la pugnacité, la résistance, l'optimisme, le sens de l'humour, le goût pour la politique, le talent pour la négociation ». Elle écoutait avec amusement son mari lui conter ses exploits d'alcôve « comme à une sœur ». Un jour, alors qu'il était tombé durant une heure en syncope, « ce qui, supposait-elle, lui venait d'excès qu'il avait faits avec les femmes », elle le veilla avec bonne grâce et dévouement, l'entourant d'une affection paisible. Henri lui en fut profondément reconnaissant, assurant que si elle n'avait appelé à l'aide ses femmes et ses gens, il n'aurait plus été de ce monde. Cela n'empêchait pas Marguerite de souffrir de voir la baronne de Sauve semer la zizanie entre son mari et son frère François, à l'instigation de son aîné Henri III qu'elle méprisait de plus en plus, après avoir été fascinée par lui dans sa prime jeunesse.

Bref, Henri et Marguerite formaient un « couple libre ». C'étaient deux esprits indépendants qui entendaient mener leur vie sentimentale sans contrainte, chacun de son côté. Leurs relations conjugales n'étaient pas rompues pour autant. Il y avait entre eux une longue connivence et même une forme d'affection, mais leur entente était avant tout d'ordre politique. Tous deux, solidaires, faisaient front contre la reine mère et ses intrigues embrouillées.

Plus que jamais les mœurs florentines régnaient à la cour de France. À côté de la troupe bruyante des mignons, muguets frétillants, tous ferrailleurs insolents et fanfarons, dont l'afféterie prêtait à sourire, Monsieur avait sa garde rapprochée, La Châtre, Bussy d'Amboise, Simiers, Hautemer ou Fervaques. Entre eux les haines étaient féroces, chacun épousant les querelles de son maître et se cherchant noise. À tout propos, les rapières jaillissaient du fourreau. Le duc d'Alençon, objet constant des brimades et quolibets des mignons, était jaloux de son aîné. Celui-ci le détestait franchement, surtout depuis qu'il avait conspiré pour prendre sa place.

Avec lucidité, Navarre décrivait cette atmosphère délétère dans une lettre à son cousin et compagnon d'enfance, Jean d'Albret, baron de Miossens, qu'il avait nommé lieutenant général en Béarn l'année précédente : « La Cour est plus étrange que vous ne l'ayez jamais vue. Nous sommes toujours prêts à nous couper la gorge les uns aux autres. Nous portons dagues, jaques de mailles et bien souvent la cuirassine sous la cape. [...] Le roi est aussi bien menacé que moi ; il m'aime beaucoup plus que jamais. [...] Toute la ligue que vous savez [les ultracatholiques] me veut mal à mort, pour l'amour de Monsieur, et [ils] ont fait défense, pour la troisième fois, à ma maîtresse [Mme de Sauve] de parler à moi et la tiennent de si court qu'elle n'oserait m'avoir regardé. »

Son rêve d'évasion continuait de le hanter. « Je n'attends que l'heure de donner une petite bataille, car *ils* disent qu'ils me tueront, et je veux gagner les devants », concluait-il.

La guerre civile continue

Dans les provinces, la situation était de plus en plus catastrophique. Les huguenots régnaient en maîtres en Languedoc et tenaient une bonne partie du Poitou et du Dauphiné. En juillet 1574, à Millau, leur assemblée générale conféra au prince de Condé le titre de « chef, gouverneur général et protecteur » de leur confédération du Midi, appelée les Provinces de l'Union, mais, comme celui-ci œuvrait en Allemagne à recruter une armée de mercenaires, elle lui désigna pour adjoint le catholique modéré Henri de Montmorency-Damville en qualité de gouverneur général.

Malgré son profond désir de rétablir la paix intérieure par les voies de la douceur, Henri III jugeait la guerre comme un préalable indispensable. Une contribution exceptionnelle de 300 000 livres, levée sur les Parisiens durant la régence de Catherine, lui permit de constituer quatre armées : la première, confiée au duc de Montpensier, fut chargée de rétablir l'ordre en Poitou ; la deuxième, derrière le duc de Retz, prit pour théâtre d'opérations la Provence ; la troisième, commandée par le fils de Montpensier, François, qui portait le titre médiéval de dauphin d'Auvergne, reçut mission de pacifier la vallée du Rhône ; Henri III, pour sa part, se plaça à la tête de la quatrième, destinée à affronter Damville.

Loin d'obéir aux injonctions royales lui ordonnant de remettre ses places et son gouvernement, le 13 novembre, ce dernier rendit publique une déclaration solennelle officialisant son union avec les protestants du Midi, déplorant l'abandon des anciennes lois fondatrices du royaume et convoquant pour le mois de décembre les états généraux de la province, où siégeraient conjointement papistes et huguenots, dans le dessein de compléter la Constitution des Provinces de l'Union.

Déterminé à réduire le félon, le roi quitta Paris pour Avignon à la tête de son corps d'armée, accompagné d'une partie de la Cour. Toutefois, à peine arrivé dans la cité des papes, il changea de comportement. Fortement influencé par la spiritualité doloriste qui y régnait et toujours affligé par la mort de son égérie, on le vit participer aux processions des pénitents blancs, pieds nus, cierge à la main et visage cagoulé. Était-ce la place d'un souverain ? « La reine mère, comme bonne patiente, écrit Pierre de L'Estoile, en voulut être aussi, et son gendre le roi de Navarre que le roi disait en riant n'être guère propre à cela. » On l'imagine en effet ! Tout en feignant de se comporter en bon catholique, le fils de Jeanne d'Albret n'était pas, tant s'en fallait, un cagot enclin aux extases ou aux mortifications ostentatoires. L'épisode fut fâcheux pour Charles, cardinal de Lorraine, archevêque de Reims et frère du défunt duc François, qui, à force de piétiner le sol détrempé de la ville, contracta une infection pulmonaire dont il mourut.

Pendant ce temps, la guerre civile tournait à la confusion. La soldatesque ravageait les provinces, sans victoire décisive de part et d'autre. En décembre 1574, conformément à sa promesse, Damville réunit à Nîmes les états généraux des Provinces de l'Union, qui officialisèrent le pacte d'association des protestants et des catholiques modérés. Henri III se contenta de paraître devant les états provinciaux du Languedoc à Villeneuve-lès-Avignon, où il réaffirma son autorité, sans oser marcher sus au provocateur.

Désabusé, il quitta le Midi pour Lyon, puis de là pour Reims, afin de s'y faire sacrer. Il y arriva le 11 février 1575. Au cours de son voyage, il tint tête à sa mère au sujet de son mariage, rejetant aussi bien Élisabeth d'Autriche, veuve de Charles IX, que la jeune Anne, fille du roi de Suède Jean III, qu'on lui destinait, pour porter son choix sur une princesse de Lorraine entrevue à Nancy lors de son voyage vers la Pologne,

Louise de Vaudémont. Fine, élégante, douce, sage, celle-ci était une timide blonde aux grands yeux noisette, âgée de vingt et un ans. Dire que Catherine fut enchantée de cette décision serait déformer la réalité, car la jeune fille appartenait à une branche cadette et sans fortune de la maison ducale de Lorraine. Elle finit par s'en accommoder, persuadée qu'une telle belle-fille ne lui porterait nul ombrage et ne se mêlerait pas des affaires de l'État, calcul qui se révéla exact.

Le sacre se déroula le dimanche 13 février sous la présidence du cardinal Louis de Guise, évêque de Metz, frère puîné du duc. Henri de Navarre y occupa dignement son rang de pair et de premier prince du sang. Deux jours plus tard eut lieu la cérémonie nuptiale, bénie par le cardinal de Bourbon. Pénétrant lentement dans la nef éblouissante de cierges, sous le tonnerre des grandes orgues, la nouvelle reine, gracile et souriante, étincelante de joyaux, était vêtue d'un long manteau violet semé de lys d'or. Au sortir de la cathédrale, les clameurs de joie s'élevèrent de la foule en délire, bientôt couvertes par le grondement du canon et le chant de bronze du bourdon lancé à pleine volée. Un banquet puis un bal vinrent clore les festivités. Quelque temps plus tard, pour se venger de ce mariage, l'ancienne maîtresse du roi, Mlle de Châteauneuf, rousse impétueuse, osa se présenter devant la reine habillée dans des atours identiques. Crime de lèse-majesté !

Cependant, la situation économique et financière du royaume ne cessait de se dégrader, en raison de la hausse des prix due aux trop nombreux arrivages d'or et d'argent de l'Amérique espagnole. En une dizaine d'années les dépenses budgétaires avaient doublé du fait notamment des frais militaires, auxquels s'ajoutaient désormais les prodigalités d'Henri III envers ses favoris, tandis que les rentrées d'impôts ne cessaient de ralentir à cause des désordres dans les provinces. Les mesures prises – hausse de la taille, taxation des biens d'Église, contribution exceptionnelle sur les villes, vente de nouvelles charges de conseillers au Parlement – se révélèrent insuffisantes, tout en ayant pour conséquence d'accroître l'impopularité du roi.

En avril, Henri III, se sentant acculé, accepta de recevoir les délégués du prince de Condé et du maréchal de Damville. Ceux-ci, se considérant en position de force, alignèrent leurs revendications : liberté totale du culte protestant, octroi de nouvelles places de sûreté, instauration de chambres mi-parties dans tous les parlements, réhabilitation des victimes de la Saint-Barthélemy et châtiment des tueurs, libération des maréchaux François de Montmorency et Artus de Cossé, toujours à la Bastille, et réunion des états généraux.

Le souverain pouvait difficilement donner son agrément à un tel catalogue sans perdre la face. Néanmoins il était prêt à céder sur certains points, tels l'extension des places de sûreté et les états généraux, mais les huguenots et les Malcontents restaient intransigeants. En dépit d'interventions diplomatiques de la part des ambassadeurs français en Angleterre, en Savoie et auprès des cantons suisses, ils ne fléchirent pas. Les pourparlers furent donc interrompus. Et les combats reprirent dans le Midi.

Monsieur s'échappe

Au Louvre, Monsieur et Navarre, qui se défiaient l'un de l'autre en raison des manigances de leur maîtresse commune, cette chipie de Mme de Sauve, se réconcilièrent grâce aux efforts de Marguerite, désireuse de se venger du roi qui avait chassé de la Cour son amoureux, le rutilant Bussy. D'un commun accord, il fut convenu que François partirait le premier et qu'Henri le suivrait de près.

Le 15 septembre 1575, ayant reçu la permission de sa mère de sortir pour une brève promenade dans Paris, Alençon marcha jusqu'à la porte Saint-Honoré où se trouvait une voiture rapide qui partit aussitôt au galop, empruntant la route de Montfort-l'Amaury. Rejoint par 400 cavaliers, il s'empara par surprise de la ville de Dreux, en pays chartrain, qui faisait partie de son apanage. Le soir, à neuf heures, constatant sa disparition, Henri III, à la fois fou furieux et inquiet, donna ordre au duc de Nevers et à ses fidèles de rattraper le fugitif.

Publié trois jours plus tard, le manifeste de Monsieur, intitulé *Brève remontrance à la noblesse de France*, justifiant sa prise d'armes au nom du « bien public » et appelant à la réunion des états généraux, sema à la Cour le désarroi le plus total, car on savait qu'une armée de 5 000 reîtres et arquebusiers recrutés par Henri de Condé s'apprêtait à entrer en Champagne sous le commandement de Guillaume de Montmorency-Thoré. Sa fuite représentait pour la monarchie une menace d'une extrême gravité : la présence à la tête d'une rébellion armée d'un Fils de France, de surcroît héritier présomptif de la couronne, lui conférait une dimension de légitimité qu'aucune n'avait connue depuis la fameuse Praguerie de 1440 menée par le Dauphin Louis, futur Louis XI, contre son père Charles VII.

Catherine, soupçonnant une connivence entre les deux jeunes gens, plaça perfidement le manifeste sous le nez de son gendre à seule fin d'observer sa réaction. Ne se laissant pas deviner, celui-ci joua les blasés. « Je sais assez ce que valent toutes ces déclarations-là. On m'en a assez fait faire pendant que j'étais avec le feu amiral et les autres huguenots. Avant qu'il en soit peu de temps, Monsieur m'en dira des nouvelles et de ces gens qui le mettent en besogne. Il sera au commencement leur maître, mais peu à peu ils en feront leur valet. Je sais ce qu'en vaut l'aune. » Manière habile de montrer qu'il « dissimulait ainsi dextrement, écrit Pierre de L'Estoile, l'intelligence qu'il avait de cette entreprise ».

Avec le consentement d'Henri III, Catherine, escortée d'une cinquantaine de cavaliers, partit à la rencontre de son benjamin, sur lequel elle avait conservé une certaine influence. Elle était décidée à le ramener à la raison en multipliant au besoin les concessions. Pendant ce temps, le fugitif, dont le nombre de partisans n'avait cessé d'augmenter, avait pris la direction de la Loire afin de rejoindre les forces de son fidèle Bussy d'Amboise en Anjou, puis celles de La Noüe en Poitou et de Turenne en Limousin. La conjonction des huguenots et des Malcontents risquait d'être fatale au roi. Joint à temps par un émissaire, Monsieur accepta de rencontrer sa mère le 30 septembre dans les environs du château de Chambord.

Tous deux limitèrent leurs effusions à quelques embrassades convenues et en vinrent à leur différend. Outre la libération des maréchaux, François réclama La Charité-sur-Loire comme place de sûreté. Plutôt que cette ville, dont le pont était stratégique pour les troupes régulières, Catherine lui offrit Blois et son château, sous réserve de l'accord du souverain. Le jeune homme restait méfiant. Comprenant qu'il fallait faire un geste fort, elle obtint la libération de François de Montmorency et son retour au sein du Conseil.

Thoré et ses reîtres s'avançaient maintenant en Champagne qu'ils ravageaient méthodiquement. Le 10 octobre, Henri de Guise, à la tête des royaux, se porta à leur rencontre entre Damery et Dormans, sur la Marne, où il leur infligea une sévère défaite. Ce fut à cette occasion qu'il reçut un coup d'arquebuse lui entaillant une partie de la joue et de l'oreille droite. Il lui en resta une large cicatrice, d'où son surnom de « Balafré », déjà porté par son père, défiguré à Boulogne trente ans plus tôt. Cette victoire n'empêcha pas le fils du comte palatin, Jean-Casimir de Bavière, de marcher en direction de Paris avec un second corps d'armée.

Pour bien montrer qu'il soutenait le roi légitime et se désolidarisait des agissements de son compère, Navarre s'était empressé d'accourir en poste à Château-Thierry, où le duc de Guise avait été transporté à demi-mort. Il lui avait prodigué les marques de sa vive affection, « avec une apparence de familiarité comme fraternelle, disait Villegomblain, bien que, en son âme, il n'aimât nullement les Guises ». Depuis le mariage d'Henri III avec une princesse de Lorraine, la position de ce personnage était redevenue essentielle.

À Châtillon-sur-Indre, où Monsieur s'était replié, les pourparlers de paix reprirent avec le maréchal de Montmorency, qui, malgré les mois injustement passés en prison, avait accepté de se mettre au service de la politique royale. Ils aboutirent à un armistice de six mois et à une transaction signée le 21 novembre au château de Champigny-sur-Veude, près de Chinon. Les conditions étaient très favorables aux confédérés. Angoulême, Niort, Bourges, Saumur et La Charité-sur-Loire étaient cédés à Alençon à titre de places de sûreté ; Mézières et sa puissante citadelle revenaient à Condé. Le culte réformé était autorisé dans toutes les villes occupées par eux ainsi que dans deux autres par gouvernement. Une somme de 500000 livres était promise aux reîtres pour les persuader de rentrer dans leurs foyers.

Une vraie capitulation ! Le roi le savait et en était horrifié. À la vérité, la trêve de Champigny se révéla de suite impossible à appliquer, Condé et Damville, qui n'y étaient pas partie prenante, continuant les hostilités pour faire monter les enchères.

Comme un malheur n'arrive jamais seul, Henri III apprit alors qu'en dépit de son désir de conserver sa couronne polonaise, les magnats l'avaient attribuée le 14 décembre au Hongrois Étienne Báthory, prince de Transylvanie, avec le soutien du sultan Mourad III. Refusant le fait accompli, il conserva le titre et les armes de roi d'un pays qu'il n'avait pourtant jamais porté en son cœur.

Le 2 janvier 1576, après avoir ravagé la Lorraine, l'armée de Condé, forte désormais d'une vingtaine de milliers d'hommes – des huguenots français, des lansquenets et des mercenaires suisses – et équipée de 46 canons, franchit la Moselle au village de Charmes, puis, le 9, la Meuse à Neufchâteau, avant de se diriger vers la Bourgogne. De son côté, Monsieur, qui avait rencontré le 3 janvier à Charroux en Bourbonnais le maréchal de Damville, fit brusquement volte-face en dénonçant la trêve de Champigny. Marchant à la tête de ses partisans sur les routes embrouillardées de la province, le trublion se dirigea résolument vers l'armée de Condé, afin d'opérer sa jonction avec elle.

Navarre s'évade enfin

Pendant que se déroulaient ces fâcheux « remuements », dans l'une de ses chambres du Louvre transformée en volière, Henri de Navarre trompait son désœuvrement en lançant son faucon émerillon sur des cailles qu'il libérait de leur cage. Il avait si bien réussi à dissimuler ses desseins que plus personne ne le prenait au sérieux. On se gaussait de ce jouisseur impénitent, amateur de bons mots et de plaisirs frivoles, de ce mari complaisant qui pratiquait l'autodérision et dont l'accent du Béarn ajoutait à la futilité du personnage. Le pauvre garçon ! Il supportait les quolibets des mignons persifleurs avec une bonne humeur si désarmante qu'il paraissait dépourvu du moindre amour-propre. Ses espiègleries passaient pour des singeries, ses fanfaronnades pour de piètres bouffonneries. On le méprisait tellement qu'on ne lui versait même plus ses émoluments de gouverneur et d'amiral de Guyenne !

Or, c'est à ce moment d'incertitude et d'intense confusion politico-militaire qu'il choisit de s'enfuir à son tour. Il avait enrôlé trois complices principaux : Guillaume de Hautemer, seigneur de Fervaques, qui avait combattu avec le duc de Guise à Dormans mais était devenu Malcontent depuis le refus du roi de lui accorder le gouvernement de Normandie, Jean de Beaumanoir, marquis de Lavardin, aigri lui aussi de n'avoir pu obtenir le commandement du régiment des gardes, et son écuyer de vingt-quatre ans Agrippa d'Aubigné, calviniste intransigeant qui avait réussi jusque-là à se fondre dans la cour dissolue des Valois en inventant mascarades et divertissements.

Si l'on en croit ce dernier, Henri se serait enfin décidé après une harangue de son cru pour l'arracher à sa mélancolique torpeur. L'entendant une nouvelle fois se plaindre d'avoir survécu à l'assassinat de ses fidèles compagnons lors de la Saint-Barthélemy, il l'aurait apostrophé ainsi : « Sire, il est donc vrai que l'esprit de Dieu travaille et habite encore en vous ? Vous soupirez à Dieu pour l'absence de vos amis [...]. Vous n'avez que des larmes aux yeux, et eux les armes aux mains. Ils combattent vos ennemis et vous, vous les servez. Ils les remplissent de craintes véritables, et vous, vous les courtisez par des espérances fausses. Ils ne craignent que Dieu, vous une femme devant laquelle vous joignez les mains quand vos amis ont le poing fermé. Ils sont à cheval et vous à genoux [...]. N'êtes-vous point las de vous cacher derrière vous-même, si se cacher était permis à un prince né comme vous ? »

Cette version est possible, même si l'on sait qu'Aubigné aimait se mettre en valeur dans son *Histoire universelle*. Il est sûr qu'Henri avait un tempérament velléitaire. Sans doute aussi manquait-il de maturité. Avant de se jeter dans la mêlée, il pesait et soupesait les avantages et les inconvénients de chaque décision. S'appuyant notamment sur une dépêche du comte de Gramont au roi d'Espagne datant de mars 1576, l'historien Raymond Ritter a pensé déceler une tortueuse manœuvre de Catherine : voyant diminuer l'influence de Marguerite sur son mari et jugeant l'évasion inéluctable, elle aurait laissé volontairement le prince s'échapper, tout en veillant à l'entourer d'un contingent de jeunes Gascons chargés de la renseigner. L'hypothèse ne déparerait pas le génie calculateur et entreprenant de la Florentine.

Navarre, en tout cas, avait conçu un stratagème subtil : donner l'alarme en s'esquivant, rassurer en réapparaissant, puis partir pour de bon. Le 1er février 1576 donc, on constata sa disparition. Il avait découché. Il était allé à la chasse et n'était pas revenu. Le lendemain, en fin de matinée, il pénétra soudain dans la Sainte-Chapelle en bottes, au moment où Henri III et Catherine se tenaient en prière. Chacun poussa un soupir de soulagement. Il plaisanta qu'il « ramenait celui qu'ils cherchaient et pour lequel ils étaient tant en peine ». S'enfuir ? Quelle idée ! Y avait-il jamais songé ! Il ne leur avait fait cette innocente espièglerie que pour ôter de leur esprit une telle conjecture et les persuader qu'« il ne s'éloignerait jamais de Leurs Majestés que par leur commandement, mais mourrait auprès d'eux et à leurs pieds pour leur service » (L'Estoile). Foi de Béarnais !

Le 3, après avoir rendu une nouvelle visite à son compère Henri de Guise, cette fois en son hôtel du Marais, et s'être promené avec lui à la foire Saint-Germain, « le tenant embrassé un demi-quart d'heure » aux yeux de tous, il lui proposa de partir à la chasse, offre que l'autre, méfiant, déclina poliment. Navarre s'en était évidemment douté.

Au matin du 5 donc, alors que l'aube se levait derrière les carreaux embués du Louvre, il sortit discrètement de la chambre conjugale sans rien confier à Margot, avec laquelle il était en froid depuis quelque temps, puis partit en direction de la forêt d'Halatte, « obscure et glaceuse », où il chassa le cerf en compagnie de son valet de chambre Jean d'Armagnac et de deux cerbères que sa belle-mère lui avait affectés, Saint-Martin de Villenglose, capitaine aux gardes, et Henri d'Espalungue, lieutenant.

Agrippa d'Aubigné, qui devait le rejoindre, était allé la veille au soir au coucher du roi, où il avait aperçu l'un des conjurés, Fervaques, chuchoter longuement à l'oreille d'Henri III. Il comprit qu'il les trahissait : l'affidé, en effet, avait confié le secret à sa maîtresse, qui s'était empressée de le rapporter au roi ; celui-ci l'avait donc convoqué, et Fervaques était en train de tout avouer.

Agrippa partit à son tour dans la nuit et rejoignit Navarre aux environs de Senlis, au retour de l'hallali. Il est possible que le jeune prince de vingt-deux ans ait encore hésité au dernier moment, car la reine mère, pour le brouiller avec Alençon, lui avait promis qu'il recevrait sous peu la charge de lieutenant général du royaume, que son père Antoine avait exercée. Agrippa, une fois de plus, raffermit sa détermination flageolante : « Sire, je sais tout par Fervaques qui me l'a confessé. Le chemin de la mort et la honte c'est Paris ; ceux de la vie et de la gloire sont partout ailleurs... Il est temps de sortir des ongles de vos geôliers pour vous jeter dans le sein de vos vrais amis et bons serviteurs. »

Il fut convaincant. Navarre renvoya au roi l'un après l'autre Saint-Martin et Espalungue avec un billet lui annonçant qu'il quittait la Cour pour échapper à la prison. Henri III, surpris d'un tel prétexte et fort irrité de cette décision, se garda néanmoins de punir les deux préposés à sa garde et de lancer des soldats à ses trousses. D'apprendre que le roi de Navarre était dans la nature lui paraissait moins grave que de voir son frère cadet lever l'étendard de la révolte.

Navarre gagne l'Ouest

Le voyage du Béarnais était plein d'incertitudes. Après avoir franchi la Seine à une lieue de Poissy, Henri et ses compagnons empruntèrent par une bise coupante et une brume épaisse la route de Montfort-l'Amaury. Agrippa d'Aubigné, toujours lui, a conté une anecdote triviale qui faillit coûter la vie au fugitif, un peu à la manière de son père, Antoine de Bourbon. Pressé par un besoin naturel, le prince s'était arrêté pour « faire ses affaires dans une maie », c'est-à-dire un coffre rustique où l'on conservait la farine. Une vieille l'y surprit et, méfiante comme on pouvait l'être en ces temps lugubres où proliféraient pillards et francs gredins, elle s'approcha de lui par-derrière en brandissant une serpe. Elle allait lui fendre le crâne lorsque l'écuyer poussa un cri et l'en empêcha. « Si vous eussiez eu cette honorable fin, fit-il à son maître en riant, je vous eusse donné un tombeau en style de Saint-Innocent*. C'était :

Ci-gît un roi, par merveille,
Qui mourut, comme Dieu permet,
D'un coup de serpe et d'une vieille,
Comme il chiait dans une maie. »

Une seconde péripétie survint le même jour. Un gentilhomme rencontré en route proposa au groupe de le conduire à Châteauneuf-en-Thymerais, ce qui fut accepté. L'homme était d'humeur à bavarder. S'adressant à Roquelaure, le mieux habillé, et le prenant pour leur chef, il se mit à lui conter les « bonnes fortunes » qui se rencontraient à la Cour. Il flétrissait les mœurs dévoyées des dames, n'épargnant en rien la reine de Navarre. Henri restait coi. Arrivé aux portes de la ville, un de ses compagnons héla le maréchal des logis de garde : « Ouvrez à votre maître ! » Sachant pertinemment que la place appartenait au roi de Navarre, par héritage de sa grand-mère Françoise d'Alençon, le gentilhomme réalisa soudain l'énorme bourde qu'il venait de commettre. Rouge de confusion, il s'échappa sans demander son reste.

La troupe reprit la route par Alençon, où Fervaques, contrit, qui l'avait rejointe, la renforça d'un fort contingent de seigneurs protestants. Puis, par Beaumont, Baugé et Beaufort-en-Vallée, elle traversa la Loire à Saumur le 25 février. Enfin libre ! « Loué soit Dieu qui m'a délivré, s'exclama Henri en poussant un soupir de soulagement. On a fait mourir la reine ma mère à Paris, on a tué M. l'amiral et tous nos meilleurs serviteurs ; on n'avait pas envie de me mieux faire, si Dieu ne m'avait gardé. Je n'y retourne plus si on ne m'y traîne ! »

* Autrement dit une épitaphe dans le style de celles que l'on trouvait au cimetière des Saints-Innocents à Paris.

Hélas, les meilleurs rôles étaient pourvus. Henri avait suffisamment d'amour-propre pour refuser de servir de second à son belliqueux cousin Henri de Condé ou à François d'Alençon, chef des Malcontents. Non, il ne les rejoindrait pas ! Il serait son seul maître ! Le roi de Navarre travaillerait pour le roi de Navarre ! Il négocierait seul avec Henri III et Catherine, dans l'espérance de conserver la Guyenne, avec la citadelle de Blaye, le Château-Trompette à Bordeaux et Bayonne comme places de sûreté, et un dédommagement de la dot de sa femme toujours non payée. C'était ce que Fervaques lui avait rapporté de son entretien avec le roi. Se replier sur sa base du Sud-Ouest, y administrer son gouvernement de Guyenne ainsi que ses terres d'Albret, d'Armagnac, de Béarn et de Navarre, au moment où la France éclatait en principautés territoriales, lui paraissait la meilleure carte à jouer.

C'est la raison pour laquelle, tant à Saumur qu'à Thouars, où il demeura trois mois, il ne se pressa pas de revenir à la religion réformée, au grand dam d'Agrippa d'Aubigné qui ne vit en dehors de lui qu'un seul gentilhomme se présenter à la Cène le jour de Pâques. À ce moment-là, la piété ne le tourmentait guère. Son esprit flottait. Il considérait que la différence de religion était relative et ne justifiait en rien le fanatisme de ses contemporains. Les considérations politiques l'emportaient. À Alençon, il avait assisté au prêche lors du baptême d'un enfant de son médecin Isaac Caillard, mais à titre privé, sans manifester son désir de revenir à la foi de sa mère. « Je n'ai regret que pour deux choses que j'ai laissées à Paris, avait-il dit en arrivant à Saumur : la messe et ma femme. Toutefois pour la messe, j'essaierai de m'en passer ; mais pour ma femme, je ne puis et la veux ravoir. » Sur ce point, il lui faudra plusieurs mois de patience.

La « paix de Monsieur »

Pendant ce temps, les lansquenets et les reîtres de Condé et de Jean-Casimir de Bavière mettaient à sac la Bourgogne, la Limagne et le Berry en levant d'importantes contributions sur l'habitant. De leur côté, les troupes royales, qui n'étaient plus payées, « pillaient, brigandaient, ravageaient, saccageaient, tuaient, brûlaient, violaient et rançonnaient » (L'Estoile). Tout en refusant à son habitude de réduire ses dépenses et de supprimer les fêtes de cour, danses, ballets et mascarades, dont il raffolait, Henri III avait conscience de la situation apocalyptique dans laquelle se trouvait le pays. Le 4 mars, il assura que, pour soulager l'« affliction et oppression de son pauvre peuple », il était prêt à se « dépouiller de la moitié de son royaume ». Il devenait d'autant plus urgent de négocier que les huguenots et les Malcontents, renforcés de contingents venus du Limousin sous la conduite du vicomte de Turenne, formaient désormais une armée de 30000 hommes prête à marcher sur Paris. Le souverain chargea sa mère, experte en la matière, de mener les discussions au plus serré. Le 6 mai, celle-ci parvint à conclure la paix. L'édit de Beaulieu-lès-Loches, signé le lendemain par le roi, marqua la fin de la cinquième guerre de Religion.

Les dispositions étaient encore plus favorables aux protestants que la trêve de Champigny (et plus que ne le sera l'édit de Nantes en 1598). Les membres de la « religion prétendue réformée » (R.P.R.) – ainsi les désignait-on pour la première fois – étaient autorisés à célébrer le culte calviniste partout dans le royaume, à l'exception de Paris, ses faubourgs et les lieux où se trouverait la Cour, à tenir des consistoires et synodes. Ils pourraient accéder sans restriction aux charges, offices et dignités. Dans chaque ressort d'un parlement serait constituée une chambre composée pour moitié de juges catholiques et de juges protestants. En outre, huit places de sûreté, au lieu de quatre, leur étaient accordées : Aigues-Mortes et Beaucaire en Languedoc, Périgueux et Le Mas-de-Verdun en Guyenne, Nyons et Serres en Dauphiné, Issoire en Auvergne et Seyne-la-Grand-Tour en Provence.

Non seulement les insurgés étaient amnistiés, mais le roi avait dû admettre que la Saint-Barthélemy s'était « perpétrée à son grand regret » et exempter d'impôts les enfants des victimes. De surcroît, la mémoire de l'amiral de Coligny, de La Mole, de Coconas ainsi que de Montgomery était réhabilitée. En contrepartie, les églises et édifices religieux confisqués aux catholiques leur seraient restitués.

Des articles secrets prévoyaient d'attribuer à Monsieur les gouvernements de la Touraine, du Berry et de l'Anjou, La Charité-sur-Loire lui étant confirmée comme place de sûreté. Condé se voyait reconnaître la possession de la Picardie avec en propre Doullens et Péronne. Jean-Casimir de Bavière, comte palatin, recevait pour sa part le duché d'Étampes, la seigneurie de Château-Thierry et l'engagement de percevoir la solde des reîtres et lansquenets s'élevant à 6,4 millions de livres. Henri de Navarre et le maréchal de Damville, bien que n'ayant pas pris les armes, étaient concernés. Le premier, reconduit dans son gouvernement de Guyenne, recevait le Poitou et l'Angoumois et la promesse du paiement de ses arriérés de pension à hauteur de 600 000 livres. Le second recouvrait en plénitude son gouvernement du Languedoc. Enfin, il fut annoncé que le roi convoquerait les états généraux dans les six mois.

Henri III avait cédé. Il n'avait certes pas donné la moitié de son royaume, mais il jugea les concessions consenties par sa mère si exorbitantes qu'il ne lui adressa plus la parole durant huit semaines. Le plus humiliant avait été de reconnaître par l'article 49 de l'édit qu'il considérait Alençon comme son « bon frère », Navarre, Condé, l'Électeur palatin et son fils comme « bons parents » et le maréchal de Damville comme son « fidèle sujet ». C'était se moquer du monde ! Il n'y avait rien d'étonnant à ce que la paix de Beaulieu fût surnommée la

« paix de Monsieur », celui-ci prenant désormais le titre de duc d'Anjou. Jamais la monarchie des Valois n'était tombée si bas ! Le pays était pour ainsi dire démantelé en plusieurs principautés autonomes, à la tête desquelles se trouvaient Monsieur, Condé, Navarre et Damville.

En Gascogne

Le Béarnais avait appelé auprès de lui sa sœur Catherine, dont il était le protecteur aimé. Il la retrouva à Parthenay. À dix-sept ans, sans grande beauté, elle était une farouche et austère protestante, incorruptible dans sa foi, digne fille de sa mère. Ce fut en partie sous son influence qu'à nouveau il abjura. Le 13 juin 1576, dans le temple de Niort, après avoir assisté au prêche, il annonça son retour au calvinisme. Ce revirement devait beaucoup à la conjoncture politique. Faute d'avoir un parti à lui, comme dit Villegomblain, il s'était vu totalement négligé. En s'avançant dans les terres huguenotes, où vivaient nombre de ses partisans, il avait compris qu'il lui fallait conclure une alliance de circonstance avec l'homme fort du Midi, Damville : à côté de ce catholique modéré, il se positionnerait donc comme chef des protestants modérés. Tous deux uniraient leurs forces pour animer conjointement le parti des Politiques. Dès le 16, toujours à Niort, Henri approuva le maréchal d'avoir convoqué une assemblée de l'Union. « J'espère envoyer bientôt mes députés pour me joindre à un si bon œuvre, duquel nous devons attendre beaucoup de fruits, y intervenant l'autorité de Monsieur et la présence de tant de gens de bien [...]. Je m'achemine tant que je puis en mon gouvernement et ce qui me fait le plus désirer de passer de là est l'envie que j'ai de vous voir et communiquer avec vous de plusieurs choses concernant le bien commun de ce royaume et principalement de notre parti. » Le parti de la paix, bien sûr.

Le 28, poursuivant sa randonnée, il fit en compagnie de sa sœur une visite d'amitié aux Rochelais, qui, avec les réticences que l'on devine – ce relaps, connu pour ses palinodies et ses mœurs douteuses, marié à une princesse catholique dont les frères avaient été leurs persécuteurs, n'avait-il pas participé lui-même au siège de 1573 dans le camp ennemi ? –, l'accueillirent poliment, sans remise des clés ni dais d'honneur, et non sans avoir au préalable tenu à l'écart les gentilshommes papistes de sa suite ayant participé à la Saint-Barthélemy.

Il joua le grand jeu pour regagner les cœurs, faisant, dit d'Aubigné, « repentance publique d'avoir été par menaces réduit à la religion romaine. Et les pleurs et contenances que lui et sa sœur montrèrent en public lui rendirent les Rochelais plus confidents [confiants] qu'auparavant ». Mieux encore, il se fit reconnaître comme protecteur général des Églises de France, contraignant Condé, croisé quelques jours plus tard à Périgueux, à s'effacer devant lui.

Le corps de ville de Bordeaux lui ayant fait l'affront de ne pas le recevoir, ce dont il se jura de tirer vengeance, il alla établir le 6 août ses quartiers à Agen d'où il envoya ses instructions pour rétablir l'ordre en son gouvernement. Tâche immense ! L'économie rurale était en ruine, avec des labours ravagés, des champs retournés en jachère, des fermes et des granges incendiées, des cheptels largement détruits, des échanges commerciaux paralysés par les bandes de pillards, de brigands et autres « picoreux » qui écumaient les routes, semant la peur et extorquant des fonds. Les impôts à tous les échelons, royal ou seigneurial, de même que la dîme ecclésiastique ne rentraient plus.

Une série d'ordonnances signées de sa main invitèrent les habitants des villes et pays de Guyenne, qu'ils fussent catholiques ou réformés, « à vivre et se comporter aimablement les uns avec les autres, ni se quereller, injurier, provoquer, troubler, ni empêcher respectivement en leur réunion, jouissance de leurs biens, sans rien entreprendre les uns contre les autres ». On était loin de la législation despotique de sa mère en faveur d'une seule confession ! Des peines de mort ou de prison étaient promises aux mutins et insoumis. Les gens de guerre étaient sommés de « vivre en règle et se comporter doucement avec les habitants », sans leur ôter « flambeaux, pots, marteaux, argent ou autre chose, sous peine de vie ». Les blasphèmes contre les pratiquants de chacune des deux religions étaient également très sévèrement punis.

Henri ne se contentait pas de légiférer ou de faire assurer par son prévôt la sécurité du marché d'Agen, il veillait à remettre en ordre l'économie de ses domaines d'Albret et des pays de l'Adour, à débusquer les usurpateurs de fiefs, à faire rentrer les impositions dues, à signer de nouveaux baux et à relever les maisons abandonnées. Bon connaisseur du monde rural, il effectuait maintes chevauchées de village en village, privilégiant le contact direct et simple avec le petit peuple gascon, dont il se sentait de plus en plus proche. Beaucoup d'anecdotes contribuant déjà à sa légende vantaient son affabilité et sa générosité, notamment pour indemniser les dégâts aux cultures et au cheptel faits par ses chasses.

Toutes les histoires n'étaient pas d'édifiants *fioretti*. Dans les *Sermons sur les dix commandements*, imprimés en 1581, Pierre de La Coste, prieur du couvent des jacobins d'Agen, écrivait : « [...] Comme advint en 1576 en l'une des villes fameuses qui soient en la Gascogne, laquelle je ne nomme point et pour cause. En laquelle fut fait un bal, l'espace de deux à trois heures avant la nuit fermée, lequel étant parachevé, les chandelles et lumières étant éteintes, quelques bons nombres d'honnêtes dames, tant mariées qu'à marier, furent déshonorées vilainement. » *Lou moulié dé Barbasto* dut se sentir visé car il demanda à Duplessis-Mornay de démentir avec la plus ferme énergie cette peu glorieuse équipée qui figurait également dans un pamphlet de Louis Dorléans, *L'Avertissement des catholiques anglois aux François catholiques*. « La contrainte de l'honneur, ajoutait cet auteur, força quelques-unes de se vouloir précipiter par les fenêtres, et que les autres moururent d'effroi, de regret et de douleur. » Remontant à la source, Duplessis-Mornay attribua la calomnie à l'amiral de Villars, invoquant comme témoins à décharge la maréchale de Monluc et M. de Foix, « alors présents dans la ville ».

« Passons de ces orgies, écrit Pierre de Vaissière qui a recueilli encore en 1928 pour sa biographie d'Henri IV nombre d'histoires circulant dans la région, à l'idylle rustique avec la femme du charbonnier Étienne Saint-Vincent, qui devait, vingt ans après, être anobli et doté du château de Capchicot, beaucoup plus, semble-t-il, pour sa qualité de mari complaisant que, comme le disent les lettres du 20 avril 1597, "pour les services que nous a ci-devant faits ledit Étienne Saint-Vincent dit Capchicot, habitant de notre duché d'Albret, et la dépense extrême qu'il a supportée pendant que nous étions en Guyenne, faisant ordinairement les assemblées de la chasse en la maison dudit Capchicot, laquelle a toujours servi de refuge et passage à nous et à nos officiers, domestiques et autres personnes" ».

Une autre historiette, que l'on fusionne parfois avec celle du charbonnier Saint-Vincent, se serait déroulée lors d'un retour de chasse : Henri, « s'étant écarté de sa suite, rencontre un paysan assis au pied d'un arbre. – Que fais-tu là ? lui dit le roi. – Ma foi, Monsieur, j'étions là pour voir passer le roi. – Si tu veux, ajoute le prince, monter sur la croupe de mon cheval, je te conduirai à un endroit où tu le verras. Le paysan monte et, chemin faisant, demande comment il pourra reconnaître le roi. – Tu n'auras qu'à regarder celui qui aura son chapeau pendant que tous les autres auront la tête nue. Le roi joint la chasse et tous les seigneurs le saluent. – Hé bien ! dit-il au paysan, qui est le roi ? – Ma foi, Monsieur, répond l'autre, il faut que ce soit vous ou moi, car il n'y a que nous deux qui ayons notre chapeau sur la tête ».

Ce fut probablement en décembre 1576 qu'une mésaventure, contée par Charles de Batz-Trenquelléon dans son

Henri IV en Gascogne d'après divers récits du temps, faillit lui coûter la vie. Accueilli au-delà de l'enceinte par le maire et les jurats d'Eauze, en Armagnac, venus en robe longue et chaperon lui présenter les clés de leur cité, il s'avança sans méfiance sous la voûte de la porte. Brusquement, la herse s'abattit derrière lui, le séparant de la majeure partie de son escorte. Quelques compagnons seulement étaient restés à ses côtés, Roquelaure, Batz, Duplessis-Mornay et Béthune. C'était un traquenard ! Le tocsin se mit en branle et une armée de garnisaires et de bourgeois les entourèrent de leurs piques et de leurs arquebuses en poussant de grands cris. « Tirez à cette jupe écarlate ! Tirez à ce panache blanc, car c'est le roi de Navarre ! », s'écria l'un des assaillants. Sortant leurs épées et leurs pistolets, les autres, sans perdre leur sang-froid, ripostèrent jusqu'à l'arrivée des soldats fidèles de la garnison et dispersèrent les mutins. « Cette population égarée se vit perdue et demanda grâce. Il fallut toute l'autorité du roi pour empêcher le sac de la ville. C'est la première occasion solennelle notée par l'histoire où il montra et fit bénir sa clémence ; Sully parle de quatre mutins condamnés au gibet ; mais d'autres récits ajoutent que la corde s'était rompue et que le roi s'écria : “Grâce à ceux que le gibet épargne !” »

Navarre attribua cette attaque au marquis de Villars qui avait succédé à Blaise de Monluc à la lieutenance générale de Guyenne. Il obtint son remplacement par Gontaut-Biron, nouvellement promu maréchal de France, avec qui malheureusement les rapports ne furent guère meilleurs.

9

TROISIÈME PERSONNAGE DU ROYAUME

Navarre en Gascogne

À la différence de l'obstiné Damville en Languedoc qui privilégiait avant tout le « devoir de révolte », pour reprendre la formule d'Arlette Jouanna, Navarre ne se comportait nullement en roitelet indépendant. Ni potentat ni proconsul, il s'était réconcilié avec Henri III. Leurs rapports étaient devenus polis, aimables, voire chaleureux, autant que peuvent l'être des rapports politiques, chacun ayant besoin de l'autre. Le monarque avait laissé partir la petite bande de jeunes seigneurs que Catherine avait recrutée pour l'entourer, Guiche, Caumont (futur duc de La Force), Chalandray, Poudenx, Carbon de Marrast, tous les officiers de sa cavalerie ainsi que les serviteurs de sa maison, avec meubles et équipages. Dans un élan de générosité, il avait ajouté six des plus fringants coursiers de ses écuries et une gratification de 12 000 livres.

Premier prince du sang, Navarre avait pleinement conscience d'être le troisième personnage du royaume. Son espérance de ceindre la couronne de France était une éventualité à ne pas écarter, en dépit de la faible différence d'âge : en effet, né deux ans avant lui, le roi, de constitution fragile, n'avait toujours pas d'enfant de Louise de Vaudémont, et le nouveau duc d'Anjou, malingre, chiffonné, en outre non marié, ne paraissait pas devoir vivre très longtemps. Lors de la négociation de la paix de Monsieur, en tant que « prince du sang intéressé à la grandeur de la couronne de France », il avait vigoureusement protesté, au nom de l'unité du royaume, contre la constitution d'une sorte d'apanage viager en faveur de Monsieur et l'attribution un moment envisagée à Jean-Casimir de Bavière, prince étranger, des Trois-Évêchés, Metz, Toul et Verdun, occupés depuis le traité de Chambord de 1552.

À son allié Damville il écrivait : « Après la personne du roi, mon seigneur, et de Monsieur, son frère, j'ai le plus grand intérêt à la conservation et au rétablissement de ce royaume que personne au monde. » À Agen, puis à Nérac, adossé aux bastions protestants et à ses réseaux naturels de clientèles, il se plaçait dans une position d'attente qui lui permettait de voir venir les événements et, en cas de nécessité, de peser sur eux. Ce choix d'Agen, à défaut de Bordeaux, capitale de son gouvernement, où le corps de ville lui avait fait savoir à plusieurs reprises qu'il ne serait pas le bienvenu, puis de Nérac, capitale du duché d'Albret – et non de Pau, capitale du Béarn, trop excentrée –, s'expliquait par des considérations stratégiques et par les différentes charges dont il ne voulait privilégier aucune : roi de Navarre, vicomte souverain de Béarn, duc d'Albret, comte de Foix, de Bigorre, d'Armagnac et de Périgord, premier prince du sang, gouverneur et amiral de Guyenne et désormais chef du parti protestant. Comme l'a bien noté Hubert Delpont, Nérac se situait au centre du triangle Pau-Montauban-Bordeaux, symbole de ses « pouvoirs contradictoires » : Pau, la ville résistant à la centralisation capétienne, Montauban, celle du contre-État protestant, et Bordeaux, incarnation du pouvoir royal. « Trop rusé – trop Gascon ? – pour s'identifier totalement à l'un de ces pouvoirs, Henri avait trouvé à Nérac le centre idéal de ce triangle dont le rôle sera moins d'arrondir les angles que de pousser plus loin ses avantages. »

Agen puis Nérac furent les lieux d'une expérience politique originale. Il y institua en effet un conseil biconfessionnel, dans lequel les catholiques se mêlaient indifféremment aux huguenots, sans exclure les tièdes ni les transfuges : amis d'enfance, anciens « domestiques » de Jeanne d'Albret, vassaux sûrs ou dévoués, gentilshommes de sa maison. Au total, une cour d'environ 150 personnes, dont 70 en poste fixe, se répartissant entre le conseil privé et le conseil du gouverneur de Guyenne, avec un petit nombre de privilégiés cumulant les deux fonctions. Dans ses ordonnances, du reste, il se définissait comme le « protecteur des Églises réformées de France et catholiques associées ».

Parmi les catholiques, on recensait Antoine de Roquelaure, Jean de Lavardin, Jean de Miossens, Philibert de Gramont, Jean de Duras et François de Montesquiou, sieur de Sainte-Colombe, tandis que les protestants se réunissaient derrière Agrippa d'Aubigné, Jean de Favas, François de La Noüe, Maximilien de Béthune, Henri de La Tour d'Auvergne, vicomte de Turenne, son premier gentilhomme de la chambre, et surtout Philippe de Mornay, seigneur du Plessis. Séduit par l'esprit éclairé de ce dernier, un seigneur calviniste du Berry, pieux et humaniste, d'abord attaché au service de Monsieur, il l'avait embauché pour être son secrétaire politique*.

Dans ce « laboratoire de la coexistence » (Grégory Champeaud), il serait erroné de prétendre que tout allait pour le mieux. Farouches calvinistes, Agrippa d'Aubigné et Sully ont souligné dans leurs écrits que les tensions et dissensions y furent vives. Le premier d'ailleurs devait quitter Nérac à l'automne de 1577 et son camarade La Noüe quelques mois plus tard. Mais, dans l'ensemble, l'expérience fut plutôt réussie : une exception à signaler en un temps où les violences communautaires corrodaient si puissamment le royaume. C'est

* On sait qu'il avait écrit en effet tout ou partie d'un pamphlet monarchomaque, *Vindiciae contra tyrannos*.

de cette époque que date vraiment l'apprentissage politique d'Henri de Navarre. Il avait compris la nécessité d'une répartition des rôles à l'intérieur de son camp : à lui la politique d'ouverture, à sa jeune sœur Catherine, dix-sept ans, fidèle aux idéaux de sa mère, le soin de rassurer le Béarn calviniste. Telle fut la raison pour laquelle il la désigna pour exercer à Pau la régence de la vicomté, où, comme l'ont montré ses biographes, elle agit avec intelligence et détermination, malgré la lenteur des états.

Naissance de la première Ligue

Après l'édit de Beaulieu, Henri III, de son côté, se trouvait dans une position inconfortable. Tout en donnant l'impression étrange de se disperser dans le tourbillon des fêtes curiales et des exercices expiatoires, il poursuivait un double dessein politique délicat à mettre en œuvre : rétablir à la fois son autorité bafouée, en revenant si possible sur les énormes concessions consenties sous la pression des huguenots, et maintenir la paix religieuse chèrement acquise. Malheureusement, il possédait peu d'atouts dans son jeu.

Première étape : débarrasser le royaume des reîtres, lansquenets et autres mercenaires recrutés par le prince de Condé, qui mettaient en coupe réglée les provinces occupées de Champagne et Bourgogne. Leur chef, l'arrogant Jean-Casimir de Bavière, plastronnait, parlait haut et fort, exigeait d'être payé sans retard selon les termes du traité, faisant même monter les enchères. Or, le Trésor public se débattait dans d'énormes difficultés. Les dépenses budgétaires annuelles excédaient les recettes de 4 millions, et la dette globale tangentait les 100 millions de livres. Il fallut emprunter auprès des grands seigneurs, des riches prélats, des « bonnes villes » épargnées par la guerre civile – il en restait encore – en concédant à ces créanciers avides et intéressés de substantiels avantages fiscaux. On sollicita aussi auprès du clergé un supplément de don gratuit, et l'on mit en gage une partie des bijoux de la Couronne auprès de la république de Venise. Le 5 juillet 1576, grâce à son entregent et à ses réseaux financiers, le surintendant Pomponne de Bellièvre parvint à conclure avec Jean-Casimir une convention d'évacuation moyennant le versement d'un acompte de 1 274 000 livres en écus d'or et d'argent. Lui-même ainsi que l'ambassadeur Nicolas de Harlay, seigneur de Sancy, durent payer de leur personne, en servant d'otages jusqu'à la levée des bivouacs des soudards germaniques. Pour le règlement du solde, opération qui se prolongera jusqu'en 1587, le roi ordonnera une aliénation des biens du clergé en accord avec le Saint-Siège.

Une fois accomplie la libération du territoire, Henri III s'efforça de dissocier les forces qui s'étaient unies pour menacer le trône. L'infatigable Catherine, un moment tenue à distance en raison de sa trop grande complaisance envers les opposants, reprit du service. Elle fut chargée par son cher fils de séparer le duc d'Anjou des Malcontents. La conjoncture internationale s'y prêtait : des catholiques des Pays-Bas du Sud envisageaient sérieusement de faire de ce dernier leur souverain à la place de Philippe II d'Espagne. En septembre 1576, ils lui avaient déjà conféré le titre de gouverneur général des Pays-Bas. Comment ce prince méprisé par les siens, mais dévoré d'ambition, aurait-il hésité devant la perspective d'une couronne même modeste ? Pour la mise en œuvre de ce projet, il avait tout intérêt à obtenir l'appui de son aîné et par conséquent à s'éloigner autant des Malcontents que des huguenots. Après des premières discussions fructueuses avec la reine mère à Saumur, à la mi-novembre le roi le reçut le sourire aux lèvres dans sa résidence de campagne d'Ollainville, près d'Arpajon. Par ailleurs, les rapports d'Henri III avec Montmorency-Damville s'améliorèrent, celui-ci prenant ses distances avec les réformés de l'Union, qu'il lui arrivait de qualifier de « républicains ». Même avec l'intraitable Condé, retiré à La Rochelle et en partie marginalisé par l'emprise récente du fils de Jeanne d'Albret sur le camp calviniste, les tensions s'apaisèrent.

Afin d'achever son programme de retour à l'autorité et imposer un plus juste équilibre entre les religions, le roi comptait sur les états généraux, qu'il avait été contraint de réunir. Malheureusement, il se heurta à l'émergence d'une force nouvelle, issue des catholiques dits « zélés », pour qui la coexistence de deux confessions au sein du royaume paraissait une monstruosité et la paix de Beaulieu une plaie purulente. C'est cette force que les historiens appelleront la Ligue de 1576, ou première Ligue, pour la distinguer de celle de 1585.

Ce mouvement bouillonnant venait de loin. Entre 1562 et 1575, plusieurs associations catholiques antiprotestantes, souvent issues des anciennes confréries, avaient éclos à Paris, en Dauphiné, en Poitou et dans la région rouennaise. Mais celle de Péronne, l'une des places qui devaient être livrées au nouveau duc d'Anjou, connut un succès inattendu. Son formulaire d'union, conçu par son gouverneur, déterminé à ne pas appliquer l'édit, Jacques d'Humières, eut l'aval enthousiaste de l'aristocratie locale. Bâties sur le même modèle, des ligues voisines essaimèrent, particulièrement en Champagne, en Normandie, en Poitou, en Languedoc, et s'unirent. Le manifeste en douze articles de cette « saincte association catholique » avait beau conserver au monarque « splendeur, autorité, devoir, service et obéissance qui lui étaient dus », Henri III, fort jaloux de ses prérogatives, perçut sa création comme une menace directe contre son pouvoir légitime.

Le 2 août, soupçonnant les Lorrains d'en être les inspirateurs, ce qui était loin d'être vrai car le mouvement était en grande partie spontané, né de la base nobiliaire, il exigea du duc de Guise, de son frère Mayenne et de leur cousin Nemours la promesse de respecter les termes de l'édit de pacification. Il pensait pis que pendre de cet édit, mais, en monarque avisé, il redoutait les réactions d'autodéfense des huguenots et de nouvelles flambées de violence. Plusieurs gouverneurs reçurent donc l'ordre d'empêcher « avec armes et chevaux » la constitution de filiales locales de cette ligue.

Pourtant, devant le succès de ce puissant mouvement d'opinion, il se rendit compte qu'il serait impossible de le combattre frontalement. Il opéra alors un revirement tactique spectaculaire en décidant de s'appuyer sur lui. Le 2 décembre, il annonça qu'il en prenait la tête et invita tous ses sujets à signer une version remaniée du formulaire lui faisant la plus stricte allégeance, assortie d'un engagement de ne pas molester les protestants fidèles.

Dans cette société éclatée où l'apparition de factions avait ouvert un espace politique indépendant du pouvoir royal – phénomène inédit particulièrement dangereux pour les institutions monarchiques –, la parade était habile, mais elle présentait l'inconvénient de rapprocher Henri III des ultra-catholiques au lieu de lui conserver sa position d'arbitre suprême au-dessus de la mêlée. Plusieurs assemblées locales du mouvement refusèrent d'ailleurs de signer le nouveau formulaire et continuèrent de faire bande à part, exigeant l'abrogation pure et simple de l'édit de Beaulieu. Certains parlaient en outre de mettre sur pied une structure militaire.

Henri III et les états généraux

À l'automne, lors des élections des assemblées de la noblesse et du tiers état, au sein des bailliages et des sénéchaussées, la plupart des protestants furent éliminés au profit des ligueurs. En dehors de quelques personnalités exceptionnelles comme Jean Bodin, délégué du tiers pour le Vermandois, les modérés, autrement dit les Politiques, avaient largement disparu. Quant aux calvinistes, qui les premiers avaient exigé la réunion des états, ils étaient pulvérisés. À Paris, on ne les avait même pas convoqués aux réunions électorales. Sur les 86 députés de la noblesse, ils n'eurent que trois représentants, dont

Duplessis-Mornay qui, devant cette situation, préféra renoncer à son mandat. Une majorité de catholiques ultras se retrouvaient également parmi les 187 représentants du tiers état. Quant aux membres du clergé, formant un bloc compact derrière leurs prélats, ils étaient au nombre de 110. Dès lors, le roi de Navarre et le prince de Condé – ce dernier dénonçant la « falsification des cahiers de doléances » – refusèrent d'y participer.

Les états s'ouvrirent à Blois le 6 décembre 1576, jour de la Saint-Nicolas, selon le fastueux rituel des grandes cérémonies politiques de l'ancienne monarchie. Henri III, qui croyait manœuvrer les députés à son aise, comme les Tudors en Angleterre, ne tarda pas à déchanter. Soutenu par la noblesse et le tiers état, le porte-parole du clergé, l'archevêque de Lyon Pierre d'Épinac, voulut transformer cette vieille institution, simple organe consultatif, en assemblée participant au pouvoir législatif, dont les décisions s'imposeraient à tous, y compris au monarque. Il réclama l'adjonction au Conseil du roi de 36 personnalités, choisies parmi les députés, douze par ordre, ce qui mettait le roi sous tutelle. Gardons-nous de rapprochements faciles avec les événements de 1789 : les ultras voulaient en réalité instaurer une monarchie mixte, à caractère aristocratique et corporatif, un *Ständestaat* à la germanique, sans s'appuyer sur des principes philosophiques inimaginables à l'époque comme la liberté ou l'égalité. Les seules libertés dont il pouvait être question étaient les privilèges.

Souverain faible mais obstiné, Henri III ne se laissa pas désarçonner. Il fit mine d'accepter certaines de ces suggestions pour amadouer les députés, à dessein d'obtenir la révision de l'édit de Beaulieu et la levée d'impôts supplémentaires nécessaires à l'armée en état de délabrement avancé. Après les discussions par ordre entre le 19 et le 26 décembre, les états allèrent plus loin que la volonté royale. Ils se prononcèrent en faveur du retour à l'unité religieuse du royaume, demandant qu'elle fût réalisée « par les plus douces et saintes voies que Sa

Majesté aviserait ». Cette décision fracassante revenait à proscrire intégralement le culte réformé, à exiler les pasteurs et à ne laisser à leurs adeptes que la seule liberté de conscience. Comme c'était à prévoir, les catholiques zélés l'avaient aisément emporté sur les rares Politiques prêts à accepter la pluralité des religions dans le but de préserver la puissance régulatrice de l'État.

Henri III entérina ce vœu quasi unanime lors du Conseil du 29 qui supprima d'un trait de plume l'édit de Beaulieu. Toutefois, par prudence, afin de maintenir le calme et démentir la rumeur d'une nouvelle Saint-Barthélemy, il chargea Jean de Durfort, vicomte de Duras, d'assurer à son cousin de Navarre qu'il n'avait nulle intention d'attenter à la vie, aux biens ou à l'honneur des réformés.

À leur tour, les députés des états déléguèrent trois d'entre eux, un par ordre, Pierre de Villars, archevêque de Vienne, André de Bourbon-Rubempré et Guillaume Mesnager, général des finances du Languedoc*, afin de convaincre le roi de Navarre de la nécessité de réformer l'édit de Beaulieu. Comme l'a montré Philippe Pichot, les instructions données le 15 février 1577 à cette délégation énonçaient au moins trois points constitutionnels qui étaient ressortis des discussions collectives. Tout d'abord, « la religion catholique, apostolique et romaine n'est point seulement l'ancienne coutume, mais la principale et fondamentale loi du royaume » : pour la première fois se trouvaient donc énoncées dans les lois fondamentales l'intégration de la règle de catholicité, tenue pour « inviolable », et l'instauration dans l'ordre constitutionnel d'une hiérarchie des normes ; ensuite, « il y a une différence entre les lois du roi et [celles] du royaume » : les premières, arrêtées en

* Les généraux des finances s'occupaient de la juridiction contentieuse des finances dites extraordinaires (les impôts), par opposition aux trésoriers de France de qui relevaient les finances ordinaires (revenus du domaine royal). Ces deux types d'agents royaux fusionnèrent l'année suivante, en 1577.

Conseil, scellées par le chancelier et enregistrées au Parlement (cette « forme des trois états raccourcis au petit pied », prétendait le texte*), étaient soumises aux secondes (loi salique, inaliénabilité du Domaine, libertés de l'Église de France, etc.), lesquelles ne pouvaient être élaborées ou modifiées que par les trois états. Ce principe, en d'autres termes, revenait à instituer un pouvoir constituant partagé entre les états et le roi : une idée novatrice, fortement subversive. En troisième lieu, « les sujets ne sont tenus d'obéir aux rois qu'après leur sacre », c'est-à-dire après leur serment de respecter la loi et de protéger l'Église, ce qui renforçait la thèse d'une monarchie contractuelle, curieusement empruntée par les catholiques zélés aux monarchomaques réformés.

Naturellement, Henri de Navarre ne pouvait cautionner ces idées, ni *a fortiori* accepter la suppression du culte réformé, en contradiction avec la raison même de son combat. Mais au fond il ignorait où le destin le conduirait. À noter qu'à cette époque il n'avait pas renoncé au vieux rêve de son père et de son grand-père. Dans une requête adressée aux députés de Blois, il leur demandait que « les états voulussent intercéder pour lui vers le roi d'Espagne pour lui faire rendre le royaume de Navarre et terres qu'il détenait contre toute raison ». Loin d'être obnubilé par la couronne de France, il restait ouvert à toute éventualité.

Sixième guerre de Religion

En réalité, les démarches du roi et des députés venaient trop tard. La sixième guerre de Religion avait commencé. Par une série de coups de main, des bandes huguenotes s'étaient

* Cette formulation laissait entendre que le Parlement était un organe de représentation de la nation, alors qu'à ses origines il n'était qu'un démantèlement du Conseil du roi.

emparées de Gap, Die en Dauphiné, Viviers en Languedoc, Bazas en Guyenne. Avec leur décision malheureuse de revenir sur l'édit de Beaulieu, les états généraux avaient une nouvelle fois ouvert la boîte de Pandore. En même temps, pressés par le souverain, ils refusèrent de voter les crédits nécessaires à l'armée : le clergé estima que le montant annuel de son don gratuit suffisait ; la noblesse rappela qu'elle versait déjà l'impôt du sang ; quant au tiers, il poussa les hauts cris, faisant valoir, non sans raison, la misère générale du royaume. Après avoir épluché les comptes et découvert qu'en cinq ans la dette s'était accrue de 58 millions, les états exigèrent du souverain de modérer sa prodigalité et de faire de drastiques économies. Les cardinaux de Bourbon et de Guise, proches du monarque, finirent par faire voter un subside de 450000 livres, bien insuffisant. Devant cette situation dramatique qui lui ôtait tout moyen d'action sur le plan militaire, le roi s'effondra. Même les bouillants agitateurs de la Ligue, de cette Ligue dont il avait en principe pris la tête, refusèrent de se mobiliser. L'impuissance du pouvoir royal était stupéfiante. On mesure en quel état d'anarchie était tombé le beau royaume de François Ier et d'Henri II.

Les huguenots étaient à peu près logés à la même enseigne. Non seulement Monsieur et le maréchal de Damville se soustrayaient à leurs sollicitations, en s'apprêtant à rallier le roi, mais ils manquaient de fonds pour engager de nouvelles levées de mercenaires dans l'Empire. Dans ces conditions, les opérations ne se prolongèrent pas au-delà de quelques mois. Placée sous le commandement théorique de François d'Anjou et sous la conduite effective du duc de Nevers, une première armée royale reprit le 2 mai 1577 la place stratégique de La Charité-sur-Loire puis, le 12, dans un déchaînement inouï de violence de la part de la soldatesque non payée, celle d'Issoire. Une seconde armée royale, confiée au duc du Maine, futur duc de Mayenne et frère du duc de Guise, s'efforça de soumettre le Poitou et la Saintonge, tenus par Condé. Le maréchal de Damville, qui avait enfin changé de camp sous promesse de recevoir le marquisat de Saluces, échoua à reprendre Montpellier.

Chef des protestants, Henri de Navarre ne pouvait se dérober. Il fit donc la guerre, mais avec une lenteur, une mollesse qui frappèrent jusque dans son propre camp, engageant sans conviction le siège de Marmande. Toujours boutefeu, Condé enrageait et se déchaînait contre son cousin. Pourtant, dans un manifeste intitulé *Remontrance aux états généraux de Blois pour la paix,* Philippe Duplessis-Mornay avait clairement exprimé la position de son maître : le retour à la paix civile se ferait par le dépassement des clivages confessionnels et la coexistence pacifique de deux religions au sein du royaume. « Accordons-nous donc tous, gentilshommes, ecclésiastiques, marchands, laboureurs à demander en premier lieu l'observation de la paix. » Dans son esprit, ce qui rassemblait – la qualité d'être « né françois » – étant plus important que ce qui divisait, la concorde civile et l'unité de la patrie devaient prévaloir. La fidélité à la Couronne l'emportait donc sur l'appartenance religieuse.

À la délégation des trois députés des états généraux venus le trouver à Agen, Henri avait répondu qu'à titre personnel il était « accoutumé de prier Dieu et le priait en une si belle assemblée que, si sa religion était la bonne, comme il croyait, qu'Il veuille lui confirmer et assurer ; que, si elle était mauvaise, [Il] lui fît entendre la bonne et illuminer son esprit pour la suivre et y vivre et mourir ». Ce rejet des crispations dogmatiques et cette croyance en la sainte Providence comme guide de ses engagements religieux sera une de ses constantes jusqu'à son retour définitif au catholicisme.

On comprend que les pasteurs de son entourage se fussent scandalisés de ses louvoiements et d'un flottement doctrinal conduisant à un relativisme théologique qu'ils ne pouvaient accepter. Dans une lettre à son ami catholique Manaud de Batz datant de la même époque, Henri persistait et signait : « Ceux qui suivent tout droit leur conscience sont de ma religion ; et moi je suis de celle de tous ceux-là qui sont braves et bons. » C'était manifestement le signe d'une tiédeur en matière de foi.

Son pacifisme, son approche sécularisée de la politique, reléguant les choix religieux dans le domaine privé, n'étaient pas vaine gesticulation. À chaque occasion, Henri rappelait son attachement à l'unité d'un royaume pacifié sous la légitime autorité de son souverain. Ainsi, en décembre 1576, dans son adresse *À la noblesse, villes et communautés du gouvernement de Guyenne*, il affirmait hautement : « La religion se plante au cœur des hommes par la force de la doctrine et persuasion et se confirme par l'exemple de vie et non par le glaive. Nous sommes tous français et concitoyens d'une même patrie. Pourtant, il nous faut accorder par raison et douceur, et non pas par la rigueur et cruauté, qui ne servent qu'à irriter les hommes. » Mais qui, au milieu de ces stridences et furies guerrières, l'entendait ?

La paix de Bergerac

Henri III, à qui la France ultracatholique avait refusé à peu près tous les moyens de faire la guerre, comprit qu'il serait vain de s'obstiner. Il se rallia donc à l'opinion de sa mère qui prônait comme toujours la négociation en vue d'un accommodement raisonnable avec les réformés. Et quel meilleur interlocuteur choisir que le cousin Henri, huguenot ô combien modéré, partisan de la coexistence pacifique des religions, et attaché, à la différence des grands fauves féodaux, à l'unité du royaume ?

Les discussions avec lui commencèrent en avril à Bergerac, sous les auspices, côté royal, du duc Louis de Montpensier, un Bourbon catholique, du secrétaire d'État en survivance Nicolas de Neufville, marquis de Villeroy, du baron de Biron, de l'archevêque de Vienne et du premier président du parlement de Toulouse, Jean Daffis. Pendant ce temps, les combats continuaient. Brouage, investie par le duc du Maine, finit par se rendre le 21 août, fragilisant la situation de La Rochelle et contraignant Condé à s'enfermer dans Saint-Jean-d'Angély. Mais ces jeux sanglants lassaient. Tous étaient excédés de ces escarmouches, embuscades, coups de main et sièges de villes incessants, désordres, brigandage, insécurité permanente nés des sacs et ressacs des armées.

L'accord, conclu à Bergerac le 17 septembre, fut transformé en actes par l'édit de Poitiers, que le Parlement enregistra le 8 octobre. Cette « paix du roi », comme on l'a appelée par opposition à celle de Monsieur, était nettement plus défavorable aux huguenots que l'inconcevable édit de Beaulieu, mais plus représentative de l'état des forces en présence. Exclu de Paris et dans un rayon de dix lieues alentour, ainsi qu'à l'endroit où se rendait la Cour, l'exercice public de la religion réformée était limité au domicile des seigneurs hauts justiciers, aux faubourgs d'une ville par bailliage ou sénéchaussée ainsi qu'aux bourgs et cités où le culte se pratiquait à la date de l'accord. Partout ailleurs le catholicisme était rétabli. Il n'y avait plus que quatre chambres mi-parties au sein des parlements de Bordeaux, Toulouse, Grenoble et Aix. Les calvinistes étaient admis à tous les offices, charges ou dignités, mais ne disposaient plus que de huit places de sûreté pour une durée de six ans : Montpellier, Aigues-Mortes, Nyons, Serres, Seyne-la-Grand-Tour, Périgueux, La Réole et Le Mas-Verdun en Guyenne.

Aux extrémistes de son camp, particulièrement aux Rochelais, Henri de Navarre se fit un devoir d'expliquer que la paix, même assortie de conditions défavorables, était préférable à la poursuite de la guerre. Elle seule aiderait puissamment aux développements futurs de leur religion. « Dieu, concluait-il avec assurance, me fera toujours la grâce, s'il lui plaît, de ne céder à personne et de n'épargner jamais tous les moyens qu'Il m'a donnés pour la défense et protection des saintes églises. » S'il n'avait pas apaisé les rancœurs, « fort dures à digérer », selon Agrippa d'Aubigné, du moins était-il parvenu à neutraliser son rival Condé et à se positionner face au pouvoir comme un interlocuteur incontournable.

« L'édit de Poitiers, observe Michel Pernot, est un événement charnière dans l'histoire des guerres de Religion. Il met fin à cinq années de troubles à peu près continuels initiés par la Saint-Barthélemy. Il inaugure sept années, non pas de paix complète, mais de calme relatif. Il doit ce privilège à l'équilibre et à l'équité de ses dispositions. Comme il n'impose pas le rétablissement de l'unité religieuse, il est acceptable par les protestants. Comme il n'accorde pas de privilèges excessifs à ces derniers, les catholiques peuvent l'admettre. Vingt ans plus tard, il servira de modèle à l'édit de Nantes. » De surcroît, Henri III avait retrouvé sa position d'arbitre au-dessus des partis et des factions aristocratiques, sans se laisser imposer par les états généraux, renvoyés chez eux au début de mars 1577, une réforme institutionnelle qui eût renversé la monarchie traditionnelle et plongé davantage le pays dans l'anarchie féodale.

Marguerite libérée

Le roi, animé par la rancune, s'était vengé de ses déboires et particulièrement de la double évasion des princes en retenant plus de deux ans au Louvre sous étroite surveillance sa sœur Marguerite. Affligée de ce conflit fratricide, Catherine avait pris sa défense. Toujours obsédée par les jeux de la politique dont son fils cherchait à l'écarter, elle avait obtenu finalement que Margot pût se rendre aux Pays-Bas espagnols, soulevés depuis novembre 1576, qui avaient rejoint quelques provinces protestantes de Guillaume d'Orange, afin d'y défendre la candidature au trône de Monsieur. Henri III donna son assentiment : bonne occasion de se débarrasser de ce frère encombrant. Munie de passeports en règle, Marguerite partit en juin 1577 pour Spa, sous prétexte de soigner aux eaux de cette station réputée un fâcheux eczéma.

Elle rencontra à Mons quelques grands seigneurs hostiles à la domination espagnole, dont le comte de Lalaing, bailli du Hainaut, puis à Namur le duc d'Arschot ou le marquis de Varembon, tous acquis à la cause. Même don Juan d'Autriche, demi-frère de Philippe II, chargé de maintenir la province dans la souveraineté espagnole lui fit bon accueil. En septembre, elle rentra en France, se concertant durant plusieurs semaines à La Fère avec son frère Anjou, venu la rejoindre afin de préparer son entrée dans sa nouvelle souveraineté. Son affaire tourna court. Quelque temps plus tard, les rebelles flamands furent battus à Gembloux le 31 janvier 1578 par don Juan d'Autriche et Alexandre Farnèse, duc de Parme*.

Marguerite et son frère revinrent à la Cour, elle fortement dépitée, lui toujours obnubilé par le mirage d'une couronne royale et son mariage avec Élisabeth d'Angleterre. Henri III ne pouvait qu'inciter son cadet à poursuivre ses ambitions hors de France, tout en évitant de trop s'engager par crainte de représailles espagnoles.

Pendant ce temps, l'agitation avait repris à la Cour. Les rivalités entre les favoris de Monsieur et ceux du roi, ces plumets raffinés, puérils et violents à la fois, s'étaient amplifiées, ce qui avait conduit au fameux « duel des Mignons » le 27 avril 1578, au cours duquel Caylus, Maugiron, Schomberg et Ribérac avaient été tués. Après son retour au Louvre, Marguerite avait repris ses intrigues contre son frère aîné, aidant notamment Monsieur, une nouvelle fois mis aux arrêts, à s'évader par la fenêtre de sa chambre qui donnait sur le fossé grâce à une corde cachée dans un étui pour luth. Quel roman !

* Plus tard, par l'Union d'Arras du 6 janvier 1579, les pays catholiques du Sud, excédés des exactions des calvinistes du Nord contre les prêtres, se rapprocheront de Philippe II, consacrant de fait la division des Pays-Bas espagnols.

Cette situation familiale tendue ne devait pas s'éterniser. Catherine intercéda en faveur de Margot. N'était-il pas temps de « la reconduire en son mesnage » et de régler avec le mari les points litigieux du traité de Bergerac ? Les échos qui lui parvenaient de Gascogne montraient que son gendre était tiraillé entre sa volonté sincère de maintenir la paix et les pressions de ses compagnons huguenots, mécontents d'avoir été spoliés de plusieurs places de sûreté, qui l'incitaient à la désobéissance.

L'idée de Catherine était d'accompagner sa fille dans son voyage dans le Sud-Ouest, de façon à resserrer les liens du couple et à négocier avec Navarre un accord complémentaire touchant à la reddition des places indûment conservées par les huguenots. Henri III, très attaché à son édit de Poitiers – « le plus grand et salutaire remède que je vois pour couper chemin à tous les troubles et divisions », comme il l'expliquait à son ambassadeur à Rome –, encourageait ce dessein. Une autre affaire épineuse était la dot de Marguerite, toujours non réglée. Comme le roi ne pouvait même en verser les arrérages, il décida d'attribuer à sa sœur plusieurs régions de Guyenne, avec pleine jouissance de leurs revenus : l'Agenais, le Rouergue, les jugeries de Verdun-sur-Garonne, Rieux, Rivière et Albigeois, ainsi que les comtés de Quercy et de Gaure.

Enfin, en août 1578, la mère et la fille prirent la route de la Gascogne sous bonne et fastueuse escorte. L'équipée n'était pas sans rappeler le grand tour de France de Charles IX douze ans plus tôt. Catherine emmenait ses dames d'honneur, le cardinal de Bourbon, le duc et la duchesse de Montpensier, ses cousins, la princesse douairière de Condé, Jean de Monluc, évêque de Valence, Claude Pinart, seigneur de Cremailles et de Malines, secrétaire d'État, et quelques autres. Margot avait pour sa part une suite impressionnante de 300 personnes, dont trente-trois « dames et demoiselles » et seize femmes de chambre ou lavandières. On y remarquait aussi les poètes Brantôme et Pibrac, son nouveau chancelier, tous deux amoureux de sa beauté, et son amie et confidente la duchesse d'Uzès, huguenote fort libérale.

Marguerite était ravie de rejoindre son mari pour plusieurs raisons : elle espérait ainsi se dégager de l'emprise de sa mère et de son frère, jouer à son côté son rôle de reine de Navarre et – sans doute son plus cher espoir – donner naissance à un fils qui, en l'absence d'héritier royal, monterait un jour sur le trône de France. À ce mari ingrat et volage elle reprochait surtout de s'être évadé du Louvre sans l'en avoir avertie – un manque de confiance qui l'avait peinée –, mais leurs relations s'étaient apaisées. « Il m'avait écrit une très honnête lettre, narre-t-elle dans ses *Mémoires*, où il me priait d'oublier tout ce qui s'était passé entre nous et croire qu'il me voulait aimer et me le faire paraître plus qu'il n'avait jamais fait. » Cela suffisait à nourrir ses rêves de jeune princesse romanesque.

De Bordeaux à La Réole

L'impressionnant cortège fit son entrée à Bordeaux le 18 septembre, accueilli par l'archevêque Antoine Prévost de Sansac, le premier président du parlement Louis Goyet de La Ferrière et le lieutenant général de la province et maire de la ville, le maréchal de Biron. La reine de Navarre était montée « sur une belle haquenée blanche, harnachée fort superbement, vêtue toute d'orangé et de clinquant, si somptueusement que rien [ne l'était] plus ; laquelle le monde ne se pouvait assez saouler de voir, la regarder, l'admirer et l'exalter jusques au ciel ». Elle répondit aux harangues des autorités « si éloquemment et sagement et avec telle grâce et majesté » que le premier président confia le soir qu'« il n'avait jamais ouï mieux dire en sa vie quiconque qui fût » (Brantôme).

Malheureusement, le principal intéressé était absent. Par crainte d'une nouvelle humiliation, par rancune sans doute aussi, il avait refusé de venir dans cette ville où les ultracatholiques l'avaient déclaré *persona non grata.* « Je m'aime là où on me désire », avait-il écrit au vicomte de Turenne qu'il avait envoyé à sa place.

Sa rencontre avec les deux reines n'eut lieu que le 2 octobre dans un manoir isolé sur le chemin de Castéras, entre Saint-Macaire et La Réole. Henri arriva plumes au vent à la tête d'une troupe en grand arroi de 150 gentilshommes de Guyenne. Pénétrant dans la salle haute où les voyageuses l'attendaient, il salua la compagnie « fort honnêtement, de très bonne grâce, raconte la reine mère à Henri III, et, ce me semble, de très grande affection et avec fort grande aise ». Chacun lui fit bon accueil. Puis tout le monde, épuisé par la forte chaleur, alla coucher à La Réole.

Madame Catherine avait vieilli. À soixante ans – un âge canonique à l'époque – elle s'était empâtée et son visage bouffi, au double menton, aux yeux à fleur de peau, au regard myope et aux lèvres moroses, donnait une impression de lourdeur qui s'estompait sitôt qu'elle susurrait de sa voix douce et affable quelques paroles melliflues délicatement insidieuses. Attrayante par l'harmonie de ses formes, toujours « diaprée et fardée », Marguerite était au sommet de sa beauté, avec des traits lisses de madone ivoirine, des yeux veloutés en amande, ses airs de nymphe jamais exempts d'afféterie et ce charme alangui qui justifiaient plus que jamais son surnom de « perle des Valois ».

Quant à Henri, il avait peu changé. Un portrait peint vers 1576 nous montre un beau jeune homme encore imberbe, en toque de velours ornée d'un plumet mousseux, au visage ouvert et plaisant, au nez allongé, à la bouche fine, légèrement ironique, et aux yeux vifs et pénétrants. Il avait seulement modifié sa coiffure, portant désormais les cheveux longs, ramassés en deux singuliers toupets le long des oreilles.

Catherine s'en était fait donner la signification : tant qu'une paix véritable ne serait pas établie, il ne les couperait pas. Elle sauta sur l'occasion : c'était bien pour une paix durable et définitive qu'elle avait entrepris ce long voyage. Ne devait-il pas s'exécuter ? Henri, pour gage de sa bonne volonté, l'autorisa à prendre les ciseaux et à lui couper celui de droite. Par prudence il garda l'autre ! À vingt-quatre ans, il avait davantage d'assurance, mais qui peut dire s'il n'appréhendait pas de se laisser engluer dans les toiles de la redoutable Florentine dont il avait expérimenté maintes fois au Louvre l'art de duper ?

Quant aux retrouvailles avec sa femme, elles furent fort honnêtes, sans excès. Henri craignait à juste raison que la belle eût été endoctrinée par sa mère au long du voyage. Ils partagèrent leur lit le lendemain. Il me conta, écrit Marguerite, « tous les artifices que l'on lui avait faits pendant qu'il était à la Cour pour nous mettre mal [...], montrant avoir beaucoup de contentement que nous fussions ensemble ».

Les colères d'Henri contre Biron

Les jours suivants, le temps des politesses et des compliments passé, on entra dans le vif du sujet. Navarre était excédé du comportement hautain et méprisant du maréchal de Biron, qui régentait la province sans lui en référer. Très attaché à sa condition et au sang de France qui coulait dans ses veines, il ne supportait pas de se faire morguer par cet outrecuidant faquin aux colères brusques.

Catherine comptait réconcilier les deux ennemis avec l'aide de sa fille. Elle organisa une première rencontre le 8 octobre au château de Sainte-Bazeille. Celle-ci fut orageuse, tant le Béarnais parut ferme dans ses résolutions. « M. le maréchal de Biron, écrivit-elle au roi, arriva hier, sur l'après-dîner, à Sainte-Bazeille, où il trouva en ma chambre mon fils le roi de Navarre, qui lui parla plus brusquement que nous ne pensions, la reine de Navarre et moi [...], dont ledit sieur maréchal montra d'être fort en colère. [...] Mais les bons offices de votre sœur et de votre cousin, le cardinal de Bourbon, et la peine que j'y pris envers l'un et envers l'autre, pour le bien de votre service, fut cause de les accorder tellement quellement*. Toutefois, j'espère qu'en continuant comme nous ferons, ils se remettront du tout au bon ménage que je désire pour ce bien de votre service. »

Elle cherchait à contenter chacun. À Agen, au cours d'une réunion de la noblesse tenue dans la salle de l'Évêché, elle s'efforça de verser du baume sur le cœur de son gendre, rappelant « l'absolue confiance, l'entière estime que le roi porte à celui qu'il a baillé comme gouverneur à la province ; nul doute que de concert avec la princesse, qui a été si chèrement nourrie et instruite en ses devoirs de Fille de France, il ne sache avoir soin mieux que personne du bien et conservation de ses bons sujets ». Peine perdue ! L'intéressé était absent ! Il avait décidé de reprendre sa liberté et de vaquer à ses affaires sans s'occuper de ses hôtes, partant à la chasse ou en promenade, privilégiant ostensiblement ses plaisirs et ne revenant que quand l'humeur lui chantait.

Il fallait pourtant régler les questions liées à l'application de la paix. Une rencontre s'imposait avec les députés de la Religion. Pour montrer sa mauvaise humeur, Henri, durant plusieurs semaines, prit un malin plaisir à en retarder la date et le lieu. Il écarta L'Isle-Jourdain proposée par la reine mère et suggéra Pamiers, dans son comté de Foix. Impossible, rétorqua celle-ci : c'est un nid de huguenots fanatiques ; elle ne s'y sentirait pas en sécurité. Navarre prétexta alors un furoncle à la fesse qui l'empêchait de s'asseoir à une table de négociation ! Finalement, Auch, capitale de l'Armagnac et ville catholique, rencontra l'assentiment des deux parties.

* Vaille que vaille.

Auch

La reine mère y fit son entrée le 20 novembre. « Cinq consuls, raconte l'abbé Monlezun dans son *Histoire de la Gascogne*, vinrent à sa rencontre à la tête d'un grand nombre d'habitants. Vivès, l'un d'eux, la harangua, et après la harangue, un enfant de la ville prononça une oraison ou discours d'apparat, où il relevait les vertus de l'illustre princesse qui honorait la Gascogne de sa présence. La reine s'avança ensuite, portée par une grande coche. Les autres consuls l'attendaient avec le reste de la population à la porte de Latreille. Ils lui offrirent les clés de leur cité ; mais Catherine les refusa en disant qu'on les gardât pour le roi son fils. Les consuls montèrent alors à cheval et escortèrent la princesse jusque sous le porche de l'église métropolitaine, où les chanoines la reçurent au son des cloches et au chant du *Te Deum*. Marguerite entra le lendemain, portée dans une magnifique litière de velours, et reçut les mêmes honneurs que sa mère. [...] Marguerite ne s'était jamais montrée à Auch. Elle usa de la faculté que lui donnait sa qualité de comtesse d'Armagnac et, en l'honneur de sa première entrée, elle fit élargir par l'évêque de Digne, son premier aumônier, deux malheureux détenus dans la prison du sénéchal. »

Henri n'arriva que le jour suivant. Embarrassés par la requête de la reine mère, les échevins vinrent lui présenter les clés de la ville, se confondant en excuses de lui avoir fermé leurs portes précédemment. « Non, non, répondit-il habilement, il ne me souvient pas du passé, mais vous soyez-moi gens de bien à l'avenir. » Puis, il rendit les clés à Vivès en lui disant : « Tenez, à condition que vous me serez tel que vous me devez. »

« Chou pour chou »

Peu de temps après survint une fort déplaisante surprise. Au milieu d'un bal, Henri apprit que le vicomte de Duras, à la tête d'un parti de catholiques bordelais, venait de s'emparer de La Réole et de son château. Le vieux baron d'Ussac qui tenait la ville la lui avait livrée sans résister. Henri y vit un coup fourré de la reine mère ou de Biron. Dans cette Guyenne, où les deux camps se disputaient âprement la possession de chaque place, cette nouvelle était de nature à retarder une fois de plus les discussions. Le prince, accompagné de Turenne, Rosny et Manaud de Batz, quitta la salle sur-le-champ. Quelles mesures de rétorsion prendre ? Fallait-il s'emparer par surprise de la ville d'Auch ? On n'en avait pas les moyens. Fallait-il kidnapper Biron jusqu'à la restitution de la place, comme le suggérait Turenne ? Déraisonnable. Finalement, Henri chargea son fidèle Batz d'aller faire une reconnaissance du côté de Fleurance, capitale du comté de Gaure, qui venait d'être incluse dans l'apanage de Marguerite.

Catherine de Médicis parut alors accompagnée de Biron. Tous deux revenaient d'une chasse à la palombe dans les environs. « Madame, l'interpella Henri d'un ton excédé, nous espérions que votre venue assoupirait les troubles et, au contraire, vous les allumez. Mais je suis le serviteur du roi et espère qu'il se trouvera autant de gens de bien pour maintenir son service qu'il y en peut avoir de méchants pour l'en empêcher. » Surprise, la reine mère se fit expliquer la situation et, se tournant vers le maréchal, exigea la restitution de la place.

Navarre l'impétueux ne voulut pas en rester là. Il avait reçu de bonnes nouvelles de Batz. C'était dit, on attaquerait hardiment par surprise la muraille de Fleurance. « Avertissez le plus secrètement que vous pourrez tous mes serviteurs dont vous pourrez savoir le logement, confia-t-il à ses amis. Dans une heure, je serai à cheval hors la porte de la ville, avec ma cuirasse sous ma jupe de chasse ; que tous ceux qui m'aiment et voudront avoir de l'honneur me suivent. »

En pleine nuit, l'escouade des fidèles mit le pied à l'étrier. En avant ! À trois heures du matin, quelques coups d'arquebuse vinrent à bout des peu téméraires défenseurs de la bastide. Le retour à l'archevêché d'Auch se fit aussi discrètement que l'aller. Au lever du soleil, Catherine en apprenant la nouvelle se montra d'abord incrédule, sa susceptibilité en éveil. Comment ? Son gendre était allé courir la campagne au sortir du bal pendant qu'elle dormait ! Quand elle en acquit la certitude, elle lui lança : « C'est la revanche de La Réole ! Vous avez fait chou pour chou, mais le nôtre est mieux pommé ! » Un demi-aveu. Tous deux jouaient serré. Quant à Marguerite, qui avait besoin d'admirer pour aimer, elle fut enchantée de l'énergique riposte de son mari.

Il était clair que chacun cherchait à prendre des gages et à poser ses marques. Pourquoi s'arrêter en si bon chemin ? Les hommes de Biron occupèrent Agen et Villeneuve-d'Agen, ceux du Béarnais ripostèrent en prenant Lectoure. Tout chef des protestants qu'il fût, celui-ci ne pouvait entamer les négociations sans l'appui des députés des Églises de Guyenne et du Languedoc, dont l'assemblée générale devait se tenir à Nérac. Les deux cours s'y transportèrent donc et y firent une entrée solennelle le 15 décembre, la reine mère en litière, le roi de Navarre flanqué de sa femme et de sa sœur Catherine, venue de Pau, toutes deux montées sur des haquenées blanches.

Le soir, au château, où Henri avait fait accrocher ses plus belles tapisseries incrustées d'or, tout le monde se retrouva pour applaudir une entrée allégorique de Guillaume de Salluste Du Bartas, aimable poète gascon attaché au roi de Navarre avec le titre d'écuyer tranchant, au cours de laquelle trois muses, l'une latine, l'autre française et la dernière gasconne, rivalisèrent de dithyrambes sur la beauté de la souveraine. Enchantée de tant de flatteries rimées, celle-ci récompensa la récitante du texte en gascon – politique oblige – en lui passant au cou son écharpe de gaze brodée.

Catherine ne tarda pas à se ressentir de l'atmosphère pesante que faisaient régner les austères délégués huguenots, noirs corbeaux emplis, disait-elle, « de malice dans le cœur » et jargonnant en leur charabia biblique, qu'elle appelait avec ironie le « langage de Canaan ». Pour la messe de Noël, ayant constaté avec stupéfaction que toutes les églises catholiques avaient été rasées par ordre de Jeanne d'Albret, elle dut se rendre avec sa fille Marguerite au prieuré de Paravis, à Port-Sainte-Marie, récemment relevé des ruines de la guerre civile.

La paix du roi de Navarre

Les négociations sur l'application de l'édit s'ouvrirent enfin le 4 février 1579. Comme d'habitude, Henri se trouvait pris dans un étau, entre les exigences de la reine mère pressée de régler l'affaire au plus vite et ses coreligionnaires qui renâclaient à restituer les places et discouraient sans fin sur tout et rien. Son tempérament autoritaire et expéditif lui avait inculqué depuis longtemps une sainte horreur des conciliabules et délibérations d'assemblée. Il aimait agir au pas de charge. Il lui fallut pourtant écouter, discuter et rabâcher pour convaincre. Un supplice !

Catherine se présentait ponctuellement tous les matins à sept heures devant la commission qui tenait ses séances soit au château, soit dans un hôtel particulier qui existe toujours sous le nom de maison des Conférences*. Henri, lui, se levait vers dix heures. C'est qu'il se couchait fort tard, dévoré par une nouvelle passion. Délaissant la délectable Charlotte de Sauve, qui avait pourtant suivi sa maîtresse dans le Sud-Ouest, il s'était enflammé pour une incandescente Espagnole

* C'est l'actuel musée du Protestantisme.

de vingt-cinq ans, demoiselle d'honneur de sa belle-mère, Victoire d'Ayala (nom francisé en d'Ayelle, selon les habitudes du temps), « ce qui n'empêchait pas, observait Marguerite, que je reçusse beaucoup d'honneur et d'amitié de lui ». Chacun commençait à comprendre qu'il était de tempérament polygame.

Au cours d'une des joutes oratoires avec son gendre, la Florentine lui reprocha de lui ôter le sommeil. Celui-ci lui répliqua du tac au tac : « Madame, je n'en suis pas la cause. Ce n'est pas moi qui vous empêche de vous coucher dans votre lit ; c'est vous qui m'empêchez de dormir dans le mien ! » Entre deux séances dont il donnait l'impression de se soucier médiocrement, l'insaisissable Béarnais s'amusait, dansait, chassait ou se promenait dans le site enchanteur du parc ou de la Garenne, le long de la Baïse, batifolant et galantisant au gré de ses désirs sa jeune conquête.

Le 13, les députés huguenots, qui réclamaient avec une opiniâtreté lassante la liberté totale de leur culte, menacèrent de se retirer. Catherine, la paupière lourde, toujours anxieuse sous son masque de sérénité, leur rétorqua sèchement qu'elle les ferait tous pendre comme rebelles. La douce Marguerite s'interposa, et, en larmes, implora sa mère de les apaiser. Son mari désapprouva cette méthode. Le lendemain il convoqua ses coreligionnaires et les avertit dans une énergique mercuriale que s'ils persistaient dans leur obstination il leur retirerait sa protection et les laisserait sans défense face aux catholiques du pays. Cette douche froide fut bénéfique : l'accord fut signé le 18 février.

Le texte, que d'Aubigné proposait d'appeler la « paix du roi de Navarre », confirmait l'essentiel de l'édit de Poitiers. Outre l'amnistie acceptée, il fut convenu que serait créée une chambre juridictionnelle mixte à Agen, que quatorze places nouvelles seraient octroyées aux huguenots en supplément des huit déjà reconnues, mais pour une durée limitée à six mois.

Catherine quitta Nérac pour Agen, se préparant à repartir pour Paris. Elle aurait aimé y emmener son gendre et sa fille. Celui-ci fit mine de s'engager, mais plus le temps passait, plus elle constatait qu'il se payait en promesses dilatoires. Déçue, elle décida de reprendre son bâton de pèlerin et de poursuivre son voyage par la Provence et le Dauphiné où il restait encore à apaiser l'effervescence de factions en armes. Elle était à peu près rassurée sur la fidélité de son gendre et de sa fille, dont elle avait compris le puissant désir de jouer un rôle politique à ses côtés. « Madite fille, écrivait-elle au roi, qui se comporte fort bien pour le gouverner (comme elle doit), a fait tout ce bon office comme aussi elle me l'avait promis. » Prenant congé de la noblesse de Guyenne, elle déclara : « Je vous laisse le précieux gage que j'ai, qui est ma fille, laquelle est catholique et m'assure qu'elle ne sera jamais autre. »

Henri fit un bout de chemin avec les deux reines, les emmenant à Saverdun, dans son comté de Foix, avec l'intention de leur montrer une chasse à l'ours, mais, conte Sully, « on leur en fit si grand peur qu'il n'y eut pas moyen de les mener aux montagnes ». Après une première séparation le 6 mai et des adieux émouvants, il rejoignit la reine mère quelques jours plus tard à Fanjeaux, sur la route de Carcassonne. Alors, dans un geste symbolique, il l'autorisa à lui couper son second toupet à l'oreille gauche. Tout allait à souhait. L'habile négociatrice, ravie d'avoir amadoué son gendre, repartit avec ses « scalps », selon le mot de Jean-Pierre Babelon.

10

VERS UN DESTIN NATIONAL

En Béarn

En ce printemps de 1579, Henri et Marguerite semblaient vivre une nouvelle lune de miel, plus calme assurément que la première. « Ma fille est avec son mari, annonçait Catherine à son amie Mme d'Uzès le 18 mai ; c'est le meilleur ménage que l'on saurait désirer. » Profitant d'un moment de tranquillité sur le front tumultueux des événements guerriers, le roi de Navarre décida de présenter sa femme à ses sujets béarnais. Le 25 mai, à Coarraze, il prit plaisir à lui montrer le château et les décors pyrénéens de son enfance, évoquant sans doute quelques-uns de ses souvenirs les plus précieux. Le lendemain, le couple royal entra à Pau par la porte de l'Horloge. Reçu par les jurats en toque, costume pourpre et cape blanche, il fut escorté dans les rues tendues de tapisseries de taffetas vert par la compagnie des gardes de la cité.

Pur accueil de façade : imprégnée du protestantisme rigide de Jeanne d'Albret qui avait prohibé tout exercice de la religion catholique sous peine de mort, la capitale béarnaise n'était encline à aucune concession à l'égard du « papisme » et de l'« idolâtrie romaine » professés par leur souveraine. Après son évasion du Louvre et le rejet par les états de la vicomté de son ordonnance de 1572, Henri n'avait rien changé à cette situation, malgré les engagements pris devant l'archevêque de Vienne, l'un des délégués des états généraux de Blois. Le sujet lui avait paru trop explosif.

Marguerite, profondément attachée à sa foi, ressentit avec peine l'hostilité des Palois. Par obligeance, mais en contradiction avec les lois de la vicomté, son mari lui fit aménager discrètement une chapelle privée : un réduit de quelques mètres de long, où pas plus de six ou sept personnes pouvaient se tenir debout en sus du prêtre. Avant chaque office, on relevait le pont-levis de façon à empêcher les catholiques du cru d'y assister. Or, le 7 juin, jour de la Pentecôte, plusieurs intrépides parvinrent à se faufiler tôt le matin à l'intérieur du château et à assister au saint sacrifice de la messe. Aussitôt averti, le secrétaire du roi, l'intraitable Jacques Lallier, sieur du Pin, ancien collaborateur de l'amiral de Coligny, fit arrêter les contrevenants.

Marguerite, qui assista à la scène, en fut scandalisée. « Je m'en allai plaindre au roi mon mari, conte-t-elle dans ses *Mémoires*, le suppliant de faire lâcher ces pauvres catholiques qui n'avaient point mérité un tel châtiment pour avoir voulu, après avoir été si longtemps privés de l'exercice de notre religion, se prévaloir de ma venue pour rechercher le jour d'une si bonne fête d'ouïr la messe. Le Pin se mit en tiers, sans y être appelé, et, sans porter ce respect à son maître de le laisser répondre, prit la parole et me dit que je ne rompisse point la tête au roi mon mari de cela, car quoi que j'en pusse dire, il n'en saurait faire autre chose ; qu'ils avaient mérité ce qu'on leur faisait... » De fait, les prisonniers ne furent libérés que plusieurs semaines plus tard, et, à leur sortie, taxés de lourdes amendes.

Henri, mal à l'aise, éloigna temporairement son secrétaire, sans oser le casser, et ajourna la prochaine session des états de la province par crainte de voir aborder la question en public. À son habitude, en paysan madré, il finassait et esquivait. Sa circonspection s'expliquait aussi parce qu'il n'avait pas encore officiellement prêté serment en tant que vicomte de Béarn, ce qu'il fera le 2 avril 1581.

Il était clair que les élites dirigeantes, auxquelles appartenait Lallier du Pin, ne voulaient pas de souveraine catholique et souhaitaient le rapide divorce du roi. La jeune femme, qui avait pris en grippe Pau et les Palois, était outrée du manque de fermeté de son époux. À ce chagrin s'en ajouta un autre.

Henri, toujours insatiable sur les chemins de Vénus, avait entamé une liaison avec une de ses demoiselles d'honneur, Marguerite de Rebours, fille d'un président au Parlement, une « malicieuse, confessait la princesse, qui ne m'aimait point et qui me faisait tous les plus mauvais offices qu'elle pouvait ». Dieu, poursuit-elle, « eut enfin pitié de mes larmes et permit que nous partissions de ce petit Genève de Pau, où de bonne fortune pour moi Rebours y demeura malade ».

Son ressentiment s'effaça lorsque, deux jours plus tard, le 15 juin, une violente fièvre accompagnée de maux de tête persistants – probablement une grippe infectieuse – cloua le malheureux durant plus de deux semaines à Eauze, cette petite place qui lui avait déjà porté malchance deux ans plus tôt, dans la maison de Jeanne d'Albret en encorbellement qui subsiste de nos jours sur la place d'Armagnac avec ses piliers de bois et ses poutres sculptées. Marguerite, le cœur débordant de générosité, fut une garde-malade attentive et affectionnée. « Il commença d'avoir agréable mon service, avoua-t-elle, et à s'en louer à tout le monde. » Elle respectait en quelque sorte leur pacte d'assistance mutuelle qui leur tenait lieu de contrat de mariage.

En juillet, enfin sur pied, son mari alla présider à Montauban l'assemblée des protestants du Midi. Là, les critiques fusèrent contre l'accord de paix. L'opinion largement majoritaire penchait pour une reprise de la guerre si le roi de France les contraignait à restituer les places concédées pour six mois. Une nouvelle fois, Henri joua à l'équilibriste, persuadé que s'il voulait demeurer leur chef, il devrait se plier plus ou moins à leurs desiderata.

Cythère à Nérac

Les quelque deux ans et demi qu'Henri et Marguerite passèrent à Nérac à partir du printemps de 1579, entrecoupés d'un petit nombre de déplacements, furent comme une parenthèse de bonheur et de félicité, un temps d'allégresse qui leur laissa un impérissable souvenir, peut-être rétrospectivement magnifié. Le cadre bucolique de la capitale de l'Albret, au cœur des terroirs gascons, était des plus agréables. Dans le jardin de plaisance à la française, Henri d'Albret avait planté des lauriers et des cyprès et installé des orangers et citronniers en caisse. Il avait passé commande de deux pavillons – celui des Mariannes et celui des Bains – et de deux fontaines – la *« houn de las Poupetos »* (« la fontaine des Poupettes » ou des petits seins) et celle du Griffon, ornées des deux vaches béarnaises. On lui devait également une volière où s'ébattaient des oiseaux exotiques, une ménagerie où vivaient des singes, des grues, des hérons et des perroquets, et une « tortuguière », autrement dit un élevage de cistudes (réputées pour leurs vertus culinaires et médicinales). En face, sur la rive gauche de la verte Baïse, la Garenne, promenade ombragée d'ormes et de chênes, était une réserve de poissons et de gibier.

Au château, où de somptueux appartements venaient d'être aménagés, on menait grand train, bonne chère et joyeuses ripailles. À table, où pour ne pas paraître efféminé les doigts tenaient lieu de fourchettes, on faisait des orgies de victuailles : tripes de bœuf, langues de mouton, pâtés de chevreuil, chapons, dindes, canards et oies grasses, jambons basques ; le vendredi, carpes, tanches, brochets, mulets, morues, merlus, harengs, anguilles et huîtres. Constamment arrivaient des barriques de bordeaux, de jurançon ou de bourgogne, des paniers de poires et de raisins de Pau, des jambons de Bayonne, sans compter les perdreaux, cailles et palombes tirés dans le vaste parc de Durance à quelques lieues de là.

« Notre Cour était si belle et si plaisante que nous n'enviions point celle de France, écrivait Marguerite, y ayant madame la princesse de Navarre* [...] et moi avec bon nombre de dames et filles ; et le roi mon mari étant suivi d'une belle troupe de seigneurs et gentilshommes aussi honnêtes gens que les plus galants que j'ai vus à la Cour ; et n'y avait rien à regretter en eux, sinon qu'ils étaient huguenots. Mais de cette diversité de religion il ne s'en oyait point parler : le roi mon mari et madame la princesse sa sœur allant d'un côté au prêche, et moi et mon train à la messe en ma chapelle qui est dans le parc, d'où, comme je sortais, nous nous rassemblions pour nous aller promener ensemble en un très beau jardin [...]. Et le reste de la journée se passait en toutes sortes d'honnêtes plaisirs, le bal se tenant d'ordinaire l'après-dîner et le soir. »

Malgré la prépondérance du protestantisme, l'atmosphère à Nérac différait de celle de Pau par son absence de sectarisme et d'acharnement anticatholique. Au sein de cette cour légère et délicate dont s'inspirera Shakespeare en 1595 pour l'une de ses premières comédies, *Love's Labour's Lost* (*Peines d'amour perdues*), les distractions étaient variées : jeux de cartes – notamment le tarot, où Navarre misait toujours de grosses sommes –, parties de billard, jeux de paume et de quilles, sans compter les chasses à Durance, où le gibier abondait. Le soir, outre le bal quotidien avec ses courantes et ses gaillardes, on privilégiait les concerts de luth, de musette, de cornet et de violon. On applaudissait aux comédies des troupes italiennes de passage et l'on riait de bon gré aux farces burlesques et aux contorsions de Nicolas Léon.

Marguerite était une intellectuelle, aimant le beau langage et la recherche littéraire. Elle avait une telle passion des livres,

* Catherine de Bourbon, sœur d'Henri.

contait Brantôme, qu'elle les lisait tout d'une traite, même les plus longs, dût-elle en perdre « le manger et le dormir ». À Paris, elle avait fréquenté le « Salon vert » de la maréchale de Retz, où s'étaient élaborés, dit-on, les prolégomènes de la préciosité. Elle y avait été célébrée sous le nom de la déesse Éryce, « la perle unique au monde et sa fleur immortelle ».

À Nérac, elle voulut renouveler les exploits poético-littéraires de sa grand-tante, la première Marguerite, qui avait déjà fait de cette petite ville un haut lieu de l'esprit, un centre de rayonnement philosophique, théologique, humaniste et poétique. Le sujet favori de cette assemblée était l'amour avec un grand A, l'amour idéal, celui des chevaliers et des élues de leur cœur, loin de la trivialité des camps et du troussage de cotillons. Dans cette société douce et plaisante, rapportait le grave Sully, on ne parlait « que d'amour et des passe-temps qui en dépendent ».

Imprégnée de pétrarquisme, la reine de Navarre avait rédigé un petit texte poétique qui donnait le ton, *La Ruelle mal assortie*, inspiré de la *Sprezzatura* de Baldassare Castiglione. Elle composait aussi bien en prose qu'en vers, faisant chanter ses stances par un chœur d'enfants ou les déclamant elle-même, « car, ajoutait Brantôme toujours amoureux d'elle, elle a la voix belle et agréable, l'entremêlant avec le luth qu'elle touche bien gentiment ».

Son éloquence aussi était exceptionnelle. On raconte que quelques années auparavant, en août 1573, lors de la visite des ambassadeurs de Pologne à Paris, elle avait été seule capable de leur répondre en latin, « si pertinemment et si éloquemment, sans s'aider d'aucun truchement, ayant fort bien entendu et compris sa harangue que tous en entrèrent en si grande admiration que d'une voix ils l'appelèrent une seconde Minerve ou déesse de l'éloquence » (Brantôme).

À Nérac, elle imagina des devises, émaillant sa signature de « fermesses » à l'espagnole, dont Henri se servira également : les quatre S fermés d'une barre transversale : *Sabio*, *Solo*,

Solicito, Secreto (« Sage, Seul, Solliciteur et Secret »), signes d'amour. « La reine de Navarre, disait d'Aubigné, eut bientôt dérouillé les esprits et fait rouiller les armes. »

La cour d'amour de Nérac, à la fois éclectique et œcuménique, où se mêlaient catholiques et protestants, mettait en valeur poètes, littérateurs et artistes : Guillaume Du Bartas, conseiller d'Henri de Navarre, qui enveloppait Marguerite de louanges dans sa *Muse chrétienne*, Guy Du Faur de Pibrac, son chancelier, secrètement amoureux d'elle et auteur des célèbres *Quatrains* qu'on récitera dans les classes enfantines jusqu'au XIXe siècle, Agrippa d'Aubigné qui préparait ses *Tragiques* (l'entente toutefois ne dura pas avec lui ; il la qualifiera de « femme artificieuse »), Duplessis-Mornay, Ravignan, président de la cour de Pau, Dortoman, premier médecin du roi de Navarre, Pierre Pellisson, conseiller à la chambre de Castres, Madeleine de l'Aubespine, dame de Villeroy, d'autres encore. La période néracaise se caractériserait davantage par une sociabilité mondaine et raffinée, où se pratiquaient l'art de la conversation et la lecture publique, que comme le « creuset d'une activité lettrée accrue » (Bruno Petey-Girard). *L'Anthologie poétique*, richement calligraphiée après 1586, ne contenait d'ailleurs pas que des œuvres de cette époque.

Influencée par cette atmosphère de galanterie, Catherine de Bourbon, princesse de Navarre, toute bonne huguenote qu'elle fût, s'éloigna quelque peu des principes rigides de sa mère. Élégante, dépensière, passionnée de bijoux, elle aimait la compagnie, jouait du luth, chantait et s'essayait aux stances et rondeaux. Le jeune Turenne, trop petit seigneur pour rêver d'un tel parti, la courtisait discrètement tout en poursuivant de ses assiduités la délicate Mlle de La Vernay, fille d'honneur de Margot.

Philosophie et coquetterie

Au sein de son académie littéraire, Marguerite faisait figure de déesse raffinée se rassasiant d'adoration et de périphrases laudatives. Parmi ses thuriféraires, notons la présence de Michel de Montaigne, ancien magistrat du parlement de Bordeaux, qui ne tardera pas à devenir maire de la ville. Henri avait nommé ce catholique modéré, partisan de la paix entre les religions, gentilhomme de sa Chambre. Le probe magistrat dédia discrètement à la reine de Navarre l'apologie de Raymond Sebond qu'il venait d'écrire dans un substantiel chapitre destiné à ses prochains *Essais*.

Marguerite en effet avait lu avec grand intérêt la *Théologie naturelle* de ce médecin catalan du XVe siècle qui cherchait à appréhender les vérités de la foi par le seul usage de la raison. Ce fut par son intermédiaire, à moins que ce ne fût par celui de Léon l'Hébreu, fils du rabbin portugais Abravanel et auteur de la *Philosophie d'amour*, ou du Toscan Marsile Ficin, précepteur de Laurent de Médicis et de Pic de La Mirandole, qu'elle goûta les finesses de la pensée néoplatonicienne, dont la doctrine visait à opérer une synthèse entre le christianisme et la sagesse antique. Elle s'intéressa également aux travaux d'un prélat original et peu orthodoxe, François de Foix-Candale, évêque d'Aire, physicien et mathématicien, passionné de sciences occultes et d'alchimie, qui venait lui aussi de lui dédier la seconde édition des *Œuvres mystérieuses d'Hermès Trismégiste*.

Son intelligence des spéculations philosophiques n'empêchait pas son inclination à la frivolité. Raffolant de la toilette, elle faisait et défaisait la mode dans ce « Louvre en miniature », selon la formule d'Agrippa d'Aubigné. Henri avait-il essayé de s'adapter à elle en se mettant à lire ? On sait par les comptes de la Trésorerie de Navarre, conservés aux archives départementales des Pyrénées-Atlantiques, qu'il avait alors enrichi de plusieurs ouvrages la bibliothèque du château, notamment les *Œuvres* de Plutarque, les *Discours* de Cicéron, les *Mémoires* de Jean Du Bellay, l'*Histoire de France* de Du Haillan, les *Chroniques* de Jean Carion, un dictionnaire grec-latin-français. Mais peut-être ce fonds provenait-il de demandes directes de Marguerite ?

Jusque-là, Henri avait négligé les soins corporels. Sa femme comme ses maîtresses avaient à supporter son odeur de gousset, cette « fâcheuse senteur de l'aile et du pied ». On raconte que Marguerite était obligée de faire changer leurs draps à peine y étaient-ils demeurés plus d'un quart d'heure. À Nérac, il fit des efforts pour se débarrasser de ses habitudes rustiques. Les comptes de la garde-robe témoignent pour cette époque de sa transformation physique et vestimentaire.

À côté d'une « éponge pour laver la tête du roi » – quelle révolution ! –, on y notait la présence de « pourpoints de soie et de satin noir et blanc, de chausses de satin jaune, de chemises et de caleçons de toile de Hollande, de bas de soie, de chapeaux de velours, de manteaux de reître* écarlate rouge, avec passements d'or et d'argent, de manteaux de pourpre, de capes de frise d'Espagne ». Il se préoccupait même de ses soins dentaires au sujet desquels on trouve mention d'achats de poudres « pour aurifier les dents du roy ».

La Trésorerie de Navarre garde trace également des présents faits à sa femme : « Un panache de plumes d'oiseau de paradis estimé à 1 200 livres ; un collier de 1 200 perles ; quatre bagues d'or garnies de diamants ; une bague avec une émeraude ; plusieurs montres ; dix éventails dorés et argentés ; des gants accoutrés en ambre ; des gants de fleurs parfumés ; des eaux odoriférantes ; des pastilles de senteur ; des pièces de soieries, de velours, en particulier de velours orangé pour faire des bonnets de nuit. »

En vérité, si Henri s'habillait avec recherche, ce n'était pas tant pour plaire à son épouse que pour multiplier les conquêtes féminines. Il était plus que jamais tourmenté de désirs. Après

* Cape sans manches taillée en rond.

une brève aventure avec la fille de l'avocat Constans, rencontrée, semble-t-il, à Montauban, une autre avec une demoiselle de Montaigu, il avait serré de près Mme de Pétonville, assiégé Mlle de Duras, galantisé la comtesse de Saint-Mégrin, culbuté Arnaudine, « garce d'un nommé Goliath », et enfiévré Anne de Cambefort, qui se serait jetée de désespoir par la fenêtre après avoir été abandonnée. Il était alors tombé amoureux d'une frêle et rougissante demoiselle d'honneur de sa femme, Françoise de Montmorency-Fosseux, dite la Fosseuse, fille de Pierre de Montmorency, marquis de Thury, baron de Fosseux, et de Catherine d'Avaugour. Il cajola cette jouvencelle de quatorze ans à peine, la gava de massepain et de dragées, combla de douces paroles son cœur ingénu et obtint à force d'insistance sa reddition.

La « guerre des amoureux »

Parce qu'ils suivent de trop près les commérages du temps, certains historiens ont attribué faussement à une intrigue amoureuse la septième guerre de Religion, d'où son nom de « guerre des amoureux ». Henri de Navarre aurait appris que son beau-frère Henri III, lui-même informé par la belle Fosseuse et une fille de chambre nommée Xaincte avec laquelle il « familiarisait », se serait gaussé de ses mésaventures conjugales. En outre, selon une rumeur erronée, sciemment mise en circulation au Louvre, le vicomte de Turenne aurait osé jeter les yeux sur Marguerite et en serait devenu l'amant.

En réalité, la crise était d'ordre politique. L'accord scellé à Nérac par Catherine de Médicis n'avait nullement supprimé les tracasseries et tensions : le refus de la Cour de mettre le roi de Navarre en possession des villes données en dot à sa femme, les réticences équivalentes des protestants à livrer les places conquises, la réaction en retour des catholiques qui s'emparèrent de plusieurs citadelles et, brochant sur le tout, le courroux touchant à l'extravagance opposant le roi de Navarre, férocement jaloux de son autorité, à son lieutenant général en Guyenne, le cauteleux Biron, dont les sarcasmes dénonçaient à tout-va le « garbouil » (les brouilleries) de ce fanfaron. Bref, la situation s'envenimait.

En novembre 1579, lors d'une réunion des chefs huguenots à Mazères, dans le comté de Foix, Henri avait rompu deux écus et en avait symboliquement distribué les morceaux aux représentants des Églises du Languedoc et du Dauphiné ainsi qu'à l'envoyé du fils de Coligny et à Lesdiguières, leur fixant pour objectif d'occuper une soixantaine de nouvelles villes.

Au même moment, Condé, qui ne rêvait que plaies et bosses, s'était emparé par surprise de la place de La Fère, dans ce gouvernement de Picardie qui était toujours en principe le sien. Henri III avait dû dépêcher le maréchal de Matignon afin de reprendre la ville. L'étau se resserrait autour des huguenots, malgré leur audace à multiplier les assauts, comme à Mende, la très catholique capitale du Gévaudan, où le soir de Noël un condottiere avide et rusé, Matthieu Merle, avait attendu la messe de minuit pour tuer les prêtres, saccager la ville et décrocher la *Non Pareille*, la plus grosse cloche d'Europe, qu'il avait fait fondre et transformer en couleuvrines et en boulets de canon.

Au début de mars 1580, la venue à Nérac de Philippe Strozzi, colonel général de l'infanterie française, plongea le Béarnais dans le plus grand embarras. Sommé de rendre les places confiées à son parti pour six mois, celui-ci s'embarqua dans d'étranges contorsions : à titre personnel, il était déterminé à respecter l'accord – sa loyauté l'exigeait en tant que signataire –, mais il en était empêché par ses compagnons réformés qui lui faisaient confiance et qu'il ne pouvait décevoir. Plus fondamentalement, son ressentiment contre le cauteleux Biron était au cœur de ses préoccupations. Atteint dans son orgueil de roi, humilié dans son prestige de gouverneur, il redoutait par-dessus tout le mépris de son camp.

Pour se maintenir comme chef et protecteur des Églises réformées et gouverneur de Guyenne, il avait compris qu'il lui fallait vivre dans l'ambiguïté, jouer double, voire triple jeu, assumer les contradictions, se montrer retors, revêtir le masque de l'hypocrisie. S'il n'avait peut-être pas lu Machiavel, il en avait assimilé les leçons politiques et les appliquait sans états d'âme. Il savait à la perfection adapter ses discours à ses interlocuteurs. Un exemple ? En janvier 1580, il rassurait par une dépêche son cousin le roi de France en ces termes : « Croyez, s'il vous plaît, que je ne cesserai de m'employer au bien et à la conservation de la tranquillité publique, tant pour le bien et repos de ce royaume que pour être continué en la faveur de votre bonne grâce. » Quelques jours plus tard pourtant, il écrivait à Armand de Gontaut-Saint-Geniès, son sénéchal de Béarn et gouverneur de la Navarre : « La trêve [ne] serait aucunement mon fait en un autre temps, comme déjà vous l'ai dit ; toutefois, puisqu'on s'est laissé équiper en cette façon, je ne la veux rompre ; mais en veux-je profiter pour préparer la guerre. Qui aime le repos sous la cuirasse, il ne lui appartient pas à se mêler à l'école de la guerre. »

Le 15 avril, rompant enfin les amarres dans son manifeste *À Messieurs de la noblesse*, il expliquait les raisons pour lesquelles il repartait en guerre : la non-application par les catholiques des accords de Poitiers et de Nérac concernant l'égale admission de tous aux charges et aux honneurs, et, pour ce qui le concernait, les entraves inadmissibles portées à son autorité de gouverneur d'une province du roi.

Catherine, fort inquiète, avait sensibilisé sa fille à cette nouvelle crise, lui demandant de s'entremettre afin d'apaiser le conflit entre les deux principaux responsables de Guyenne. Mission impossible ! « J'ai fait et fais encore ce que je puis pour les remettre ensemble, écrivait-elle à Henri III, mais, tant d'une part que d'autre, je n'ai si peu d'espérance que je n'en puis rien espérer de bien. »

Cahors et la paix du Fleix

Sans rien dire à sa femme, Henri résolut une action spectaculaire : prendre d'assaut Cahors, vieille cité catholique puissamment fortifiée, bâtie dans une boucle du Lot, qui avait été affectée à la dot de la princesse avec les sénéchaussées du Quercy et de l'Agenois. Il disposait d'environ 200 gentilshommes et d'un millier d'arquebusiers. L'attaque commença le dimanche 29 mai, vers minuit, non par le célèbre et magnifique pont Valentré (le seul à subsister aujourd'hui), mais par le Pont-Neuf, à l'est. Éloigné de la citadelle, celui-ci était protégé par trois grosses tours carrées, l'une à l'entrée, servant de poterne, mais dépourvue de herse, la deuxième de ravelin en son centre, et la troisième ouvrant directement sur la cité médiévale : c'était le seul endroit où l'on pouvait surprendre la place. L'assaut reposait sur une équipe du génie, composée de douze spécialistes des sapes et des mines, agissant avec audace et rapidité sous les ordres du vicomte de Gourdon-Cénevières. Ces artificiers intrépides firent d'abord exploser un « pétard » bourré de poudre, qui pratiqua une brèche dans la première porte, ouverture que l'on élargit à coups de hache. Des hallebardiers et arquebusiers conduits par le baron de Salignac s'avancèrent alors sur le pont et s'emparèrent de la tour médiane sous la mitraille. Une nouvelle mine posée sur les ventaux de la dernière porte libéra le passage. Le mauvais temps – pluie et éclairs zébrant le ciel – accompagnait si bien les assaillants que le sénéchal et les consuls confondirent pendant un long moment les explosions avec le tonnerre, avant de faire sonner le tocsin.

L'affaire n'était pas gagnée pour autant. La garnison, forte de 2500 Cahorsins, se défendit avec la dernière énergie. Navarre à la tête de sa compagnie de gentilshommes fit abattre les murs de bois de plusieurs maisons. Commença ensuite un rude corps-à-corps. La ville ne tomba qu'au bout de cinq jours, au cours desquels le Béarnais, bravant le danger, paya de sa personne à plusieurs reprises, au point de se retrouver couvert de sang et de boue, ses habits déchirés. À un moment donné, redoutant la débandade de ses troupes, il s'élança au milieu des fuyards et ranima leur ardeur, évitant les arquebusades et rompant même deux pertuisanes. Au cours de cette action héroïque, le jeune Rosny fut blessé à ses côtés. Plus tard, de l'hôtel de ville où il s'était installé pour diriger les opérations, il partit à l'assaut d'une barricade avec quelques compagnons. On doit à un historien local de la fin du XIXe siècle, M.-J. Baudel, la relation de cette première et grande victoire militaire du futur Henri IV, son vrai baptême du feu à vingt-sept ans. L'entreprise ravit de plaisir Marguerite, qui chérissait les héros. « Le roi mon mari fit paraître sa prudence et sa valeur, non comme prince de qualité, mais comme un prudent et hasardeux capitaine. » Prudent et hasardeux, l'opposition des mots le décrivait bien. L'enthousiasme de sa sœur revint aux oreilles d'Henri III, qui eut vite fait de la soupçonner de complicité, ce qui était inexact.

Hélas, ce succès fut sans lendemain. Navarre ne disposait pas de suffisamment d'hommes pour affronter l'armée royale de Biron, qui se permit même de mettre ses couleuvrines en batterie et de lancer une volée de boulets sur le château de Nérac, place en principe déclarée neutre, mais où Henri, désireux de retrouver au plus vite les bras de Fosseuse, était rentré en hâte.

Pendant ce temps, Monsieur, obsédé depuis des mois par son rêve d'une souveraineté dans les Pays-Bas, avait fait occuper la citadelle de Cambrai. En septembre, il avait reçu à Plessis-lès-Tours les députés néerlandais venus lui promettre la couronne s'il prenait la tête d'une armée de secours. Catherine de Médicis, qui avait d'abord conforté son benjamin dans ses illusions, lui faisant miroiter la lieutenance générale du royaume et son appui pour son projet de mariage avec Élisabeth Ire, commença à craindre une nouvelle guerre avec l'Espagne, sa hantise depuis Le Cateau-Cambrésis. Afin de le détourner de ces folies, elle le flatta en le chargeant personnellement des négociations avec Henri de Navarre. Anjou partit donc pour le Sud-Ouest, flanqué des deux meilleurs diplomates du temps, le secrétaire d'État Nicolas de Villeroy et le surintendant Pomponne de Bellièvre.

Signée le 26 novembre 1580 au château vieux du Fleix, en Périgord, la paix mit fin aux hostilités. Les huguenots conservaient pour six ans les places qui leur avaient été antérieurement concédées, mais devaient rendre Cahors à son gouverneur catholique. Henri de Navarre obtenait un succès personnel avec le renvoi de Biron et son remplacement par le maréchal de Matignon.

Néanmoins, cet accord ne reçut pas l'assentiment de tous les réformés. C'eût été trop beau ! À Genève, on lui reprocha de s'être engagé au nom des calvinistes français sans la moindre concertation. De son côté, Condé, de plus en plus critique – et jaloux – à l'égard de son cousin Bourbon, clama que la paix était inacceptable et envisagea une nouvelle prise d'armes en Languedoc de concert avec le maréchal de Damville. On n'en finissait pas !

Habilement, Navarre, avec l'assentiment d'Henri III, s'en remit à l'assemblée des députés des Églises de France, qui se tint à Montauban, en avril-mai 1581. Sa victoire fut totale : les huguenots approuvèrent non seulement la paix du Fleix, mais confirmèrent le Béarnais comme seul « protecteur » des Églises sous la « sujétion » du roi de France. Quatre conseillers étaient désignés pour l'assister dans ses fonctions : un représentant des Églises du Languedoc, un des pays de l'Ouest, un autre du Dauphiné et de la Provence, et le dernier de l'Île-de-France, de la Normandie et des régions du Centre.

Discorde dans le ménage

En décembre 1580, après la paix du Fleix, la cour de Navarre suivie de celle de Monsieur alla s'installer jusqu'en avril 1581 au château de Coutras puis à celui de Cadillac. Lorsqu'il apprit que les Espagnols avaient mis le siège devant Cambrai, le duc d'Anjou ne songea plus qu'à voler au secours de cette place avec le maximum de troupes. Il s'efforça de convaincre le vainqueur de Cahors de le suivre. Celui-ci sembla d'abord se rallier à cette proposition, avant de se raviser : quel intérêt avait-il à s'éloigner de sa base du Sud-Ouest, au milieu de ses amis, les *Brabes Gascous*, pour se hasarder dans la France du Nord ? Nérac derrière ses larges murailles était son port d'attache, où il avait réussi à conquérir tous les cœurs. « S'il y a quelque chose de stable comme le roc dans le cours changeant de ses humeurs, observe Raymond Ritter, c'est son attachement au terroir gascon et sa prédilection pour tout ce qui relève de la Gascogne. » Comme toujours il fit traîner son départ. Sa mauvaise volonté était patente.

Las des tergiversations de son ancien compagnon d'infortune du Louvre, Monsieur quitta Cadillac à la fin d'avril en compagnie de quelques grands seigneurs huguenots, dont Henri, un peu en guise de compensation, autorisa le départ : Turenne, Lavardin, Rosny et La Noüe.

Or, Marguerite, depuis l'arrivée de son frère au Fleix, était tombée éperdument amoureuse de son grand écuyer, Jacques de Harlay de Champvallon, un chevalier à la mode ancienne comme elle en rêvait, brave, fin, lettré, adepte de l'amour courtois et bon lecteur des *Hermétiques* et de Marsile Ficin. Un vrai coup de foudre, une passion qu'elle n'avait éprouvée pour personne jusque-là, pas même pour un autre bourreau des cœurs, Bussy d'Amboise, qui avait été tué deux ans plus tôt par le comte de Montsoreau alors qu'il tentait de séduire son épouse Françoise de Maridor.

Sa relation avec Champvallon alla-t-elle plus loin qu'un simple flirt ? Selon Agrippa d'Aubigné, elle aurait été surprise à Cadillac « en ses privautés » avec lui. Toujours est-il que le beau Champvallon avait suivi son maître. Il en était résulté un échange épistolaire dont Albert Savine a publié de larges extraits : de longues lettres au style alambiqué, inintelligible, souvent ridicule, dans lesquelles chacun exaltait préciosité et érotisme sublimé, mais dont n'étaient pas absentes les platitudes : il était son « beau soleil », son « beau miracle de la nature », son « beau cœur », son « beau Narcisse », son « bel ange ». Bref, comme le jugeait Sainte-Beuve, « elle empruntait à la fausse poésie du jour tous ses oripeaux pour se persuader que son caprice du moment était un culte éternel ».

Alors que le bellâtre était sur des charbons ardents et se plaignait des « rigueurs » de la cruelle, elle de son côté dédaignait le « fatal accident » de la pleine possession, préférant aux cœurs embrasés d'une « flamme vulgaire » la perfection de « deux âmes unies par une même volonté ». Elle lui rappelait du reste qu'elle était mariée et que « Vénus a souvent par Junon en la plupart de ses desseins été contrariée ».

Par ailleurs, les relations entre Henri et Marguerite s'étaient dégradées. La petite Fosseuse régnait plus que jamais sur le cœur du roi. Malgré sa grande jeunesse, elle avait pris de l'assurance, d'où une agressivité nouvelle à l'égard de sa maîtresse. Parce qu'elle était gente damoiselle, issue d'une des plus vieilles lignées de France, les Montmorency, elle imaginait se faire épouser par son amant. Il semble bien qu'Henri ait inauguré avec elle l'odieux procédé dont il se servira à plusieurs reprises pour arracher les derniers scrupules de ses conquêtes, à savoir la promesse de mariage dans l'attente d'une annulation de son union avec la sœur d'Henri III. « En peu de temps, confesse cette dernière dans ses *Mémoires*, je le connus tout changé. Il s'estrangeait de moi, il se cachait et n'avait plus ma présence si agréable qu'il avait eue. »

Bientôt, ce que la câline Fosseuse recherchait arriva : elle tomba enceinte, plaçant la reine de Navarre dans une situation embarrassante puisqu'on sut alors qu'elle était stérile. La malheureuse pleura d'autant plus que Fosseuse refusait de se retirer à la campagne pour faire discrètement ses couches. Il fallait donc cacher au public la grossesse de la donzelle, qui continuait de vivre dans la même chambre que sa maîtresse, séparées chacune par des rideaux. Vint le moment de la délivrance. Le médecin en avertit Henri, qui, conte sa femme, « se trouva fort en peine, ne sachant que faire, craignant d'un côté qu'elle fût découverte, et de l'autre qu'elle fût mal secourue, car il l'aimait fort. Il se résolut enfin de m'avouer tout et me prier de l'aller faire secourir ». « M'amie, lui dit-il, je vous ai celé une chose qu'il faut que je vous avoue. Je vous prie de m'en excuser. [...] Allez secourir Fosseuse qui est fort malade. [...] Vous savez combien je l'aime. Je vous prie, obligez-moi en cela. » Bonne âme, Margot s'exécuta. « Dieu voulut qu'elle ne fît qu'une fille, qui encore était morte. » Ouf !

Invitée par sa mère à venir la rejoindre à Poitiers, Marguerite prit la route, accompagnée de son mari. Peut-être celui-ci accepterait-il enfin de rejoindre la Cour et, qui sait, de revenir au catholicisme ? Sa place y était de plus en plus nécessaire au moment où le destin de Monsieur semblait se dessiner. Après avoir dégagé Cambrai et pris Le Cateau-Cambrésis, celui-ci s'était fiancé à Londres avec Élisabeth Ire, puis était entré à Anvers, acclamé comme duc souverain de Brabant.

La rencontre avec la reine mère eut lieu au château de La Mothe-Saint-Héray, en Poitou. On spécula sur le retour du couple au Louvre. Le mieux n'était-il pas de ménager une rencontre avec Henri III qui devait venir à Chenonceau ? Navarre connaissait trop sa belle-mère pour avoir la moindre envie de se laisser manipuler. Finalement, Catherine repartit avec sa fille, laissant son gendre regagner la Gascogne.

La petite Fosseuse avait repris sa place habituelle et suivi sa maîtresse jusqu'à Fontainebleau. La Florentine, plutôt conciliante pour les aventures discrètes, ne pouvait fermer les yeux sur le scandale. Elle se souvenait trop de sa position de femme publiquement bafouée face à Diane de Poitiers. Elle obtint donc le renvoi de la coupable. Henri, même s'il avait déjà oublié cette malheureuse gamine – loin des yeux, loin du cœur était sa devise –, en fut piqué au vif. Feignant de voir dans ce congé un affront personnel, il demanda à son épouse de la réintégrer et de l'entourer de son affection. En plus de ses lettres, il missionna son écuyer Antoine de Fronsac pour exprimer de vive voix à la mère et à la fille son mécontentement, les menaçant de ne jamais revenir à la Cour si sa requête n'était pas suivie d'effet. Marguerite, on la comprend, fut choquée par cette invraisemblable requête, atteinte dans sa dignité de Fille de France. Pourquoi engagerait-elle sa réputation sur un sujet aussi scabreux ? « Vous m'écrivez que, pour fermer la bouche au roi, aux reines et à ceux qui m'en parleront, je leur dise que vous l'aimez et que je l'aime pour cela. Cette réponse serait bonne parlant d'un de vos serviteurs ou servantes, mais de votre maîtresse ! » Quant à Catherine, sa réponse fut tout aussi cinglante : « Vous n'êtes pas le premier mari jeune et non pas bien sage en telles choses ; mais je vous trouve bien le premier et le seul qui fasse, après un tel fait advenu, tenir un tel langage à sa femme. [...] Ce n'est pas la façon de traiter les femmes de bien et de telle maison, de les injurier à l'appétit d'une putain publique – car tout le monde, non seulement la France, sait l'enfant qu'elle a fait – et de leur mander un tel langage, lequel je ne puis croire qu'il vienne de vous. Car vous êtes trop bien né et de la maison dont elle est issue, pour ne savoir comment vous devez vivre avec la fille de votre roi et la sœur de celui qui, à présent, commande à tout le royaume et à vous et, outre cela, vous aime et honore comme doit faire femme de bien. »

Le Béarnais, qui avait voulu tester son autorité, en fut pour ses frais. L'échec de ce coup de tête demeura sans conséquence, car au plan politique il était trop attaché au royaume de France en tant que premier prince du sang pour se laisser séduire par les perfides propositions de Philippe II d'entrer en guerre à ses côtés, moyennant 300 000 écus comptants, et de prétendre à la main de l'infante Isabelle Claire Eugénie s'il se convertissait et se séparait de Marguerite.

La « grande Corisande »

Il arriva à Pau le 5 mai 1582 accablé de fièvres opiniâtres qui l'obligèrent à se soigner à la station thermale des Eaux-Chaudes, dans les Pyrénées, comme autrefois sa mère. Une fois rétabli, son cœur hautement inflammable se mit à brûler pour une jeune femme de vingt-sept ans, mère de deux enfants, Diane d'Andoins, veuve de Philibert de Gramont, comte de Guiche, amie catholique de sa sœur Catherine.

Cette brune élancée, à la peau diaphane, au front dégagé et aux yeux pers, avait le charme et la grâce plus que la beauté en partage. Élégante, intelligente, cultivée, aimant la danse, la musique et la littérature, particulièrement les romans de chevalerie, elle avait changé son prénom en celui de Corisande, l'une des héroïnes d'*Amadis de Gaule*, ce roman-fleuve en douze volumes, très en vogue à l'époque.

En tant qu'héritière des Gramont, la comtesse de Guiche se trouvait à la tête d'une très appréciable fortune et possédait le château d'Hagetmau, en Chalosse, où était mort Henri d'Albret. Elle venait fréquemment à Pau. « Ce qui rapprochait les deux amies, écrit sa biographe Françoise Kermina, c'était un goût commun pour toutes les beautés de la vie, la poésie, la musique, l'art, la nature, l'élégance, le luxe. »

Ce fut certainement l'une des favorites qui eut le plus d'influence sur Henri. Mieux que personne, elle saisit les ressorts cachés de son caractère, trouvant en lui l'étoffe d'un héros, tout en percevant ses points faibles, sa légèreté, sa vantardise, sa causticité, ses sautes d'humeur, son indécision, ses vagabondages amoureux qui l'empêchaient d'aller jusqu'au bout de ses belles aptitudes et de ses ambitions cachées. Elle voulut être la muse qui le choierait, l'aiderait à devenir ce qu'il méritait. Insinuante, exigeante, sans être dominatrice ni tyrannique, elle parvint à prendre sur lui un ascendant fondé sur une relation de confiance qu'il n'avait jamais eue avec aucune femme. Auprès d'elle, il éprouva un réel sentiment de sécurité.

Cette « dame de chevalerie » comme l'appelait Raymond Ritter, à l'altière fierté, se fit désirer, au grand dam de l'amoureux habitué à culbuter les filles dans les meules de foin ou à les prendre sur un coffre. Ils se revirent à Pau, puis à Hagetmau, où il dîna et coucha le 20 janvier 1583. Il y retourna plusieurs fois. Après avoir eu enfin pitié de ses implorations, elle se garda de jouer les cantinières aux armées. Vivement attachée à sa réputation, elle ne le suivit que rarement dans ses déplacements, tout en étant très éprise. Ils échangèrent ainsi de nombreux messages qui ont été conservés et nous éclairent sur les enthousiasmes et les tourments de celui qu'elle appelait avec tendresse « Petiot ».

Devant l'ascendant grandissant de cette puissante dame catholique – la « garce en quartier », enrageait le féroce d'Aubigné –, l'entourage protestant du roi de Navarre ne pouvait que ressentir de vives inquiétudes. Cette influence semblait toutefois contrebalancée par la place de premier plan désormais occupée par Philippe Duplessis-Mornay. Au fond, tous deux œuvraient, chacun à sa façon, à construire une image conforme à celle d'un chef sûr de lui, reconnu et respecté.

Une nouvelle organisation administrative

Duplessis-Mornay, en effet, s'était vite imposé devant les autres serviteurs, Ségur-Pardaillan, chef et surintendant de la Maison du roi, et Turenne, premier gentilhomme et directeur du Conseil privé. Mais comment canaliser Henri dont la vie quotidienne semblait aller à la débandade ? Dormant peu, chevauchant des heures sur sa monture, il donnait l'impression de se complaire dans l'improvisation permanente. Il était malaisé d'organiser autour de lui un appareil administratif et une cour dignes de ses multiples fonctions. Au début de 1583, Mornay rédigea à son intention un « Règlement de vie » contenant à la fois un emploi du temps et des principes moraux : habillement à huit heures du matin au plus tard, prière en commun, tenue du Conseil, signature des dépêches, courte récréation sauf les jours de prêche, dîner (notre déjeuner) vers dix ou onze heures, quartier libre en début d'après-midi, reprise du travail une heure avant le souper et signature de nouvelles dépêches, souper vers six ou sept heures, coucher vers neuf ou dix. Le Règlement reçut l'agrément du roi. Mais fut-il jamais appliqué ? Homme de communication toujours en effervescence, il ne pouvait supporter le carcan d'un cérémonial, même fortement allégé par rapport à celui du Louvre : son pouvoir personnel était fondé sur la relation directe et le mouvement perpétuel.

Réorganisée par Duplessis-Mornay, la maison d'Henri gagna néanmoins en efficacité. L'historien Patrick Tachouzin, qui s'est penché sur les comptes de Navarre pour cette période, note que de 1581 à 1584 ses effectifs passèrent de 287 personnes à 348, se répartissant en plusieurs catégories : personnel de la Chambre (gentilshommes, chambellans, huissiers, valets...), membres du Conseil (chanceliers, secrétaires des commandements, maîtres des requêtes, trésoriers généraux...), gens des cuisines (maîtres d'hôtel, boulangers, sommeliers, gardes-vaisselle, écuyers, galopins...), gens des écuries (fourriers, palefreniers, contrôleurs...) et gens de métier (selliers, cordonniers, médecins, chirurgiens, tapissiers, apothicaires...). Par rapport au temps de Jeanne d'Albret, les dépenses avaient été multipliées par quatre ou cinq : 440000 livres en 1579, 702000 en 1582, 694000 en 1585. Les recettes provenant de la cession d'offices, des ventes de terres et de bois, des droits de péage, des produits agricoles (blé ou raisin), des contributions des Églises réformées équilibraient largement les dépenses : 480000 livres en 1579, 742000 en 1582, 714000 en 1585. Le roi de Navarre était l'un des plus riches seigneurs du royaume, ce qui ne l'empêchait pas de gémir dans une lettre à Henri III de juin 1584 sur ses « pauvres moyens ».

Le parti protestant, dont il était le protecteur, avait vu son organisation définie à Nîmes en 1574, avec une hiérarchie de conseils et d'assemblées provinciales et, au sommet, une assemblée générale composée de trois députés par province, un noble et deux membres du tiers état. On se trouvait en présence, comme le disait de Thou, d'une « nouvelle espèce de république, composée de toutes ses parties et séparée du reste de l'État, qui avait ses lois pour la religion, la liberté du commerce, la levée des impôts et l'administration des finances ». L'essentiel des revenus, en effet, provenait des impôts royaux détournés, tailles, aides et gabelles, ainsi que des butins de guerre. L'État royal avait perdu le contrôle d'une partie du territoire.

Henri, qui n'appréciait guère d'être contrôlé par les quatre conseillers huguenots que lui avait désignés l'assemblée de Montauban, eut tôt fait de s'en libérer, de détourner les règles de procédure et de placer des obligés aux postes clés. Il tenait donc fermement l'armature de la huguenoterie sans s'en remettre aux péroraisons des harangueurs à rabats blancs.

Sur le plan international, Duplessis-Mornay prit en main à partir de décembre 1582 la rédaction des courriers diplomatiques. Il s'agissait de gagner définitivement au roi de

Navarre la reine Élisabeth, dont Condé, le rival, cherchait à obtenir l'exclusivité de la manne financière. C'est dans cet esprit qu'il avait remis à l'ambassadeur anglais à Paris, Francis Walsingham, un mémorandum faisant le panégyrique de son maître : « En la personne du roi de Navarre, chacun remarque une vigueur de corps, une vivacité d'esprit, une grandeur de courage presque incomparables. C'est la matière dont se sont créés les plus grands princes [...]. En outre, il a pris un pli depuis quelques années de se commettre totalement au conseil des gens de bien qu'il a pu choisir et recueillir de toute la France, qui donne espoir à tous que Dieu veut faire en notre siècle de grandes choses et par lui et pour lui... »

Parallèlement, François de Ségur-Pardaillan parcourait l'Europe protestante, luthérienne, calviniste ou anglicane, à titre d'ambassadeur itinérant, se rendant en Écosse, à Londres, aux Pays-Bas du Nord, en Suède, en Saxe et naturellement à Genève et auprès des Ligues suisses, sources principales de recrutement des mercenaires. Les correspondances s'étaient également multipliées avec l'empereur Rodolphe II de Habsbourg. Ainsi Henri de Navarre menait-il sa propre politique étrangère sans se soucier de celle du Louvre.

Une réconciliation de façade

Henri III partageait son temps entre les crises mystiques, les pèlerinages et les cures thermales censées mettre fin à la stérilité de son couple. Depuis 1576, en effet, date à laquelle elle avait fait une malencontreuse fausse couche, Louise de Vaudémont n'avait donné aucun signe de nouvelle grossesse. Plus grave, elle souffrait d'affections gynécologiques à répétition. Cette situation qui mettait la dynastie en péril rendait le monarque irritable. En juin 1583, il ordonna à sa sœur de chasser deux de ses confidentes, Marguerite de Gramont, épouse de Jean de Durfort-Duras, et Jacqueline de Béthune, à qui il reprochait leur inconduite notoire, et de retourner au plus vite auprès de son mari.

Au lieu d'obéir, Margot, toujours fascinée par son frère Anjou, était retombée dans ses filets et avait repris ses tortueuses intrigues avec lui. Le roi se sentait menacé dans son autorité, peut-être même dans sa vie. Le 4 août, il écrivit à son beau-frère Navarre pour le prier d'obtenir le renvoi des deux pécores « comme une vermine très pernicieuse ». Le 7, renforçant la pression sur son opiniâtre sœur, il lui intima une nouvelle fois l'ordre de quitter Paris et fit perquisitionner le domicile de Champvallon.

Margot finit par prendre la route de la Gascogne. À Bourg-la-Reine, Henri III qui se rendait aux eaux de Bourbon-Lancy croisa ses équipages et lui fit l'affront de ne pas la saluer. Mieux encore, il envoya une escouade d'archers fouiller ses bagages au sortir du village de Palaiseau. Solern, capitaine des gardes, la pria même de « rabattre son masque » (comme toutes les femmes de la haute société, elle avait l'habitude de se protéger le visage lors de ses déplacements). Pendant ce temps, des exempts arrêtèrent les dames d'honneur objets de la vindicte royale. Le monarque questionna personnellement la première qu'il soupçonnait de porter les lettres secrètes de sa maîtresse à Monsieur.

Quelques jours plus tard, Navarre, apprenant avec stupéfaction la brusque colère de son beau-frère, délégua auprès de lui son principal ministre, Duplessis-Mornay, afin d'obtenir des éclaircissements. L'émissaire rejoignit le souverain à Lyon. Il s'agissait de savoir si Marguerite avait « commis une faute digne de l'affront » et sur quels témoignages se fondait ce jugement ; son maître s'estimant atteint dans son honneur ne pouvait reprendre sa femme sans une « honnête satisfaction » le déchargeant « envers le monde ». Simulacre ? Il y avait bien entendu une part de jeu politique dans son ressentiment. Henri comptait en profiter pour obtenir de nouveaux avantages.

N'ayant pas eu d'explication claire, il renvoya auprès du roi Agrippa d'Aubigné, avec à la clé une menace de rupture. Catherine de Médicis, une fois de plus, chercha à réconcilier les beaux-frères. Pomponne de Bellièvre, dépêché auprès de son gendre, minimisa l'affaire : Marguerite n'avait reçu aucun affront ; seules les deux dames se trouvaient visées.

Quant à Henri III, il reconnut qu'il avait eu tort de croire des médisances, ajoutant maladroitement que « les princesses les plus vertueuses ne sont bien souvent exemptes de calomnies. Même pour le regard de la feue reine votre mère, vous savez ce qu'on en avait dit et combien les méchants en ont toujours parlé ». Navarre ne fit qu'en rire : « Le roi me fait beaucoup d'honneur par toutes ses lettres ; par les premières il m'appelle cocu, et par les dernières, fils de putain. Je l'en remercie. »

Poussé par son entourage protestant qui souhaitait plus que jamais l'annulation de son mariage avec Marguerite, le Béarnais continua à jouer les maris courroucés. Ses humeurs se traduisaient par des opérations guerrières. C'est ainsi que, dans la nuit du 20 au 21 novembre, il prit par surprise Mont-de-Marsan. Le maréchal de Matignon, successeur de Biron, ne pouvait que réagir. En représailles, il fit donc occuper Bazas, Dax, Saint-Sever, Condom et Agen.

Pour mettre un terme à cette escalade, Henri fit un geste de conciliation en direction de Marguerite, qui s'était avancée jusqu'à Coutras, où elle attendait son bon vouloir. Il lui adressa une lettre aimable, lui exposant les modalités de leurs retrouvailles : « Il importe, et pour vous et pour moi, qu'on voie quand nous nous réassemblerons que ce soit de plein gré. »

Après de longues semaines de tractations et de méfiance de la part d'Henri III, qui redoutait les exigences territoriales de son beau-frère, l'apaisement vint enfin. Il fut convenu que ce dernier garderait Mont-de-Marsan et qu'Agen et Condom seraient évacués par les royaux. Cependant Navarre ne brûlait pas d'envie de revoir Marguerite à la réputation flétrie. Il est vrai qu'il était dans l'ardeur dévorante de sa passion pour Corisande. Leur rencontre eut finalement lieu le 13 avril 1584 près de Pont-Sainte-Marie, sur la Garonne, d'où ils se rendirent à Nérac. La jeune femme feignit d'ignorer l'aventure de son mari avec la comtesse de Guiche. Dans sa lettre à sa mère, elle évoquait « l'honneur et bonne chère » qu'elle avait reçus de lui.

Si l'on se rapporte au récit d'un témoin, Michel de La Huguerie, agent du prince de Condé, tout ne se serait pas si bien passé. « Le roi et la reine sa femme arrivèrent environ les quatre heures et furent tous deux seuls se promenant en la galerie du château de Nérac jusques au soir, où je vis cette princesse fondre en larmes incessamment, de telle sorte que, quand ils furent à table, où je les voulus voir – c'était fort tard à la chandelle –, je ne vis jamais visage plus lavé de larmes, ni yeux plus rougis de pleurs. Et me fit cette princesse grande pitié, la voyant assise près du roi son mari qui se faisait entretenir de je ne sais quels discours vains par des gentilshommes qui étaient à l'entour de lui sans que lui ni nul autre quelconque parlât à cette princesse... » Le charme était rompu. Le modus vivendi qui avait toujours prévalu entre les deux époux si dissemblables avait volé en éclats.

Toutes ces péripéties sentimentales, particulièrement celles avec la catholique comtesse de Guiche, avaient profondément indisposé les huguenots proches du roi de Navarre. Duplessis-Mornay se fit leur porte-parole : « Les yeux d'un chacun sont arrêtés sur vous. [...] Ces amours si découvertes et auxquelles vous donnez tant de temps ne semblent plus de saison. Il est temps, Sire, que vous fassiez l'amour à toute la chrétienté, et particulièrement à la France. »

11

L'HÉRITIER INCERTAIN

Un séisme politique

Monsieur avait piteusement échoué dans son entreprise flamande. Couronné duc de Brabant, intronisé marquis du Saint Empire et comte de Flandre, mais en désaccord avec les restrictions apportées à son autorité par ses partisans, il avait lancé le 17 janvier 1583 une attaque sur Anvers la rebelle. Les habitants en armes l'en avaient repoussé, faisant quelque 1 500 morts dans ses rangs. Il avait alors entrepris une retraite tout aussi désastreuse, ne conservant que la place de Cambrai. Fin de l'aventure.

Les mois passant, rongé par la tuberculose, sa santé se dégrada brusquement au début de 1584. Après les excès du carnaval, au cours duquel il avait, comme par bravade, usé en joyeux fêtard ses dernières forces, il se retira à Château-Thierry dans la forteresse des comtes de Vermandois, où sa mère Catherine vint le voir en diligence le 15 mars. Constatant les progrès effrayants de son mal, elle le jugea perdu : ses poumons étaient déchirés par de violentes quintes de toux ; il crachait le sang. Il ne fallait pas être grand devin pour comprendre qu'il allait mourir.

Or, avec la descente de son cercueil dans la crypte de Saint-Denis, le destin du pays risquait de basculer dans l'abîme. La crise successorale qui s'annonçait était d'une gravité extrême, infiniment plus sérieuse que celle de 1316-1328 qui avait vu la disparition des derniers Capétiens directs au profit des Valois, car s'y ajoutaient un conflit religieux sans précédent et une crise socio-économique d'une particulière sévérité. Malgré des pèlerinages répétés à Notre-Dame de Chartres, le couple royal était toujours stérile. Si Henri III s'éteignait, la dynastie des Valois s'interrompait. Pour trouver un héritier légitime, il fallait remonter à la vingt-deuxième génération, à Robert de Clermont, sixième fils de Saint Louis, d'où était issue la branche des Bourbons.

Le premier de ses descendants était Henri de Bourbon, duc de Vendôme, roi de Navarre, premier prince du sang, âgé de trente et un ans. Il était de surcroît Valois par sa grand-mère Marguerite d'Angoulême, sœur de François Ier. Deux ans seulement le séparaient du roi. Mais à comparer leur état physique, autant ce dernier semblait fragile, échiné, rongé de consomption, autant son cadet, robuste et rustique, éclatait de santé et de virilité. Il lui survivrait, sans aucun doute. Malheureusement, sa religion et son statut de protecteur des Églises réformées le faisaient rejeter massivement des Français. Au royaume des lys, le souverain devait être l'Oint du Seigneur, le Très Chrétien, régnant sur la fille aînée de l'Église. Obéir à un hérétique, relaps du point de vue du droit canon, qui ne pourrait ni être sacré à Reims ni guérir les scrofuleux en roi thaumaturge, et c'en serait fini du mystère capétien.

Comme on le sait, la loi salique venait d'une lointaine coutume successorale privée des Francs Saliens, dont les contours s'étaient lentement précisés et enrichis au cours des siècles. Cependant, elle ne semblait plus suffire depuis la grande déchirure de la Réforme. Pour beaucoup, à l'exigence de la transmission héréditaire de mâle en mâle par ordre de primogéniture, à l'exclusion des femmes et des princes étrangers, il fallait ajouter le principe de catholicité selon lequel le roi en France appartenait à la religion romaine.

Le second candidat possible après Navarre était son oncle Charles de Bourbon. Lui, d'évidence, était de la bonne religion puisqu'il était cardinal ! Il avait baptisé à Pau son neveu et l'avait uni en 1572 à Marguerite de Valois à Notre-Dame. L'inconvénient venait de ce que ce frère puîné d'Antoine de Bourbon était un vieillard de soixante ans, autant dire d'un âge canonique. Ancien légat du pape en Avignon, évêque de Beauvais puis archevêque de Rouen, abbé commendataire de nombreuses abbayes, il était l'un des plus riches princes de l'Église. « Tout caduc et près de la fosse » qu'il fût, comme il le confessait lui-même, il pouvait survivre au dernier fils d'Henri II. D'aucuns échafaudaient déjà pour son compte un scénario audacieux : relevé de son statut de membre du Sacré Collège et de son obligation de célibat, il se marierait, aurait un descendant mâle et installerait fermement sur le trône la branche des Bourbons.

En tout cas, il était le candidat naturel du parti des catholiques zélés, celui également du pape Grégoire XIII (avec quelques réserves prudentes), de son secrétaire d'État le cardinal de Côme (avec davantage d'enthousiasme), ainsi que de Philippe II, au moins comme solution d'attente, car le seigneur de toutes les Espagnes songeait à mettre sur les rangs sa fille, l'infante Isabelle Claire Eugénie, née d'Élisabeth de Valois, elle-même fille d'Henri II et de Catherine de Médicis.

Dans l'ordre successoral venaient ensuite Henri Ier de Bourbon-Condé, cousin germain du roi de Navarre, alors sans enfants de sa seconde épouse Charlotte-Catherine de La Trémoille, son frère François de Bourbon, premier prince de Conti, son autre frère Charles II de Bourbon, futur cardinal de Vendôme, son demi-frère Charles de Bourbon, comte de Soissons, puis, à un rang plus lointain, François, duc de Montpensier, et son fils Henri, prince dauphin d'Auvergne.

De son côté, Catherine de Médicis, qui ne portait pas son gendre dans son cœur et trouvait le sang capétien « bien morfondu au-delà du sixième degré », préférait carrément l'abolition de la loi salique et l'installation sur le trône de sa propre fille Claude, mariée au duc Charles III de Lorraine, ou à défaut, si l'on tenait à un mâle, de son petit-fils Henri de Lorraine, marquis de Pont-à-Mousson, âgé de vingt ans.

Les trois frères Guise, descendants directs du duc François, Henri, dit le Balafré, vainqueur de Dormans, Louis, cardinal-archevêque de Reims, et Charles, duc de Mayenne, gouverneur de Bourgogne, tous princes français de la maison de Lorraine, caressaient un autre projet, celui de substituer leur noble famille à la branche morte des Valois, au nom de sa prétention à descendre des Carolingiens. Juste retour des choses : les derniers descendants du vénérable empereur d'Occident n'avaient-ils pas été chassés du pouvoir par l'usurpateur Hugues Capet ? Scandalisé par une telle théorie, Henri III avait fait incarcérer jusqu'à sa rétractation solennelle l'auteur d'un traité la suggérant, François de Rosières, grand archidiacre de Toul.

En réalité le roi, qui avait le sens du devoir dynastique, avait fait son choix, celui de la loi traditionnelle, autrement dit la loi salique, la seule légitime dans la monarchie française, dont les Valois avaient bénéficié. Alors que Monsieur poursuivait sa lente agonie à Château-Thierry, le 14 avril 1584, au cours d'un repas en présence du duc de Mayenne et de Philippe Duplessis-Mornay, venu à Paris l'avertir de la collusion du Balafré et de Philippe II, il avait déclaré sans ambages : « Aujourd'hui je reconnais le roi de Navarre pour mon seul et unique héritier. […] Mon naturel a toujours été de l'aimer et je sais qu'il m'aime. Il est un peu colère et piquant, mais le fond en est bon ; je m'assure que mes humeurs lui plaisent et que nous nous accommoderons bien ensemble. » Propos qui fit grincer des dents.

En même temps, dans la conjoncture du moment, il avait compris mieux que personne qu'il ne pourrait imposer son beau-frère tant que celui-ci resterait huguenot. Son objectif était donc d'obtenir sa conversion une fois pour toutes, son retour à la cour de France où il vivrait auprès de lui en héritier officiel du trône avec sa femme Marguerite. Restait à faire entendre raison au principal intéressé.

La délicate mission du duc d'Épernon

Il confia cette mission capitale à Jean-Louis de Nogaret, seigneur de La Valette, duc d'Épernon, l'un de ses deux favoris ou archimignons (avec le duc Anne de Joyeuse) qu'il avait nommé pair de France, premier gentilhomme de la Chambre, chevalier du nouvel ordre du Saint-Esprit, gouverneur du Boulonnais, de Loches, de Metz et du pays messin. Un choix réfléchi : ce hardi cadet de Gascogne était en effet un proche d'Henri de Navarre, même si, après leur évasion commune du Louvre, il ne l'avait pas suivi dans sa dissidence gasconne.

Accompagné d'une somptueuse escorte d'une centaine de gentilshommes, Épernon quitta Paris le 16 mai 1584, sous prétexte d'aller prendre les eaux et embrasser sa vieille mère malade en son domaine de Caumont, à Samatan. Ce fut durant ce voyage que survint le 10 juin 1584, à Château-Thierry, le décès à vingt-neuf ans de l'enfant terrible des Valois, Hercule François, duc d'Alençon puis d'Anjou, emporté par un « grand afflux de sang, précise L'Estoile, accompagné d'une fièvre lente qui l'avait petit à petit atténué et rendu tout sec et étique ». De solennelles obsèques lui furent réservées, si grandioses dans leur pompe baroque et mystique que nombre d'observateurs y virent celles de la dynastie.

Comme l'a établi Yves Cazaux dans son *Henri IV ou la Grande Victoire* (1977), à partir d'une reconstitution des itinéraires des deux protagonistes, il y eut plusieurs rencontres préliminaires entre Henri de Navarre et Épernon : d'abord à Saverdun, dans le comté de Foix, le 13 juin, à Pamiers le 25, puis à Escosse, non loin de là, le 29. Les conférences officielles eurent lieu à Pau, du lundi 9 juillet au mercredi 11, où Épernon fut fastueusement traité. La dernière se tint à Nérac aux alentours du 6 août.

Les deux hommes eurent le temps d'approfondir différents sujets : la succession de France, les places à restituer, le fonctionnement des cours de justice mixtes, mesurant concrètement l'étroitesse des marges de manœuvre des deux Henri, chacun étant soupçonné de tiédeur dans son camp. Le roi de France, de plus en plus décrié dans l'opinion, se trouvait sous haute surveillance des Guises et du parti des catholiques zélés, qui lui interdisaient de s'allier à son cousin et héritier désigné, même en cas de conversion spectaculaire. Quant à Navarre, il n'était nullement disposé à franchir le pas « pour toutes les monarchies du monde », et cela pour deux raisons.

La première était une question de conscience. Après avoir longtemps flotté, il était devenu sincèrement attaché à la foi calviniste de sa mère, sans pour autant éprouver le sentiment de vivre une religion différente. Pour lui, la Réforme, réaction saine et naturelle aux excès du culte romain, ne s'apparentait en rien à une hérésie. En y adhérant il demeurait convaincu d'appartenir à l'« Église catholique », c'est-à-dire universelle, et « apostolique », héritée des premiers temps chrétiens. Il avait longuement médité sur ce sujet, même si ses réflexions manquaient de structures doctrinales. Un peu comme sa grand-mère Marguerite d'Angoulême, il flottait dans une sorte de synthèse molle, loin de l'intransigeance abrupte de ces messieurs de Genève comme des définitions dogmatiques du concile de Trente. Il voyait par exemple peu de différence entre l'office protestant et la messe catholique (ce qui laissait de côté la question pourtant centrale de l'eucharistie et de la présence réelle, à laquelle il croyait sincèrement), mais, en bon huguenot, il n'admettait pas le culte des saints, les prières pour les défunts ou l'existence du purgatoire. Bref, ni Romain ni vraiment Genevois, il se cantonnait dans un entre-deux, tout en restant ouvert à la discussion, prêt à se laisser convaincre par de solides arguments, comme il l'avait fait après la Saint-Barthélemy avec Sureau Du Rozier. D'ailleurs, sa belle-mère lui avait envoyé un habile controversiste, frère du couvent Santa Maria di Castello de Gênes, qui avait été bien reçu. Cela étant, comme il l'avait dit à son jeune cousin Charles de Bourbon, coadjuteur de leur oncle Charles de Bourbon, il ne pouvait se départir de sa foi calviniste comme « on change de chemise ». Son souhait le plus ardent (mais y croyait-il vraiment ?) était qu'un concile national « libre et légitime » – puisque, selon lui, le concile de Trente avait échoué –, dégagé de l'influence du Saint-Siège, pût surmonter ces approches contradictoires et les réconcilier, comme l'avait tenté le colloque de Poissy en 1561. C'est ce qui explique qu'il ne se sentait pas gêné à l'idée de régner un jour en souverain protestant sur une France majoritairement catholique, tout en permettant la coexistence des deux confessions. Tel était le rêve qu'il s'efforcera de poursuivre jusqu'au moment tardif où il s'apercevra que ce rêve menait à une impasse.

La seconde raison tenait à son positionnement tactique. Pragmatique, il pressentait qu'il n'avait pour le moment aucune raison de se convertir, sachant qu'il s'attirerait d'emblée les foudres de ses compagnons de combat, particulièrement de son cousin Condé, chef de la faction protestante la plus radicale, toujours en embuscade, prêt à le supplanter. Il savait en outre que son retour au catholicisme ne lui rallierait pas pour autant la totalité des catholiques, qui y verraient – ainsi que Rome – un geste insincère et opportuniste sans la moindre apparence de bonne foi. À cinq reprises n'avait-il pas abjuré ? La sixième risquait de le discréditer définitivement. Bref, le contexte lui paraissait défavorable.

Parmi les autres sujets abordés, il y avait la question des places de sûreté accordées aux protestants pour six ans par l'édit de Poitiers de 1577. Henri III s'était abstenu jusque-là de réclamer leur restitution. Navarre demandait une prolongation d'un ou deux ans, qui lui permettrait de consolider sa situation dans son propre camp, ce que le monarque français finit par accepter en décembre pour faire pièce aux ultracatholiques.

Si l'on en croit un passage de l'*Histoire de la vie du duc d'Épernon* de son secrétaire Guillaume Girard, au moment de se séparer l'archimignon délivra à son interlocuteur un dernier message du maître à tenir secret : puisque tous deux ne pouvaient joindre leurs armes pour combattre les Guises, qu'au moins son beau-frère fortifiât les places en sa puissance puisqu'il les savait en bonnes mains.

Naissance de la seconde Ligue

Le voyage d'Épernon dans le Sud-Ouest suscita un émoi intense dans les rangs des ultracatholiques parisiens. Persuadés que le Gascon portait dans ses fontes 200000 écus destinés au roi de Navarre pour lever une puissante armée, ils se mirent à redouter comme la peste une Saint-Barthélemy des catholiques. C'est alors que se créa la seconde Ligue – la première, celle de 1576, était tombée en léthargie –, sur laquelle on est aujourd'hui mieux renseigné grâce aux travaux d'Élie Barnavi, Robert Descimon et Jean-Marie Constant, qui en ont démonté les ressorts, y compris sa dimension néoféodale et aristocratique.

Elle eut pour fondateurs quatre hommes d'Église faisant partie de l'aile avancée du clergé parisien : Charles Hotman, seigneur de La Rocheblond, receveur des deniers de l'évêché de Paris, frère du pamphlétaire protestant François, auteur du *Francogallia* (preuve que la religion divisait les familles), Jean Prévost, grand vicaire de la capitale, docteur-régent de la faculté de théologie et curé de Saint-Séverin, Jean Boucher, docteur en théologie, recteur de l'Université, curé de Saint-Benoît, enfin Mathieu de Launay, chanoine de Soissons réfugié à Paris, l'un des plus virulents prédicateurs. Ces quatre personnages jetèrent les bases d'une association secrète destinée à mobiliser les catholiques et à peser sur la politique du royaume. Au début, on n'y pouvait entrer qu'en prêtant serment. Les premières recrues furent choisies par cooptation parmi les curés, les gens de la basoche (auxiliaires de justice plutôt que membres du Parlement, restés globalement fidèles au roi), les commissaires du Châtelet, les titulaires d'offices administratifs, tels l'avocat Louis Dorléans, les maîtres des comptes Pierre Acarie* et Michel Marteau de La Chapelle, ainsi que le procureur Jean Leclerc, dit Bussy-Leclerc, le commissaire du Châtelet Jean Louchard ou Pelletier, curé de Saint-Jacques. Ces conspirateurs se réunissaient discrètement rue des Sept-Voies, sur la montagne Sainte-Geneviève, au collège de Fortet qui préparait aux premiers grades universitaires**. Rapidement, le mouvement essaima. Il gagna des adeptes dans les milieux populaires, bouchers, charcutiers, mariniers, crocheteurs, puis parmi les membres de ces nombreuses confréries qui multipliaient depuis quelque temps d'impressionnantes « processions blanches », cierges et flambeaux à la main, ainsi qu'au sein de la haute ou moyenne bourgeoisie, s'imprégnant du même coup des idées de libertés et de franchises urbaines de ces milieux. Un comité d'une dizaine de membres, qui prendra le nom de Conseil des Seize en raison de la division de la capitale en seize quartiers, l'animait. Des organes satellites se créèrent bientôt dans quelques grandes villes, Chartres, Orléans, Tours et Blois.

Dans cette société hiérarchisée de la fin du XVIe siècle, où le poids du lignage était prépondérant, il était évident qu'il fallait à ce mouvement social effervescent, héritier de la

* C'était le mari de Mme Acarie, la bienheureuse Marie de l'Incarnation, qui introduira au siècle suivant l'ordre du Carmel en France avec l'aide du cardinal de Bérulle.

** Situé aujourd'hui au 21 rue Valette, à Paris (V[e]).

turbulente tradition cabochienne*, un chef visible, appartenant à la haute aristocratie, à défaut d'un prince du sang, plutôt qu'une direction collégiale. Henri de Guise, le brillant et valeureux Balafré, était tout désigné. Lui qui s'activait de son côté à monter une nouvelle ligue de la noblesse catholique regroupant les Malcontents de la Cour, furieux de la fortune des archimignons, ces parasites qui accaparaient les emplois pour leurs clients et détournaient à leur profit les largesses royales, accepta volontiers de se rapprocher de ces gens du commun, qui comme lui méprisaient le roi Valois, détestaient le roi de Navarre et ambitionnaient de disloquer la monarchie capétienne. D'emblée, par l'intermédiaire d'un agent de liaison, homme de l'ombre, François de Roncherolles, sieur de Mainneville (« Mèneligue », comme le surnomma Henri III qui n'était pas dupe), il installa plusieurs de ses partisans au sein de l'état-major séditieux et fit main basse sur deux secteurs jusque-là négligés mais essentiels pour l'essor du mouvement, ceux de la propagande et de la politique étrangère. Pour le premier, les libellistes et les imprimeries guisards se mirent immédiatement au service de la Ligue, avec un sens de la méthode et de l'organisation qui faisait défaut jusque-là aux conjurés. Sur le plan international, il s'agissait de se rapprocher des puissances catholiques voisines, la Savoie et surtout l'Espagne, et d'en obtenir de substantiels secours financiers.

L'inféodation à l'Espagne

L'appel à l'étranger se concrétisa le 31 décembre 1584 par une rencontre au château de Joinville, en Champagne, fief des

* Faction populaire violente du Paris du XVe siècle, animée par Simon Le Coutelier, dit Simon Caboche, et recrutée surtout parmi les membres de la corporation des bouchers, qui avait soutenu le clan des Bourguignons contre celui des Armagnacs.

Guises, à laquelle participèrent l'ambassadeur ibérique Jean-Baptiste II de Taxis et le commandeur don Juan de Moreo, envoyé spécial de Philippe II et chef de son service d'espionnage en France. L'accord créant la « Sainte Ligue perpétuelle, offensive et défensive » et consacrant l'alliance espagnole fut annoncé le 16 janvier 1585. Il avait été signé par procuration par les cousins d'Henri de Guise, les ducs d'Aumale et d'Elbeuf.

Grâce à son rapprochement avec le duc de Guise, par ailleurs grassement acheté*, Philippe II imposait ses volontés à un mouvement destiné à lui être totalement inféodé. Le traité reconnaissait la légitimité du cardinal de Bourbon à succéder au roi régnant, prévoyait que le nouveau souverain ratifierait le traité du Cateau-Cambrésis et restituerait Cambrai à l'Espagne, l'aiderait dans sa reconquête des Pays-Bas et romprait les relations spéciales de la France avec la Porte. Il était en outre stipulé que les Français respecteraient la suprématie des navires battant pavillon de la Croix de Bourgogne ou ornés de la flamme rouge et or et empêcheraient les pirates basques, rochelais, bretons ou normands de s'en prendre au commerce espagnol. De plus, Charles X, puisque tel serait le nom du successeur d'Henri III, devrait imposer au Parlement l'application des canons du concile de Trente. En échange, Philippe II verserait à la Ligue – authentique « parti de l'étranger » – une aide immédiate de 600000 écus, complétée par une pension mensuelle de 50000 écus, le tout remboursable par le Trésor français après sa victoire.

Le fils de Catherine de Médicis était informé de ces projets secrets par un officier de robe courte, Nicolas Poulain, lieutenant du prévôt de l'Île-de-France, infiltré dans les rangs des comploteurs. Malheureusement, ne disposant d'aucun relais dans l'opinion, se sentant incapable de nouer alliance avec les

* Les archives de Simancas montrent que, de septembre 1582 à décembre 1586, le duc de Guise reçut de Philippe II pas moins de 452000 écus, de quoi éponger près de la moitié de ses dettes.

huguenots, il ne savait comment résister à l'ascension d'une force politique aussi puissante, dont les commanditaires étrangers pouvaient à volonté paralyser ses initiatives internationales.

À preuve ce qui s'était passé au début de 1585 lorsque des députés des États-Généraux des Pays-Bas étaient venus au Louvre lui proposer la souveraineté de leur contrée après l'assassinat, le 10 juillet précédent à Delft, du stathouder Guillaume d'Orange, sur ordre de Philippe II qui avait mis sa tête à prix 25 000 écus. Il avait accepté de les recevoir, mais devant la véhémence de l'ambassadeur d'Espagne, il avait dû décliner leur offre. Il se trouvait pris dans une nasse, haï comme jamais à cause des hausses d'impôts, de la cherté du pain, de ses prodigalités capricieuses et de ses dévotions qui passaient pour d'odieuses simagrées depuis qu'il avait reconnu le diable béarnais pour héritier.

Devant cette situation menaçante qui pouvait rompre les équilibres politiques à tout moment, Henri de Navarre chercha en mars à se rapprocher du gouverneur du Languedoc, le maréchal de Damville, qui après la mort de son frère aîné en 1579 avait repris le nom et le titre de duc de Montmorency. « J'estime, lui disait-il, que cette guerre sera le crible des vrais Français, car, encore que ceux qui jouent sur le théâtre soient habillés à la française, l'auteur de la tragédie est espagnol. Les précédentes affaires n'ont été que jeux, Français contre Français, qui de long temps se sont mesurés et essayés l'un l'autre. Ici les Français sont sur le champ, mais conduits et amenés par l'esprit d'Espagne, qui est d'autant plus patient à nous voir pâtir que nous seuls pâtirons et lui n'en aura que le profit. » Navarre une fois de plus en appelait à l'esprit patriotique, susceptible de sceller l'alliance des protestants et des catholiques modérés au service de la Couronne et de la légitimité.

La fulgurante ascension de la Ligue

En mars, dans un billet hâtivement rédigé, Henri III avertit son beau-frère que la marée était trop forte et que son trône était menacé. « Mon frère, je vous avise que je n'ai pu empêcher, quelque résistance que j'aie faite, les mauvais desseins du duc de Guise. Il est armé. Tenez-vous sur vos gardes et n'attendez rien. J'ai entendu que vous étiez à Castres pour parlementer avec mon cousin le duc de Montmorency, dont je suis bien aise, afin que vous pourvoyiez à vos affaires. Je vous enverrai un gentilhomme à Montauban qui vous avertira de ma volonté. Votre bon frère, Henri. »

Navarre reçut ce billet alarmant à Castres dans la soirée du 23 mars. Il blêmit. Le sol se dérobait sous lui. Compte tenu des rapports de force, l'alliance dont il avait rêvé était anéantie. Ses compagnons et lui se retrouvaient isolés. Dans sa réponse, il indiqua qu'il s'avançait le long de la Dordogne, « pour être plus proche du mal et plus préparé pour le remède quand Votre Majesté me fera cet honneur de me commander ses intentions ».

L'émissaire royal arriva comme convenu à Montauban, où il entra de nuit, le visage dissimulé. Leur entretien dura deux heures. La situation était grave. Guise contrôlait la Cour du fait de sa charge de grand maître de France et s'apprêtait à l'attaquer. Il s'était fait nommer secrètement par le pape protecteur des églises catholiques de France et était déterminé à l'exclure de la succession au trône. Navarre devait préparer sa défense, « sans rien entreprendre néanmoins qu'il n'eût reçu un avis de sa part ».

Le malheureux roi de France s'illusionnait sur le peu de pouvoir qu'il lui restait. Ne risquait-il pas d'être submergé ? Un homme décidé aurait immédiatement porté le fer dans la plaie. Lui se contenta de quelques mesures de sauvegarde. Il créa un groupe de gentilshommes gascons et languedociens chargés d'assurer sa garde personnelle – les fameux Quarante-Cinq, en réalité au nombre de 180, car ils servaient par quartier –, placés sous le commandement de François de Montpezat, baron de Laugnac. Il nomma en outre dans chaque quartier de Paris des officiers assermentés et renforça la surveillance des portes de la ville. Il restait cependant hésitant sur la conduite à tenir, tandis que Catherine ménageait le duc de Guise pour contrebalancer l'influence de ce fripon d'Épernon qu'elle détestait. Le parti des Politiques – Pasquier, Montaigne, de Thou, Bodin, L'Estoile… –, qui plaçait la France au-dessus des religions, selon les vues du Béarnais, était de ce fait réduit à l'impuissance.

Sans s'embarrasser de la chétive armée royale, les guisards, qui avaient accumulé des armes en quantités prodigieuses et acheté avec les doublons espagnols les services de 4000 reîtres et de 6000 mercenaires suisses, passèrent à l'offensive dans le but à la fois de se constituer d'inexpugnables places de sûreté et de drainer l'or des provinces. Charles Ier de Lorraine, duc d'Aumale, enleva Doullens avec quelques cavaliers ; son cousin le Balafré prit Châlons-en-Champagne, où il installa son quartier général, puis marcha avec 10000 hommes et 1200 cavaliers sur Toul et Verdun, qui tombèrent à leur tour. Il échoua néanmoins devant Metz, dont Épernon était le gouverneur, alors que le ligueur Charles de Balsac d'Entragues parvenait à s'installer à Orléans. D'autres villes se rendirent : Mézières, Dijon, Auxonne, Mâcon et enfin Lyon. Frère de la reine Louise passé plus ou moins à la rébellion, Philippe-Emmanuel de Lorraine, duc de Mercœur, s'était pendant ce temps solidement installé en Bretagne. Gagné lui aussi aux idées de la Ligue, le fils du duc de Mantoue, Louis IV de Gonzague, duc de Nevers, organisa un coup de force à Marseille avec la complicité du second consul et d'un capitaine des milices, mais sa tentative échoua. Henri III lui avait fait confiance, l'avait admis à son Conseil et lui avait conféré l'ordre du Saint-Esprit : « Votre attachement à la Ligue devrait rendre votre fidélité suspecte, lui avait-il fait remarquer, mais vous êtes un catholique éclairé ; votre intégrité est prouvée et reconnue, vous avez le cœur tout français, je me repose sur vous. » Ingratitude des princes, même les plus modérés !

Le 31 mars, les Guises, par l'intermédiaire de leur marionnette bourbonienne à barrette rouge, qu'on fit passer pour signataire du manifeste, jetèrent le masque en annonçant symboliquement au château de Péronne, où s'était fondée la première Ligue en 1576 (et où Louis XI avait été retenu prisonnier par Charles le Téméraire), leurs intentions politiques. Un texte mesuré dans la forme mais violent sur le fond, qui visait les huguenots et leur chef Henri de Navarre, accusés de semer le désordre pour ne pas avoir restitué en temps voulu leurs places de sûreté, et les archimignons qui dilapidaient le Trésor royal et usurpaient le pouvoir naturel de conseillers du roi revenant aux princes. Sans remettre en cause la légitimité d'Henri III – il s'agissait de peser sur sa politique, non de le remplacer, du moins à ce stade –, son cousin et successeur potentiel, le cardinal, promettait l'interdiction totale de la religion protestante dans le royaume, la suppression des taxes et impositions nouvelles et la tenue régulière, tous les trois ans, d'états généraux librement élus. Ainsi, après les Malcontents du feu duc d'Anjou, c'était un nouveau mouvement politique néoféodal qui s'organisait contre le roi, au nom des libertés locales et des droits imprescriptibles de la haute aristocratie.

La corde étranglait peu à peu le malchanceux monarque. Au printemps de 1585, dans un sursaut d'énergie qui lui était rare, il tenta de réagir militairement en envoyant le fidèle maréchal d'Aumont reprendre Orléans, défendre Gien, et en nommant le loyal François de Bourbon, duc de Montpensier, lieutenant général du Poitou, avec mission de résister aux bandes du duc de Mercœur. Enfin, il chargea l'archimignon Joyeuse de rétablir le calme en Normandie, où opéraient les ducs d'Elbeuf et d'Aumale, princes ligueurs.

De son côté, à la fin de mai, Henri de Navarre réunit un conseil au village de Guîtres, à deux lieues de Coutras. Sur l'avis d'Aubigné, il adopta un discours de fermeté : « Si nous

nous armons, le roi nous estimera ; nous estimant, il nous appellera ; unis avec lui, nous romprons la tête à nos ennemis. » En attendant, il rédigea une déclaration solennelle par laquelle il protestait avec la dernière énergie contre les attaques des ligueurs. Non, il n'était ni hérétique, ni perturbateur de l'État, ni ennemi des vrais catholiques. Ce manifeste fut diffusé par Duplessis-Mornay, qui y ajouta une *Remontrance à la France* de son cru, dénonçant l'inadmissible collusion de la maison de Guise et de l'Espagne comme le plus redoutable danger pour l'indépendance du royaume.

L'humiliant traité de Nemours

Le manifeste guisard de Péronne appelait le roi et la reine mère à des discussions. En vieille routière de la politique, mesurant sans doute mieux que son fils l'état des forces en présence, mais d'un tempérament toujours trop accommodant, Catherine de Médicis pensa qu'il fallait accepter. À Épernay, elle tenta donc de négocier avec les Lorrains avant qu'il ne fût trop tard. Les conditions qu'ils lui imposèrent furent plus désastreuses qu'elle ne le pensait. L'accord appelé traité de Nemours fut conclu le 20 juin et confirmé par un édit le 7 juillet. Celui-ci fut enregistré par un Parlement muet, tout aussi tétanisé que le malheureux Henri III qui présidait le lit de justice. La royauté acceptait de prendre à sa charge la solde des mercenaires de la Ligue pour 200 000 écus d'or, accordait à leurs chefs de fortes pensions ainsi que la plupart des places de sûreté qu'ils avaient conquises. Le Balafré recevait les gouvernements de Châlons-en-Champagne, Toul, Verdun et Saint-Dizier, son frère Mayenne le château de Dijon et la place de Beaune, le cardinal de Bourbon Soissons, Aumale Rue en Picardie, Mercœur Dinan et Le Conquet en Bretagne.

Plus grave encore, les édits de pacification étaient révoqués. La religion réformée était désormais interdite, ses adhérents contraints à la conversion dans les six mois. En cas de refus, ils devaient s'exiler et abandonner leurs biens en France. Les pasteurs étaient bannis, donc expulsables sans délai. Quant à Henri de Navarre, il était déchu de ses droits de succession. En d'autres termes, la loi salique était abolie. Du jamais vu ! Et cela avec la caution expresse du roi, d'un roi dont la volonté était totalement annihilée ! La Ligue investissait et désagrégeait la monarchie de l'intérieur. Henri III, devenu aboulique, envisageait de se retirer dans un couvent.

Alors qu'il se trouvait à Lectoure, en Gascogne, dans l'ancienne demeure fortifiée des comtes d'Armagnac, Navarre reçut la nouvelle de cette capitulation comme un coup de massue. Il ne s'attendait pas à être ainsi abandonné. « L'appréhension des maux que je ressentis pour mon pays, confessera-t-il plus tard, fut telle qu'elle me blanchit la moitié de la moustache. »

Sa lettre au roi contenait des reproches amers. Comment avait-il pu traiter avec ses ennemis, armer les conspirateurs, bannir ses loyaux et obéissants sujets ? Il se plaçait sur le registre de l'amitié et de la fidélité, comme son statut d'héritier reconnu, mais aujourd'hui nié, le lui permettait. Ces mesures, disait-il, sont prises aussi « contre moi-même qui ai cet honneur de vous appartenir ». « Je laisse à juger à Votre Majesté en quel labyrinthe je me trouve et quelle espérance ne peut plus me rester qu'au désespoir » (21 juillet 1585).

Une délégation royale composée notamment de Philippe de Lenoncourt, ancien évêque d'Auxerre, de Nicolas Brûlart de Sillery, maître des requêtes, de Jean Prévost, curé de Saint-Séverin, et de Jacques de Cueilly, curé de Saint-Germain-l'Auxerrois, alla le sommer de se convertir. Une invitation en forme d'ultimatum. Par cette démarche de la dernière chance Henri III escomptait-il faire céder son cousin Navarre et s'allier avec lui contre la Ligue ? Rejetant la requête, le Béarnais répéta à ses interlocuteurs la même antienne : il ne demandait qu'à se faire instruire, à changer de convictions « s'il était dans le mauvais chemin » et à se soumettre à la décision d'un concile libre. Il avait compris que malgré tout il ne serait pas réintégré dans l'ordre successoral.

Ne manquait qu'une sentence pour l'achever, celle de la papauté. Grégoire XIII, échaudé par son malencontreux faux pas lors de la Saint-Barthélemy, avait gardé ses distances avec les ultracatholiques de Paris. Son successeur, le franciscain Felice Peretti, élu au trône de Pierre en avril 1585 sous le nom de Sixte Quint, n'eut pas sa prudence. Le 9 septembre, sous la pression du jésuite Mathieu, dépêché à Rome par les Lorrains, ce vieillard autoritaire fulmina en consistoire une bulle condamnant le roi de Navarre et son cousin Condé, « génération bâtarde et détestable de l'illustre et si signalée famille des Bourbons », les excommuniant comme hérétiques et relaps, les privant de leurs droits à la couronne de France, retirant au premier ses droits, dignités et domaines, y compris son « prétendu royaume de Navarre », et déliant ses vassaux, sujets et serviteurs de leur serment d'allégeance. Cette bulle implacable se terminait par la formule : *Et sic lilia non cadent inter spinas* (« Et ainsi les lys ne succombent pas au milieu des épines »). Le pontife se prenait pour le roi des rois à la souveraineté universelle, tel Boniface VIII face à Philippe le Bel.

Le parlement de Paris ne pouvait laisser passer dans les affaires intérieures du royaume une ingérence aussi odieuse, qui portait atteinte aux libertés traditionnelles de l'Église de France et à la loi salique. Il s'insurgea solennellement et refusa de recevoir la bulle. Quant aux réformés, François Hotman se fit leur porte-parole en rédigeant un pamphlet provocateur intitulé *Brutum fulmen Papae Sixti V adversus Henricum regem Navarrae* (*La foudre imbécile du pape Sixte V contre le roi Henri de Navarre*). Le Béarnais, qui avait répliqué à la bulle romaine par un manifeste affiché à tous les carrefours, paraissait plus isolé que jamais.

La déchéance de Margot

Marguerite s'était rapprochée des Guises. Ravagée par la mort de Monsieur, atteinte par l'hostilité grandissante du roi et le mépris de son mari, qui l'avait abandonnée à Nérac pendant qu'il cavalcadait sans cesse vers Hagetmau, le château de la Belle au bois dormant, elle était devenue jalouse de celle-ci, qu'elle traitait de sorcière, l'accusant de vouloir l'empoisonner afin de prendre sa place. Ayant obtenu d'Henri en mars la permission de faire ses pâques à Agen, capitale de son apanage, elle y était demeurée. Obsédée par sa sécurité, elle y recruta deux compagnies de « gens de pied », se lança dans la consolidation des remparts et la construction d'une citadelle. Sa mère était excédée de ses palinodies. « Dieu, écrivait-elle le 15 juin à Villeroy, m'a laissé cette créature pour la punition de mes péchés ; c'est mon fléau. »

Son ancien amour de jeunesse, Guise, le beau duc à la blonde chevelure, comprit qu'elle voulait jouer un rôle politique et prendre sa revanche sur son époux. Profitant de cet état d'esprit, il obtint pour elle la promesse de Philippe II de lui envoyer un secours de 50000 écus, qui ne viendra jamais. En attendant, empruntant à droite et à gauche, elle leva vingt compagnies de milices locales avec l'aide de ses amis Jean et Marguerite de Duras. Puis elle lança deux attaques sur Tonneins et Villeneuve-d'Agen afin d'élargir son domaine. L'équipée se révéla sans suite, le maréchal de Matignon rétablissant l'ordre partout. Les Agenais se soulevèrent bientôt contre son autorité et la chassèrent. Le 25 septembre, elle s'enfuit, sautant en croupe sur le cheval d'un gentilhomme, suivie de la moitié de ses filles d'honneur, dépenaillées, qui ressemblaient « plus à des garces de lansquenets d'un camp qu'à des filles de bonne maison ». Elle prit ses quartiers dans l'une de ses terres, la médiocre place forte de Carlat, au sud-est d'Aurillac, où les Agenais lui firent suivre le reste de ses serviteurs, ses meubles et un peu d'argent. Elle y demeura plus d'un an, mettant ses bijoux en gage.

N'ayant plus rien à espérer de son mari, elle était devenue la maîtresse d'un de ses chevaliers servants, Jean de Lart de Galard, seigneur d'Aubiac, l'aimant, explique Éliane Viennot, « de manière moins cérébrale, plus simple, plus charnelle que Champvallon, tout en restant fidèle à la théorie de l'amour néoplatonicien ».

Un autre soupirant se mit sur les rangs, François Robert de Lignerac, bailli des montagnes d'Auvergne. Ce quinquagénaire « ambitieux et fou auquel j'étais contrainte de me fier », dira-t-elle, provoqua un scandale en poignardant le fils de son apothicaire, dont le sang éclaboussa sa robe. L'affaire reste assez obscure. Si l'on en croit l'ambassadeur de Savoie à Paris, René de Lucinge, « la reine mère en mourait de douleur et le roi la haïssait à mort ». Elle était devenue la honte de la famille. Fuyant cette atmosphère sinistre et craignant la peste qui sévissait dans la région, elle trouva refuge en octobre 1586 au château d'Ybois qui appartenait à sa mère. Là, d'ordre du roi, elle fut arrêtée par le marquis de Canillac, gouverneur de la Haute-Auvergne. Après un procès sommaire, Aubiac fut exécuté pour rébellion. Lorsqu'il avait vu Margot pour la première fois, il s'était écrié : « Je voudrais coucher avec elle, à peine d'être pendu quelque temps après ! » Il fut exaucé.

Marguerite fut assignée à résidence à Usson, en Auvergne, sous la garde du même Canillac, devenu dit-on son nouvel amant. Elle n'y fut pas maltraitée, mais n'en fit pas moins figure de reine répudiée, même si son frère espérait que son mari viendrait lui rendre visite de temps à autre. « Je voudrais, avait-il dit, qu'elle fût mise en un lieu où il pût la voir quand il voudrait, pour essayer d'en tirer des enfants. » Triste déchéance pour la perle des Valois ! Sa beauté s'était évanouie, son visage était désormais couperosé et son corps, malgré l'huile de jasmin dont elle s'enduisait régulièrement, avait enflé. Abandonnée de tous, noyant ses chagrins dans la dive bouteille, elle resta quelque dix-neuf années recluse dans cette lugubre forteresse de pierre volcanique, juchée sur sa motte venteuse.

Huitième guerre de Religion

Pendant ce temps, Corisande, par ses missives emplies de tendre affection, encourageait son héros, fouettait sa vanité et son goût du panache. Qu'il pense à sa gloire ! Qu'il n'abandonne jamais, même dans les passes difficiles ! « N'oubliez rien qui puisse servir à votre conservation et à votre grandeur, et, si vous êtes forcé de courir une malheureuse fortune, faites voir à vos serviteurs et à vos ennemis un visage constant et assuré au milieu de vos désastres. [...] Vous valez beaucoup pour moi, plus que pour personne au monde. Montrez-vous donc encore plus digne de l'amitié de celle qui n'a rien estimé plus que vous. » C'était dit, rien que pour elle il ne céderait pas !

Il chercha à raffermir son alliance avec Montmorency, gouverneur du Languedoc. Leur rencontre eut lieu au village de Saint-Paul-Cap-de-Joux, au sud-ouest d'Albi. Navarre, Condé et Montmorency signèrent une déclaration commune condamnant la capitulation du pouvoir devant « ceux de la maison de Lorraine, chefs et principaux auteurs de la Ligue, au préjudice de la maison de France ». On y ménageait Henri III pour mieux désigner les factieux. Depuis vingt-cinq ans, y était-il dit, les Guises n'avaient cessé de vouloir, les armes à la main, la ruine de la Couronne et de l'État. Le monarque les avait naguère qualifiés de criminels de lèse-majesté et perturbateurs du repos public. Et voilà qu'« on » concluait tout à coup avec eux une « paix » et annulait d'un trait tous les édits de pacification si solennellement jurés. C'était les conforter et les armer contre les réformés et les catholiques modérés.

Cette belle déclaration ne résolvait rien, car le maréchal de Montmorency n'était pas en état de basculer dans la rébellion.

Les parents :
Antoine de Bourbon,
premier prince du sang,
et Jeanne III de Navarre,
roi et reine de Navarre.

À sa naissance,
son grand-père
Henri II de Navarre
le brandit de joie,
lui frotte les lèvres
avec une gousse d'ail
et lui fait humer
un verre de vin.

Portrait présumé d'Henri IV enfant, alors prince de Viane, héritier du royaume de Navarre.

L'éducation d'Henri. Jeanne d'Albret apprend à lire à son fils.

Henri de Navarre et Marguerite de France (signés Clouet).
Leur mariage a lieu le 18 août 1572. Six jours plus tard
éclate le massacre de la Saint-Barthélemy.

L'assassinat de l'amiral de Coligny lors du massacre de la Saint-Barthélemy, dans la nuit du 24 août 1572.

Galerie de portraits :

1. Nicolas IV de Neufville, seigneur de Villeroy, principal ministre après Sully.

2. François de Bonne, duc de Lesdiguières, maréchal de France, futur connétable.

3. Philippe de Mornay, seigneur du Plessis-Marly, gouverneur de Saumur, conseiller d'Henri de Navarre.

4. Louis de Revol, secrétaire d'État.

5. Le cousin Henri de Bourbon, prince de Condé, chef du parti protestant.

6. Charles de Lorraine, duc de Mayenne, chef de la Ligue.

7. Armand de Gontaut, seigneur de Biron, maréchal de France.

8. Alexandre Farnèse, duc de Parme, le redoutable adversaire militaire.

9. Le cardinal Jacques Davy Du Perron qui reçut la conversion d'Henri IV.

10. Charles de Gontaut, duc de Biron, décapité pour conspiration contre le roi.

11. Henri de Bourbon, prince de Condé, qui épousera Charlotte de Montmorency.

12. Pomponne de Bellièvre, chancelier de France.

13. Nicolas Brûlart de Sillery, dernier chancelier d'Henri IV.

Siège de La Rochelle (février-juin 1573) par l'armée royale, dans laquelle servit Henri de Navarre.

Henri de Navarre devient roi de France
à la mort d'Henri III le 2 août 1589.

Une partie de chasse : la passion d'Henri IV.

Deux maîtresses royales : Diane d'Andoins, comtesse de Guiche, dite la « grande Corisande », et Gabrielle d'Estrées, duchesse de Beaufort.

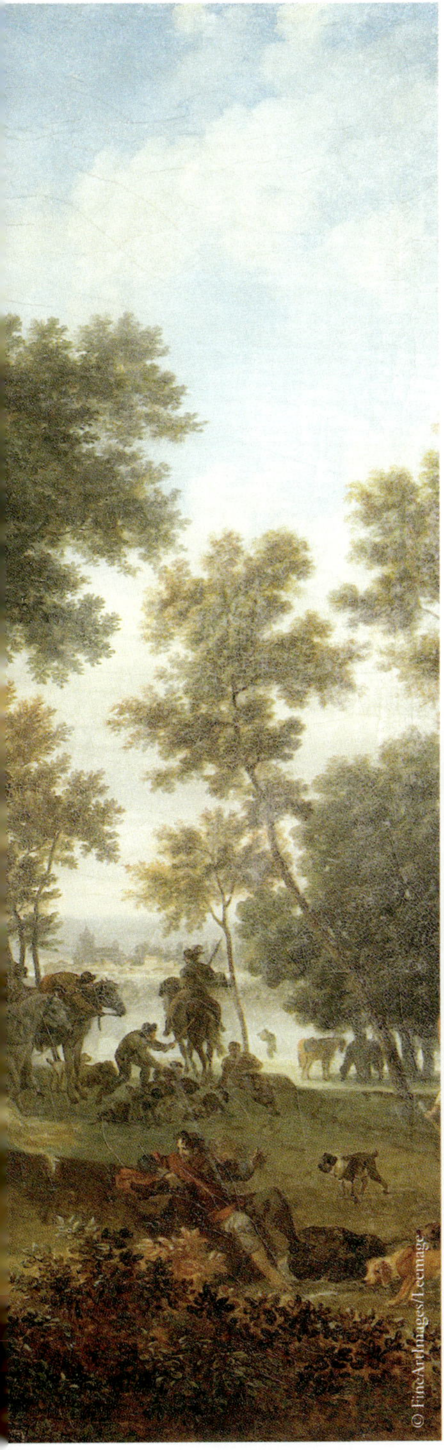

Henri de Navarre vainqueur du duc de Joyeuse à la bataille de Coutras (1587).

Henri IV écrase l'armée des ligueurs du duc de Mayenne à Arques (1589).

Henri IV défait une nouvelle fois le duc de Mayenne à Ivry (1590).

DI FRANCIA. 29

ges, come mostraua la pittura con l'aßistenza del Cardinal di Borbone, dell'Arciuescouo di Roano, e d'altri noue Vescoui, e molti prelati, e religiosi, si professò pubblicamente vero cattolico, e la nequizia Eretica detestò, con promessa di mandare a Clemente ottauo Sommo Pontefice per la conferma, sì come egli fece al suo tempo, per lo Duca di Niuers, accompagnato, in nome del Clero, dal Vescouo di Meaus, e dal Decano di Parigi. Leggeuansi sotto alla pittura queste parole.

POST INSIGNES PARTAS VICTORIAS ORTHODOXAM RELIGIONEM AMPLEXANS, PVLCHERRIMVM DE SE AGIT TRIVMPHVM ATQVE INDE VERE SIBI CHRISTIANISSIMI NOMEN ADSCISCIT.

TOsto che Arrigo Quarto con la Chiesa cattolica mosse i piedi, con la Lega fermò la tregua, e non meno opportunamente, che felicemente, imprese di ridurre le terre di Francia all'vbbidienza Reale: perchè, qual cosa poteua più muouere le città del H Regno,

Abjuration d'Henri IV en la basilique Saint-Denis le 25 juillet 1593.

Henri IV devant Paris assiégé (1590).

Entrée triomphale du roi dans Paris le 22 mars 1594.

La partie, fortement déséquilibrée, allait donc se jouer à deux : d'un côté les forces royales et guisardes, désormais alliées, représentant deux armées à peu près d'égale force, avec peut-être une supériorité numérique du côté de la Ligue (entre 30000 et 40000 hommes), de l'autre quelques milliers de partisans du roi de Navarre, disséminés en petites unités mal équipées, vivant sur le terrain, menant une « guerre à la huguenote » faite de coups de main sporadiques et rentrant dans leurs foyers quand le versement de leur solde tardait à venir.

Pendant ce temps, le fidèle Ségur-Pardaillan était parti pour l'Angleterre afin d'y chercher une avance de 200000 écus (il n'en obtiendra finalement que 50000), puis avait poursuivi son périple par la Saxe, les cantons suisses et le royaume luthérien de Danemark dans le but de recruter des *reitern* (« cavaliers ») et des *landsknechte* (« lansquenets ») en grand nombre. En attendant ces renforts, la situation était des plus inquiétantes. Le duc de Mayenne avait ouvert les hostilités en prenant la tête d'une armée composée pour partie de royaux. La contre-offensive menée par Henri de Condé contre Angers avait tourné au fiasco. Ainsi s'était ouverte la huitième et dernière guerre de Religion, qui ne s'achèvera qu'en 1598, dix ans après la mort d'Henri III.

On continuait à se battre à coups de traité, d'adresse ou de libelle. Étrangement, on assistait à un chassé-croisé. Alors que les ligueurs s'étaient lancés dans la défense des libertés locales, les protestants renonçaient aux discours antiabsolutistes des monarchomaques. L'évolution était flagrante chez Duplessis-Mornay et chez François Hotman qui publiait alors son *De jure successionis*, dont la tonalité différait radicalement de son *Francogallia*. Il ne fallait pas en chercher loin l'explication : Henri de Navarre, devenu l'héritier du roi de France, c'était l'autorité de l'État qu'il convenait de défendre désormais, et la nation française, qu'on le veuille ou non, passait avant la religion. Le 1er janvier 1586, plusieurs manifestes du Béarnais adressés au clergé, à la noblesse, au tiers état et à la ville de

Paris, rédigés par sa « plume » habituelle, Duplessis-Mornay, allaient dans le même sens. Tout en cherchant à internationaliser le conflit en recrutant des mercenaires étrangers (sans pour autant brader la moindre parcelle du royaume), Henri jouait la fibre patriotique contre l'ingérence espagnole et lorraine, voire contre l'entourage italien de la reine mère.

Retourné en Béarn après quelques escarmouches avec le maréchal de Matignon, il s'employa à fortifier Pau, car la Ligue, soutenue par l'Espagne, avait commencé à s'infiltrer dans la région, poussant les paysans de la Soule, du Labour et du Comminges à se soulever. Sa sœur et Corisande avaient trouvé refuge derrière les murs rassurants de Navarrenx, où il leur fit porter 700 à 800 piques et de bonnes réserves de poudre. Zigzaguant dans les vertes campagnes de Gascogne, de Guyenne et de Saintonge avec 200 cavaliers et arquebusiers à cheval, se glissant de village en village, se riant du danger, ferraillant à l'occasion, tirant à droite et à gauche dans son vagabondage guerrier quelques coups de feu qui faisaient plus de fumée que de blessés, l'intrépide échappa aux avant-postes de Mayenne et de Matignon.

En décembre 1585, il combattit aux abords de Nérac, où on cherchait à le capturer. « Le prince oublia l'héritier de la couronne pour faire le soldat, écrivit Agrippa ; il chargea dans les vignes avec ceux de sa maison et s'épargna si peu qu'il eut le sous-pied de l'éperon et la semelle de sa botte emportés d'une arquebusade. » Quelque temps plus tard, à Eauze, bourg qui décidément lui portait malheur, il faillit périr des mains d'un prêtre fanatique. Ce n'était pas le premier attentat, ni bien sûr le dernier, dont il était victime. Bref, il filait toujours entre les doigts de ses ennemis. Le 10 mars, toujours à Nérac, il échappa à ses assaillants en faisant descendre ses chevaux par les escaliers du château, ses domestiques ayant allumé des flambeaux le long des murailles. « Ils m'ont entouré comme la bête et croient qu'on me prend aux filets, écrivait-il le 11 mars à son fidèle Manaud de Batz. Moi je leur veux passer à travers ou dessus le ventre. » Il le convoquait avec cette familiarité et ces abrupts raccourcis dans l'expression qui le faisaient adorer de ses hommes : « J'ai élu mes bons, et mon Faucheur en est. Grand damné, je te veux bien garder le secret de ton cotillon d'Auch à ma cousine ; mais que mon Faucheur ne me faille pas en si bonne partie et ne s'aille amuser à la paille quand je l'attends sur le pré. » Le lendemain : « Mon Faucheur, mets des ailes à ta meilleure bête ; j'ai dit à Montespan de crever la sienne. Pourquoi ? Tu le sauras de moi à Nérac ; hâte, cours, viens, vole : c'est l'ordre de ton maître et la prière de ton ami. » Après Nérac, le feu follet qui, à en croire Spanheim, gentilhomme de sa suite, « ne disait jamais ce qu'il voulait faire et ne faisait jamais ce qu'il disait », repartit se perdre dans la poussière des grands chemins. Le voici à Caumont où il franchit la Garonne. À peine arrivé à Sainte-Foy-la-Grande il prit la direction de Bergerac. Là, saisi d'une « merveilleuse colère » contre le capitaine d'Espeuilles qui avait livré la place au duc de Mayenne, il le fit jeter en prison afin de lui faire songer à « préférer l'honneur à la vie ». Il arriva le 2 juin 1586 à La Rochelle, où il escomptait rallier de nouvelles troupes, avant de marcher sur la Loire. Quelle indomptable énergie, quel courage à toute épreuve ! Il en savait bonne grâce à sa tendre muse comme à la Providence divine, qu'il n'oubliait jamais d'invoquer dans ses prières quotidiennes.

La guerre, l'amour et la misère

À Paris, Henri III, asservi contre son gré à la Ligue, essayait de jouer un jeu subtil, usant de ce qui lui restait de pouvoir régalien. Afin d'échapper à l'accusation de collusion avec Henri de Navarre, il dut se montrer plus sévère avec les protestants. Il ordonna ainsi le 26 avril la mise en vente de leurs biens. Et puisqu'on lui avait imposé cette guerre, ce serait aux principaux responsables de la financer ! Il frappa de lourdes taxes le clergé, Paris et ces messieurs de la magistrature, puis vendit de nouveaux offices, provoquant partout une tempête de récriminations : « Il fallait donc m'en croire et conserver la paix, rétorqua-t-il aux plaignants, plutôt que de se mêler de décider la guerre dans une boutique ou dans un chœur. J'appréhende fort que pensant détruire le prêche, nous ne mettions la messe en grand danger… » Vingt-sept édits bursaux furent enregistrés de force lors du lit de justice tenu au Parlement le 16 juin.

Pendant ce temps, l'arrivée en Saintonge du maréchal de Biron contraignit Navarre à renforcer les défenses de la petite place de Marans, en Aunis, à huit lieues au nord de La Rochelle. Dans une lettre à Corisande souvent citée, Henri, d'une plume à la fois rêveuse et lyrique, correspondant aux goûts de sa lectrice, proche de la nature, en a donné cette description :

« La Rochelle, le 17 juin 1586,

« J'arrivai arsoir [hier soir] de Marans, ma chère maîtresse, où j'étais allé pour pourvoir à la défense de celui-ci. Ha ! Que je vous y souhaitais ! C'est le lieu le plus selon votre humeur que j'aie jamais vu. C'est une île renfermée de marais bocageux, où, de cent en cent pas, il y a des canaux pour aller chercher les bois par bateau. L'eau claire, peu courante ; les canaux de toutes largeurs ; les bateaux de toutes grandeurs. Parmi ces déserts, mille jardins, où l'on ne va que par bateau. L'île a deux lieues de tour, ainsi environnée ; passe une rivière par le pied du château, au milieu du bourg, qui est aussi logeable que Pau. Peu de maison qui n'entre de sa porte dans son petit bateau. Certes, c'est un canal, non une rivière. Contremont vont les grands bateaux jusqu'à Niort, où il y a douze lieues ; infinis moulins et métairies insulés ; tant de sortes d'oiseaux qui chantent, de toutes sortes de ceux de mer. Je vous en envoie des plumes. De poisson, c'est une monstruosité que la quantité, la grandeur et le prix : une grande carpe, trois sols, et cinq, un brochet. C'est un lieu de grand trafic, et tout par bateaux. L'on y peut être plaisamment en paix et sûrement [en toute sécurité] en guerre. L'on s'y peut réjouir avec ce que l'on aime, et plaindre une absence. Ha ! Qu'il y fait bon chanter ! [...] Mon âme, tenez-moi en votre bonne grâce, croyez ma fidélité être blanche et hors de tache : il n'en fut jamais de pareille [...]. Votre esclave vous adore violemment. Je te baise, mon cœur, un million de fois les mains. »

Cette conventionnelle formule de clôture sera servie par Henri à presque toutes ses adoratrices. L'impétueux itinérant avait beau protester de sa blanche fidélité, il n'en était pas moins tombé amoureux à La Rochelle d'un tendron de quinze printemps, Esther Imbert, fille de Jacques Imbert, seigneur de Boislambert, avocat au présidial et bailli du grand fief d'Aunis. Toujours enclin aux plaisirs, incapable de réfréner ses sens, il l'entourait d'une vive passion. Leur romance dura plusieurs mois. Le 7 août 1587, celle qu'on appelait la « belle Rochelaise » donnera naissance à un fils, Gédéon, qui mourra en novembre 1588. À Corisande il s'épanchera sans gêne sur sa peine de père : « Je suis fort affligé de la perte de mon petit qui mourut hier. À votre avis, que serait d'un légitime ? Il commençait à parler. » L'allusion à un fils légitime venait de ce que l'infidèle, un an auparavant, lui avait signé de son sang une promesse de mariage ! À la réaction amère et désenchantée de la comtesse de Guiche, il répondra par des protestations tout aussi insincères : « Mon cœur, vous avez tort car je vous jure que jamais je ne vous ai aimée plus que je fais, aimerais mieux mourir que de manquer à rien de ce que je vous ai promis. Ayez cette créance, et vivez assurée de ma foi. Bonsoir mon âme, je vous baise un million de fois. »

Revenons au siège de Marans. Ses compagnons, qui avaient installé l'artillerie dans les forts voisins de La Brune, de Beauregard et de la Bastille, parvinrent à soutenir un siège d'un mois face aux 7000 fantassins et cavaliers de Biron. Pour délivrer ses hommes, accablés par les moustiques et les fièvres, il fit venir de La Rochelle une longue couleuvrine qu'il installa au pied du fort de Beauregard : celle-ci fit tant de ravages dans l'armée catholique qu'on la surnomma « Chasse-Biron ». À juste titre, car le maréchal, après avoir commandé de nouveaux canons à Niort, ne s'obstina pas et signa une trêve.

Cette succession d'affrontements avait engendré partout ruine, terreur et désolation, misère et famine. « Quasi par toute la France, observait Pierre de L'Estoile, les pauvres gens des champs mouraient de faim, allaient par troupes couper sur les terres les épis de blé à demi mûrs et manger à l'instant pour assouvir leur faim effrénée. » Au milieu du tourbillon des combats, Navarre s'en désolait auprès de Corisande. Après une restauration de la conjoncture entre 1575 et 1584, une nouvelle crise économique avait éclaté en raison des afflux d'or et d'argent de l'Amérique espagnole. Cet excès de la masse métallique avait produit une inflation galopante et une misère généralisée parmi la population rurale, notamment en Île-de-France. Des accidents climatiques dus aux intempéries dramatiques du « petit âge glaciaire », étudiées par Emmanuel Le Roy Ladurie, avec ses étés pluvieux et ses hivers rigoureux, ses alternances fatales de gelées et de sécheresses, ajoutaient aux malheurs des temps, provoquant famines et afflux de populations rurales vers les villes. Et brochant sur le tout venaient les épidémies, les raids dévastateurs des bandes armées et des brigands qui pillaient et brûlaient. Malgré le doublement des tailles, le triplement des gabelles, le Trésor royal était vide, la Cour désertée et Henri III aux abois. Bref, c'en était fini, et depuis longtemps, du « beau XVIe siècle ».

12

LA GUERRE DES TROIS HENRI

Dialogue de sourds

Éternelle ravaudeuse des déchirures du tissu politique, toujours portée aux médiations délicates, Catherine de Médicis estimait que mieux valait un replâtrage boiteux que du sang versé. Une nouvelle fois elle voulut implorer son gendre d'arrêter les combats et d'établir une entente durable entre son fils et lui, tout en évitant de soulever l'ire des Guises. Elle adorait cette quadrature du cercle qui lui permettait de déployer ses talents de négociatrice. Elle partit de Chenonceau le 9 octobre en bel équipage, entourée à son habitude d'une impressionnante théorie de gentilshommes coquets et de dames joliment parées. Navarre, qui savait qu'elle n'avait rien d'autre à lui proposer que de se convertir, accepta une suspension d'armes, tout en s'amusant à la faire lanterner comme elle-même l'avait fait avec sa mère. Il lui fixa un premier rendez-vous à Saint-Maixent, en Poitou, le 16 novembre. Le 30, elle l'attendait encore ! Il invoqua de malencontreuses « dilations ». Après de nouveaux échanges épistolaires et de nouveaux retards, la rencontre eut finalement lieu le 13 décembre 1586 au château de Saint-Brice que Charles Poussard, seigneur de Fors, avait fait édifier sur la rive droite de la Charente, à deux lieues et demie de Cognac.

Un secrétaire du Béarnais, Jean-Baptiste Legrain, a narré la scène. Après la révérence et le baiser d'usage dans la grande salle, la reine mère lui fit une « infinité de caresses jusqu'à le chatouiller par les côtés. Lui, s'avisant du dessein d'icelle, qui était de tâter s'il était couvert, tira les boutons de son pourpoint et lui montra sa poitrine nue : "Voyez, Madame, je ne sers personne à couvert" ». La conversation fut longue, emplie de cajoleries et de protestations d'amitié, agrémentée de paroles aigres-douces puis de brusques sautes d'humeur. Tous deux excellaient à ce jeu du chat et de la souris.

Un manuscrit ancien de la Bibliothèque de Saint-Pétersbourg a donné une relation de l'entrevue pleine de naturel. Le ton monta lorsque Navarre exhala ses plaintes contre les ligueurs qui troublaient le repos et la tranquillité publique au préjudice des édits. « Ne vous abusez point, mon fils, lui rétorqua-t-elle d'un ton vif, ils ne sont point ligués contre le royaume ; ils sont français et sont les meilleurs catholiques de France et, pour vous le dire en un mot, le roi connaît leur intention et trouve bon tout ce qu'ils ont fait. » Puis l'Italienne se calma. « Ne parlez que de vous et demandez tout ce que vous voulez, le roi vous l'accordera. – Madame, je ne demande rien, mais si vous me demandez quelque chose, je le proposerai à mes amis et à ceux à qui j'ai promis de ne rien faire ni traiter sans eux. – Or bien, mon fils, puisque vous le voulez comme cela, je ne vous dirai autre chose sinon que le roi vous aime et vous honore et désire vous voir auprès de lui et vous embrasser comme un frère. – Madame, je le remercie très humblement et vous assure que jamais je ne manquerai au devoir que je lui dois. – Mais quoi, ne voulez-vous dire autre chose ? – Eh ! n'est-ce pas beaucoup que cela ? – Vous voulez donc continuer d'être la cause de la misère et à la fois la perte de ce royaume ? [...] Ne voulez-vous pas obéir au roi ? Ne craignez-vous pas qu'il ne s'enflamme et s'irrite contre vous ? – Madame, il faut que je vous dise la vérité : il y a tantôt dix-huit mois que je n'obéis plus au roi. – Ne dites pas cela, mon fils ! – Madame, je le puis dire, car le roi qui m'est comme un père, au lieu de me nourrir comme son enfant et ne me perdre, m'a fait la guerre en loup et quant à vous, Madame, vous me l'avez faite en lionne. – Eh quoi ! ne vous ai-je pas été toujours bonne mère ? – Oui, Madame, mais ce n'a été qu'en ma jeunesse, car depuis six ans, je reconnais votre naturel fort changé. – Croyez, mon fils, que le roi et moi ne demandons que votre bien. – Madame, excusez-moi, je reconnais tout le contraire. – Mais, mon fils, laissons cela ! Voulez-vous que la peine que j'ai prise depuis six mois ou environ demeure infructueuse, après m'avoir tenue si longtemps à me baguenauder ? – Madame, ce n'est pas moi qui suis en cause, au contraire c'est vous. Je ne vous empêche que vous reposiez en votre lit, mais vous, depuis dix-huit mois, vous m'empêchez de coucher dans le mien… »

Dialogue crépitant, comme pris sur le vif, où l'on reconnaît à la fois l'esprit incisif, sautillant, discutailleur du souple Béarnais, décidé à ne pas s'en laisser conter, et la tournure mielleuse et enjôleuse d'une Catherine fort intelligente mais incapable de ravaler les bouffées d'autorité qui de temps à autre lui montaient à la tête !

Lors de la seconde conférence, à laquelle participa Condé, qui jusque-là surveillait les environs du château avec 400 hommes armés jusqu'aux dents, on ne trouva pas plus d'entente. Cinglant et amer, Henri de Navarre lança à sa belle-mère : « Je ne me plains pas de votre foi, mais je me plains de votre âge qui, faisant tort à votre mémoire, vous fait facilement oublier ce que vous m'avez promis. »

Le 16, on discuta à nouveau de l'interruption des hostilités au château de Valois, où était né François Ier. Catherine revint à la charge. Pour avoir une vraie paix, il fallait qu'Henri rentrât dans le giron de la Sainte Église et abandonnât le culte réformé dans les villes qu'il tenait militairement. Elle n'en démordait pas. En réponse, son gendre s'étonna qu'« elle eût pris tant de peine pour lui dire ce que de quoi il avait les oreilles rompues ». C'étaient choses qu'il ne pouvait accepter « sans forfaire à sa conscience et à son honneur ».

Ainsi s'acheva ce dialogue de sourds. Henri III crut rattraper l'affaire en multipliant les promesses mirifiques : son cher beau-frère reviendrait à la Cour avec le rang reconnu de Fils de France ; une pension annuelle de 100 000 livres tournois lui serait allouée ; ses parents, ses amis, Condé, Turenne, Montmorency, recevraient eux aussi des largesses ; on lui accorderait une trêve suffisamment longue pour qu'il s'instruisît dans la religion catholique, comme il l'avait toujours demandé ; pendant ce temps, on réunirait les états généraux, où les protestants pourraient se faire élire « en toute sûreté ». Miroir aux alouettes ! Tandis que le carrosse de Catherine roulait vers Paris, Navarre et ses compagnons, de retour à La Rochelle, n'attendaient plus qu'une chose : la reprise des hostilités sur un terrain éloigné de sa base du Sud-Ouest, le Poitou.

Offensive en Poitou

Le Béarnais s'étant embarqué pour surprendre Tanlay* par la mer, il essuya deux jours durant une furieuse tempête qui dispersa ses trois vaisseaux. Vacillant, le teint blême, il mit pied à terre et prit en quatre jours le château de Talmont avec son haut donjon dominant le rivage poitevin. Puis il s'amusa à quelques broutilles moins périlleuses, enlevant d'une chiquenaude Chizé-sous-Boutonne, Sanzay, Saint-Maixent et Fontenay-le-Comte.

Le malheur fut que les reîtres, recrutés par Ségur-Pardaillan, ne se présentaient toujours pas. Au siège de Chizé, on reprit espoir lorsque arriva, son cheval fumant, un gentilhomme allemand venant de Heidelberg. Se présentant dans la tranchée,

* Aujourd'hui Talmont-Saint-Hilaire, en Vendée.

l'homme tendit à Navarre un billet d'accréditation qui était cousu dans la ceinture de ses chausses et s'approcha de son oreille. À peine lui eût-il glissé les premiers mots qu'une arquebusade le frappa, « de laquelle, conte Sully, il tomba tout roide mort, sans prononcer une parole »... On ne saura jamais quelle nouvelle il venait lui annoncer.

Partout, comme d'habitude, Henri paraissait en première ligne. À Fontenay, dans les douves du château féodal, on le vit manier la pique et la pioche comme un sapeur confirmé. Au bout d'une petite galerie, le visage couvert de terre, il entendit soudain les voix des assiégés. « Il se mit à parler, écrit Sully, voire même à se nommer, de quoi les autres, étonnés, entrèrent en parlement, et lui seul fit avec eux la capitulation. » Un exploit plutôt rare dans les annales des chefs de guerre !

Pendant ce temps, à Paris, où la population affamée semblait se rassasier des prédications incendiaires de curés ultras, les esprits s'échauffaient. L'exécution en février 1587 de la veuve de François II, Marie Stuart, par ordre d'Élisabeth, avait attisé jusqu'à la fureur la haine des catholiques contre les protestants et leur désir de vengeance, y compris contre Henri III, discrédité une fois de plus pour n'avoir pas tenté de délivrer sa belle-sœur, morte en martyre. Le 2 septembre 1587, une émeute au Quartier latin avait failli embraser la ville. Chez les chefs ligueurs, les complots s'enchevêtraient de façon brouillonne : on prendrait d'assaut le Louvre, la Bastille, le Temple, le Grand et le Petit Châtelet, on se saisirait du roi, on égorgerait le chancelier de Cheverny et les ministres. Contrôlant mal la situation, le Balafré se tenait à l'écart de ces chimères et consolidait méthodiquement son réseau de places et de comités locaux en province en attendant l'heure décisive. Son frère, le « gros Mayenne », acclamé par la foule des Parisiens, dut prétexter une indisposition pour ne pas se trouver mêlé inopportunément à un plan mal ficelé qui ferait perdre ses atouts à la Ligue.

Henri III, toujours informé par son espion Nicolas Poulain, s'appuyait sur les archers de la garde et sa noblesse fidèle. Par précaution, il ordonna de multiplier les rondes de nuit. Apprenant l'arrivée prochaine des quelque 20000 fantassins suisses et des 10000 reîtres levés par les huguenots en Allemagne grâce à l'argent d'Élisabeth Ire, un plan machiavélique lui vint à l'esprit : il enverrait son favori Joyeuse combattre Navarre en Poitou et chargerait Henri de Guise d'arrêter à l'est les « confédérés », comme on les appelait, avec des moyens plus mesurés. Lui-même s'établirait sur la Loire, entre Gien et La Charité, avec l'armée principale, dans le dessein d'empêcher la jonction des huguenots français et des mercenaires étrangers. Ainsi, la victoire de son favori sur les bandes du Béarnais conjuguée à la défaite espérée des troupes de la Ligue devant les mercenaires germaniques porterait un coup au prestige tant du roi de Navarre que du duc de Guise et lui permettrait de reprendre en main la situation. La question était de savoir si ce dispositif quelque peu hasardeux n'était pas chimérique.

À vingt-sept ans, Anne de Joyeuse, seigneur de Limours, fils du connétable de Montmorency, l'un des deux archimignons d'Henri III avec le duc d'Épernon, avait été comblé de faveurs. En août 1581, sa vicomté de Joyeuse avait été érigée en duché-pairie, avec préséance sur les autres ducs et pairs. En septembre de la même année, il avait épousé Marguerite de Lorraine-Vaudémont, demi-sœur de la reine Louise : un mariage prestigieux qui lui permettait de s'agréger à une maison souveraine étrangère. Un des tableaux les plus célèbres et les plus charmants de cette époque le représente ouvrant le bal de ses noces en présence du roi, de Catherine de Médicis et de la Cour. Les honneurs n'avaient cessé de pleuvoir sur sa jolie tête blonde : amiral, chevalier de l'ordre du Saint-Esprit en 1582, gouverneur de Normandie en 1583 et, l'année suivante, gouverneur du Havre puis duc d'Alençon au décès de Monsieur. Sa faveur avait commencé à décliner lorsque cet opportuniste à tête d'oiseau s'était rapproché de la Ligue, alors que son rival Épernon, plus intelligent et calculateur, avait compris la sourde volonté du maître de s'opposer à la toute-puissance des Guises.

Tant de titres, de dignités et d'honneurs ne faisaient pas de ce délicat muguet aux yeux clairs et à la barbe effilée un foudre de guerre. Ayant su qu'il allait l'affronter, Navarre, toujours railleur et sarcastique, s'était gaussé de sa renommée burlesque, de sa suffisance, de ses médecines et clystères pour s'éclaircir le teint et de son entourage raffiné qui partait à la guerre comme à une parade enchantée, alors que lui et les siens ne dégageaient « autre parfum que la poudre à canon ». Il espérait, avait-il ajouté, que « cette odeur si forte qu'ils n'avaient pas accoutumé de sentir les ferait bientôt repasser la rivière de Loire ».

Il n'en avait pas moins pris ses précautions, évacuant la plupart des places conquises en Poitou, à l'exception de Marans, Fontenay, Talmont, Maillezais et Saint-Maixent. Il n'y avait pas d'homme plus remuant. Les derniers temps, il s'était tant dépensé en cavalcades sur des routes mal tracées pour acheminer vivres, poudres, mèches et munitions, qu'un soir, conte Sully, écrasé de sommeil, il glissa de son cheval et n'eut que la force de se jeter pantelant et tout botté dans une charrette à bœufs faisant route vers La Rochelle et d'y dormir du sommeil du juste.

Joyeuse passe à la contre-offensive

Parti de Saumur, Joyeuse commença méthodiquement la guerre de siège. Au courant des propos insultants de son adversaire et redoutant plus que jamais d'être supplanté par Épernon, il était déterminé à donner la preuve de sa martiale virilité, dût-il s'adonner à la dernière cruauté. Le 21 juin, à La Mothe-Saint-Héray, vite emportée par ses troupes, il ordonna d'égorger les 800 prisonniers des régiments huguenots de Charbonnières et des Bories. Il poursuivit cette politique de terreur à Croix-Chapeau, où une compagnie d'arquebusiers fut entièrement massacrée. Il rencontrait succès sur succès : en quelques semaines Saint-Maixent, Chizé, Tonnay-Boutonne, Maillezais étaient tombés. Le Poitou et une partie de la Saintonge étaient entre ses mains. Qui donc oserait après pareils exploits douter de son génie militaire ?

Il jugea opportun de reparaître à la Cour pour recevoir des lauriers et déjouer les brigues de son rival Épernon. Au reste, son armée, souffrant de maladie et de malnutrition, était épuisée. Il en confia les rênes à son second, Jean de Beaumanoir, marquis de Lavardin, maréchal de camp, à charge pour lui de la conduire se « rafraîchir » en Touraine. Navarre connaissait bien ce dernier : c'était le fils de Charles de Beaumanoir, son ancien gouverneur, avec lequel il avait passé une grande partie de sa jeunesse. Après la Saint-Barthélemy, celui-ci avait embrassé la religion catholique et depuis lors avait combattu dans les troupes royales, où il s'était taillé une réputation de brutalité envers ses anciens coreligionnaires.

Marri de cette succession de revers, Henri crut bon de sortir de sa retraite de La Rochelle et, avec quelques compagnies d'arquebusiers, de harceler les arrières de l'armée de Lavardin. Le 14 juillet, sans avoir essuyé trop de pertes par ces coups de main rapides, il avait reconquis la majeure partie du terrain perdu. Ce jour-là, à Fontenay-le-Comte, Duplessis-Mornay publia, au nom de son maître, un nouveau manifeste : *Protestation et déclaration du roy de Navarre sur la venue de son armée en France* (la « France » commençait là où finissait l'Aquitaine...). Le discours était une habile justification de son action : « Nous nous sommes tenus jusqu'ici dans une guerre défensive, nous renfermant dans nos places, sans nous mettre en campagne, afin de soulager le peuple des misères et des calamités que causent les gens de guerre... » Mais la fureur et la rage de leurs adversaires, les guisards (pas question de parler des troupes royales faisant cause commune avec eux), l'avaient forcé à changer de tactique. « Devant leur audace et craignant que l'ambition démesurée des ligueurs n'apporte enfin la ruine totale de cet État, nous sommes contraints d'employer la force et déterminés à nous mettre en campagne. » Dans quel dessein ? Tout simplement « pour délivrer Sa Majesté de l'oppression et tyrannie des Lorrains », laquelle Majesté était suppliée « d'avoir pour agréable la prise de nos armes et de croire que nous ne les prenons que pour elle, sa liberté, et son service... ». On combattait par conséquent au nom du roi pour le délivrer des griffes de ses ennemis. Prétexte fallacieux ! À ce discours s'ajoutaient quelques promesses démagogiques, comme la volonté de rétablir la noblesse dans ses droits et la tenue de nouveaux états généraux afin d'abolir les impôts. L'arrivée dans les rangs de son armée de deux de ses cousins catholiques, François de Bourbon-Conti et Charles, comte de Soissons, de la noblesse et des troupes levées dans le Maine, l'Anjou et la Normandie donnait à son combat un sens politique nouveau, dépassant les clivages religieux et permettant de déconfessionnaliser le conflit.

Joyeuse était entré à Paris au moment où se déroulaient les fastes du mariage de son rival Épernon avec Marguerite de Foix-Candale. Henri III, qui s'apprêtait à prendre le commandement de la grande armée de la Loire, l'accueillit de façon glaciale, car il avait eu écho de ses exactions. Il le renvoya en Poitou avec quatorze compagnies de gendarmes supplémentaires. Il tenait toujours à son plan, Joyeuse écrasant son beau-frère à l'ouest, Guise sévèrement battu à l'est par les mercenaires allemands et suisses, et lui arbitre de la situation.

Après quelques succès, dus en particulier au hardi vicomte de Turenne, les forces du roi de Navarre ne se trouvèrent pas de taille à affronter celles de l'archimignon qui s'étaient renforcées des contingents armoricains du duc de Mercœur et de quelques unités de chevau-légers levées en Poitou. Henri préféra décrocher, prétextant, par un mouvement tournant passant par le Périgord, le Quercy et le Gévaudan, rejoindre l'armée des reîtres, qui était enfin entrée en France sous le commandement du burgrave Fabien de Dohna. La réalité était plus décourageante : manquant d'effectifs et d'artillerie, il ne se sentait plus en état de tenir le Poitou et encore moins de marcher en direction de la Loire.

Le champ de bataille

Fort de ses troupes fraîches, Joyeuse le poursuivit, résolu à l'affronter aux environs de Coutras, en pays bordelais. En fougueux matamore qui ne pratiquait point la modestie, il avait hâte de l'anéantir. Apprenant qu'il avait franchi la Dronne au gué de Sénac, il quitta le château de La Roche-Chalais, décidé à ne pas attendre l'arrivée le lendemain des contingents du maréchal de Matignon, de façon à préempter à lui seul la gloire d'une victoire éclatante. Présomptueuse audace qu'il payera du prix le plus fort. Son armée alignait des forces légèrement supérieures à celles de son adversaire : 4 500 fantassins et 1 500 à 1 800 cavaliers. Navarre, qui se trouvait dans une position défavorable, ayant fait passer de l'autre côté de la rivière une partie de sa chétive artillerie, refusa de se dérober. Il chargea Jacques de Clermont d'Amboise de récupérer les canons et passa la nuit du 19 au 20 octobre à disposer ses troupes dans les garennes à l'est du bourg de Coutras, un lieu qu'il connaissait bien : à sa gauche, protégée par la Dronne, l'artillerie installée sur une hauteur sablonneuse, la Butte aux Loups, et trois escadrons de cavalerie alternant avec des groupes d'arquebusiers et d'enfants perdus (voltigeurs), au centre, le gros de l'infanterie en demi-cercle et la réserve de cavalerie masquée par une colline, à sa droite deux escadrons de cavalerie, eux-mêmes séparés par des pelotons d'arquebusiers, fourches piquées en terre. Un système classique mais finement pensé. L'habillement des troupiers était d'une grande sobriété, cabassets et morions sur la tête, buffleteries marron ou grises sans apprêts et cuirasses d'acier sombre. Les cavaliers chevauchaient des montures sans housse.

L'armée de Joyeuse qui déboucha dans la plaine vers sept heures du matin, peu avant le lever du soleil, parut au contraire empanachée, toute chatoyante de costumes rutilants, de casaques de velours et de soie ornées de délicats collets de dentelle, de fines écharpes brodées, de casques scintillants aux plumes multicolores « à gros bouillon », d'armes de prix, épées damasquinées et pistolets à rouet incrustés d'ivoire. C'était la fine fleur de la noblesse de France, orgueilleuse, brouillonne, individualiste et avide de gloire chevaleresque, qui n'avait rien oublié de l'arrogante fanfaronnade de ses ancêtres de Crécy, Poitiers et Azincourt. Le duc disposa son infanterie en deux corps de bataille massifs, encadrés par la gendarmerie à cheval de son frère Claude, équipée de longues lances fort embarrassantes, dont certaines ornées de pennons de couleur.

Avant l'engagement, Navarre, selon Agrippa d'Aubigné, s'adressa d'abord à ses cousins Bourbons catholiques, le prince de Conti et le comte de Soissons, afin de renforcer leur détermination : « Vous voyez mes cousins que c'est à notre maison qu'on s'adresse. Il ne serait pas raisonnable que ce beau danseur et ces mignons de cour en emportassent les trois principales têtes que Dieu a réservées pour conserver les autres avec l'État. Cette querelle nous est commune, l'issue de cette journée nous laissera plus d'envieux que de malfaisants, nous en partagerons l'honneur en commun. Je vous montrerai que je suis votre aîné. » Et les autres de répondre : « Vous aurez de bons cadets. »

Se tournant ensuite vers ses soldats, il les harangua, excitant leur convoitise en même temps qu'il galvanisait leur combativité : « Mes amis, voici une curée qui se présente bien autre que vos butins passés : c'est un nouveau marié qui a encore l'argent de son mariage en ses coffres, toute l'élite des courtisans est avec lui. Courage ! Il n'y aura si petit entre vous qui ne soit désormais monté sur des grands chevaux et servi en vaisselle d'argent. Qui n'espérerait la victoire en vous voyant si bien encouragés ? Ils sont à nous, je le juge par l'envie que vous avez de combattre, mais pourtant nous devons tous croire que l'événement est en la main de Dieu, lequel sachant et favorisant la justice de nos armes nous fera voir à nos pieds ceux qui devraient plutôt nous honorer que nous combattre. Prions-le donc qu'il nous assiste. »

Alors les huguenots, dans un cliquetis d'épées et d'armures, mirent un genou à terre et adressèrent à l'Éternel une prière animée par les pasteurs Louis d'Amours et Antoine de Chandieu. À en croire Mgr Hardouin de Péréfixe, ce dernier ainsi que Duplessis-Mornay supplièrent le roi de Navarre d'exprimer publiquement ses regrets du scandale qu'il avait provoqué en déshonorant la fille d'un officier de La Rochelle. S'agissait-il d'Esther Imbert ou d'une autre damoiselle ? Ce qui est sûr, c'est qu'on haïssait dans les rangs son libertinage éhonté. L'intéressé, rapporte Péréfixe, se mit lui aussi à genoux, « demanda pardon à Dieu de sa faute, pria tous ceux qui étaient présents de vouloir servir de témoins de sa repentance et d'assurer le père de la fille que si Dieu lui faisait la grâce de vivre, il réparerait tout autant qu'il pourrait l'honneur qu'il lui avait ôté ». La victoire attendue valait bien une parole de contrition ! Autant en emporte le vent ! Puis, d'un seul chœur, l'armée se mit à entonner le psaume CXVIII : « La voici l'heureuse journée que Dieu a faite à plein désir… »

Les entendant ainsi s'adonner aux patenôtres, le duc de Joyeuse se tourna vers son adjoint Lavardin et s'écria avec une jubilation présomptueuse : « Ils sont à nous ! Vous voyez comme ils sont à demi battus et défaits. À voir leur contenance ce sont des gens qui tremblent ! – Je les connais mieux que vous, lui répliqua l'autre. Ils font les doux et les chevaliers, mais que vienne la charge, vous les trouverez diables et lions, et vous souviendrez que je l'ai dit. »

La grande victoire

Brusquement, les bouches à feu des huguenots se déchaînèrent. Leurs tirs bien ajustés, grâce à la présence d'un arbre servant de repère aux pointeurs, firent mouche dans les rangs de la noblesse catholique. En réponse, le corps de cavalerie de Lavardin se lança à la charge, enfonçant dans sa fougue l'escadron de La Trémoille, tandis que les gendarmes montés de François de Montigny bousculaient l'escadron du vicomte de Turenne, avant d'envahir le bourg de Coutras et de le mettre au pillage. Pour Joyeuse la partie était gagnée. Il engagea alors le principal de ses forces. Mais sa cavalerie lourdement armée, gênée par les lances excessivement longues la contraignant à adopter un ordre lâche, prit trop tôt le galop, épuisant ses destriers, et se heurta aux troupes de réserve du roi de Navarre ainsi qu'au feu nourri des arquebusiers, dissimulés dans un chemin creux. S'ensuivit un furieux corps-à-corps dans lequel s'illustrèrent gentilshommes et princes avec grand courage, Henri compris, coiffé d'une simple « salade » d'homme d'armes et qui portait, dit-on, sur sa cuirasse l'écharpe blanche de Corisande. Écartant les gentilshommes chargés de sa protection, il s'écria : « À quartier ! À quartier ! je vous prie ; ne m'offusquez pas, je veux paraître ! » Sa présence au milieu de la mêlée lui était essentielle pour stimuler le moral de ses troupes. Il se heurta d'abord au baron de Fumel, conseiller et chambellan du roi, puis au sieur de Châteaurenard, cornette de la compagnie de Sansac. Il fut secouru par le fidèle Antoine de Frontenac qui abattit le premier d'un coup de sabre tandis qu'Henri s'agrippait au second et lui criait : « Rends-toi, Philistin ! » À ce moment un gendarme à cheval de la même compagnie lui donna du tronçon de sa lance plusieurs coups sur son casque, avant qu'un valeureux capitaine, Auguste Constant de Rebecque, ne parvînt à l'occire. Comme on avait cru apercevoir l'avant-garde du maréchal de Matignon, Navarre, exalté, s'exclama : « Allons, mes amis, ce fera ce qu'on n'a jamais vu, deux batailles en un jour ! »

En réalité, le combat ne dura que deux heures et s'acheva par la déroute des troupes royales, qui abandonnèrent dans la plaine bagages, canons, oriflammes et drapeaux. Le butin était considérable. Joyeuse et son jeune frère Claude, seigneur de Saint-Sauveur, furent tués. Seul Lavardin réussit à s'échapper. Selon les estimations du temps – peu crédibles ? –, il y aurait eu 2000 tués chez les royaux, dont 300 gentilshommes, alors que leurs adversaires n'en auraient déploré qu'une centaine tout au plus. « En toutes batailles advenues depuis vingt-cinq ans, s'affligea Catherine de Médicis, il n'était mort autant de gentilshommes français qu'en cette malheureuse journée. »

Dans la salle basse de l'hostellerie du *Cheval blanc*, Henri considéra non sans émotion les dépouilles nues et raides d'Anne de Joyeuse et de son frère, étendues sur la table d'hôtes, recouvertes d'un simple drap. « Silence, les armes ! Ce moment est celui des larmes, même pour les vainqueurs. » Point de triomphalisme ! Touché par les pertes subies dans les rangs de la noblesse, il ne témoigna aucune rancune à l'égard de ses adversaires, sachant qu'une réconciliation s'imposerait tôt ou tard. Il fit soigner les blessés et ordonna de bien traiter les prisonniers, qu'il libéra un peu plus tard sans réclamer de rançon. Refusant de toucher aux joyaux pris dans les bagages, on le vit assister avec ses principaux officiers à une messe de requiem à la mémoire des catholiques tombés. Tout cela participait déjà à la construction de la légende henricienne.

Puis il envoya au maréchal de Matignon les dépouilles des deux Joyeuse, ajoutant dans sa missive : « Je suis bien marri qu'en cette journée je ne pus faire différence des bons et naturels Français d'avec les partisans et adhérents de la Ligue, mais pour le moins ceux qui sont restés en mes mains témoigneront la courtoisie qu'ils ont trouvée en moi et en mes serviteurs qui les ont pris. Croyez, mon cousin, qu'il me fâche fort du sang qui se répand... » Le gouverneur de Bordeaux mit six jours avant d'écrire au roi. Sans doute n'osait-il accabler l'inconséquence de Joyeuse, qui n'avait pas attendu son arrivée dans la plaine de Coutras.

Retour en Béarn

La mort de son favori frappa profondément Henri III. « Elle emporte toute la joie », écrivit-il à ses correspondants, déplorant la disparition de ce « cœur généreux ». Pour les huguenots, qui avaient constamment échoué dans les batailles rangées, de Dreux à Moncontour en passant par Jarnac, c'était une victoire aussi éclatante qu'inattendue, et pour Henri son premier grand trophée, renforçant sa conviction que Dieu l'appuyait dans son juste combat. À partir de ce moment sa stature d'héritier présomptif de la couronne de France prit une dimension nouvelle. Dix ans plus tôt, Blaise de Monluc avait deviné dans les dernières lignes de ses *Commentaires* que ce « jeunet » deviendrait « quelque jour grand capitaine », gagnerait « aisément le cœur de la noblesse et du peuple et tiendrait tout le reste en crainte ».

Assurément, il ne convient point d'exagérer ses capacités ni ses prouesses militaires. Celui que Napoléon appellera avec une condescendance un peu méprisante « mon brave capitaine de cavalerie » n'était pas un stratège hors pair, susceptible de concevoir un plan suivi d'opérations conjuguées. On ne lui mesurera pas néanmoins ses qualités de tacticien avisé, entraîné à l'énergie et à la bravoure, circonspect mais doué du coup d'œil de l'audacieux. On ne lui déniera pas davantage sa fougue et son courage à agir comme l'éclair, à prendre sur lui tous les risques, y compris dans les situations périlleuses, ni son aptitude à exploiter les failles de ses adversaires.

Sitôt après la bataille, un Conseil se réunit autour de lui pour décider de la conduite à tenir. Une pause s'imposait. Les hommes étaient épuisés et l'on manquait furieusement de pécune. La noblesse du Poitou avait déjà regagné ses manoirs et castels. Tous étaient des seigneurs terriens, soucieux de remettre en état leurs fiefs, châtellenies et domaines, durement éprouvés par la guerre civile, et de retrouver au plus vite leur paisible existence rurale. Malgré un coup de lance reçu dans le ventre, l'impétueux Condé ne l'entendit pas ainsi. Il rompit avec son cousin et reprit la direction de la Loire suivi de ses troupes. Son objectif était de s'emparer du château de Saumur, ne fût-ce que pour effacer son échec cuisant devant Angers.

Quant à Navarre, dès le surlendemain de sa victoire il galopa en direction du Béarn, s'arrêtant vingt-quatre heures au château de Montaigne, le temps de s'entretenir avec l'ancien maire de Bordeaux qui s'apprêtait à se rendre à Paris afin de remettre à son éditeur le manuscrit corrigé de sa cinquième édition des *Essais*. Le chargea-t-il d'un message secret pour Henri III ? Arlette Jouanna, sa dernière biographe, le pense à la lecture des propos des ambassadeurs d'Angleterre et d'Espagne en poste à Paris, sir Edward Stattford et Bernardino de Mendoza, qui soulignaient l'inquiétude des ultras des deux camps devant la perspective d'une réconciliation entre les deux Henri.

Après le château de Montaigne, le Béarnais atteignit Navarrenx le 9 novembre, déposant chevaleresquement aux pieds de Corisande, comme autant d'hommages, des brassées de drapeaux d'ordonnance et de guidons trouvés sur le champ de bataille. Troublé de voir Hercule roucouler aux pieds d'Omphale ou Hannibal aux délices de Capoue, Agrippa d'Aubigné exprima en cette jolie formule l'amertume des chefs de guerre huguenots : « Il donna ses paroles au vent et sa victoire à l'amour. » Sully renchérira : « Les belles espérances que l'on avait conçues de cette illustre victoire et tous les projets qu'on avait fondés sur icelle s'en allèrent à néant. » Sur le fond, tous deux avaient tort. L'armée huguenote était incapable de reprendre le combat. Henri s'était dérobé à la fois pour préserver ses troupes et parce qu'il éprouvait une évidente répugnance à affronter son royal beau-frère. Refusant de se l'aliéner définitivement, il lui avait suffi de montrer sa force et d'éliminer son « mauvais conseiller ». Du champ de bataille, il lui avait d'ailleurs écrit cette lettre : « Sire, mon seigneur et frère, remerciez Dieu ; j'ai battu vos ennemis et votre armée. [...] Ouvrez donc vos yeux, Sire, et connaissez qui sont-ils. Est-ce moi, votre frère, qui peux être l'ennemi de votre personne ? Moi, prince de votre sang, de votre couronne ? Moi, Français de votre peuple ? Non, Sire, vos ennemis, ce sont ceux-là qui, par la ruine de notre sang et de la noblesse, veulent la vôtre, et par-dessus tout de votre couronne. » Lucide, Agrippa d'Aubigné avait compris son objectif : « Ménager son souverain et, ayant mis les passions en croupe, vouloir conserver l'État, c'est-à-dire le sien. »

En novembre et décembre, il rejoignit à trois reprises mais en coup de vent sa châtelaine aux grands yeux câlins et à la carnation opaline, passant une nuit ou deux au doux bercail d'Hagetmau : il était évident que sa passion tiédissait. Sa correspondance avec elle se poursuivit néanmoins. Il avait beau conclure ses missives par des « millions de baisers », à trente-trois ans, les traits empâtés, la veuve du comte de Guiche savait que son miroir ne lui cachait rien du déclin de sa beauté. Toujours pleine d'aménité, elle continuait néanmoins d'envelopper le héros d'*Amadis* d'une chaude tendresse, de lui vouer des sentiments calmes et doux qui ne pouvaient que l'encourager dans ses interminables pérégrinations gasconnes.

Pendant ce temps, les reîtres, lansquenets et Helvètes, après avoir ravagé la Champagne et la Lorraine, refusant de franchir la Loire pourtant presque à sec, avaient gagné la région de Montargis. Épuisés par leurs longues marches, atteints de maladies diverses et alourdis par leur butin, ils avaient été vaincus par le duc de Guise au village de Vimory le 26 octobre, puis à Auneau, sur la route de Chartres, le 24 novembre.

Henri III comprit alors que son plan machiavélien avait échoué : non seulement son « cher beau-frère » n'avait pas été châtié par l'infortuné Joyeuse, mais le Balafré, le plus dangereux de ses adversaires, venait de tirer un immense prestige auprès des Parisiens de sa double victoire. Transportées d'enthousiasme, les foules le considéraient comme le sauveur de la France. Il fallait l'empêcher de continuer à engranger les succès militaires. Aussi expédia-t-il rapidement en Charolais son favori Épernon, afin de signer avec les mercenaires restants une capitulation honorable et une convention de retrait du royaume moyennant espèces sonnantes et trébuchantes.

Quant à Navarre, il résistait toujours farouchement aux pressions de Montmorency et peut-être de Corisande de se convertir. Plusieurs tentatives d'assassinat fomentées par les ultracatholiques ne l'encourageaient pas dans cette voie. Le 22 janvier 1588, le village de Burguerolles était assiégé par Antoine de Joyeuse, grand prieur de l'ordre de Malte dans la province de Toulouse et frère cadet du défunt Anne. « Mon devoir et ce mot de bataille m'ont fait promptement résoudre d'y aller, mandait-il à Corisande. Je pars demain avec 300 chevaux et 2000 arquebusiers pour y aller en diligence. Me joignant aux troupes qu'a M. de Montmorency, nous serons 500 à 600 chevaux et 5000 hommes de pied. Les ennemis sont même nombre. Dieu nous aidera en l'endroit du cadet comme Il l'a fait de l'aîné. »

En février, l'infatigable était de retour en Albret. « Dieu a béni mon labeur, mandait-il encore à son égérie le 20 février, j'ai pris Damazan sans perdre un homme. » Deux jours plus tard, malgré le manque d'artillerie il s'empara du Mas-d'Agenais, près de Marmande. Et le voilà reparti. « Je vais monter à cheval avec 300 chevaux et donnerai jusqu'à la tête de l'armée ; ce sera grand cas si je n'en fais quelque chose. »

Le 29, sous les murs de Nérac, il assista à une « furieuse escarmouche » entre les hommes de Matignon et les siens.

En réalité, il végétait entre Guyenne et Gascogne d'échauffourée en coup de main. Ses proches l'accusaient d'avoir laissé écraser les reîtres et lui faisaient des mines morfondues. Tout le monde semblait lui en vouloir. On ne comprenait pas son changement de statut qui l'avait fait passer de chef de l'armée huguenote à celle d'héritier direct du trône. Rien n'était gagné d'ailleurs. Henri III exigeait toujours sa conversion avant de l'associer au trône. En février, il avait dû répondre une nouvelle fois par une fin de non-recevoir aux propositions de son émissaire, le sieur de Sainte-Colombe, sous forme d'un écrit public. Fort chagrin, assailli de mélancolie, il geignait et maudissait son sort. « Le diable est déchaîné, bougonnait-il de Nérac à Corisande le 8 mars. Je suis à plaindre et c'est merveille que je ne succombe sous le faix. Si je n'étais pas huguenot, je me ferais turc. Ha ! les violentes épreuves par où l'on sonde ma cervelle ! Je ne puis faillir d'être bientôt ou fou ou habile homme. Cette année sera ma pierre de touche. [...] Mon tout, aimez-moi. Votre bonne grâce est l'appui de mon esprit au choc des afflictions. Ne me refusez pas ce soutien. Bonsoir, mon âme, je te baise les pieds un million de fois. »

Deux rivaux écartés

Deux jours plus tard, il apprenait la mort à trente-cinq ans de son cousin et principal rival Henri de Condé à Saint-Jean-d'Angély. Nouvelle missive à Corisande (10 mars) : « Il m'est arrivé l'un des plus extrêmes malheurs que je pouvais craindre, qui est la mort de M. le Prince. Je le plains comme ce qu'il me devait être, non comme ce qu'il était. Je suis à cette heure la seule butte que visent toutes les perfidies de la messe [les catholiques ultras]. Ils l'ont empoisonné, les traîtres ! [...] Ce pauvre prince, jeudi, ayant couru la bague, soupa, se portant bien. À minuit lui prit un vomissement très violent qui dura jusqu'au matin. Tout le vendredi il demeura au lit. Le soir il soupa et ayant bien dormi il se leva samedi matin, dîna debout, puis joua aux échecs. Il se leva de sa chaise, se mit à se promener dans sa chambre devisant avec l'un et l'autre. Tout à coup il dit : "Baillez-moi ma chaise, je sens une grande faiblesse." Il ne fut pas plus tôt assis qu'il perdit la parole et soudain après rendit l'âme, ainsi les marques de poison sortirent soudain. »

L'autopsie, pratiquée dès le lendemain de sa mort le 6 mars, révéla que l'intérieur du corps était « noir, brûlé, gangrené et ulcéré en divers lieux ». Les médecins et ses proches soupçonnèrent sa femme, l'élégante Charlotte Catherine de La Trémoille (qu'avait autrefois distinguée Navarre), de l'avoir empoisonné. Une rumeur l'accusait d'avoir eu des privautés pour l'un de ses pages de seize ans, Louis de Belcastel, qui s'était enfui avec des bijoux et une forte somme d'argent. On arrêta la veuve de dix-neuf ans et on l'enferma.

Henri était sous le choc. « Tous ces empoisonneurs sont papistes », se plaignit-il à Corisande. « Et vous êtes de cette religion ! » Elle de lui rétorquer : « Si tous les catholiques vous voulaient autant de bien que moi, ils ne tâcheraient pas à vous déplaire comme la plupart d'entre eux ont fait. »

L'intendant du défunt, Jean Ancelin Brillaud, ancien avocat au parlement de Bordeaux, soumis à la torture, accabla la jeune femme, puis se rétracta avant d'être écartelé sur la grand'place de Saint-Jean-d'Angély. Le parlement de Paris se saisit de l'affaire, mais interrompit la procédure lorsqu'il apprit que la princesse était enceinte. Elle donna naissance à un fils le 1er septembre, prénommé Henri, qui fut considéré comme l'enfant posthume du prince. Il lui ressemblait d'ailleurs beaucoup*. Finalement, la princesse restera six ans écrouée avant d'être acquittée par le Parlement. Les pièces du dossier furent soigneusement brûlées, de façon à rendre ce jugement définitif.

---

* Il sera le père du Grand Condé.

On ne saura par conséquent jamais la vérité. Rien de sérieux, semble-t-il, ne permet d'impliquer Charlotte, très amoureuse de son mari. Il n'est pas à exclure que Condé, blessé gravement à Coutras, ait succombé à une péritonite.

Depuis quelque temps déjà Navarre faisait goûter ses plats par peur du poison. Il renforça les consignes de sécurité lorsqu'il apprit qu'une équipe de 24 hommes était partie pour lui faire un mauvais sort. « Il y en a un qui est lorrain et se disait frison, à qui le cœur faiblit en me présentant une requête à Nérac. »

Au moment où le destin capricieux avait écarté de son chemin un rival potentiel, un second apparut en la personne du demi-frère de Condé, Charles de Bourbon, comte de Soissons. Si l'on s'en rapporte aux propos de Villegomblain, le Béarnais l'aurait sciemment attiré dans son camp sous promesse de lui donner la main de sa sœur Catherine.

Cette prude et honnête demoiselle de dix-neuf ans avait jusque-là dédaigné tous les partis que son frère lui avait proposés au gré de ses combinaisons politiques. Aucun ne lui avait plu. Elle attendait donc le prince charmant, un bon et solide protestant, cela allait de soi. Elle changea d'avis lorsque apparut à Navarrenx son cousin Soissons : vingt et un ans, de belle taille et de bel air, l'esprit mûr et sérieux, le front haut et la barbe bien taillée. À lui seul, son physique attirait. Les premiers mots tombant de sa fine bouche accomplirent la prouesse de la ravir. Bref, ce fut le coup de foudre.

Il y avait dans le caractère d'Henri de Navarre un fond de méfiance qui prenait vite le dessus. L'enivrement de sa sœur commença à l'inquiéter. Il trouvait Soissons « froid, retenu, circonspect, amateur du faste et des formalités ». Surtout il se demandait si le bellâtre ne jouait pas son propre jeu, discrètement encouragé par Henri III qui l'avait récemment promu chevalier de l'ordre du Saint-Esprit. En épousant sa sœur Catherine, en devenant l'héritier des Albret puisque lui-même n'avait pas d'enfants, ce prince de la branche des Bourbons pouvait devenir un prétendant à la couronne de France plus acceptable pour de grands seigneurs comme le duc de Montmorency, dont il redoutait la défection, ou le duc de Montpensier, que le « vieil bonnet rouge » de la Ligue, autrement dit le cardinal de Bourbon. Il mesura le danger. Bref, jugeant cette union indésirable et lui préférant une alliance étrangère servant ses intérêts, Navarre opposa un veto à sa sœur, qui en eut le cœur déchiré.

Henri III déstabilisé

Pendant ce temps au Louvre, Henri III se sentait de plus en plus menacé par la Ligue parisienne et les intrigues du Balafré. La Sorbonne elle-même n'était-elle pas entrée en dissidence en admettant dans sa séance du 16 décembre 1587 qu'un roi tyrannique pouvait être déposé par le peuple ? Au sein du Parlement, l'esprit d'insubordination avait fait d'effrayants progrès. Le monarque s'appuyait plus que jamais sur son archimignon Épernon, à qui, après la mort de Joyeuse, il confia le gouvernement de Normandie, le plus riche du royaume puisque à lui seul il payait les deux tiers de la taille. Puis il l'éleva au rang de gouverneur de l'Angoumois, de l'Aunis et de la Saintonge, avant de le promouvoir amiral de France, préfigurant ainsi le ministériat d'un Richelieu ou d'un Mazarin. Il s'agissait de faire pièce à la menace d'éclatement féodal du pays et de lui opposer un modèle absolutiste fondé sur le système du favori.

En vertu de l'accord passé avec Philippe II, le Balafré devait s'entendre avec lui avant de lancer le soulèvement armé de la Ligue contre le roi de France. Il fallait faire coïncider cette émeute avec le départ de l'Invincible Armada, destinée à envahir l'Angleterre, la grande rivale sur les mers, qui avait multiplié les comptoirs en Amérique du Nord, et à chasser du trône l'hérétique Élisabeth.

Malheureusement, les vaisseaux espagnols avaient été contraints de retarder leur appareillage en raison du spectaculaire raid sur Cadix effectué en avril 1587 par le fameux corsaire Francis Drake. Au printemps de l'année suivante, l'immense flotte était enfin prête. Elle devait accoster en Flandre, où Alexandre Farnèse embarquerait les troupes d'invasion. Il était prévu que l'insurrection éclaterait à Paris à ce moment-là, de façon à empêcher l'armée royale de marcher vers le nord et de défendre les côtes picardes. En échange, le Roi Catholique s'était engagé à verser au duc de Guise et à la Ligue 3 millions d'écus et à lui envoyer un renfort de 6000 lansquenets et de 1 200 lances, soit près de 3000 cavaliers.

Or Guise, poussé par son entourage, piaffait d'impatience. En janvier, après la mort du jeune duc de Bouillon, il avait tenté vainement de mettre la main sur la place de Sedan. On lui avait répondu par des coups de canon. Qu'à cela ne tienne ! Lui et les princes lorrains, le cardinal de Guise et le duc de Mayenne, ses frères, les ducs de Nemours, d'Elbeuf et d'Aumale, ses cousins, auxquels s'étaient joints les principaux chefs de la Ligue parisienne ainsi que le cardinal de Bourbon, se réunirent alors à Nancy chez l'aîné de la famille, le duc Charles III. Ils mirent au point un mémorandum en onze articles qui constituait une manière d'ultimatum adressé au roi : y étaient exigées notamment la disgrâce du duc d'Épernon et celle de son frère La Valette, la mise en application immédiate des décisions du concile de Trente (ce que refusait toujours le Parlement, de tendance gallicane), l'institution du tribunal de l'Inquisition dans les principales villes, l'attribution au duc Henri de Guise du commandement de l'armée et la guerre à outrance contre l'hérétique Navarre.

Henri III ne pouvait évidemment s'y soumettre, sauf à perdre toute liberté de décision. Mais il lui était impossible de le rejeter formellement, au risque d'être accusé de complicité avec les protestants. À son habitude, il chercha à gagner du temps en promettant d'étudier les requêtes.

Profitant de sa faiblesse et de ses atermoiements, Charles III et le Balafré envahirent sans vergogne le duché de Bouillon, assiégèrent Jametz et Sedan, que le protestant La Noüe tenait pour le compte de l'héritière, Charlotte de La Marck. Pendant ce temps, le duc d'Aumale s'emparait des ports de Picardie, qu'il devait mettre à la disposition de la flotte espagnole.

Averti par les révélations de son espion Nicolas Poulain, Henri III avait compris que l'épreuve de force se passerait à Paris, où la situation était devenue explosive en raison de la hausse du prix du pain. Plus que jamais il craignait pour sa vie. Il n'y avait plus aucun respect pour sa personne sacrée. Certains excités parlaient carrément de l'envoyer *ad patres*. De son côté, Épernon avait échappé à trois ou quatre guet-apens.

Comme l'arrivée du duc de Guise espérée par la foule risquait de mettre le feu aux poudres, le roi envoya à Soissons, où il résidait, le surintendant Pomponne de Bellièvre afin de l'enjoindre à y rester pour le moment, tout en lui proposant une conférence de conciliation, qui se tint à Soissons à la mi-avril. En vain. Le Balafré s'en était tenu à l'ordre reçu de Philippe II de ne conclure aucun arrangement avec le roi de France. Toutes les issues étaient donc fermées.

Le 24 avril, le roi fit installer les Quarante-Cinq au Louvre et commanda aux troupes suisses cantonnées à Lagny de surveiller les faubourgs Saint-Denis et Saint-Martin. Au début de mai, après s'être retiré une semaine au couvent des Hiéronymites pour adresser à Dieu ses plus ardentes prières, il mit le Louvre en état d'alerte et doubla les patrouilles du guet jour et nuit. Il était exaspéré contre le Balafré et ses partisans. « La passion, à la fin blessée, écrivit-il à Villeroy, se tourne en fureur ; qu'ils ne m'y mettent point. »

Le triomphe du Balafré

Vivement sollicité par son entourage et ne pouvant plus contenir l'impatience des ligueurs parisiens, Guise, en accord avec l'ambassadeur Mendoza, choisit de franchir le Rubicon avant le départ de l'Invincible Armada de Lisbonne, prévu le 20 mai. Il quitta Soissons le dimanche 8 vers neuf heures du soir avec neuf cavaliers, chevaucha toute la nuit et entra dans la capitale le lendemain à midi par la porte Saint-Denis, en compagnie de son jeune fils, de son frère le cardinal et de l'archevêque de Lyon, Pierre de Saint-Priest d'Épinac, primat des Gaules, qui venait de rallier la Ligue. Son escorte grossit comme une boule de neige dévalant une pente, chacun abandonnant sa maison ou sa boutique en poussant des hurlements de joie. Il n'avait pas atteint le centre de la capitale que des milliers de personnes l'acclamaient dans une atmosphère délirante presque mystique. « Vive Guise ! Vive le pilier de l'Église ! » Commentaire de Pierre de L'Estoile dans son *Journal* : « L'un l'embrassait, un autre le remerciait, un autre se courbait devant lui ; on baisait les plis de ses vêtements, et ceux qui ne pouvaient l'atteindre s'efforçaient du moins, en élevant les mains, et par tous les mouvements de leur corps, de témoigner leur allégresse. On en vit plusieurs qui, l'adorant comme un saint, le touchaient de leur chapelet, qu'ils portaient ensuite à leur bouche ou à leurs yeux ; de toutes les fenêtres, les femmes répandaient des fleurs et bénissaient son arrivée. »

Le héros se rendit directement à l'hôtel de la Reine, rue du Four, non loin de Saint-Eustache, où Catherine de Médicis avait établi sa résidence. Il comptait s'appuyer sur elle pour s'imposer au roi, mais elle l'éconduisit. Henri III, exaspéré, le convoqua immédiatement au Louvre, déterminé à réaffirmer son autorité avec énergie en le faisant occire par le colonel-général des Corses Alphonse d'Ornano, au moment où il pénétrerait dans l'appartement de la reine Louise. Plusieurs de ses familiers le supplièrent de n'en rien faire. Il céda et se ravisa donc. L'entrevue qui se déroula en présence du chancelier de Cheverny fut orageuse. Henri jeta à la figure de son interlocuteur toutes les trahisons de la maison de Lorraine. Celui-ci, surpris par la véhémence du ton, lui en donna le démenti, s'en tirant par de hâtives dénégations, assurant qu'il n'était venu qu'à la demande de la reine sa mère.

Le lendemain soir 10 mai, Guise, comme si de rien n'était, vint faire son service au Louvre en tant que grand maître de la Maison du roi, présentant au souper selon l'usage la serviette au souverain. Celui-ci ne fut pas dupe. Apprenant que les partisans armés du duc ne cessaient de s'introduire clandestinement en ville, il fit renforcer les mesures de police. Suivant ses instructions, le prévôt des marchands, Nicolas Hector de Perreuse, ordonna aux colonels de la milice d'équiper vingt hommes sûrs dans chaque dizaine (subdivision des seize quartiers de la ville) et interdit aux Parisiens de sortir en armes après neuf heures du soir, sous peine de mort.

Les barricades et la fuite du roi

Le jeudi 12 au lever du jour, les compagnies du régiment des gardes et plusieurs escouades de Suisses occupèrent les ponts, places et carrefours stratégiques principaux : Saint-Séverin, l'Hôtel-Dieu, le pont Saint-Michel, le cimetière des Innocents, la place de Grève et bien entendu les abords du Louvre. Dans l'esprit du roi, il s'agissait d'intimider le Balafré. C'était oublier que la capitale jouissait de l'exemption du logement de guerre et du privilège d'assurer sa propre sécurité grâce à la milice bourgeoise. L'arrivée de ces troupes régulières déclencha le soulèvement général tant attendu par les chefs ligueurs et la tourbe populaire exaltée. L'Estoile brossa de la situation un tableau saisissant : « L'artisan quitte ses outils, le marchand ses trafics, l'Université ses livres, les procureurs leurs sacs, les avocats leurs cornettes, les présidents et les conseillers eux-mêmes mettent la main aux hallebardes. On n'oit [n'entend] que cris d'épouvante, murmures et paroles séditieuses pour échauffer et effaroucher le peuple. »

Afin de se protéger des pillards, la municipalité fit tendre les chaînes mises en place dans les rues un siècle plus tôt. Dans une réaction d'autodéfense, les bourgeois parisiens les renforcèrent de barriques emplies de terre et de pavés : c'étaient les premières barricades de l'histoire de la capitale. Leur garde fut confiée à des miliciens de quartier. On ne pouvait plus circuler que muni d'un laissez-passer. Résultat, la ville se trouva paralysée et les soldats d'Henri III bloqués dans les places et carrefours, sans pouvoir recevoir les ordres du Louvre ou même du ravitaillement. Ils furent la cible des émeutiers, mis en joue ou bombardés de pavés et d'immondices. Il y eut une soixantaine de victimes. Craignant un massacre généralisé, le roi s'humilia jusqu'à demander au duc de Guise, par l'intermédiaire du maréchal de Biron, de calmer la situation. Ravi, le Balafré accepta, faisant partout ouvrir les barricades et libérer les soldats, tandis que sur son passage la foule lançait des vivats. Dans la nuit qui suivit, de nouvelles barricades s'élevèrent dans le centre. Saisi par les agents royaux, un billet du duc de Guise à Entragues, gouverneur d'Orléans, révéla son véritable jeu : « J'ai défait les Suisses, taillé en pièces une partie des gardes du roi et tiens le Louvre investi de si près que je rendrai bon compte de ce qui est dedans. Cette victoire est si grande qu'il en sera mémoire à jamais. » Cette fois, Henri III ne tergiversa pas. Vers cinq heures de l'après-midi, faisant mine d'aller se promener au jardin des Tuileries, une badine à la main, il se dirigea vers les écuries, sauta à cheval et quitta Paris, accompagné du chancelier de Cheverny, du surintendant de Bellièvre, des secrétaires d'État Brûlart et Villeroy, des maréchaux Biron et Aumont, du duc de Montpensier et de quelques gentilshommes. Il alla coucher à Rambouillet puis vint s'établir à Chartres, où les Suisses et les gardes françaises le rejoignirent. Il était temps. Au moment de son départ, deux colonnes d'émeutiers, l'une sur la rive gauche, l'autre sur la rive droite, marchaient en direction du palais, prêtes à lui faire un sort. « Dieu soit loué ! J'ai secoué le joug », s'était-il écrié en franchissant la porte Neuve sur le quai du Louvre.

En fuyant sa capitale qu'il ne reverra plus, Henri III avait sans doute eu la vie sauve, mais il était avili comme jamais. Pourtant, Jean-Marie Constant a raison de le souligner, il conservait dans la France profonde de larges soutiens, particulièrement au sein des gouverneurs des provinces et des places de guerre. Dans un pays qui se délitait, l'armature administrative tenait encore, malgré sa perte d'efficacité. À Chartres, le roi ne tarda pas à recevoir des protestations de loyauté de dix-neuf grandes villes, la plupart situées au sud de la Loire. Il y arrivait néanmoins dans une situation d'extrême faiblesse, sans argent ni grands moyens militaires, avec une cour des plus réduites. Ne lui restait que son titre, sinon son prestige de roi, et une monarchie flageolante.

13

HENRI III EN SURSIS

Le triomphe de la Ligue

Henri de Navarre apprit l'incroyable nouvelle de la fuite de son beau-frère alors qu'il se trouvait au camp de Saint-Jean-d'Angély. Il resta un moment songeur, étendu sur son lit, puis se leva et s'exclama, à nouveau saisi par son ardeur belliqueuse : « Ils ne le tiennent pas encore, le Béarnais ! » Il avait compris que, dans son implacable confrontation avec la Ligue, son royal beau-frère aurait tôt ou tard besoin du soutien actif de son parti. Le combat allait nécessairement devenir national, comme il l'avait prévu. C'était dans la logique des choses, surtout depuis que les rebelles ultracatholiques s'étaient donnés à l'Espagne au nom d'une prétendue défense de la chrétienté. Il l'expliquait ainsi à sa tante Éléonore de Bourbon-Vendôme, abbesse de Fontevraud, qui aurait aimé le voir abjurer le calvinisme : « Ce n'est pas à la religion qu'on en veut, mais à l'État, ainsi que vous peut témoigner ce qui est naguère advenu à Paris, et l'entreprise que la Ligue a voulu ces jours passés faire au roi, qui est plus catholique que pas un d'icelle. »

Pour en convaincre l'insaisissable Valois, Henri, aidé de son « premier ministre » Duplessis-Mornay, lui envoya successivement plusieurs émissaires chargés de mémoires, dont le comte de Soissons (bon moyen de surcroît de l'éloigner de sa sœur et d'envisager pour elle un mariage avec Jacques VI d'Écosse, dont il tirerait meilleur profit !).

À la vérité, le renversement des alliances était prématuré. Le monarque ne pouvait prendre le risque de se couper de l'ensemble des catholiques. Navarre n'était qu'un des acteurs dans le jeu complexe des forces politiques qui déchiraient le royaume, et son statut d'héritier de la couronne se trouvait dénié par beaucoup. Henri III était d'autant moins enclin à se rapprocher de lui que sa piété et sa dévotion mystique n'avaient cessé de grandir.

Pendant ce temps, dans Paris et ses environs, les vainqueurs avaient consolidé leurs positions et s'étaient répartis les rôles. Henri de Guise avait installé des garnisons à la Bastille, à l'Arsenal, au château de Vincennes et pris le contrôle des grands axes d'approvisionnement de la capitale avec des villes-marchés comme Lagny, Meaux, Château-Thierry, Corbeil, Melun et Étampes. De son côté, la Ligue parisienne, sous l'autorité des Seize, avait mis en place une municipalité révolutionnaire indépendante du pouvoir central, dont elle rejetait la tutelle, dans l'esprit des franchises communales d'autrefois. À sa tête s'étaient installés de nouveaux échevins et un prévôt des marchands, Michel de La Chapelle-Marteau, riche maître des comptes. Son prédécesseur Perreuse avait été incarcéré à la Bastille, sous la garde du procureur Bussy-Leclerc, ancien maître d'armes et catholique fanatique, qui en était devenu le gouverneur.

L'épuration s'était poursuivie avec les chefs de la milice bourgeoise, tous « hommes de qualité et d'honneur », disait Pierre de L'Estoile, remplacés par « de petits mercadants et un tas de faquins ligueurs ». Bref, comme le concluait l'avocat général Étienne Pasquier qui avait assisté par curiosité à ces assemblées de quartier, un peu partout la « vermine du peuple » implantait sa « tyrannie ».

De fait, les changements opérés dans la sociologie des élites parisiennes sautaient aux yeux : c'était la revanche du comptoir et de la basoche sur les robes longues de la magistrature, majoritairement fidèles au roi, celle de la moyenne bourgeoisie sur les officiers royaux. Derrière ces nouveaux notables pointait la menace grandissante des petites gens, prêts à toutes les violences : domestiques, portefaix, débardeurs, mariniers, fripiers, cabaretiers ou commis bouchers... Il n'y avait rien d'étonnant à ce que des tensions se fissent jour entre les partisans du mouvement communal, adeptes d'une justice populaire et expéditive, et la majorité des membres du Parlement, à quelques exceptions près comme les présidents Lemaistre et Boisson, sympathisants, mais sans excès.

Dans les quartiers, en dépit des efforts du duc de Guise pour modérer les ardeurs de ses adulateurs, on eut à déplorer des actes de barbarie. Ainsi, un protestant converti nommé Mercier, de la paroisse Saint-André-des-Arcs, fut assassiné par un potier d'étain et un tailleur d'habits, et son corps jeté dans la Seine sous prétexte qu'on l'avait jugé mauvais catholique. Le 28 juin, les filles d'un certain Jacques Foucaud, procureur au Parlement, furent bâillonnées et pendues comme « huguenotes obstinées ». « Une des deux, précise L'Estoile, fut brûlée vive par la fureur du peuple qui coupa la corde avant qu'elle fût étranglée. »

La crise de l'État royal

Cependant, les autorités insurgées de la ville ne songeaient nullement à l'abolition de la monarchie. Elles voulaient faire revenir le roi, voir leur autorité légitimée par lui, car son absence durable du Louvre risquait d'entraver la reprise des affaires. Demeurée avec la reine Louise dans la capitale, Catherine de Médicis continuait d'écrire sa propre partition, cherchant à calmer les fureurs et à inciter son fils à négocier avec les Lorrains. Son objectif était le même : redevenir sa principale conseillère et se débarrasser de son ennemi, l'arrogant duc d'Épernon, qui lui avait volé la place. Le nonce Morosini s'en mêla. La réconciliation du trône et de la Ligue n'était-elle pas le meilleur moyen d'en finir avec l'hérésie huguenote ?

Des délégations du Grand Conseil (la plus haute instance juridictionnelle du royaume), du Parlement et de la Cour des aides, dont beaucoup de membres avaient désapprouvé les événements du 12 mai, mais aussi du clergé, plutôt acquis à la Ligue, se rendirent à Chartres. On y vit même arriver une cohorte extravagante de capucins barbus et encapuchonnés qui avaient fait le voyage pieds nus sous la conduite de « frère Ange », alias Henri, duc de Joyeuse, benjamin du défunt archimignon, entré dans les ordres après la mort dans sa vingtième année de sa tendre épouse, Catherine de Nogaret de La Valette. Tous protestaient de leur déférente soumission.

Ruminant sa revanche sur les « barricadeux », Henri III rêvait de recouvrer la souveraineté libre et absolue qui avait toujours été celle de ses prédécesseurs. Il ne dissimula rien de son état d'esprit aux membres du Parlement : « J'emploierai tout mon pouvoir et ne laisserai aucun moyen en arrière pour me venger, encore que je n'aie pas l'esprit vindicatif [...]. Je n'ai point encore, depuis que je suis appelé au trône, usé de rigueur et de sévérité avec personne. Vous le savez et en pouvez fort bien témoigner. Aussi ne veux-je que l'on abuse de ma clémence et douceur... »

Comprenant que les rapports de force ne jouaient pas en sa faveur, il saisit l'occasion des entretiens avec les délégations pour entrer en discussion avec les ligueurs et les guisards et leur montrer sa bonne volonté. Malheureusement, sa marge de manœuvre était à peu près nulle. Le 15 mai, à l'adresse du nouveau corps de ville, dont il avait fini par reconnaître la légitimité, il publia une déclaration qui se voulait apaisante : « Mon intention est de réunir les états généraux du royaume, dont je ne désire rien tant que la réformation. » Cette mesure était en effet l'une des principales revendications des ligueurs.

Le seul point sur lequel il n'eut pas à se prononcer fut l'éloignement de son favori, le duc d'Épernon. Celui-ci, sentant la partie perdue face à la vieille reine manœuvrière qui avait regagné de l'influence, avait trouvé refuge derrière les imposantes murailles du donjon de Loches, après s'être défait de l'Amirauté et de son gouvernement de Normandie.

Henri III n'était pas naïf au point de se laisser abuser par le loyalisme affecté de ses adversaires : il se garda de revenir à Paris. La liberté étant le seul bien qui lui restait, il tenait à la conserver. Il alla s'installer pour six semaines à Rouen, où, feignant un détachement à l'égard des événements se déroulant dans la capitale, il présida à des distractions curiales, jeux, spectacles et fêtes sur l'eau.

Il subissait également la pression de la conjoncture internationale qui ne lui était guère favorable. En mai, la flotte espagnole avait enfin mis à la voile à Lisbonne, prenant le vent en direction des côtes flamandes sous la conduite du duc de Medina Sidonia, grand amiral de Castille. Telle était l'Invincible Armada – 130 navires, galions et grosses caraques, aux formes dorées et festonnées, hérissés de hautes mâtures et de bouches à feu, lourdement chargés de 18000 soldats, dont les redoutables *tercios* – que Philippe II envoyait à la conquête de l'Angleterre élisabéthaine, mais aussi, en cas de victoire rapide, en soutien des revendications de la Sainte Ligue, de concert avec l'armée d'Alexandre Farnèse, duc de Parme et de Plaisance, gouverneur des Pays-Bas espagnols. L'Europe retenait son souffle.

Dans ce contexte, le roi, toujours à Rouen, signa le 16 juillet avec les factions révoltées un édit d'Union qui fut enregistré le 21 par le parlement de Paris. La principale mesure concernait les huguenots du royaume : sous peine de crime de lèse-majesté, les bons Français étaient priés de se joindre à sa lutte « pour l'extirpation de l'hérésie ». Plus grave pour Henri de Navarre était la clause exigeant « de ne recevoir à être roi, ni prêter obéissance à prince quelconque qui soit hérétique ou fauteur d'hérésie ». Les responsables des troubles étaient amnistiés, tandis que l'ancien archimignon Épernon était banni. Dans des articles secrets, il était convenu que la France publierait les décrets du concile de Trente, que des places de sûreté seraient mises à la disposition de la Ligue, que le duc de Guise serait promu lieutenant général du royaume, que son frère Mayenne prendrait le commandement de l'armée du Languedoc et leur cousin Nemours celui de Lyon.

Les grands vainqueurs de l'édit étaient les Guises, qui faisaient avancer leurs intérêts au détriment des Seize et de la Ligue parisienne, dont les revendications décentralisatrices – libertés communales, autonomie fiscale, pouvoir de police prévôtale sur les milices – avaient été sciemment négligées. Le 1er août, le Balafré fut proclamé lieutenant général des armées du roi. Il eût préféré le titre de lieutenant général du royaume, comme convenu, ou mieux encore celui de connétable, vacant depuis la mort d'Anne de Montmorency en 1567. En compensation, le cardinal de Bourbon fut reconnu comme premier prince du sang, implicitement comme successeur légitime du roi.

La réconciliation – une réconciliation de façade – et les embrassades officielles se firent à Chartres, où Catherine de Médicis, le cardinal de Bourbon, le duc de Guise et son ami et principal conseiller Pierre d'Épinac, archevêque de Lyon, avaient dû se rendre, puisque le roi refusait de rentrer à Paris.

Navarre, exclu de la succession royale, était l'autre vaincu de l'édit. Non seulement il avait échoué dans sa tentative de rapprochement avec Henri III, mais il allait affronter l'alliance des royaux et des guisards, avec pour principal adversaire le nouveau lieutenant général des armées qui passait non sans raison pour le meilleur soldat du royaume. En accord avec l'état-major huguenot de La Rochelle, il conçut alors un plan de conquête de la Haute-Bretagne. On s'emparerait de Saint-Nazaire et de l'embouchure de la Loire. Troquant son écritoire pour une bonne épée, Duplessis-Mornay prit la direction des opérations et mit le siège devant Beauvoir-sur-Mer, face à Noirmoutier, puissamment fortifié par le duc de Mercœur. Malheureusement, des pluies abondantes et des vents d'une rare violence retardèrent de plusieurs semaines la prise de la place et firent renoncer à la suite du plan.

Les seconds états généraux de Blois

Sous un caractère faible et hésitant, Henri III cachait une obstination insoupçonnée. Après tant d'avanies, il pensait recouvrer son autorité grâce aux états généraux qu'il avait convoqués par lettres patentes le 29 mai. Dans la période noire qu'il traversait, un signe d'encouragement fut pour lui la dispersion catastrophique de l'Invincible Armada. Les lourds vaisseaux espagnols dématés en mer du Nord par la tempête et harcelés par les brûlots anglais de Francis Drake s'étaient dispersés. Certains avaient coulé, entraînant hommes, chevaux et canons au fond des abîmes ; d'autres s'étaient fracassés sur les rochers d'Écosse ou d'Irlande ; d'autres encore s'étaient échoués sur des bancs de sable. Un petit nombre seulement étaient arrivés très endommagés à La Corogne et à Laredo. Le duc de Guise avait été sensiblement affecté par ce désastre, tandis que l'ambassadeur espagnol Mendoza, impavide, avait feint l'indifférence. Le Valois jubilait.

Dans cette France du XVIe siècle, où la lenteur des communications était la règle, le processus électoral dans les bailliages (au nord) et les sénéchaussées (au sud) durait des semaines. En dépit de l'arrêt d'Union, censé réconcilier royaux et guisards, les candidats des deux camps se disputaient les suffrages des députés du premier degré ; les réformés d'Henri de Navarre étaient hors jeu.

Suivant les instructions du souverain, les gouverneurs et les lieutenants généraux pesèrent de tout leur poids pour marginaliser les partisans des Guises. De leur côté, les ligueurs comptaient sur l'appui des Grands et le mouvement d'émancipation des municipalités. Des incidents éclatèrent çà et là, reflets des luttes de clans et de factions d'une société sous haute tension.

Comme les cahiers de doléances rédigés à cette occasion nous sont parvenus en nombre limité, il est délicat d'en tirer des généralités. Leur analyse fait ressentir un profond besoin de réformes. Les aspirations exprimées lors des états précédents, ceux de 1576, n'avaient été que peu mises en application. Depuis, la hausse récente de la fiscalité royale avait nourri les frustrations. Non seulement le roi et ses conseillers étaient impopulaires, mais on sentait poindre dans certains bailliages le désir d'une monarchie limitée, contrôlée par des états généraux siégeant régulièrement et votant les lois et impôts. À Chaumont-en-Bassigny, le tiers préconisait une tenue de ces assemblées tous les six ans. À Vitry-le-François, il revendiquait des réunions triennales, avec maintien dans l'intervalle d'une chambre chargée de vérifier l'application des ordonnances. Les ligueurs parisiens soutenaient à peu près la même idée, tandis que Mgr d'Épinac allait plus loin en proposant de faire élire le chancelier, le connétable et les secrétaires d'État par les trois ordres réunis.

Cette mise sous tutelle tant par les Grands que par les communes déplaisait grandement au roi, qui décida, sans consultation ni explication, de renvoyer et d'exiler ses principaux ministres et collaborateurs, le surintendant Pomponne de Bellièvre, qui, après trente-quatre ans de bons et loyaux services, en versa d'« abondantes larmes », les secrétaires d'État Nicolas de Villeroy, Pierre Brûlart et Claude Pinart, baron de Cremailles. Il étendit la mesure à son premier maître d'hôtel, son trésorier de l'Épargne et redemanda les sceaux au chancelier de Cheverny pour les confier à l'avocat François de Montholon*. En dehors de François d'O, directeur des Finances, promu surintendant, les nouveaux secrétaires d'État étaient dépourvus d'expérience : Martin Ruzé de Beaulieu, récent conseiller d'État, Louis de Revol, président de la chambre des comptes du Dauphiné, et Louis Potier de Gesvres, secrétaire du Conseil.

Par ce remaniement qui surprit chacun, y compris le duc de Guise et la reine mère, le monarque tenait à montrer sa détermination à gérer seul les affaires en dehors de toute pression ou immixtion extérieures. Un règlement signé de sa main interdit au personnel politique de fréquenter les princes et les seigneurs de haut lignage. Les Guises se sentirent visés. Néanmoins, pour tenir compte du poids écrasant du parti catholique, il fit entrer en son Conseil deux têtes du mouvement, l'archevêque de Lyon Pierre d'Épinac et le gouverneur du Berry Claude de La Châtre.

Fort de son nouveau titre de lieutenant général des armées, Henri de Guise était arrivé à Blois accompagné de ses nombreux parents et fidèles. Sa puissance au sein de l'État était considérable. Il contrôlait plus ou moins la Ligue populaire de Paris, commandait une armée bien entraînée, disposait d'un nombre étendu d'obligés et avait notoirement élargi sa clientèle grâce aux réserves monétaires saisies à Paris. Enfin, il entretenait des liens étroits avec Philippe II et Alexandre Farnèse. Quelles étaient ses intentions ?

Les historiens ont longtemps cru à sa volonté d'écarter Henri III et de s'emparer du sceptre, au prétexte que l'illustre famille de Lorraine dont il était issu remontait aux Carolingiens et jouissait par conséquent d'une légitimité dynastique antérieure à celle des Capétiens. Si l'on examine certaines déclarations de ses partisans, cet aspect est indéniable.

* La dignité de chancelier était inamovible puisqu'elle représentait la personne du roi. Il y avait donc dans ce cas coexistence d'un chancelier et d'un garde des Sceaux.

« Il faut mener Monsieur à Reims ! », criaient les manifestants dans les rues de Paris le jour de son entrée triomphale. Sa sœur cadette, l'implacable Catherine Marie de Lorraine, duchesse de Montpensier, avait tenté d'enlever le roi, auquel elle vouait une haine féroce, et de le faire enfermer dans un monastère, tel Childéric III, déposé par Pépin le Bref.

Reprenant le dossier, Jean-Marie Constant, l'historien des Guises et de la Ligue, a montré qu'en réalité le Balafré suivait la stratégie définie par son plus proche conseiller, Pierre d'Épinac. Il s'agissait de vivre à la Cour en harmonie avec le souverain et la reine mère, de continuer à tisser sa toile en gagnant de nouveaux fidèles, en achetant ministres et courtisans, et de s'inspirer de l'exemple de Charles Martel, maire du palais des derniers Mérovingiens, qui, après avoir accaparé la réalité du pouvoir, permit à l'un de ses fils, Pépin le Bref, de devenir roi et de fonder sans effusion de sang une dynastie nouvelle.

La tenue des états

Le 16 octobre, les états généraux s'ouvrirent enfin. Ils comprenaient 143 représentants du clergé, 180 de la noblesse et 191 du tiers état. Le clergé ainsi que le tiers, composé en majorité d'officiers royaux ou municipaux, étaient largement acquis à la Ligue et au duc de Guise. Au niveau des présidences leur prédominance était écrasante, avec les cardinaux de Bourbon et de Guise pour le premier ordre, le comte de Brissac et le baron de Magnac pour le second et le nouveau prévôt des marchands Michel La Chapelle-Marteau pour le tiers. Si l'on considère les députés de la noblesse, le partage entre royalistes et catholiques zélés se faisait à peu près par moitié, ce qui représentait une appréciable percée des Lorrains au sein de la noblesse seconde, celle des comtes, vicomtes, marquis et barons.

À ces données s'ajoutaient les fortes disparités entre les villes ligueuses au nord et les villes royalistes au sud, et surtout l'existence d'un groupe attentiste, dépolitisé, fortement majoritaire au sein de la gentilhommerie campagnarde : 88 % de la noblesse en Beauce, selon Jean-Marie Constant, 85 % de celle du diocèse du Mans, des bailliages de Sens ou de Chaumont-en-Bassigny, 75 % de celui d'Étampes.

À la séance inaugurale qui eut lieu dans la grande salle du château de Blois, tendue de tapisseries et de tentures de velours violet frappé de fleurs de lys, Henri III parut élégamment vêtu de noir et d'or, le cordon du Saint-Esprit en sautoir. Henri de Guise, qui siégeait en contrebas, était par contraste habillé de satin blanc. Courtois et souriant, le monarque prononça un discours à la fois habile, enjôleur et ferme, témoignant sa volonté de corriger les abus et de recouvrer son autorité. Un passage, particulièrement, fit pâlir le lieutenant général des armées et les autres chefs ultras : « Aucuns [quelques] Grands de mon royaume ont fait des ligues et associations, mais, témoignant de ma bonté accoutumée, je mets sous le pied tout le passé, mais comme je suis obligé de conserver ma dignité royale, je déclare dès à présent et pour l'avenir atteints et convaincus du crime de lèse-majesté ceux de mes sujets qui s'en départiront ou y tremperont sans mon aveu. »

La menace était claire, au point que le cardinal de Guise, soutenu par Catherine de Médicis, obtint de faire retrancher cette bravade du texte final. Devant la menace de départ d'une partie des députés, Henri s'inclina une nouvelle fois, la mort dans l'âme.

La situation économique et sociale était dramatique. Depuis 1571, les prix avaient augmenté de 47 %. La dette atteignait plus de 133 millions de livres contre 101 en 1576. Le service des emprunts absorbait près du tiers des recettes. La taille et ses compléments ne rapportaient que 18 millions, auxquels s'ajoutaient 3,4 millions pour la gabelle et les autres impôts indirects. Malheureusement, nul en dehors d'Étienne Bernard, avocat de Dijon et député du tiers pour la Bourgogne, ne paraissait s'en préoccuper : « Le paysan est ruiné, se désolait-il, une bonne partie des villages demeurant sans habitants, les maisons vides, la terre sans labour, les seigneurs sans fermiers et les bourgeois des villes sans trouver à qui débiter leur marchandise. »

Les ligueurs voulurent imposer à Henri III le renouvellement de son serment au décret d'Union, qu'ils avaient reconnu comme loi fondamentale du royaume. Comment s'y soustraire, à moins de renier sa propre signature ? Le monarque n'avait qu'une obsession, obtenir des états une augmentation des impôts. Le clergé et le tiers, intraitables, s'y opposèrent. La fiscalité fut d'ailleurs le terrain où le fils d'Henri II, totalement désargenté, allait perdre l'ultime bataille et connaître sa dernière humiliation. Il avait mis à la disposition des députés les états financiers, leur demandant de trouver les moyens d'alimenter le Trésor royal, afin de poursuivre selon leur vœu la guerre totale contre l'hérésie. Il se disait même prêt à régler son pouvoir sur celui du doge de Venise et à rendre son État « à demi démocratique » pourvu qu'il eût tout de suite de bonnes espèces sonnantes et trébuchantes. Naturellement, il n'en pensait pas un mot : « J'aime mieux mourir que de laisser ainsi amoindrir et abaisser ma dignité », avait-il confié à l'ambassadeur de la Sérénissime, Giovanni Francesco Morosini. Non seulement les trois ordres lui refusèrent tout secours, mais ils constituèrent une Chambre de justice destinée à faire rendre gorge à ses mauvais conseillers, soupçonnés d'enrichissements illégaux.

Selon leur vieille habitude, les états généraux outrepassèrent leurs pouvoirs. Simple assemblée consultative, ils se prétendaient dépositaires de la souveraineté primitive de la nation, revendiquant à ce titre le pouvoir législatif, de façon à contrôler le Conseil du roi et la fiscalité. Il ne leur manquait que quelques outils conceptuels, telle la théorie de la représentation et celle de la volonté générale, qui n'apparaîtront qu'au XVIIIe siècle, pour devenir proprement révolutionnaires. À l'époque, les députés se considéraient encore comme liés par le mandat impératif reçu de leurs mandants, ce qui limitait leur audace. On s'engageait à tout le moins sur la voie d'une monarchie mixte et d'une souveraineté partagée, d'un *Ständestaat*, un État d'États à la mode germanique.

L'assemblée protestante de La Rochelle

Le roi de Navarre de son côté n'était pas mieux loti avec la contestation des députés des Églises qu'en tant que protecteur il avait fini par convoquer. À l'assemblée des délégués des dix-huit provinces du royaume réunie à La Rochelle du 14 novembre au 17 décembre, toutes les critiques accumulées depuis des mois ressortirent. L'atmosphère était houleuse. Les députés de la noblesse et des villes lui reprochaient d'avoir sacrifié les reîtres, d'avoir réclamé la convocation d'un concile pour régler le conflit des religions, d'avoir entamé seul des négociations avec Henri III, d'avoir attribué des bénéfices ecclésiastiques à des ligueurs notoires, enfin d'avoir cédé l'île d'Oléron à un ancien mignon, François d'Espinay de Saint-Luc. Ses déportements étaient stigmatisés. Le pasteur Jean Gardézy de Montauban le sermonna sur ses aventures avec de jeunes Rochelaises qu'il avait déshonorées ainsi que sur la naissance d'au moins deux enfants naturels, l'un d'une mystérieuse « dame Martine », vite disparue, l'autre d'Esther Imbert (le petit Gédéon qui allait bientôt mourir)*.

L'examen des comptes de sa maison fit renâcler les austères huguenots devant ses dépenses excessives, le luxe de certains de ses vêtements, mais l'insistance avec laquelle

* Contrairement aux assertions de certains historiens, Esther ne fut pas abandonnée à la misère par le Vert Galant : elle perçut régulièrement une pension jusqu'en 1593, date possible de sa mort.

Duplessis-Mornay démontra l'engagement total de son maître au service de la Cause emporta le quitus attendu : « Ledit seigneur est résolu à n'épargner jusques à sa chemise, pourvu qu'il puisse racheter tant de pauvres églises qui gémissent sous le joug imposé à leur conscience. »

Pour encadrer strictement les décisions de leur protecteur, les députés décidèrent de constituer un Conseil chargé de le suivre dans ses déplacements et de tenir séance en son logis trois fois par semaine afin de décider en commun des affaires de diplomatie, de guerre, de justice et de fiscalité. Ce Conseil serait composé de cinq membres délégués par les assemblées régionales, de cinq autres par l'assemblée générale, d'une personnalité rochelaise et des proches du roi, membres de droit, comme La Noüe, Turenne, Montmorency, La Trémoille, Châtillon ou Lesdiguières. Il était prévu en outre que les synodes provinciaux se tiendraient une fois l'an, tandis que les assemblées générales comme les synodes nationaux se réuniraient bisannuellement. Pour avoir la paix et bénéficier d'une liste civile de 50 000 écus, Navarre dut jurer de se consacrer exclusivement à la défense des intérêts de son parti « jusqu'au dernier soupir » et de suivre les avis de son Conseil. Gardant le sourire, forçant sa bonne humeur jusqu'à la Cène qui acheva la session de l'assemblée, il explosa ensuite, furieux de ces palabres humiliantes qui avaient voulu lui imposer une « tyrannie protectorale » ! On ne l'y reprendrait plus à courber ainsi l'échine ! « Vraiment, confiait-il à Corisande, s'il se refaisait encore une assemblée, je deviendrais fou. Tout est achevé et bien, Dieu merci. »

Le coup de majesté

Henri III ne décolérait pas, considérant que le principal responsable de la situation était Henri de Guise, ce criminel d'État qui ne cessait de porter atteinte au caractère sacré de la fonction royale. Fallait-il le faire arrêter et lui intenter un procès ? Dans le contexte insurrectionnel du moment, cette éventualité lui parut dangereuse. Ne restait qu'une solution : celle du châtiment exemplaire, effectué par lui en tant que justicier suprême. Si l'on en croit le témoignage du député de la noblesse de Comminges Baptiste de Lamezan, la décision d'occire le Balafré aurait été prise dans la nuit du 20 au 21 décembre en présence de quelques fidèles. Jusqu'au dernier moment, Guise, malgré les avertissements oraux ou écrits de ses proches, fut persuadé que le roi n'oserait pas porter la main sur lui.

Le jeudi 22 décembre, Henri III annonça son intention de se rendre pour quelques jours en sa maison de La Noüe et de tenir un Conseil tôt le lendemain matin peu avant son départ. En fin de nuit, les Quarante-Cinq, armés de poignards, et les gardes suisses prirent position en divers endroits du château de Blois. Vers sept heures, Guise parut dans la salle du Conseil vêtu d'un élégant habit de satin gris. Les débats commencèrent en présence du secrétaire d'État Ruzé de Beaulieu. Une heure plus tard, le secrétaire d'État Louis de Revol pria le Balafré de se rendre au vieux cabinet, où Sa Majesté l'attendait pour un entretien particulier. Le duc se leva, ajusta son manteau sur son bras gauche et sans méfiance traversa la chambre du roi. À peine eut-il franchi le corridor que plusieurs des « ordinaires », comme on appelait les spadassins gascons de la garde royale, se précipitèrent sur lui et le lardèrent de coups de poignard. François de Montpezat, baron de Laugnac, leur capitaine, l'acheva d'un violent coup d'épée dans les reins. Dehors, dans le petit jour blafard, il faisait un froid coupant et la pluie tombait à verse.

Le Valois contempla le corps de son ennemi. Contrairement à la légende selon laquelle il se serait écrié : « Mon Dieu, qu'il est grand ! Il paraît même plus grand mort que vivant ! », il se contenta d'expliquer en quelques mots aux membres du Conseil le sens de son geste et sa volonté d'être obéi, puis il alla annoncer la nouvelle à sa mère. Si l'on en croit la dépêche de l'ambassadeur vénitien Giovanni Mocenigo, elle lui aurait répondu : « Mon fils, cela me fait plaisir pourvu que ce soit pour le bien de l'État. » Là précisément était toute la question.

Pour Henri, il ne s'agissait nullement d'un assassinat, mais d'un acte de justice salutaire, exercé de manière extraordinaire dans le cadre de son pouvoir souverain. Dans ce sens, on pourrait rapprocher son geste de la décision dramatique de Charles IX de liquider dans l'urgence les chefs huguenots durant la nuit de la Saint-Barthélemy. Il reste que la manière expéditive, violente et cruelle dont il s'y était pris donna une impression tout autre. « Il voulait, commente Yves-Marie Bercé, que la mise à mort du duc de Guise ait selon la lettre du droit monarchique la valeur d'une exécution, mais il lui donna les apparences odieuses d'un massacre. »

Il fit de plus arrêter et incarcérer au château les principaux meneurs de la Ligue présents, le prévôt La Chapelle-Marteau, le président de Neuilly, quelques échevins et avocats, la duchesse de Nemours, mère du Balafré, son fils aîné, le prince de Joinville, et surtout son frère, le cardinal Louis de Guise, ainsi que l'archevêque d'Épinac. Le lendemain samedi 24, veille de Noël, le roi, après avoir pris conseil, décida de faire exécuter le cardinal, « autant ou plus mauvais garçon que son frère, disait L'Estoile, et plus cruel et remuant que lui ». Le capitaine Du Guast, l'un des Quarante-Cinq, se chargea de cette besogne avec trois soldats munis de hallebardes. Les cadavres des deux victimes furent brûlés et leurs cendres jetées dans la Loire.

Au lendemain du drame, les secrétaires d'État expliquèrent aux autorités constituées, gouverneurs, parlements, magistrats de grandes villes, les motifs du châtiment implacable auquel le monarque venait de procéder. Celui-ci chargea en outre ses représentants à Rome, le marquis de Pisani et le cardinal de Joyeuse, d'en faire autant auprès du pape. Les états généraux furent tétanisés par la foudroyante nouvelle ; ils ne se montrèrent pas mieux disposés envers le roi, à qui ils refusèrent de nouveau la levée d'impôts supplémentaires. De guerre lasse, celui-ci ordonna leur dissolution.

Paris en état de choc

Paris apprit l'exécution du Balafré au soir du 24 décembre, puis le lendemain, jour de Noël, celle de son frère le cardinal. Ce fut un choc émotionnel intense, plongeant la population dans un état de sidération absolue. Les lamentations et les sanglots étaient entrecoupés d'imprécations vengeresses, tandis que les assemblées des quartiers et le conseil de l'Hôtel de Ville siégeaient sans désemparer dans une atmosphère fiévreuse et que les imprimeurs travaillaient jour et nuit malgré la solennité de la Nativité afin de sortir des libelles et des centaines de gravures des princes martyrs. Le petit peuple ligueur traitait le « vilain Hérode » (anagramme d'Henri de Valois) de tyran, de Judas et d'apostat. Il brisait un peu partout les armoiries royales, mutilait les statues, s'en prenait dans l'église Saint-Paul aux mausolées des trois mignons, Saint-Mégrin, Quélus et Maugiron. Certains allaient jusqu'à piquer des figurines de cire représentant le souverain diabolique. Les Seize renforcèrent la surveillance des portes, expédièrent des messages aux grandes cités du royaume leur demandant de prendre les armes au nom de la Sainte Union. Leurs émissaires devancèrent les coursiers royaux, hérauts d'armes ou cavaliers de la ferme de la Poste, de sorte que le scandale et la réprobation furent immenses.

Il est essentiel de replacer ces dramatiques événements dans leur contexte d'exaltation religieuse et mystique de l'époque, cette « angoisse eschatologique » analysée par Denis Crouzet dans ses *Guerriers de Dieu*, où se mêlaient astrologie, prophétisme, signes annonciateurs de la fin du monde et du Jugement dernier. Pour ces gens, Henri III ne pouvait être que l'Antéchrist. Une véritable « fièvre dévotionnelle et pénitentielle »

(Michel Pernot) s'empara de Paris pendant les premiers mois de 1589. Le duc de Guise et son frère le cardinal étaient célébrés comme des martyrs politiques et de véritables saints.

On assista alors dans la capitale à des manifestations de piété, étranges par leur connotation prébaroque, cérémonies funèbres, vigiles des morts, requiem, processions pénitentielles, y compris d'enfants de dix ou douze ans en chemise, pieds nus dans la neige et portant des cierges de cire blanche : des signes sans aucun doute de piété outrée, mais sincère, qui gagnèrent plusieurs villes de province, Meaux, Rouen, Amiens, Laon, Rennes, Bourges, Le Puy…

La Ligue était une hydre. Ce n'est pas parce qu'elle perdait quelques têtes qu'elle allait dépérir. À l'Hôtel de Ville, une assemblée révolutionnaire proclama le duc d'Aumale, seul prince présent, gouverneur de la cité. Les échevins détenus à Blois furent remplacés et le conseil des Quarante prit en main la direction de la municipalité insurrectionnelle. Le Parlement, épuré de ses éléments royalistes – dont le premier président Achille de Harlay, les présidents de Thou et Potier, embastillés –, fit allégeance au mouvement. Des quêtes organisées dans les paroisses, complétées par des visites domiciliaires dans les maisons des suspects, assurèrent dans l'immédiat la bonne marche des finances, aidée de l'or espagnol. Dans une déclaration solennelle votée à l'unanimité, la Sorbonne délia les régnicoles de leur serment de fidélité au ci-devant roi et rayèrent son nom des prières de la messe. « Singulier décret, faisait observer Esprit-Adolphe Segrétain dans son *Sixte Quint et Henri IV*, par lequel un corps savant et qui n'était revêtu que d'une autorité doctrinale usurpait les privilèges les plus élevés de la juridiction universelle. »

Frère du duc et du cardinal assassinés, Charles de Mayenne, âgé de trente-trois ans, fut désigné pour prendre la tête de la Ligue. Au moment du meurtre, il se trouvait à Lyon, où le capitaine d'Ornano, chargé de son arrestation, le manqua de peu. Le 12 février 1589, après avoir trouvé refuge dans son gouvernement de Bourgogne, il entra dans Paris. Suspicieux à l'égard des éléments populaires les plus extrémistes, il s'efforça d'élargir le Conseil en y faisant admettre le prévôt des marchands et les principales têtes du Parlement épuré. C'est cet organe, appelé Conseil général de l'Union, qui lui conféra le titre nouveau de « lieutenant général de l'État royal et couronne de France ».

Le Vatican estima insuffisante l'absolution donnée au roi, même après confession, par le théologal de Blois. Sixte Quint sermonna également le cardinal Morosini présent à Blois : « Un cardinal a été massacré en présence de Votre Seigneurie, légat *a latere* ; comment n'avez-vous pas publié l'interdit, encore qu'il dût coûter cent vies ? » Menées par le cardinal-duc François de Joyeuse et Jean de Vivonne, marquis de Pisani, ancien sénéchal de Saintonge, les négociations avec Rome furent épineuses. Finalement, il fut convenu que le pape recevrait la confession du roi par l'intermédiaire de l'évêque du Mans Claude d'Angennes le 13 mars 1589, le Saint-Père subordonnant son absolution à la libération des deux derniers prélats détenus au château d'Amboise, le cardinal Charles de Bourbon et l'archevêque de Lyon Pierre d'Épinac.

La joie du roi de Navarre

Henri de Navarre fut informé de ce bouleversement politique par un billet du duc d'Épernon auquel était jointe la bague du Balafré : un cadeau de sa maîtresse, qui n'était autre que la belle Charlotte de Sauve, devenue marquise de Noirmoutier. Une joie un peu malsaine s'empara du camp réformé, qui célébra sans retenue les disparitions des deux Guises. Duplessis-Mornay dut s'interposer pour empêcher ses coreligionnaires d'allumer des feux de joie. Navarre semblait lui-même ragaillardi. Niort était tombé entre ses mains, et il avait autorisé « quelques pillages avec une merveilleuse modestie ». Il tenait soigneusement au courant Corisande des dernières nouvelles : « Le roi triomphe, lui écrivait-il le 1er janvier 1589 ; il a fait garrotter en prison le cardinal de Guise [...] ; il a envoyé à Lyon pour attraper le duc du Maine [Mayenne]. L'on ne sait ce qu'il en est réussi. L'on se bat à Orléans et encore plus près d'ici à Poitiers, d'où je ne serai demain qu'à sept lieues. Si le roi le voulait, je les mettrais bien d'accord. »

À la vérité, Henri III ne pouvait dans l'immédiat changer de politique vis-à-vis du parti huguenot. Il lui fallait au contraire donner des gages solides aux catholiques et au nonce. Il confirma donc l'édit d'Union. Toujours sagace, Duplessis-Mornay l'avait fort bien vu : l'attitude du roi de France, expliquait-il à son maître, lui était nécessaire « pour rapprivoiser les villes subornées par la Ligue. C'est pourquoi il continuera à vous faire la guerre et n'oserait faire autrement de six mois ».

Navarre, qui n'avait jamais fait mystère de son aversion pour le duc défunt, était trop en joie pour ne pas s'abandonner à des plaisanteries peu dignes d'un prince chrétien : « Je n'attends que l'heure d'ouïr dire que l'on aura envoyé étrangler la reine de Navarre [Marguerite]. Cela, avec la mort de sa mère, me ferait bien chanter le cantique de Siméon*. » Il fut exaucé pour Catherine, vieillie, affaiblie, chagrinée par la situation politique, qui fut emportée à soixante-dix ans par une infection pulmonaire le 5 janvier 1589. On enterra provisoirement sa dépouille en l'église Saint-Sauveur, à défaut de la conduire à Saint-Denis, aux mains des ligueurs. Elle ne sera inhumée dans la rotonde des Valois que vingt-deux ans plus tard.

Navarre lui-même frôla la mort à ce moment-là. Atteint d'une « forte pleurésie du côté gauche » au château de La Mothe-Freslon, en Poitou, il se préparait à une fin édifiante, chantant des psaumes, lorsque Duplessis-Mornay, le voyant dans un « danger extrême », prit sur lui de le saigner

---

* Cantique de joie chanté dans le Temple de Jérusalem selon saint Luc par le vieillard Siméon à la vue de l'Enfant Jésus.

sans attendre l'arrivée de son médecin ordinaire. La fièvre tomba. À moitié remis, il en plaisanta dans un billet griffonné à Corisande d'une main encore tremblante : « Je ne puis guère écrire, certes, mon cœur ; j'ai vu les cieux ouverts mais je n'ai pas été assez homme de bien pour y entrer. Dieu veut se servir de moi encore. En deux fois vingt-quatre heures je fus réduit à être tourné avec les linceuls. Je vous eusse fait pitié si ma crise eut demeuré deux heures à venir, les vers auraient fait grande chère de moi. Je finis parce que je me trouve mal. Bonjour, mon âme. »

Les deux Henri s'allient enfin

Henri III profita de son coup de force pour réformer le gouvernement, réorganiser l'armée et transférer la capitale provisoire de son royaume de Blois à Tours, plus facile à défendre. Le Parlement et la Chambre des comptes y furent reconstitués. La France avait ainsi deux États, deux gouvernements et un parti dissident – la huguenoterie. Pour le pouvoir royal, la situation des forces en présence était préoccupante. La plupart des grandes villes avaient fait sécession et rallié la Ligue : Lyon, Marseille, Amiens, Nantes, Chartres, Reims, Troyes, Orléans, Toulouse… L'armée du duc de Mayenne contrôlait quatre ponts sur la Loire, ceux de Nantes, d'Orléans, de Jargeau et de Gien. Les royaux tenaient encore Rennes, Angers et Bordeaux, ainsi que plusieurs cités proches de la capitale qui résistaient à la poussée ligueuse, comme Saint-Cloud, Mantes, Pontoise, Compiègne, Meaux ou Château-Thierry, mais Saint-Denis, Poissy, Lagny, Beaumont et L'Isle-Adam avaient déjà basculé.

Les huguenots, qui tenaient le Sud-Ouest et les grandes villes réformées du Midi, avaient gagné du terrain en Poitou, Niort, Maillezais, Saint-Maixent, Loudun et Thouars, au point qu'Henri III avait dû convoquer le ban et l'arrière-ban de la noblesse et expédier en Suisse un de ses proches, Nicolas de

Harlay, sieur de Sancy, afin d'y recruter des mercenaires grâce à la vente d'une partie des bijoux de la Couronne.

Le souverain ne pouvait plus longtemps combattre sur deux fronts. Il lui fallait se rapprocher soit du vainqueur de Coutras, soit du duc de Mayenne. Comme d'habitude, il hésita. D'un côté, sa profonde piété le retenait de se jeter dans les bras de son beau-frère, de l'autre, trouver une voie d'entente avec les guisards qui le vomissaient lui paraissait encore difficile. Il décida finalement de poursuivre ces deux politiques contradictoires dans l'espoir qu'une ouverture le ferait sortir de l'impasse.

À la fin de février, sa demi-sœur affectionnée, Diane de France, duchesse d'Angoulême, veuve du maréchal François de Montmorency*, rencontra à sa demande le roi de Navarre au vieux château baronnial de l'Isle à L'Île-Bouchard.

À la suite de cette entrevue prometteuse, ce dernier, qui en avait assez de « vieillir dans les marais », selon la formule de Duplessis-Mornay, décida de lancer un appel aux catholiques. Daté de Châtellerault le 4 mars, son manifeste *Aux trois états de France*, dû comme toujours à la plume de son fidèle conseiller, appelait à la paix et à la réconciliation autour du bien commun. En tant qu'héritier présomptif du trône, il s'engageait à respecter les consciences, le culte romain et à prendre les catholiques sous sa protection.

Les négociations entre les deux Henri se déroulèrent non sans réticences de part et d'autre et dans la plus grande discrétion, afin d'éviter les réactions des extrémistes. Durant la nuit du 3 avril, une trêve d'un an fut signée dans la cathédrale de Tours entre Duplessis-Mornay et Gaspard de Schomberg, représentant le roi. C'était en réalité une alliance offensive : sitôt la ville de Saumur remise à titre de place de sûreté, Navarre marcherait sus à l'armée du duc de Mayenne. Les

* Elle était la fille légitimée du dauphin Henri, futur Henri II, et d'une courtisane piémontaise, Filippa Duci.

places conquises seraient livrées au roi de France, à l'exception d'une par bailliage qui resterait aux huguenots.

Le 15 avril eut lieu la remise des clés de Saumur à son nouveau gouverneur, Duplessis-Mornay. Le Béarnais y pénétra le lendemain, prenant le commandement d'une armée royale et huguenote réunie. Henri III, en raison de ses scrupules à s'allier à son beau-frère, garda secret durant quinze jours le traité de Tours, dans l'espoir d'obtenir le ralliement de Mayenne. Le 26, il se résolut à le rendre officiel et à envoyer le texte pour enregistrement au Parlement fidèle réuni à Tours. Les 27 et 28, Mayenne, qui s'était refusé à tout compromis avec l'assassin de ses frères, battit un corps d'armée royal à Saint-Ouen-les-Vignes, près d'Amboise. Les ponts étaient définitivement rompus avec la Ligue.

La rencontre de Plessis-lès-Tours

Le dimanche 30 avril, Henri III, se rendant à la messe à l'abbaye de Marmoutier, fit savoir à Navarre, qui avait établi son camp à trois lieues de là, à l'abri des grosses tours de la forteresse de Maillé (aujourd'hui Luynes), qu'il désirait le rencontrer. Le rendez-vous fut fixé de l'autre côté de la Loire au château de Plessis-lès-Tours, l'ancienne demeure de pierre et de brique de Louis XI, où Jeanne d'Albret avait vécu une partie de sa triste enfance. Malgré les mises en garde de son entourage qui craignait un guet-apens – n'y avait-il pas au Plessis des cages de fer surnommées « fillettes » ? –, Henri y vint accompagné de sa noblesse et de quelques gardes. Lui-même, habillé en soldat, portait des hauts-de-chausses de velours couleur feuille morte et son habituel pourpoint usé par le bord de sa cuirasse, sur lequel il avait jeté un manteau écarlate. Il était coiffé d'un chapeau gris surmonté d'un grand panache blanc, d'où pendait une médaille religieuse. À la demande du souverain, le maréchal d'Aumont avait préparé les barques pour la traversée du fleuve.

La rencontre eut lieu dans le vaste parc qui s'étendait jusqu'à la Loire. Le service d'ordre était débordé. Des badauds s'agrippaient aux arbres pour fixer dans leur mémoire cette scène historique. Les chevaliers du Saint-Esprit serraient de près le roi. Les deux beaux-frères, qui ne s'étaient pas vus depuis treize ans, eurent du mal à fendre la foule. L'émotion les étreignait. Navarre voulut s'agenouiller. Henri III le releva et l'embrassa à plusieurs reprises. Le temps avait griffé de rides le visage tanné du Béarnais, blanchi sa moustache et fait grisonner sa barbe. Il pleurait. Grave et majestueux, avec sa barbe en petit bouc délicatement taillée et son éternelle perle en forme de poire à l'oreille droite, le roi de France avait revêtu un justaucorps violet en signe du deuil de sa mère. Malgré les soins portés à sa personne, l'élégant fils d'Henri II n'avait pu empêcher sa chevelure de se dégarnir et les cernes d'alourdir ses traits. Trop d'angoisses, de cauchemars avaient hanté ses nuits !

Ne pouvant se promener à leur aise comme prévu, les deux souverains pénétrèrent dans le château, où ils tinrent une conférence qui s'étira sur deux heures. Les bases de l'alliance offensive contre la Ligue étaient consolidées. « La glace a été rompue, écrivait le soir même Navarre à Duplessis-Mornay, non sans nombre d'avertissements que si j'y allais j'étais mort. J'ai passé l'eau en me recommandant à Dieu, lequel, par sa bonté, ne m'a pas seulement préservé, mais fait paraître au visage du roi une joie extrême, au peuple un applaudissement sans pareil, même criant : *Vivent les rois !*, de quoi j'étais bien marri. »

De son côté, Henri III se félicitait de cette rencontre. Les discussions reprirent le lendemain matin à six heures. L'entente était profonde par-delà la différence de religion. Tous deux étaient résolus à défendre la légitimité de la monarchie traditionnelle contre le retour du féodalisme, l'autorité contre l'anarchie, l'autonomie de l'ordre temporel par rapport à l'ordre spirituel. Une semaine plus tard, venus de Beaugency, quelques escadrons du duc de Mayenne, sous la conduite de l'impétueux et véhément Claude de Lorraine, chevalier d'Aumale, âgé de vingt-cinq ans, mettaient à sac le faubourg de Saint-Symphorien-des-Ponts, après avoir manqué de peu de s'emparer du roi dans une embuscade. Il fallut l'arrivée des chefs huguenots Châtillon, La Trémoille, La Rochefoucauld et Navarre en personne, vers sept heures du soir, pour mettre un terme au massacre et forcer les assaillants à décamper dans la nuit. D'une rare violence, les exactions des guisards – maisons et églises pillées, femmes et filles violées en présence de leur mari ou de leur père, y compris dans les enceintes sacrées – eurent un retentissement considérable dans le pays. Ces soudards se vantaient de bénéficier de l'absolution papale. La France ne risquait-elle pas de subir les mêmes atrocités s'ils parvenaient au pouvoir ? C'est ce qu'expliquait Duplessis-Mornay dans un libelle intitulé *Justification de l'union du roi de Navarre au service du roi Henri III*, judicieusement mis en circulation à ce moment-là.

Les rois réconciliés

Le sens même de la guerre civile avait changé, puisque, cette fois, les catholiques modérés unis aux réformés combattaient les catholiques intransigeants. Cependant, la situation restait fragile. Le 17 mai à Poitiers, le souverain et son escorte se virent odieusement fermer les portes. Une semaine plus tard, nouvelle catastrophe : Sixte Quint, indigné par l'alliance du Très Chrétien avec les hérétiques, rappela son légat, le cardinal Morosini, et menaça à nouveau d'excommunication le roi s'il ne libérait pas le cardinal de Bourbon et l'archevêque de Lyon. La sentence, affichée dans la capitale des Gaules, le fut au début de juin à Paris où, dans le climat d'exaltation collective qui régnait, elle fut considérée comme un encouragement à la rébellion. Quoique dévasté intérieurement par cette nouvelle, Henri III ne faiblit pas.

Navarre, de son côté, qui avait gagné Blois, savourait avec délice sa position nouvelle d'arbitre dans une lettre à Corisande du 18 mai : « Mon âme, je vous écris de Blois où il y a cinq mois l'on me condamnait comme hérétique, indigne de succéder à la Couronne, et j'en suis ast'heure le principal pilier. Voyez les œuvres de Dieu envers ceux qui se sont toujours fiés en lui ! » Corisande, qui avait perdu toute illusion sur ses protestations d'amour habituelles, presque mécaniques, annota la lettre de commentaires désabusés : « Je n'aime ni n'honore rien au monde comme vous », lui disait-il (en marge : « Il n'y a rien qui y paraisse ! »), « et vous garderai fidélité » (devant ce mot, elle ajouta la syllabe « l'in »). Trois jours plus tard : « Mon cœur, aimez-moi toujours comme vôtre car je vous aime comme mienne » (en marge : « Vous n'êtes à moi, ni moi à vous »). C'était bien le terme de leurs relations.

Il fallait cependant poursuivre les hostilités, ce qui n'était pas pour déplaire au naturel combatif du Béarnais. Fougueux, d'humeur joyeuse, il chevauchait, cavalcadait dans la poussière de la route, fonçait l'épée au poing, les pistolets dans les fontes, « donnant de l'éperon à tout » et volant de succès en succès. Tour à tour Beaugency et Châteaudun tombèrent. Il rejoignit Henri III à Blois. Dans un geste symbolique qui déplut à son entourage, ce dernier avait ceint l'écharpe blanche, signe de ralliement des huguenots. « Je vous jure devant Dieu que je n'aimerais un frère comme je vous aime ! », lui avoua ému Navarre. Ce n'était plus une guerre de religion, mais une lutte pour la survie de la nation, face aux tenants d'une idéologie transnationale acquise à l'impérialisme espagnol.

Au reste, la situation militaire se redressait. Le duc de Longueville, aidé de l'infatigable La Noüe, avait réussi à faire lever le siège de Senlis par les ligueurs du duc d'Aumale. Unie, l'armée des deux rois prit Jargeau, Pithiviers et surtout Étampes, clé du grenier à blé de la Beauce, qui se rendit le 3 juillet. La rébellion manifeste de son gouverneur, le comte de Clermont-Lodève, et celle des officiers de la garnison et des magistrats contraignirent Henri III à un exemple : il ordonna de les pendre tous. Avis aux ligueurs opiniâtres !

Que faire désormais ? Navarre s'efforça de convaincre Henri d'entreprendre sans désemparer le siège de Paris, alors que ses capitaines l'incitaient à partir plutôt pour la Bretagne. « Pour regagner votre royaume, lui répétait-il, il faut passer par les ponts de Paris. Qui vous conseillera de passer par ailleurs n'est pas un bon guide. » Enfin, la résolution fut prise. On s'attaquerait à cette capitale du fanatisme, à ce chancre de la mutinerie qui avait si ignominieusement chassé son souverain. « Je n'y rentrerai que par la brèche », tonna, déterminé, le fils de Catherine. Le Béarnais acquiesça par une de ses gaillardises habituelles : « J'avoue qu'il y va du royaume à bon escient d'être venu baiser cette belle ville et ne lui mettre pas la main au sein ! »

L'armée des deux rois n'avait jamais été aussi forte : près de 35000 soldats, dont 10000 Suisses, 3500 reîtres et lansquenets, et des contingents nouvellement levés parmi la noblesse d'Angoumois, de Picardie et de Normandie. Obliquant vers le nord, elle prit le contrôle de la vallée de l'Oise, avec Pontoise (où Henri manqua de peu un coup d'arquebuse qui brisa les épaules d'un mestre de camp), L'Isle-Adam et Beaumont.

Tandis que le roi de France installait ses quartiers à Saint-Cloud dans la demeure que Jérôme de Gondi, baron de Codun, banquier lyonnais de la Cour, venait de faire bâtir en bordure du plateau dominant la Seine, avec son étonnant jardin à l'italienne, son bouillant beau-frère, qui avait pris la tête de l'avant-garde, avait contourné Paris par le sud, enlevant Meudon, Clamart, Vanves, Villepreux et le petit village maraîcher de Vaugirard, poussant même une audacieuse reconnaissance jusqu'au Pré-aux-Clercs. Mayenne ne disposait que de 8000 hommes et, il le savait, les tranchées qu'il avait fait creuser en arrière des murailles ne résisteraient pas aux premières vagues d'assaut. Sans l'arrivée de Bruxelles des secours espagnols impatiemment attendus, tout était perdu.

14

LE ROYAUME À LA POINTE DE L'ÉPÉE

Appels à la déposition ou au meurtre

Plus que jamais l'affrontement des idées se déroulait dans un climat de violence inouïe. Vue du camp guisard, l'union des deux Henri simplifiait la donne : le roi de France avait jeté le masque, rallié l'hérésie et choisi d'extirper le catholicisme du royaume. En réponse aux lettres et proclamations royales largement diffusées, les libelles et pamphlets de la Ligue retrouvaient le ton subversif des monarchomaques s'attaquant à la monarchie absolue. Ainsi en était-il de la *Déclaration par laquelle Henry de Valois confesse estre tyran et ennemy de l'Église catholique, apostolique et romaine*. Le peuple étant le vrai souverain, assurait la *Copie d'une lettre écrite à Mgr le duc de Nivernais par un sien seigneur*, c'était lui qui faisait les rois et non l'inverse. Si le contrat était rompu par la seule faute du monarque, ce qui le rendait parjure vis-à-vis de Dieu, ses sujets étaient en droit de se révolter et de le déposer. Libre à eux ensuite, comme l'expliquait un autre factum intitulé *De la différence du roi et du tyran*, de s'organiser en république à l'exemple des cantons suisses ou d'élire un nouveau maître conforme à leurs vœux, ainsi que l'assurait *Le Théâtre de la France*.

Des écrits stigmatisaient *L'Athéisme de Henri de Valois* ou ses *Propos lamentables tirés de sa confession par un remords de conscience* ou encore ses *Nouvelles cruautés et ses inhumanités...* Ligueur enragé, Jean Boucher, curé de Saint-Benoît, égrenait tel un chapelet diabolique *Les Trahisons, perfidies, sacrilèges, exactions, cruautés et hontes de cet hypocrite et apostat ennemi de la religion catholique*.

La plupart trouvaient licite de déposer Henri III, de le faire juger par les états généraux, de l'interner dans un monastère, après l'avoir contraint à faire amende honorable, nu-pieds, en chemise et la corde au cou (*Avertissement et première écriture du procès pour messieurs les députés du royaume de France...*), ou de le pendre à un gibet comme Polycrate, tyran de Samos (*Discours en forme d'oraison funèbre sur le massacre et parricide de Messeigneurs le duc et cardinal de Guise*). Un petit nombre de pasquins, dont la *Justification des catholiques unis contre les calomniateurs*, suggéraient même le tyrannicide par un simple particulier, sans autre injonction que celle reçue directement de Dieu. Moins abrupte, *La Harangue prononcée à Henry de Valois par un marchand de la ville de Tours le 12 avril 1589* se contentait de prophétiser la vengeance du Ciel. Chacun en rêvait sans savoir comment elle se concrétiserait. Mais entre l'annonce d'une prophétie ardemment souhaitée et sa mise en œuvre, il n'y a parfois qu'un pas vite franchi.

« Le tyran est mort ! »

Vers la fin de juillet, tandis que les Seize et les chefs de la Ligue délibéraient dans la grande salle du Conseil de l'Hôtel de Ville, Edme Bourgoing, prieur des dominicains de la rue Saint-Jacques (nommés pour cette raison jacobins), se fit annoncer. Il leur révéla qu'un de ses religieux était résolu à frapper mortellement le despote qui pactisait avec les suppôts de Satan. L'assemblée aurait alors félicité le brave prieur.

L'apprenti tueur, un certain Jacques Clément, âgé de vingt-deux ans, originaire de Serbonnes, village proche de Sens, était un simple d'esprit, un coquefredouille de province, assurait son entourage, mais aussi un exalté, affecté de troubles psychotiques, obsédé de visions apocalyptiques et soûlé de prêches incendiaires. Un portrait de l'époque nous le montre : visage rond insignifiant, lèvres épaisses, grands yeux hagards un peu inquiétants et barbe de trois jours. Étant prêtre, il portait la tonsure.

Les bonnes âmes de son couvent lui remirent une lettre à usage de laissez-passer ainsi qu'un billet émanant – du moins le lui assura-t-on – du premier président du Parlement Achille de Harlay, pour l'heure embastillé, qui lui permettrait d'accéder au roi sans difficulté. Après avoir reçu la bénédiction de son prieur, frère Jacques en scapulaire noir et blanc se présenta aux avant-postes du château de Saint-Cloud le dimanche 31 juillet au soir. Jacques de La Guesle, procureur général du Parlement, le reconnut pour l'avoir aperçu en train de quêter au village de Vanves. Il l'interrogea. N'ayant rien remarqué de suspect, il accepta de le conduire au monarque le lendemain, sans même le faire fouiller. L'autre soupa au corps de garde, où nul ne s'étonna de le voir couper sa viande et son pain avec un long couteau tiré de son habit.

Le lundi matin, vers sept heures, l'illuminé fut introduit dans la chambre d'Henri III. Celui-ci, après avoir pris son habituelle tasse de bouillon, venait de se lever de sa chaise percée et rajustait ses hauts-de-chausses. La Guesle lui remit la lettre d'introduction et le billet autographe du président de Harlay. Le visiteur ayant souhaité lui dire un mot en particulier, le procureur et le premier gentilhomme de la Chambre Roger de Bellegarde s'écartèrent par discrétion. Alors le frocard sortit le couteau de sa bure et frappa Henri au bas-ventre. « Ah ! méchant, tu m'as tué ! », s'écria le malheureux en arrachant la lame. La Guesle et Bellegarde se précipitèrent sur l'assaillant et le poussèrent dans la ruelle du lit à baldaquin. Au bruit, quelques-uns des Quarante-Cinq pénétrèrent dans la chambre l'épée à la main. Malgré les adjurations de l'un d'eux de ne pas le tuer, ils l'empoignèrent, le jetèrent à terre, le massacrèrent à coups de hallebarde et défenestrèrent son corps sanguinolent.

Accourus au chevet du roi, médecins et chirurgiens sondèrent la plaie. Elle parut peu profonde. Cependant, Charles de Valois, comte d'Auvergne, fils bâtard de Charles IX et de Marie Touchet, âgé de seize ans, entendit le premier chirurgien Antoine Portail murmurer en latin à ses confrères Pigré et Le Febvre qu'« il croyait que le boyau était percé ».

Nonobstant cette tragique constatation, les archiatres n'eurent d'autre remède que d'administrer à leur patient un lavement, qu'il rendit « sans douleur ni sang ». S'approchant du jeune Valois, Portail lui souffla : « Je ne vois pas que l'on puisse sauver le roi ! »

Averti par un gentilhomme, Henri de Navarre s'en vint en toute hâte avec vingt-cinq de ses officiers. « Mon frère, lui dit le blessé qui venait d'entendre pieusement la messe de son lit, vous voyez comme vos ennemis et les miens m'ont traité. Il faut que vous preniez garde qu'ils ne vous en fassent autant. » Tandis que son interlocuteur lui adressait des paroles rassurantes, il aborda son thème favori : « La justice, de laquelle j'ai toujours été le protecteur, veut que vous succédiez après moi à ce royaume, dans lequel vous aurez beaucoup de traverses si vous ne vous résolvez à changer de religion. Je vous y exhorte autant pour le salut de votre âme que pour l'avantage du bien que je vous souhaite. »

Puis il appela ses proches, le comte de Valois-Auvergne, les ducs d'Épernon et de Bellegarde, le seigneur de Mirepoix et quelques autres. « Je vous prie comme mes amis et vous ordonne comme votre roi que vous reconnaissiez après ma mort mon frère que voilà et que, pour ma satisfaction et votre propre devoir, vous lui prêtiez le serment en ma présence. » Comment contredire un mourant ? Tous jurèrent fidélité au roi de Navarre, qui retourna bientôt dans ses quartiers de Meudon, craignant une sortie des ligueurs.

Henri III avait donc conscience de sa fin prochaine, même si Portail lui avait allégué qu'« avec l'aide de Dieu, dans dix jours il remonterait à cheval ». Le soir, vers onze heures, son état s'aggrava. Pris de violentes douleurs intestinales, il entra bientôt en agonie. « Sa chaleur naturelle se retira peu à peu », écrit Charles de Valois-Angoulême dans sa relation. On approcha une bougie : il avait perdu la vue. Son confesseur s'empressa de lui donner l'extrême-onction. Il expira vers deux heures du matin, le 2 août, dans les bras de son jeune neveu, au moment où il esquissait un signe de croix. Le dernier représentant de la branche des Valois avait trente-huit ans. Quelques jours plus tard, sa dépouille mortelle fut convoyée jusqu'à Compiègne et provisoirement inhumée dans une chapelle de l'abbaye Saint-Corneille, en attendant la libération de Saint-Denis.

Paris exulta d'une joie délirante et féroce. On remerciait le Ciel en dansant et en perçant des tonneaux de vin à chaque carrefour. Le crime de Blois était enfin vengé ! La duchesse de Montpensier, la *pasionaria* de la Ligue, qui, disait-on, avait chaudement encouragé frère Jacques à accomplir son « devoir », parcourait les rues en carrosse en hurlant : « Bonne nouvelle, mes amis, le tyran est mort ! Il n'y a plus d'Henri de Valois en France ! » Des marches du maître-autel des Cordeliers, sa mère, la deux fois veuve Anne d'Este, duchesse de Guise et de Savoie-Nemours, haranguait, dit Pierre de L'Estoile, le « sot peuple ». Partout dans les églises, les prédicateurs dressaient des couronnes au « saint martyr » qui s'était chargé de liquider le monstre couronné. La foule l'invoquait, le priait. On projetait de lui élever une statue. Sitôt qu'il apprendra le drame de Saint-Cloud, Sixte Quint n'hésitera pas à ordonner un service liturgique à sa mémoire et à déclarer Henri III indigne d'une sépulture royale.

Le nouveau roi au pied du mur

S'il s'était fait quelque illusion sur la nature humaine, ce qui, compte tenu de son âge – trente-cinq ans déjà ! –, de son expérience et de son sens des réalités, était peu vraisemblable, Henri III de Navarre, désormais Henri IV de France, déchanta le matin du 2 août au spectacle donné par les familiers du défunt dans la chambre où gisait encore le corps raide et transpercé. Agrippa d'Aubigné a conté la scène. Tandis que deux minimes célébraient une messe basse, au lieu des cris de « Vive le roi ! » auxquels il s'attendait, le nouveau souverain ne vit que mines atrabilaires, gens tournant en rond, crispant le poing, enfonçant leurs chapeaux ou le jetant à terre, se touchant la main d'un air complice, parlant bas ou laissant échapper des propos furibonds : « Plutôt mourir de mille morts ! Plutôt se rendre à toutes sortes d'ennemis que de souffrir un roi huguenot ! » Comment cet hérétique hirsute et bouffonnant, au teint coloré et aux yeux ardents, pourrait-il être le père du peuple, empli de sagesse, le roi thaumaturge de la grande lignée de Saint Louis ?

Laissant ces messieurs à leurs aigreurs et leur verbiage, Henri, à peine retiré dans son logis, où il fit draper de violet toutes les pièces, eut à supporter les remontrances de ses fidèles, La Force et d'Aubigné en particulier. Devenir catholique romain serait violer « lâchement » la foi et l'amour que lui, leur chef, leur avait si souvent prodigués. Comprenait-il qu'en abandonnant son ancien parti, ses parents, ses amis, ses soldats, ses domestiques le quitteraient ? Tous avaient servi loyalement un roi papiste ; pourquoi n'en serait-il pas de même des catholiques envers un monarque huguenot ?

Henri connaissait trop bien cette antienne et en mesurait le poids. À ce moment-là, une délégation des serviteurs du feu roi s'annonça. Elle était conduite par le marquis François d'O, surintendant des Finances et des Bâtiments, mignon désinvolte et hautain, qui avait profité de ses accointances avec les milieux d'affaires pour s'adonner à des concussions scandaleuses. Son discours fut ferme. Le nouveau souverain devait considérer en priorité la religion des princes du sang, des Grands, des officiers de la Couronne et des cours souveraines. « Le sacre et le couronnement sont les arrhes et les marques des rois de France », martela-t-il. Bref, s'il voulait le royaume, le Béarnais devait en embrasser la foi, ou à tout le moins consigner la promesse de se faire instruire rapidement en icelle. Sinon, il se verrait contraint de fuir « le bonheur et l'excellente condition d'un roi de France » pour « les misères d'un roi de Navarre ».

Pâlissant de colère devant cette impertinente sommation, Henri fit un effort pour répondre calmement. D'Aubigné a retranscrit son discours : « Parmi les événements desquels Dieu nous a exercé depuis vingt heures, j'en reçois un de vous, Messieurs, que je n'eusse pas attendu. Les prières de votre roi sont-elles évanouies avec la révérence qu'on doit aux paroles d'un mourant ? Me prendre à la gorge sur le premier pas de mon avènement, à une heure si dangereuse !... Auriez-vous plus agréable un roi sans Dieu, un parjure et un apostat ? Le roi de Navarre, comme vous dites, peut-il se dépouiller l'âme et le cœur à l'entrée de la royauté ? Ceux qui ne pourront prendre une plus mûre délibération, je leur donne congé librement... J'aurai parmi les catholiques ceux qui aiment la France et l'honneur. »

Roi de droit, du seul fait de la loi successorale, il n'avait pas à soumettre sa légitimité à l'adoubement d'une quelconque assemblée des Grands ni à attendre l'onction du sacre. L'un des gentilshommes, Anne d'Anglure, baron de Givry, se précipita à ses pieds. « Sire, vous êtes le roi des braves et ne serez abandonné que des poltrons ! » Le maréchal de Gontaut-Biron voulait ne le reconnaître qu'en qualité de capitaine général. Il fallut lui accorder le comté de Périgord pour prix de son complet ralliement. Aumont, Humières et Givry, trois sommités de l'armée royale, eurent l'élégance, quant à eux, de ne poser aucune condition à leur allégeance.

La difficulté n'en était pas moins réelle. Henri connaissait depuis longtemps le dilemme. Mesurant à leur juste valeur les obstacles et les conséquences de la décision à prendre, il refusait qu'on lui dictât sa conduite. Malgré ses palinodies qui avaient choqué en son temps, il n'était nullement un sceptique et encore moins un athée. Ses correspondances le prouvent ; il était mû par un sentiment religieux profond, persuadé de l'action constante de la Providence divine en sa faveur : ne l'avait-elle pas aidé dans ses chevauchées et ses victoires ? Pour autant, ce « protégé du Ciel », qui se sentait prédestiné, n'était pas un subtil théologien. Il s'interrogeait, laissait flotter son esprit sur plusieurs points doctrinaux essentiels, bref inclinait au relativisme. Si l'on pouvait faire son salut dans l'une ou l'autre de ces formes de religion, à quoi bon se quereller ! N'était-on pas tous chrétiens ?

Restait l'épineux problème politique. Une abjuration immédiate pour répondre à l'injonction des Grands était la faute à éviter. Il aurait été taxé une nouvelle fois de prince versatile et insincère. Catholique, certes il le serait redevenu, mais aurait-il été considéré comme un « bon catholique » alors que le défunt souverain lui-même avait été suspecté de ne pas l'être par une large partie de l'opinion allant bien au-delà des ligueurs ?

De surcroît, son retour dans le giron de l'Église romaine n'aurait pas mis fin à la guerre. Paris et les principales villes acquises au duc de Mayenne auraient continué à contester son autorité. Il lui aurait fallu combattre sans être assuré de compenser la défection de ses vieux compagnons par le soutien des officiers papistes de l'armée royale. Se serait posée également la question des alliances. Devenu catholique, n'aurait-il pas dû renoncer à l'appui d'Élisabeth d'Angleterre et des princes protestants d'Allemagne ? Aurait-il bénéficié pour autant de celui de la papauté et de l'Espagne ? Il avait de quoi en douter.

Première déclaration royale

Le 4 août, il crut résoudre la quadrature du cercle en énonçant dans une proclamation solennelle deux engagements principaux : en premier lieu, il promettait de maintenir dans le royaume la religion catholique, apostolique et romaine, « sans y innover ou changer aucune chose ». Celle-ci continuerait à être exercée dans les lieux où elle l'était jusqu'à la tenue des états généraux, qui seraient assemblés dans les six mois. Il ne demandait qu'à être instruit dans la religion catholique « par un bon et légitime concile général et national », réuni dans le même laps de temps. Cette question maintes fois évoquée était à ses yeux un habile moyen de différer sa conversion, tout en ménageant ses coreligionnaires. La nature de ce concile n'était pas précisée. Peut-être le concevait-il non comme un nouveau colloque de Poissy chargé d'élaborer un improbable compromis théologique entre les deux religions, mais comme un dépassement politique, une sorte d'édit de pacification admis par une large assemblée à caractère confessionnel ?

En second lieu, il s'engageait à maintenir les princes, ducs, pairs, officiers de la Couronne, gentilshommes, ainsi que tous les bons et obéissants sujets, « dans leurs biens, charges, dignités, états, privilèges, honneurs et prérogatives accoutumées ». Cette promesse, on l'imagine, comptait pour les élites autant sinon davantage que la première. La déclaration commençait par une formule nouvelle qui allait être celle des souverains jusqu'à la Révolution : « Nous, Henri, par la grâce de Dieu, roi de France et de Navarre... » Il n'était pas question en effet de revenir sur le particularisme de la minuscule province pyrénéenne qui avait fait la gloire des Albret.

Ne nous illusionnons pas sur l'aspect déclaratif de ce texte. C'était en réalité un pacte à l'ancienne, une sorte de *Magna Carta* durement négociée puis signée avec les Grands qui modifiait la nature même du régime, ligotant étroitement la souveraineté royale. On s'acheminait vers une monarchie contractuelle. La promesse d'obéissance des princes du sang et des fidèles du roi défunt était liée à la réunion dans les six mois des états généraux. C'était dire l'étroitesse de la marge de manœuvre du successeur. Henri avait d'abord protesté : « Il me semble qu'il y aurait plus d'apparence que vous reçussiez la loi de moi que de me la vouloir donner ! » Mais il avait compris qu'il ne pourrait rien faire sans l'appui des vieilles familles de France, chevaliers du Saint-Esprit et principaux aristocrates du pays, tous richement rentés, dont il était le chef naturel, le garant face au débordement populaire de la révolution parisienne. Il fallait en passer par leurs exigences, fût-ce au prix de l'abandon d'une partie de ses prérogatives, de la même manière qu'il l'avait fait en maugréant devant l'assemblée des protestants de La Rochelle.

Signé notamment par le prince de Conti, les maréchaux de Biron et d'Aumont, les ducs de Longueville, de Luxembourg et de Montbazon, le traité fut soumis pour enregistrement aux 200 conseillers du parlement de Paris siégeant à Tours, le seul considéré comme légitime par les royaux.

Cela montrait la gravité de la crise de légitimité, jamais remise en cause depuis le désastreux traité de Troyes de 1420. La loi salique ne suffisait plus à désigner le roi. Pour les Grands, mais sans doute aussi pour l'immense majorité des Français, il fallait y ajouter le principe de catholicité, considéré comme allant de soi dans les siècles antérieurs.

Pourtant, la déclaration royale ne fit pas l'unanimité. Il y eut des défections parmi les grands féaux, entraînant par le jeu des clientèles et des parentèles de sensibles répercussions. Ainsi Louis de L'Hospital, marquis de Vitry, capitaine des gardes du corps, rendit son gouvernement de Dourdan et rallia la Ligue. Claude de La Trémoille, prince de Talmont et de Tarente, duc de Thouars, l'un des plus puissants barons poitevins passés au protestantisme, esquissa une prudente retraite sur ses terres, suivi, du côté catholique, de l'orgueilleux duc d'Épernon, qui alla bouder dans son Angoumois, où il se comporta en prince indépendant. Que cherchaient ces gens sinon l'octroi de nouvelles concessions, de nouveaux privilèges ?

En quelques jours, les effectifs de l'armée royale fondirent de moitié pour ne plus compter que 18000 hommes, dont 10000 à 12000 Suisses et 2000 reîtres, ce qui rendait impossible la poursuite du siège de Paris. Henri décida de les rassembler à Beaumont-sur-Oise et de renvoyer les gentilshommes dans leurs castels, ne gardant qu'un noyau réduit de combattants aguerris, moins coûteux à entretenir.

La crise de légitimité et son ampleur

À Paris, le duc de Mayenne ne bénéficiait pas de la même aura que son frère le Balafré. Il parvint pourtant à maintenir son influence sur les Seize et à faire adopter par le Parlement – ou plus exactement par les 78 conseillers et présidents à mortier restés dans la capitale et qui avaient survécu aux défections et à l'épuration de l'implacable procureur Bussy-Leclerc – un édit confirmant la dévolution de la couronne de France au cardinal de Bourbon, oncle de Navarre, proclamé roi sous le nom de Charles X. Depuis le drame de Blois, le vieux prélat se trouvait en prison. Pour la somme de 22000 écus, son neveu venait de l'arracher aux mains de François Le Roy, seigneur de Chavigny, fidèle serviteur de son prédécesseur, qui l'avait défendu contre les revendications des ligueurs, et de le faire conduire de Chinon à Maillezais puis de là à Fontenay-le-Comte, gardant ainsi dans son jeu un précieux otage.

Pour le nouveau souverain, le labeur était immense. Il fallait remettre de l'ordre dans son entourage et rectifier son propre comportement. « Sa Majesté, ayant plus accoutumée à faire le soldat que le roi, observait Charles de Valois-Angoulême, trouvait de la peine à jouer ce personnage ; néanmoins, moi présent, il dit à l'huissier de son cabinet qu'il n'en permît plus l'entrée qu'à ceux qui par leur naissance avaient accoutumé de trouver place dans celui du feu roi. »

Sur le plan diplomatique, il obtint assez rapidement le soutien de l'Angleterre, de l'Écosse, de plusieurs princes allemands, des Pays-Bas du Nord et de la Sérénissime République, ce qui ne contrebalançait malheureusement pas la puissance de la Ligue, alliée à l'Espagne et à la Savoie et bénéficiant de l'appui papal.

Ainsi, la France était en possession de deux rois, tous deux issus de la branche des Bourbons, l'oncle et le neveu, l'un catholique, l'autre protestant, qui se disputaient la légitimité et les territoires et se partageaient les reconnaissances étrangères. Quel drame ! Les parlements de Toulouse, Rouen, Dijon et Grenoble apportèrent leur caution au vieux cardinal, faisant battre monnaie à son effigie. Bordeaux hésita longtemps, adoptant un arrêt attentiste ambigu. Dans son *Histoire du règne d'Henri IV* (1856-1857), Auguste Poirson estimait qu'à ses débuts un sixième seulement du royaume prenait fait et cause pour le fils d'Antoine de Bourbon et de Jeanne d'Albret. Outre le Sud-Ouest huguenot qui en composait la part principale, il notait le ralliement de quelques villes comme Tours, Saumur, Dieppe, Caen, Compiègne, Château-Thierry, Clermont ou Langres. C'était beaucoup moins que le petit royaume de Bourges de Charles VII. À son habitude, Henri faisait contre mauvaise fortune bon cœur, pratiquant l'autodérision. « Roi sans royaume, disait-il, général sans argent, mari sans femme ! »

Cela ne l'empêchait pas de déployer une activité intense, multipliant les fausses confidences, distribuant les promesses avec plus de prodigalité que la solde aux troupiers, jouant le bon compagnon, accueillant chacun avec bienveillance et rameutant les récalcitrants avec ses gaillardises, ses reparties gouailleuses et familières qui plaisaient dans les camps. À Louis de Brunet, sieur de Lestelle, son chambellan ordinaire : « Crapaud, que voulez-vous dire ? Il n'est pas temps peut-être de venir ? Votre frère dit que si ; et Lavardin est aussi gros que vous pour le moins. Laissons-là raillerie [...]. Viens me trouver et amène ce que tu pourras ou ce que tu voudras. » À Jean d'Harambure, vaillant capitaine de chevau-légers qui avait perdu un œil lors du siège de Niort : « Conservez-vous, j'espère que nous nous battrons bientôt. Le chancelier des Quinze-Vingts vous baise les mains. Gare l'œil, car vous seriez aveugle... »

N'en faisons pas un surhomme. Il lui arrivait de voir son endurance fléchir, d'être abattu, de baisser les bras, et même, lors des combats, de ressentir les défaillances fâcheuses de la nature, lâchant, de son propre aveu, « son ventre de peur dedans ses chausses ». Songea-t-il vraiment à se replier au sud de la Loire ou en son royaume de Navarre, selon l'avis de la plupart de ses conseillers ? Un de ses fidèles compagnons, Anne d'Anglure, baron de Givry, l'interpella : « Qui vous croira roi de France quand il verra vos ordonnances datées de Limoges ? » Cela suffit à fouetter son énergie. Pouvait-il du reste abandonner à son sort cette magnifique noblesse de Normandie et de Picardie qui s'était ralliée ?

Le réduit dieppois

Après avoir vainement tenté de rencontrer le duc de Mayenne au bois de Boulogne, comme ses tuteurs aristocrates le lui avaient demandé, Henri IV constata que la confrontation avec les ligueurs était inévitable. Il lui fallait donc reprendre son statut de roi de guerre et laisser une nouvelle fois les armes parler.

Son armée se réduisait à environ 10500 hommes, dont un millier de cavaliers, 3000 fantassins français, deux régiments de Suisses, des unités de reîtres et de lansquenets et une artillerie chétive, limitée à quatre canons, deux couleuvrines et des canons bâtards de plus petit calibre. Il la divisa en trois corps. Le premier derrière Longueville et La Noüe devait rallier la Picardie ; le deuxième, conduit par le maréchal d'Aumont, eut mission de se diriger en Champagne. Henri s'adjugea le commandement du troisième, le plus important – 6000 hommes –, qui prit la direction de la riche Normandie, dans l'espoir de nourrir sa troupe et de recevoir les renforts anglais qu'Élisabeth venait de lui promettre.

Le ralliement d'Aymar de Clermont-Chaste, gouverneur de Dieppe et commandeur de Malte, lui permit de gagner ce port stratégique, où il fut chaleureusement ovationné. « Mes amis, s'écria-t-il, point de cérémonies ! Je ne veux que vos amitiés, bon pain, bon vin et bon visage d'hôte ! » Il confia à ses proches que ce jour était le premier qui lui faisait goûter le plaisir d'être roi de France. La noblesse du pays l'avait suivi sans lui poser la moindre condition.

Avec 33000 à 38000 hommes, le duc de Mayenne avait passé la Seine à Vernon. N'étant pas parvenu à prendre Rouen, dont il avait incendié les faubourgs, Henri IV comprit que ce serait à Dieppe ou dans ses environs qu'aurait lieu l'affrontement. Compte tenu du rapport des forces qui lui interdisait une bataille rangée, il lui fallait s'installer dans un lieu solidement retranché en attendant l'arrivée de l'adversaire. Son dispositif de défense s'appuyait sur un long quadrilatère dont les angles étaient le château fort de Dieppe, la citadelle d'Arques, les hauteurs boisées dominant, de l'autre côté, l'étroite vallée de l'Eaulne et, en retour, le quartier du Pollet à l'est de Dieppe.

Construit aux XIVe et XVe siècles en même temps que l'enceinte fortifiée de la ville, le château de Dieppe était un imposant édifice assorti d'un solide donjon et de plusieurs tours, bâti sur le rebord de la falaise ouest, à 30 mètres au-dessus du niveau de la mer. À six kilomètres de là, à l'intérieur des terres, la citadelle d'Arques était plus impressionnante encore. Édifiée dans la première moitié du XIIe siècle sur l'échine d'un promontoire rocheux, elle dominait les vallées de la Varenne, de la Béthune et de l'Eaulne, trois petites rivières serpentant à travers la campagne cauchoise et confluant un peu en aval pour former le fleuve côtier de l'Arques qui se jetait dans la Manche à Dieppe. Deux entrées assorties de pont-levis permettaient d'accéder à la longue cour centrale défendue par une enceinte percée de sept tours. Au nord-ouest se dressaient un bastion d'artillerie aux épaisses murailles et quatre tours renforcées construits sous François Ier ; au sud-ouest, un donjon de forme carrée surmonté d'une plate-forme. Outre ces deux énormes édifices, Henri fit installer des retranchements dans le faubourg du Pollet ainsi qu'à l'orée de la forêt d'Arques, de l'autre côté de la Béthune qui s'écoulait au milieu d'une vaste zone marécageuse.

Arques

Le 15 septembre, quittant Eu, l'armée de Mayenne s'avança le long de la côte en direction de Dieppe, avec sa parade d'oriflammes claquant dans le vent chargé d'odeurs de marée et de goémon. Son aile droite s'arrêta à Neuville, qui jouxtait le faubourg du Pollet, son aile gauche gagna le hameau de Thibermont, d'où elle pouvait marcher sur Arques par la vallée de l'Eaulne. Les hostilités commencèrent le lendemain. Henri IV, installé au Pollet avec 900 hommes et le comte de Châtillon, avait fait barricader les rues. Il résista avec vigueur aux assauts de Mayenne, qui déplora dans son camp près de 600 victimes.

Lent et méthodique, le duc n'était pas un foudre de guerre. S'il ne manquait pas de qualités militaires et d'un certain savoir-faire tactique, cet homme obèse, qui passait le plus clair de son temps à table, avait besoin de ses aises. Malgré ses airs de braverie, il ne fallait point trop le brusquer, alors que son adversaire, dédaignant le confort, toujours sur le qui-vive, toujours couvert de poussière, furetait d'un endroit à l'autre, guettant la faille de l'adversaire.

L'attaque ayant échoué le long de la mer, Mayenne se porta sur son aile gauche et occupa le village de Martin-Église, non loin des deux lignes de retranchement des royaux qui s'appuyaient à flanc de coteau sur la forêt et la maladrerie Saint-Étienne. Henri IV, bien sûr, était de nouveau là. Il avait disposé son infanterie et ses lansquenets en arrière des fossés et des redoutes de bois, avec en appui ses chevau-légers et ses compagnies d'ordonnance, Rambures, Lorges et Montgomery. Les Suisses, en réserve, s'étaient installés dans la maladrerie. Le 21 à quatre heures du matin, le jeune Charles de Valois-Angoulême, colonel général de la cavalerie légère, accompagné du sieur de Boisse qui faisait une reconnaissance près des avant-postes ennemis, aperçut « les mèches des arquebuses qui brillaient dans l'ombre comme des vers luisants ». Tous deux coururent faire leur rapport au roi, qui ne douta pas de l'imminence de l'attaque. Vers huit heures du matin, alors que celui-ci prenait « de bon cœur » son déjeuner avec ses officiers, on lui amena un prisonnier d'importance, Jean de Faudoas, comte de Belin, maréchal de camp du duc de Mayenne. Henri l'embrassa et l'accueillit chaleureusement à l'étonnement de tous. C'était un Gascon ! L'autre l'assura sur le même ton rieur que dans deux heures il aurait sur le dos 30000 hommes de pied et 10000 cavaliers et qu'il ne voyait autour de lui aucune force suffisante pour leur résister. « Vous ne les voyez pas toutes, monsieur de Belin, car vous ne comptez pas Dieu ni le bon droit qui m'assistent ! », se récria Henri.

Les combats commencèrent à l'heure annoncée. Les royaux soutinrent avec vigueur une première charge de 1500 cavaliers. Du côté des retranchements, les soldats de l'infanterie virent arriver, débouchant de la forêt d'Arques, un groupe compact de lansquenets qui abandonnaient leurs étendards en criant qu'ils se rendaient. Mais à peine l'épaulement franchi, ils se jetèrent sur les fantassins du roi, aidant les hommes de pied de Mayenne qui les suivaient à escalader les palissades. Un colonel parvint jusqu'au roi et lui mit presque l'épée à la gorge ; celui-ci lui échappa. Le maréchal de Biron, désarçonné, évita de peu la mort lui aussi. La situation devenait grave, car une nouvelle charge de cavalerie repoussa les compagnies françaises jusqu'aux Suisses de la maladrerie, qui, fort heureusement, opposèrent une résistance farouche. Le jour se leva et dissipa les nappes de brouillard de la vallée. Aussitôt, les quatre canons installés par Henri sur l'autre versant, au château d'Arques, se mirent à cracher leurs boulets. Au même moment, des arquebusiers venus de Dieppe derrière le comte de Châtillon firent feu sur les cavaliers ligueurs, qui se débandèrent, certains s'enlisant dans les marais.

Au coucher du soleil, Mayenne replia son armée après avoir perdu 600 à 700 hommes contre 100 à 200 du côté des royaux. Henri IV n'avait pas les moyens de le poursuivre. Il laissa quelques compagnies à Arques avant de regagner Dieppe avec le reste de ses hommes. Le 25, il tenta d'attaquer la ville, mais ses troupes furent arrêtées par Biron. Investie par 2000 cavaliers, Arques résista à son tour. Bientôt Charles de Montmorency, baron de Damville, à la tête de ses Suisses vint la dégager. Le 29, Mayenne, après avoir appris le débarquement de troupes anglaises et écossaises – 1200 hommes, que devaient renforcer 3000 à 4000 Anglais supplémentaires aux ordres de lord Willoughby –, leva le siège de Dieppe, passa la Somme et se retira en Picardie.

Les combats qui se déroulèrent du 16 au 27 septembre 1589 autour de Dieppe et de son arrière-pays portent le nom de bataille d'Arques, que les historiens célèbrent à juste titre comme l'une des grandes victoires d'Henri IV. Ce fut bien davantage. Que se serait-il passé s'il avait été battu ? Il n'est pas sûr qu'il serait resté roi de France. À supposer qu'il eût regagné ses bases du Sud-Ouest par terre ou par mer, les Grands qui lui avaient imposé le traité du 4 mars auraient tourné casaque et auraient cherché un accommodement avec

Mayenne. Quant aux Anglo-Écossais, ils auraient vite rembarqué. L'histoire aurait probablement été autre.

Consolidation dans l'Ouest

Paris restait pour Henri le seul objectif à atteindre s'il voulait asseoir définitivement son autorité. Renforcée des contingents britanniques et de bonnes troupes levées en Picardie et en Champagne, l'armée royale tenta de prendre de vitesse Mayenne. Elle traversa sans rencontrer de résistance Mantes, Saint-Cloud, Meudon, Montrouge, Gentilly, Issy, pour arriver aux abords de la verte plaine de Grenelle, où elle sema la panique, les Seize ayant répandu la nouvelle de la défaite à Dieppe du « bâtard d'Albret », du « chef de l'hérésie ». Bientôt les milices bourgeoises se ressaisirent. Henri IV, qui avait passé non sans plaisir sa première nuit de roi au château de Saint-Germain – première résidence de la Couronne reconquise –, partagea son armée en trois corps : l'un derrière Biron, chargé d'attaquer les faubourgs Saint-Marcel et Saint-Victor, l'autre avec Aumont s'occupant des faubourgs Saint-Jacques et Saint-Michel, enfin Châtillon et La Noüe se chargeant du faubourg Saint-Germain.

Le 1er novembre, les royaux se livrèrent à des pillages dignes de soudards (leur solde n'avait pas été payée). Ils finirent par se heurter aux buttes de terre bastionnées édifiées par les ligueurs et à la vieille enceinte de Philippe Auguste, derrière laquelle le gros des milices bourgeoises les attendait. Henri, recru de fatigue, qui avait pris trois heures de repos sur des bottes de paille à l'ancien hôtel du Petit-Bourbon, à l'endroit actuel du Val-de-Grâce, interdit fermement de molester les habitants, de piller les églises et demanda de respecter la solennité catholique de la Toussaint. Le lendemain matin, 2 novembre, jour des morts, il se fit conduire au sommet de la plus haute des trois tours de l'église abbatiale de

Saint-Germain-des-Prés*. Il embrassa du regard la ville fourmillante qui se préparait à lui résister. C'est en redescendant qu'il ressentit l'une des plus grandes frayeurs de sa vie : il réalisa qu'il se trouvait seul avec son guide, un moine bénédictin, et frissonna brusquement au souvenir du « couteau de frère Clément ».

Au moment où les hommes se regroupaient en vue de donner l'assaut aux portes et aux remparts, on apprit l'arrivée de Mayenne par le nord de la capitale. Il avait réussi à franchir l'Oise à Pont-Sainte-Maxence, seul endroit où les artificiers du roi n'avaient pas détruit le pont. Henri jugea la situation en mauvaise passe. Le 3 au matin, il donna le signal de la retraite. La grande attaque était remise à plus tard. En attendant, il lui fallait prendre ses quartiers d'hiver sur la Loire. À nouveau les gentilshommes et leurs serviteurs furent congédiés et l'armée réduite à quelques unités soldées. Après avoir pris sans barguigner Janville et Châteaudun, le 18 novembre il lança l'assaut sur Vendôme, la capitale de son propre duché, tenue par les ligueurs. Une brèche pratiquée dans les murs du château permit à un petit détachement de semer la panique dans la ville et d'ouvrir au reste de la troupe la porte du Pont-Neuf. Furieux de cette résistance, le roi autorisa ses hommes à ravager la ville et à saccager le couvent des cordeliers, siège des séditieux, dont l'église fut incendiée. En outre, il fit pendre le meneur, le cordelier Robert Chessé, qui avait appelé au régicide, et décapiter Jacques de Maillé-Bénéhart, lieutenant général en Bretagne et gouverneur du Vendômois pour la Ligue. Ce dernier s'était jeté aux pieds du maréchal de Biron en implorant sa grâce ; l'autre lui avait répondu qu'« il était indigne de vivre, puisqu'il n'avait ni assez de courage pour se défendre, ni assez de prudence pour capituler ». Pendant ce temps, Henri était allé se recueillir

* C'est la seule qui subsiste aujourd'hui, les deux autres ayant été arasées en 1822.

sur la tombe de ses ancêtres Bourbons-Vendôme à la collégiale Saint-Georges.

Arrivé à Tours le 21 novembre, le roi reprit ses chevauchées huit jours plus tard, déterminé, selon sa formule, à achever de « nettoyer la Touraine, l'Anjou et le Maine ». Au Mans, dont « la muraille sans rempart et un fossé du vieux temps » rendaient vaine toute résistance, les ligueurs capitulèrent au bout de cinq jours. À Laval, les membres du clergé, flattés de voir leur souverain, même protestant, se portèrent à sa rencontre, vêtus de leurs plus belles chasubles, de leurs dalmatiques et de leurs étoles galonnées ou frangées d'or, l'arrêtant durant une heure devant les portes de la ville et entonnant des cantiques en son honneur, « avec le plus grand applaudissement du peuple, confessera-t-il, que j'ouïs jamais ».

Pluies, froidures, fatigues, faim, privations, mauvais chemins ne parvenaient pas à bâillonner son ardeur. Ayant envoyé sous les murs d'Alençon une partie de son armée aux ordres de Biron, il s'assura le contrôle de cette ville, puis celui d'Argentan et de Falaise. « Ma cousine, mandait-il à la duchesse de Montmorency le 7 janvier 1590, je continue toujours mon voyage ; j'espère que dans huit jours la Normandie sera nette de ligueurs et qu'il ne restera que Rouen. »

Malgré quelques conquêtes amoureuses au gré de ses pérégrinations, il n'oubliait jamais son « cœur », à savoir cette Corisande, belle et sage, qui n'ignorait à peu près rien de ses trahisons : « Mon cœur, Dieu me continue ses bénédictions comme il a fait jusqu'ici. J'ai pris cette place de Lisieux sans tirer le canon que par moquerie, où il y avait mille soldats et cent gentilshommes. C'est la plus forte que j'aie réduite en mon obéissance et la plus utile, car j'en tirerai 60000 écus. Je vis bien *à la huguenote*, car j'entretiens 10000 étrangers et ma maison de ce que j'acquiers chaque jour. Et vous dirai que Dieu me bénit tellement qu'il n'y a peu ou point de maladies en mon armée, qui augmente de jour en jour. Jamais je ne fus si sain, jamais vous aimant plus que je fais. » La belle, dont la tendresse souffrait encore de se savoir dédaignée, ne se laissait plus endormir par de tels patelinages. Ses rapports avec son vaillant capitaine s'étaient au fil des ans transformés en une simple amitié, mêlée de douce amertume.

Il ne lui disait pas qu'il était aux abois. Il n'avait pas suffisamment de fonds pour entretenir les garnisons des villes conquises et ne pouvait en lever sur le peuple appauvri. Pour son train de vie personnel, à certains moments, il en était réduit à la mendicité. « Le roi manquant pendant deux jours, écrit d'Aubigné, dut s'en aller chercher à dîner chez M. d'O où il trouva une table de trois plats, friandement servie. » Cela faisait des mois que cette situation durait. « Mes chemises sont toutes déchirées, mon pourpoint troué au coude, ma marmite est souvent renversée, écrivait-il à Rosny à la veille de la bataille d'Arques. Et depuis deux jours je soupe et dîne chez les uns et chez les autres, mes pourvoyeurs disant n'avoir plus moyen de rien fournir sur ma table. »

Honfleur, vaillante et fièrement ligueuse, engoncée derrière son fossé et ses murailles herbues datant de Charles V, avec une forte garnison bien pourvue en artillerie et munitions, ne se rendit qu'après avoir tiré 600 à 700 coups de canon et un nombre incalculable d'arquebusades. De son côté, Biron prit Évreux et quelques places voisines.

Pendant ce temps, Mayenne, aiguillonné par les Seize et sa sœur, la volcanique duchesse de Montpensier, s'était emparé de Vincennes, Pontoise et Poissy. Bientôt, les troupes royales, qui avaient repris Poissy « à sa barbe », le contraignirent à décamper des abords du fort de Meulan – quatre tours et une bonne muraille – sur une des îles de la Seine dont il faisait le siège. Après avoir reçu les premiers secours militaires d'Alexandre Farnèse, duc de Parme, gouverneur des Pays-Bas espagnols – 1 500 lances et 400 carabiniers sous les ordres du comte Philippe d'Egmont –, il décida d'affronter une nouvelle fois Henri IV. Celui-ci, qui avait entrepris d'investir Dreux en dépit des pluies torrentielles, préféra le remettre à plus tard. Il regroupa les éléments de son armée à Nonancourt, sur le plateau Saint-André. Croyant à une retraite, Mayenne en profita pour traverser l'Eure à Ivry.

Ivry la bataille

Le même jour, lundi 12 mars, Henri dressa l'ordre de bataille sans omettre de participer aux prières préliminaires. Tandis qu'en compagnie de ses coreligionnaires il chantait des psaumes, les catholiques, princes, seigneurs et soldats, se pressaient sous la haute voûte de l'église Saint-Martin pour un service divin. Le lendemain, il prit la tête de l'armée qui s'était renforcée de plusieurs contingents – au total 8000 hommes de pied et 2500 cavaliers –, établissant son quartier général au hameau de Foucrainville, au nord-ouest d'Ivry. À gauche, il plaça l'escadron de 300 chevaux du maréchal d'Aumont, flanqué de deux régiments d'infanterie, de quatre gros canons et de deux couleuvrines. Venait ensuite l'escadron du duc de Montpensier, encadré par 500 lansquenets et à peu près autant de Suisses. Celui du roi, composé de 600 gendarmes et de volontaires de la meilleure noblesse, occupait l'aile droite, avec celui du baron de Biron, fils du maréchal, tous deux appuyés par le régiment des gardes suisses et des compagnies de gardes françaises. Charles de Valois-Angoulême, à l'avant, commandait 400 chevau-légers, le maréchal de Biron, à l'arrière, les reîtres et la cavalerie de réserve.

Ce dispositif de combat était la répétition du déploiement prévu pour le lendemain. Les troupes, repliées le soir dans leurs quartiers, avaient ordre de rallier au petit matin le champ de bataille au troisième coup de canon et de se reformer selon cette disposition. Comme d'habitude à la veille d'une grande rencontre, Henri, toujours dur à la peine, s'était dépensé à cheval sans compter, à la manière d'un sergent de bataille, disait d'Aubigné. Une partie de la nuit, il avait visité les postes de garde, placé des sentinelles là où il en manquait, gasconné avec le soldat, fait maintes caracoles, puis, recru de fatigue, après s'être brièvement rassasié, était tombé sur une paillasse où il avait dormi deux heures.

Au matin, inquiet, il fit pivoter son armée, tout en lui gardant la même formation de combat, de façon à éviter d'avoir le soleil et la fumée des arquebusades dans les yeux.

C'est alors qu'on vit paraître, s'étirant de façon impressionnante sur une ligne située au nord-ouest du village d'Ivry, l'armée adverse et ses oriflammes : de droite à gauche, seize unités de cavalerie, composées de reîtres, entourées d'un corps d'infanterie et de lansquenets, les 1 500 lanciers wallons amenés des Pays-Bas espagnols par le comte d'Egmont, les compagnies de gendarmes du duc de Mayenne, de Charles-Emmanuel, duc de Nemours, et de Charles, duc d'Aumale, 400 carabins ou arquebusiers à cheval, puis à nouveau un corps d'infanterie ; en avant-garde, deux escadrons de cavalerie. Au total, 8000 à 10000 fantassins et 5000 cavaliers, somptueusement équipés à la différence des royaux. « On ne voyait, écrivait le père Louis Raimbourg dans son *Histoire de la Ligue* (1683), qu'or et argent en broderie sur de magnifiques casaques d'écarlate et de velours de toutes sortes de couleurs et qu'une infinité de banderoles attachées à cette épaisse forêt de lances qui menaçaient de renverser au premier choc ceux qui en seraient rudement atteints. » Seule l'artillerie de campagne était chétive : deux longues couleuvrines et deux bâtardes plus petites.

Malgré la supériorité numérique de l'adversaire, Henri ne faiblit pas. Agrippa d'Aubigné a recomposé sa harangue devant les troupes assemblées : « Mes compagnons, si vous courez aujourd'hui ma fortune, je cours aussi la vôtre. Je veux vaincre ou mourir avec vous. Dieu est pour nous. Voici ses ennemis et les nôtres. Voici votre roi. Gardez bien vos rangs, je vous prie. Si la chaleur du combat vous le fait quitter, pensez aussitôt au ralliement. C'est le gain de la bataille. Vous le ferez entre ces trois arbres que vous voyez là-haut à main droite. Si vous perdez vos enseignes, cornettes ou guidons, ne perdez point de vue mon panache ; vous le trouverez toujours au chemin de l'honneur et de la victoire. » Voltaire la résumera en la formule célèbre : « Ralliez-vous à mon panache blanc ! » Petit détail : la couleur arborée ce jour-là n'est pas sûre, même si un chercheur du XIXe siècle, Gustave Bascle de Lagrèze, a trouvé trace dans les comptes de la Trésorerie de Navarre de l'acquisition d'un « chapeau à panache orné d'une améthyste blanche et de perles ». Le roi en effet ne portait pas sur le champ de bataille un tel couvre-chef, mais un casque orné de plumes. Peu importe.

Vers dix heures du matin, après une canonnade de l'artillerie royale, la cavalerie légère du duc de Mayenne engagea le combat avec succès. Dans la plaine ondulante duvetée de tendres taillis, les reîtres culbutèrent les chevau-légers du roi tandis que trois escadrons de la Ligue faisaient ployer Aumont. La contre-offensive de Montpensier et de Biron fut arrêtée par les Wallons du comte d'Egmont. Henri IV se lança alors dans la mêlée afin d'empêcher le déploiement des lanciers. Mayenne répliqua par l'envoi de sa réserve de cavalerie.

La confusion fut un moment extrême. Le combat sembla tourner à l'avantage des ligueurs. Charles de Rambures sauva *in extremis* le roi, malmené et entouré de lanciers. Celui-ci n'oubliera pas le « brave Rambures » qu'il comblera d'honneurs. Rosny fut blessé à quatre reprises.

Sans désemparer, Henri repartit au combat, jetant furieusement son cheval dans la forêt de lances, galvanisant ses hommes qui commençaient à fléchir. « Tournez visage, afin que si vous ne voulez combattre vous me voyiez du moins mourir ! » On le suivit vaillamment, mais Pot de Rhodes, qui brandissait sa cornette blanche, reçut une décharge de poudre dans les yeux qui l'aveugla, et l'étendard s'abattit. Un moment, on aperçut le fougueux Béarnais à la tête d'une vingtaine de cavaliers qui en poursuivaient plus de 80. Il avait tué de sa main sept ligueurs et saisi un drapeau. À l'endroit où, enfin fourbu, il s'arrêta, on élèvera au XVIIIe siècle une petite pyramide, remplacée par un premier obélisque, puis un second en 1804 commandé par Napoléon Bonaparte.

En quelques minutes, la situation se renversa au profit des royaux. Prise de panique, la cavalerie de la Ligue se replia, abandonnant l'infanterie. Mis en joue par les hommes du maréchal de Biron, les Suisses de Mayenne, colonels et capitaines en tête, se rendirent en brandissant leurs drapeaux. Henri leur fit grâce, laissant en revanche ses troupes tailler en pièces les lansquenets en représailles à leur traîtrise d'Arques. Le reste des guisards se dispersa dans les bois, abandonnant leurs bagages. Le comte d'Egmont perdit la vie. Mayenne, Nemours et Aumale s'enfuirent, laissant plus de 3 000 morts, sans compter ceux qui se noyèrent dans l'Eure... Tous les drapeaux ennemis – une quarantaine – furent saisis. Le principal trophée, l'étendard de la Ligue, un impressionnant drap de taffetas noir sur lequel étaient brodés un crucifix et la devise *Auspice Christo*, sera appendu dans l'église principale de Mantes.

Dans un piètre état, Rosny, d'abord adossé à un poirier aux branches basses, s'était fait hisser par un valet sur un cheval courtaud afin de gagner le château d'Anet et y panser ses blessures. Il vit venir à lui sept ennemis désemparés, dont l'un portait la cornette blanche semée de croix de Lorraine du duc du Mayenne. Spontanément ils se rendirent à lui. Des hommes vaillants faits prisonniers et livrant leur étendard à un blessé isolé qui perdait son sang, cela ne s'était jamais vu !

Lendemains de victoire

« Mon cousin, écrivait l'infatigable souverain le soir de la bataille au duc de Longueville, nous avons à louer Dieu : il nous a donné une belle victoire. La bataille s'est donnée, les choses ont été en branle. Dieu a déterminé selon son équité ;

toute l'armée ennemie en déroute, l'infanterie tant étrangère que française rendue, les reîtres pour la plupart défaits, les Bourguignons bien écartés, la cornette blanche et le canon pris, la poursuite jusqu'aux portes de Mantes. Je puis dire que j'ai été très bien servi [...]. Pour ce qui est d'user de la victoire, je vous prie incontinent, la présente reçue, de vous avancer avec toutes vos forces sur la rivière de Seine, vers Pontoise ou Meulan ou tel autre lieu que [vous] jugerez propre pour vous joindre avec moi ; et croyez, mon cousin, que c'est la paix de ce royaume et la ruine de la Ligue à laquelle il faut convier tous les bons Français à courir sus... »

Le lendemain 15, Rosny, soigné, qui avait quitté Anet en litière pour son château voisin, aperçut au sommet du coteau de Beuron la plaine couverte d'une multitude de cavaliers entourés de chiens : c'était le vainqueur d'Ivry, qui, après avoir pris une rapide collation, « partait pour la chasse, en la garenne d'entre Rosny et Mantes ». Comment suivre une telle force de la nature qui ne trouvait de délassement que dans les exercices violents ?

En ces temps de troubles, Dieu, pour Henri, était plus que jamais le « dieu des armées » : c'était Lui qui l'accompagnait, le protégeait sur les champs de bataille, c'était à Lui qu'il devait la victoire, à Lui qu'il rendait grâce. S'Il favorisait ainsi ses desseins et lui délivrait tant de messages d'encouragement, n'était-ce pas la preuve qu'il était le vrai détenteur de la légitimité et qu'il ne devait point changer de religion ?

En tout cas, malgré les victoires, il avait toujours besoin de l'aide étrangère, même occasionnelle. Ainsi sollicita-t-il, par l'intermédiaire de son réseau d'ambassadeurs permanents ou extraordinaires, des subsides du roi de Danemark, du prince de Wurtemberg ou des cantons suisses. Un léger refroidissement de ses relations avec Élisabeth, vite susceptible, n'eut pas d'incidence. Sa situation n'en restait pas moins précaire. « Vous avez joué votre royaume en un coup de dés », lui reprocha Duplessis-Mornay le lendemain de la victoire. Oui, mais pouvait-il faire autrement ?

15

LES ANNÉES NOIRES

La monarchie à cheval

Au regard des principes monarchiques qui réservaient au roi de France un statut de légitimité unique, consacré par l'onction divine, le plaçant très au-dessus des corps et des ordres de la société, la situation n'était guère satisfaisante. Henri IV apparaissait plutôt comme un soldat de fortune, un « roi d'aventure » pour reprendre le sous-titre d'un livre de Jean-Marie Constant, ne contrôlant qu'une fraction de son royaume et n'ayant pas été sacré. Il est vrai que la conjoncture était exceptionnelle, que les désordres n'avaient cessé de se multiplier avec l'extension de la guerre civile et que le pays était épuisé. Prises dans un remous général, plusieurs générations de Français n'avaient jamais connu la paix. Rien d'étonnant dans ces conditions de voir les institutions administratives, perfectionnées par les Valois, s'étioler et fonctionner de mal en pis.

Tours avait accueilli, outre la majorité du parlement de Paris, enfin rejointe par son premier président Achille de Harlay, la Chambre des comptes et le Conseil du roi. Ce dernier organe présidé pour l'heure par le cardinal de Vendôme, cousin d'Henri IV et nouveau garde des Sceaux, symbolisait la permanence du pouvoir monarchique, en attendant la libération de Paris. C'est à Tours qu'eut lieu le procès posthume de Jacques Clément ; à Tours qu'Edme Bourgoing, prieur des jacobins de Paris, accusé de complicité dans l'attentat de Saint-Cloud, fut condamné à mort par le Parlement, écartelé, son corps brûlé et ses cendres dispersées ; à Tours encore que fut installé un atelier de frappe des monnaies et médailles et que furent imprimés les portraits du nouveau roi, diffusés dans la France entière.

Cependant, du fait de la guerre civile, une partie du Conseil, qui réunissait les ministres et proches conseillers, était itinérante. Les grands feudataires exerçant des charges militaires, tel Henri d'Orléans, duc de Longueville, grand chambellan de France et chef d'armée, étaient astreints à suivre le monarque sur les champs de bataille. Quant aux commis de la chancellerie, ils couraient après lui, sans souci de l'étiquette, afin de lui faire signer édits et arrêts. Tout fonctionnait dans l'improvisation. L'arriéré des soldes étant mal payé, l'armée vivait plus ou moins de pillages et de réquisitions.

Une sorte de régression ramenait ainsi le pouvoir à ce qu'il était aux temps médiévaux : une monarchie à cheval, avec pour trône la selle royale. Ce qu'Henri avait promis à Saint-Cloud sous la contrainte, le concile national, les états généraux, son instruction dans la religion catholique, était différé. S'il s'en accommodait fort bien, cette fuite en avant, on l'imagine, indisposait au plus haut point les Grands, signataires de l'accord du 4 août 1589, qui redoutaient de se laisser berner par un souverain victorieux, au prestige retrouvé, oubliant ses engagements et se libérant de cette monarchie sous contrôle aristocratique que ces messieurs lui avaient imposée au lendemain du trépas de son prédécesseur. De temps en temps, on le rappelait à l'ordre. En vain.

Cette situation bancale était en phase avec l'émiettement féodal de la géographie politique française. Depuis des années le pays était menacé de dislocation. L'insécurité se répandait dans les provinces, où la haute aristocratie et les communes n'en faisaient qu'à leur tête. Brouillé avec son demi-frère Mayenne, Charles-Emmanuel de Savoie-Nemours, retiré dans son gouvernement du Lyonnais, tentait de rendre celui-ci indépendant de la couronne de France. Le 11 mars 1590, Saint-Malo s'érigea en république libre, avec pour devise : « Ni français ni breton, malouin suis. » L'ensemble de la Bretagne, derrière le duc de Mercœur – Lorrain de la branche aînée, cousin des Guises, mais non inféodé à Mayenne –, était à peu près dans le même état de sécession. En Angoumois, le duc d'Épernon levait sans états d'âme des impôts pour son propre compte. Quant à La Rochelle, toujours fière de son particularisme, elle entendait rester une cité à part, presque une cité-État.

Dans cette anarchie galopante, la bonne nouvelle fut de voir les gouverneurs de province rallier peu à peu le Béarnais – Berry, Bourbonnais, Marche, Limousin, Dauphiné – et les parlements provinciaux suivre, même avec lenteur. Naviguant entre les écueils, Henri menait du mieux qu'il pouvait une politique d'équilibre entre les factions, surveillant les foyers de tension qui menaçaient d'exploser, cherchant à calmer les esprits, replaçant par exemple sur leurs sièges les prélats modérés que la Ligue avait renvoyés. Il se comportait en roi de tous les Français et non en chef de parti, ce qui n'empêchait pas l'apparition d'autres sources d'inquiétude. De plus en plus de calvinistes, appréhendant sa conversion, grommelaient et remuaient. S'alarmant de la place grandissante des catholiques dans son entourage, certains songeaient à élire à leur tête un nouveau « protecteur ».

Un autre de ses soucis était de maintenir le contact avec Rome et d'obtenir la levée de la sentence d'excommunication prononcée contre lui le 9 septembre 1585 par la bulle *Ab immersa aeternis*. Telle fut la raison pour laquelle il dépêcha auprès de Sixte Quint le duc de Piney-Luxembourg. « Témoignez à Sa Sainteté, sur la parole royale, avait-il confié à son émissaire lors de son audience de départ, qu'elle verra par des effets certains que je veux vivre et mourir en fils aîné de la sainte Église catholique romaine. » Était-il sincère ? Avait-il envisagé dès son avènement de se convertir ou s'agissait-il de ces fausses paroles rassurantes comme il savait si bien en dispenser ? Là résidait sans doute un des mystères de cette âme complexe. On a vu *a contrario* que ses victoires d'Arques et d'Ivry l'avaient conforté dans sa foi calviniste, l'incitant à se rêver en roi huguenot d'une nation catholique. En tout cas, cette ouverture manifeste n'avait pas été mal accueillie par le souverain pontife, qui, revenant sur son intransigeance première, commençait à s'inquiéter de la mainmise grandissante de Philippe II sur la Ligue et de sa volonté hégémonique sur la chrétienté. Émergeait là une possibilité pour la France de desserrer l'étau dans lequel les forces catholiques internationales voulaient la broyer et de retrouver son influence de fille aînée de l'Église.

Toutefois, avant de traiter de sa réconciliation avec l'Église, Sixte Quint avait exigé du monarque français, pour preuve de soumission, la libération du cardinal de Bourbon. C'était trop demander à un esprit aussi circonspect qu'Henri IV. En dépit de son âge et de son esprit caduc, un Charles X libre de ses mouvements aurait représenté un étendard beaucoup trop dangereux pour la rébellion. Ne désespérant pas de convaincre son interlocuteur, le pape avait alors envoyé en France, à titre de légat, un de ses proches, le cardinal Enrico Caetani, avec pour mission de s'occuper de la libération du captif, en versant si besoin une forte rançon. Comme il ne pouvait décemment se rendre à Tours auprès d'un roi relaps, retranché de la société chrétienne, l'envoyé pontifical était arrivé à Paris le 20 janvier 1590.

Paris redoute un nouveau siège

Le duc de Mayenne, toute honte bue, avait dû se justifier auprès de Philippe II de sa piteuse défaite dans la plaine d'Ivry, ajoutant dans une longue lettre ses appréhensions pour l'avenir. « Ce qui me met le plus en peine, Sire, est la ville de Paris, contre laquelle notre ennemi va dresser tout son effort – non qu'elle ne soit plus ferme en cette adversité qu'elle ne fût jamais –, mais c'est un gros corps qui ne peut supporter longtemps les incommodités d'un siège. Outre que sa perte accroîtrait grandement en argent et moyens nos ennemis, l'exemple en serait périlleux. »

Dans la capitale, les éléments les plus exaltés dominaient avec les Seize (Bussy-Leclerc, Crucé, Compan, Louchard, La Chapelle-Marteau...), eux-mêmes influencés par l'ambassadeur de Philippe II, Bernardino de Mendoza. Le 10 février 1590, la Sorbonne décréta que toute personne soutenant les prétentions royales d'Henri de Bourbon serait regardée comme parjure et désobéissante à la sainte mère l'Église.

Or, à peine arrivé à Paris, le légat Caetani, secrètement acquis à la politique espagnole, jeta le masque, outrepassant les instructions pontificales lui recommandant de garder ses distances vis-à-vis de la Ligue. Le 11 mars, il présida en l'église Saint-Augustin une cérémonie au cours de laquelle les principaux chefs du mouvement prêtèrent serment sur les Évangiles de regarder Son Éminence Charles de Bourbon comme le seul roi légitime, à l'exclusion à tout jamais de son neveu.

Se piquant de jouer les stratèges en chambre, certains historiens ont reproché à Henri IV de n'avoir pas su profiter de sa victoire éclatante pour foncer sur Paris, clé de son entreprise déjà deux fois manquée. S'il est vrai que le Béarnais, souvent indécis, avait une certaine tendance à la procrastination après chacun de ses coups d'éclat, une telle décision eût été sans doute irréaliste. Les armées du XVIe siècle n'étaient pas celles du Grand Siècle et *a fortiori* celles de la Révolution. Il fallait tenir compte du système féodal de l'ost ou du moins ce qui en subsistait, avec des grands seigneurs impatients d'être démobilisés, une fois leur service accompli. Il était vain de leur demander un effort supplémentaire. Les troupes royales, rudoyées à Ivry, prirent quelque repos à Mantes et à Vernon dans la première moitié d'avril. Ce temps fut mis à profit pour chercher des ouvertures en direction de la Ligue.

Le 26 mars, le légat Caetani rencontra à Noisy-le-Roi le maréchal de Biron. Le 13 avril, ce fut au tour de l'ancien secrétaire d'État Villeroy, catholique modéré au service du duc de Mayenne, d'avoir un entretien avec Henri IV à Melun. Ces travaux d'approche échouèrent. D'évidence, il n'y avait aucun terrain d'entente possible tant que le roi ne se convertissait pas et, même à ce prix, la paix était loin d'être assurée, car les Espagnols étaient résolus à ne pas laisser le dilettante et imprévoyant Mayenne négocier seul. Non seulement ceux-ci avaient perdu confiance en ses talents militaires, mais ils se méfiaient à juste titre de ses ambitions politiques.

Le début du siège

Ces échecs poussèrent Henri à préparer avec soin la réduction de Paris. Étant donné la relative faiblesse de son armée et la détermination des ligueurs à se battre avec acharnement, il comprit que la seule manière de l'emporter était d'affamer la population en coupant la capitale de ses lignes traditionnelles de ravitaillement des vallées de la Seine, de la Marne et de l'Oise.

Dans un premier temps, il s'assura des différents carrefours stratégiques, occupant l'un après l'autre des villes ou des bourgs comme Corbeil, Melun, Provins, Montereau, Lagny et Beaumont. Le seul lieu où il échoua fut Sens, en aval de l'Yonne : Jacques de Harlay, sieur de Champvallon, l'ancien soupirant de sa femme (son « beau soleil » comme elle l'appelait à Nérac), lui avait opposé une résistance farouche. Il prit ensuite le contrôle des ponts, notamment ceux de Saint-Cloud, Poissy et Meulan.

Tirant la leçon de son échec précédent, il décida de couper prioritairement la route du Nord et de l'Est, d'où pouvaient surgir les troupes wallonnes et espagnoles d'Alexandre Farnèse. Dès la mi-avril l'armée royale s'installa donc par petites garnisons dans les villages de Saint-Ouen, La Chapelle, Aubervilliers, Pantin, Le Bourget, Louvres et Gonesse, commençant à perturber sérieusement l'approvisionnement des Halles. À partir du 7 mai, Henri fixa son camp sur les hauteurs de Montmartre et de Montfaucon. Sur cette dernière butte célèbre pour son gibet, il plaça à peu près tout ce qu'il avait d'artillerie, c'est-à-dire fort peu pour une ville de l'importance de Paris. Ce même jour marqua le début du siège.

Il débordait d'optimisme. « Je fis brûler tous leurs moulins, écrivait-il le 13 à son éternelle confidente, la comtesse de Gramont, comme j'ai fait de tous les autres côtés. Leur nécessité est grande, et faut que dans douze jours, ils soient secourus ou ils se rendront. » Ne venait-il pas de canonner les ponts de Charenton et de Saint-Maur et de pendre « tout ce qui était dedans » ?

En appliquant méthodiquement ce plan rationnel, Henri IV se berçait d'illusions. Son esprit logique n'imaginait pas la capacité d'endurance inouïe, le jusqu'au-boutisme des Parisiens fanatisés par les curés ligueurs et les capitaines des milices. Ce siège, qu'il entreprenait sans grands états d'âme, en homme de guerre de son temps, fut l'une des plus implacables épreuves de toute l'histoire de la capitale, supérieure probablement au fameux siège de 1870-1871. On a estimé le nombre des victimes à environ 30000, hommes, femmes, vieillards et enfants. Tendu vers ce but, il faisait taire sa sensibilité naturelle, pensant toujours triompher des opiniâtres par un ultime effort. Se sentant lui-même entouré d'ennemis, il lui fallait fermer les yeux sur ces cruelles nécessités, en attendant de pouvoir jouir de « quelques années de repos ». « Certes, je vieillis fort, ajoutait-il dans la même lettre à Corisande. Il n'est pas croyable les gens que l'on met après moi pour me tuer, mais Dieu me gardera. »

La victoire d'Ivry avait semé l'inquiétude dans la capitale. Mayenne, qui avait installé son état-major à Saint-Denis, n'osait s'y aventurer. Son idée était de partir pour les Flandres et d'y rencontrer Alexandre Farnèse, afin de lui soutirer de nouveaux secours en argent, en hommes et en matériel. En attendant, il confia la défense du camp retranché de Paris à son demi-frère Charles-Emmanuel de Savoie-Nemours, âgé seulement de vingt-trois ans, lui recommandant de s'appuyer sur la municipalité, sur son cousin Charles de Lorraine, duc d'Aumale, sur le légat Caetani et l'ambassadeur d'Espagne.

Ce jeune homme intelligent et plein d'énergie fit de son mieux pour réorganiser la milice bourgeoise, forte de plusieurs dizaines de milliers d'hommes, et colmater les nombreuses brèches des fortifications tant dans l'enceinte de Philippe Auguste sur la rive gauche que dans celle de Charles V sur la rive droite. Les troubles avaient engendré d'inévitables déplacements de population. Une partie des bourgeois avaient quitté la ville et s'étaient réfugiés à la campagne, tandis qu'un nombre dense de « rustiques » s'étaient installés avec leurs bestiaux dans les vergers des quartiers périphériques. Au total, le solde migratoire était largement négatif : d'environ 330000, le nombre des habitants était tombé à 220000. C'était encore trop de bouches à nourrir. Si les couvents, les riches seigneurs, les privilégiés de la magistrature ou les nantis de la bourgeoisie commerçante avaient réussi à stocker des sacs de blé et de farine ou des fûts de vin, il n'en allait pas de même des pauvres, soumis aux effets du blocus, réduits au pain de son et aux bouillies d'avoine.

Le 5 juin, afin de remonter le moral des ventres affamés, une grande procession à la fois religieuse et guerrière fut organisée à travers la ville. Pierre de L'Estoile en a donné cette relation pittoresque : « Roze, évêque de Senlis, marchait à la tête comme commandant et premier capitaine, suivi des ecclésiastiques, allant de quatre à quatre ; après venaient le prieur des Feuillants, avec ses religieux, puis les quatre ordres mendiants, les Capucins, les Minimes, entre lesquels il y avait des rangs d'écoliers. Les chefs des différents [ordres] religieux portaient d'une main un crucifix, de l'autre une hallebarde, et les autres des arquebuses, des pertuisanes, des dagues et autres diverses espèces d'armes que leurs voisins leur avaient prêtées. Ils avaient tous leurs robes retroussées et leurs capuchons abattus sur leurs épaules, plusieurs portaient des casques, des corselets et des pétrinals*. Hamilton, écossais de nation, curé de Saint-Cosme, faisait l'office de sergent, tantôt les arrêtant pour chanter des hymnes et tantôt les faisant marcher, et quelquefois il les faisait tirer de leurs mousquets. »

Pendant ce temps, l'armée royale se renforçait de contingents de gentilshommes venus de la France entière. Le 15 juin, du camp d'Aubervilliers, Henri IV lança un *Appel à la soumission aux manants et habitants de notre ville de Paris*, promettant à tous sa grâce et s'engageant à conserver la religion catholique si on lui ouvrait les barrières. En vain. Restait encore à s'emparer de quelques localités périphériques. En juin, un assaut sur Vincennes échoua, mais le 9 juillet Saint-Denis et sa vénérable abbatiale, nécropole des rois de France, tombèrent, obligeant Mayenne à déménager son quartier général.

Prenant enfin en compte les souffrances endurées par la population famélique, maladive, qui portait les stigmates de cette fièvre chaude qui embrasait la ville, le monarque se décida à faire un geste d'humanité. Le 24 juillet, il autorisa femmes, enfants, filles et écoliers à franchir les lignes sans être inquiétés. Plus de 3 000 s'y résolurent. Insensible à la misère, la reine d'Angleterre, qui suivait attentivement la progression du siège, le lui reprocha : cette « nonchalance » desservait

* Armes portatives à rouet, intermédiaires entre l'arquebuse et la pistole, que l'on appuyait contre la poitrine au moment de tirer.

sa cause en soulageant inutilement le camp des catholiques ultras.

Le 27, après un dernier appel au duc de Nemours, dont il salua la valeur et la générosité, le roi lança l'attaque générale. Ses troupes occupèrent aisément les dix faubourgs de la rive droite. Toutefois, malgré une canonnade nourrie contre les portes et les murailles, elles échouèrent à franchir l'enceinte de Charles V. En revanche, elles prirent les abbayes de Saint-Germain-des-Prés et de Saint-Antoine ainsi que le couvent de Longchamp.

Nouvelles amours

Contrastant singulièrement avec cette situation tragique, l'incorrigible Béarnais s'adonnait plus que jamais à la frénésie des sens. Pour échapper à ses soucis ou à ses angoisses ? Quelques jours après avoir une nouvelle fois juré fidélité éternelle à Corisande, il était tombé sous le charme d'une belle blonde trentenaire qui résistait, Antoinette de Pons-Ribérac, marquise de Guercheville, issue d'une vieille famille de Saintonge, veuve depuis trois ans d'Henri de Silly, comte de La Roche-Guyon.

Comme d'habitude, il multipliait auprès d'elle les assiduités, prêt à tout pour obtenir ses faveurs, y compris à l'inévitable promesse de mariage signée de son sang. Méfiante et surtout vertueuse, la dame de ses pensées lui avait répondu : « Je ne suis pas d'assez bonne maison pour être votre femme, mais de trop bonne pour être votre maîtresse. » Le 28 mai, l'enjôleur enragé lui adressa cette missive toute brûlante de désirs : « Mon corps commence à avoir de la santé, mais mon âme ne peut sortir d'affliction que vous n'ayez franchi le saut. Puisque [vous] avez l'assurance de mes paroles, quelle difficulté combat votre résolution ? Qui l'empêche de me rendre heureux ? Ma fidélité mérite que vous ôtiez tous obstacles ?

[…] Nous assiégeons Saint-Denis cette nuit qui m'attachera pour quelque temps plus étroitement à l'armée. Vous eussiez fait une œuvre plus pie d'envoyer ici votre amour en pèlerinage que d'aller, par ce [temps] chaud, à pied où vous avez été. Jésus ! Que je l'eusse bien reçue. »

Et il terminait sa lettre avec les sempiternelles formules émaillant sa correspondance amoureuse : « Mon tout, aimez-moi comme celui qui vous adorera jusqu'au tombeau. Sur cette vérité, je vous baise un million de fois vos blanches mains. » Le 15 juillet, il récidivait, cette fois auprès de Corisande : « Je vous baise, mon âme, un million de fois vos beaux yeux que je tiendrai toute ma vie plus chers que chose au monde. » Mais depuis longtemps déjà chez cette compagne attentive les simagrées et l'usure des serments non tenus avaient détaché le bandeau de l'amour.

Quant à Antoinette, elle avait l'âme trop honnête pour céder à la fringale de cet homme pressé. Henri IV ne lui en voudra pas. Elle se remariera avec Charles Du Plessis-Liancourt, comte de Beaumont, qu'il fera gouverneur de Paris, et il la nommera dame d'honneur de Marie de Médicis, titre, ajoutera-t-il, qu'elle avait bien mérité. Beau joueur, il savait reconnaître ses défaites.

Entre-temps, poursuivant ses fredaines, il avait trouvé deux cœurs moins inexorables, malgré leurs vœux de religieuses, Claude de Beauvilliers, fille du comte de Saint-Aignan, jeune abbesse de Montmartre de dix-sept ans, et Catherine de Verdun, vingt-deux ans, abbesse de Longchamp. Prétexte facile pour les prédicateurs ultras de vitupérer ce « dragon de l'Apocalypse qui a fait Dieu cocu, couchant avec notre sainte mère l'Église ». En remerciement de ses « bontés », Claude de Beauvilliers deviendra abbesse de Pont-aux-Dames et Catherine de Verdun celle de Saint-Louis de Vernon. Il faut préciser que la plupart des couvents de cette époque, qu'ils fussent bénédictins ou franciscains, étaient tombés en décadence, bien loin de l'esprit de saint Benoît, saint Bernard ou saint François. Il y régnait en général un fâcheux laxisme moral, avant leur refondation au début du XVIIe siècle par la grande vague de la Contre-Réforme catholique, issue du concile de Trente. Ceux de Montmartre et de Longchamp avaient si mauvaise réputation qu'on les surnomma le « magasin des engins de l'armée » (d'Aubigné).

Dans le camp royal on s'amusait des escapades et bonnes fortunes du maître. « On dit à Paris que vous avez changé de religion ?, lui lança un jour Biron. – Comment cela ? – Celle de Montmartre à Longchamp. – Ventre-saint-gris ! La rencontre n'en est pas mauvaise ; s'ils voulaient se contenter de ce changement. » À l'époque on appelait les couvents des religions.

La levée du blocus

À l'intérieur de la ville la pénurie ne cessait de s'aggraver. Les écuelles étaient désespérément vides. « Jour et nuit, écrivait l'explorateur italien Filippo Pigafetta attaché à la suite du légat Caetani, on n'entendait que les cris de ceux qui mouraient de faim. » Après avoir mangé les chevaux, les ânes et les mulets, de pauvres hères s'étaient jetés sur les chiens, les rats et les souris, puis en étaient venus aux tripes, aux cuirs, aux bouts de chandelle et aux herbes desséchées par les chaleurs de juillet. « On se battait dans Paris, rapportait Agrippa d'Aubigné, pour partager des charognes et des orties. » D'aucuns ont cité des cas d'anthropophagie. En guise de farine, la duchesse de Montpensier avait proposé de tirer les ossements des charniers, de les broyer et de les tremper pour les mollifier, elle-même se gardant d'utiliser cette macabre recette. « Ceux qui en mangeaient en mouraient, observait L'Estoile ; on m'en donna un morceau que je gardai longtemps. »

On comprend dans ces conditions qu'un mouvement pacifiste ait commencé à fracturer le front des ligueurs parisiens. C'était particulièrement vrai au sein de la magistrature, derrière le premier président Barnabé Brisson, et des auxiliaires de la justice qui organisaient des manifestations dans la cour du Palais aux cris de « La paix » et « Du pain ». Les Seize avaient réagi brutalement en faisant pendre deux ou trois meneurs.

Parmi les chefs de la Ligue, il se trouvait des personnalités prêtes à entrer en discussion avec le « roi de Navarre » pour lui arracher une trêve. Le Conseil du mouvement accepta de lui dépêcher l'archevêque de Lyon d'Épinac et l'évêque de Paris Pierre de Gondi. Henri, qui se trouvait à l'abbaye Saint-Antoine-des-Champs, feignit d'abord d'être vexé : « Arrêtez-vous là, leur lança-t-il en les accueillant ; si je ne suis que le roi de Navarre je n'aurais que faire de pacifier Paris et la France. » Puis, il aborda le fond. Il était disposé à la clémence, mais une cité rebelle ne saurait dicter ses conditions à son prince légitime. « J'aurais tort de vous dire que je ne veuille point une paix générale. Je la veux, je la désire, afin de pouvoir élargir les limites de ce royaume, et des moyens que j'en tirerai de soulager mon peuple, au lieu de le perdre et de le ruiner. Que si pour avoir une bataille je donnerais un doigt de ma main, pour la paix générale j'en donnerais deux. Mais ce que vous me demandez ne peut se faire. J'aime ma ville de Paris ; c'est ma fille aînée, j'en suis jaloux, je lui veux faire plus de bien, plus de grâce et plus de miséricorde qu'elle ne m'en demande, pourvu qu'elle m'en sache gré, [et] non point au duc de Mayenne ni au roi d'Espagne. »

Son scepticisme naturel ne se méprit pas sur l'objectif des deux émissaires qui était non de négocier, mais de gagner du temps de façon à permettre à l'armée du duc de Parme, que Mayenne était allé quérir, de lever le blocus.

Les ligueurs, ravis de se débarrasser des bouches inutiles, reprirent l'initiative royale, poussant au-delà des remparts femmes, vieillards et enfants. Des capitaines de l'armée royale, y voyant une ruse, proposèrent à Henri IV de les repousser à coups de mousquet ou de biscayen. Celui-ci s'y refusa, faisant au contraire distribuer du pain à cette nouvelle vague de réfugiés.

Cette situation critique ne pouvait durer. L'arrivée à Meaux, le 25 août, des 15000 hommes de Farnèse, auxquels s'étaient joints quelques milliers d'autres des forces de Mayenne, allait entraîner la levée du siège. Les royaux, malgré leur supériorité numérique, se trouvaient dans un tel état de fatigue, d'hygiène et de pénurie de vivres qu'ils étaient incapables d'affronter des troupes fraîches, d'autant que la plupart des gentilshommes servant Henri IV étaient une fois encore sur le point de rentrer chez eux. Sully le remarquait : si le roi avait été mieux servi, si la plupart des capitaines n'eussent point permis l'entrée clandestine de convois de ravitaillement, « pour en retirer des écharpes, plumes, étoffes, bas de soie, gants, ceintures, chapeaux de castor et autres belles galantises », il eût été impossible aux assiégés d'attendre les secours espagnols.

Au Conseil du roi, les avis divergeaient. Fallait-il marcher sur l'adversaire, quitte à lever le siège, ou au contraire attendre l'arrivée de l'ennemi en maintenant la pression autour de Paris ? Biron était pour la première solution, La Noüe et Turenne pour la seconde. Les deux options étaient incertaines, mais la première plus glorieuse. Ce fut naturellement celle que choisit Henri IV. Tel un preux chevalier des temps anciens, il jubilait à l'idée de risquer une nouvelle fois sa couronne dans un combat singulier avec le grand capitaine espagnol, dont les faits d'armes ne se comptaient plus. À la vie ou à la mort, il était prêt à tout ! Il ne s'appartenait plus !

Dans la nuit du 29 au 30 août, il abandonna son quartier de Chaillot et regroupa le lendemain ses 25000 hommes dans la plaine de Bondy. Avant de marcher sur Chelles, il trouva le moyen de griffonner à Antoinette de Pons ce billet révélateur de son état d'esprit : « Je vous écris ce mot le jour de la veille d'une bataille ; l'issue en est entre les mains de Dieu qui en a déjà ordonné ce qui en doit advenir et ce qu'Il connaît être expédient pour sa gloire et pour le salut de mon peuple. Si je la perds vous ne me verrez jamais [plus], car je ne suis pas un homme qui fuit ou recule. Bien puis-je vous assurer que, si je meurs, ma pénultième pensée sera à vous et ma dernière à Dieu, auquel je vous recommande, et moi aussi. »

Henri, qui comptait sur cet ultime combat pour asseoir définitivement sa légitimité, se trompait. Engoncé dans sa haute fraise de fine dentelle de Flandres, enserré dans son armure d'argent sur laquelle pendait la Toison d'or, le rigide et hiératique Farnèse était un tacticien et un stratège hors pair, l'un des meilleurs généraux de son temps, réputé pour son sang-froid et la justesse de son coup d'œil. Il avait reçu une mission de Philippe II : désenclaver Paris et le ravitailler, rien d'autre. Il devait la remplir sans risquer son armée, inférieure en nombre. Tout en refusant de croiser le fer avec Henri, il trouva pourtant le moyen de lui jouer un bon tour, presque à sa barbe : le 6 septembre, alors que ce dernier lui dépêchait un trompette afin de le convier avec courtoisie à une bataille rangée, selon la coutume au siècle de son ancêtre Saint Louis, des pontons rapidement jetés sur la Marne permirent à ses hommes d'assiéger et de prendre Lagny, un des principaux nœuds de ravitaillement, sans laisser au roi le temps de la riposte.

Jours de défaite

Henri tenta de répliquer par un assaut sur le faubourg Saint-Antoine. Nouvel échec. Les gentilshommes, catholiques et huguenots confondus, prirent alors congé, laissant ce qui restait de l'armée et de son camp volant assister impuissant à la prise de Saint-Maur, Charenton et Corbeil. Puis ce diable de condottiere, après avoir permis à Mayenne d'entrer dans Paris – un Paris lugubre et désolé, empli de saisissants spectres hagards et de corps tordus par la souffrance –, était reparti pour les Pays-Bas, mission accomplie, dans la belle ordonnance de ses troupes, tambour battant, sonneries en action et enseignes déployées.

Henri IV avait perdu. Le siège était levé. Bientôt la Seine et la Marne seraient rendues à la navigation. Les ailes des moulins du Petit-Montrouge, de la Tombe-Issoire, de Gentilly, des Buttes-Chaumont, de Monceau et de Montmartre reprendraient leurs grincements rassurants, et le bon pain blanc de Gonesse reviendrait sur la table des Parisiens.

Le roi était si désappointé qu'il tenta un dernier coup d'audace, à la manière de ses escarmouches rocambolesques lorsqu'il guerroyait en Gascogne de bastide en fortin. Le 20 janvier 1591, dans la froidure de l'aube naissante, des sergents et autres bas-officiers déguisés en meuniers, conduisant des charrettes chargées de sacs de farine, suivis de 500 hommes d'armes et de 200 arquebusiers, tentèrent de se faire ouvrir la porte Saint-Honoré. Ce stratagème fut un fiasco retentissant qui prit le nom de « journée des Farines ». Vite démasqués, les assaillants furent accueillis par un feu nourri et durent se replier.

Où donc était le vainqueur d'Arques et d'Ivry ? Regard désabusé, front plissé et soucieux, il semblait avoir perdu sa pétulance méridionale, sa jovialité expansive. Il piétinait, trépignait, enrageait. La Providence l'avait-elle abandonné ?

Sombre période ! Douloureuse déception ! Les nouvelles des provinces étaient tout aussi catastrophiques. Claude de La Châtre s'était saisi du Berry pour le compte de la Ligue. Charles III de Lorraine lorgnait sur les terres de Champagne. En Dauphiné, le vaillant Lesdiguières avait contenu un moment les incursions de Charles-Emmanuel de Savoie, mais l'arrivée de renforts espagnols et l'appui des ligueurs de la région avaient permis à ce dernier de repartir à l'offensive et d'occuper Aix, Marseille et Draguignan en se proclamant « gouverneur général et comte héréditaire de Provence du chef du roi d'Espagne ».

En Bretagne, une escadre de navires espagnols avait débarqué à Blavet (futur Port-Louis) 4 000 hommes venus appuyer la rébellion du duc de Mercœur. Les mois suivants, voulant reprendre la ville de Lamballe, le cher, le valeureux, l'intrépide Bras de fer, autrement dit François de La Noüe, avait été mortellement blessé. « C'était un grand homme de guerre, dira Henri IV inconsolable, et encore plus un grand homme de bien : on ne peut qu'assez regretter qu'un petit château ait fait périr un capitaine qui valait mieux que toute une province. » En Languedoc, enfin, le duc de Joyeuse, alias frère Ange, qui se battait comme un démon, avait repoussé les troupes loyalistes du maréchal de Montmorency. Un peu partout, des bandes de pillards rançonnaient marchands et voyageurs, des révoltes populaires éclataient.

Tout allait de mal en pis. Sixte Quint, qui avait cherché à établir un équilibre entre la France et l'Espagne, était décédé le 27 août, à la grande joie de l'Escurial. Résistant à la pression des cardinaux à la solde de Philippe II, il avait refusé jusqu'à l'ultime moment de lever une armée pour chasser Henri de son trône. Le conclave mit deux mois à élire son successeur, Urbain VII, qui ne régna que treize jours. Le 5 décembre 1590, Niccolò Sfondrati, cardinal de Santa Cecilia, fut élu sous le nom de Grégoire XIV. Son règne de dix mois fut particulièrement néfaste pour le Béarnais. Sous l'influence directe de l'Espagne et du duc de Mayenne, le nouveau pontife renouvela son excommunication, étendant par un bref de février 1591 la sentence à tous ceux qui oseraient le soutenir, aggravant en juin toutes les condamnations portées contre le « prétendu roi de France ». Pis, il subventionna largement la Sainte Union et chargea son neveu Emilio, duc de Monte-Marciano, de constituer un corps de mercenaires de 10 000 hommes, afin d'assister les armées de la Ligue et de débarrasser la France de cet abominable relaps.

Que faire devant tant d'adversité ? Resserrer les rangs, remanier la frêle armature gouvernementale en rappelant aux affaires le chancelier Philippe Hurault de Cheverny et les têtes les plus solides de l'ancienne équipe d'Henri III ; admettre au Conseil le puissant Louis de Gonzague, duc de Nevers, gouverneur de Champagne et de Brie, qui l'avait rallié au siège de Paris avec 500 gentilshommes ; améliorer les revenus fiscaux par des aliénations du Domaine ou des emprunts ; envoyer l'infatigable Turenne avec son bâton de pèlerin auprès d'Élisabeth Ire, de l'Électeur de Brandebourg, du landgrave de Hesse et des ducs de Saxe et de Wurtemberg, afin de quémander des subsides supplémentaires et de nouveaux reîtres et lansquenets ; rassurer ses coreligionnaires protestants par un édit de pacification, celui de Mantes du 4 juillet 1591 (en attendant celui de Nantes), confirmant les concessions précédentes ; raviver la propagande par des écrits patriotiques dénonçant la tentative de mainmise des Habsbourg sur la France, tels l'*Anti-Espagnol* d'Antoine Arnauld ou les *Discours* de Michel Hurault, petit-fils du chancelier Michel de L'Hospital. Restait à attendre des jours meilleurs.

La succession de Charles X

Politiquement, la confusion régnait aussi à Paris. Charles X, alias le cardinal de Bourbon, était mort le 9 mai 1590 à soixante-six ans d'une crise d'urémie au vieux château de Fontenay-le-Comte, en Bas-Poitou. N'étant jamais monté sur le trône, les seuls souvenirs qu'il laissait étaient les belles monnaies d'or frappées du « Carolus X Franc Rex », ainsi que les francs d'argent, les doubles et les deniers tournois affichant son effigie bourbonienne, surmontée d'une couronne royale curieusement posée sur sa calotte ecclésiastique. Autant de pièces rares qui font aujourd'hui le bonheur des numismates.

Son neveu, Charles II de Bourbon, cardinal de Vendôme, reprit le titre de cardinal de Bourbon et afficha aussitôt son ambition de devenir à son tour le roi de la Ligue. Sans doute l'homme était-il bègue, ce qui n'en faisait pas un candidat idéal, mais il avait l'avantage d'être jeune – vingt-huit ans – et d'incarner la légitimité de la loi salique, dès lors qu'on écartait son cousin Henri IV pour cause de religion. Une partie de la noblesse ligueuse pouvait se rallier à lui. Serait-il Charles XI ?

Les Seize penchaient plutôt pour un roi ou une reine de la lignée des Habsbourg. Prétention qui ne faisait pas non plus l'affaire du duc de Mayenne, lequel, sans présomption excessive, rêvait en secret du trône.

Partout dans Paris on observait une radicalisation des comportements. Les séides de la Ligue tenaient le haut du pavé, multipliant les discours incendiaires et les processions armées. Le 13 mars 1591, prêchant le Carême à Saint-Germain-l'Auxerrois, Jean Boucher dénonçait devant ses ouailles le roi de Navarre et les Politiques, « disant qu'il fallait tout tuer et exterminer ; que déjà par plusieurs fois il les avait exhortés à ce faire, mais qu'ils n'en tenaient compte, dont ils se pourraient bien repentir », ajoutant « qu'il était grandement temps de mettre la main à la serpe et au couteau, et que jamais la nécessité n'en avait été si grande » (Pierre de L'Estoile). Le dimanche 24, alors que courait la rumeur de la prochaine conversion du roi, Boucher mettait encore en garde les fidèles contre les ruses du « dragon roux de l'Apocalypse ». On baignait dans une atmosphère millénariste. En août, l'arrivée du jeune Charles, duc de Guise, fils du Balafré, qui s'était évadé du château de Tours, ajouta à la surexcitation, marginalisant un peu plus son oncle, le gros Mayenne.

Le 10 septembre, les Seize proposèrent officiellement à Philippe II la couronne de France pour lui-même ou pour sa fille l'infante Isabelle Claire Eugénie. Un pas de plus était franchi dans la sédition. En même temps, une liste de Politiques sur papier rouge commençait à circuler. À côté de chaque nom était inscrit une lettre, P, D ou C : pendu, dagué, chassé. Le 15 novembre, Barnabé Brisson, président du Parlement dissident resté à Paris, ainsi que les conseillers Jean Tardif du Ru et Claude Larcher furent arrêtés pour intelligence avec l'ennemi, conduits au Petit Châtelet et pendus à une poutre de la Chambre du Conseil. Leurs corps furent ensuite attachés à une potence en place de Grève. Sur celle du premier président, on pouvait lire : « Barnabé Brisson, l'un des chefs des traîtres et hérétiques. »

Cette atterrante barbarie, qui choqua nombre de Parisiens, jeta hors de lui le duc de Mayenne. Il fit procéder à quelques exécutions sommaires dans la salle des Caryatides du Louvre, réforma la milice, mais n'osa s'attaquer aux vrais coupables, les curés boutefeux et les Seize, du moins ceux qui ne s'étaient pas enfuis.

Gabrielle

Roger de Saint-Lary, sieur de Bellegarde, neveu du duc d'Épernon, premier écuyer, était un ancien mignon d'Henri III. Séduisant, hardi et beau parleur, fort attaché à l'élégance vestimentaire, il rencontrait grand succès auprès des dames, qui l'avaient surnommé « Feuille Morte ». Alors que l'armée royale gîtait à Compiègne, il s'était vanté d'avoir éveillé le cœur d'une captivante créature, exquise fleur de jeunesse, objet de ses délices, Mlle d'Estrées. Touché par sa douceur et sa tendresse, il se disait désireux de l'épouser.

Née en 1573, Gabrielle – tel était son prénom – était la fille d'Antoine d'Estrées, marquis de Cœuvres, lieutenant général de Picardie, gouverneur de La Fère, et de sa femme Françoise Babou de La Bourdaisière, cette incomparable « Astrée » chantée par Ronsard, qui avait fini par abandonner son mari et ses onze enfants pour suivre en Auvergne son amant, le marquis d'Alègre, gouverneur d'Issoire. Tous deux périront d'ailleurs dans cette ville en 1592, lors d'une émeute.

Depuis deux ou trois générations, ces dames Babou de La Bourdaisière, qu'on appelait les « sept péchés capitaux », traînaient une réputation de galanterie. « On en compte, disait Tallemant des Réaux, jusqu'à vingt-cinq ou vingt-six, soit religieuses, soit mariées, qui toutes ont fait l'amour hautement. » Si l'arrière-grand-mère de Gabrielle, Marie Gaudin, dame de La Bourdaisière, n'a probablement pas été la maîtresse de Charles Quint ni celle du pape Clément VII, elle le fut sans aucun doute de François Ier. Sa tante Isabeau, mariée à François d'Escoubleau, marquis de Sourdis, vivait avec le chancelier de Cheverny, qu'Henri IV avait rappelé aux affaires dès août 1590. Avec son épouse, Anne de Thou, ils formaient le parfait ménage à trois. Sa cousine était la jeune abbesse de Montmartre, Claude de Beauvilliers, dont on a évoqué les aventures licencieuses.

Gabrielle ne brillait ni par l'esprit ni par l'intelligence, mais répondait aux canons de la beauté de l'époque : des traits délicats, un teint « de neige », un ovale particulièrement pur, des cheveux blonds frisés, des yeux bleu céleste, un arc de sourcils noirs bien dessiné, un nez légèrement aquilin, une bouche vermeille, des mains d'une harmonieuse finesse. Même ses défauts physiques semblaient la servir. Une légère *vaghezza* – coquetterie de l'œil – donnait du piquant à sa physionomie, et un charmant début de rondeurs flamandes n'était pas pour déplaire.

Si l'éclat de cette jeune personne à la beauté plus froide que voluptueuse, d'une distinction aisée en toutes manières, attira bien des regards, il faut mettre au compte des ragots le fait qu'elle ait eu à quatorze ou quinze ans une liaison avec le cardinal de Guise ou le financier Zamet.

Bref, Bellegarde avait parlé d'elle avec tant d'enthousiasme qu'il avait aiguisé la curiosité de l'insatiable faune, qui insista pour la voir. Le 7 novembre 1590, tous deux se rendirent donc de Compiègne au château familial de Cœuvres, près de Villers-Cotterêts, où sa sœur aînée Diane et elle étaient élevées par leur tante, Mme de Sourdis. Coup de foudre ! La seule apparition de la noble demoiselle fit défaillir le Béarnais.

Elle avait dix-sept ans, lui trente-sept. Conséquence des épreuves endurées, il en paraissait davantage, avec sa moustache et ses cheveux blancs, son teint basané, son front sillonné de rides précoces, son long nez qui semblait maintenant rejoindre le menton. Peu soigné de sa personne, il dégageait l'odeur de cuir rance mêlé de sueur de l'éternel chevaucheur. Bref, il ne souffrait pas la comparaison avec le bellâtre Bellegarde, de dix ans son cadet. On comprend que la belle Gabrielle n'ait pas répondu d'emblée à ses avances.

Cette rebuffade n'empêcha pas le monarque, saisi d'une fiévreuse impatience, de prier ce dernier de lui céder la place. « Je n'ai point de compagnon en royauté et n'en veux pas non plus en mon amour pour Mlle d'Estrées, ma passion m'est plus chère au monde. » Que pouvait faire le grand écuyer, bon courtisan avant tout, sinon s'incliner poliment.

Mais le « bel ange » continuait de se dérober. Alors pour plaire à cette délicate et pudique personne, il se mit à porter des habits de velours feuille morte comme Bellegarde. Un jour, afin de pénétrer plus facilement dans le parc de Cœuvres, il se travestit en paysan, avec blouse et sabots, un ballot de paille sur le dos. Elle le rebuta avec hauteur : « Vous êtes si mal que je ne puis vous regarder ! » Pathétique roi !

Plus avisé que ce jeune cœur insoumis, le clan familial, qui avait l'habitude de faire trafic de ses filles, ne pouvait laisser filer pareille occasion. Le père de Gabrielle, Antoine, s'était fait ravir par les ligueurs son gouvernement de La Fère, de même que l'oncle, le marquis de Sourdis, celui de Chartres. Calculateurs et sans scrupules, tous deux firent pression sur Henri IV pour entamer le siège de la capitale de la Beauce plutôt que celui de Rouen. Marché conclu ! Chartres fut investie le 19 février 1591. Henri paya comme d'habitude de sa personne. « Il faisait une garde exacte, relate Villegomblain, ordonnant lui-même aux sentinelles et bien souvent les allant relever. » La double reddition en avril 1591 de la place et de la jeune fille explique les choses à elle seule.

Le chancelier de Cheverny fut nommé gouverneur de la ville, avec Sourdis pour lieutenant. Restait à satisfaire le père,

Antoine d'Estrées, qui, en remplacement de La Fère, réclamait le gouvernement de Noyon, plus facile à conquérir, et l'évêché de la ville pour son fils François Annibal, âgé d'à peine dix-huit ans. Épris plus que jamais de sa nouvelle conquête, le roi attaqua Noyon sans désemparer, pénétra dans la ville le 17 août et, deux jours plus tard, comme convenu, nomma Antoine à sa tête. Quant au fils, il dut attendre le décès de l'évêque en poste pour lui succéder en 1594.

Élisabeth Ire, qui avait envoyé au roi de France un secours de 4000 hommes commandé par le fringant Robert Devereux, deuxième comte d'Essex, dont elle s'était amourachée*, à seule fin de l'aider à prendre Rouen, ne décolérait pas du retard qu'il y mettait.

Les mœurs du temps interdisaient à une jeune fille de la noblesse de vivre au vu et au su de tous avec un amant. Elle devait être une femme mariée, indépendante de sa famille. Henri organisa donc l'union de Gabrielle et d'un seigneur complaisant, un inoffensif bossu quinquagénaire, Nicolas d'Amerval, sieur de Liancourt et – ce qui ne s'invente pas – baron de Benais, veuf en premières noces d'Anne de Gouffier, moyennant une reconnaissance de dettes de 8000 écus, augmentée de 4000 écus l'année suivante par la cession à l'intéressé de la terre de Falvy-sur-Somme.

Gabrielle d'Estrées fut la grande favorite du roi, celle qui régna le plus longtemps sur son cœur et son esprit. Ses biographes, à la suite de Raymond Ritter, ont jugé ses sentiments et ses motivations à leur juste valeur. Durant huit années, elle joua au roi, affolé et aveuglé par une passion exaltée, la comédie de l'amour, tout en le trompant avec son adorateur, Bellegarde. Elle n'était pas une âme profonde comme Corisande, mais elle était toujours d'une humeur égale, sereine, le sourire aux lèvres. Henri avait trouvé en elle une « personne confidente pour lui

* « Il m'appartient de bien près », mandait-elle à Henri, ce qui ne l'empêchera pas de le faire décapiter quelques années plus tard.

communiquer ses secrets et ses ennuis et sur iceux recevoir une familière et douce consolation » (Sully).

Le siège de Rouen

Échaudé par son échec à Paris, il n'était toujours pas pressé de s'attaquer à Rouen, deuxième ville du royaume en importance, où les ligueurs régnaient en maîtres. Il tourna même le dos à cet objectif pourtant primordial, se rendant d'abord à Vendresse, dans les Ardennes, où le duc de Nevers le reçut dans son nouveau château, puis à Sedan où il assista au prestigieux mariage de son ami le vicomte de Turenne avec Charlotte de La Marck, dix-sept ans, princesse de Sedan et duchesse de Bouillon. Le fidèle Turenne venait de s'emparer par surprise de Stenay, consolidant ainsi la frontière nord-est du royaume. « Ventre-saint-gris !, s'était écrié le Béarnais, si je faisais souvent de semblables mariages, je serais le maître du monde. »

À la fin de novembre 1591 il se décida enfin à partir pour Rouen que le maréchal de Biron venait d'investir avec ses bandes gasconnes. Comme à Paris, il manquait d'artillerie et comptait donc sur la famine pour réduire la ville. Un programme guère enthousiasmant pour qui recherchait la gloire des armes ! Dans son rapport à Élisabeth, l'ambassadeur anglais, le chevalier Henry Unton, brossait de lui ce portrait : « Le roi est noble et brave au suprême degré, patient et magnanime, pas cérémonieux, affable, familier. On le suit pour son incontestable valeur, mais on le hait à cause de sa religion, et s'il ne se convertit pas il sera abandonné par les catholiques. »

En attendant, l'opulente capitale de la Normandie, défendue par André Brancas, seigneur de Villars, résistait énergiquement. Le 29 novembre, une furieuse canonnade des Rouennais manqua de peu de tuer le roi aux abords du château de Sainte-Catherine. Il était toujours aussi téméraire, comme l'atteste le témoignage d'un gentilhomme de Bohême, Charles de Žerotín : « Le 17 décembre, j'ai présenté mes hommages au roi qui a daigné me recevoir fort gracieusement. [...] Presque tous les jours, je vais avec le roi à la tranchée, aux batteries ou dans quelque lieu où je puis apprendre et observer quelque chose, et cela non seulement de jour, mais de nuit. Le roi me mène aux avant-postes où les balles sifflent aux oreilles à faire voir trente-six chandelles. Car ce seigneur ne reste jamais en place, surveille tout par lui-même, va partout, veut tout savoir, s'expose à tous les dangers. Aussi ceux qui veulent obtenir ses bonnes grâces doivent ne pas s'épargner et faire comme lui. »

Mayenne, attaché à l'indépendance du royaume et à l'intégrité de son territoire, contrairement à la Ligue parisienne, avait tenté de jouer subtilement son propre jeu qui devait aboutir à sa candidature au trône de France. Mais, dépourvu de moyens militaires et d'argent, il avait fini par se faire odieusement acheter. Moyennant une indemnité fort considérable de 4 millions d'écus par an, il avait accepté de céder la place de La Fère à une garnison espagnole et s'était engagé à faire élire reine de France l'infante Isabelle aux prochains états généraux.

En janvier 1592, une fois cette affaire conclue, Farnèse prit la tête des troupes espagnoles – 18000 hommes de pied et 5000 cavaliers – et des ligueurs de Mayenne, auxquels s'était joint le corps expéditionnaire pontifical du duc de Monte-Marciano, avec pour mission de forcer les royaux à lever le siège.

Acculé à l'héroïsme

Cette fois, Henri IV renonça à courir le risque d'une bataille rangée. Il préféra revenir à la bonne vieille « guerre à la huguenote » tissée d'escarmouches et de coups d'audace, témoignant de son héroïsme inventif. « La peau le démangeait de telle sorte, disait Žerotín, qu'il ne dut pas attendre la venue du duc de Parme. » Avec un corps de 6000 cavaliers, il comptait par des attaques surprises, des engagements impromptus et répétés démoraliser l'ennemi et porter atteinte à la réputation du brillant chef de guerre que l'Espagne lui opposait.

Malheureusement, après une brève et indécise équipée en direction du château de Folleville, non loin de Montdidier, aux mains des ligueurs, il fut surpris le 5 février près d'Aumale, au nord-est de Rouen, par l'avant-garde ennemie au moment où il s'approchait de l'armée de Farnèse. À Rosny et ses compagnons qui le dissuadaient de se perdre dans une « forêt de piques », il répliqua : « Voilà un discours de gens qui ont peur ; je ne l'eusse pas attendu de vous autres. Je ne suis pas si étourdi que vous estimez ; je crains autant pour ma peau qu'un autre. »

Le combat s'engagea contre deux escouades d'arquebusiers. Henri, avec cette force nerveuse qui bousculait tout, chargea à la tête de 400 hommes, mais au bout de trois à quatre heures il fut contraint de se replier, blessé d'une balle au défaut de la cuirasse, qui lui « brûla sa chemise et lui meurtrit un peu la chair sur les reins ». Il aurait probablement été fait prisonnier si le duc de Nevers ne s'était porté à son secours. Sa blessure n'était pas grave, mais on dut le conduire sur un brancard au château de Neufchâtel, où il fut pansé et forcé à prendre quelques jours de repos. « Ce n'est qu'une piqûre de mouche ! », plaisanta-t-il devant Duplessis-Mornay, de retour d'Angleterre. « Sire, lui rétorqua celui-ci, c'est assez de faire l'Alexandre, il est temps de faire l'Auguste. C'est à nous de mourir pour vous, et c'est là notre gloire. À vous, Sire, de vivre pour la France, et j'ose dire que ce vous est un devoir. »

Mayenne et ses officiers avaient supplié Farnèse de profiter de l'occasion pour le capturer. Mais celui-ci, qui n'aimait en rien bousculer ses plans, avait haussé les épaules, se contentant de dire avec mépris qu'il avait cru « jusqu'alors avoir affaire à un général d'armée et non à un capitaine de chevau-légers ».

Cinglant jugement. Il n'avait pas compris qu'Henri IV, exaspéré par ses échecs précédents, avait un furieux besoin de revanche, quitte à prendre tous les risques. Par orgueil, il voulait coûte que coûte se mesurer à ce grand capitaine, se donner du panache et en avoir raison. Bref, il se sentait acculé à l'héroïsme.

Tandis que le roi s'avançait imperturbablement en direction de son objectif, s'emparant au passage des fortifications et du château de Neufchâtel-en-Bray, une première sortie des assiégés rouennais, menée par Villars, fit subir aux royaux des pertes sensibles. L'armée d'Henri IV ne résista pas à une seconde attaque le 26 février. Une partie leva le camp et se retira vers Pont-de-l'Arche, laissant le siège se poursuivre dans une grande confusion. Enfin, Farnèse et Mayenne firent leur entrée dans Rouen le 20 avril 1592.

Soucieux de soumettre le pays de Caux, le pays de Bray et la basse vallée de la Seine, les deux hommes reprirent aussitôt leur marche, ce qui permit au roi de réitérer sa tactique de harcèlement. Le 25, à Caudebec, le condottiere fut blessé au bras. Quelques jours plus tard, à nouveau assaillie par les royaux, son armée parvint à s'échapper de nuit, après avoir jeté un pont de bateaux sur la Seine. Puis, il repartit pour les Pays-Bas, laissant dans Paris 4000 Espagnols et Napolitains à la charge des habitants.

Malgré quelques succès limités, Henri IV était en butte à d'autres difficultés. Les Espagnols débarqués à Blavet s'étaient avancés jusqu'à Craon, dans le Maine, où ils avaient forcé les Français à lever le siège le 24 mai. Vienne, en Dauphiné, avait été occupée par Charles-Emmanuel de Savoie-Nemours. Au siège d'Épernon, le maréchal de Biron, dont les qualités militaires n'étaient plus à démontrer, avait perdu la vie le 26 juillet, la tête emportée par un boulet. La situation n'avait jamais été aussi critique. Il fallait mettre un terme à ces tourbillonnantes fureurs. Le meilleur moyen était de le faire par la négociation.

16

LE SAUT PÉRILLEUX

Les appétits s'aiguisent, les ambitions se dévoilent

Enrageant d'être à la fois l'esclave dédaigné de Philippe II et l'otage méprisé des ultras de la Ligue parisienne, Mayenne sentait la situation lui échapper. Dès mars 1592, percevant peut-être qu'Henri IV ne tarderait pas à se convertir et à emporter la partie, il était entré en contact avec lui par l'intermédiaire de son principal conseiller, Pierre Jeannin, ligueur modéré, opposé à l'impérialisme espagnol, et du marquis de Villeroy, ancien secrétaire d'État d'Henri III, resté à Paris. Il s'agissait de faire la paix – sa paix – au prix d'un maximum d'avantages pour lui, ses affidés et obligés de la Ligue aristocratique. Préjugeant ses forces ou feignant par tactique une puissance qu'il n'avait nullement, il énumérait un catalogue de revendications extravagantes : à lui la lieutenance générale du royaume, à lui l'épée de connétable, assortie d'une pension annuelle de 300 000 livres, à ses proches les gouvernements de treize provinces, dévolus sous forme d'apanage, à eux encore des bâtons de maréchal et des colliers de l'ordre, sans oublier l'abolition de leurs anciennes dettes de jeu. Quant aux huguenots, qu'on ne pouvait décemment pas oublier dans un projet de pacification générale, ils se contenteraient d'un édit temporaire, certes renouvelable, mais restrictif, les excluant des principaux emplois, offices et dignités du royaume. Examiné le 16 juin à Gisors lors d'un Conseil du roi, ce manifeste burlesque fut accueilli par un concert de protestations indignées. Comment pourrait-on démanteler ainsi le royaume des lys à la mode mérovingienne ? Décidément, le gros duc n'avait aucun sens de l'État.

Les Guises à la vérité étaient en plein désarroi face à une situation mouvante dans laquelle ils redoutaient de s'enliser. Troublées par la montée des partisans de la paix, la douairière de Guise, Anne d'Este, duchesse de Savoie-Nemours, et sa fille, l'impétueuse Catherine de Lorraine, duchesse de Montpensier, oubliant les tombereaux d'injures dont elles avaient abreuvé le fils de Jeanne d'Albret, envisageaient maintenant de le marier à Louise-Marguerite de Lorraine, fille du Balafré, âgée de quatre ans, une fois son union avec Margot annulée en cour de Rome.

L'exécution du président Barnabé Buisson et des conseillers Larcher et Tardif avait été l'élément déclenchant de la dislocation de la Ligue parisienne, poussant une bonne part des élites en état de choc à entrer en dissidence contre les « exagérés », les Seize, les curés ligueurs, les colonels, les quarteniers, dont l'arrogance s'était accrue depuis l'installation en ville d'une garnison hispano-italienne. Ces modérés, ces Politiques, que d'aucuns surnommaient les « semonneux » parce qu'ils voulaient « semondre » le roi à se convertir, gagnaient du terrain et préparaient dans l'ombre la reprise en main de la municipalité parisienne. C'étaient des parlementaires, des grands bourgeois, et même, désormais, quelques curés autour de l'évêque de la capitale, le cardinal Pierre de Gondi. Gallicans, patriotes, soucieux de se dégager de l'oppression d'une minorité sectaire, réfractaires à un monarque que voulaient leur imposer l'Espagne ou le Saint-Siège, ces gens étaient attachés à une solution dynastique nationale. Certains d'entre eux se réunissaient clandestinement chez l'ancien prévôt des marchands Claude d'Aubray : à défaut d'Henri IV, au cas où celui-ci persisterait dans son refus de redevenir catholique, ils étaient disposés à se rallier à un autre candidat issu de la lignée légitime des Bourbons, soit le médiocre cardinal de Bourbon, timide et bégayant, mécontent de s'être vu retirer les sceaux et qui intriguait à Rome pour obtenir le soutien papal, soit son demi-frère le comte de Soissons*, joli cœur qui avait ensorcelé Catherine la huguenote et rêvait de l'épouser. D'aucuns parlaient même du jeune bâtard de Charles IX, Charles de Valois, comte d'Auvergne.

Le roi réagit

« Roi sans couronne » à la tête d'un pays en déroute, Henri IV avait pleinement conscience du danger que représentait ce tiers parti : il risquait d'emporter le fragile édifice de sa monarchie itinérante comme château de sable à la marée montante, d'autant que dans son propre camp des voix catholiques et non des moindres, lasses de ses promesses jamais tenues et de ses éternels atermoiements, commençaient à se faire entendre en faveur d'une de ces solutions « raisonnables » : celles de Jean de Beaumanoir, marquis de Lavardin, du comte du Lude, lieutenant général et gouverneur du Maine, de François, marquis d'O, surintendant des Finances, rejoints par Henri d'Orléans, duc de Longueville, et Jean d'Aumont, maréchal de France et gouverneur de Bretagne. La tension devenait extrême. À force de ruses et d'expédients, il fallait éviter que la corde cassât !

Le roi invita le bâtard de Valois à rentrer dans le rang et à se garder des sirènes doucereuses qui voulaient le mener sur le chemin de la rébellion. « Je vous ai toujours aimé comme mon fils », lui écrivait-il le 25 mars. Pour la même raison mais

* Il était né du second mariage de Louis Ier de Condé et de Françoise d'Orléans-Longueville.

avec plus d'énergie, il réagit au comportement éminemment suspect de son cousin le beau Soissons qui avait quitté le camp devant Rouen sous prétexte de courir au chevet de sa mère malade, mais en réalité pour rejoindre en Béarn sa bien-aimée, avec l'intention de l'enlever et de l'épouser, plaçant le roi son frère devant le fait accompli et se positionnant ainsi en rival politique. Henri avait semoncé par un billet sec et impérieux le président du Conseil souverain de Béarn, Pierre de Mesmes, seigneur de Ravignan : « J'ai reçu avec du déplaisir la façon que le voyage de mon cousin le comte de Soissons s'est entrepris. Je ne vous en dirai autre chose, sinon que, s'il se passe rien où vous consentiriez ou vous assistiez contre ma volonté, votre tête m'en répondrait. »

Le destinataire avait vite obtempéré, arrêtant le galant au château de Pau, resserrant la garde autour de la princesse et réunissant le parlement de la ville ainsi que le Conseil souverain de Béarn afin de mettre solennellement en garde l'intrus et le contraindre à quitter le pays. Le monarque poussa un soupir de soulagement et remercia son dévoué serviteur : « J'avoue ce que vous avez fait à Pau pour un des plus signalés services que [vous] m'eussiez su faire, et vous prie de continuer, vous assurant que je serai toujours bon maître et qu'il ne se présentera occasion que je ne vous fasse paraître que j'ai de reconnaître vos services. »

Il avait alors vivement exhalé ses reproches à Corisande, qui, par dépit amoureux, était entrée dans le complot et avait fait signer aux deux tourtereaux une promesse de mariage. « Je n'eusse pas pensé cela de vous, à qui je ne dirai que ce mot : que toutes personnes qui voudraient brouiller ma sœur avec moi, je ne le leur pardonnerai jamais. Sur ce, je vous baise les mains. » Il avait trouvé ce prétexte pour rompre une relation qui s'était enfoncée dans l'ambiguïté et le mensonge.

Restait à déjouer l'offensive de Mayenne. Le Béarnais répondit par une contre-proposition qui n'était probablement qu'un leurre : au lieu de ce chapelet de titres et d'honneurs revendiqués, il ne lui offrit que la Bourgogne en apanage, preuve que le chef nominal de la Ligue, bien affaibli politiquement malgré ses puissantes clientèles et parentèles, n'était pas l'adversaire qu'il redoutait le plus.

Il savait bien sûr que son état matrimonial ne plaidait pas en sa faveur. Sans descendance légitime, marié à une femme stérile et quasiment répudiée, quelle perspective dynastique pouvait-il offrir au peuple de France ? Les Valois avaient eux-mêmes pâti de pareille situation avant de disparaître à jamais. Bref, pour installer définitivement les Bourbons sur le trône, il lui fallait contracter une nouvelle alliance et avoir un fils au plus vite. Au préalable, le monarque devait se « démarier » de Marguerite, non divorcer – c'était impossible –, mais faire annuler son mariage en cour de Rome, raison supplémentaire pour se convertir. Dans ce dessein, il chargea Duplessis-Mornay de promettre à la châtelaine d'Usson que ses biens lui seraient conservés, sa pension de 50000 livres maintenue, ses dettes acquittées. Vis-à-vis de Rome, deux empêchements dirimants pouvaient être invoqués comme cause de nullité : un consentement vicié par la contrainte familiale et l'absence de dispense de consanguinité au moment du mariage. Marguerite donna très vite son accord de principe. Elle traînera néanmoins six ans et demi avant de le signer, multipliant les objections et discutant pied à pied ses avantages et ses sauvegardes.

En attendant, Henri essaya de mettre un peu moins de désordre dans sa vie sentimentale. Ce fut l'une des raisons pour lesquelles il fit venir sa sœur Catherine, bouleversée par l'échec de son union avec le comte de Soissons et qui refusait de se marier, comme il le désirait, au duc Henri de Bourbon-Montpensier, fade béjaune de dix-neuf ans. Elle fut contrainte par Sully de rendre sa promesse de mariage. Elle devait paraître au côté de son frère dans le rôle protocolaire de « première dame de France », de façon à justifier, sans excès de scandale, une place quasi officielle au second rang pour sa chère Gabrielle.

L'« Expédient »

Quoique fervent huguenot, Duplessis-Mornay comprit, au vu des compétiteurs multiples qui se faisaient connaître dans la perspective des états généraux, qu'il devenait urgent pour le roi de faire un pas de plus vers sa conversion au catholicisme. Mais au lieu de l'inciter à se tourner vers le pape, ce qui infailliblement révulserait les huguenots et en jetterait une bonne partie dans la voie de la sécession, il imagina un compromis dont tout le monde pourrait s'accommoder : une intégration dans le catholicisme par la porte étroite du gallicanisme, quitte à faire ensuite régulariser l'acte par Rome. Telle était aussi la conviction de l'archevêque de Bourges Renaud de Beaune, qui rêvait plus ou moins de transformer l'Église de France en un patriarcat autonome. L'année précédente, l'assemblée des principaux prélats français réunie à Mantes n'avait-elle pas condamné les durs anathèmes pontificaux, demandant seulement à Dieu d'« illuminer le cœur » du roi afin de lui faire rejoindre le bercail de la vraie foi, ainsi qu'il en avait « donné espérance dès son avènement » ? La menace d'un schisme à l'anglaise ne pouvait-elle pas infléchir l'intransigeance de Clément VIII, qui dès son accession au trône de Pierre en janvier 1592 avait renouvelé les bulles de déchéance de son prédécesseur Grégoire XIV ?

C'est dans cet esprit que le 4 avril Henri signa une lettre connue sous le nom d'*Expédient,* dont le fidèle Duplessis avait préparé le brouillon : « Le roi promettra son instruction dans un temps préfix [donc obligatoire] avec désir et intention de s'unir et joindre à l'Église catholique moyennant ladite instruction faite comme il convient à sa dignité. » La catéchisation devait se faire sur place avant l'accord du pape à Rome, « de façon à décharger le royaume du faix de la guerre par une surséance d'armes ou autrement ». Parallèlement, Henri envoya à Rome deux émissaires, le cardinal de Gondi définitivement rallié à sa cause et le maréchal Jean de Vivonne, marquis de Pisani, en vue d'esquisser un rapprochement.

Après des mois de stagnation ou d'échec, les troupes royales enregistrèrent à nouveau des succès. Le 7 juin, à la bataille de Salbertrand, François de Bonne, seigneur de Lesdiguières, battit à plate couture les unités hispano-sardo-napolitaines, tuant leur général en chef Rodrigo Alvarez de Toledo qui s'était emparé du petit château d'Exilles, dans le Val de Suse. Le 14 octobre, le vicomte de Turenne, qui portait désormais le titre de duc de Bouillon, arrêta près de Beaumont-en-Argonne la progression des forces d'Amblise, maréchal général du duc de Lorraine. Le 19 du même mois, le farouche Antoine Scipion, duc de Joyeuse, frère du cardinal et cousin de frère Ange, qui commandait les armées de la Ligue dans le Midi, fut fortement étrillé, alors qu'il assiégeait la place de Villemur, par 500 cavaliers et 3000 arquebusiers venus de Montauban sous la conduite du duc d'Épernon. Ses hommes se débandèrent en direction du Tarn, où Joyeuse fut emporté par le courant. « C'était, disait un de ses contemporains en guise d'oraison funèbre, un flambeau qui eût entièrement embrasé le Languedoc si la rivière ne l'eût éteint. » Le 6 décembre, l'armée royale commandée par l'inlassable Épernon reprit la place d'Antibes, occupée depuis quatre mois par une garnison du duc de Savoie. Pour autant, la guerre n'était toujours pas déclarée entre la France et l'Espagne et ses alliés.

Manquant de discipline et d'efficacité, les mercenaires pontificaux étaient rentrés en Italie sous la conduite du duc de Monte-Marciano, neveu du défunt pape Grégoire. Un souci de moins ! Pour Henri, la meilleure nouvelle fut sans doute la mort le 3 décembre, à l'abbaye de Saint-Vaast, près d'Arras, de son redoutable rival militaire – ce diable en cuirasse niellée qui n'avait cessé de lui damer le pion – Alexandre Farnèse, duc de Parme, mal remis de la blessure reçue à Caudebec, alors qu'il s'apprêtait à mener une troisième offensive contre la France à la tête d'une nouvelle armée de 20000 hommes. Une très lourde perte pour Philippe II, qui commençait à pâtir par ailleurs du ralentissement des arrivages d'or du Nouveau Monde.

Les états généraux

La grande affaire était désormais la réunion à Paris des états généraux prévue depuis plus de trois ans. Ils devaient désigner de façon incontestable aux yeux de l'Europe catholique un nouveau roi de France. Chacun y allait de sa partition. Le tortueux Mayenne n'avait nullement renoncé à présenter sa candidature en dépit de l'accord passé avec le roi d'Espagne. Il comptait sur son titre de lieutenant général de l'État et couronne de France pour s'imposer malgré son impopularité et son absence de charisme. C'était lui qui avait convoqué les états généraux en juin 1592, scellant sa déclaration enregistrée au parlement de Paris du grand sceau de France représentant un trône vide.

Néanmoins, il ne s'interdisait pas quelques coups de main. Ayant appris qu'Henri IV s'était rendu avec une mince escorte à La Roche-Guyon afin d'y voir la belle Gabrielle, il avait tenté, de concert avec son jeune neveu Guise, de le surprendre à la tête d'un parti de cavalerie. Averti à temps, le roi s'était replié à Chartres, non sans s'être gaussé de lui : « Mon cousin de Mayenne est un grand capitaine, mais je me lève plus matin que lui ! » Ce vil procédé n'empêcha pas le duc de lancer un appel plein de bénignité doucereuse à l'adresse des catholiques royaux du tiers parti : qu'ils viennent donc participer aux états généraux, il leur serait réservé le meilleur accueil ! À la vérité, il avait bien du mal, comme le dit Yves Cazaux, à mener sa « barque démâtée ».

Philippe II, de son côté, malgré ses difficultés financières croissantes, était déterminé à soudoyer largement les députés par l'intermédiaire de son ambassadeur à Paris Diego de Ibarra, afin de porter sur le trône de France sa fille Isabelle, qui, rappelons-le, tirait ses droits du chef de sa mère, Élisabeth de France, fille aînée d'Henri II. Le légat du pape Filippo Sega, cardinal de Plaisance, qui avait remplacé depuis 1590 Enrico Caetani, n'avait qu'une obsession, empêcher la reconnaissance comme Roi Très Chrétien de cet « hérétique, relaps et obstiné » roi de Navarre, dût-on créer une nouvelle « race régnante ». Quant à Henri IV, dès le 18 novembre 1592 il avait fait condamner par le parlement de Châlons-en-Champagne, ville demeurée fidèle, cette assemblée de séditieux et interdit à ses sujets d'y participer, condamnation réitérée par lettres patentes du 29 janvier 1593, signées à Chartres, contre « Charles de Lorraine, duc de Mayenne, et les prétendus états tenus ou à tenir dans la ville de Paris ». Y étaient stigmatisés l'appel du chef de la Ligue aux catholiques modérés, ses « impostures et fausses inductions contenues ». Seraient « convaincus de crime de lèse-majesté au premier chef » tous ceux qui participeraient à cette assemblée, nulle et non avenue.

Les états ne s'en étaient pas moins réunis au Louvre le 26 janvier 1593 dans la grande salle du premier étage*, après une lente et solennelle procession en ville groupant, dans la tradition désormais établie de la Ligue, membres des cours souveraines, pénitents armés de carabines, moines en armure et mégères hystériques. Tous les députés élus n'étaient pas encore arrivés. La procédure d'élection était longue et complexe dans un pays où les voies de communication étaient le plus souvent coupées.

Au total, au lieu des 400 attendus, ils ne furent que 128 à s'infiltrer dans Paris, se répartissant de la façon suivante : 49 pour le clergé, 24 pour la noblesse et 55 pour le tiers. Les

* Aujourd'hui salle Lacaze. Elle ouvrait sur l'appartement royal demeuré vide depuis la mort d'Henri III. La chambre du clergé se réunissait dans la garde-robe, celle de la noblesse dans l'antichambre du roi et celle du tiers dans la chambre de la reine.

bastions de la Ligue étaient les mieux représentés : France du Nord, vallée du Rhône et Provence. En revanche, les régions au sud-ouest de la Loire n'avaient envoyé presque personne.

Le déroulement des séances – par grand froid, le palais n'était pas chauffé – nous est principalement connu par le journal de Pierre de L'Estoile et les pièces publiées en 1842 par Auguste Bernard, notamment les procès-verbaux des chambres des trois ordres. Il a été traité en 1594 sur le mode burlesque et rabelaisien par la *Satyre Ménippée*, libelle collectif de sept ecclésiastiques, jurisconsultes et bourgeois parisiens appartenant au parti des Politiques.

Ému, pâlissant à plusieurs reprises, Mayenne, d'une voix basse et presque inaudible, prononça sous un dais de drap d'or le discours inaugural, dû sans doute à la plume de Pierre d'Épinac, dans lequel, dévoilant ses batteries, il annonça sa candidature au trône ou celle de son fils, le marquis de Mayenne. Président de l'ordre du clergé, le cardinal Nicolas de Pellevé, archevêque de Reims, se leva ensuite et proposa celle du roi d'Espagne, ce qui provoqua divers remous dans les rangs. Le président de la noblesse, le baron de Seneçay, prit ensuite la parole, suivi de celui du tiers, Honoré Du Laurens, conseiller au parlement de Provence. Ils se contentèrent de propos lénifiants et insignifiants.

Bien qu'il n'ait pas été autorisé à assister aux délibérations, le légat, le cardinal de Plaisance, voulut faire signer par les députés un serment par lequel « tous s'obligeraient à ne jamais faire la paix avec le roi de Navarre, ni traiter avec lui ». C'était aller trop loin. La majorité s'y opposa. Il n'en reste pas moins que jamais depuis la réunion des états généraux de 1420, appelés à ratifier, sous la pression de l'étranger, le sinistre traité de Troyes désignant Henri VI d'Angleterre comme successeur du roi fol Charles VI, la crise de légitimité n'avait été aussi grave.

Henri passe à l'action

Depuis quelque temps déjà Henri répétait qu'il n'était pas « attaché au protestantisme avec obstination ». Vers la mi-janvier Rosny l'encouragea fermement à rompre les amarres. « De vous conseiller d'aller à la messe, lui disait ce fidèle compagnon, c'est chose que vous ne devez pas, ce me semble, attendre de moi, étant de la Religion ; mais [...] vous ne parviendrez jamais à l'entière possession et paisible jouissance de votre royaume que par deux seuls expédients et moyens : par le premier desquels, qui est la force et les armes, il vous faudra user de fortes résolutions, sévérités, rigueurs et violences, qui sont tous procédés entièrement contraires à votre humeur et inclination ; il vous faudra passer par une milliasse de difficultés, fatigues, peines, ennuis, périls et travaux, avoir continuellement le cul sur la selle, le halecret sur le dos, le casque sur la tête, pistolet au poing et l'épée en la main, mais, qui plus est, dire adieu [aux] repos, plaisir, passe-temps, amours, maîtresses, jeux, chiens, oiseaux, bâtiments, car vous ne sortirez de telles affaires que par la multiplicité des prises de villes, quantités de combats, signalées victoires, grande effusion de sang ; au lieu que par l'autre voie, qui est de vous accommoder, touchant la religion, à la volonté du plus grand nombre de vos sujets, vous ne rencontrerez pas tant d'ennuis, de peines, difficultés en ce monde. » Ce discours, à supposer qu'il ait été tenu en ces termes – car chez Sully il existe toujours une part de recomposition *a posteriori* des événements –, prêchait désormais un convaincu.

La stratégie du Béarnais, qui avait consisté à faire la guerre à outrance contre la Ligue, à vaincre et à se dégager ainsi de la tutelle des Grands, n'avait pas réussi. Les combats commençaient à diminuer en intensité. Sur le plan politique, Henri, en homme réaliste et pragmatique, comprit que la conversion s'imposait : il ne serait jamais un roi à la fois huguenot et absolu, comme il l'avait rêvé. C'est ici que prend place la fameuse boutade apocryphe : « Paris vaut bien une messe. » On la trouve légèrement arrangée dans un recueil satirique paru vingt-deux ans après la mort d'Henri IV, *Les Caquets de l'accouchée*. L'auteur anonyme, évoquant la conversion de Lesdiguières et son élévation à la dignité de connétable de France, rappelait « ce que disait un jour le duc de Rosny au feu roi, que Dieu absolve !, lorsqu'il lui demandait pourquoi il n'allait pas à la messe aussi bien que lui : "Sire, sire, la couronne vaut bien une messe !" ». Un quatrain composé, semble-t-il, peu après l'abjuration disait déjà : « ... Sachez que jamais / On ne donne la paix qu'à la fin de la messe. »

Comment procéder pour ne pas apparaître insincère ? En agissant habilement par petites touches. Le 28 janvier 1593, arriva à Paris un trompette de sa maison militaire, Thomas Lhomme, porteur d'une proposition de conférence avec une délégation des états, signée par Louis de Revol, secrétaire d'État, et émanant soi-disant des « princes, prélats, officiers de la Couronne et principaux seigneurs catholiques » proches du roi. Le lieu serait à déterminer en région parisienne. Malgré la colère du cardinal de Pellevé, malgré la rage du légat et de l'ambassadeur d'Espagne et l'anathème furieux jeté par la Sorbonne sur un tel projet, les états examinèrent avec intérêt l'offre d'Henri IV. Après maintes discussions, témoignant la force des oppositions entre partisans de Mayenne, ceux du roi d'Espagne, de la Ligue parisienne et des Politiques, il fut convenu qu'on ne discuterait ni directement ni indirectement avec le roi de Navarre, mais seulement avec les catholiques de son parti « pour les choses qui concernaient la conservation de la religion, de l'État et repos public ». C'était cette demi-ouverture qu'attendait le monarque. Le légat, après avoir fait grise mine, finit par accepter cette décision dans l'espoir de réunir les catholiques des deux bords.

Mayenne de son côté laissa faire, espérant amuser la galerie par d'inextricables palabres, tandis qu'avancerait l'idée de sa propre désignation. Attaché plus que jamais à son rêve, il préférait, écrivait l'ambassadeur d'Espagne, « livrer la couronne au Grand Turc avant de consentir à l'élection d'un roi de sa nation, excepté toutefois lui-même ». En attendant, il était parti pour Soissons à la rencontre de l'ambassadeur extraordinaire de Philippe II, le duc de Feria, déterminé à démanteler le pays en cédant à l'Espagne la Picardie, la Provence et plusieurs places de Bretagne et du Nord, à condition de voir appuyée sa candidature au trône de France ou celle de son fils.

Le successeur de Farnèse, qui avait ordre d'entrer dans Paris et d'acheter les votes des députés en faveur de son maître ou de l'infante sa fille, rejeta cette proposition et conclut avec cette stupéfiante girouette un autre marché, inversant les rôles : pour lui la lieutenance générale du royaume, la Bourgogne à titre de bien héréditaire, le gouvernement de Picardie en viager et une riche pension, en échange d'un appui de son parti à la candidature de l'infante.

Il pénétra dans la capitale le 9 mars. Il semble d'après les calculs d'Auguste Bernard que la quasi-totalité des membres du clergé, plusieurs nobles et la majorité du tiers aient émargé aux subsides de Madrid pour un total de 24 048 écus (11 148 au premier ordre, 4 720 au deuxième et 8 180 au troisième). Si ces sommes ont bien été versées, les députés ne plébiscitèrent pas pour autant le discours comminatoire en latin de « l'illustrissime et excellentissime prince Lorenzo Suárez de Figueroa y Córdoba, duc de Feria » dans l'après-midi du vendredi 2 avril, accusant la France d'ingratitude et donnant lecture en espagnol puis en français d'une lettre de son souverain maître dans laquelle figurait cette phrase : « Il sera bien raisonnable que vous sachiez faire profit de l'occasion et que l'on me paye et rende tout ce que j'ai mérité envers le royaume en me donnant satisfaction », autrement dit en l'élisant roi de France ou en élisant sa fille. L'arrogant ambassadeur était entré dans la grande salle entouré de ses estafiers et serviteurs, auxquels s'étaient joints pas moins de quinze capitaines et colonels des troupes de garnison espagnoles, napolitaines et wallonnes. Le fils de Charles Quint entendait traiter la France, comme le Portugal douze ans plus tôt, en colonie.

Les conférences de Suresnes

Fouettés par un réflexe patriotique, les députés reprirent l'examen des propositions des catholiques proches d'Henri IV et désignèrent les mandataires chargés de négocier avec eux : Pierre d'Épinac, Jeannin, Villeroy, le comte de Belin, gouverneur de Paris, et Le Maistre, l'un des présidents au Parlement.

Le tiers parti regroupait désormais les modérés des deux bords, las des fanatismes, qui penchaient de plus en plus pour la solution du cardinal de Bourbon. Ce jeune soliveau pouvait être un roi acceptable pour les Grands, avides de regagner leur puissance des temps féodaux et qui commençaient à trouver Henri par trop autoritaire. Certains envisageaient de le libérer de ses engagements religieux et de lui faire épouser l'infante, de façon à établir autour de sa personne un large consensus, allant du pape à l'Espagne en passant par la Ligue parisienne.

C'est alors, semble-t-il, que le marquis d'O se rendit chez le roi afin de lui souligner la gravité de l'heure. « Sire, lui lança-t-il, il ne faut plus tortignonner, vous avez dans huit jours un roi en France, le parti des princes catholiques, le roi d'Espagne, l'empereur, le duc de Savoie et tout ce que vous aviez déjà d'ennemis dans les bras. Et [il] vous faut soutenir tout cela avec vos misérables huguenots, si vous ne prenez une prompte et galante résolution d'ouïr une messe [...]. Si vous étiez quelque prince fort dévotieux, je craindrais de vous tenir ce langage. Mais vous vivez trop en bon compagnon pour que nous vous soupçonnions de faire tout par conscience. Craignez-vous d'offenser les huguenots, qui sont toujours assez contents des rois, quand ils ont liberté de conscience, et qui, quand vous leur feriez du mal, vous mettront en leurs prières ? Avisez à choisir, ou de complaire à vos prophètes de Gascogne et retourner courir le guilledou en nous faisant jouer à sauve qui peut, ou à vaincre la Ligue qui ne craint de vous tant que votre conversion, pour étouffer le tiers parti à sa naissance et être dans un mois roi absolu de toute la France, gagnant plus en une heure de messe que vous ne feriez en vingt batailles gagnées et en vingt ans de périls et de labeurs. » En germe, c'était déjà l'idée du Paris vaut bien une messe !

Conscients du danger, quelques protestants du même bord, tel Rosny, avaient commencé à faire leur deuil d'un roi professant leur religion. Mieux valait encore un converti les plaçant sous son aile protectrice qu'un candidat impuissant et malheureux restant fidèle à sa foi. L'historien Pierre de Vaissière a insisté sur l'importance de l'orientation religieuse des prélats et pasteurs de l'entourage royal. Tous, plus ou moins relativistes, avaient créé une atmosphère d'apaisement suffisante à le convaincre que la différence des deux religions n'était pas si grande et qu'on pouvait faire son salut dans l'une ou l'autre confession. Ils étaient en quelque sorte œcuménistes avant la lettre. Du côté catholique, il y avait Renaud de Beaune, archevêque de Bourges, Jacques Davy Du Perron, évêque d'Évreux, Nicolas de Thou, évêque de Chartres, Philippe Crespin du Bec, évêque de Nantes ; du côté protestant, on remarquait les pasteurs Bernard Morlaas, Jean-Baptiste Rotan et Jean de Serres, le chanoine réformé de Lescar Henri de Salette et le poète Henri de Sponde. Seul Philippe Duplessis-Mornay, qui avait espéré la tenue d'un concile national réconciliant huguenots et catholiques dans le cadre d'une Église gallicane coupée de Rome, avait pris ses distances, se claquemurant dans Saumur, où il avait fondé une académie réformée sur le modèle de celle d'Orthez. Il restait fidèle au roi, mais ne faisait plus partie du premier cercle.

La belle Gabrielle, pour laquelle Henri éprouvait une inextinguible passion, après avoir longtemps conseillé à son royal amant de demeurer fidèle à la Cène afin d'éviter le désordre dans les rangs, s'était ravisée. Réalisant que la conversion du roi faciliterait une annulation à Rome de son union avec Marguerite et à terme son mariage, elle ne cessait d'employer sa « grande beauté et les heures commodes des jours et des nuits » pour faire avancer son dessein secret de devenir reine, n'épargnant « ni supplications ni larmes ».

Ce n'était pas seulement le désir de ceindre la couronne qui avait inspiré Henri, mais également le souci sincère de mettre fin aux misères et aux calamités que le royaume connaissait depuis des décennies. Au théologien et pasteur Antoine La Faye, proche de Théodore de Bèze, qui le suppliait de ne pas déserter la religion de Calvin, il avait répondu : « Si je suivais votre avis, il n'y aurait ni roi ni royaume dans peu de temps en France. Je désire donner la paix à tous mes sujets et le repos à mon âme. Avisez entre vous ce qui est de besoin pour votre sûreté ; je serai toujours prêt de vous contenter. » La réponse avait le mérite d'être claire.

Ayant écarté toutes les objections dans son propre camp, il désigna avec soin ses représentants à la conférence bipartite qui devait s'ouvrir le 29 avril à Suresnes, l'un des rares villages des environs de Paris à avoir échappé aux destructions : parmi eux, l'archevêque Renaud de Beaune, François Le Roy de Chavigny, lieutenant général de Touraine, Louis de Revol, secrétaire d'État, ses proches conseillers Gaspard de Schomberg, Saxon au service de sa cause, Pomponne de Bellièvre, Nicolas d'Angennes, seigneur de Rambouillet, et Jacques Auguste de Thou.

La veille de l'ouverture de la conférence, il annonça à l'archevêque de Bourges ainsi qu'au marquis d'O que sa conversion était toute proche, afin d'en laisser filer la nouvelle jusque dans Paris. Du grand art ! Résultat, le 29 avril à la porte Neuve et dans les lieux traversés, du village de Chaillot à celui d'Auteuil, les députés des états furent encouragés par des cris de « La paix, la paix ! ». On se mettait à genoux sur leur passage, on les suppliait, raconte Pierre de L'Estoile. « Bénis soient ceux qui la procurent et qui la demandent ! Maudits et à tous les diables soient tous les autres. » Sur place, les membres des deux délégations « s'embrassèrent et s'accolèrent avec grandes démonstrations de réconciliation et d'amitié ». Constatant les progrès de la cause royale, les Seize étaient entrés dans une sarabande enragée. Le dimanche suivant, le curé de Saint-André-des-Arcs dénonça en chaire deux heures durant ce monstrueux rapprochement avec les hérétiques, ajoutant qu'il aimait mieux avoir pour roi un étranger catholique qu'un Français hérétique. L'implacable jésuite Commolet renchérissait à propos des délégués de la conférence : « Mes amis, ruez-vous hardiment dessus, étouffez-les-moi, car ils en sont. Et, pour mon regard, je vous déclare que j'aimerais mieux tomber entre les mains des plus hérétiques du monde que des Politiques, voire fussent-ils ministres de ce chien de Béarnais. »

Après les premières discussions, le 4 mai Henri fit annoncer une suspension d'armes de dix jours à quatre lieues autour de Paris, prorogée ensuite de trois mois. Cette disposition n'avait en principe pour but que d'assurer la sécurité des conférences. Mais elle eut un effet considérable et irréversible : les Parisiens, enfermés par le prévôt des marchands qui redoutait une hémorragie de la population, se sentirent libres. Ils sortirent hors les murailles, coururent aux champs et dans les villages, revenant tout joyeux avec des provisions de pâtés et de bonnes bouteilles.

Les ligueurs étaient de plus en plus divisés. Aux délégués royaux désireux de savoir quelle attitude ils adopteraient si le roi se convertissait, Mgr d'Épinac répondit qu'il reviendrait au seul souverain pontife de donner l'absolution à cet homme plusieurs fois relaps et de le réintégrer dans le giron de la Sainte Église catholique romaine, persuadé, bien entendu, que jamais Clément VIII, peu désireux de rompre son alliance avec Philippe II, ne consentirait à un tel geste.

L'annonce qui bouleverse tout

Le 16 mai enfin, après avoir multiplié les petits pas, Henri annonça son intention d'abjurer le protestantisme, convoquant une assemblée à Mantes pour le 15 juillet afin de se faire définitivement « instruire » dans la religion de la majorité de ses sujets. Un coup de tonnerre ! La donne changeait du tout au tout, d'autant qu'en parallèle se déroulait une intense campagne de communication. Dans son étude *The Conversion of Henri IV*, l'historien américain Michael Wolfe a retrouvé une soixantaine de lettres pleines d'amabilités à l'adresse de certains curés ligueurs modérés. Aux conférences de Suresnes, on s'interrogeait sur l'utilité de prolonger les discussions. Celles-ci se poursuivirent encore quelque temps à la Roquette puis à la Villette, mais il était évident que ce dispositif de négociation était dépassé. À Paris, les curés ligueurs qui continuaient de vitupérer le monstre du Béarn étaient tournés en dérision, brocardés, ridiculisés, couverts de quolibets. Paris était prêt à basculer, prêt à se jeter dans les bras du Béarnais. Le 17, à Suresnes, enfonçant le clou, les royaux proposèrent une trêve de trois mois.

Le 20 mai, les délégués espagnols conduits par le duc de Feria abattirent leur dernière carte : introduits au Louvre dans la salle des états, ils leur proposèrent de reconnaître ou d'élire reine de France l'infante Isabelle Claire Eugénie, son père Philippe II devenant protecteur du royaume. Le lendemain, ils tentèrent de démontrer en un long argumentaire en latin la légitimité des droits de la petite-fille d'Henri II. Ils avaient même installé un portrait en pied de la fière princesse par Alonso Sánchez Coello, qui l'avait représentée ruisselante de perles et de pierreries. La manœuvre n'eut pour effet que de pousser un plus grand nombre de députés dans les bras du légitime descendant de Saint Louis. Philippe II aggrava son cas lorsqu'il annonça son intention d'unir sa chère fille à son cousin Ernest d'Autriche. Deux Habsbourg sur le trône des lys ? Impensable. Le maître de l'Escurial battit en retraite : il était prêt à une union avec un des princes lorrains, le duc de Guise, le fils de Mayenne ou le duc de Nemours, à condition que l'infante fût élue sur-le-champ. Mayenne lui-même aurait aimé profiter de l'aubaine, mais par malchance il était marié.

Peine perdue : l'appel à une entente avec Henri IV l'emportait. Comme un étang qui se débonde subitement, la population sortit dans les rues, criant, s'en prenant à Feria ou au légat, exigeant la signature de l'armistice. Henri en profita pour accentuer la pression militaire sur les ligueurs. Le 7 juin, il mit pour la seconde fois le siège devant Dreux. Opiniâtrement rebelle, la ville résista un mois avant de se rendre. Dès le 19 juin, les habitants et la garnison s'étaient retirés dans le château. Il revint au fougueux Rosny, à la tête de l'artillerie et du génie, d'attaquer la redoutable Tour grise. Il enfouit une mine à ses pieds. Le résultat parut d'abord décevant : beaucoup de fumée puis rien. « J'essuyais mille regards méprisants, conte-t-il dans ses *Œconomies royales*, et autant de traits de raillerie sur ma mine. Au bout d'une demi-heure un tourbillon beaucoup plus épais s'éleva de la tour et dans l'instant on la vit se séparer précisément par la moitié : une moitié s'affaissant, entraînant sous ses ruines hommes et femmes qui y furent ensevelis ; l'autre demeura sur pied, de manière qu'elle laissait voir à découvert sur ses planchers tous ceux qui y étaient renfermés, à qui la consternation d'un accident si effrayant, jointe aux décharges qui leur furent aussitôt faites et à coup sûr par nos soldats, fit jeter mille cris lamentables. Le roi en eut compassion et défendit qu'on tirât davantage et envoya chercher ces malheureux et leur donna à chacun un écu. » Henri pardonna à la cité rebelle, à l'exception de sept meneurs qui avaient encouragé la résistance et qui furent pendus haut et court.

L'arrêt Le Maistre

Le 28 juin, à Paris, le Parlement, à l'initiative d'un de ses présidents, Jean Le Maistre, du conseiller-clerc Guillaume Du Vair et du conseiller Michel de Marillac, prit un arrêt de règlement en forme solennelle que les historiens du droit considèrent comme capital dans le développement de la Constitution non écrite de la monarchie d'Ancien Régime. Cet arrêt se présentait sous la forme de remontrances faites au lieutenant général de l'État et couronne de France, autrement dit au duc de Mayenne. Tout en reconnaissant le principe de catholicité – ce qui était déjà en soi une nouveauté –, les magistrats estimèrent que l'élection d'Isabelle au trône de France était une violation du principe de masculinité de la loi salique (« Le royaume, disait-on déjà un siècle plus tôt, ne peut tomber de lance en quenouille. »). Ils réaffirmèrent le principe de non-disponibilité de la Couronne – celle-ci n'est pas la propriété personnelle du roi, qui ne peut en disposer librement – et celui d'exclusion des princes étrangers, annulant « tout traité fait ou à faire qui appellerait sur le trône de France un prince ou une princesse étrangère comme contraire à la loi salique et autres lois fondamentales de l'État ». Cela excluait les Habsbourg, mais également la descendance de la famille royale de Savoie, le duc Charles-Emmanuel Ier ayant épousé l'infante Catherine Michelle d'Autriche, fille de Philippe II et d'Élisabeth de France (donc sœur d'Isabelle et petite-fille comme elle du roi Henri II), ou encore Henri, marquis de Pont-à-Mousson et duc de Bar, fils de Charles III de Lorraine et de Claude de France, elle-même fille d'Henri II.

Ainsi, le Parlement prétendait agir en Cour suprême gardienne des lois fondamentales du royaume, dont la volonté, coulée dans le respect de la tradition immémoriale, s'imposait y compris à celle de la Nation réunie en corps au sein des états généraux. En plein cœur du Paris de la Ligue, c'était la victoire des Politiques, « le triomphe de la liberté française, comme disait Pierre de L'Estoile, contre la tyrannie espagnole ».

L'ultime tentative de Philippe II de faire main basse sur la couronne de France, celle d'élire conjointement l'infante et le duc de Guise, fut rejetée par les députés. La manœuvre eût peut-être réussi quelques jours auparavant. Sous les coups de boutoir du Béarnais tout était allé si vite. Le 23 juillet, ceux-ci décidèrent de reporter le mandat pour lequel ils avaient été élus, à savoir la désignation d'un souverain catholique. Le même jour, Mayenne fit voter la trêve de trois mois. Pour Henri, la route était tracée. Il n'avait plus qu'à suivre son destin.

Dès le 21 juillet, un groupe de prélats qui lui étaient favorables avait estimé que l'absolution pouvait être canoniquement donnée par les seuls évêques de France, ce qui confortait la solution gallicane, remettant à plus tard la réconciliation avec Rome. Le lendemain, Henri, avec un sens inné du symbole, s'était transporté de Mantes à Saint-Denis dans le palais abbatial situé près de la basilique royale, où la grande majorité des rois de France avaient été inhumés, à l'exception de Philippe Ier, Louis VII et Louis XI. Saint-Denis était aussi la ville du patron révéré de la France chrétienne. « Ce n'est donc, on le voit, écrit Joël Cornette dans son étude sur *Henri IV à Saint-Denis*, nullement par accident qu'Henri IV décide de convertir cet espace polysémique, à fort pouvoir légitimateur et identitaire, en grand théâtre de sa conversion dans la ville même où reposent à la fois les rois des trois lignées (Mérovingiens, Capétiens, Valois) et les restes de l'apôtre des Gaules, le saint protecteur du royaume : la reconquête de la France par Henri IV répète, en quelque sorte, la conquête chrétienne de Denis au temps du catholicisme naissant. »

Saint-Denis apparut ainsi comme le point de rencontre unique de la légitimité apostolique et dynastique.

Les conférences d'initiation s'ouvrirent le vendredi 23 à sept heures du matin. Elles ne durèrent pas plus de deux jours, tant on redoutait l'élection imminente de l'infante. Elles eurent lieu en présence d'un collège restreint de quatre prélats, Renaud de Beaune, archevêque de Bourges, qui en était la cheville ouvrière, Jacques Davy Du Perron, évêque d'Évreux, Philippe de Bec, évêque de Nantes, et Claude d'Angennes, évêque du Mans, auquel on avait adjoint René Benoist, curé de Saint-Eustache, vomi par la Ligue et qu'on surnommait le pape des Halles.

« Je mets aujourd'hui mon âme entre vos mains, leur déclara le roi les larmes aux yeux. Je vous prie, prenez-y garde, car là où vous me faites entrer, je n'en sortirai que par la mort, et de cela je vous jure et proteste. » Les débats révélèrent ses bonnes connaissances en Écriture sainte et en patristique, preuve qu'il n'avait pas oublié les leçons catéchétiques de sa mère. Cependant ce catéchumène rétif ne voulait pas que l'on forçât « sa conscience par des serments étranges ». Il y avait assurément une part de jeu politique dans ses réponses. Il ne fallait pas céder trop vite sur des points que ses amis huguenots tenaient pour essentiels, au risque de transformer ces échanges en une banale formalité. Il ne croyait pas toutefois à l'existence du purgatoire et, après avoir discutaillé pied à pied, il ne l'accepta jamais que du bout des lèvres, pour faire plaisir « aux moines ». L'adoration du saint sacrement ou la Fête-Dieu lui inspiraient aussi des réticences, même s'il admettait la présence réelle dans l'eucharistie : « Je n'en suis point en doute, car je l'ai toujours ainsi cru » (Palma Cayet). Dehors, la foule des amis du roi côtoyait presque fraternellement celle des ligueurs ou mayennistes repentis venus de Paris. Tous n'aspiraient qu'à la paix.

« Ce sera dimanche que je ferai le saut périlleux, avait-il écrit à Gabrielle avant le début des entretiens. À l'heure que je vous écris, j'ai cent importuns sur les épaules, qui me feront haïr Saint-Denis comme vous faites Mantes. Bonjour mon cœur, ajoutait-il, venez demain de bonne heure, car il me semble déjà qu'il y a un an que je ne vous ai vue. Je baise un million de fois les belles mains de mon ange et la bouche de ma chère maîtresse. » Ne demandons évidemment pas au Vert Galant de pratiquer la continence, même en ces jours solennels ! Le samedi 24, lors de la deuxième séance, Henri tenta de résister une dernière fois aux « badineries » contenues dans le formulaire que les évêques lui proposaient, comme ce purgatoire qui lui restait en travers de la gorge. Il soumit pour examen ce texte au pasteur et théologien Antoine de La Faye, à son ami Rosny, ainsi qu'au premier président Le Maistre et à celui de Rouen, Claude Groulart. Puis il l'accepta moyennant l'adoucissement de certaines formulations, veillant avec soin le soir à rassurer les pasteurs de sa maison, leur promettant de ne jamais faire de tort à leur religion. Dans une lettre à ses fidèles compagnons de combat, il expliquait qu'il avait agi après avoir acquis l'assurance de faire son salut dans la religion catholique « et pour n'être en ce point différent des rois ses prédécesseurs, qui ont heureusement et pacifiquement régné sur leurs sujets », espérant que Dieu lui ferait la « même grâce ».

La messe de Saint-Denis

Ce coup d'éclat était un coup d'État, au sens que lui donnait Gabriel Naudé, le savant bibliothécaire de Mazarin, c'est-à-dire une action décisive, « hardie et extraordinaire », hors du commun, imprimant à l'Histoire une orientation nouvelle. Naudé la rapprochait à juste titre du baptême de Clovis.

En tout cas, selon un protocole parfaitement réglé, le 25 juillet 1593, peu après huit heures trente du matin, Henri IV quitta le palais de l'abbé de Saint-Denis pour se présenter devant le grand portail de l'église. Il faisait un temps radieux. Malgré la chaleur qui commençait à se faire sentir, une foule immense se pressait dans les rues, jonchées de fleurs et bordées par les soldats du régiment des gardes. De partout fusaient les « Vive le roi ! ».

Henri était précédé d'un immense cortège, symbolisant à la fois la puissance et la légitimité de l'État royal face à la Ligue. Marchaient en tête, tambour battant, les Cent-Suisses de la garde et les deux cents archers du prévôt de l'Hôtel et grand prévôt de France, revêtus de leur hoqueton en broderie argentée. Ils étaient suivis des compagnies de gardes du corps, avec douze trompettes, fifres et clairons sonnant, des cent gentilshommes à bec de corbin, des membres du Châtelet, de la chambre du Trésor, de la Cour des aides, de la Chambre des comptes, du Parlement et du Grand Conseil. Venaient ensuite le chancelier Hurault de Cheverny, entouré des officiers du sceau, puis les princes, ducs et pairs... Le roi s'avançait à pied, « revêtu d'un pourpoint et chausses de satin blanc, bas à attaches de soie blanche et souliers blancs, écrit Palma Cayet dans sa *Chronologie novenaire*, d'un manteau et chape noirs ».

Si le blanc était la couleur emblématique adoptée par les protestants pour leur écharpe de guerre, avant de devenir celle de la royauté henricienne, par opposition au vert de la Ligue et au rouge espagnol, c'était aussi celle des catéchumènes, appelés à entrer dans le sein de l'Église en état de pureté et de grâce.

Au bas des marches, le monarque remit à Bellegarde son épée et son chapeau. Il fit quelques pas et s'inclina devant l'archevêque de Bourges assis dans une chaire de damas blanc ornée des armes de France et de Navarre. Le cardinal de Bourbon, neveu du prétendu Charles X, neuf évêques, plusieurs curés et archidiacres ainsi que tous les religieux de Saint-Denis l'attendaient avec la croix haute et un vieil évangéliaire tiré du trésor. « Qui êtes-vous ?, demanda Renaud de Beaune, avec sa barrette violette sur le chef et sa vénérable barbe grise. – Je suis le roi. – Que souhaitez-vous ? – Je demande d'être reçu dans le giron de l'Église apostolique et romaine. – Le voulez-vous sincèrement ? – Oui, je le veux et le désire. »

Henri s'agenouilla sur un carreau disposé à ses pieds et prononça alors à haute voix sa profession de foi, la main sur l'Évangile : « Je proteste et jure, devant la face de Dieu tout-puissant, de vivre et mourir dans la religion catholique, apostolique et romaine, de la protéger et défendre envers tous, au péril de mon sang et de ma vie, renonçant à toutes hérésies contraires à icelle Église, catholique, apostolique et romaine. » Il remit ensuite à l'archevêque le texte de son abjuration et de sa profession de foi, contresigné du secrétaire d'État Martin Ruzé de Beaulieu. Un témoin, moine de l'abbaye, Dom Jacques Doublet, assure dans son *Histoire de l'abbaye royale de Saint-Denis en France* (1625) que « le roi avait les larmes aux yeux et une contenance grandement humiliée et repentante ».

L'archevêque se leva et, sans ôter sa haute mitre, fit baiser au roi pénitent, toujours à genoux, son anneau, avant de lui donner sa bénédiction, accompagnée d'aspersion d'eau bénite. La foule était immense et peu disciplinée. On eut quelque mal à pénétrer dans l'abbatiale, très richement parée de tapisseries relevées de soie et de fils d'or. Il y avait tant de monde, conte Dom Doublet, que l'on avait dû « ôter une ceinture de vitres tout à l'entour d'icelle, pour donner de l'air et faire voir ceux qui étaient sur les toits des chapelles et sur la couverture de ladite église ».

S'avançant dans le chœur au son des trompettes et des clairons, sous les roulements des tambours, Henri vint s'agenouiller devant l'autel. L'archevêque lui fit faire le signe de croix et lui présenta dans son reliquaire le morceau de la « Vraye Croix », qu'il baisa. Puis, mettant la main sur l'Évangile, il récita le Symbole des apôtres. À nouveau, il protesta, poursuit

Dom Doublet, « de croire entièrement tout le contenu, avec promesse de vivre et mourir, moyennant la grâce de Dieu, en cette foi, laquelle il jura de défendre et maintenir de tout son cœur, de toute son âme et de sa toute-puissance, sans y épargner son sang et sa propre vie et sans jamais se départir d'icelle ». S'élevèrent alors d'immenses cris de « Vive le roi ! », qui par trois fois résonnèrent sous les voûtes.

Henri se releva. Conduit par l'archevêque, il s'avança vers le grand autel, fit un signe de croix et le baisa. Puis tous deux se retirèrent dans un oratoire afin de permettre au monarque de se confesser, le temps d'un *Te Deum*. Il gagna son prie-Dieu, placé sous un dais de velours brodé de drap d'or semé de fleurs de lys. De là, il assista à la messe célébrée par Philippe Crespin du Bec, évêque de Nantes. Chacun remarqua l'extrême dévotion qu'il manifesta durant tout l'office. « À l'élévation de la sainte eucharistie et calice, écrit Palma Cayet, il se prosterna les mains jointes en battant sa poitrine. Après l'*Agnus Dei*, il baisa la paix qui lui fut apportée par le cardinal de Bourbon. » Il reçut dévotement la communion de l'évêque de Nantes. À l'issue de la messe, on chanta la mélodie *Vive le roi !*, et on jeta aux pauvres des centaines de pièces d'argent. Puis le souverain, qui avait repris son épée et son chapeau, repartit sous les vivats. Le bruit sourd et répété des canons couvrait les acclamations.

Après avoir dîné en public, il revint à la basilique écouter la prédication de Renaud de Beaune et assister aux vêpres, avant d'aller un peu plus tard dire une prière d'action de grâces en l'abbaye de Montmartre. Le soir, de retour à Saint-Denis, il alla se baigner, probablement dans la Seine. Les huguenots le persiflèrent : « Il s'était allé laver du péché qu'il avait commis à ouïr sa belle messe. » Le mercredi 28, il se rendit au jeu de paume, toujours de blanc vêtu. Bousculant les archers, un groupe de commères parisiennes se précipita sous la galerie pour le voir. « Est-ce là le roi dont on parle tant, qu'on veut nous bailler ? – Oui, c'est le roi. – Il est bien plus beau que le nôtre de Paris, il a le nez bien plus grand. » Le 31, la trêve générale avec la Ligue fut enfin conclue, avec pour échéance le 1er janvier 1594. Le 2 août, Henri signa une ordonnance autorisant l'approvisionnement de Paris.

17

LA ROUTE DE PARIS

Les lents débuts de la pacification

Philippe Duplessis-Mornay était sans doute trop optimiste lorsqu'il assurait que la conversion de son maître marquait « le couchant du règne espagnol et l'aube du règne bourbonien ». Néanmoins, cet événement capital, qui, comme le dit Joël Cornette, représentait pour le roi sa première « vraie » légitimation depuis son avènement, enclenchait le début d'un long processus de pacification du royaume.

Tenant au mieux les rênes de son État bien fragile, le monarque avait pris soin d'avertir de son geste les gouverneurs de province. Un peu partout l'effet d'entraînement avait été sensible. Le tiers parti favorable au cardinal Charles II de Bourbon – il décédera d'ailleurs en juillet 1594 à l'abbaye de Saint-Germain-des-Prés – s'était dissipé comme fumée au vent. Plusieurs places ligueuses avaient hissé le drapeau blanc d'Henri IV : Fécamp, Lillebonne, Cambrai. Rallié au roi, Nicolas de Neufville, seigneur de Villeroy, avait repris du service en attendant sa nomination au double secrétariat d'État à la Guerre et aux Affaires étrangères en décembre. Le roi obtint le ralliement de Claude de La Châtre, baron de Maisonfort, qui gouvernait le Berry et l'Orléanais pour le compte de la Ligue. En échange de la remise de Bourges et d'Orléans, il fut confirmé à la tête de ces deux villes et reçut la dignité de maréchal de France. Nicolas Le Roux a montré les ressorts secrets de ce puissant seigneur provincial, dont la fidélité avait été déchirée entre loyauté et rébellion. S'il s'était longtemps tenu à l'écart du Béarnais, c'était surtout à cause de son intense piété personnelle qui l'avait amené à protéger la Compagnie de Jésus et à diriger à Bourges la confrérie de Notre-Dame-de-Lorette. Il préfigurait ainsi le modèle du dévot que l'on retrouvera dans le premier tiers du XVIIe siècle.

Son fils Louis agit pareillement en ouvrant aux royaux les portes de la place stratégique de Pontoise, sur la rive droite de l'Oise. Non moins importante fut la reddition de Meaux dont les clés furent restituées par Louis de L'Hospital, baron de Vitry. Henri IV s'y rendit pour y promulguer un édit de pacification accordant une amnistie et une remise d'impôts aux ligueurs ainsi que des garanties pour le culte catholique. Vitry, reconnaissant, publia un *Manifeste à la noblesse de France* encourageant seigneurs et gentilshommes à suivre son exemple.

Personnage déconcertant, autoritaire, brouillon et ambitieux, à la fidélité suspecte, Épernon s'était installé en Provence, afin de s'y tailler une principauté indépendante. Il y était vite devenu impopulaire. Arrivé avec une cohorte de 10000 ou 12000 Gascons avides de rapines, il avait gouverné sans s'appuyer sur les élites locales. « Il n'avait pas pu ou pas su diversifier "géographiquement" sa clientèle », observe Véronique Langlade. Il dut bientôt faire face à un soulèvement. Ses manœuvres tortueuses furent désavouées par le parlement d'Aix, le premier à se rallier à Henri IV.

La fin de la Ligue à Lyon fut une étape d'importance. Son gouverneur, le jeune Charles-Emmanuel de Nemours, demi-frère de Mayenne par sa mère Anne d'Este, qui s'était cru un incomparable chef de guerre pour avoir dirigé la résistance à

Paris, chevauchait les plus folles chimères. Faute de devenir roi de France, idée insensée caressée au moment des états généraux, il s'était mis en tête de se constituer un domaine souverain et héréditaire autour du Lyonnais. Dépecer la France était décidément l'obsession des Grands ! Sa désinvolture orgueilleuse et ses manières autoritaires, jointes à des dépenses de guerre excessives ainsi qu'aux exactions de ses soldats, avaient indisposé non seulement l'homme fort de la ville, l'austère archevêque Pierre d'Épinac, primat des Gaules, mais une bonne part de l'échevinage, soutenu par la bourgeoisie.

Son refus de respecter la trêve générale négociée par son demi-frère Mayenne fut la goutte d'eau qui fit déborder le vase. Le petit peuple entra dans la danse. Du 18 au 21 septembre 1593, une émeute barricadière paralysa la ville et aboutit à son internement dans le château de Pierre-Scize dominant la Saône. La brutale contre-offensive militaire lancée par le marquis de Saint-Sorlin, frère cadet des Guises, dont pâtirent les populations des environs, ne fit qu'accélérer le basculement de Lyon du côté du roi. Le 14 octobre, Mayenne et le duc de Savoie imposèrent une suspension d'armes.

Du 7 au 9 février 1594, une nouvelle insurrection éclata. Le 8, un échevin osa accrocher dans la Maison commune un portrait d'Henri IV. La pression de la population devint vite insupportable. Le fidèle Alphonse d'Ornano, commandant l'armée du Dauphiné et bras droit de Lesdiguières, en profita pour pénétrer avec ses troupes dans la ville, où les écharpes blanches avaient fleuri. Les derniers échevins ligueurs furent suspendus. Pierre d'Épinac lui-même fit sa soumission, après avoir écrit au roi une supplique lui demandant de s'entendre avec Mayenne.

Le territoire de la légitimité ne cessait de s'agrandir. Il restait encore, il est vrai, des régions où la Sainte Ligue demeurait forte, la Bretagne, la Champagne, le Soissonnais, la Bourgogne, une partie de la Normandie et de la Picardie, Marseille, sans compter bien sûr Paris, où le roi était toujours *persona non grata*.

La méthode des petits pas

Les études des chercheurs sur la grâce royale comme méthode de pacification se sont multipliées ces dernières années. Elles montrent que son caractère « souverain » cachait mal en réalité une série de concessions : pourboires aux Grands, largesses consenties aux communautés urbaines à qui étaient octroyés ou confirmés des privilèges. Il s'agissait de substituer à la répression et aux expéditions militaires punitives une pratique contractuelle au cas par cas. La pacification, manifestée par les lettres du roi usant de son droit régalien de pardon, visait ainsi à créer le consensus et à renforcer l'image du prince clément protecteur des libertés, même si ces dernières avaient été le plus souvent usurpées. Le temps de la recentralisation viendrait plus tard.

Dans cette politique destinée à rétablir les liens de confiance avec les Français et à donner aux catholiques des gages de sincérité de sa conversion, Henri IV avait opté pour une double politique : morceler la rébellion et pardonner les fautes individuelles. Si complexes étaient les situations qu'il était contraint de conquérir son royaume lopin par lopin. Pas d'acte général de pacification pour le moment, pour éviter de heurter les situations locales et rallumer le feu couvant sous la braise. Malheureusement, il le savait bien, un obstacle de taille limitait ses efforts : tant qu'il n'obtiendrait pas l'absolution personnelle du pape, il ne rallierait jamais le noyau dur des opposants.

Il lui fallait en outre tenir compte du fort mécontentement qui avait gagné les rangs de ses anciens coreligionnaires. À eux aussi il devait des gages, pour leur montrer qu'il ne les délaissait pas. À Chartres, en septembre 1593, il s'était longuement expliqué avec Duplessis-Mornay qui n'avait toujours pas digéré l'abandon du projet de colloque mixte censé précéder son abjuration. Certes, le grand théologien et grand politique restait loyal, mais il ne pouvait dissimuler son amertume. Quant à Agrippa d'Aubigné, qui considérait l'abjuration de son ancien compagnon comme une trahison, il avait pris ses distances, retouchant sans clémence certains de ses manuscrits.

À l'assemblée des réformés, réunie à Mantes du 8 novembre 1593 au 23 janvier 1594, les esprits étaient non moins agités. Les délégués exigeaient la prise en compte des revendications contenues dans leurs cahiers de doléances : libre exercice du culte, sécurité des personnes et des biens, égal accès aux emplois, même justice pour tous. Le chancelier de Cheverny chargea une commission de catholiques et de protestants d'élaborer un compromis. Celui-ci, jugé insuffisamment protecteur, fut repoussé par l'assemblée de Mantes, conduisant le roi à rétablir l'édit de Poitiers de 1577 limitant la pratique de la Religion.

Les résistances de la Ligue

À Paris, cependant, les obstinés, les enragés, convaincus que la conversion de l'infâme Béarnais était totalement hypocrite, ne cessaient de fulminer. Le jour de la cérémonie de Saint-Denis, Christophe Aubery, curé de Saint-André-des-Arcs, prêcha que tous ceux qui assisteraient à cette parodie de messe, prêtres, chanoines, curés, doyens, évêques, prélats, seraient damnés. Mauclerc, curé de Saint-Jacques-la-Boucherie, s'écria du haut de sa chaire que, des trois docteurs qui avaient instruit ce misérable excommunié, « l'un méritait d'être brûlé depuis trente ans, l'autre roué et le troisième pendu ». Dans ses *Neuf sermons sur la conversion de Henri IV*, prononcés à Saint-Merry puis édités en plaquette, Jean Boucher, chaud partisan du tyrannicide, déversait des tombereaux d'injures sur le roi de Navarre, prétendument roi de France : relaps, hérétique, brûleur d'églises, corrupteur de nonnains, massacreur de reliques, grand paillard et avare. Le prieur des Carmes assurait que quand bien même cet usurpateur « aurait bu toute l'eau bénite de Notre-Dame, il ne croirait pas en lui, et que c'était un vrai Judas », demandant à la cantonade s'il n'y avait pas quelque cœur généreux qui « pût les en délivrer comme cette bonne dame Judith du tyran Holopherne ».

La presse polémique, entendez les pamphlets et libelles qui faisaient fureur dans Paris et même au-delà, servait de relais. Paru en décembre 1593, le *Dialogue d'entre le maheustre et le manant*, dû à un membre de l'état-major des Seize, François Morin, sieur de Cromé, l'un des responsables de l'exécution du président Brisson, est le plus connu. C'était un dialogue entre un soudard du roi (un de ceux qu'on appelait « maheustres* ») et un brave ligueur de base (le « manant »). La critique sociale y était vive, et la noblesse ligueuse en faisait les frais. Mayenne, le principal visé, fit du reste poursuivre l'imprimeur.

La *Satyre Ménippée*, qui est considérée aujourd'hui comme une œuvre littéraire majeure, caractéristique de l'époque, répondait à cette littérature. Rassemblée en un volume avec deux autres écrits, *De la vertu du Catholicon d'Espagne* et *De la tenue des états de Paris*, c'était un pot-pourri ironique et mordant, hostile aux moines et aux « manants », composé de pièces en vers et en prose du chanoine Jean Le Roy, du jurisconsulte Pierre Pithou, du conseiller Jacques Gillot, des poètes Nicolas Rapin et Jean Passerat, et de Florent Chrétien, ce huguenot ancien précepteur du roi. Elle connut un succès immense, contribuant à la renaissance du sentiment national. Y était nettement dénoncée l'entreprise de vassalisation du

---

* Le mot venait de ces bourrelets d'étoffe rembourrés qui couvraient le bras et l'épaule du costume militaire.

malheureux royaume des lys par l'Espagne sous couvert de religion. Cet attachement à l'identité profonde de la « nation françoise », s'incarnant dans la lignée capétienne, jouait désormais à plein en faveur d'Henri IV.

Tout n'était pas que fleur de rhétorique. Des enragés essayèrent à plusieurs reprises d'assassiner le roi. La tentative la plus connue fut celle de Pierre Barrière, dit La Barre, un batelier de la Loire qui avait servi comme soldat de la Ligue. Il s'était ouvert de son projet à l'un des grands vicaires de l'archevêque de Lyon et à un capucin de cette ville qui l'avaient encouragé. À Paris, il reçut pareillement les soutiens du curé de Saint-André-des-Arcs et du père Varade, recteur du collège des jésuites. Le 25 juillet, jour de l'abjuration du roi, il arriva à Saint-Denis, avec « entre ses chausses et sa chemise » le couteau qu'il venait d'acquérir.

À la sortie de la messe, le roi passa non loin de lui, mais, avouera-t-il, une force mystérieuse retint son bras au dernier moment. Il ne l'en avait pas moins suivi à Brie-Comte-Robert et à Melun. Par malchance, à Lyon, il avait été en relation avec un dominicain de Florence, Séraphin Banchi, envoyé à titre d'observateur par Ferdinand Ier de Toscane, qui, à la différence des autres religieux, l'avait dénoncé. Arrêté à Melun le 27 août, il reconnut ses desseins criminels et donna les noms de ceux qui l'avaient poussé. Le 31, il fut condamné sans grand procès au supplice de la roue sur la place du Grand-Marché de Melun. L'Estoile raconte qu'il « eut le poing droit brûlé, tenant en icelui le couteau dont il avait été trouvé saisi, puis mené sur l'échafaud, y eut les bras, cuisses et jambes rompus par l'exécuteur de haute justice. Et ce fait, mis sur une roue pour y demeurer tant qu'il plairait à Dieu. Il avait été auparavant par les rues, tenaillé de fers chauds. Lugoli* le fit étrangler sur les sept heures du soir, après avoir parlé assez longtemps à lui,

* Pierre Lugoli, lieutenant du grand prévôt de l'Hôtel, chargé de la police de la Cour.

accompagné du greffier et de deux conseillers du siège présidial de Melun ».

Un peu plus tard, en septembre, on arrêta Pissebeuf, chanoine de Saint-Honoré, ancien chantre de la chapelle d'Henri III. Celui-ci aurait promis aux curés de Saint-Germain, Saint-Cosme et Saint-Benoît de rendre un « bon service à l'Union, tel que l'armée du duc de Mayenne n'en avait point tant fait en quatre ans ». Mais il n'avoua rien, et on dut le relâcher.

La grande décision

Du côté de Rome, rien n'avançait. Le père Arnaud d'Ossat, doyen de Varèse au diocèse de Rodez, envoyé par Louise de Vaudémont afin d'obtenir la réhabilitation de son époux Henri III, servait d'informateur discret. Ippolito Aldobrandini, élu pape en 1592 sous le nom de Clément VIII, grâce à la minorité antiespagnole du conclave, restait tétanisé par l'impavide « moine de l'Escurial ». Il avait refusé de recevoir les deux envoyés du roi relaps qui l'avait scandaleusement défié en acceptant l'absolution gallicane et non canonique d'évêques français, le marquis de Pisani et Mgr de Gondi. De leur côté, Renaud de Beaune et les prélats responsables lui avaient fait parvenir une lettre respectueuse s'efforçant d'atténuer la gravité de l'offense dont ils s'étaient rendus coupables : « Nous prions très humblement Votre Sainteté de ne pas penser que rien de ce que nous avons fait sous la pression des circonstances les plus urgentes et pour la plus grande utilité de l'Église nous ait été témérairement inspiré par un arrogant esprit d'usurpation. » En dernier ressort, Henri IV se détermina à envoyer auprès du souverain pontife un nouvel émissaire en la personne du duc de Nevers, prince français issu de l'illustre famille des Gonzague qui régnait à Mantoue, persuadé que cette fois, vu son rang, il n'oserait l'éconduire. C'était compter sans les réactions éruptives de l'ambassadeur espagnol qui menaça tout de go le Saint-Siège d'un schisme et d'une occupation militaire, contraignant le pape à s'enfermer dans le silence. Bref, la situation était bloquée.

Par chance, l'Église de France avait très largement basculé dans le camp royal. Sur quatorze archevêques on ne comptait plus que trois ligueurs, et quinze évêques sur cent quatre. Le moment était venu pour le roi de franchir une étape essentielle dans le processus de légitimation de son pouvoir : se faire sacrer. Reims, lieu traditionnel affirmant la continuité avec le baptême de Clovis, étant toujours occupé par les ligueurs, on choisit Chartres. La sainte ampoule, qui contenait l'huile miraculeuse que l'on mêlait au chrême liturgique pour les onctions du roi-prêtre, se trouvant malheureusement dans la cité de saint Remi, il fallut se rabattre sur celle de l'abbaye de Marmoutier, dont le vénérable baume, plus ancien, passait pour avoir guéri saint Martin de Tours. Henri ne put s'empêcher d'en rire : cette chose antérieure « aux déviations romaines » ne devrait donc pas offusquer ses anciens coreligionnaires. Autre difficulté : la couronne de Charlemagne avait été détruite par la Ligue, et les autres *regalia* avaient disparu dans la tourmente. Qu'à cela ne tienne ! On commanda aux orfèvres une grande couronne impériale, une couronne ordinaire, le sceptre, la main de justice, les éperons, l'épée. Des ateliers de broderie furent chargés de confectionner à la hâte le grand manteau et les ornements du chœur, tandis que les tapissiers eurent mission de fournir dans les meilleurs délais tapis, tentures et dais.

Pour la cérémonie proprement dite, on s'efforça de respecter les usages, même si, par ces temps de grande détresse, tout fut fait à l'économie. Ainsi, au lieu d'une entrée solennelle comme le prévoyait la tradition, Henri gagna le palais épiscopal en toute simplicité le 17 février 1594, puis le lendemain alla ouïr la messe dans la cathédrale et rencontra le prélat officiant Nicolas de Thou, évêque du lieu.

Le 19, vers deux heures de l'après-midi, le clergé, défilant en procession à travers les rues tendues de tapisseries, alla chercher la sainte ampoule à la porte des Épars, où se tenaient les religieux de Marmoutier, escortés des gardes du gouverneur de Touraine. La précieuse fiole fut déposée à l'abbaye bénédictine de Saint-Pierre. Puis le roi assista au salut dans un déchaînement de cloches annonçant la réduction à l'obéissance de Bourges et d'Orléans. Le 26, il se confessa au curé de Saint-Eustache, le courageux René Benoist resté fidèle durant le siège et qu'Henri avait désigné pour l'évêché de Troyes. Enfin, le lendemain, dimanche 27, se déroula la cérémonie proprement dite, dont l'*ordo* avait été codifié par Louis VII.

Le déroulement du sacre

Tôt dans la matinée, la ville fut envahie par une foule immense venue parfois des provinces les plus lointaines à pied, à cheval, en carriole ou en carrosse afin d'acclamer son héros triomphant. Sur le parvis étaient parfaitement alignées des rangées de gardes françaises et écossaises.

À six heures, dans la lumière hivernale du petit matin, les quatre seigneurs désignés pour escorter la sainte ampoule, le comte de Cheverny, les barons de Lauzun, de Termes et de Dinan, traversèrent la ville pour rejoindre la haquenée blanche revêtue d'un poêle de damas blanc brodé de lys d'or sur laquelle un des religieux de Marmoutier portait le précieux objet. Ils étaient accompagnés, en sus de leurs propres gentilshommes et écuyers brandissant leurs bannières, du président et du lieutenant général du bailliage, des échevins et bourgeois porteurs de torches.

Pendant ce temps, Mgr de Thou, qui tenait lieu d'archevêque de Reims, premier pair de France, en chape de drap d'or, mitre et crosse en main, avait pris place dans sa cathèdre. Les évêques de Nantes, Digne, Maillezais, Orléans et Angers représentaient les pairs ecclésiastiques qui depuis Philippe III présidaient au rite du sacre, à savoir les évêques de Laon, Langres, Beauvais, Châlons et Noyon. S'agissant des pairs laïcs, le prince de Condé, premier prince du sang, faisait office de duc de Bourgogne, son cousin, le comte de Soissons, de duc de Normandie, le duc de Montpensier de duc d'Angoulême, le sieur de Luxembourg, duc de Piney, de comte de Toulouse, le duc de Retz de comte de Flandre et enfin le duc de Ventadour de comte de Champagne. Tous, revêtus de tuniques courtes de toile d'argent damassée de feuillages rouges et de manteaux d'écarlate violette, assortis de collets fourrés d'hermine mouchetée, offraient aux regards sur des carreaux de velours les couronnes comtales et ducales des dignitaires médiévaux.

Précédés des chanoines et des enfants de chœur, les évêques de Langres et de Beauvais allèrent quérir le roi au palais épiscopal, selon le rituel du « roi dormant », initiation à une nouvelle naissance, qui remontait à Charles IX. Immobile, étendu sur un lit de parade, Henri était vêtu, au-dessus d'une chemise fendue au col, devant et derrière – endroits où se pratiquaient les onctions –, d'une camisole de satin cramoisi et d'une longue robe. Les deux prélats le levèrent lentement, cérémonieusement. Puis le monarque les suivit en procession. On ne sait rien de ses états d'âme en ce moment crucial.

Conduit par les archers du grand prévôt, le cortège comprenait le clergé de Chartres, les gardes suisses, les trompettes, les hérauts d'armes, les chevaliers du Saint-Esprit en costume d'apparat et collerette, collier à ruban bleu en sautoir, les huissiers de la Chambre avec leurs masses d'arme. Le roi, encadré par les Écossais, était suivi du maréchal de Matignon, en tunique de toile d'argent et grand manteau, portant dans sa main droite tendue l'épée royale, et du chancelier de France, Philippe Hurault, comte de Cheverny, en simarre cramoisie, mortier de drap d'or sur la tête. Venaient ensuite le grand maître, le grand chambellan et le grand écuyer.

Lorsqu'il pénétra dans la cathédrale, un peuple immense l'attendait, y compris dans les galeries et le long des hautes verrières du chœur et de la nef. Quel triomphe lorsque le tonnerre de l'orgue s'abattit sous les voûtes ombreuses, et que des hautes mâtures jaillirent de palpitantes gerbes de lumière !

Après avoir parcouru la nef dans ce ruissellement éblouissant, Henri s'avança dans le chœur jusqu'à son prie-Dieu, où l'attendait l'officiant. Celui-ci lui demanda, selon le rituel habituel, de prononcer par serment les privilèges des églises. Puis les évêques de Nantes et de Maillezais le relevèrent et demandèrent à l'assistance si elle l'acceptait pour roi. Ce rituel de l'acclamation, semblant d'élection, était devenu une déclaration d'obéissance et de fidélité. Les prélats et grands seigneurs, installés dans les tribunes garnies de tentures, crièrent *« Fiat ! Amen ! Noël ! Noël ! »*. Sous Louis XIV, on supprimera ces acclamations pour faire disparaître toute ambiguïté.

La main sur l'Évangile, Henri, d'une voix forte, lut le texte latin du serment du sacre dont voici la traduction de l'époque : « Je promets au nom de Jésus-Christ ces choses aux chrétiens à moi sujets. Premièrement, je mettrai peine [je ferai en sorte] que le peuple chrétien vive paisiblement avec l'Église de Dieu. Outre je tâcherai faire qu'en toutes vacations cessent rapines et toutes iniquités. Outre je commanderai qu'en tout jugement l'équité et miséricorde aient lieu ; à cette fin que Dieu clément et miséricordieux fasse miséricorde à moi, et à vous. » Preuve que la monarchie « absolue », c'est-à-dire sans lien ni dépendance, ne se concevait nullement comme la tyrannie sans limites d'un homme seul. Henri en vint ensuite au dernier et redoutable passage, dont les catholiques n'auraient certainement pas compris l'omission : « Outre je tâcherai à mon pouvoir en bonne foi de chasser de ma juridiction et terres de ma sujétion tous hérétiques dénoncés par l'Église, promettant par serment de garder tout ce qui a été dit. Ainsi Dieu m'aide et ces saints Évangiles de Dieu. » Ce serment contre les « hérétiques », ajouté au XIIIe siècle, visait à l'origine les cathares. Il le prononça sans le moindre état d'âme, persuadé que le protestantisme n'avait jamais été une hérésie, mais une voie dissidente destinée à épurer la religion de ses abus.

La cérémonie se poursuivit par la remise au désormais Très Chrétien des éperons et de l'épée – symboles de l'adoubement chevaleresque – et les onctions d'un mélange d'huile de Marmoutier et de saint chrême en huit endroits du corps : au sommet de la tête, puis, par les ouvertures de la chemise, sur le ventre, à la poitrine, entre les deux épaules, sur l'épaule droite, sur la gauche, au pli du bras droit et à celui du bras gauche. Chaque onction était ponctuée de la phrase *Ungo te in regem,* à laquelle les assistants répondaient *Amen.* Le roi reçut ensuite la tunique du sous-diacre, la dalmatique du sacre, le manteau royal, figurant la chasuble du prêtre, les gants, l'anneau – symbole du mariage mystique du monarque avec la France –, le sceptre, la main de justice et – instant solennel entre tous – la couronne*. Tandis que les pairs posaient la main sur celle-ci, l'évêque récita les paroles consacrées : *« Accipe coronam Regis, in nomine Patris et Filii et Spiritus Sancti. »*

Enfin, le voilà montant lentement, avec toute la solennité requise, les degrés du jubé, puis s'asseyant sur le trône. Construit entre 1230 et 1240, ce jubé séparait la nef, réservée aux fidèles, du chœur, où se tenaient le clergé, les pairs et conseillers en robe longue. Il fut détruit en 1763.

Après les prières d'intronisation et le baiser de l'évêque de Chartres, celui-ci par trois fois cria : *« Vivat rex in aeternum ! »* (« Que le roi vive éternellement ! »). Les pairs ecclésiastiques et laïques donnèrent chacun à leur tour le baiser au roi en répétant cette même exclamation. Montant au

* Cette couronne fut déposée ultérieurement à Saint-Denis, avant d'être détruite sous la Révolution, tout comme celle que Philippe Auguste avait fait faire pour la reine et qui servit, sous le nom de « deuxième couronne de Charlemagne », pour les sacres jusqu'à Louis XVI.

jubé, les six hérauts d'armes lancèrent : « Vive le roi ! » L'assemblée s'en fit l'écho. Alors les portes de la cathédrale s'ouvrirent et la foule put ovationner bruyamment son souverain, dans la splendeur chatoyante de la pompe royale. Pendant qu'éclatait la mélodie sobre mais émouvante du *Te Deum* d'Eustache Du Caurroy, du haut du jubé, les hérauts d'armes jetèrent à l'assemblée quantité de pièces d'or et d'argent. Le souverain y était figuré en Hercule, avec cette devise : *Invia virtuti nulla est via* (« Il n'est pas de chemin impossible à l'homme vertueux »), qui résumait assez bien son parcours prodigieux.

Une légitimité renforcée

La messe commença. À la communion, le roi descendit du trône, s'agenouilla et récita le *Confiteor*, fut absous de ses péchés et communia sous les deux espèces, car, par l'onction du sacre, il avait reçu une sorte de consécration religieuse, assez mal définie canoniquement, qui faisait de lui l'« évêque du dehors », rendant sa personne inviolable et sacrée.

Derrière la beauté et la solennité de ce décorum se trouvaient exaltées la puissance symbolique et la valeur liturgique unissant les deux pouvoirs, sacerdotal et temporel. Plus que tout autre, Henri, vis-à-vis du peuple catholique, avait un besoin essentiel de s'imprégner de la spiritualité presque magique du sacre.

Le repas fut servi au palais de l'Évêché, le roi seul à une table, les pairs ecclésiastiques et laïques à deux tables distinctes. Une quatrième, en retrait, accueillit le chancelier, les grands dignitaires et ceux qui avaient porté les honneurs ainsi que les ambassadeurs d'Angleterre et de Venise. Au festin du soir, les princesses et principales dames de la Cour, à l'exception par décence de Gabrielle, furent admises. Catherine de Bourbon, qui n'avait pas assisté à la cérémonie, était cette fois en bonne place à côté de son frère. On remarquait aussi la présence des princesses de Condé et de Conti, des duchesses de Nevers, de Rohan et de Retz. Le lendemain se déroula dans la cathédrale la réception du roi comme grand maître de l'ordre du Saint-Esprit.

Il revint à Nicolas de Thou de rédiger pour la postérité les *Cérémonies observées au sacre et couronnement du très chrétien et très valeureux Henry IV roy de France et de Navarre.*

Après des années de marche chaotique ou indécise, de remous tempétueux et fracassants, de flux et de reflux, de cliquetis d'armes sans cesse renaissants, l'accélération des événements avait quelque chose de prodigieux. Dans ce tourbillon de troubles et de tueries, au cœur de ce royaume épuisé, ruiné, encore infesté de bandes incontrôlées, où débordait la coupe de la misère, la solution royale et dynastique, auréolée du sacre – mystère insondable venu du fond des âges –, avait commencé à s'imposer avec la force quasi irrésistible de l'évidence. Le volcan apaisé, les dernières fumerolles de la Ligue se dissipaient, le vent du large éclaircissait l'horizon.

Le « coup qui se devait faire »

Une fois sacré et couronné, Henri n'avait plus qu'une idée en tête : entrer dans la capitale de son royaume, une capitale qui n'avait plus connu de souverain depuis la fuite sans gloire d'Henri III cinq ans auparavant et dont on pouvait se demander si elle était encore royaliste. Le moment décisif approchait. Chacun dans le camp ligueur le sentait bien. La duchesse douairière de Nemours, née Anne d'Este, petite-fille de Louis XII et veuve de François de Guise, que les ligueurs avaient surnommée la reine mère, avait enfin fait la paix avec le roi et tentait de sauver la famille de Guise de la ruine, en dépit de son fils, l'incertain Mayenne, qui poursuivait sa voie en solitaire, sans écouter le moindre de ses conseils. Sa fille Catherine de Lorraine, duchesse de Montpensier, égérie de la révolte, se mordait les doigts de ses outrances passées, sans savoir comment se rapprocher du vainqueur probable. Quant à sa belle-fille, Catherine de Clèves, veuve du Balafré, ralliée au roi, elle regrettait désormais d'avoir soutenu avec trop de chaleur les prétentions de son fils, le jeune Charles, 4e duc de Guise, à la couronne de France.

Les événements se précipitèrent. Le 6 mars 1594, à la surprise générale, Mayenne abandonna Paris avec femme et enfants afin de rejoindre l'armée espagnole des Pays-Bas de Karl von Mansfeld, qui marchait sur Senlis, laissant sur place deux hommes forts sur lesquels il comptait pour organiser la résistance, le nouveau gouverneur, Charles de Cossé-Brissac, et le prévôt des marchands, Jean Lhuillier.

Or, ceux-ci étaient déjà gagnés à la cause royale. Il se trouvait en effet que François d'Épinay de Saint-Luc, ancien mignon du dernier Valois, qu'Henri IV avait fait lieutenant général de Bretagne, était le beau-frère de Cossé-Brissac et qu'un rendez-vous entre les deux hommes hors de Paris avait été prévu à dessein de régler une affaire de famille. Laissant leurs avocats respectifs en discuter, Saint-Luc, au nom de son maître, promit à Brissac le bâton de maréchal (de France, cette fois, et non de la Ligue). La proposition était tentante. Difficile d'y résister.

Dès lors Brissac devint le pivot du complot destiné à faire entrer Henri IV dans Paris, en évitant une effusion de sang. Le prévôt des marchands, à qui fut offerte la présidence de la Chambre des comptes, fut gagné à son tour. Il ne fut pas difficile non plus de rallier l'échevin Martin Langlois. Ne lui avait-on pas fait miroiter la charge de prévôt des marchands, vacante à l'issue de l'opération ? Dès lors, en compagnie d'un autre échevin, Denis Néret, du président à mortier Le Maistre et de l'avocat général Molé, les trois hommes se mirent à préparer le « coup qui se devait faire » en se réunissant discrètement à l'Arsenal. Avec un art consommé, Brissac berna le légat et le duc de Feria et endormit la méfiance des Seize, tout en faisant répandre dans Paris des billets annonçant que la paix était conclue entre le roi et le duc de Mayenne et invitant les habitants à ne pas s'opposer « à l'entrée prochaine des députés pour la paix ». À des capitaines espagnols qui s'inquiétaient des rumeurs, il suggéra de faire faire un tour de remparts afin de constater par eux-mêmes que tout était calme et que le reste n'était que « bavardage de femmes ». Au même moment, deux de ses gentilshommes sortaient de Paris afin de gagner le camp royal, emportant les plans de l'opération roulés et dissimulés dans leurs gants, sachant que les archers aux portes de la ville omettaient toujours de les examiner.

L'entrée dans Paris

Tout était paré. Henri IV, qui s'était installé à Saint-Denis depuis son retour du sacre, fit d'abord mine de marcher sur Senlis, puis rétrograda subitement et dissimula les 4 000 hommes de sa troupe dans la forêt de Montmorency. Par chance, à l'aube du 22 mars, il faisait un vrai temps de conspirateurs : des nappes épaisses de brouillard traversées de fines averses glacées empêchaient de voir à plus de quelques pas.

À quatre heures du matin, au triple tintement de l'*Angelus* au clocher des Capucins de la rue Saint-Honoré, Brissac et Lhuillier s'inquiétèrent du silence ambiant. Ils s'avancèrent une torche en main sur la bascule du pont-levis de la porte Neuve, à hauteur des Tuileries. Au bout de quelques instants, ils tombèrent sur l'avant-garde des royaux, conduite par Saint-Luc. Au même moment, à la porte Saint-Denis, où se tenait l'échevin Langlois, se présentèrent Vitry et une seconde troupe. Répartis en plusieurs colonnes, les royaux investirent comme prévu les points névralgiques de la rive droite, sans que les troupiers espagnols et wallons, ronflant dans leurs cantonnements, eussent eu le temps d'entrouvrir un œil. En provenance de Corbeil et de Melun, en amont de la Seine, des barges chargées de soldats aux casques gris luisant dans l'obscurité accostèrent à l'Arsenal et au Grand Châtelet. Il se trouva quelques îlots de résistance rive gauche, au Quartier latin. Il fallait s'y attendre. Le seul accrochage grave eut lieu, rive droite, au quai de l'École, près des piles du Pont-Neuf en construction, où un corps de lansquenets fit une trentaine de victimes, certaines jetées dans le fleuve.

Vers six heures, Henri IV et le gros des troupes se présentèrent à la porte Neuve, celle par laquelle Henri III avait quitté précipitamment Paris en 1589. Il fut accueilli par Brissac et Lhuillier, qui lui remirent les clés de la ville. Il donna l'accolade au gouverneur, l'honora du titre de maréchal de France et lui remit sa propre écharpe blanche en guise d'adoubement.

La nouvelle se répandit à la vitesse de la poudre. Bientôt, une foule immense se pressa sur son passage. Rue Saint-Honoré, c'est à peine si son cheval put avancer. De partout jaillissaient les cris de « Vive le roi ! », relayés par le fracas des cloches. Henri ne boudait pas son plaisir. En cuirasse, tête découverte, il salua, le sourire aux lèvres, impressionnant de bonhomie. Paris, tout au long de sa longue histoire, vivait ainsi d'exaltants moments de communion contradictoires.

Le héros du jour se faisait peu d'illusions. Quelque temps plus tard, à ses compagnons qui le félicitaient de cette merveilleuse allégresse, il répondra d'un ton blasé : « C'est un peuple ! Si mon plus grand ennemi était là où je suis et qu'il le vît passer, il lui en ferait autant qu'à moi et crierait encore plus haut qu'il ne fait. » Une autre fois, il ajoutera : « Un peuple est une bête qui se laisse mener par le nez, principalement le parisien. » Sous l'amuseur plein de verve sommeillait toujours le sceptique, pénétré de l'ingratitude de la nature humaine, dont il avait fait maintes fois l'expérience.

À Notre-Dame, accueilli en l'absence du cardinal de Gondi par le chanoine Louis Dreux, grand archidiacre, il assista à un *Te Deum* suivi d'une messe. Il se rendit ensuite à cheval au Louvre, qu'il retrouva sale, sinistre, vidé de ses coffres et de ses buffets – le concierge les avait vendus ! –, mais où subsistaient encore les tapisseries et les banquettes poussiéreuses des états généraux de la Ligue. De là, il gagna la porte Saint-Denis, que n'ornait pas encore l'élégant arc de triomphe de Blondel, édifié à la gloire de Louis le Grand. Il monta jusqu'à la salle centrale du bâtiment sur lequel s'achevait la rue du même nom, afin de mieux voir défiler sous la voûte les compagnies de Napolitains et d'Espagnols ainsi que les lansquenets wallons – 3 000 hommes en tout –, accompagnant le duc de Feria, monté sur un genet d'Espagne, et quelques dizaines de moines et de curés, dont l'odieux Jean Boucher. « Recommandez-moi à votre maître. Allez-vous-en à la bonne heure et n'y revenez plus », lançait-il d'un air goguenard aux ambassadeurs qui défilaient piteusement sous une forte averse, au milieu de leurs bagages et des drapeaux détrempés ornés de la croix de Saint-André de gueules sur fond blanc. Les soldats, chapeau à la main, baissaient la tête avec respect. Les officiers se contentaient d'un petit salut « à l'espagnol ». Quel triomphe ! Quelle joie ! Une semaine plus tard, le légat Filippo Sega choisit à son tour de se retirer, emmenant avec lui les derniers curés ligueurs.

Henri jubilait, sans parvenir à fixer son attention. « Il faut que je vous confesse que je suis si enivré d'aise de me voir où je suis que je ne sais ce que vous me dites, ni ce que je dois vous dire. »

Dans cette glorieuse entrée dans Paris, tout avait été calculé pour apaiser les appréhensions des Parisiens qui pouvaient s'attendre à des représailles. À cet effet, un nouveau mode de communication politique avait été inauguré par le pouvoir royal : le tract. Imprimé à Saint-Denis et diffusé dans la capitale en un grand nombre d'exemplaires par des escouades de petits enfants, celui qui fut distribué reproduisait une proclamation signée du roi et contresignée du secrétaire d'État Martin Ruzé de Beaulieu, dont les termes avaient été soigneusement pesés à Senlis deux jours plus tôt : « Sa Majesté désirant réunir ses sujets et les faire vivre en bonne amitié et concorde, notamment les bourgeois et habitants de sa bonne ville de Paris, veut et entend que toutes choses passées et avenues depuis les troubles soient oubliées... »

Cette thématique de l'oubli était essentielle après quarante ans de guerre civile. Tout était pardonné, rejeté dans les ténèbres de la mémoire de façon à reconstruire dans l'unité retrouvée une France nouvelle. En conséquence, défense était faite aux procureurs généraux, à leurs substituts et autres officiers d'entreprendre la moindre recherche à l'encontre de quiconque, y compris de « ceux qu'on appelait vulgairement les Seize ». Pour ceux qui en doutaient, Henri n'omettait pas de rappeler sa promesse solennelle de vivre et mourir dans la religion catholique, apostolique et romaine, promettant qu'il ne serait fait aucune atteinte aux « biens, privilèges, états, dignités, offices et bénéfices » des sujets et bourgeois de la ville. Faire du pardon un mode ordinaire d'action du gouvernement, cela ne s'était jamais vu, du moins à un tel point.

La reprise en main

Les jours suivants, Henri visita les principales églises et y ouït la messe ou les vêpres. Cela faisait partie de sa politique de communication. Il n'omit pas non plus de se présenter chez la douairière de Nemours, où se trouvait sa belle-fille, la trouble et venimeuse Montpensier. Il se vanta devant les deux femmes qu'il n'y avait eu, dans cette ville si longtemps rebelle, ni pillage ni agression physique de la part de ses troupes, et que la « racaille des goujats », qui avait cru profiter de la situation, avait rendu son butin. « Que dites-vous de cela, ma cousine ? », ajouta-t-il en se tournant vers Mme de Montpensier. « Sire, lui répondit-elle, nous n'en pouvons dire autre chose, sinon que vous êtes un très grand roi, très bénin, très clément et très généreux. »

Fidèle à sa politique d'oubli et de pardon souriant, il n'ordonna aucune exécution sommaire, ne chercha même pas à jeter en prison les ligueurs les plus violents, les bourgeois les plus compromis. Il n'envisagea aucun procès pour les atrocités et les crimes commis. À ceux fort nombreux qui réprouvaient sa miséricorde, il les renvoyait au pardon invoqué dans le *Pater*. « Je reconnais que toutes mes victoires viennent de Dieu, qui étend sur moi sa main, encore que j'en sois indigne et, comme Il me pardonne, aussi veux-je pardonner, et, oubliant les fautes de mon peuple, être encore plus clément et miséricordieux envers lui que je n'ai été. S'il y en a qui se sont oubliés, il me suffit qu'ils se reconnaissent et qu'on ne m'en parle plus. »

Il se contenta d'établir une liste de 118 indésirables, dont les assassins de Brisson et les moines spadassins de la Ligue, qu'il bannit non pas du royaume mais de la ville, « pour un temps ». Il poussa la mansuétude jusqu'à leur faire dire que s'ils voulaient rejoindre le duc de Mayenne, il leur serait délivré un passeport. Beaucoup de ligueurs en profitèrent pour s'exiler, dont les derniers chefs des Seize et le sinistre Jean Garin, cordelier savoyard qui n'avait cessé de fulminer d'effrayantes malédictions contre le roi. La seule résistance vint de la Bastille. Son gouverneur, Antoine Dumaine, baron de l'Espinasse, tint trois jours. Après avoir épuisé ses vivres, tiré au petit bonheur ses derniers boulets et acquis la certitude que le duc de Mayenne ne viendrait pas le délivrer, il amena le pavillon et fit abaisser le pont-levis, sortant vivant et libre.

Il était temps. Henri était déterminé à « battre furieusement » cette citadelle rebelle.

À nouveau, on compta sur la presse pour apaiser et modeler l'opinion. Un appareil de propagande se mit en place autour du souverain et de ses conseillers, chargé de diffuser messages panégyriques, placards, libelles, estampes, caricatures même. S'accompagnant de quelques traits stéréotypés – la cuirasse, l'écharpe blanche, le panache, la fumée des batailles ou des sièges –, les gravures insistaient sur les vertus héroïques du « roi de guerre ».

Le dimanche 10 avril, jour de Pâques, Henri IV se prêta de bonne grâce, pour la première fois, au toucher des écrouelles*. Cette pratique étrange, étudiée par l'historien Marc Bloch dans un livre célèbre, *Les Rois thaumaturges. Étude sur le caractère surnaturel attribué à la puissance royale particulièrement en France et en Angleterre* (1924), se rattachait au pouvoir miraculeux des reliques d'un moine normand du VIe siècle, saint Marcoul. Elle avait été incorporée au mystère capétien. Remontant à Louis VI le Gros (XIIe siècle) et reprise par Saint Louis, elle mit rapidement en valeur la fonction thaumaturgique acquise par les rois lors de leur sacre. D'habitude, ceux-ci accomplissaient le rite après un pèlerinage au sanctuaire de Corbeny, le long de la voie romaine de Saint-Quentin à Reims, où se trouvaient vénérées les reliques du saint guérisseur. Malheureusement, ce site étant inaccessible en raison de la guerre civile, Henri IV décida de passer outre, afin de bien montrer que Dieu, par le sacre de Chartres, l'avait désigné comme authentique roi de France. C'était évidemment capital pour la légitimation de la dynastie des Bourbons, qui devait se rattacher à la longue série des rois

* Il s'agissait de malades atteints d'adénite d'origine tuberculeuse, se caractérisant le plus souvent par la présence de ganglions lymphatiques, hypertrophiés mais non enflammés, au cou (d'où le nom d'humeurs froides donné au « mal royal »).

ses prédécesseurs, sans négliger les forts symboles qui avaient permis à la monarchie des lys de s'ancrer dans la transcendance*.

Ce jour-là donc, quelque 660 scrofuleux, à l'aspect généralement repoussant, soigneusement triés par les médecins pour éliminer les simulateurs, se présentèrent à genoux dans la cour du Louvre devant le roi, qui, respectant la tradition, posa la main sur leur visage avant de dire : « Le roi te touche, Dieu te guérit. » Trente autres malades « de condition plus honnête », mais dont l'hygiène était tout aussi déplorable, furent ensuite « traités » dans sa chambre. À en croire Palma Cayet, le miracle se produisit à plusieurs reprises. Une estampe populaire, diffusée en 1609 par le graveur d'origine flamande Pierre Firens, popularisera l'événement. La même année paraîtra le *Discours des écrouelles*, divisé en deux livres, traité sur le « pouvoir merveilleux de guérir les écrouelles, divinement concédé aux seuls rois très chrétiens », dû à André Du Laurens, premier médecin. Jusqu'à la fin de son règne, le fondateur de la dynastie des rois Bourbons prendra soin de se plier à ce rite de guérison, au moins lors des quatre grandes fêtes du calendrier liturgique, Pâques, Pentecôte, la Toussaint, Noël, et parfois davantage. Chaque année, durant la Semaine sainte, il visitera les malades de l'Hôtel-Dieu, les prisonniers et, conformément à un vieil usage monarchique, lavera les pieds de treize enfants pauvres.

Ces multiples gestes symboliques en direction des catholiques portèrent leurs fruits. Tout rentra peu à peu dans l'ordre, en dépit de quelques froissements de vanité ou de vaines résistances. La Sorbonne, d'où était partie la contestation ligueuse, fit repentance. Capucins, jésuites et chartreux traînèrent sans doute les pieds, mais finirent par céder. Henri faisait toujours le magnanime : « On a prêché contre moi, on

---

* On sait que le recul de cette pratique au XVIIIe siècle, à partir du règne de Louis XV, contribuera largement à la désacralisation de la monarchie et de l'État.

m'a indignement traité, mais je veux tout oublier et pardonner à tous, même à mon curé, et n'excepter que Boucher qui prêche des menteries et méchancetés à Beauvais. Encore ne veux-je point de sa vie, mais seulement qu'il se taise. »

Le 22 avril, la Sorbonne, qui avait nommé un nouveau recteur, et l'Église de Paris faisaient injonction aux fidèles d'obéir au roi. À leur tour, les conseillers du Parlement restés en ville renièrent sans états d'âme leur œuvre passée : tous les actes enregistrés illégalement depuis le 19 décembre 1588, et parmi eux la désignation du duc de Mayenne comme lieutenant général de l'État et couronne de France, furent abolis. Les pages incriminées furent lacérées ou arrachées des registres. Dès le 28 mars, le parlement de Paris avait enregistré dans l'urgence l'édit d'amnistie qui pardonnait aux ligueurs et allégeait le fardeau fiscal des Parisiens. Ce ne fut qu'un ou deux mois plus tard, en avril et en mai, que les conseillers loyaux qui avaient en majorité rejoint Henri III et Henri IV aussi bien à Tours qu'à Châlons firent leur union avec leurs collègues parisiens.

La pacification contagieuse

Henri IV était arrivé à Paris dans un tel état d'épuisement physique et psychique qu'une forte fièvre le saisit durant près de huit jours, avec éruption d'un érysipèle, le rendant, comme lui-même l'écrivait le 15 avril, « nullement reconnaissable pour ceux mêmes qui ont accoutumé me voir chaque jour ». Néanmoins il avait trouvé « dans un coffre toutes les clés de son royaume », selon l'expression de Pierre de L'Estoile. Image parlante pour dire que la soumission de la capitale allait entraîner assez rapidement celle des places et citadelles ligueuses.

C'est là que la politique henricienne d'apaisement et de séduction confinait au génie. Au vu de ce qui s'était passé à Paris, les villes n'avaient plus à craindre de représailles.

Elles tombaient les unes après les autres : Rouen, qui avait tant résisté, Honfleur, Verneuil, Pont-Audemer, Péronne, Montdidier, Troyes, Sens, Auxerre, Chaumont, Mâcon. Quelques semaines plus tard, ce fut le tour de Poitiers, Périgueux, Rodez, Agen, Villeneuve, Marmande... L'été de 1594 vit le ralliement d'Amiens, Château-Thierry, Beauvais, Doullens, Noyon, Cambrai. « S'il ne pouvait gagner l'affection des gouverneurs des châteaux ou citadelles, écrit Villegomblain, il avait recours à leurs officiers ou soldats, en les pratiquant contre leurs chefs. »

Le 16 novembre, Charles III, duc de Lorraine, signait à Saint-Germain-en-Laye un traité de paix, moyennant 900000 écus et, en échange, la mise à disposition du roi de l'ensemble de ses mercenaires. Une clause prévoyait en outre le mariage de Catherine de Bourbon avec l'héritier ducal, Henri, duc de Bar, marquis de Pont-à-Mousson. Le roi, qui avait déjà tenté une dizaine de fois de caser sa chère sœur, avait enfin réussi. Repoussée pour des questions de dispense religieuse, la cérémonie ne sera célébrée que le 31 janvier 1599.

Le 9 décembre, une des figures de proue de la Ligue, Charles de Lorraine, duc de Guise, le fils du Balafré, se rallia, lui livra Reims, libéra la Champagne qu'il occupait, démissionna de sa charge de grand maître de France. En contrepartie, il reçut le gouvernement de Provence, l'amirauté des mers du Levant ainsi qu'une promesse de 400000 écus. En Bretagne, Concarneau, Quimper, Morlaix et Saint-Malo se rendirent au maréchal d'Aumont.

Ralliements et soumissions coûtaient fort cher : des charges de grands officiers de la Couronne, des bâtons de maréchal, des gouvernements, des gratifications pour un total d'au moins 25 millions de livres (32, dira même Sully). Un jour qu'on félicitait le roi d'avoir récupéré son royaume, il rétorqua avec humour : « Dites qu'on me l'a bien vendu ! » Pour autant, il savait qu'il ne fallait point marchander et il faisait verser aux anciens rebelles les gratifications et pensions sonnantes et trébuchantes qu'ils avaient négociées. À Sully qui s'en lamentait, en « bon mesnager » qu'il était, il répondit que s'il avait fallu prendre par la force toutes les places ligueuses, cela aurait coûté dix fois plus. Il était indispensable d'intégrer les chefs rebelles dans la société, de leur distribuer des titres et des honneurs, en avilissant au besoin les dignités. La multiplication du nombre de maréchaux réduisait de fait leur pouvoir, ce qui n'était pas mauvais pour la consolidation de l'État royal. Les concessions étaient généreuses, mais contrôlées.

Restait une ville essentielle aux mains de la rébellion, Laon, vrai « boulevard de la Ligue » permettant les communications avec les Pays-Bas espagnols. Le 25 mai 1594, à deux heures de l'après-midi, Henri, accompagné d'une impressionnante brochette d'officiers généraux, Biron, La Châtre, Nevers, Humières, Longueville, Saint-Luc, Salignac et Gramont, investit la ville avec 12000 hommes de pied et 2000 cavaliers. Comme d'habitude, tout roi de France qu'il était, il continuait de déployer une énergie débordante, escaladant les tranchées et remblais, surveillant sans relâche les travaux du génie sous les coups de canon de l'adversaire. Un jour, un boulet faillit lui emporter la tête. Un capitaine et trois soldats furent tués à ses côtés. Le 5 juin, au milieu des broussailles et des ronces, il aida à déplacer les bouches à feu de son camp – des pièces d'artillerie toujours fragiles qu'il fallait, après chaque coup, refroidir avec du vinaigre. Le lendemain après-midi, Rosny, arrivé au camp, le trouva étendu sur une paillasse et deux matelas bas. « J'ai tant tracassé cette nuit par les lieux âpres et précipiteux de cette montagne, pour visiter le travail d'un chacun, lui avoua-t-il, que je ne me puis quasi soutenir. » Et de lui montrer ses pieds couverts de crevasses, « toutes tantouillées de sang et de grosses cloches [cloques] » (Sully). Le 16 juin, à la nuit tombante, Biron, faisant allonger dans les blés déjà hauts plusieurs centaines de ses hommes et les forçant au silence, attaqua par surprise un convoi de 400 chariots de ravitaillement espagnols venus de La Fère et les incendia. Il fallut encore près de sept semaines pour obtenir la soumission de la ville. Henri IV imposa aux Laonnois une contribution de 58 000 écus afin de se rembourser des dépenses du siège.

La reddition d'Amiens suivit d'une semaine la chute de Laon. La cité s'était proclamée « capitale ville de Picardie », dans une province qui avait gagné son autonomie sous la direction du duc d'Aumale. Des dissensions étaient vite apparues au sein des ligueurs. Les habitants, qui souffraient du chômage et du manque de vivres, se révoltèrent et livrèrent la place aux royaux le 9 août. Le 25, le roi y était acclamé. Ne restaient aux mains des séditieux que quelques portions du territoire : une partie de la Bourgogne, où Mayenne avait trouvé refuge, Marseille et la Bretagne de Mercœur. Les Espagnols ne détenaient plus que trois places, Soissons, La Fère et Ham.

Enfin, le 15 septembre, vers sept heures et demie du soir, il fit son entrée solennelle dans Paris, accompagné d'un nombre impressionnant de cavaliers, torche à la main. Monté sur un cheval gris pommelé, il portait un somptueux habit de velours gris chamarré d'or. Il avait quarante ans bien sonnés mais en paraissait dix ou quinze de plus, avec ses cheveux châtains mêlés de fils blancs, sa barbe neigeuse et son visage hâlé couvert de rides. Les garnisons de Mantes et de Saint-Denis, le corps de ville, les membres du Parlement en robe rouge étaient venus l'accueillir devant Notre-Dame, où un *Te Deum* fut chanté. Il présentait un visage radieux, ravi de voir tant de monde crier leur allégresse. Il tenait à la main un chapeau gris orné d'un panache blanc, avec lequel il saluait galamment les dames et demoiselles aux fenêtres. « Mme de Liancourt [Gabrielle d'Estrées], conte Pierre de L'Estoile, marchait un peu devant lui, dans une litière magnifique toute découverte, chargée de perles et de pierreries si reluisantes qu'elles offusquaient la lueur des flambeaux, et avec une robe de satin noire toute houppée de blanc. » La parade officielle de la maîtresse choqua le public, et l'on entendit jaillir de la foule quelques quolibets. On arrêta même un savetier qui avait osé dire que le roi « ressemblait aux huppes qui font leur nid de merde ».

Au Louvre, il vécut sans pompe, dans une grande simplicité, avec des habits râpés. L'argent manquant, ses trésoriers lui mesuraient tout. Il s'en plaignait, raillant sa misère. Il ne possédait que cinq mouchoirs et une douzaine de chemises dont quelques-unes déchirées. Il accepta de réduire le nombre de ses chevaux, n'ayant pas les moyens de les entretenir. « On me fera tantôt aller tout nu et à pied », maugréait-il. On le voyait souvent jouer de longues heures à la paume au court de la Sphère, une distraction fort appréciée des Parisiens. Sans pourpoint, en chemise déchirée, il portait d'étranges chausses grises dites « à jambes de chien ». Un jour qu'il avait gagné 400 écus, il les prit aux ramasseurs de balles et les mit dans son chapeau en déclarant : « Je tiens bien ceux-ci ; on ne me les dérobera pas, car ils ne passeront point par les mains de mes trésoriers. »

18

DE NOUVELLES TURBULENCES

Un étudiant nommé Jean Chastel

Le supplice de Pierre Barrière n'avait nullement mis un terme aux tentatives d'attentat contre Henri IV, bien au contraire. Les cérémonies de la conversion et du sacre avaient comme réactivé le venin des derniers irréductibles, la plupart installés dans les Pays-Bas espagnols, et qui, sous l'empire de leurs passions surexcitées, armaient par leurs encouragements meurtriers le bras des assassins. En avril 1594, on arrêta à l'hôtel de Nemours, rive gauche, au moment où le roi rendait visite à la duchesse de Guise, mère du duc de Mayenne, un certain Le Tonnelier qui dissimulait une dague sous ses vêtements. Il nia tout projet meurtrier avant de reconnaître qu'« il eût voulu que sadite dague eût été dans le cœur du roi ». Afin d'éviter les remous, on le condamna à mort non pour régicide ou crime de lèse-majesté, mais pour l'assassinat à la Toussaint précédente de la veuve d'un horloger patenté. Le 4 avril, note Pierre de L'Estoile, il fut « pendu et étranglé au bout du pont Saint-Michel après qu'on lui eut brûlé puis coupé le poing ». Le 24 octobre, un quidam était condamné à la pendaison pour « blasphèmes et propos scandaleux » contre le roi. Le 22 novembre, toujours selon L'Estoile, à l'arrivée d'Henri au château de Saint-Germain, on appréhenda huit individus louches, soupçonnés d'en vouloir à sa vie. Ils s'étaient « enquis à quelle heure il passerait, s'il était bien accompagné, quel habit il portait et autres circonstances, qui les envoyèrent tout bottés au gibet ». Comme on n'avait pas de bourreau sous la main, les gens du marquis de Vitry les pendirent le soir à la lumière des torches.

Plus grave fut la tentative d'attentat d'un certain Jean Chastel deux jours après la Noël de 1594 chez Gabrielle d'Estrées, à l'hôtel du Bouchage, près du Louvre*. Le monarque revenait de Picardie. Au moment où un officier, François de La Grange, seigneur de Montigny, pliait le genou pour le saluer, un jeune homme vêtu de sombre, qui s'était faufilé parmi la trentaine de gentilshommes présents, se précipita sur lui et lui donna un coup de couteau à la gorge, après s'être aperçu que son manteau d'hiver était trop épais pour atteindre le cœur. Henri avait eu de la chance : comme au même moment il s'était baissé pour relever Montigny, la lame avait dévié et il n'avait eu qu'une dent cassée et la lèvre supérieure entaillée. Il crut d'abord que c'était une facétie de Mathurine, sa folle en titre** : « Au diable soit la folle, je crois qu'elle m'a blessé », dit-il, avant de porter sa main au visage et de s'apercevoir qu'il était couvert de sang.

Sa plaie aussitôt suturée et pansée, il minimisa l'incident : « Il n'y a, Dieu merci, si peu de mal que pour cela je ne m'en mettrai pas au lit de meilleure heure. » Pour rassurer l'opinion et tordre le cou aux rumeurs qui déjà enflammaient la ville, il fit chanter un *Te Deum* à Notre-Dame, où il se rendit le soir même sans protection supplémentaire. Il n'en était pas moins

---

* L'hôtel était situé à l'emplacement de l'actuel Oratoire du Louvre, rue de l'Oratoire.

** Comme les rois ses prédécesseurs, Henri IV avait autour de lui des personnages burlesques chargés de le distraire et de répondre à sa place aux importuns. Ses fous se nommaient Chicot, Angoulevent et maître Guillaume ; sa folle, Mathurine, avait été celle d'Henri III.

affecté, réalisant qu'en dépit de l'avalanche des ralliements et de sa politique de bon père de famille, les esprits n'étaient pas apaisés. Agrippa avait enfoncé le coin par cette parole qui se voulait prophétique : « Dieu vous a frappé à la lèvre, parce que vous l'avez renié des lèvres. Il vous frappera au cœur quand vous l'aurez renié au cœur. »

Aussitôt garrotté, le criminel avait été incarcéré à For-l'Évêque, quai de la Mégisserie, la prison la plus proche, qui relevait de la juridiction ecclésiastique. Après avoir nié l'évidence, il avoua qu'il avait voulu tuer le roi, cet hérétique, cet infâme persécuteur de la Sainte Église. Puis il déclina son identité. Il s'appelait Jean Chastel. Natif de Paris, étudiant en droit de dix-neuf ans, il était le fils d'un marchand drapier de l'île de la Cité et avait été – le fait ne passa pas inaperçu – élève au collège jésuite de Clermont à Paris*. L'émotion fut considérable.

Les Jésuites mis en cause

Les Jésuites étaient détestés des milieux judiciaires, de la bourgeoisie gallicane et de l'Université du fait de leur engagement total du côté de la Ligue et de leur soutien sans faille à la politique espagnole. Quelque temps auparavant, on avait introduit un procès contre eux devant le parlement de Paris, mais l'affaire avait été ajournée le 6 septembre. Sans chercher à connaître l'avis du roi, prudent à l'égard de l'ordre – d'abord parce qu'il attendait la décision du Saint-Siège sur sa pleine réintégration dans la communauté catholique, ensuite parce qu'il considérait ses membres comme d'excellents éducateurs pouvant œuvrer à la construction de l'État moderne dont il rêvait –, les magistrats instructeurs décidèrent de faire arrêter dans la nuit les trente-sept pères du collège de Clermont. Ils ne

* L'actuel lycée Louis-le-Grand.

relevèrent aucune charge contre eux, à deux exceptions près : Jean Guéret, ancien professeur de philosophie, qui connaissait bien le coupable, et Jean Guignard, régent et bibliothécaire du collège, chez qui on trouva des écrits séditieux approuvant l'assassinat d'Henri III et appelant à celui de son successeur, qu'il qualifiait de « renard ».

Les théories tyrannicides qui avaient agité les débats théologiques au début des guerres de Religion avaient refait surface l'année précédente avec la publication à Anvers des *Aphorismi confessariorum* du R.P. Juan de Mariana du couvent de Tolède. Pour ce jésuite portugais, apologiste de Jacques Clément, tout catholique était en droit de purger le monde d'un tyran sans aucun jugement collectif préalable. « Il est toujours salutaire, écrivait-il, que les princes soient persuadés que s'ils oppriment la *res publica* [République], s'ils se rendent intolérables par leurs vices et leurs délits, ils sont sujets à être assassinés, non seulement avec droit, mais avec applaudissement et gloire des générations à venir. »

Le second interrogatoire de l'étudiant fanatique permit de mieux cerner sa personnalité tourmentée, névrosée même. Ayant eu des rapports homosexuels et des pulsions incestueuses dont il ne s'était pas accusé en confession, il avait cru être damné, surtout après les communions sacrilèges qui avaient suivi. La seule façon de se racheter était, pensait-il, de commettre un acte qui serait agréable à Dieu et atténuerait sa culpabilité : tuer ce roi prétendument catholique, toujours sous le coup d'une condamnation pontificale. Il en recevrait l'absolution et, au lieu de brûler éternellement dans les flammes de l'enfer, irait au purgatoire… S'il déchargea les disciples de saint Ignace de toute responsabilité, il accusa les prédications du bilieux cordelier Jean Garin de lui avoir suggéré le régicide.

Menée tambour battant par le grand prévôt de l'Hôtel et le procureur général du roi, l'instruction ne dura qu'un jour et demi. Henri IV aurait aimé une sentence indulgente. Il n'en fut rien. Le 29 novembre, le Parlement, la Grand Chambre et les Tournelles assemblées, condamna Jean Chastel à faire amende honorable, nu-tête, en chemise, devant Notre-Dame, à être tenaillé aux bras et aux cuisses, la main droite tranchée et enfin tiré à quatre chevaux en place de Grève, ce qui fut exécuté le jour même, après les questions préalable et préparatoire, autrement dit la torture (pratiquée en l'occurrence sous la forme du supplice des brodequins). Ses parents seraient expulsés du royaume et leur maison de l'île de la Cité rasée*.

Les furieux ligueurs en exil applaudirent au geste du criminel. Ancien recteur de la Sorbonne, ancien curé de Saint-Benoît réfugié à Tournai, en Brabant, où il avait reçu un canonicat, Jean Boucher fit diffuser en France son *Apologie de Jean Chastel*, diatribe d'une violence inouïe, glorifiant l'assassin, qualifiant son acte de juste et d'héroïque et appelant à son renouvellement.

Le même arrêt du Parlement déclarait scandaleuse, séditieuse et contraire à la parole de Dieu la doctrine tyrannicide professée par les Jésuites et stipulait, sous peine de crime de lèse-majesté, que « les prêtres et escholiers du collège de Clermont et tous autres de ladite société, comme corrupteurs de la jeunesse, perturbateurs du repos public, ennemis du roi et de l'État, videraient dedans trois jours hors Paris et autres villes et lieux où seraient leurs collèges et quinzaine après hors du royaume ».

Le Parlement tenait ainsi à faire oublier son zèle ligueur et à réaffirmer son rôle majeur au sein de l'État royal. Sa décision mettait le monarque dans l'embarras, fragilisant sa position à Rome, où les négociations se poursuivaient. Néanmoins, afin de donner des gages aux catholiques français, il transmit

* Cette maison fut remplacée par une « pyramide » tronquée flanquée de quatre statues exaltant les quatre vertus cardinales, qui ne sera détruite qu'en 1605, après le retour des Jésuites.

l'arrêt aux autres parlements sous forme de lettres patentes le 7 janvier 1595. Dijon, Rennes et Aix l'enregistrèrent non sans regimber ; en revanche, Bordeaux et Toulouse, où les ligueurs étaient encore nombreux, s'y refusèrent. Le roi ne voulant pas imposer sa volonté par lit de justice, pour ne pas jeter de l'huile sur le feu, laissa donc subsister les collèges jésuites en Guyenne et en Languedoc. Le même jour, deux arrêts complémentaires du Parlement condamnèrent Jean Guéret au bannissement perpétuel et Jean Guignard à la pendaison en Grève et au bûcher.

Les derniers feux de la Ligue

Il était clair que la Ligue, bien que sensiblement affaiblie, n'avait pas rendu son dernier souffle. Paris, Rouen et Amiens avaient été libérés, mais il restait encore des places occupées par les Espagnols : Soissons, La Fère et Ham. Cousin du gros Mayenne, Charles, duc d'Aumale, s'appuyant sur sa clientèle personnelle, exerçait sous la tutelle de Philippe II le gouvernement de Picardie. Le Parlement avait entamé contre lui une procédure pour crime de lèse-majesté. Maréchal de la Ligue, Chrétien de Savigny de Rosne était entré lui aussi au service de la puissance espagnole. De son côté, Charles-Emmanuel de Savoie-Nemours, qui s'était échappé du château de Pierre-Scize, bloquait la vallée du Rhône avec le concours de mercenaires suisses ; en Provence, Épernon, rallié à la rébellion, avait renforcé les places sous sa domination ; en Languedoc, le capucin duc de Joyeuse avait rompu les pourparlers et repris les armes ; en Bourgogne, Mayenne et sa petite armée avaient appelé au secours les Espagnols de Franche-Comté ; dans le Lyonnais, le duc de Nemours avait pareillement sollicité le duc de Savoie, tandis que Mercœur, qui tenait une bonne partie de la Bretagne, planifiait une offensive en direction du Maine et de l'Anjou. Bref, les espérances de paix étaient bien faibles.

Henri IV, d'ordinaire optimiste et confiant, paraissait morose, découragé, d'une humeur acariâtre. À la maréchale de Balagny s'étonnant de le voir si peu satisfait, il répliqua : « Ventre-saint-gris ! Comment pourrais-je l'être de voir un peuple si ingrat envers son roi, qu'encore que j'aie fait et fasse encore tous les jours tout ce que je puis pour lui, et pour le salut duquel je voudrais sacrifier mille vies, me dresser tous les jours de nouveaux attentats ! Car depuis que je suis ici, je n'ouïs parler d'autre chose. » Le 5 janvier 1595, Pierre de L'Estoile l'aperçut dans la procession du jour des Rois, « tout habillé de noir, ayant un petit emplâtre sur son mal et portant au reste un visage fort triste et mélancolique ». Mais chez le Béarnais, c'était toujours au moment où l'âme s'imprégnait de tristesse, où le vagabondage des rêveries servait de recours à son chagrin que le courage le ressaisissait. On le voyait à l'éclat fulgurant de son regard.

La guerre ouverte

Le 17 janvier, excédé de se sentir entre les serres impitoyables du vieux rapace de l'Escurial, il déclara la guerre à Philippe II. La nouvelle fut annoncée « à son de trompe et cris publics aux provinces et frontières du royaume afin que nul n'en prétende cause d'ignorance ». Il s'agissait, comme le soulignait Villeroy qui avait poussé à cette décision, de dénoncer à la fois l'ambition universaliste et expansionniste de la puissance espagnole, qui aspirait à la « monarchie universelle », et de rassurer les États protestants, craignant de voir des modifications dans les équilibres géostratégiques depuis la conversion du roi. Non, Henri, tout zélé catholique qu'il fût devenu, resterait le chantre de l'indépendance nationale face à la menace habsbourgeoise ! La guerre ouverte avait pour conséquence de faire des derniers ligueurs des ennemis de la France, des traîtres à la patrie.

Malgré les difficultés qu'elle avait rencontrées ces dernières années – la révolte des Pays-Bas, la formation des Provinces-Unies, indépendantes de fait, le désastre de l'Invincible Armada et la multiplication des révoltes intérieures –, l'Espagne demeurait une puissance redoutable, ce qui rendait particulièrement téméraire le geste d'Henri IV, à la tête d'un État ravagé, en faillite, qui criait famine.

L'ordre de bataille fut vite arrêté. Tandis que le duc de Nevers et l'amiral de Villars recevaient mission de couvrir la frontière septentrionale, le maréchal d'Aumont prit en charge le front de l'Ouest breton, toujours en effervescence. Charles de Lorraine, duc de Guise, assura le commandement des forces militaires en Provence, pour contrer Épernon et son allié savoyard. Le connétable de Montmorency, gouverneur du Languedoc, se lança à la poursuite de Charles-Emmanuel de Savoie-Nemours dans le Lyonnais.

Le roi pour sa part se résolut à affronter Mayenne en Bourgogne. Envoyé en avant-garde, Charles de Gontaut, duc de Biron, qui avait été fait l'année précédente, comme son défunt père, maréchal de France, s'était emparé de Beaune, Nuits, Auxonne, Autun et Dijon. Seul le puissant château de cette dernière place, construit à la demande de Louis XI après sa victoire sur Charles le Téméraire, avec ses quatre tours massives à cheval sur les remparts, résistait encore, tenu par les ligueurs opiniâtres du vicomte de Saulx-Tavannes, maréchal de la Ligue.

Pour leur porter secours, don Juan Fernández de Velasco, gouverneur du duché de Milan et connétable de Castille, franchit les Alpes à la tête de 12000 fantassins, tirés des garnisons d'Italie et de Sicile. Henri IV, de son côté, arriva à Dijon le 4 juin, avec 2000 fantassins, 300 cavaliers et

700 gentilshommes volontaires. Sans descendre de cheval, il fit le tour de la place, investit le château et disposa son artillerie de la meilleure façon.

Il apprit alors que Velasco venait de faire sa jonction avec les maigres effectifs de Charles de Mayenne et que trois de leurs régiments avaient franchi la Saône en crue à Gray. Il fallait les attaquer avant la traversée du gros de l'armée espagnole. Dès le lendemain matin, à quatre heures, Henri quitta la capitale de la Bourgogne avec 1 000 cavaliers et 500 arquebusiers montés, donnant rendez-vous à ses capitaines à une heure de l'après-midi au château de Lux, à mi-chemin au nord de la diagonale reliant Dijon à Gray, puis de là à trois heures au village voisin de Fontaine-Française.

S'avançant vers le lieu du second rendez-vous, il fit partir un détachement d'éclaireurs commandé par le jeune Jacques Chabot, marquis de Mirebeau, maître de camp du régiment de Champagne, en direction des deux châteaux forts de Saint-Seigne*, dominant les doux méandres de la Vingeanne, convaincu que tel serait le chemin des ennemis dans leur marche sur Dijon. Le brave Mirebeau revint affolé au quartier du roi à Fontaine-Française : ayant quitté Gray, les Espagnols occupaient déjà ces deux points stratégiques. Biron partit à son tour avec 100 cavaliers, afin de se rendre sur la petite éminence séparant Fontaine-Française de Saint-Seigne et d'observer la progression des ennemis. Il n'en eut pas le temps. Il fut assailli par une masse de 300 ou 400 cavaliers espagnols, blessé d'un coup d'épée à l'arrière du crâne et balafré par la pointe d'une lance. Il se trouva bientôt encerclé par plusieurs escadrons pendant que la majeure partie de l'armée espagnole, en ordre de bataille, abritée dans le bois voisin, se préparait à l'assaut final.

* Aujourd'hui Saint-Seine-sur-Vingeanne.

L'heureuse folie de Fontaine-Française

Henri IV, arrivé en avance au lieu du second rendez-vous, ne s'attendait nullement à rencontrer l'ennemi en force. Fallait-il battre en retraite comme on le lui conseilla ? Non. Sans désemparer il décida d'attaquer avec seulement 100 arquebusiers et 200 cavaliers. « Marche là, Mirebeau ! », ordonna-t-il à son second. « À moi, messieurs, faites comme vous m'allez voir faire ! », et, sans coiffer son casque, une simple cuirassine lui protégeant la poitrine et le dos, il fonça sus aux Espagnols, faisant croire que le reste de son armée suivait. C'était folie assurément.

Néanmoins, ce diable d'homme réussit. Et avec quel talent, quelle ardeur guerrière ! Ayant divisé son maigre corps de cavalerie en deux, il en confia une partie à Claude de La Trémoille, duc de Thouars, et rejoignit Biron, le libéra du parti ennemi après une vive mêlée, puis, avec une impressionnante assurance, se gardant de se jeter dans les bois de Saint-Seigne, « farcis de fusiliers », regagna la colline de Fontaine-Française. Les renforts de cavalerie étaient enfin arrivés, mais en nombre insuffisant pour lui permettre de repartir à l'assaut.

Impressionné par le coup de main du roi, don Juan Fernández de Velasco, observant de sa lunette le mouvement des troupes ennemies, n'insista pas et, malgré l'avis de Mayenne qui lui réclamait 400 cavaliers pour en finir avec les Français, repassa la Saône à Gray, où il s'enferma dans un camp retranché. Selon une légende invérifiée, Henri, trompant son adversaire sur ses effectifs réels, aurait fait défiler plusieurs fois, tels des figurants de théâtre, des villageois dont les piques et les faux menaçantes scintillaient dans le soleil sur la hauteur de Fontaine-Française. Au total, lors de cette brève mais spectaculaire rencontre, il n'y avait eu que six tués du côté français, les Espagnols et les ligueurs ayant à déplorer 120 morts, 200 blessés et 60 prisonniers.

De Dijon où il coucha le 6, le monarque, encore tout échauffé par son exploit, écrivit à sa sœur : « Tant plus je vais en avant, tant plus j'admire la grâce que Dieu me fit au combat de lundi dernier, où je pensais n'avoir défait que douze cents chevaux, mais il en faut compter deux mille. Le connétable de Castille y était en personne avec le duc de Mayenne, qui m'y virent et m'y connurent toujours fort bien, ce que je sais de leurs trompettes et prisonniers [...], et vous ai vue bien près d'être mon héritière. » La victoire royale eut un éclat retentissant. Le château de Dijon et la forteresse de Talant, sur son éperon rocheux au nord-ouest de la ville, se rendirent peu après.

Franchissant à son tour la Saône, Henri IV se jeta sur plusieurs localités de Franche-Comté avec la volonté de faire payer aux Espagnols ce qu'ils lui avaient fait subir par leurs attentats. Une partie du pays avait déjà été mise à sac par les troupes lorraines, alliées du roi. Cette fois, les dévastations furent plus sévères. Ainsi fut rançonnée Champlitte, ravagée Pesmes, harcelés sans merci le village fortifié de Rochefort-sur-Nenon et son château du XIIIe siècle qui protégeait Dole. Installant son quartier général à Montigny, Biron fit le siège d'Arbois, qui refusa à trois reprises de se rendre. Il y eut près de 300 morts de part et d'autre. Arrivé le 9 août au moment de sa capitulation, le roi laissa ses troupes le piller, exigeant le paiement d'une rançon de 10000 écus, finalement réduite à 7000. Il y eut d'autres massacres au bourg fortifié d'Arlay, où 200 habitants périrent, à Lons-le-Saunier, à Vesoul, à Sellières.

Après son exploit à Fontaine-Française, il faut convenir que le premier roi Bourbon ne se couvrit nullement de gloire durant cette « sale guerre ». Il avait rêvé, dit-on, de faire de cette province francophone, mais espagnole de cœur, une principauté pour le fils que Gabrielle lui avait donné le 7 juin 1594, César, qu'il avait légitimé. En tout cas, la Comté, attachée à sa fière devise – « Franc-Comtois, rends-toi, nenni ma foi ! » –, se souviendra longtemps des déprédations opérées par son armée. À la requête des cantons suisses inquiets, le roi enfin se retira. Son entrée dans Lyon le 4 septembre fut un triomphe.

Cependant, les nouvelles des différents fronts n'étaient pas aussi réjouissantes. Si en Lyonnais le connétable de Montmorency avait chassé Savoie-Nemours qui s'était réfugié à Annecy, où il allait mourir, en Provence Épernon avait fait main basse sur Brignoles et Grasse, et surtout sur Toulon, qu'il avait promis de livrer aux Espagnols ; en Bretagne, la mort en août du prestigieux maréchal d'Aumont des suites des blessures reçues au siège du château de Comper, près de la forêt de Paimpont, mit un terme à la reconquête de la province.

Au nord, Pedro Enriquez de Acevedo, comte de Fuentes, avait franchi la frontière à la tête de 14 000 combattants. Ravageant villes et campagnes, il se conduisait avec une cruauté bien supérieure à celle du Béarnais en Franche-Comté. Le Catelet, La Capelle et Doullens étaient tombés. Dans cette dernière ville, 4 000 personnes avaient trouvé la mort, dont 600 gentilshommes français. Charles d'Humières, lieutenant général du roi en Picardie, et André de Brancas, dit l'amiral de Villars, avaient été tués durant cette campagne.

À Lyon, où il se reposait dans les bras de la voluptueuse Gabrielle, Henri s'alarma lorsqu'il apprit que la puissante citadelle de Cambrai allait rendre les armes. Le Parlement, hélas, lui avait coupé les vivres, refusant d'enregistrer les derniers édits bursaux à seule fin de lui donner un avertissement après cette folie de jeune homme à Fontaine-Française qui avait mis en péril la monarchie. Sautant sur son écritoire, Henri renouvela sa demande pressante de subsides auprès de ces messieurs. « Vous m'avez dit que je me hasarde trop ; je ne le fais volontiers, mais j'y suis contraint, parce que si je n'y vais, les autres n'y iront point. Ce sont tous volontaires que je ne puis forcer. Si j'avais de quoi payer les gens de guerre, j'aurais des personnes assurées que j'enverrais aux hasards et je n'irais point, mais je n'ai personne. Forces troupes me viennent trouver, mais quand je les ai tenues quinze jours, je ne sais ce qu'elles deviennent. [...] Je m'en vais mercredi. Je me porte bien ; je suis venu au pas et retourne au galop. Il ne me faut rien que de l'argent. Ce n'est pas pour faire des masques et des ballets, c'est pour chasser les ennemis en leur pays ; j'espère les y mener battant. Tout ira bien si j'ai de l'argent. Aidez-moi et vous connaîtrez que vous ne pouvez avoir un meilleur roi, qui vous aime plus et qui doute moins de hasarder sa vie. »

Cette missive empanachée reflète la fragilité de l'armature militaire de la France à cette époque, toujours fondée sur le système médiéval de l'ost. On était revenu au temps du roi de Navarre et de ses bandes errantes. Quels que fussent son énergie et son enthousiasme, la tâche était surhumaine.

Le Parlement se laissa convaincre. Trop tard, malheureusement. Cambrai s'était rendue le 7 octobre. Qu'à cela ne tienne, vite à cheval ! Il fallait se revancher, et rien de mieux que d'entreprendre le siège de La Fère en Picardie, une solide place de guerre que Mayenne avait livrée au duc de Parme en 1592 et qui depuis servait d'arsenal et de parc d'artillerie. L'investissement commença le 8 novembre. Le siège devait durer sept mois pour ne s'achever qu'en mai 1596.

L'absolution du pape et ses conséquences

Pendant ce temps, une bataille décisive se déroulait à Rome, où les ennemis du roi multipliaient les brigues dans le but de maintenir les anathèmes pontificaux. Chargé des affaires de France, Arnaud d'Ossat œuvrait en sens contraire, usant d'un argument, plutôt spécieux il faut l'admettre, selon lequel l'« absolution gallicane » n'avait été donnée que pour une raison d'extrême nécessité, le roi, entouré d'assassins, se trouvant *in periculo mortis*.

En juillet 1595, le cardinal Du Perron se rendit en personne dans la Ville Éternelle en qualité d'ambassadeur et de procureur de Sa Majesté, afin d'assurer à Sa Sainteté que le pardon – illicite certes – qu'il avait donné dans l'urgence ne devait nullement être interprété dans une perspective schismatique. Les négociations avançaient et l'on pouvait escompter un proche dénouement lorsque la nouvelle de l'expulsion des Jésuites vint tout retarder. Ligueurs et Espagnols eurent alors beau jeu de dénoncer l'hypocrisie d'un monarque relaps qui feignait de se soumettre et chassait en même temps de son royaume les plus fidèles « soldats » de la papauté.

Clément VIII, qui au début de son pontificat avait déclaré à l'envoyé de Toscane que « tout irait bien mieux si le Béarnais attrapait quelque bon coup d'arquebuse », avait changé d'opinion. Il avait compris que pour ne pas se retrouver pieds et poings liés par les Espagnols, il avait tout intérêt à lever la sentence d'excommunication majeure et à donner son absolution, sous réserve bien entendu d'un ferme et clair engagement du monarque à se soumettre et à servir fidèlement la chrétienté. Le 30 août, le consistoire accepta à la majorité des deux tiers la repentance du roi de France.

Il n'était pas question naturellement de contraindre ce dernier à « aller à Canossa », comme son homonyme du Saint Empire au XIe siècle. On se contenterait d'une abjuration de l'hérésie, prononcée en son nom par le cardinal Du Perron et le R.P. d'Ossat, qui se prosterneraient en geste d'humilité et de contrition. La cérémonie se déroula place Saint-Pierre le 17 septembre en présence du pape, du cardinal de Santa Severina, grand pénitencier, du Sacré Collège et des dignitaires de la Curie et se termina par un *Te Deum* dans la basilique et un feu d'artifice dans les jardins. Agrippa d'Aubigné ironisa dans ses *Confessions catholiques du sieur de Sancy* sur les deux prélats français couchés devant l'Antéchrist romain, « ventre à bouche-nez comme une paire de maquereaux sur le gril ».

L'intéressé reçut avec joie la bulle libératrice alors qu'il se trouvait au siège de La Fère. Il s'engageait à respecter les concordats antérieurs, à protéger le clergé, à réintroduire le catholicisme en Béarn, à appliquer en France, sans troubler toutefois la « tranquillité du royaume », les canons du concile de Trente, à élever dans la religion catholique son cousin le petit prince de Condé, pour l'heure seul héritier de la couronne. Il promettait en outre de dire tous les jours son chapelet, le mercredi les litanies, le samedi le rosaire, d'assister quotidiennement à la sainte messe, de se confesser et de communier quatre fois l'an aux grandes fêtes, enfin de bâtir en chaque province des monastères d'hommes et de femmes. Une clause secrète prévoyait la réintégration des Jésuites.

La reddition de Mayenne

La décision romaine faisait disparaître le dernier fondement canonique justifiant la poursuite de la guerre civile par le duc de Mayenne et les chefs de l'aristocratie ligueuse. Réconcilié avec la papauté, pleinement intégré au sein de la chrétienté, le roi était désormais, de façon indiscutable, le Très Chrétien, successeur légitime de Saint Louis. Les factieux n'avaient donc d'autre solution que de se rallier en essayant, tant que faire se pouvait, de ne pas perdre la face et d'empocher au passage de substantiels bénéfices arrondissant leur fortune. Après quelques contacts avec le président Jeannin et la belle Gabrielle, Mayenne se résolut à signer une trêve en septembre, transformée en janvier 1596 en un compromis signé au château royal de Folembray. Pour prix de son accommodement, le duc félon se voyait promettre la bagatelle de près de 3,6 millions de livres destinées à couvrir ses dettes de guerre ainsi que trois places de sûreté, Chalon, Seurre et Soissons, pour une durée de six ans. Ses partisans et lui étaient amnistiés. Son fils aîné, Henri, baron d'Aiguillon, recevait le gouvernement de l'Île-de-France, à l'exception de Paris. Le dernier des Joyeuse, « frère Ange », qui avait combattu Damville en Languedoc, rentrait en grâce et recevait une gratification de près de 1,5 million de livres, le bâton de maréchal de France ainsi que la lieutenance générale du Haut-Languedoc. La pacification de cette province entraîna le retour à l'obéissance du parlement de Toulouse et des états.

Henri IV et Mayenne se rencontrèrent le 31 janvier 1596 à Montceaux, chez Gabrielle. Avec sa bonhomie quelque peu narquoise, le Béarnais réserva à son visiteur une amusante punition symbolique. « Le duc de Mayenne, relate donc Sully, aborda le roi qui se promenait à l'étoile du parc, seul avec moi et, me tenant par la main, mit un genou à terre, lui accola la cuisse et joignit à l'assurance de sa fidélité un remerciement de ce que Sa Majesté "l'avait délivré, disait-il, de l'arrogance espagnole et des ruses italiennes". Henri, qui avait été à sa rencontre lorsqu'il le vit approcher, l'embrassa trois fois, se hâta de le faire relever, l'embrassa avec cette bonté qui n'a jamais tenu contre un repentir ; puis, le prenant par la main, il le promena dans son parc, où il l'entretint familièrement des embellissements qu'il allait y faire. Le roi marchait à si grands pas que le duc de Mayenne, également incommodé de la sciatique, de sa graisse et de la grande chaleur qu'il faisait, ne traînant qu'à grand-peine sa cuisse, souffrait cruellement sans oser en rien dire. Ce prince s'en aperçut ; voyant le duc rouge et tout en sueur, il me dit en se penchant vers mon oreille : "Si je promène encore longtemps ce gros corps-ci, me voilà vengé sans grand-peine de tous les maux qu'il nous a faits. – Dites le vrai, mon cousin, poursuivit-il en se tournant vers le duc de Mayenne, je vais un peu vite pour vous." Le duc lui répondit qu'il était près d'étouffer et que, pour peu que Sa Majesté eût encore continué, elle l'aurait tué sans y penser. "Touchez là, reprit le roi d'un air riant, en l'embrassant encore et lui frappant sur l'épaule, car pardieu voilà toute la vengeance que vous recevrez de moi." Le duc de Mayenne, qu'une manière si franche pénétra vivement, fit encore ses efforts pour s'agenouiller et pour baiser la main que Sa Majesté lui tendait ; il lui jura qu'il la servirait désormais contre ses propres enfants. »

Il ne restait plus que quelques flammèches de rébellion. Charles de Lorraine, duc d'Aumale, s'était réfugié à Bruxelles. À Marseille, le duc de Guise, nouveau gouverneur de Provence pour Henri IV, réussit à retourner le capitaine corse Pierre de Libertat, qui, moyennant finance, assassina le 17 février le maire ligueur, vrai potentat local, Charles de Cazaulx ; cet acte ouvrit au fils du Balafré les portes de la vieille cité phocéenne. « C'est maintenant que je suis roi ! », se serait exclamé le Béarnais en apprenant la nouvelle. La soumission du duc d'Épernon suivit en mai et fut naturellement monnayée par le souverain, qui lui rendit son gouvernement de l'Angoumois et y ajouta celui du Limousin. Seule la Bretagne, partiellement tenue par le duc de Mercœur, résistait encore à l'autorité royale, grâce au soutien de contingents espagnols installés au Blavet et dans la presqu'île de Crozon.

La France en effet n'était pas débarrassée des Espagnols. Leurs troupes avaient même remporté plusieurs villes importantes : Doullens, Cambrai, Ardres et Calais. Cette dernière place, primordiale pour le trafic franco-anglais, était tombée le 17 avril. Comme le château tenait encore, Henri avait quitté le siège de La Fère, toujours en cours, pour gagner Boulogne et tenter à deux reprises par une mer démontée de lui porter secours. Ce fut un échec, dû en partie au refus de la méfiante Élisabeth de faire traverser la Manche aux 16000 Anglais qui devaient lui venir en aide. La conversion de Saint-Denis avait refroidi leurs relations.

La reddition du château de Calais le 24 à l'archiduc Albert et à don Juan Fernández de Velasco fit prendre conscience à la reine que l'installation des Espagnols à quelques encablures de Douvres représentait un redoutable danger, car la guerre navale entre les deux pays se poursuivait. Aussi, dès le

14 mai, s'empressa-t-elle de signer à Greenwich un traité d'alliance offensif et défensif avec Henri IV, aux termes duquel l'Angleterre promettait l'envoi de 4000 soldats d'infanterie, sous commandement français et entretenus par le roi. La réciproque était prévue en cas d'invasion de l'Angleterre. Les Hollandais s'associèrent à ce traité par une nouvelle convention signée à La Haye le 31 octobre. Mais, dès la fin juin, les flottes des deux pays opéraient un raid meurtrier sur Cadix qui préparait une nouvelle armada. Les Espagnols assistèrent impuissants au sac et quelques jours plus tard à l'incendie de leur ville, où se trouvait la cargaison en lingots d'or de dix-huit vaisseaux de retour d'Amérique. Philippe II avait un genou à terre.

La surprise d'Amiens

C'est sans doute la raison pour laquelle le monarque, malgré l'état effrayant des finances, malgré les menaces de défection des Suisses exaspérés du non-versement de leur solde, malgré l'hiver calamiteux qui peinait à s'adoucir, décida de lancer une offensive sur les positions espagnoles d'Artois, en commençant par Arras. En prévision, Biron avait soigneusement réparti vivres et matériels dans les différentes places de la frontière. Amiens disposait ainsi d'un vaste parc d'artillerie.

Survint alors ce qu'on a appelé la « surprise d'Amiens ». Sully en a fait le récit vivant dans ses *Œconomies royales*. Il conta d'abord comment, dans la nuit du 11 au 12 mars 1597, il fut mandé d'urgence au Louvre. Il trouva le roi dans sa chambre, qui se promenait à grands pas, tête baissée, l'air pensif, les mains dans le dos, ses collaborateurs silencieux adossés à la muraille. « Ha ! mon ami, lui fit-il en lui serrant la main, quel malheur ! Amiens est pris ! – Comment, Sire, Amiens pris ? Hé, vrai Dieu, qui peut avoir pris une si grande et si puissante ville, et par quel moyen ? – Les Espagnols s'en sont saisis par la porte en plein jour, pendant que ses malheureux habitants, qui ne se sont pu garder et n'ont pas voulu que je les gardasse, s'amusaient à se chauffer et à boire et à ramasser des noix que des soldats déguisés en paysans épandaient exprès près du corps de garde. »

À partir des sources françaises et espagnoles, Olivia Carpi et José Javier Ruiz Ibáñez ont reconstitué cet épisode cocasse. Informé par un ancien ligueur des faiblesses de la défense de la capitale picarde, le gouverneur espagnol de la place voisine de Doullens, Hernán Tello Portocarrero, envoya un espion chargé de vérifier ce renseignement. L'occasion parut inespérée. Avec l'autorisation du cardinal-archiduc Albert, gouverneur général des Pays-Bas espagnols, il mit au point un plan destiné à s'emparer de la ville par surprise. Dans la nuit du 10 au 11 mars, peu avant le lever du jour, il traversa la frontière à la tête d'une colonne de 1 800 hommes, embusquant 500 d'entre eux à proximité d'Amiens. De bon matin, une trentaine de faux paysans et d'hommes déguisés en campagnardes, portant paniers ou hottes et entourant trois charrettes chargées de sacs de noix, se présentèrent à la porte du Ravelin de Montrescu. Ils venaient vendre leur denrée au marché. Ils franchirent sans encombre la première porte qui n'était pas défendue. À la seconde, les gagne-deniers, qui remplaçaient les bourgeois dans le service de la milice, jouaient aux cartes. Les paysans renversèrent alors une des charrettes. Les gardes se précipitèrent sur les noix (d'où le surnom de *maqueux d'gueugues* – « mangeurs de noix » en patois picard – qu'acquerront les Amiénois). Aussitôt les paysans, en réalité des soldats wallons déguisés, placèrent une des charrettes sous la herse afin de l'empêcher de s'abaisser et poignardèrent les sentinelles. Sortant des taillis, les 500 hommes de Portocarrero, soutenus par quatre compagnies de cavalerie, n'eurent aucun mal à se rendre maîtres de la place, malgré la résistance désespérée d'une centaine de bourgeois, à peu près tous massacrés, et se livrèrent au pillage.

Les Espagnols transformèrent cette version nouvelle du cheval de Troie en une épopée, ce qu'elle n'était évidemment pas, compte tenu des pratiques poliorcétiques de l'époque. Toutefois, cette victoire inattendue tombait à point nommé pour remonter leur moral.

Ancienne ville ligueuse de 28 000 habitants, riche d'une activité textile prospère, mais orgueilleuse « république imaginaire » (Olivia Carpi) qui avait battu monnaie, Amiens avait été reconquise militairement par Henri IV en 1594. À trois reprises, le mayeur Pierre de Famechon et les échevins, invoquant les franchises communales accordées par Louis XI en 1471 et confirmées au moment de la soumission de la ville, avaient refusé sa proposition de loger quelques compagnies de Suisses, afin de garder le parc d'artillerie.

Ces dysfonctionnements illustraient les déplorables tares de l'extrême décentralisation du royaume et les libertés extravagantes accordées aux « bonnes villes ». Le comte de Saint-Paul, lieutenant général de Picardie, parti chercher du secours, n'avait même pas le commandement militaire de la place qui incombait au mayeur. Amiens jouissait de l'exemption de garnison et de gouverneur et n'en voulait pas démordre. En contrepartie, les bourgeois étaient chargés d'assurer la sécurité de la cité, notamment la garde des portes et des remparts, en servant par quartiers ou corporations dans la milice municipale. « Ce coup vient du ciel !, explosa le roi. Ces pauvres gens pour avoir refusé une petite garnison que je leur ai voulu bailler se sont perdus. » Rien ne pouvait le convaincre davantage de la nécessité d'un sérieux renforcement de l'État monarchique, en récupérant au besoin les franchises qu'il avait un peu partout confirmées ou rétrocédées par souci d'apaisement. La « surprise d'Amiens » a certainement joué un rôle dans sa volonté de construction de l'absolutisme.

Sur le moment, en tout cas, sa détermination fut sans faille. « C'est assez fait le roi de France, déclara-t-il en présence de Sully, il est temps de faire le roi de Navarre ! » Et comme Gabrielle venait d'entrer dans sa chambre en pleurant, il ajouta : « Ma maîtresse, il faut quitter nos armes [les combats de Vénus] et monter à cheval pour faire une autre guerre. »

Le lendemain 12 mars, il partit pour la Picardie à la tête de ses gardes du corps et de quelques compagnies régulières. Dans sa fougue, il alla trop vite. Un premier coup de main sur Arras échoua. Brusquement incommodé par une « pesanteur aux reins » lui faisant redouter la gravelle, il dut prendre quelques jours de repos forcé à Abbeville puis à Beauvais. Rongeant son frein, mesurant mieux que personne la détresse du peuple et l'« alanguissement » de l'État, il convoqua le ban et l'arrière-ban de la noblesse, lente et lourde procédure féodale, indispensable au rassemblement des combattants en nombre suffisant. Sa *Remontrance aux gentilshommes casaniers de ce royaume* disait à la fois son impatience à remplir les rangs de l'armée (« Montez donc à cheval, mettez la cuirasse sur le dos ») et sa conception de la noblesse au sein de l'État (elle « n'est que par l'épée [...] et pour le service du roi »). La reprise d'Amiens l'obsédait. Il pressait la fonderie de l'Arsenal à Paris de lui fabriquer le plus possible de canons. Partout où il passait, Henri renforçait l'ardeur des gens de guerre. Mais, Dieu, que le métier de roi était difficile ! L'obéissance n'avait plus cours. Chacun ne pensait qu'à ses intérêts. Même Duplessis-Mornay, le si fidèle compagnon des jours difficiles, avait demandé à la noblesse protestante de ne pas rejoindre l'armée de Biron assemblée devant Amiens, à seule fin d'accélérer les travaux de l'édit de pacification religieuse en cours d'élaboration.

Le nerf de la guerre

Restait la question cruciale de l'argent. Quelques mois auparavant, du 4 novembre 1596 au 26 janvier 1597, le roi avait réuni une assemblée de notables, choisis parmi les membres du clergé, de la noblesse et des titulaires d'offices (magistrats, trésoriers, maires ou échevins), afin d'étudier les moyens d'accroître les rentrées fiscales. Il s'agissait d'obtenir un large consensus dans un domaine toujours délicat où les prélèvements deviennent vite vexatoires. Plusieurs assemblées de ce type, purement consultatives, s'étaient déjà tenues dans le passé depuis Louis XI. Comme les états généraux, elles faisaient partie du mode de gouvernement royal par « Grand Conseil ». Comprenant 95 membres, elle se tint dans la grande salle de l'abbaye de Saint-Ouen à Rouen. Exceptionnellement, Henri avait autorisé des cahiers de doléances. Cheverny et Pomponne de Bellièvre proposèrent la levée pour trois ans d'une taxe appelée « pancarte » d'un sol par livre (soit 5 %) frappant toutes les marchandises à l'entrée des villes closes et dans les foires, à l'exception des blés. Les députés commencèrent à discuter, à contester le droit de lever des impôts sans le consentement des états généraux et à réclamer une monarchie limitée par l'aristocratie. Henri, qui avait commis l'erreur de leur dire dans la séance inaugurale qu'il se mettait en « tutelle entre leurs mains, envie qui ne prend guère aux rois, aux barbes grises et aux victorieux », s'en mordit les doigts. À Gabrielle, qui s'était montrée choquée du mot « tutelle », il avait d'ailleurs répliqué : « Ventre-saint-gris, il est vrai, mais je l'entends avec mon épée au côté ! » Il lui fallut temporiser, ruser, grimacer, multiplier les contorsions, conter des faussetés, éclater en gasconnades et, à son habitude, grâce à son intelligence peu commune, se jouer de tous, avant de remercier ces impertinents marauds blasonnés.

La pancarte ne donna pas les résultats escomptés. Il fallut se rabattre sur des expédients. Le roi décida de vendre de nouveaux offices (une charge de président, plusieurs autres de conseiller au Parlement, de conseiller aux sièges présidiaux, de greffier, procureur, notaire royal et visiteur-marqueur de cuir...) et de rétablir les commissaires examinateurs*, d'où une levée de boucliers immédiate des conseillers du Parlement. Il dut revenir à Paris, enrageant d'avoir à « demander l'aumône » à ces messieurs décidément bien arrogants. Le 13 avril, il leur adressa un message pressant. « J'ai été sur la frontière, j'ai fait ce que j'ai pu pour rassurer les peuples ; j'ai trouvé en y arrivant que ceux de Beauvais s'en venaient en cette ville [à Paris], ceux des environs d'Amiens à Beauvais. J'ai encouragé ceux du plat pays, j'ai fait fortifier leurs clochers, et il faut que je vous dise, Messieurs, que les oyant crier à mon arrivée *Vive le Roy !* ce m'était autant de coups de poignard dans le sein, voyant que je serais contraint de les abandonner au premier jour. [...] Je vous prie, assemblez-vous, car si on me donne une armée, j'apporterai gaiement ma vie pour vous sauver et relever l'État. Sinon, il faudra que je recherche des occasions, en me perdant, de donner ma vie avec honneur, aimant mieux faillir à l'État que si l'État me faillait. J'ai assez de courage pour l'un comme l'autre. »

Cet appel pathétique, doublé d'un ton patelin, n'émut nullement ces messieurs. À peine pardonnés de leur attitude durant la Ligue, ils étaient déterminés à faire éprouver au souverain le poids de la grandeur de leur institution multiséculaire, ce qu'ils avaient déjà tenté lors de l'affaire Chastel. Le 25 avril, ayant convoqué au Louvre une délégation de magistrats à cause de ses douleurs qui le contraignaient à rester au lit, il s'entendit dire par le premier président de Harlay que,

* Auxiliaires de justice chargés d'assister les magistrats du Châtelet lors des audiences et des jugements.

Dieu leur ayant baillé la justice, ils s'en sentaient responsables. Il explosa et le gourmanda sévèrement : « Responsables de la justice ! » C'était à lui que Dieu en avait confié la mission. Il la leur avait déléguée pour la rendre en son nom. Il ne fallait pas inverser les rôles.

Le statu quo dura plusieurs semaines. Le 21 mai, il se rendit à la Grand Chambre du Parlement, botté, l'épée au côté. « Ce m'est un extrême déplaisir, Messieurs, les réprimanda-t-il, que, la première fois que je viens en mon Parlement, ce soit pour le sujet qui m'y mène. [...] J'ai été poussé de venir ici par vos langueurs, vos opiniâtretés et vos désobéissances, et encore pour le salut de l'État, duquel je vous ai fait voir le péril imminent, qui toutefois ne vous a pas émus. »

Cette séance, étudiée par Bernard Barbiche ainsi que par les historiens de l'école cérémonialiste anglo-saxonne, n'était pas à proprement parler un lit de justice, du moins dans l'esprit du roi, même si les registres de la cour l'inscrivirent comme tel. Cette procédure d'ordre constitutionnel, apparue pour la première fois en janvier 1527 sous François Ier, avait pour but de manifester la plénitude de la puissance législative du monarque. La session de 1597 n'avait pas revêtu la même solennité. On n'en avait eu ni le temps ni surtout la volonté. Henri IV préférait agir en douceur. Par ailleurs, nombre de magistrats manquaient à l'appel, à commencer par le premier président et trois des six présidents à mortier. Sur les bancs, on ne vit qu'un prince du sang, Conti, et un seul pair, le duc de Joyeuse. Dans l'esprit du Béarnais, toutefois, cette « séance royale », comme il en avait existé de multiples dans les temps médiévaux, devait produire les mêmes effets : puisqu'il siégeait au milieu de ses conseillers, les neuf édits présentés furent réputés enregistrés, sans contestation ni discussion possibles. Ce succédané de lit de justice sera le seul de tout son règne. En effet, celui de mai 1610 se déroulera immédiatement après sa mort pour manifester la pleine souveraineté de son fils Louis XIII.

La chute d'Amiens

L'arrivée d'Henri devant Amiens, le 8 juin, avec d'importants renforts, permit d'accélérer les travaux du siège, menés par Biron en son absence. Cette entreprise marquait une avancée dans l'histoire de la poliorcétique. Grâce à la diligence de Rosny, l'armée d'assaut, forte d'environ 20000 hommes, disposait d'un matériel exceptionnel pour l'époque et d'une logistique inégalée : 32 canons flambant neufs, des tentes spacieuses et des baraquements, deux hôpitaux, des ambulances de campagne... D'où son nom de « siège de velours », ce qui n'empêcha pas la violence des combats lors des trois tentatives de sortie des assiégés. À l'occasion de ce siège, Jean Errard, ingénieur militaire réputé de Bar-le-Duc, introduisit les techniques italiennes de fortifications bastionnées, très en avance sur leur temps.

La plupart des anciens chefs ligueurs se trouvaient désormais dans le camp du roi. Bonne manière de les avoir à l'œil. Il en allait ainsi de Charles de Lorraine, duc de Guise, et de son oncle Mayenne, déterminés à s'illustrer loyalement à son service. Seul Jean de Saulx-Tavannes, en attente du bâton de maréchal, avait refusé de le suivre. Il avait été aussitôt embastillé. La plupart des grands seigneurs huguenots, tels Bouillon et La Trémoille, boudaient. Du côté catholique, on remarquait aussi l'absence du comte de Soissons, fiancé malheureux de Catherine.

Les Espagnols, qui avaient 7000 hommes de pied et 700 cavaliers dans la place, résistèrent farouchement. Mines et contre-mines furent largement utilisées dans les deux camps. Contrairement à ce qu'on pourrait penser, ces « pétards » de conception rudimentaire ne faisaient pas que du bruit assourdissant en soulevant la terre. Ils pratiquaient des brèches dans les murs d'escarpe et de contrescarpe ou pulvérisaient un pont-levis. Un jour qu'Henri IV s'avançait à cheval en zone périlleuse, un soldat gascon, enrôlé on ne sait trop comment dans la garnison espagnole, l'interpella en patois : *« Eh ! lou moulié dé Barbasto ! Garda te ! La cata baouata ! »* (« Eh ! le meunier de Barbaste, garde-toi, la chatte va mettre bas ! ») C'était un jeu de mots, car en gascon « cate » signifiait à la fois chatte et mine... Il est possible que le roi ait dû la vie sauve à la bienveillance de ce compatriote anonyme.

Le 15 septembre, une armée de secours de 25 000 hommes s'avança derrière le comte de Mansfeld et le cardinal-archiduc Albert de Habsbourg, neveu de Philippe II, qui avait succédé à son frère Ernst comme gouverneur des Pays-Bas espagnols. Ce dernier n'était à la vérité ni prêtre ensoutané ni bon général. Il attaqua au nord-ouest le village de Longpré et le bourg d'Ailly. Surpris par la puissance de feu de l'artillerie française, il n'insista pas et déguerpit le lendemain 16.

À l'issue de cette victoire, Henri jubilait. Quatre jours plus tard, il écrivit ce fameux billet à son cher Crillon : « Brave Crillon, pendez-vous de n'avoir été ici près de moi lundi dernier, à la plus belle occasion qui se soit jamais vue et qui, peut-être, se verra jamais ! Croyez que je vous y ai bien désiré. Le cardinal nous vint voir fort furieusement, mais il s'en est retourné fort honteusement. J'espère, jeudi prochain, être dans Amiens, où je ne séjournerai guère pour aller entreprendre quelque chose, car j'ai maintenant une des [plus] belles armées que l'on saurait imaginer. Il n'y manque rien que le brave Crillon, qui sera toujours le bienvenu et vu de moi. À Dieu. »

Avec le départ du cardinal-archiduc, les Espagnols enfermés dans Amiens et qui manquaient de tout perdirent leur dernier espoir. Le gouverneur, Girolamo Carafa, marquis de Montenero (Portocarrero avait été tué trois semaines plus tôt d'un coup d'arquebuse), finit par capituler le 25 septembre, après six mois de siège. La garnison sortit avec les honneurs, saluée par le roi à cheval, sceptre en main – il raffolait de temps en temps de ces attitudes olympiennes –, entouré des princes du sang et des ducs. Montenero baisa sa botte en signe d'humble soumission. Une fois de plus, les lys triomphaient de la croix rouge ! Une apothéose que ponctuera quelques jours plus tard un *Te Deum* à Notre-Dame de Paris. La propagande, bien sûr, s'en donna à cœur joie, insistant sur ce roi, décidément chéri de la Providence, dont la seule présence avait assuré la victoire finale. Mais l'épreuve avait été rude. Recru de fatigue, il avait répondu cavalièrement aux compliments des échevins d'Amiens : « Oui, roi béni, très grand et très clément... Ajoutez-y aussi très las. Je vais me reposer. J'écouterai le reste une autre fois. »

Pierre de L'Estoile rapporte la réflexion pertinente des vaincus : Henri IV était sorti des combats « roi d'Amiens ». La suite des événements leur donnera raison. Balayant les privilèges de la ville, le monarque chargea Jean Errard de construire deux citadelles, destinées à recevoir des garnisons régulières. C'en était fini de l'inefficace milice urbaine. En novembre, fustigeant l'opiniâtreté des Amiénois à s'être « trop attachés à la vanité de leurs privilèges », un édit réforma l'échevinage, drastiquement réduit de vingt-sept à quatre membres et placé sous l'étroite surveillance de quatre conseillers de ville désignés par un gouverneur général. Quant à la fonction de mayeur, elle fut supprimée. Ainsi progressait au cas par cas, ville par ville, la centralisation de l'État moderne.

19

« PAIX DES ARMES, PAIX DES ÂMES* »

La paix de Vervins

Un dernier foyer d'incendie restait à éteindre, la Bretagne, où les populations n'aspiraient plus qu'à la paix. Au début de 1598, la simple annonce de l'arrivée du roi à la tête d'une armée de 14000 hommes déclencha le soulèvement spontané de quelques villes de garnison : Dinan, Fougères, Vannes et Hennebont. Devant un mouvement qui ne demandait qu'à s'étendre, l'opiniâtre Mercœur, dernier chef ligueur à résister les armes à la main, s'empressa de négocier son ralliement à des conditions particulièrement avantageuses. Il fut convenu qu'il marierait sa fille unique, Françoise de Lorraine-Mercœur, alors âgée de six ans, à César de Bourbon, quatre ans, fils légitimé du roi et de Gabrielle d'Estrées, qu'il céderait immédiatement à son futur gendre le gouvernement de Bretagne et s'engagerait à doter sa fille du très riche duché de Penthièvre, le tout moyennant une indemnité vraiment « royale » de près de 4,3 millions de livres, soit près de 15 % du budget annuel de l'État.

Pour le souverain désireux d'établir son autorité sur l'ensemble de ses sujets, rien n'était trop cher pour acheter la

* Titre d'un colloque de la Société Henri IV organisé à Pau en 1998.

paix après plus de trente-cinq ans de guerres intestines. En même temps s'esquissaient les contours d'un ordre nouveau que le souverain des lys entendait imposer peu à peu. Nantes, la rebelle, vit d'un trait de plume ses privilèges municipaux réduits. Administrée jusque-là par un bureau de ville élu, composé d'un maire et de six échevins, assistés d'un procureur du roi, système oligarchique qui avait permis à une « techno-structure » de notables locaux de monopoliser le pouvoir, elle reçut un statut moins libéral. Désormais, l'assemblée générale des habitants, nobles, bourgeois et manants, se contenterait de désigner pour chaque poste disponible trois noms, parmi lesquels le monarque choisirait le titulaire. La centralisation du pays et l'aimantation des élites vers le pouvoir central, traits caractéristiques de l'absolutisme royal, avaient repris à bas bruit. Charles de Harouys, un fidèle du souverain qui avait été destitué et emprisonné en avril 1589 par la duchesse de Mercœur, retrouva ainsi ses fonctions de maire. Il fut ovationné et reconduit à sa maison au grondement des canons, dans une sorte de cérémonie réparatrice, par le gouverneur, le lieutenant du château, le présidial, le juge prévôt, la Chambre des comptes, les anciens échevins, les capitaines, lieutenants et enseignes des milices locales.

Henri IV se garda d'user de représailles. Avec prudence et habileté, il confirma certains privilèges et, versant du baume sur le cœur des habitants déboussolés, qualifia leur bonne ville de capitale de la Bretagne. Tant pis pour sa rivale de l'intérieur, Rennes, où il fit son entrée pour la première fois le 9 mai 1598, accueilli par ces messieurs du Parlement en robe rouge aux parements d'hermine, avant d'assister le lendemain, jour de la Pentecôte, à la messe solennelle et d'y communier. Jehan Pichart, notaire royal et procureur au parlement de Rennes, qui le vit alors, écrit dans ses notes : « C'est un fort agréable prince et fort familier à tout le monde et mêlé en toutes choses, sans grande longueur de discours et adonné à toutes sortes d'exercices, de taille moyenne, la barbe toute blanche, le poil blond commençant à griser et l'œil plaisant et agréable [...] ; néanmoins la barbe le rend plus vieil qu'il n'est. »

Le poids des ans et des responsabilités ne lui avait pas fait perdre son sens de la repartie. Un jour que Mme de Mercœur s'étonnait de le voir câliner son petit César adoré, qu'il avait emmené dans son périple breton comme autrefois Catherine de Médicis sa dernière fille à marier, il répondit : « Pourquoi non, ma cousine ? C'est moi qui fais la barbe à tout le monde... Ne voyez-vous point comme je l'ai bien faite ces jours-ci à M. de Mercœur, votre mari ? »

La guerre franco-espagnole s'essoufflait elle aussi. L'ost royal ayant rempli sa mission allait se disperser. Quant à l'armée professionnalisée des Pays-Bas espagnols, elle n'avait plus les moyens de subsister car les arrivages de lingots d'argent d'Amérique s'étaient raréfiés, situation qui paralysait les projets d'offensive du cardinal-archiduc Albert à partir des citadelles de Doullens ou de Calais. Enfin – grave échec des coalisés –, le 15 mars 1598, le vaillant Lesdiguières, au nom du roi de France, s'était emparé de l'imposant fort Saint-Barthélemy (aujourd'hui fort Barraux) que Charles-Emmanuel Ier de Savoie venait d'édifier pour défendre la vallée du Grésivaudan.

Des négociations franco-espagnoles se poursuivaient assez mollement depuis janvier 1597 à Vervins, petite cité médiévale, capitale de la Thiérache, sous l'égide du légat *a latere* à Paris, Alexandre Ottavio Médicis, dit le cardinal de Florence. Avec l'épuisement des belligérants, elles s'accélérèrent dans les premiers mois de l'année suivante pour aboutir le 2 mai à la signature de la paix, ratifiée par le roi le 5 juin. L'accord se fit sur la base d'un retour au second traité du Cateau-Cambrésis du 3 avril 1559. La France rendait à l'Espagne le Charolais, renonçait à sa suzeraineté sur la Flandre et l'Artois, à Cambrai, mais récupérait le Vermandois et les places de Calais, Doullens, La Capelle, Le Castelet, Ardres, et, en Bretagne, celle du Blavet.

Cet accord mécontenta fort les alliés d'Henri IV, qui se sentirent, non sans raison, abandonnés, alors que les traités de Greenwich et de La Haye interdisaient toute paix séparée. Le Béarnais, toujours désinvolte à l'égard de ses engagements internationaux, avait préféré le bien de son royaume à une signature griffonnée au bas d'un parchemin. Élisabeth enrageait de n'avoir pu récupérer Calais, tandis que les Hollandais s'affligeaient de ne pas avoir obtenu la reconnaissance de leur indépendance par l'Escurial.

Il reste que l'accord de Vervins, célébré à Paris par des feux de joie, portait un indiscutable coup d'arrêt aux ambitions ibériques. Henri IV le qualifiait de « plus glorieux et plus utile à la France qui ait été fait il y a longtemps ». Philippe II s'éteignit quatre mois plus tard, le 13 septembre, à soixante-dix-sept ans, après quarante-deux ans de règne, en ce prodigieux Siècle d'or espagnol dont l'éclat donnait les premiers signes de consomption.

Aigreurs et amertumes dans la huguenoterie

Depuis son abjuration, Henri IV, à la tête d'un royaume mal apaisé, se trouvait sur la corde raide, contraint de donner des gages aux catholiques circonspects afin de montrer la sincérité de sa conversion, tout en s'efforçant de ne pas désespérer ses anciens coreligionnaires, chez qui montait la houle des rancœurs. Même les plus indulgents se lassaient de ses bonnes paroles, malgré les efforts de Duplessis-Mornay, lui-même traversé de doutes. La harangue au roi du pasteur Feydeau, qui date de 1594, exprimait ce goût de cendres de ses anciens compagnons qui avaient servi de marchepied à son trône et s'étaient sans cesse comportés en très affectionnés et obéissants sujets. Ils se voyaient par les différents décrets du pouvoir « reboutés de toutes charges et offices, jusques aux moindres et plus infimes, voire dépossédés ». Comment prêcher la patience à des gens si décontenancés et démoralisés ?

Par sa déclaration de Saint-Germain de novembre 1593 Henri avait confirmé son engagement, pris lors de l'édit de Mantes deux ans auparavant, de ne pas interpréter le serment de son prochain sacre comme une guerre à la religion protestante. Cette promesse paraissait pourtant insuffisante, car, un peu partout en France, s'accéléraient la résistance des parlements et la tentation de certaines provinces, telle la Provence, de proscrire le culte réformé*.

Les assemblées générales de Sainte-Foy en juillet 1594 et de Châtellerault en février 1595 avaient exprimé les principales revendications huguenotes : liberté de culte dans l'ensemble du royaume, accès des religionnaires à tous les offices, octroi de places de sûreté fortifiées avec des garnisons entretenues aux frais du roi...

Puisqu'on semblait ne plus les entendre, ils avaient remis sur le tapis un de leurs vieux rêves : édifier une « république calviniste » à l'intérieur du royaume. Les assemblées, où siégeaient gentilshommes, pasteurs et bourgeois du tiers état, se tenaient de ville en ville, perfectionnaient l'organisation permanente du culte, avec ses conseils provinciaux de cinq à sept membres, qui régissaient l'ensemble des neuf cercles (ou provinces), et déléguaient un député aux assemblées générales.

Les relations avec le roi s'étaient aigries, au point qu'au siège de La Fère on avait frisé la rupture : Henri avait exigé la dissolution de leur assemblée de Loudun, puis s'était ravisé lorsqu'il avait vu avec sidération Bouillon et La Trémoille quitter le camp avec leurs étendards et leurs contingents armés.

Il était suffisamment averti pour comprendre les enjeux de cette situation conflictuelle. Néanmoins, d'autres priorités s'étaient imposées : avant de traiter avec ses anciens coreligionnaires, il avait dû acheter la soumission des grands seigneurs de la Ligue. Or, derrière eux, c'était toute l'armature de la

* En 1600, le duc de Guise, gouverneur de cette province, osera même y faire commémorer avec éclat le massacre de la Saint-Barthélemy.

gentilhommerie catholique, les réseaux d'obligés et les chaînes de fidélités nobiliaires qui faisaient pression, de sorte qu'il lui avait fallu consentir des clauses bannissant le culte calviniste dans certaines villes de leurs domaines. Il en fut ainsi, par exemple, de Reims et ses faubourgs, de Rocroi, Saint-Dizier, Guise, Joinville, Fismes et Montcornet, et ce, pour complaire au duc de Guise ainsi qu'à ses parentèles et clientèles.

On comprend pourquoi dans ces conditions, à Loudun au début de 1597, Robert Harlay, baron de Montglat, maître d'hôtel du roi, essuya le refus cinglant des huguenots d'accorder au souverain la moindre contribution en vue de la reprise d'Amiens. Acte d'insubordination caractérisé qui avait scandalisé l'opinion des chefs militaires et mis Henri au comble de la fureur. Ah, comme il en voulait à ses coreligionnaires de ne pas l'avoir suivi dans son cheminement spirituel, de s'être recroquevillés sur leur confession avec une frilosité sectaire, sans chercher la voie d'une réconciliation entre les deux religions, son aspiration profonde ! Il les traitait, disait d'Aubigné, de « gens désespérés, cousus en leur cuirasse comme tortues, ennemis de l'aise et du repos ».

Les historiens auraient tort d'ignorer l'évolution de sa pensée et de son comportement. Certes, il avait été longtemps « tolérant » au sens actuel du terme, l'un des rares à l'époque, convaincu notamment qu'on pouvait faire son salut dans l'une ou l'autre forme du christianisme. Désormais, plus les années passaient, plus il devenait catholique romain avec des réflexes antihuguenots. En août 1594, n'avait-il pas dévoilé le fond de sa pensée lorsqu'il s'était adressé aux Beauvaisiens : « Vous pouvez vous assurer, et vous promets par mon Dieu que, avant qu'il soit deux ans, moyennant sa grâce, vous vivrez, et tous ceux de mes royaumes, sous une seule Église, apostolique et romaine, et que je saurai bien manier les huguenots, desquels j'ai été vingt-deux ans chef, avec telle douceur que je les réduirai tous au giron de la *vraie* Église » ? Oui, il se sentait pleinement à l'aise dans les habits d'un monarque catholique et, ce qui allait de pair, dans ceux d'un souverain absolutiste. Raison pour laquelle ses anciens compagnons de combat jamais satisfaits, qui ne cessaient de lui jeter à la figure son passé de réformé convaincu, lui échauffaient les oreilles.

Devant cette incompréhension grandissante, en septembre 1597, à l'assemblée de Châtellerault, ceux-ci franchirent un degré supplémentaire dans la rébellion : après avoir saisi les impositions royales du Poitou et de Saintonge, ils menacèrent de faire sécession et de se constituer en État indépendant. Les plus déterminés avaient diffusé en Angleterre et dans les pays germaniques un manifeste intitulé *Plaintes des Églises réformées de France sur les violences et injustices qui leur sont faites en plusieurs endroits du royaume pour lesquelles elles se sont à diverses fois adressées à Sa Majesté et à messieurs de son Conseil*, où rien n'était dissimulé de leur amertume et de leurs griefs. Des contacts diplomatiques avaient été noués avec Élisabeth Ire et les États-Généraux des Pays-Bas. De grands seigneurs, comme Bouillon en Auvergne ou La Trémoille en Poitou, entourés de leurs fidèles en armes, étaient en passe de former un parti militaire prêt à entrer en dissidence. À nouveau le feu rougeoyait sous la cendre.

L'édit de Nantes enfin !

Afin de trouver un terrain d'entente en vue de la promulgation d'un nouvel édit de pacification, le roi avait dépêché à Châtellerault deux commissaires choisis parmi ses gentilshommes les plus fidèles, Méry de Vic et Soffrey de Calignon, bientôt rejoints par Jacques Auguste de Thou et Gaspard de Schomberg. Comme il prit conscience que négocier avec une assemblée chauffée à blanc conduirait à une impasse, voire une explosion, il demanda aux députés de lui désigner des émissaires avec lesquels il mènerait directement les discussions. En conséquence, le duc de Bouillon et quatre autres plénipotentiaires se rendirent auprès de lui à la fin de février 1598. Malgré l'âpreté des tractations, on aboutit à un accord.

Le 13 avril, à Nantes, probablement dans la maison des Tourelles, quai de la Fosse, trois semaines avant le traité de Vervins, Henri IV signa le fameux édit mettant fin aux guerres de Religion. Il comportait 95 articles généraux, auxquels furent adjoints, le 2 mai, 56 articles appelés « particuliers » et deux « brevets » annexes considérés comme encore plus secrets, le premier touchant le statut des pasteurs, le second les places de sûreté.

La revendication d'une stricte égalité entre les deux religions était naturellement écartée. Le catholicisme restait la religion du royaume et de l'État, mais la liberté de conscience se trouvait reconnue aux membres de la « religion prétendue réformée », « sans être enquis, vexés, molestés » ni « astreints à faire chose contraire à leur religion ». Il était interdit en particulier aux prédicateurs catholiques de les injurier ou de s'en prendre à eux de quelque façon que ce fût.

Un statut de religion minoritaire, assorti de garanties bien définies, leur était octroyé, le roi s'engageant personnellement à le faire respecter. Les huguenots jouissaient de tous les droits civils. Ils pouvaient vendre, acheter, tester, hériter ou se marier. Acquittant les mêmes impôts selon leur état, ils avaient accès à toutes les fonctions, charges et dignités publiques, étaient admis sans ségrégation dans les universités, écoles, collèges et hôpitaux. Pour régler les litiges, on institua une chambre de l'Édit, composée de dix magistrats catholiques et de six protestants, au sein du parlement de Paris, et des chambres similaires dans ceux de Toulouse, Bordeaux et Grenoble.

L'exercice de la religion réformée n'était pas admis dans l'ensemble du territoire. Si le culte catholique devait être rétabli dans les villes et lieux où il avait été interdit, notamment à La Rochelle, à Montauban ou en Béarn, le calvinisme n'était reconnu que là où il avait « droit de possession », c'est-à-dire là où il était célébré avant le 1er septembre 1597. Il était autorisé en outre dans deux villes de chaque bailliage ou sénéchaussée (sauf dans ceux où existait un évêché), ainsi qu'au principal domicile des seigneurs hauts justiciers ou de plein fief de haubert* et dans leurs autres maisons lorsqu'ils y étaient présents. Ailleurs, les seigneurs fieffeux devaient se contenter d'un culte privé limité à 30 assistants maximum.

Les grands officiers et seigneurs de la Cour, gouverneurs, lieutenants généraux de province et capitaines des gardes avaient liberté de faire de même, mais discrètement, portes closes, sans processionner ni psalmodier à haute voix. On mesure à ces traits la prévalence de la structure féodale et aristocratique dans cette société très hiérarchisée du XVIe siècle.

Étaient prohibés en revanche toute assemblée de prière, prêches, baptêmes et autres cérémonies à Paris et dans un rayon de cinq lieues autour. Il en allait de même à Rouen, Lyon, Dijon et Toulouse. Là où des cimetières ordinaires leur étaient refusés, les protestants pouvaient en ouvrir pour leur compte.

Ainsi l'édit régulait l'existence statutaire de deux religions au sein d'un même État – cas unique en Europe, exception faite de la Pologne et de la Hongrie lointaines – et, bien que l'article 82 ait aboli le « parti » protestant, aménageait un système politique particulier qui formait, comme l'a montré Roland Mousnier, un quatrième ordre corporatif à côté du clergé catholique, de la noblesse et du tiers état. À ce titre, les réformés gardaient leurs consistoires, colloques, synodes provinciaux et nationaux. Le roi prenait en charge les frais de culte, dont l'entretien des 800 pasteurs à hauteur de 45 000 écus, ainsi que le salaire des professeurs de collège.

Un des brevets officialisait pour huit ans l'existence d'un véritable État dans l'État : environ 150 lieux de refuge

* Fief d'importance possédé à l'origine par un chevalier.

étaient accordés, dont 51 places de sûreté et 16 plus petites dites de « mariage », où le culte catholique était banni, ainsi que quelques villes libres, dites « royales », sans garnison (La Rochelle, Nîmes, Sainte-Foy). Pour les places militaires, le pouvoir assurait la solde des milices urbaines et les émoluments des gouverneurs pour 180000 écus annuels ; les quelque 80 autres, dites « places particulières », étaient laissées à l'autorité des seigneurs protestants, sans contribution du roi.

Au total, la « huguenoterie » représentait environ 274000 familles (dont 2468 nobles), soit 1,25 million de personnes, pour une population totale de 16 à 18 millions d'habitants, avec 3500 châteaux, 694 temples, 257 oratoires de fiefs. Ses zones de force étaient l'Aunis, la Saintonge, les vallées de la Garonne et de la Dordogne, le Béarn, les Cévennes, le Haut-Languedoc, la vallée du Rhône et le Dauphiné. Ces données ne reflétaient pas l'influence intellectuelle ni la puissance économique du protestantisme, qui conservait de fortes positions au sein de l'aristocratie militaire et de la noblesse de robe.

L'accueil de l'édit

Ce dispositif complexe et minutieux avait pour but de figer une situation, rien d'autre. Dans l'esprit du temps, l'édit, bien qu'il ait été déclaré « perpétuel et irrévocable », était considéré comme un compromis provisoire, fait de concessions mutuelles. Il était du reste scellé non de cire verte, réservée aux actes définitifs et imprescriptibles, mais de cire brune, signe qu'il s'agissait d'un accord viager. Son contenu n'avait rien de révolutionnaire ou de décisif. Il ne faisait que reprendre nombre de dispositions figurant dans les édits de 1563, 1570 et 1577. Il était même moins favorable que les édits de Beaulieu ou du Fleix.

On se gardera d'y voir un « édit de tolérance », comme le font généralement les commentateurs superficiels, à moins de prendre le mot dans son sens ancien et restrictif de « supporter » un désordre, chacun étant appelé à admettre l'existence de l'autre, sans renoncer à sa foi ou à sa vérité théologique. Notons que le mot n'y figure nulle part, pas plus dans le préambule que dans le corps du texte. L'édit de Nantes était un pis-aller, aménageant moins ce qu'on appellerait aujourd'hui le « vivre-ensemble » – puisque les fidèles de l'une et l'autre confession restaient dans leurs tranchées – qu'une coexistence pacifique.

Personne ne fut satisfait. Si l'assemblée politique de Châtellerault remercia le roi et lui témoigna son « affection », le synode national de Montpellier, réuni du 23 au 30 mai suivant, passa l'accord sous silence. Par défi, Madame, la propre sœur du roi, créa un scandale en faisant prêcher et célébrer la Cène dans son appartement du Louvre, toutes portes ouvertes, attirant les foules malgré l'interdit.

L'édit fut également mal accueilli par l'assemblée du clergé de mai-juin 1598, qui réclama la suppression des chambres mi-parties ainsi que l'interdiction des synodes et autres réunions d'hérétiques. À la Sorbonne, les articles qui suscitèrent la plus grande fureur concernaient ceux qui aménageaient l'égalité d'accès des réformés aux charges publiques et l'interdiction du culte catholique dans les places de sûreté. Le monde judiciaire fit part également de son mécontentement. L'opinion populaire réagit de même. À Paris, à Tours, au Mans, il y eut des manifestations de rue. D'aucuns auraient aimé voir Mayenne reprendre les armes, mais le gros duc, trop heureux des avantages qu'il avait acquis, se déroba.

À Rome, même son de cloche. Clément VIII parut consterné : c'était « le plus mauvais qui se puisse imaginer », puisqu'il mettait sur un pied d'égalité la vérité et l'hérésie et autorisait « la liberté de conscience de tout un chacun, qui est la pire chose qui se puisse imaginer ». « Cela me crucifie », lâcha-t-il. Toutefois, par souci politique, pour ne pas rouvrir de contentieux avec la France, sur laquelle il comptait désormais pour contrebalancer la puissance espagnole, il se garda d'une condamnation officielle.

Henri IV n'était pas non plus d'un enthousiasme débordant. Il aurait préféré disposer de la pleine maîtrise du calendrier, de façon à calmer d'abord les esprits par la persuasion et à établir ensuite la paix religieuse. Or celle-ci se faisait à chaud. L'édit de Nantes avait été le fruit d'une conjoncture imprévue, qui avait fait craindre l'ouverture par les réformés d'une neuvième guerre de Religion au moment où se négociait à Rome l'annulation de son mariage.

En tout état de cause, l'édit séparait les notions d'État et d'Église, qui étaient restées indissolublement unies. C'était une étape dans l'avènement encore lointain de la laïcité à la française. Jusque-là en effet la distinction avait porté sur les pouvoirs temporel et spirituel et leurs rapports souvent tumultueux. Cette fois, elle était faite entre le sujet, tenu d'obéir aux lois, et le croyant, libre de ses engagements religieux. L'État imposait de la sorte sa primauté dans l'ordre temporel : premier acte de cette pratique absolutiste généralisée qui allait caractériser le pouvoir royal à l'époque moderne.

Il est certain qu'Henri considérait l'édit comme provisoire, espérant que la France vivrait un jour selon l'adage qui prévalait en Europe : *Cujus regio, ejus religio*, ce que réalisera Louis XIV, mais de façon choquante et maladroite, avec l'édit de Fontainebleau de 1685. Sans doute n'a-t-il pas rêvé d'un retour rapide à une telle unité, mais il songea certainement à démanteler le système des citadelles de sûreté auquel il avait consenti dans la crainte de nouvelles violences. En 1607, il confiera à Marie de Médicis que « les huguenots étaient ennemis de l'État, que leur parti ferait un jour du mal à son fils, s'il ne leur en faisait ». Cela dit, l'année suivante, par réalisme et en tenant compte des rapports de force, il acceptera de prolonger le régime provisoire de ces places.

Un autre degré sera franchi lorsque, après avoir combattu les armes à la main le parti huguenot comme un inadmissible État dans l'État, Louis XIII confirmera par l'édit de grâce d'Alès de 1629 les dispositions religieuses de celui de Nantes, tout en supprimant définitivement l'organisation politico-militaire de la huguenoterie.

Au regard de l'historien, l'édit de Nantes avec ses annexes et brevets n'a jamais représenté qu'une étape. Figeant à un moment donné la société française dans sa diversité religieuse, réservant une place de choix à la religion romaine et enfermant le protestantisme dans un statut restreint de minorité, il allait être peu à peu dépassé par la dynamique conquérante du catholicisme de la Contre-Réforme.

Un enregistrement difficile

Les mois filant, l'édit n'était toujours pas enregistré par le Parlement, malgré plusieurs lettres de jussion. Dans sa sagesse, Henri écarta les conseils du connétable de Montmorency et du chancelier de Cheverny de clore l'affaire par un lit de justice. S'il adopta la procédure ordinaire de l'enregistrement devant chaque parlement, ce qui nécessitait de convaincre et non d'imposer, il n'en procéda pas moins avec détermination.

Le 7 janvier 1599, il donna l'ordre aux principaux magistrats de venir entendre sa volonté dans sa chambre au Louvre. Remarquable comédien, habile en l'art de flatter et d'amadouer, il prit un ton de chattemite, faisant semblant d'oublier son autorité : ces messieurs pouvaient le constater, il n'était pas en habit royal, avec cape et épée, comme ses prédécesseurs en pareille circonstance, mais vêtu en « père de famille, en pourpoint, pour parler familièrement avec ses enfants ». Il leur expliqua qu'il avait agi pour le bien de la paix. « Je l'ai faite au-dehors, je la veux faire au-dedans de mon royaume. »

Bien vite cependant, le fond de son tempérament reprit le dessus. Il haussa le ton. L'heure n'était plus aux doléances ; c'est à lui que revenait l'autorité ; Dieu l'avait choisi pour être à la tête de son royaume, « par héritage et par acquisition ». Il n'ignorait rien des brigues ourdies dans son dos, mais qu'on ne s'y trompât pas, il couperait « à la racine toutes les factions et toutes les prédications séditieuses ». « J'ai sauté sur des murailles de villes, je sauterai bien sur des barricades. » Et qu'on ne lui allègue pas la défense de la religion catholique ! « Je l'aime plus que vous, je suis plus catholique que vous. Je suis fils aîné de l'Église, nul d'entre vous ne l'est, ni le peut être. Vous vous abusez si vous pensez être bien avec le pape. J'y suis mieux que vous. Quand je l'entreprendrai, je vous ferai tous déclarer hérétiques pour ne me vouloir pas obéir. » Il ne s'était jamais si bien coulé dans sa fonction de souverain Très Chrétien, qui lui servait à renforcer son pouvoir. Puis la menace se fit plus directe. « Je suis roi maintenant, et parle en roi. Je veux être obéi. À la vérité, les gens de justice sont mon bras droit, mais si la gangrène se met au bras droit, il faut que le gauche le coupe. Quand mes régiments ne me servent pas, je les casse. » Même Louis XIV, au plus haut de sa puissance, ne parlera jamais à ses magistrats avec pareille autorité. Ces messieurs s'en retournèrent tête basse au Palais.

Le 16 février, il leur tint un nouveau discours : « Il ne faut plus faire de distinction de catholiques et de huguenots, mais il faut que tous soient bons Français et que les catholiques convertissent les huguenots par exemple de bonne vie. » Le 25, enfin, plus ou moins convaincu, le Parlement enregistra l'édit moyennant quelques aménagements à la marge, comme le contrôle du pouvoir des synodes et assemblées par le roi.

Henri fut aussi ferme à Saint-Germain le 3 novembre devant les délégations des parlements de Bordeaux et de Toulouse. Oui, il châtierait de manière exemplaire ceux qui voudraient apporter de l'« altération » à la paix religieuse. À ces messieurs de Toulouse qui s'acharnaient à vouloir exclure les réformés des charges publiques, il lâcha : « C'est chose étrange que vous ne pouvez chasser vos mauvaises volontés. J'aperçois bien que vous avez encore de l'Espagnol dans le ventre. » Comment oserait-on écarter, au prétexte de religion, des gens qui avaient exposé leur vie et leurs biens pour la défense du royaume, alors que ceux qui avaient employé « le vert et le sec* » pour perdre l'État seraient considérés comme de dignes Français, capables d'exercer toutes les charges ? « Je veux que ceux de la Religion vivent en paix en mon royaume et soient capables d'entrer aux charges, non pas pour ce qu'ils sont de la Religion, mais d'autant qu'ils ont été fidèles serviteurs à moi et à la couronne de France. [...] Il est temps que nous tous, saouls de guerre, devenions sages à nos dépens. »

La primauté de la patrie sur l'appartenance confessionnelle, telle était la conception henricienne. Malheureusement, les résistances des parlements se prolongèrent jusqu'au 5 août 1609, date de la soumission de celui de Rouen.

Les roueries de M. de Savoie

Le sort de Saluces**, cette principauté italienne qui contrôlait les vallées alpines entre la Stura et le Pô, à la frontière de la France, du Piémont et de la Ligurie, n'était toujours pas résolu. Occupée en 1548 par Henri II, annexée l'année suivante, puis reconnue comme partie intégrante du royaume au traité du Cateau-Cambrésis en 1559, elle avait été conquise en 1588 par Charles-Emmanuel Ier, duc de Savoie et prince de Piémont, à la faveur des troubles de la Ligue. Dix ans plus tard, à Vervins, Français et Espagnols avaient décidé d'un commun accord de laisser en suspens ce contentieux et de se

* Expression signifiant employer tous les moyens, de la même manière que l'on employait tout type de fourrage pour nourrir les bêtes.

** Aujourd'hui Saluzzo.

soumettre à l'arbitrage du Saint-Siège. Clément VIII, soucieux de conserver de bons rapports avec ces trois souverains de la chrétienté, ne parvenait pas à trancher.

Les Français exigeaient du Savoyard, isolé diplomatiquement depuis le rapprochement franco-espagnol, la restitution pure et simple de cette enclave qui leur permettait d'intervenir à tout moment en Italie du Nord. Sinon, c'était la guerre. Le duc eut un haut-le-cœur et manifesta le désir de s'entretenir directement avec Henri IV. « Qu'il vienne, avait bougonné celui-ci, mais qu'il n'espère pas en être quitte pour une visite et des révérences ! »

Accompagné d'une nombreuse et fastueuse escorte, le duc arriva à Fontainebleau le 13 décembre avec dans ses fourgons 500 000 écus d'or et de somptueux cadeaux pour le roi et la Cour, résolu à ne se plier en aucune manière à l'ultimatum du Béarnais. Ce petit-fils de François Ier par sa mère Claude de France était la fourberie personnifiée. Malgré une réputation de galanterie, il était plutôt laid, avec des yeux globuleux gris-vert, une bouche sensuelle, une barbe en pointe et des cheveux taillés en brosse. Ce redoutable renard s'entendait à merveille à brouiller les cartes et à entraîner son monde sur les chemins les plus tortueux.

Reçu avec honneur par le roi qui lui fit visiter le château de son aïeul et le mena à la chasse, il le suivit quatre jours plus tard à Paris, où il alla loger d'abord chez le riche banquier lucquois Sébastien Zamet, puis chez le duc de Nemours, son parent. Le 21 janvier 1600, les négociations s'ouvrirent à l'hôtel de Montmorency entre le connétable, Pomponne de Bellièvre, récemment élevé à la dignité de chancelier de France, le maréchal de Biron et quelques conseillers d'État, côté français, le chancelier Gaspard de Genève-Lullin et l'ancien ambassadeur René de Lucinges, côté savoyard. Pour conserver ce territoire, Charles-Emmanuel proposait une alliance contre l'Espagne dans la perspective d'une conquête du Milanais, alliance à laquelle serait associé Clément VIII, dont le roi de France pourrait épouser la petite-nièce. Henri balaya d'un revers de manche ces fariboles. Il n'était pas question de recommencer les guerres d'Italie. Charles-Emmanuel offrit alors une autre compensation : une partie de la Bresse, Barcelonnette, dans la vallée de l'Ubaye, et Châteaudauphin (Casteldelfino), dans la province de Coni. Insuffisant ! Le Savoyard ajouta quelques places fortes dans la vallée de la Stura di Demonte. Encore insuffisant ! Le roi était inébranlable, tandis que le nonce extraordinaire Secusio de Caltagirone, patriarche de Constantinople, qu'on avait invité aux conférences, s'efforçait de trouver une solution acceptable par les deux parties.

Charles-Emmanuel cherchait des alliés au sein de la Cour. Il tenta de gagner les faveurs de Pomponne de Bellièvre et de quelques esprits dangereux ou mécontents tels Épernon, Bouillon, La Trémoille et surtout le maréchal de Biron, dont il flatta outrageusement l'orgueil et l'esprit de révolte. Sans être au courant de ces manœuvres, Henri IV s'irritait de ce séjour interminable. Il tenta de l'humilier en lui faisant tenir le chandelier pendant la cérémonie de son coucher.

Le 27 février 1600, alors que tous deux se trouvaient chez Zamet, il lui força la main, l'obligeant à signer une convention lui laissant trois mois pour choisir entre la restitution du marquisat de Saluces ou la cession en échange de la Bresse, des places de Barcelonnette, Châteaudauphin, Carmagnole, Pérouse (Perosa) et Pignerol, cette dernière revêtant une importance stratégique essentielle puisqu'elle plaçait la plaine du Pô sous la surveillance française. Furieux, Charles-Emmanuel retourna à Turin, bien décidé à renier ses engagements. Son intention était de profiter du délai accordé pour assurer ses arrières. Il espérait conclure une alliance avec Philippe III d'Espagne qui avait succédé à son père en 1598 et qui ne tenait évidemment pas à laisser la France entraver même de loin les communications permettant à ses troupes de passer du Milanais à la Franche-Comté. Il avait noué aussi des contacts avec le comte de Fuentes, gouverneur de Milan, et incité secrètement Biron à trahir son maître. Enfin, à deux reprises, pour gagner du temps, il avait sollicité de nouveaux délais.

La guerre de Savoie

Le 9 juillet 1600, Henri IV, excédé, gagna Lyon, où il mit sur pied une force de 15000 hommes avec 40 nouveaux canons, que Sully, promu grand maître de l'Artillerie, avait mobilisés auprès des lieutenants de cette arme en Lyonnais et en Dauphiné, des commissaires de Bourgogne et du Languedoc. Les régiments de Picardie, Piémont, Champagne, Navarre avaient reconstitué leurs effectifs. De son côté, Schomberg lui avait amené 2000 lansquenets et une milice provinciale qui fut en partie incorporée dans le régiment des gardes françaises.

Le 5 août, averti par son ambassadeur à Turin, Matthieu Brûlart de Berny, du refus du duc de Savoie d'exécuter ses engagements, Henri le somma une dernière fois de déclarer ses intentions. Celui-ci répondit qu'un conflit armé lui paraissait moins préjudiciable que la paix qu'on lui offrait. Dès lors, il n'y avait plus à tergiverser. La médiation du légat Aldobrandini ayant échoué, on pouvait craindre la mobilisation prochaine d'un corps espagnol par le comte de Fuentes. Le 11 août, Henri déclara la guerre à Charles-Emmanuel et, prenant la route de Grenoble, entra aussitôt en campagne. Le maréchal de Biron, qui avait pour l'heure résisté aux offres de trahison, s'empara presque sans coup férir de la ville de Bourg-en-Bresse, du Bugey et du comté de Gex. Seule la citadelle de Bourg résista. Le baron de Lux, lieutenant général en Bourgogne, en conduisit le siège avec quelques unités d'infanterie. De son côté, Lesdiguières, chargé des vallées de la Maurienne et de la Tarentaise, quitta Grenoble et marcha sur

Montmélian, mal protégé. Son gendre, Charles de Créqui, prit la ville le 17 août, après en avoir « pétardé » les murailles. La citadelle, en revanche, tint bon.

Entre-temps les troupes royales avaient mis le siège devant Chambéry, qui leur ouvrit ses portes le 21 août. Saint-Pierre-d'Albigny, le château de Conflans, celui de Miolans puis la tour de Charbonnières tombèrent à leur tour. Le 22 septembre, Moûtiers, capitale de la Tarentaise, fut évacuée par les troupes du duc. Le 7 octobre, Briançon se rendit. Henri suivait les avant-gardes, logeait au plus près des combats et donnait ordre à tout. Le 11, il faisait une reconnaissance du col du Cormet d'Arêches*, l'un des points d'entrée possibles des ennemis s'ils entreprenaient de secourir le château de Montmélian. Enfin, la capitulation de celui-ci au bout de trois mois, le 16 novembre 1600, contraignit les Savoyards à s'asseoir à la table des négociations.

À la paix de Lyon du 17 janvier 1601, conclue sur l'insistance du cardinal Aldobrandini, il fut convenu que le marquisat de Saluces, partie intégrante du Piémont, resterait à la maison de Savoie, et que la Bresse, le Bugey et le pays de Gex reviendraient à la France. Henri recevait ainsi des territoires plus vastes et plus riches que ceux laissés à Charles-Emmanuel. Ceux-ci permettaient en outre de repousser la frontière. En contrepartie, le roi renonçait à la folle politique d'expansion italienne des Valois pour se replier sur le pré carré, son souhait.

Portrait du roi

L'édit de Nantes puis la paix de Vervins, suivis quelques mois plus tard du traité de Lyon, délimitent dans l'histoire du règne un incontestable tournant : après avoir éteint les brandons de la guerre, le roi était enfin devenu maître de son

* Col situé à 2 107 mètres, reliant les vallées du Beaufortin et de la Tarentaise.

royaume. Était-ce pour autant l'avènement d'une ère de paix et de concorde ? Assurément non. On passait au mieux d'une zone de fortes turbulences, de désordres cataclysmiques et de fureurs obsidionales à une autre à peine stabilisée, où des flammèches risquaient à tout moment de rallumer l'incendie. On cite souvent la phrase du roi prononcée à ce moment-là : « La France et moi avons besoin de reprendre haleine. »

À quarante-cinq ans, Henri en paraissait soixante-cinq. Ses défauts physiques s'étaient accentués presque jusqu'à la caricature : corps chétif, un peu voûté, traits tirés et hâlés, visage osseux et allongé – du moins si l'on en croit un curieux tableau un peu antérieur de François II Bunel –, cheveux grisonnants toujours en désordre, grand front buriné de rides précoces, abritant soucis et fatigues, nez de capitan formant avec son menton en galoche le bec d'un casse-noisettes, où, comme ironisait Mme de Rohan, « l'amour n'aurait pu se nicher ».

Il restait ce montagnard bourru et généreux des jeunes années, dont les mœurs de bohème tranchaient sur le raffinement efféminé de son beau-frère Henri III. De santé fragile désormais, il était fréquemment assailli de fièvres et de crises de goutte. En juillet 1601, il dut faire une cure thermale à Pougues, en Nivernais, afin de soigner un dérèglement intestinal. Pourtant, ce vieillard avant l'heure, hypocondriaque, mais à l'œil toujours narquois, déployait une superbe et surprenante énergie.

Son hygiène ne s'était pas améliorée, loin s'en faut. Il sentait le gousset, l'ail, l'odeur violente du cuir ranci et le fumet d'écurie dont les effluves offusquaient les narines les moins sensibles. « Les misères, avouait d'Aubigné, avaient laissé de longtemps la crasse de la chevauchée. » Il est vrai qu'il avait conservé ses habitudes de soldat, botté et débraillé. Au mieux, il s'habillait de façon simple, comme un marchand drapier de la rue des Lombards. « J'ai vu le roi, déplorait une habituée de la cour d'Henri III, Mme de Simiers, je n'ai pas vu la Majesté. » Cette modestie ne l'empêchait nullement de paraître dans les solennités couvert des diamants de la Couronne et d'y faire bonne figure, comme lors de la réception des ambassadeurs de Suisse en 1602 ou du mariage de son fils légitimé César de Vendôme en 1609.

Sa vive intelligence, aiguisée au fil des années par la diversité de ses contacts, du Nord au Midi, du haut en bas de l'échelle sociale, le dispensait d'écouter ses conseillers attitrés. Sa savoureuse faconde méridionale, ses reparties, sa verdeur de langage, ses plaisanteries poivrées, ses gaillardises étaient toujours promptes. Affable, caressant, gouailleur, agréable à vivre avec les gens simples, trouvant aisément le chemin de leur cœur, il se voulait père de tous ses sujets.

Méfions-nous cependant de ce renard en perpétuelle agitation, qui faisait mine de rire de sa propre infortune, dissimulait sous une rondeur joviale une humeur souvent mélancolique et surtout un caractère autoritaire, cassant, laissant deviner, comme le dit Jean-Pierre Babelon, « le sentiment profond de sa propre valeur et du caractère irremplaçable de sa personne et de son œuvre ». Telle était la fierté henricienne cachée derrière ses longues habitudes du secret et l'implacable solitude du pouvoir.

Sous les débordements apparents de ses affections, ses compagnons décelaient une certaine sécheresse de cœur. Il était jaloux des exploits des autres, envieux de leurs honneurs, souvent ingrat à leur égard. « S'il est sans rancune, disait Villegomblain, il est aussi sans reconnaissance et oublie aussi vite les services rendus que les préjudices. » Il aimait trop les tables de jeu, où il dépensait des sommes énormes, au détriment de l'État. À côté de cette prodigalité de mauvais aloi, paradoxalement ses contemporains lui reprochaient une avarice sordide. Agrippa d'Aubigné ne l'appelait-il pas le « ladre vert » ?

Le triomphe de la belle Gabrielle

On a tout dit de ses amours tumultueuses, de ses penchants paillards exacerbés par la rusticité de la vie des camps et le hasard des rencontres, de son fol aveuglement sitôt que paraissait un cotillon, de son manque de tact et de décence envers les femmes. On sait que le pouvoir suprême et la sensation de toute-puissance qu'il confère sont un aphrodisiaque qui décuple souvent la libido des hommes d'État. Le Béarnais, lui, polygame de tempérament, n'avait pas attendu d'accéder au trône pour manifester son acharnement aux plaisirs et sa frénésie de conquêtes amoureuses.

Les escapades dans les bras de l'apaisante mais trop lointaine Corisande, sa bonne étoile, n'avaient pas suffi au repos du guerrier. Sa dévorante érotomanie lui faisait multiplier fredaines et bonnes fortunes. Si d'après certaines confidences ses performances au déduit étaient vite allées en déclinant – il n'était pas, dira Tallemant des Réaux, « grand abatteur de bois » –, il n'en demeurait pas moins un collectionneur compulsif, bouillant de désirs, mû par une sincérité fugace et une fidélité éphémère. On lui attribua environ 56 maîtresses. Esclave de ses sens, d'une prodigieuse faiblesse envers ses conquêtes, leur promettant au besoin de les conduire à l'autel, il était aussi un monstre d'ingratitude, même si la triste fin d'Esther Imbert de Boislambert, dite la « belle Rochelaise », venant à Saint-Denis quémander des secours à son ancien amant et mourant de misère devant sa porte close, paraît avoir été inventée par Agrippa d'Aubigné*.

Au milieu de ces passades, une seule exception : sa liaison de huit années avec Gabrielle. Il était vraiment épris de cette enivrante et radieuse créature toute blonde, toute blanche, de

* Des documents de la Chambre du roi attestent en effet qu'elle recevait une pension annuelle de 600 écus, à laquelle s'ajoutaient quelques gratifications irrégulières.

ses adorables yeux bleus et de la tendresse de ses bras généreux. D'Aubigné, qui lui savait gré d'avoir longtemps protégé les huguenots, ne tarissait pas d'éloges à son égard : « C'est une merveille. Comment cette femme, de laquelle l'extrême beauté ne sentait rien de lascif, a pu vivre en reine plutôt qu'en concubine tant d'années et avec si peu d'ennemis ! Les nécessités de l'État furent ses seules ennemies. »

Néanmoins, il est douteux que cette étrange sirène, perverse et calculatrice, ait jamais eu quelque inclination pour ce faune naïf et pitoyable, aux allures de barbon lubrique. Pour ne pas le perdre, cette fine mouche suivait en litière chacun de ses déplacements, non jusqu'au camp lui-même, car il s'agissait de sauver les apparences et ne pas offusquer ses officiers généraux, mais jusqu'à une résidence proche du théâtre des opérations. Lui, sitôt qu'il le pouvait, galopait pour la rejoindre en adorateur éperdu, envoûté par les ivresses de Cythère, et lui prodiguait « mille caresses ».

Le mariage de convenance de Gabrielle avec Nicolas d'Amerval, sieur de Liancourt et baron de Benais, jamais consommé, avait été dissous par jugement de l'official d'Amiens le 7 janvier 1595. La correspondance du roi, qui ne manquait ni de style ni de marques de préciosité, était emplie de pathétiques serments, comme cet échantillon relevé pour l'année 1593 : « Je suis et serai jusques au tombeau votre fidèle esclave » (Châteaudun, 9 février) ; « Croyez, ma chère souveraine, que l'amour ne me violenta jamais comme il fait » (Marchenoir, 10 février) ; « Mon amour me rend plus jaloux de mon devoir que de votre bonne grâce, qui est mon unique trésor. Croyez, mon bel ange, que j'en estime autant la possession que l'honneur d'une douzaine de batailles. Soyez glorieuse de m'avoir vaincu, moi qui ne le fus jamais tout à fait que par vous » (Olivet, 17 février) ; « Il ne se vit oncques une fidélité si pure que la mienne ; glorifiez-vous-en puisque c'est pour vous » (Tours, 26 février) ; « Excusez, si vous n'avez que ce mot pour aujourd'hui, et aimez votre sujet comme vos yeux. Certes, il vous adore avec une extrême passion et fidélité » (Meulan, 16 avril) ; « Dormez bien, mes belles amours, afin d'être grasse et fraîche à votre arrivée, pour moi j'en fais provision » (Mantes, 19 avril) ; « Croyez à mes paroles, qui ne vous tromperont jamais, je vous le jure » (12 ou 13 juin). Comme d'habitude, l'incorrigible terminait en lui baisant « un million de fois » ses belles mains, quand ce n'était pas ses pieds ou ses yeux.

Ces poulets étaient portés à bride abattue par des courriers militaires, des laquais ou son discret « porte-manteau » Guillaume Fouquet de La Varenne, fils d'un cuisinier de la cour de Navarre, qui servait de messager dans ses multiples intrigues amoureuses, tout en exerçant la charge de capitaine-gouverneur de La Flèche. Pour la sérénade, Henri avait recours à un versificateur, Jean Bertaut, abbé commendataire d'Aunay-sur-Odon, qui écrivit en son nom quelques pièces laudatrices en vers de mirliton, comme celle-ci : « Charmante Gabrielle, / Percé de mille dards, / Quand la gloire m'appelle / Sous les drapeaux de Mars, / Cruelle départie, / Malheureux jour ! / Que ne suis-je sans vie / Ou sans amour ! / L'amour sans nulle peine / M'a, par vos doux regards, / Comme un grand capitaine / Mis sous ses étendards... », etc.

Le plus grave était que cette passion, dont il ne retirait que du ridicule, interférait dangereusement avec les opérations militaires et le conduisait à modifier ses objectifs. Ainsi, son long séjour à Noyon retarda de beaucoup l'investissement de Rouen en décembre 1591.

L'infidélité était des deux côtés. Pendant au moins trois ans, toujours très éprise du sémillant Roger de Bellegarde, dit « Feuille Morte », qui l'appelait sa « chère Bibi », elle avait continué à l'accueillir dans ses bras. Henri apprit qu'il était trompé. Il s'en montra fort jaloux et lui fit des reproches : « Il n'y a rien qui ne continue plus mes soupçons, ni qui me les puisse augmenter, la tança-t-il, que la façon dont vous procédez à mon endroit » (13 juillet 1593). Elle, au contraire, souriait de ses belles dents, jouait les odalisques ingénues, se faisait prier, manquant ses rendez-vous, négligeant de répondre à ses missives brûlantes, bref titillant son impatience jusqu'à l'exaspération. Petit manège de rouée qui se terminait en général par des hausses de pension, des gratifications ou des assignations sur des recettes fiscales particulières.

Après certaines scènes de vaudeville, contées dans les chroniques du temps – « Feuille Morte » arrivant par une porte dérobée, se cachant dans un placard ou sautant dans le jardin par la fenêtre au son de la voix de son rival… –, Gabrielle finit par espacer ses rencontres, puis y renonça lorsqu'elle pensa devenir reine. Chez elle, en effet, l'intérêt dominait.

Elle eut du roi trois enfants : César, né dans la maison du gouverneur de Coucy-le-Château le 7 juin 1594 (dont la rumeur publique attribua la paternité à Bellegarde), légitimé par lettres patentes enregistrées le 3 février 1595 ; Catherine Henriette, née à Rouen le 11 novembre 1596, future duchesse d'Elbeuf ; et Alexandre, né à Nantes le 19 avril 1598, légitimé un an plus tard et titré chevalier de Vendôme. Ces enfants, dont Henri IV tirait orgueil, étaient pour elle le bouclier protecteur qui lui permettait non seulement d'éviter la disgrâce, mais de vivre en demi-reine et d'enchaîner chaque jour davantage son amant.

20

GABRIELLE, HENRIETTE ET MARIE

Une presque reine

Avec Gabrielle, le « ladre vert » s'était montré d'une générosité allant jusqu'à la prodigalité. Le 10 juin 1592, il lui avait accordé la terre d'Assy et la maison forte de Saint-Lambert édifiée par les seigneurs de Coucy, dans le comté de Marle. En avril 1593, il lui avait fait cadeau du produit des dernières contributions levées en Normandie pour subvenir aux dépenses militaires, d'où les réticences de la Chambre des comptes à enregistrer une telle assignation. Sa pension de 400 écus avait été portée à 500 puis à 1 000, à laquelle s'étaient ajoutées épisodiquement quelques gratifications, dont une exceptionnelle de 20000 écus, gagée sur la vente des « justices et des garde-nobles au pays et duché de Normandie ». Grâce à cet argent elle avait acquis en février 1594 de Philippe Duplessis-Mornay la terre de Vandeuil, en Champagne, et en mars 1595 de Marc Myron, seigneur de l'Ermitage, celle de Crécy-en-Brie.

Après l'annulation de son mariage avec Liancourt, elle devenait une femme libre et indépendante. Il convenait de lui donner un nom : elle reçut d'abord le titre de dame et comtesse de Coucy, sans réalité foncière puisque la forteresse du même nom appartenait à Diane d'Angoulême. Le 8 mars 1596, elle négociait encore la terre de Jaignes, en Île-de-France, dépendant de la succession de Catherine de Médicis. Puis, par adjudication du Parlement du 25 mars, son royal amant lui fit acheter pour 40000 écus le château de Montceaux-en-Brie, près de Meaux, une splendide demeure ayant appartenu également à la défunte reine mère. Embellie par Philibert Delorme, elle avait été décorée par Jacques Ier Androuet Du Cerceau, le Primatice et Salomon de Brosse. Pour cette terre, qu'Henri avait érigée par anticipation en marquisat, elle lui rendit hommage le 1er mai 1596. En octobre de la même année, à Paris, elle s'installa dans le bel hôtel de Schomberg, rue Fromenteau, au nord-ouest de la Grande Galerie du Louvre, sur les façades de laquelle commençait à fleurir le monogramme d'Henri-Gabrielle (un double G chevauché par un H), inspiré de celui d'Henri II et de Diane de Poitiers. Enfin, le 8 juillet 1597, par lettres patentes datées d'Amiens, elle fut gratifiée du duché-pairie de Beaufort, en Champagne.

Aux yeux de tous, elle était la grande favorite. Quand le roi était présent au palais, elle couchait dans l'appartement réservé aux reines de France ; le matin, elle recevait les courtisans, allongée sur son lit, en présence de son amant. Aux réceptions de la Cour, elle paraissait toujours dans de somptueuses robes, ses cheveux piqués de quinze gros diamants. À l'assemblée des notables de Rouen, elle n'avait pas hésité à s'avancer au côté du roi, sous les ovations obligées des participants.

La légitimation de son premier fils, César, au début de février 1595, avait accéléré son élévation. Surnommé le « grand bâtard de France », celui-ci reçut à quinze mois le gouvernement des Lyonnais, Forez et Beaujolais, puis la pairie de France en juillet 1597. Il fut titré duc de Vendôme et de Beaufort le 3 avril 1598, se vit attribuer le gouvernement de la Bretagne et la capitainerie du château de Nantes en mai, lors de ses fiançailles avec la fille du duc de Mercœur, avant d'obtenir de Marguerite de Valois, désireuse de complaire à sa mère, le duché d'Étampes.

Beaucoup tenaient ce jeune garçon pour le futur Dauphin, au lieu du petit Henri de Bourbon-Condé, âgé de dix ans, fils posthume du valeureux chef guerrier et de Charlotte de La Trémoille, soupçonné de bâtardise. Sans être traité avec autant de respect que César, Alexandre, le second fils de Gabrielle, s'était vu confier à sa naissance le gouvernement de Lyon.

La faveur insigne de la favorite royale rejaillissait naturellement sur sa famille et son clan, dont la cupidité, le goût des bijoux, des honneurs et des prébendes n'étaient plus un mystère. En août 1591, Antoine d'Estrées eut le gouvernement de Noyon. En avril de l'année suivante lui fut allouée « la somme de 50000 écus soleil, en considération *des services* que Sa Majesté a reçus et reçoit chaque jour du sieur d'Estrées et des siens » : bel euphémisme pour désigner la complaisance d'un père. Puis ce fut la lieutenance générale de Paris et de l'Île-de-France en 1593 et la grande maîtrise de l'Artillerie de France quatre ans plus tard, charge qu'il exerça sans aucune compétence et qu'il céda en novembre 1599 à Rosny, bientôt baron de Sully, pour 80000 écus. Le frère de Gabrielle, François Annibal, qui releva le titre de marquis d'Estrées, fut promu à l'évêché de Noyon. Sa sœur Diane fit un prestigieux mariage avec Jean de Monluc, seigneur de Balagny, maréchal de France et gouverneur de Cambrai. Les faveurs s'étendaient aussi aux protégés de la favorite, tel Jean de Vienne, un financier intrigant, secrétaire de François d'O, trésorier de France, devenu contrôleur général des Finances.

Inutile de dire qu'hormis un petit groupe de flatteurs qui lui prodiguaient mille cajoleries, elle était fort mal vue de la Cour, particulièrement de l'entourage immédiat du roi. Catherine, qui allait épouser à trente-neuf ans, en janvier 1599, le très catholique Henri de Pont-à-Mousson, duc de Bar, futur duc de Lorraine, la détestait, d'autant qu'elle avait été contrainte par son frère d'être la marraine de sa fille Catherine-Henriette. Quant au petit peuple, il vomissait cette « duchesse d'ordure », comme il l'avait surnommée, pour son luxe provocateur et ses dépenses extravagantes, la couvrait d'épigrammes et pasquins plus injurieux les uns que les autres.

Un mariage avec Gabrielle ?

Après avoir restauré l'État et le sens de la sacralité royale, installé la paix religieuse en dépit des remous violents, il restait encore à Henri IV fort à faire : stabiliser la nouvelle dynastie en lui assurant une descendance, rétablir l'économie du royaume et enfin remplacer en Europe la grandeur de l'Espagne par celle de la France.

Le premier objectif était malaisé à réaliser. S'il voyait clairement l'absolue nécessité de se « démarier » d'avec Marguerite de Valois qui n'avait pu lui donner d'enfants, il hésitait sur le nom de la remplaçante. La raison – il n'en disconvenait pas devant ses conseillers – lui soufflait de choisir une princesse étrangère, digne de son rang. De religion catholique, belle et de bonne humeur – il insistait sur ce point (entendait-il par là complaisante pour ses fredaines ?) –, elle devrait être à même de lui procurer un héritier légitime, et, si possible, dans le contexte de la nouvelle paix européenne, de réconcilier les Bourbons et la maison d'Autriche. Mais sur qui porter son choix ? Les candidates étaient peu nombreuses. Il y avait bien deux princesses allemandes, la fille du margrave Électeur de Brandebourg et celle du duc de Wurtemberg, mais ces lourdes Teutonnes, avoua-t-il à Sully, ne l'attiraient guère. Restait la fille du défunt grand-duc de Toscane, François Marie Ier de Médicis, nièce du grand-duc régnant Ferdinand de Médicis, cette Marie, âgée de vingt-deux ans, au teint de lait, pas laide quoiqu'un peu replète. L'idée, émise dès 1592 par Pierre de Gondi, cardinal-évêque de Paris, avait séduit le grand-duc, lequel avait promis, un peu à la légère, une dot faramineuse d'un million d'écus d'or. Cette alliance toscane n'était-elle pas l'occasion inespérée de contrebalancer partiellement la prépondérance espagnole en Italie ? Le Habsbourg de Madrid détenait en effet le Milanais, le royaume de Naples et la Sicile ; celui de Vienne, à la fois empereur d'Allemagne et maître des États héréditaires d'Autriche, possédait les principautés et duchés du Nord. L'idée était séduisante, mais, songeait Henri, comment élever sur le trône de France une parente, même lointaine, de cette Catherine qui lui avait fait tant de mal ? Après être resté des années dans les cartons, le projet était ressorti en avril 1597. Le chanoine Francesco Bonciani, représentant de Ferdinand à Paris, l'avait évoqué très sérieusement dans un entretien avec le cardinal de Gondi et le légat Alexandre de Médicis, cardinal de Florence. Henri restait sceptique. Avec une femme « officielle » dans son lit pourrait-il conserver sa liberté de folâtrer et de courir le « guildrou* » ?

En réalité, son cœur penchait pour une union avec sa chère et blonde Gabrielle. Comme la plupart de ses proches, Rosny ne cachait pas son opposition à cette désastreuse folie, tempêtant contre cette déshonorante mésalliance indigne d'un grand roi, qui eût assurément fait de lui la risée de l'Europe. L'entreprise soulevait d'ailleurs des questions épineuses quasi insurmontables.

Comment envisager sérieusement que l'aîné des deux bâtards, César, légitimé certes, mais né hors mariage, puisse un jour monter sur le trône, en contradiction avec la loi salique ? N'était-ce pas courir le risque d'allumer une nouvelle guerre civile avec à sa tête les princes du sang, particulièrement le prince de Condé, de la branche cadette des Bourbons, son cousin et héritier naturel ? La stabilité politique, acquise par sa conversion et son sacre, s'en serait trouvée menacée. Fallait-il après son union avec Gabrielle déclarer le jeune César apte à lui succéder ? Il était impensable d'imaginer l'enregistrement par le parlement de Paris d'un tel acte qui risquait d'être tenu

* Le guilledou.

pour despotique par l'immense majorité de la population. Du reste, sa femme Marguerite, gardienne de la tradition des Valois et dont il connaissait l'orgueilleuse fierté, n'accepterait jamais de prêter la main à un pareil scandale en demandant au Saint-Siège l'annulation de son union. Or, là était le point de passage obligé.

Le 26 avril 1598, Henri IV fit informer en grand secret le légat Alexandre de Médicis par Pomponne de Bellièvre de son intention de « prendre femme », « ses affaires évoluant favorablement ». Il lui demandait conseil sur la procédure à suivre quant à son « démariage » en cour de Rome, sans rien dévoiler de ses intentions à l'égard de Gabrielle. Malheureusement, le prélat en avait eu l'écho par la rumeur et en était « épouvanté ». Qui sait si le roi de France ne finirait pas par se comporter comme Henri VIII d'Angleterre après le refus du pape Clément VII d'invalider son mariage avec Catherine d'Aragon ? Finalement, le prudent Clément VIII intima l'ordre à son légat de tout faire pour détourner le Béarnais de son projet d'annulation.

Marguerite, de son côté, qui rêvait de fuir son triste exil du donjon d'Usson, où elle végétait misérablement, avait cherché à mettre Gabrielle dans son jeu, au point de céder son duché d'Étampes à César. « Je vous parle librement et comme à celle que je veux tenir pour ma sœur et que, après le roi, j'honore et estime le plus », lui avait-elle écrit obséquieusement.

Ignorant d'abord le projet d'Henri, elle avait signé une première procuration en termes vagues permettant à celui-ci d'entamer les démarches romaines puis de convoler en justes noces avec une princesse catholique. Mais la finaude ne tarda pas à deviner son intention. Aussi, lorsque à l'automne de 1598 l'ancien prévôt des marchands Martin Langlois, dépêché par Rosny, vint lui proposer des conditions plus précises, elle fit mine de les accepter, tout en se gardant d'invoquer le seul empêchement diriment susceptible de hâter la sentence d'un tribunal ecclésiastique, la non-consommation du mariage.

Argument saugrenu pour qui connaissait la passion orageuse du roi de Navarre pour les femmes.

Cependant, un nouveau retard survint. Au début d'octobre, au château de Montceaux, une « chaudepisse », selon Pierre de L'Estoile, peut-être d'origine vénérienne, le terrassa. Les purges et les saignées eurent raison de sa fièvre « très âpre », assortie d'inflammations et d'une rétention d'urine, dues à un rétrécissement de l'urètre dont il avait été opéré trois ans auparavant. Il commençait à se rétablir lorsque, le 29, une rechute violente l'amena aux lisières de la mort. Une soudaine défaillance cardiaque le laissa deux heures sans connaissance. La Rivière, son premier médecin, en perdit son latin. Venus de Paris, trois chirurgiens, dont le réputé Hérault, débridèrent une « carnosité » sur la verge.

Moment de grande inquiétude. Trois ducs de la mouvance catholique, Montpensier, Épernon et Joyeuse, s'accordèrent pour prendre, en cas d'issue fatale, la tête du Conseil de régence et, dans la foulée, abolir l'édit de Nantes. Heureusement, le 3 novembre, le monarque était sur pied. « Je sais, écrivit-il alors, que beaucoup ont bâti sur ma mort tout plein de beaux châteaux. Il faut leur dire hardiment qu'ils aillent bâtir en Espagne ou ailleurs, car je ne suis pas encore mort et n'ai point envie de mourir. »

La Rivière, meilleur serviteur de Gabrielle, sa protectrice, que de son maître, persuada le ressuscité qu'il ne pourrait plus procréer. À quoi bon dès lors chercher une jeune et jolie princesse ? La meilleure solution n'était-elle pas d'élever au rang de reine sa favorite, mère de ses enfants chéris, pour laquelle il éprouvait une passion si intense ? Un simple acte d'autorité, enregistré tambour battant, et la succession était assurée. Après lui, César de Vendôme deviendrait roi.

Afin de préparer l'opinion à cette solution que les ministres et la Cour continuaient de juger insensée, voire bouffonne, Gabrielle commença à être traitée en reine, avec un cérémonial du lever et du coucher digne de son statut à venir. Pour les tentures de son appartement, elle commanda du velours rouge cramoisi que les ordonnances somptuaires réservaient aux membres de la famille royale. Elle disposait d'une maison comme une princesse du sang : dames d'honneur, intendants, domestiques, carrosse armorié avec laquais, pages et gardes du corps.

Les observateurs étrangers remarquèrent que le baptême de son second fils, Alexandre, à Saint-Germain, le 13 décembre 1598, jour du quarante-cinquième anniversaire du roi, se déroula selon une solennité inouïe : défilé des huissiers armés de leur masse d'argent, des chevaliers du Saint-Esprit, des ducs et pairs. Le parrain était le comte de Soissons, la marraine, Diane de France, duchesse d'Angoulême, fille naturelle d'Henri II. À l'issue de la cérémonie, trois hérauts d'armes en surcots fleurdelisés lancèrent des vivats comme s'il s'agissait d'un Fils de France. Les courtisans en furent abasourdis. Quelle outrecuidance ! Lors du banquet officiel qui suivit, la favorite, ruisselante de pierreries, fut placée face au souverain. Rien ne la distinguait d'une reine, et surtout pas ses airs exaspérants de majesté. La robe nuptiale en velours incarnadin d'Espagne brodée d'or et d'argent venait d'être commandée à un atelier de tissage.

Plus encore : le 23 février 1599, à l'occasion de la fête du Mardi gras donnée au Louvre, Henri, dans un geste inconsidéré qui laissa pantoise l'assistance, passa au doigt de sa maîtresse, à nouveau enceinte*, l'anneau de son sacre orné d'une pierre précieuse taillée en table. Du jamais vu dans l'histoire du royaume des lys. Le monarque annonça alors à la cantonade que le mariage aurait lieu un jour proche du dimanche de Quasimodo.

À ce moment-là, il ne doutait pas du succès de la mission de Nicolas Brûlart de Sillery, président au Parlement et ambassadeur, parti la semaine précédente remettre au Saint-Père

* L'enfant avait sans doute été conçu avant la maladie du roi en octobre.

la requête en démariage, sans avoir encore reçu la nouvelle procuration de Marguerite. Gabrielle, quant à elle, était aux anges. « Il n'y a plus que Dieu et la mort du roi pour m'empêcher d'être reine de France ! », jubila-t-elle. Et à nouveau de multiples grâces et bienfaits s'abattirent sur les principaux membres du clan : le cousin François d'Escoubleau, fils de Mme de Sourdis, fut créé cardinal par le pape le 3 mars 1599, puis, avec dispense d'âge, archevêque de Bordeaux en juillet de la même année. Semblable dispense fut accordée à Philippe Hurault de Cheverny, fils du chancelier, pour la commende de l'abbaye de Royaumont et l'évêché de Chartres...

La Cour, la vieille noblesse d'épée, les ministres, la sœur du roi, désormais duchesse de Bar, les cardinaux français, les évêques, les curés parisiens, tous s'étranglaient de fureur, qualifiant ces provocations de sacrilèges. Quant au peuple, il se gargarisait des prônes du père Grenier, docteur en théologie, qui déclarait sans ambages du haut de la chaire de Saint-Nicolas-des-Champs que « pour avoir la faveur de la Cour il faut avoir celle des putains, que tout passe par leurs mains et par celles des maquereaux ».

Henri, qui ne dédaignait pas les fourberies diplomatiques, jouait double jeu. Avant d'arriver à Rome, Brûlart de Sillery devait faire étape à Florence et demander au grand-duc un portrait de Marie, de façon à persuader le Vatican que c'était elle et personne d'autre qu'il entendait épouser. Mais le représentant toscan à Paris, le chanoine Bonciani, qui avait vu clair, avait averti son maître. Qu'il se garde de ces sornettes ! « Le roi de France feint de vouloir épouser la princesse pour obtenir l'annulation ; celle-ci obtenue, il épousera Gabrielle. »

La reine morte

À l'approche de Pâques, le roi, à la demande de son confesseur, le père Benoist, curé de Saint-Eustache, incita Gabrielle à s'éloigner, de façon à permettre à tous deux de faire leurs pâques. Sur la forme comme sur le fond, le procédé était assez hypocrite, puisque ni l'un ni l'autre ne désiraient renoncer au péché d'adultère (Henri était encore officiellement marié avec Marguerite de Valois), mais tous deux se contentèrent de cet arrangement avec le Ciel. Il fut donc convenu que le monarque resterait à Fontainebleau, tandis que Mme de Beaufort irait suivre les offices à Paris, de façon à montrer au peuple que, malgré ses attaches avec les huguenots, elle était bonne catholique.

Douloureuse fut leur séparation. Le dimanche des Rameaux, Henri, en larmes, l'accompagna jusqu'à Melun. Fatiguée par sa grossesse qui en était au septième ou huitième mois, elle n'avait pas voulu faire la route en voiture. Des pressentiments lui faisaient craindre de ne jamais revoir son amant. Au moment de leur dernière embrassade, elle recommanda à Henri de s'occuper de ses enfants. Le surlendemain, Mardi saint, elle embarqua au bac de Savigny-le-Temple sur un coche d'eau en compagnie de quelques fidèles du souverain, le jeune et joyeux Bassompierre, Hercule de Rohan, duc de Montbazon, lieutenant général en Bretagne, et Fouquet de La Varenne, son homme de confiance, ainsi que de quelques femmes dont son amie Mlle de Guise.

À son arrivée au port de l'Arsenal, à Paris, à trois heures de l'après-midi, elle alla se reposer chez sa sœur Diane d'Estrées, qui venait d'épouser le maréchal de Balagny, puis alla souper chez le banquier Sébastien Zamet, cet habile et trouble filou à la réputation équivoque mais grand ami du roi, rue de la Bastille. Un citron qu'elle mangea pour se rafraîchir lui procura une vive douleur d'estomac. Elle préféra passer la nuit au doyenné de Saint-Germain-l'Auxerrois, que sa tante Mme de Sourdis avait mis à sa disposition, plutôt qu'à son hôtel de la rue Fromenteau, où elle craignait les cris hostiles des Parisiens.

Le lendemain, Mercredi saint, accompagnée d'un capitaine des gardes du corps, elle quitta son logement en litière et alla se confesser au couvent du Petit-Saint-Antoine, où elle écouta l'office des Ténèbres. Le matin du Jeudi saint, elle communia à Saint-Germain-l'Auxerrois. Au début de l'après-midi, elle fut saisie de violentes névralgies et secouée de convulsions qui l'obligèrent à s'aliter. Elle se tordait de douleur. Nul doute, c'étaient les signes avant-coureurs d'un accouchement prématuré. Le Vendredi saint, vers deux heures de l'après-midi, son état s'aggrava avec l'apparition soudaine d'un flux de sang abondant.

Appelés à son chevet, médecins et chirurgiens n'eurent d'autre solution que d'arracher de ses entrailles l'enfant mort-né, dans d'atroces conditions opératoires : « à pièces et lopins », précise une relation du temps. L'après-midi, haletante, hurlante, Gabrielle avait la bouche et le visage déformés par un rictus effrayant, les cheveux hérissés, la peau commençant à noircir. Elle fut saignée trois fois, reçut quatre clystères et quatre suppositoires, dans le but d'« attirer le second flux d'après le fruit », autrement dit de libérer le placenta. Rien ne la soulagea. Son état était tel que l'on renonça à lui administrer le saint viatique. À six heures du soir, inerte, elle perdit la vue, l'ouïe et la parole, et rendit un dernier râle à cinq heures du matin le Samedi saint 10 avril 1599, laissant son entourage dans le plus grand effroi. Elle avait vingt-cinq ans.

Un mystère historique

Il est certain que le trépas de la favorite venait dénouer opportunément une situation inextricable pour le roi, pour le pape, pour le grand-duc de Toscane. Dans ses *Mémoires*, Sully n'hésite pas à soutenir la thèse de l'empoisonnement, que Sismondi et Michelet reprirent au XIXe siècle. On incrimina Zamet, ancien agent du grand-duc de Toscane, et son citron. On parla aussi de La Varenne et de son curieux aller et retour entre Paris et Fontainebleau. Agissait-il au nom des ennemis du mariage de la duchesse de Beaufort, car il semblait difficile d'incriminer le roi ? D'aucuns ont évoqué la complicité morale de Sully qui détestait la favorite. « Il savait *évidemment* ce qui allait se passer », écrivait Michelet sûr de lui, rappelant qu'il avait confié à sa femme, à propos de l'odieuse favorite, que la corde pourrait bien « se rompre ». Plus tard, d'autres s'étonneront du comportement suspect d'un agent toscan, le chevalier Jacopo Guicciardini, qui aurait remis à Gabrielle différents « remèdes » de la part de son maître et évoqué dans une missive au grand-duc, le jour du drame, « cette grâce signalée du Seigneur Dieu ». Étrange. À la vérité, Gabrielle avait tant d'ennemis qu'on avait l'embarras du choix pour désigner l'instigateur de ce forfait supposé.

En 1873, reprenant l'ensemble du dossier, l'historien Jules Loiseleur balaya la thèse de l'empoisonnement, démontrant par exemple que la relation de La Varenne reproduite par Sully était un faux. S'appuyant sur une lettre confidentielle, en partie chiffrée, adressée au duc de Ventadour le 16 avril 1599, soit six jours après la foudroyante catastrophe, par Jehan de Vernhyes, président de la cour des aides de Montferrand et membre de la cour de Navarre, fidèle compagnon du roi, lettre dans laquelle les événements étaient relatés avec de précieux détails et un indiscutable accent de vérité, Loiseleur conclut à une éclampsie puerpérale. Le rapport d'autopsie n'a pas été retrouvé, mais on sait par le président de Vernhyes, qui parla longuement avec les médecins, apothicaires et chirurgiens présents lors du drame, qu'on lui découvrit « le poumon et le foie gâtés, une pierre en pointe dans le rognon et le cerveau offensé ». Si l'estomac avait été ravagé par une substance mortelle, nul doute qu'il en aurait fait état. À la vérité, seule la soudaineté, jointe à l'opportunité de cette mort, fit croire à un crime.

Averti dans l'après-midi du Jeudi saint par Fouquet de La Varenne de l'état critique de Gabrielle, Henri IV avait quitté précipitamment Fontainebleau. Il fut arrêté tôt le lendemain matin à Villeneuve par le maréchal d'Ornano et Pomponne de Bellièvre, qui, pour lui éviter le spectacle de la malheureuse dans le coma, lui conseillèrent avec insistance de rebrousser chemin, ce qu'il fit. Peut-être voulait-on l'empêcher de commettre une dernière folie ? Selon certains, la mourante lui aurait dépêché un courrier le suppliant de venir l'épouser *in extremis* et de déclarer César son successeur légitime.

Mus par des sentiments peu avouables, des milliers de Parisiens se précipitèrent pour voir le visage convulsionné, raidi dans la mort, de la favorite honnie. D'ordre du roi, on réserva à la jeune femme des obsèques de reine, y compris avec la tradition du mannequin à effigie. Placé au-dessus de son cercueil, celui-ci fut exposé quatre jours durant dans son hôtel particulier, sous la garde de hérauts d'armes aux cotes noires fleurdelisées, et servi, selon l'usage, comme une personne vivante. Après la cérémonie funèbre célébrée à Saint-Germain-l'Auxerrois, elle fut inhumée ainsi que les pauvres restes de son enfant mort-né à l'abbaye de Maubuisson dont sa sœur Angélique d'Estrées était abbesse. Contrairement à l'usage interdisant à un roi de prendre le deuil de sa femme, Henri IV se fit habiller de noir et imposa trois mois durant le violet à la Cour.

L'inventaire des biens de la duchesse de Beaufort révéla une richesse prodigieuse. Malgré la disparition d'une bonne partie de ses bijoux, on trouva chez elle des centaines de diamants, des milliers de perles, jusqu'à la bague du sacre, qui fut prisée à elle seule pas moins de 900 écus.

Marie de Médicis

Le président de Vernhyes ne fut pas le seul à considérer l'obscur accident du Samedi saint comme « la merveille des merveilles, le miracle des miracles par lequel Dieu a parlé

– sans parler – au roi et à ce royaume, le plus clairement, intelligiblement et miséricordieusement par un effet de sa divine Providence ». *Hic est manus Dei* (« Ceci est la main de Dieu »), s'était exclamé le médecin La Rivière au sortir de la chambre de la mourante. Ministres et courtisans qu'effarait ce projet matrimonial y virent eux aussi un signe du Ciel, et tous poussèrent un soupir de soulagement. Henri, qui s'était réfugié à Fontainebleau dans le pavillon solitaire du Jardin des Pins pour y pleurer à son aise, finit par en convenir. Il avait toujours cherché dans les événements importants de son existence des manifestations de la volonté divine : celle-ci lui parut d'une aveuglante certitude.

Brusquement, la situation s'éclaircit. Enfin soulagée de la levée de l'hypothèque de Gabrielle, la recluse d'Usson reprit contact avec son royal époux afin d'accélérer les démarches en cour de Rome. De son côté, celui-ci ordonna à ses ministres d'ouvrir les négociations avec le grand-duc Ferdinand au sujet de sa nièce. Dès le 25 avril 1599, soit quinze jours après la mort de la grande amante, arrivait de Florence le portrait – flatteur cela va sans dire – de Marie. Le roi se précipita chez Jérôme de Gondi au château de Saint-Cloud, où il avait été installé.

Dans un premier temps, la France et la Toscane tombèrent d'accord pour ne rien dire à Clément VIII, qui aurait préféré une union avec une princesse plus prestigieuse (mais laquelle ?, il n'y en avait guère en Europe). On voulait le mettre devant le fait accompli. Certes, les banquiers Médicis avaient fait bien du chemin depuis le mariage en 1533 de Catherine avec un puîné de la maison de France, Henri, devenu roi par suite du décès de son aîné. Certes, Côme, le grand-père de Marie, avait acquis en 1569 le titre de grand-duc de Toscane et obtenu pour son fils aîné François la main de Jeanne d'Autriche, la propre nièce de Charles Quint : Marie, née le 26 août 1573, était leur fille. Mais ils restaient encore une dynastie de second rang.

Par ailleurs, le souverain pontife avait des motifs de mécontentement à l'égard d'Henri IV. Outre l'édit de Nantes, il n'avait pas apprécié le mariage de Catherine de Bourbon avec le duc de Bar, béni par Charles de Bourbon, archevêque de Rouen, demi-frère du roi et de la future*, malgré sa demande expresse de conditionner la dispense à la conversion de la farouche huguenote.

Dépêché à Paris à la fin de 1598 pour y poursuivre les discussions, l'ambassadeur toscan Baccio Giovannini traita dans la plus grande discrétion avec Villeroy. On ignore la date à laquelle Clément fut mis au courant, mais il finit par convenir que Marie était le moins mauvais choix possible : ce mariage permettait d'envisager le retour des Jésuites et la réception dans le royaume des décrets du concile de Trente.

Le 31 août 1599, le pape ouvrit officiellement le procès en annulation et désigna une commission d'enquête composée du nonce en France Gasparo Silingardi, du cardinal de Joyeuse et de l'archevêque d'Arles, lui-même entreprenant un jeûne pour son succès. Les casuistes romains avaient enfin trouvé la faille permettant d'annuler canoniquement l'union : ils firent mine de considérer qu'au baptême d'Henri de Navarre à Pau, le 6 mars 1554, le parrain, le cardinal de Bourbon, avait agi non en son nom, mais en celui d'Henri II, père de la mariée, de sorte que Navarre était devenu le frère spirituel de Marguerite, d'où l'invalidité de leur mariage. Subterfuge tiré par les cheveux qui réussit pourtant !

Le 24 octobre, une bulle pontificale annula l'union qui avait mis le feu aux poudres de la Saint-Barthélemy. La sentence des commissaires, prononcée le 17 décembre, fut notifiée aux parties le 22 décembre suivant. Henri, Marguerite, Ferdinand, les catholiques français, tous furent ravis. Sur le plan politique,

---

* Il était le fils naturel d'Antoine de Bourbon, père d'Henri IV et de Catherine, et de Louise de La Béraudière du Rouhet, dame d'honneur de Catherine de Médicis.

le pape, l'Espagne et la Savoie y voyaient en outre l'assurance que la France allait définitivement s'arrimer à la Contre-Réforme européenne.

Toutefois, avant les réjouissances de la noce florentine, il fallut parler gros sous. Ferdinand revint sur sa promesse de dot d'un million d'écus. Après tout Marie n'était que sa nièce cadette. L'aînée, Éléonore, avait épousé en 1584 Vincent de Mantoue, de la très honorable maison de Gonzague, pour 300 000 écus. Il en proposa 500 000 et la prise en charge des frais de voyage de Florence à Marseille de la jeune épousée et de sa suite, ce qui n'était nullement négligeable. Les négociateurs français se récrièrent. Impossible de comparer le trône d'une principauté italienne à celui de France !

La jeune Médicis représentait pour le roi un enjeu financier de la plus haute importance. Au cours des années de guerre civile, la France avait accumulé auprès du grand-duché une dette de près d'un million et demi d'écus d'or. La dot devait servir à la combler en partie. Les Français reprirent donc le marchandage. Tous les arguments étaient bons, même les plus inconvenants, comme cette remarque du chancelier Pomponne de Bellièvre assurant qu'en cas d'échec le roi risquait de se lancer dans de nouvelles et dispendieuses aventures galantes qui éloigneraient davantage l'espoir du grand-duché de recouvrer ses créances. Finalement, on tomba d'accord sur 650 000 écus, hors frais du voyage. Trois cent cinquante mille seraient versés comptant, le solde à défalquer de la dette française.

Survient Henriette

« La racine de mon cœur est morte, elle ne rejettera plus », avait écrit Henri à sa sœur. C'était oublier l'inextirpable démon des sens qui le travaillait toujours. Lors d'une visite au château de Bois-Malesherbes, il s'énticha de l'aînée des filles de François de Balsac d'Entragues, seigneur de Malesherbes et de Marcoussis, gouverneur d'Orléans, Henriette Catherine, troublante et sémillante pucelle de vingt ans, grande blonde aux yeux bleus, dont la beauté des traits néanmoins était loin d'égaler ceux de la défunte favorite*. Sa mère Marie Touchet avait été l'unique amour de Charles IX, de qui elle avait eu un fils, le comte d'Auvergne, le courageux allié d'Henri au lendemain du drame de Saint-Cloud, devenu colonel général de la cavalerie légère.

Fraîche, rieuse, primesautière, Henriette était une charmeuse endiablée, babillarde et délurée, fantasque, caustique, un brin perverse, d'une avidité et d'une ambition féroces. Tout doux, Sire ! Point de privautés ! Voyant l'ardeur avec laquelle le royal quadragénaire, voluptueux inapaisable, se mettait à la poursuivre à partir de juin 1599, la friponne posa, avec la complicité active de son père, ses conditions.

François de Balsac d'Entragues avait eu deux frères dont Charles, baron de Dunes, dit le bel Entraguet, connu pour avoir participé le 27 avril 1578 au fameux duel des mignons d'Henri III, et qui avait été un moment le chevalier servant de Marguerite de Valois. Maquignons retors et méfiants, ces Entragues étaient odieusement affamés d'argent, de pouvoir et de reconnaissance, comme les d'Estrées, mais en pire.

Bref, Henriette lui tint la dragée haute. Il lui fallait une compensation. Combien ? Disons 100 000 écus, soit 300 000 livres. Accordé. À Rosny, qui peinait déjà à rassembler les 3 ou 4 millions nécessaires pour renouveler l'alliance des Suisses, de les trouver. Celui-ci fit de son mieux : il réunit la moitié de cette coquette somme et la remit au roi. Lorsqu'il vit les lourds sacs d'écus entassés sur la table de son cabinet, le Béarnais ne put s'empêcher de s'exclamer : « Ventre-saint-gris ! Voilà une nuit bien payée ! » Erreur, Sire ! La petite fit mine de se désoler de ce que ses parents exigeaient en outre, pour prix de son

* Elle était née en 1579, peut-être à Orléans ou à Marcoussis. Dans son interrogatoire du 17 décembre 1604, elle se dira âgée de vingt-cinq ans et demi.

pucelage, une terre et un titre pour elle, afin de « garantir leur conscience envers Dieu et leur honneur parmi le monde ». Jolie formule !

Henri, torturé par le délire amoureux, y consentit. Il lui acheta la seigneurie de Verneuil-en-Halatte, promettant de la faire ériger en marquisat. Le château, conçu par Jacques Ier Androuet Du Cerceau, avait appartenu au défunt duc de Savoie-Nemours. Tout était-il en ordre ? Non, il manquait encore une promesse de mariage au cas où la demoiselle attendrait de lui un enfant mâle dans les six mois. Elle se serait contentée d'un accord verbal, mais ses parents exigeaient un engagement écrit : « Puisque les miens tiennent tant à cette formalité, vous n'avez qu'à céder si vous m'aimez, satisfait que je puisse enfin accéder à vos moindres désirs… »

Le vieux faune, d'une incurable naïveté, pris dans les rets d'un amour sénile, céda. Le 1er octobre 1599, à Malesherbes, il signa donc cette promesse, sachant pertinemment qu'il ne pourrait l'honorer. Ce n'était qu'un chiffon de papier qu'il récupérerait le moment venu. En voici le curieux texte :

« Nous, Henry quatrième, par la grâce de Dieu roi de France et de Navarre, promettons et jurons devant Dieu, en foi et parole de Roy, à messire François de Balsac, sieur d'Entragues, chevalier de nos ordres, que, nous donnant pour compagne damoiselle Henriette Catherine de Balsac, sa fille, en cas que dans six mois, à commencer du premier jour de ce présent, elle devienne grosse et qu'elle accouche d'un fils, alors et à l'instant nous la prendrons à femme et légitime épouse, dont nous solenniserons le mariage publiquement et en face de notre Sainte Église, selon les solennités en tel cas requises et accoutumées… » À ce moment-là, comme l'annulation de son mariage avec Marguerite n'était pas encore prononcée par le pape, il était stipulé que l'acte serait incontinent renouvelé sitôt la décision prise.

Ainsi, pendant que ses ministres négociaient ses accordailles avec Marie de Médicis, l'ensorcelé souverain s'engageait à épouser cette « pimbêche et rusée femelle », comme la qualifiait Rosny, de vingt-six ans sa cadette. Si l'on en croit le ministre, le Béarnais lui aurait montré la promesse. De rage, il l'aurait saisie et déchirée en petits morceaux, mais l'obstiné la réécrivit dans les mêmes termes et la remit au père qui s'empressa de l'escamoter. Enclose dans un petit flacon recouvert de coton puis placée dans un plus vaste récipient en verre, elle fut dissimulée dans un mur du vieux château médiéval de Montagu à Marcoussis, défendu par trois ponts-levis. Jamais, semble-t-il, femme n'avait su vendre ses charmes à si haut prix.

Henri allait-il voir sa flamme couronnée ? Le 6 octobre, il était encore dans l'antichambre à revendiquer ses droits : « Mes chers amours, j'ai assez montré la force de mon amour aux propositions que j'ai faites pour que, du côté des vôtres, ils n'y apportent plus de difficultés. » Il faut « cesser ces brusqueries, lui conseilla-t-il le lendemain, si vous voulez l'entière possession de mon amour, car, comme roi et comme Gascon, je ne sais pas endurer ; aussi ceux qui aiment parfaitement comme moi veulent être flattés, non rudoyés ».

Le malheureux n'était pas encore parvenu à ses fins. Avant même de se donner à lui, elle lui reprocha son infidélité avec Mlle de La Châtre à Fontainebleau. Vite, le monarque congédia cette dernière. « J'ai prononcé à la belle son arrêt, lui répondit-il. Dès que ses chevaux seront venus, elle s'en ira. Ça n'a pas été sans pleurs et les plus grands serments du monde. » Enfin, la voie était libre. Non. Le papa Entragues multipliait les obstacles de façon à gagner du temps. Ce rufian regrettait-il sa parole ? Voulait-il encore autre chose ? Sur avis de Mme d'Entragues (Marie Touchet) l'informant que les obstacles étaient tous levés, Henri courut à Bois-Malesherbes. « Mes chères amours, écrivit-il à Henriette le 14, votre père a résolu tout ce que je voulais. Demain soir, mes petits garçons seront bien caressés de moi. [...] La joie que j'ai ne se peut écrire. »

La lune de miel, qui se poursuivit à Marcoussis, Villeroy et Courances, fut bien loin d'un doux chemin semé de pétales de roses. Elle fut entrecoupée de piques, de bouderies, de scènes de ménage, car la finaude, câline et charmeuse à ses moments, laissa sans tarder son caractère acrimonieux prendre le dessus. Il n'empêche, son amant l'installa dans le bel hôtel de Larchant, rue de l'Autruche, à deux pas du pont-levis du Louvre, en attendant de lui aménager un appartement au château.

La promesse dépréciée

Comme c'était à prévoir, lorsqu'elle apprit la décision du roi d'épouser la fille des Médicis, Henriette éclata en récriminations venimeuses. Cette fois, Henri haussa le ton. Il exigea du père et de la fille la restitution de la promesse de mariage. « Mademoiselle, écrivit-il à cette dernière, l'amour, l'honneur et les bienfaits que vous avez reçus de moi eussent arrêté la plus légère âme du monde si elle n'eût point été accompagnée de mauvais naturel comme le vôtre. Je ne vous piquerai davantage bien que je le pusse et dusse faire, vous le savez. Je vous prie de me renvoyer la promesse que vous savez, et ne me donnez point la peine de la ravoir par un autre moyen… »

La lettre était du 21 avril 1600. À cette date, le roi avait signé le projet matrimonial avec le grand-duc de Toscane et envoyé à Florence Brûlart de Sillery, accompagné du marquis d'Alincourt, le fils de Villeroy, afin de ratifier le contrat définitif. Le père et la fille s'enfermèrent alors dans un silence inquiétant. Pour les faire revenir à la raison, Henri accéléra la donation du marquisat de Verneuil, chargeant son architecte Salomon de Brosse d'achever l'aile sud et le pavillon d'entrée du château. Et, faisant bonne mesure, il ajouta dans l'escarcelle de sa piquante maîtresse le comté de Beaugency, acheté 34800 écus, dont le règlement s'effectuera en août. Pourtant la belle n'était pas satisfaite, et son père tenait toujours caché dans un endroit secret d'un mur de Marcoussis le fatal engagement. « Quand donc arrivera votre banquière ? », lança-t-elle au roi de son air provocant. « Aussitôt que j'aurai chassé de ma cour toutes les putains », lui répliqua celui-ci, excédé.

Le faux ménage continuait ainsi ses chamailleries, mais la passion des sens, les caresses enchanteresses d'Henriette, ses minauderies et son rire cristallin empêchaient le monarque de se détourner de cette troublante et fausse ingénue. Bref, ils ne pouvaient se passer l'un de l'autre.

Comme naguère Gabrielle, la jeune femme poursuivait son idée fixe, devenir reine de France. Dans quelle situation insensée Henri s'était-il encore jeté ? Pour s'en dépêtrer, il essaya la ruse. Il lui proposa de faire porter à Rome par un capucin sérieux de sa connaissance le papier en question. Ainsi, le Saint-Père pourrait légitimement s'opposer à son mariage avec la princesse toscane. Henriette, fine mouche, comprit qu'il lui tendait un piège : ne lui suffisait-il pas de faire intercepter le messager en cours de route et de brûler le document ? Elle se garda d'y tomber.

La promesse comportait cependant une condition formelle : le mariage ne deviendrait effectif que si la dulcinée devenait enceinte dans un délai de six mois et accouchait d'un garçon. La jeune rouée avait entrepris tous les efforts pour sa réalisation, avec l'aide, ont dit les mauvaises langues, d'un amant expérimenté, sans omettre de faire un pèlerinage à la basilique Notre-Dame de Cléry, dont son père avait contribué à la restauration. Elle-même y offrit en ex-voto la statuette d'un enfant en argent. Toujours est-il que son vœu ne tarda pas à se réaliser.

Malheureusement, un événement venu du ciel ruina son rêve le plus cher. Dans le courant du mois de juin 1600, alors qu'elle se reposait au château de Fontainebleau, douillettement logée dans l'appartement de la reine, elle fut terrorisée par un violent orage, au point d'accoucher au septième mois d'un enfant qui ne vécut que quelques heures. Une boule de foudre serait entrée dans sa chambre jusque sous son lit. Le roi eut seulement le temps de faire ondoyer le bambin. Philippe Hurault, fils du chancelier de Cheverny, évêque de Chartres et aumônier de la Cour, le fit enterrer sans cérémonie dans un petit cercueil de plomb devant la chapelle basse du château. C'était un garçon ! Désespoir d'Henriette, cris, sanglots ; discret soupir de soulagement d'Henri : le maudit pacte était caduc ! Il recouvrait sa liberté. Il lui était loisible d'épouser la nièce du grand-duc, d'empocher la dot, de conserver une maîtresse dont il goûtait les voluptueuses ardeurs et les enlacements enivrants, tout en se permettant quelques écarts au hasard de ses déplacements.

Les déconvenues d'Henriette

On était alors en pleine crise avec le duc de Savoie. Comme Henri devait se rendre à Lyon pour le rencontrer, à la fin de juin il prit congé de sa maîtresse qui lui reprocha de l'abandonner dans son état en lui déversant un tombereau de reproches. Il est vrai qu'il avait continué à collectionner les aventures. Passons sur la « belle garce » nommée « la Glandée », dont parle le maréchal de Bassompierre dans ses *Mémoires*, avec laquelle il s'était affiché sans vergogne un soir d'automne de 1599 chez son ami Zamet. Il avait eu ensuite, durant l'été suivant, à Fontainebleau puis à Orléans, une aventure assez poussée avec Marie Babou de La Bourdaisière, quinze ans à peine, cousine de la défunte Gabrielle d'Estrées, demoiselle d'honneur de la reine douairière Louise de Lorraine, veuve d'Henri III. Durant la visite du duc de Savoie à Paris, il tomba amoureux de Mme de Boinville et de Mlle Clin. Deux passions, deux feux de paille. Sur la route de Lyon, il s'arrêta deux semaines à Moulins, où la veuve d'Henri III s'était retirée, pour revoir la jeune Marie Babou et filer avec elle le parfait amour.

En cette année 1600, il avait à gérer une situation des plus complexes : mettre à la raison le duc de Savoie par les armes, accueillir en France Marie de Médicis et, accessoirement, apaiser l'amertume et le courroux de sa maîtresse, dont décidément il ne pouvait se défaire.

Appelée par son amant, Henriette s'était mise en route en litière découverte. Impatient de la serrer dans ses bras, Henri lui avait donné rendez-vous dans l'après-midi du 12 septembre à La Côte-Saint-André, à quelques lieues au nord-ouest de Grenoble, où Philippe Ier de Savoie avait fait édifier au XIIIe siècle une maison forte. Leur rencontre commença par une scène de ménage : la favorite lui reprocha en termes violents son aventure galante de Moulins, dont quelque âme charitable l'avait avisée. Furieux, ne sachant que répondre, le roi ordonna à son compagnon de route Bassompierre, qui était devenu un peu son favori, de faire seller les chevaux, mais celui-ci s'interposa : « Je me déclarais du parti de Mme de Verneuil pour demeurer avec elle, conte ce dernier, et en même temps je fis tant d'allées et venues pour accorder deux personnes qui en avaient bien envie que j'y mis la paix. » Les amants terribles passèrent la nuit ensemble. Le lendemain, ils se rendirent à Grenoble où la jeune femme resta huit jours. Comme la guerre de Savoie se poursuivait, ils se séparèrent en se promettant une prompte rencontre.

La situation devenait gênante. À Florence, le 5 octobre, le mariage par procuration du roi et de Marie de Médicis avait été béni par le cardinal Aldobrandini, légat du pape, dans la cathédrale Santa Maria del Fiore, le fameux Duomo. L'anneau lui avait été passé au doigt par le grand-duc en tant que représentant du roi. De son côté, ce dernier avait envoyé une nombreuse ambassade dirigée par son premier écuyer Bellegarde, l'ancien amant de Gabrielle. La jeune mariée partit pour Livourne, d'où elle s'embarqua pour Marseille, accompagnée d'une immense suite de 2000 personnes. Le cardinal, qui allait officier à Lyon, la précédait et n'allait pas tarder à rejoindre le roi à Chambéry pour la Toussaint.

L'entourage fit comprendre à Henri qu'il était impératif d'éloigner son encombrante maîtresse. La vindicative Henriette, naturellement, ne l'entendit pas ainsi. Elle voulut s'incruster, parler au nonce de la promesse de mariage et de son droit au trône de France. Une catastrophe en perspective ! Avec patience, son amant la cajola, espérant la calmer. Mais plus il la comblait de paroles rassurantes, plus celle-ci se comportait en reine et tenait la Florentine pour une intruse. « Vos noces, lui écrivit-elle, sont les funérailles de ma vie. »

L'arrivée à Marseille

Pendant ce temps, Marie avait pris place sur la galère royale, chaperonnée par la grande-duchesse de Toscane, Christine de Lorraine, qui avait mission de remettre l'épousée aux mains de l'époux. La flotte d'accompagnement de dix-sept navires offrait un extraordinaire spectacle de flammes, d'étendards, de pavillons et de banderoles, croix noires et blanches, lys d'or et de pourpre, claquant au vent. Elle avait longé la côte pour éviter à la fois les vents violents qui agitaient la haute mer et les assauts des barbaresques, d'autant que les vaisseaux emportaient les tonneaux de ducats et les caisses de lingots de la dot.

Le 3 novembre 1600, en début d'après-midi, l'impressionnante galère royale, à la coque entièrement dorée, aux formes festonnées de feuillages et sculptées d'animaux, aux vitres de cristal et aux armes de France et de Florence incrustées de diamants, faisait son entrée dans le port de Marseille, escortée de cinq autres galères florentines, autant du pape et de Malte et une autre de France. Vêtus d'écarlate, les rameurs portaient des bonnets brodés de lys d'argent. Aux sourdes canonnades des vaisseaux répondaient le déchaînement des couleuvrines de Notre-Dame-de-la-Garde et les carillons joyeux et infinis de la cité phocéenne. Marie était vêtue, relate Pierre de L'Estoile, d'« une robe de drap d'or, coiffée haut à l'italienne, ses nœuds ajustés avec les cheveux sans poudre, le visage sans fard ; la gorge un peu ouverte, avec une rangée de grosses perles ».

Quoique nobles et réguliers, les traits de la jeune femme n'étaient pas d'une rayonnante beauté : des cheveux châtains frisés, coiffés en chignon, découvraient un front un peu trop bombé, des yeux noirs à fleur de peau, des sourcils rares et une bouche lippue. Il est vrai que l'éclat du regard et la luminosité de sa laiteuse carnation rachetaient ces imperfections. Dans le cycle commandé longtemps plus tard par la reine pour le palais du Luxembourg, Pierre Paul Rubens y mettra toute la fougue baroque de ses coloris pour représenter la scène de cette Vénus des flots radieuse et majestueuse, descendant de sa pompeuse nef. Elle n'était pas de première jeunesse : vingt-sept ans. Elle avait refusé systématiquement les partis les plus avantageux parce qu'une nonne extatique de Sienne, sœur Passitéa, lui avait prédit une couronne royale.

À la descente de son château flottant, elle eut sa première déception : le roi, qui lui avait envoyé de jolies lettres enflammées, comme il savait si bien les tourner, baisant « cent mille fois sa belle bouche », était absent. À sa place il avait délégué le chancelier Pomponne de Bellièvre, le connétable de Montmorency, les cardinaux de Joyeuse, de Gondi et de Sourdis, le duc de Guise, qui l'attendaient sous un dais de brocart. Était présente également sa dame d'honneur, cette Antoinette de Pons, dame de Guercheville, qui avait résisté vaillamment aux assauts du Vert Galant : « Puisque vous êtes réellement dame d'honneur, lui avait-il dit avec élégance, vous le serez de la reine ma femme. » Le prétexte de son retard était la guerre qu'il menait contre Charles-Emmanuel de Savoie ; la vérité était que l'ensorcelante Henriette l'avait repris dans ses rets.

La splendeur de l'accueil fit oublier à Marie cette déconvenue. Le quai était couvert de tapis rouges. Des centaines de gentilshommes, des milliers de soldats l'ovationnèrent. Dans les rues pendaient de jolies draperies multicolores. Les jours suivants, le cortège remonta lentement la vallée du Rhône par un mistral froid et sec. Le 3 décembre, il parvenait à Lyon, où Marie alla loger à l'archevêché en attendant l'arrivée de son mari.

Les festivités de Lyon

Le 9, sur les huit heures du soir, celui-ci se présenta à l'improviste, botté et les cheveux en broussaille, au moment du souper. Il trouva la fille des Médicis tellement à son goût qu'il l'embrassa passionnément à plusieurs reprises *« da tutti i lati della faccia »* (« sur tous les côtés de la figure »), comme le rapporta l'ambassadeur de Florence, le chanoine Baccio Giovannini, et voulut jouir sur-le-champ de ses droits d'époux, avant même la bénédiction du nonce. Après tout, les noces n'avaient-elles pas été célébrées à Florence ? Il n'y avait d'ailleurs pas d'autre lit à l'archevêché. Vite, on bassina les draps. Tremblante et craintive, la vierge toscane céda à trois reprises aux ardeurs de son Cupidon défraîchi, qui, le lendemain, déclara gaillardement à la cantonade que, si elle n'avait pas été sa femme, il l'aurait prise pour maîtresse. Dans l'après-midi du 17 décembre, le légat Aldobrandini présida la messe de mariage, avant de donner au jeune couple sa bénédiction officielle dans la cathédrale. Henri, lavé et parfumé, était vêtu d'un pourpoint et d'un haut-de-chausses de satin blanc brodé d'or et coiffé d'une toque garnie de diamants et d'une plume de héron. Son manteau assez court était de velours noir. La reine parut en corsage de dentelle et robe semée de lys d'or, sous un grand manteau de velours violet. Sur sa tête, elle portait une lourde couronne sertie de vingt diamants, de quatre rubis et de nombreuses perles, le tout surmonté d'un impressionnant diamant de 300 000 livres.

« Le roi, en somme, écrivit dans sa relation le secrétaire d'État du grand-duc, Belisario Vinta, était tout beau et tout joyeux et rempli de dévotion, ce qui ne l'empêchait pas de montrer une amabilité et une vivacité empressées à regarder de-ci et de-là pour honorer chacun de la faveur de son salut. » Quant à la reine, « elle se comporta avec tant de modestie et de dignité et en même temps d'une façon si aimable et gaie vis-à-vis de tout le monde que chacun fut comblé de satisfaction. [...] Elle parlait avec les princes et avec les princesses, tantôt avec l'un, tantôt avec l'autre, d'une manière fort courtoise, et paraissait avoir une grande habitude de répartir les faveurs avec une gentillesse exquise, sans déroger à son rang. [...] Il y avait là les hérauts royaux et toute la pompe du roi de France, ce qui rendait cette fête magnifique ».

Le dîner qui suivit dans la grande salle de l'archevêché fut servi à une foule de convives si dense qu'il créa quelques bousculades. L'impréparation était manifeste, si bien que les invités durent se partager les verres. La qualité des mets ne fut pas appréciée par le secrétaire du nonce, fin gourmet : des têtes de sangliers, des poissons et de simples fruits pour dessert. Marie, pour sa part, exultait. « Je ne saurais vous dire de quelles marques d'honneur et de faveur Sa Majesté m'a entourée et avec quelle bonté elle me traite en toute occasion, confia-t-elle le soir même à son oncle. Je peux à peine exprimer la joie dans laquelle je me trouve. »

21

LA SUCCESSION ASSURÉE

Premiers pas

Marie avait vécu une enfance difficile. Sa mère Jeanne d'Autriche, fille de l'empereur Ferdinand Ier et nièce de Charles Quint, avait succombé en couches alors qu'elle avait quatre ans. Son père, François, devenu grand-duc de Toscane en 1574, prince à la fois raffiné, sombre et violent, était mort en 1587, à peu près en même temps que sa maîtresse, une aventurière, la belle Vénitienne Bianca Capello, qu'il avait épousée au grand scandale des Florentins. Une rumeur probablement infondée attribua leur trépas à un empoisonnement. Le frère du défunt, Ferdinand de Médicis, cardinal à quatorze ans, fut accusé de ce crime supposé. Étant son plus proche parent, il hérita du grand-duché après avoir été réduit à l'état laïc et avoir renoncé à la pourpre cardinalice. Ce curieux personnage, affable, passionné d'alchimie, grand amateur d'art, avait épousé une princesse française, Christine de Lorraine, petite-fille de Catherine de Médicis.

Orpheline, Marie avait été élevée loin des intrigues de la Cour dans l'immense solitude du palais Pitti, en compagnie de sa sœur aînée Éléonore, future duchesse de Mantoue, et de ses cousins. Elle était timide, mesquine, étroite d'esprit, lymphatique et orgueilleuse. Par paresse, elle mettra longtemps à parler la langue de son pays d'adoption. Sa dévotion, en revanche, était vive et enflammée, enrobée d'invraisemblables superstitions, rejoignant par son goût des mages et des astrologues les pratiques tortueuses de sa devancière sur le trône de France, Catherine.

On lui avait donné un enseignement digne de son rang : histoire, mathématiques, chimie, botanique, matières qu'elle prisa peu, leur préférant l'art, la peinture, la sculpture, la musique, les ballets, les pastorales, les premières machineries baroques, les pierres précieuses et les bijoux.

Comme elle était l'une des plus riches héritières d'Europe, elle avait attiré plusieurs prétendants, notamment son cousin germain Virginio Orsini, deuxième duc de Bracciano, et l'archiduc Mathias de Habsbourg. Mais, obnubilée par la prédiction de Passitéa, la fille des banquiers toscans avait attendu patiemment l'arrivée de son royal héros empanaché. C'est dire si les premiers moments passés dans cette France dont elle était devenue la reine l'avaient particulièrement éblouie. Elle savait qu'elle accomplissait son destin.

Henri, au contraire, revenu de l'attrait de la nouveauté et des émoustillements que lui procurait toute femme désirable, fut vite déçu de cette beauté languissante qu'il épousait par raison d'État et dont il n'avait contemplé que quelques portraits flatteurs lorsqu'elle était moins enrobée et dans la toute fleur de la jeunesse.

Il ne tarda pas à être excédé de son entourage italien, cette camarilla bruyante et fort coûteuse de bretteurs florentins, de bravi encombrants, de sombres duègnes, de caméristes indiscrètes, d'inquiétants espions ou d'agents à la solde de Florence et de l'Espagne. Il prit en aversion en particulier Virginio Orsini que de sots ragots prétendaient être son amant. Jaloux ou feignant de l'être, il le renvoya sans ménagement.

Il y avait aussi cet intrigant Concino Concini, comte de Penna, ambitieux et habile fripon de bonne famille, qui avait compromis sa réputation et mangé « tout son bien en jeu, en garces et autres voluptés et friponneries ». Son oncle, Belisario Vinta, secrétaire d'État du grand-duc, s'était débarrassé de lui en l'agrégeant à la nombreuse suite de Marie en partance pour la France. Lors du voyage, ce madré et volubile séducteur, qui visait à se rapprocher dans un but politique de la future reine de France, avait courtisé et demandé la main de sa coiffeuse, Dianora (Leonora en dialecte florentin) Dori, qui prendra plus tard le nom d'un gentilhomme d'illustre famille sans descendance, Galigaï. Cette petite femme brune, maigre, laide – « sorte de naine noire, avec des yeux sinistres comme des charbons d'enfer », écrivait Michelet non sans exagération –, sujette à des crises d'épilepsie, mais vive et délurée, avide, était l'amie d'enfance de Marie qui la tutoyait et s'était entichée d'elle au point de vouloir faire de cette fille de menuisier sa dame d'atour. Henri y avait mis le holà et interdit le mariage avec ce débauché de Concini, si tous deux voulaient rester en France.

Marie à Paris

Habituel feu follet à l'activité prodigieuse, le monarque ne tenait pas en place. Le 20 janvier 1601, trois jours après la signature du traité de paix avec Charles-Emmanuel de Savoie, il quitta Lyon pour Paris, laissant sa femme voyager lentement en litière vers Fontainebleau, accompagnée du connétable de Montmorency et du marquis de Villeroy. À peine resta-t-il quelques jours dans la capitale afin de régler les affaires les plus pressantes qu'il galopait à Verneuil, où l'attendait l'aigre-douce Henriette, dont les attraits sensuels et les agaceries lubriques ne cessaient de l'attirer. Elle avait l'art, selon la leste formule du chanoine Giovannini, aumônier de la reine et ambassadeur de Florence, de faire « tomber les chausses ». Pour en débarrasser le roi, certains ministres avaient envisagé de la marier à un très grand seigneur et de lui donner une forte compensation en espèces sonnantes et trébuchantes, sans convaincre Sully, gardien des finances royales.

Henri resta une semaine à Verneuil avant de partir au-devant de Marie. De Fontainebleau, le couple prit la direction de la capitale où il fit son entrée le 9 février. Une entrée toute simple, par mesure d'économie, avec quelques « boîtes » de feu d'artifice, feu de joie vite éteint par des trombes d'eau glaciales, et un *Te Deum* à Notre-Dame. À cette occasion, la reine avait dû accueillir dans sa litière le petit César de Vendôme, prélude à la désagréable manie de son mari de mélanger famille officielle et enfants de l'amour. L'aménagement de ses appartements au Louvre n'étant pas achevé, elle alla coucher au somptueux hôtel que Jérôme de Gondi avait fait bâtir sur la rive gauche et qui devait devenir dix ans plus tard l'hôtel de Condé.

Là, le Vert Galant, pour qui la délicatesse envers les femmes n'avait jamais été la vertu principale, eut l'audace de présenter Henriette à Marie de Médicis, déformant au passage la réalité : « Celle-ci a été ma maîtresse. Elle veut être, Madame, votre particulière servante. » C'est tout juste si la petite luronne ne toisa pas l'Italienne. Le roi d'un geste ferme força l'effrontée à s'agenouiller et à baiser le bas de sa robe selon les règles de l'étiquette. Marie pâlit et répondit par un léger sourire de politesse. « Elle dissimule tout, écrit Giovannini, présent à cette scène surréaliste, mais elle peste intérieurement et les déplaisirs rentrés ont plus de force. »

Le monarque se divertit à lui montrer la foire Saint-Germain, couverte de dizaines de petites boutiques d'artisanat ou de mode, fort prisées des badauds parisiens, où l'on pouvait acheter des livres, des estampes, des étoffes, de la vaisselle, des « bagatelles, babioles et fadaises ». De là, il l'emmena rive droite chez son ami Sébastien Zamet, rue de la Serrizaye (Cerisaie), qu'il allait bientôt nommer surintendant de la Maison et Finances de la reine. C'était encore un manque de tact de sa part, car le banquier lucquois, comme Fouquet de La Varenne, était parfois son pourvoyeur en beautés éphémères. La tournée des grands ducs se poursuivit à l'Arsenal chez Sully puis au palais de justice sur l'île de la Cité, chez le premier président Achille de Harlay.

Quand finalement elle fut autorisée à visiter le Louvre à la lumière des chandelles, Marie eut un haut-le-cœur. Elle crut à une plaisanterie. Quoi, c'était là la résidence des rois de France, cette rébarbative forteresse aux fossés fangeux, à la triste poterne, aux murs salpêtrés, aux recoins sombres et putrides, aux appartements d'apparat sales, même dans les parties les plus récentes de l'aile Lescot, avec leurs vieux coffres pour seul mobilier et leurs tentures défraîchies et malodorantes ! Quel contraste avec la sobriété resplendissante du palais Pitti !

Enfin un Dauphin

Marie tomba enceinte dès les premières semaines. C'était la preuve que, contrairement à sa première épouse, la Florentine promettait d'être féconde. Henri en éprouva une joie immense. Son espoir, bien sûr, était d'avoir un fils qui perpétuerait le sang des Bourbons et renforcerait la légitimité de son propre pouvoir. Il mit donc une sourdine à son antipathie envers l'entourage italien de sa femme. Il prit plaisir à jouer avec Concini, le moustachu flamboyant, en qui il finit par trouver un compagnon agréable, « railleur et divertissant », et il accepta en juillet 1601 son mariage à Saint-Germain avec Leonora Dori, nommée entre-temps dame d'atour de la reine. La dot, fournie par Marie, fut princière : 70000 livres. L'opulent président Jeannin n'avait pas pourvu sa fille de la moitié.

En raison des services qu'il rendait au roi en l'aidant à dissimuler ses amours buissonnières et à maintenir la paix du ménage, Concini devint une sorte de favori, récompensé par une charge de premier maître d'hôtel de la reine, puis à partir de 1609 de premier écuyer. Il bénéficia d'une pension de 25 000 livres et eut en outre le droit d'entrer dans la cour du Louvre à cheval ou en voiture, privilège rare. On le vit même monter dans le carrosse royal. Le couple s'enrichit tellement qu'il acheta rue de Tournon un splendide hôtel particulier où il organisa de somptueuses réceptions.

Le roi s'occupa avec soin de l'enfantement, décida qu'il aurait lieu à Fontainebleau, puis il prépara sa femme, très pudique, à la nécessité de la parturition en public, règle en vigueur depuis longtemps dans la famille de France afin d'éviter toute contestation ultérieure sur le sexe de l'enfant : « Ma mie, insistait-il, vous savez que je vous ai dit plusieurs fois le besoin qu'il y a que les princes du sang soient à votre accouchement ; je vous supplie de vous y vouloir résoudre, c'est votre grandeur et celle de votre enfant. Je sais bien que vous voulez tout ce que je veux, mais, connaissant votre naturel qui est timide et honteux, j'ai peur que l'effort que vous allez faire en les voyant ne vous empêche d'accoucher. Ne vous en étonnez pas, je vous prie, puisque c'est la forme que l'on tient au premier accouchement des reines. »

Le 27 septembre 1601, à dix heures et demie du soir, dans l'élégant cabinet ovale dont les murs et les plafonds étaient décorés de scènes des *Amours de Théagène et Chariclée* par l'Anversois Ambroise Dubois, Marie ressentit les premières douleurs, alors qu'elle se trouvait allongée sur un lit de velours cramoisi rebrodé d'or. La sage-femme choisie, Louise Bourgeois, dite la Boursier, était une praticienne réputée de la corporation de Paris, épouse d'un élève d'Ambroise Paré, qui nous a laissé une pittoresque relation de l'événement. Le travail dura toute la journée du lendemain. À huit heures du soir, on installa la reine sur une « chaise de travail », à l'intérieur d'une des deux tentes de toile de Hollande qu'on avait aménagées, l'autre abritant la « chaise d'accouchement ». Par décence son corps était recouvert d'une longue chemise. Non loin de là, deux bénédictins de Saint-Germain-des-Prés priaient sans relâche devant la ceinture de sainte Marguerite d'Antioche, protectrice des femmes en couches, qu'ils avaient apportée de l'abbaye.

Henri, dans tous ses états, arpentait fébrilement la pièce, harcelant la Boursier qui pour le taquiner l'assurait qu'elle pouvait faire à volonté un fils ou une fille. « Sage-femme, puisque cela dépend de vous, mettez-y les pièces d'un fils… – Si je fais un fils, Monsieur, que me donnerez-vous ? – Je vous donnerai tout ce que vous voudrez, plutôt tout ce que j'ai. – Je vous ferai un fils et ne vous demande que l'honneur de votre bienveillance et que vous me vouliez toujours du bien. »

Trois princes du sang, proches cousins du roi, s'installèrent sur les pliants disposés là et assistèrent aux souffrances de la royale parturiente, qui par dignité se retenait de crier : François de Bourbon, prince de Conti, Charles de Bourbon, comte de Soissons, et Henri de Bourbon, duc de Montpensier. Le 27 septembre, à 10 h 57 ou 58 du soir, Marie fut délivrée. « *Oime, io morio* » (« Malheur à moi, je meurs ! »), avait-elle balbutié, tandis que son mari, qui la soutenait dans ses bras, lui disait en riant qu'il fallait bien quelques douleurs pour faire un roi de France.

Comme le nouveau-né paraissait languissant, Louise Bourgeois demanda à un valet de chambre une bouteille de vin et une cuillère. « Sire, dit-elle, si c'était un autre enfant, je mettrais du vin dans ma bouche et lui en donnerais, de peur que la faiblesse ne dure trop. » Henri était au rouet, car il ne savait toujours pas le sexe du nouveau-né. Il paraissait « triste et changé ». Il se précipita pour mettre le goulot à la bouche du nourrisson. « Faites comme à un autre », lui répondit-il. Alors l'enfant peu à peu reprit vie. « Sage-femme, est-ce un fils ? », hasarda-t-il inquiet. Elle lui répondit par un petit oui qui prolongea le doute. « Est-ce vrai, sage-femme ? Je vous prie, ne me donnez point de courte joie, cela me ferait mourir. » Elle lui en fit voir alors les preuves. Henri, bouleversé, joignit les mains et, les levant au ciel, rendit grâce à Dieu. Des larmes, « aussi grosses que de gros pois », écrit la commère dans son *Récit véritable*, inondaient son visage ridé. Cette fois, il n'y eut ni gousse d'ail ni jurançon. Mais le roi trouva le moyen, le nouveau-né sitôt lavé et emmailloté, de lui glisser son épée entre ses mignonnes menottes : « Puisses-tu, mon fils, l'employer à la gloire de Dieu et à la défense de la Couronne et du peuple. »

Il demanda aux princes de s'approcher afin de constater le sexe de l'enfant avant que l'on ne coupât le cordon ombilical. « *E maschio ? E maschio ?* », demanda la reine (« Est-ce un garçon ? »). « M'amie, lui dit son mari en la baisant, vous avez eu beaucoup de mal, mais Dieu nous a fait la grâce de nous donner ce que nous lui avions demandé, nous avons un beau fils. » La Florentine éclata en sanglots avant de s'évanouir.

S'ouvrirent alors les portes du salon ovale, laissant place à une foule hurlante et joyeuse, se congratulant sans le moindre respect des rangs, bousculant et manquant même de renverser l'heureux géniteur. La Boursier en fut indignée. « Tais-toi, sage-femme, lui répliqua celui-ci, ne te fâche point, cet enfant est à tout le monde ; il faut que tout le monde s'en réjouisse. » Et bientôt le canon tonna en salves régulières, tels les battements de cœur d'un royaume en liesse parcouru par une immense onde de joie.

L'affection du roi

Il n'y avait pas eu d'héritier du trône depuis la naissance cinquante-sept ans auparavant du futur François II en 1544. Des médailles furent frappées, des horoscopes et des gravures largement distribués. Clément VIII, choisi pour parrain, accepta volontiers cet honneur, envoya des langes bénis et chargea le protonotaire apostolique Maffeo Barberini (futur Urbain VIII) d'aller complimenter le Très Chrétien.

Dès la naissance de son premier fils, Henri ne ménagea pas ses marques d'affection. C'est ainsi qu'il fit cadeau à sa femme de Montceaux-lès-Meaux, le château qu'il avait racheté aux héritiers de Gabrielle. Comme il était en piètre état, l'architecte Jacques II Androuet Du Cerceau, contrôleur général des Bâtiments, fut chargé de le restaurer.

Le ménage s'installa doucement dans l'habitude. Les envoyés étrangers notaient un certain « embourgeoisement » du roi, qui réduisit ses déplacements. Quand il découchait, il écrivait à sa femme des billets pleins d'affection. Quelques exemples pris au hasard de sa correspondance nous le montrent. Ainsi, lorsqu'il apprit à Paris la confirmation de sa première grossesse : « Mon cœur, pour Dieu, conservez-vous bien, et pour vous, et pour moi et pour tout ce royaume. [...] Ce que vous m'avez écrit en français est fort bien. Si vous augmentez d'une ligne, dans huit jours toute la lettre sera française. Ne doutez point que je vous aime bien, car vous faites tout ce que je veux. C'est le vrai moyen de me gouverner, aussi ne veux-je jamais être gouverné que de vous, que je baise cent mille fois » (27 janvier 1601). « Mon cœur, je m'ennuie si fort ici que, quand je n'aurais point si grande envie que j'ai de vous voir, je ne lairrais [laisserais] de hâter mon partement. [...] Je ne saurais dormir que je ne vous aie écrit, mais si je vous tenais entre mes bras, je vous chérirais de bon cœur » (16 octobre 1605). « Ne doutez point, mon cœur, que je ne vous aime plus que chose du monde, je vous jure et vous en assure. Aimez-moi aussi bien. Je vous donne le bonsoir et un million de baisers » (17 octobre 1605). « Je me porte fort bien, Dieu merci, vous aimant autant que vous le sauriez souhaiter. Sur cette vérité, je vous baise, mon cœur, cent mille fois » (26 octobre 1607).

L'attachement pour sa femme était réel. Il le témoigna le 9 juin 1606 lorsque, traversant la Seine au bac de Neuilly, le carrosse royal, entraîné par les deux derniers chevaux qui tiraient trop de côté, bascula dans le fleuve. Marie fut sauvée par un gentilhomme qui l'empoigna par les cheveux. La première pensée d'Henri, qui en réchappa lui aussi, fut pour sa femme, et réciproquement celle de la reine pour son mari. Une fois revenu sur la rive, il se permit un mot d'esprit. « Cet accident, écrit L'Estoile, guérit le roi d'un grand mal de dent qu'il avait, dont le danger étant passé il s'en gaussa, disant que jamais il n'avait trouvé meilleure recette ; au reste, qu'ils avaient mangé trop de salé au dîner et qu'on les avait voulu faire boire après. » À la suite de cette mésaventure Henri fit construire un premier pont de seize arches de bois.

Ondoyé à sa naissance, le Dauphin fut baptisé à Fontainebleau dans la cour Ovale, le 14 septembre 1606, jour de l'Exaltation de la Sainte-Croix, en même temps que ses sœurs Élisabeth et Chrestienne, nées respectivement en 1602 et 1606. La cérémonie était prévue dans la capitale ; malheureusement il avait fallu fuir la peste qui s'y était abattue. Successeur de Léon XI, le pape Paul V fut le parrain de l'enfant royal et sa tante maternelle, la duchesse Éléonore de Mantoue, sa marraine, tous deux représentés par le cardinal de Joyeuse. L'officiant était Pierre de Gondi, évêque de Paris. Le choix du prénom de l'héritier du trône, Louis, marquait la nette volonté du roi, soucieux de symboles, de rattacher sa souche à la grande lignée capétienne de Saint Louis.

Le baptême servit de prétexte à un extraordinaire déploiement de luxe vestimentaire et de magnificences en tous genres, comme on n'en avait pas vu depuis le début des guerres de Religion. Il s'agissait comme toujours d'exalter la pompe de la monarchie et de souligner l'union profonde de la France catholique avec Rome. Le Dauphin resplendissait dans son costume de satin blanc. Les dames portaient des toilettes chamarrées, incrustées de fils d'or et d'argent comme aux plus beaux temps de la cour des Valois. La robe de la reine couverte de 32 000 perles et 3 000 diamants était si lourde que la malheureuse donnait l'impression d'avancer comme un automate. Les réjouissances se poursuivirent le lendemain par des courses de bague dans la cour du Cheval-Blanc, où avaient été édifiées des tribunes de bois, et s'achevèrent par un feu d'artifice supervisé par Sully en sa qualité de grand maître de l'Artillerie.

Le double ménage

Tout n'allait pas pour le mieux dans le ménage royal, tant étaient opposés les caractères de l'époux et de l'épouse. Marie, indolente, facilement renfrognée, volontiers ombrageuse, était jalouse, vindicative, querelleuse, entêtée jusqu'à l'absurde. Henri, jovial, exubérant, aux reparties souvent mordantes, était fondamentalement égoïste, surtout en amour. Il n'entendait pas se priver des plaisirs extraconjugaux et encore moins se séparer de sa volcanique Henriette. « J'ai vécu plus de cinquante ans avec la liberté d'aller d'une femme à l'autre, confessa-t-il à Giovanni de Médicis, frère bâtard du grand-duc, il n'est pas possible que j'y renonce. » C'est pourquoi les plaintes de la reine l'indisposèrent rapidement. « Il ne pouvait pas souffrir qu'elle lui grognât et rechignât quasi toujours », notait Sully, souvent appelé à ramener la paix dans le ménage et qui un jour faillit recevoir une gifle qui ne lui était pas destinée.

Avec l'affriolante marquise de Verneuil, dont les câlines espiègleries l'immunisaient de ces sempiternelles jérémiades, il vivait une double vie. Il riait sans dignité aux facéties de cette mauvaise langue quand elle imitait l'accent et le charabia mi-italien mi-français de la reine. Celle-ci finit par le savoir et s'en plaignit ; lui haussait les épaules et répondait que c'étaient des « bouffonneries faites simplement pour le divertir ».

L'ennui est que la tenace Henriette s'accrochait toujours à l'imprudente promesse de mariage de son amant. Bien qu'elle ne lui ait pas donné l'espérance d'un fils dans les six premiers mois de leur liaison, son père et elle conservaient le papier comme un précieux moyen de chantage, au point d'en avoir déjà envoyé un double au souverain pontife. Menant sa barque avec son machiavélisme ordinaire, elle s'était rapprochée du couple Concini, concluant avec le mari un pacte aux termes duquel, en échange de son soutien auprès du roi, il s'efforcerait d'atténuer l'inimitié hargneuse de la reine à son égard.

Or, au début de février 1601, à un mois d'écart, Henri avait engrossé une nouvelle fois Henriette. Celle-ci accoucha le 27 octobre d'un beau garçon, un enfant de l'amour prénommé Gaston Henri : Gaston en souvenir de Gaston de Foix, l'ancêtre d'Henri. Il le « baisa et mignarda fort, raconte Pierre de L'Estoile, l'appelant son fils et le disant plus beau que celui de sa femme, qu'il disait ressembler aux Médicis, étant noir et gros comme eux ». Propos dont la reine fut avertie et qui en « pleura fort ». L'enfant fut légitimé par lettres patentes enregistrées au Parlement à la requête du procureur du roi le 18 février 1603.

Devenue mère, les exigences d'Henriette se firent plus audacieuses. Au nom de l'engagement signé, c'était elle la vraie reine et son fils le vrai Dauphin ! Henri devait donc renvoyer dans sa Florence natale sa « concubine », cette usurpatrice. « Elle a un désir forcené d'être reine, notait le 2 juillet 1602 Baccio Giovannini, et il est certain que s'il arrivait malheur à la reine actuelle, elle le serait. Il faut que celle-ci soit sans cesse sur ses gardes. Le roi est complètement enchaîné par l'amour de cette femme ; on raconterait cela à quelqu'un, cela passerait pour une fable. »

Pour échapper aux crieries de l'effrontée, il l'avait logée splendidement au Louvre, non loin de Marie, et s'était arraché aux bras de la douce Marie Babou de La Bourdaisière, qu'il revoyait de temps à autre, mariée à un honnête gentilhomme, Charles Saladin d'Anglure de Savigny, vicomte d'Estoges. Après la mort sans enfants de sa chère sœur Catherine, duchesse de Bar, emportée en février 1604 probablement par une péritonite tuberculeuse, le roi commit la maladresse d'offrir les deux maisons de la défunte à Fontainebleau et Saint-Germain, l'une à sa maîtresse, l'autre à sa femme. Nouveau tollé de Marie, furieuse d'être ainsi traitée.

Henri n'en continua pas moins de distribuer alternativement ses faveurs, comme aux *kadines* d'un harem, leur faisant un enfant à tour de rôle. « Mon cher cœur, lui mandait-il, je pense que ma femme est grosse. Dépêchez-vous de faire ce fils afin que je vous fasse une fille. » Le 22 novembre 1602, Marie donna naissance à une fille, Élisabeth, qui épousera Philippe IV et deviendra reine d'Espagne*. Le 21 janvier 1603, Henriette accoucha à Paris de Gabrielle Angélique, dite Mlle de Verneuil, qui sera légitimée et se mariera avec Bernard de Nogaret, duc de La Valette, fils du duc d'Épernon.

La Florentine, fort féconde, poursuivra seule la « compétition » : après Élisabeth ce sera Christine (parfois appelée Chrestienne), le 10 février 1606, qui épousera Victor-Amédée Ier de Savoie ; un petit garçon sans prénom, dit Monsieur d'Orléans, le 13 avril 1607, malheureusement difforme (« une tête énorme sur un corps de squelette »), qui décédera à quatre ans d'une crise d'épilepsie ; Jean-Baptiste Gaston, le 24 avril 1608, duc d'Anjou puis d'Orléans à la mort de son frère ; et enfin Henriette-Marie, née le 25 novembre 1609, qui s'unira à Charles Ier d'Angleterre.

L'arrogance d'Henriette n'avait plus de bornes. Elle raillait ouvertement son Hercule défaillant, ce « capitaine Bon Vouloir ». « Bien vous en prend d'être roi, lui jeta-t-elle à la figure, car sans cela on ne pourrait vous souffrir ! » Elle se plaignait de sa saleté. « Il pue la charogne », lança-t-elle un jour. Marie, quant à elle, déblatérait contre cette « poutane » et enrageait des infidélités de son mari. « Comme son humeur était entièrement contristante et attachée à sa propre volonté,

* Elle-même donnera naissance à Marie-Thérèse d'Autriche, femme de Louis XIV.

lit-on dans un recueil anonyme manuscrit, il a été impossible de la réduire à vivre avec douceur et respect avec le roi. [...] Un soir, après une dispute, à leur mauvaise intelligence, elle sauta du lit et lui égratigna la figure. »

Les passions désordonnées

À partir de 1604, délaissant pour un temps Henriette en raison de sa participation à des conspirations contre sa personne, l'insatiable Vert Galant reprit ses fredaines, si tant est qu'il les eût interrompues : « N'avoir qu'une femme, avait-il plaisanté un jour, c'est être chaste ! » En 1604, il subjugua Jacqueline de Bueil-Courcillon, fraîche et pimpante blonde de seize ans aux yeux noirs et au charmant sourire. On la disait un peu sotte. Pas tant que cela à la vérité, puisque, bien au fait des pratiques de ses devancières, elle monnaya ses faveurs : 50 000 écus bientôt ramenés à 30 000, une terre, un titre et une pension mensuelle de 500 écus. N'étant qu'une orpheline sans fortune recueillie par Charlotte de La Trémoille, princesse de Condé, Henri s'empressa de la marier à un gentilhomme complaisant, impécunieux joueur de luth, Philippe de Harlay de Champvallon, comte de Césy, petit-cousin du premier président du Parlement. « Le mari eut l'honneur de coucher le premier avec sa femme, mais éclairé tant qu'il y demeura des flambeaux et veillé des gentilshommes par commandement du roi, qui le lendemain coucha avec elle au logis de Montauban, où il fut au lit jusqu'à deux heures après midi » (Pierre de L'Estoile). Le jour de l'An 1605, il lui offrit le titre de comtesse de Moret et une bourse de 9 000 livres. Tandis que la procédure de séparation était entamée d'avec son époux fictif, le 9 mai 1607 Jacqueline accoucha d'un garçon prénommé Antoine, légitimé comte de Moret en mars de l'année suivante.

Quelques mois auparavant, le Vert Galant était retombé dans les bras d'Henriette et mentait effrontément à sa femme : « J'ai vu ce que vous me mandez de cette dame jaune et maigre ; ce n'est plus marchandise pour ma boutique, car je ne me fournis que de blanc et de gras » (19 octobre 1605). Un an plus tard, la romance toujours pimentée d'érotisme se poursuivait avec la marquise de Verneuil. « Mon menon, lui écrivait-il le 6 octobre 1606, je viens de prendre médecine, afin d'être plus gaillard pour exécuter toutes vos volontés. C'est mon plus grand soin, car je ne songe qu'à vous plaire et à affermir votre amour, étant le comble de mes félicités… Il fait fort beau ici, mais, partout, hors d'auprès de vous, il m'ennuie si fort que je n'y puis durer. Trouvez un moyen que je vous voie en particulier et que, devant que les feuilles tombent, je les vous fasse voir à l'envers. Bonjour mon cher cœur, je vous baise un million de fois. »

Cela n'empêchait pas les petites maîtresses de se succéder dans son lit. Voici Charlotte Des Essarts, dite Mlle de La Haye, fille naturelle de François Des Essarts, lieutenant général de Champagne, et de Charlotte de Harlay de Champvallon, dame de Bonnard. Après un séjour en Angleterre où elle avait entretenu une liaison avec son cousin l'ambassadeur Christophe de Harlay, elle revint en France. Elle avait vingt-six ans lorsqu'elle fut introduite à la Cour. « C'était une personne toute charmante à laquelle on n'eût pas donné son estime, disait une chronique du temps, mais on ne pouvait lui refuser son cœur, du moins pour quelque temps. » Henri la titra comtesse de Romorantin, lui fit verser une pension de 3000 livres et ordonna de meubler « princièrement » son logement. Il la rendit mère de deux filles, Jeanne Baptiste, qui devint 31e abbesse de Fontevraud, et Marie Henriette, dite sœur Placide, qui fut abbesse de Chelles, toutes deux légitimées.

Puis, se lassant d'elle, il chargea Sully de l'en délivrer. Pendant la grossesse de la Des Essarts, en 1608, il entretint une liaison avec une demoiselle d'honneur de sa femme, Charlotte de Fontlebon. Ce fut encore l'occasion d'un vif affrontement à Fontainebleau entre Marie de Médicis et le roi, qui menaça de la répudier « si elle s'avisait de renvoyer la Fontlebon ». Cette dernière n'en fut pas moins remplacée en 1609 par la rousse Angélique Paulet, fille du financier Charles Paulet, dix-sept ans, « petite chair blanche, jolie et délicate » (L'Estoile), à l'allure bien déterminée, qu'on surnommera plus tard dans le salon de Mme de Rambouillet la « belle Lionne ». Il l'avait vue jouer dans un divertissement de la Cour et en avait été « si transporté, racontera Mlle de Scudéry, que, sans attendre la fin de la cérémonie, il fut l'embrasser ».

Ainsi, les dernières années du règne du premier Bourbon témoignaient-elles d'un profond désordre moral qui n'était pas sans répercussions politiques. « En vérité, s'exclamait d'une plume navrée le résident de Toscane, a-t-on jamais vu *bordello* semblable à celui de la cour en France ? »

L'éducation du Dauphin

Mari volage, mais père attentionné, Henri prêta une vigilante attention à l'éducation de son fils, écartant sa femme qui n'eut voix au chapitre que sur des questions mineures. Quatre semaines après la naissance du petit, il décida qu'il serait élevé à Saint-Germain, où l'air était plus pur qu'à Paris. Henri restait un rural dans l'âme. Le Château-Neuf (aujourd'hui presque entièrement disparu), commencé sous Henri II par Philibert Delorme, n'étant pas encore totalement achevé, il choisit le premier étage de l'aile est du Château-Vieux. L'appartement comprenait cinq pièces carrelées en enfilade, hautes de plafond, éclairées des deux côtés. De grandes tapisseries égayaient les murs. Des guirlandes de fruits et de fleurs ornaient les boiseries, mais le mobilier était des plus simples : un grand lit à colonnes pour le Dauphin, des fauteuils, des « escabelles de velours qui se ploient », des tables, des chaises basses. Les fenêtres de la façade donnaient sur les parterres en broderie et le « jardin de plaisir » d'André Mollet.

Henri IV désigna comme gouvernante une femme énergique, Françoise de Longuerue, épouse de Robert Harlay, baron de Montglat, premier maître d'hôtel du roi, mère de trois enfants, et pour « médecin ordinaire » un homme de grande réputation, calviniste converti, Jean Héroard, qui avait été au service d'Henri III. Ce praticien honnête et méticuleux est connu aujourd'hui par son *Journal*, six gros volumes, écrit de septembre 1601 à sa mort en janvier 1628, qui constitue un document clinique sans équivalent sur la jeunesse et l'enfance du roi.

La maison du Dauphin comprenait 224 personnes, dont beaucoup de charges honorifiques. Le personnel de service ne dépassait pas en réalité la vingtaine. Le père surveillait très étroitement le travail des éducateurs, décidant de l'emploi du temps, réglant la nourriture.

Une des particularités de l'enfance du futur Louis XIII fut de vivre avec ses frères et sœurs légitimes et illégitimes. Telle était l'extravagante volonté du roi de mêler, contre tous les usages et malgré les hauts cris de sa femme, la lignée royale à celle de ses bâtards. Dans cette singulière « nursery » on comptait les deux filles aînées du roi et de la reine, Élisabeth et Christine. La dernière, Henriette, ne séjournera jamais à Saint-Germain. Il y avait aussi les deux garçons du couple, le duc d'Orléans, et Gaston, duc d'Anjou, trop jeunes pour être de vrais compagnons de jeux. Venaient ensuite dans l'ordre des préséances les bâtards, César de Vendôme et Alexandre, fils de Gabrielle d'Estrées, surnommés par le Dauphin « fefé (frère) Vendôme » et « fefé chevalier », puis Gaston Henri de Verneuil, fils d'Henriette d'Entragues, dit « fefé Verneuil », le petit Antoine, comte de Moret, fils de Jacqueline de Bueil, et enfin Catherine Henriette, demoiselle de Vendôme, dernière enfant de la belle Gabrielle.

Tout en étant gracieux, aimable et affectueux, le petit Louis avait une très haute conception de sa dignité et un sentiment inné de la majesté, s'offusquant vite des manques de respect. Il malmenait son entourage en despote, voulait être obéi sans réplique de ses frères et sœurs.

S'il aimait jouer avec les bâtards, il éprouvait pour eux un dégoût instinctif de leur état, au point de se rendre parfois méprisant et effronté, leur donnait des soufflets, des coups de pied, leur jetait des pierres. Le 9 mai 1607, à cinq ans et demi, on lui annonça la naissance du comte de Moret. « Monsieur, vous avez un autre fefé. – Qui ? demanda-t-il ébahi. Qui est i ? – Monsieur, c'est Madame la comtesse de Moret qui a accouché d'un fils. – Hoo, i n'é pas à papa. – Monsieur, à qui est-il donc ? – Il est à sa mère. » Et, poursuit Héroard dont on tient ces minuscules et révélateurs détails, il « n'en voulut jamais dire autre chose, tout fâché et comme s'il eût voulu pleurer ».

Un an plus tard, Henri IV, s'étant rendu à Saint-Germain en compagnie de la comtesse de Moret, lui confia : « Mon fils, j'ai fait un enfant à cette belle dame, il sera votre frère. » L'enfant se retourna aussitôt, honteux : « C'é pas mon frère ! » Le 18, au garde d'Escluzeaux, le « grand ami » de l'enfant, qui lui faisait remarquer que MM. de Vendôme étaient ses frères, il répliqua : « Ho, c'est une autre race de chiens ! – Et M. de Verneuil ? – Ho, c'est encore une autre race de chiens ! – Monsieur, de quelle race ? – De Madame la marquise de Vanueil. Je suis d'une aute race, mon frère d'Oléan, mon frère d'Anjou et me sœu. – Laquelle est la meilleure ? – C'é la mienne, puis celle de fefé Vendome et fefé Chevalié, puis fefé Vanueil et puis le petit Moret – il ne voulait pas l'appeler comte –, il est apré ma mede que je viens de faire. »

C'était sans doute sa mère qui lui avait appris l'incommensurable dignité de son rang et cet extrême dégoût de la bâtardise. Farouchement exclusif, il ne souffrait pas dans son ombrageuse susceptibilité les marques d'affection de son père envers ses enfants naturels, notamment le préféré, César de

Vendôme, son aîné de presque sept ans. Si Henri IV insistait pour qu'il prît son repas avec le petit Verneuil, la réponse fusait : « Oh ! non, i faut pas que les valets mangent avec leur maite. » Et quand Charlotte Des Essarts, comtesse de Romorantin, mit au monde une petite fille, il ne voulut pas la reconnaître pour sa « sœu sœu ». Et la mère ? « C'est une putain. »

Ses colères étaient parfois d'une extrême violence. Il n'admettait pas de résistance. De rage, il cognait, souffletait sa nourrice ou sa gouvernante, frappait de sa petite pique le valet Bompar, son souffre-douleur. De loin, Marie de Médicis s'irritait de ses caprices. Son mari était plus directif. On trouve ici un aspect singulier d'Henri IV, celui du roi pédagogue, particulièrement attaché à former son successeur. Pour briser l'orgueil de son héritier, dresser sa précoce impétuosité, il lui avait fait donner le fouet dès l'âge de deux ans, lui-même n'y manquant pas lorsqu'il était présent. Il faut dire toutefois qu'il l'en menaçait plus qu'il n'en faisait usage. Il lui suffisait d'élever la voix et généralement tout rentrait dans l'ordre. Dès qu'il était là, le petit mettait un frein à ses caprices et à ses désobéissances.

De curieuses méthodes éducatives

Louis avait une fascination pour la vie militaire. « Il semble qu'il ait l'esprit plus adonné aux armes qu'à toute autre chose », écrivait fièrement à l'abbé de Beaumont le vainqueur d'Arques et d'Ivry, pour qui la notion de « roi de guerre » l'emportait sentimentalement sur toutes les autres. On lui avait commandé de petites arquebuses de différents modèles, à rouet, à serpentin, à mèche, qui tiraient des plombs. Il connaissait à la perfection le maniement de la pique. « Je suis un souda » (soldat), s'exclamait-il, éclatant de fierté. Prendre la tête de ses frères et des sept ou huit enfants d'honneur, faire l'exercice, tirer des mousquetades le ravissaient. C'était toujours lui qui commandait : « Je suis le capitaine et fefé Vernueil sera mon lieutean, fefé Chevalier mon enseigne. » Il se promenait ainsi dans le Château-Vieux, la basse-cour et le jardin. Les ennemis étaient ceux de son père : « les Espagno » et « les Tus » (Turcs) : « Avec mon épée je leu donneray de gan cou. »

Le *Journal* d'Héroard montre la liberté de propos et d'attitude vis-à-vis de la sexualité enfantine. Tout petit il faisait la découverte de son corps, « se jouait à sa guillery », « faisait baiser sa guillery », simulait l'acte sexuel à l'amusement de tous. Les petites filles de son entourage, la reine elle-même mettaient la main à sa guillery (il avait quatre ans et demi). « Seras-tu aussi ribaud que ton père ? », lui demandait Mathurine, la folle de cour. Le roi ne craignait pas de paraître nu devant lui, se risquant une fois à un geste exhibitionniste qu'Héroard ne mentionne qu'en latin, expliquant au petit comment faire un dauphin à l'infante, sa promise, du même âge que lui. Ces gaillardises étaient courantes et ne passaient pas pour déplacées en ce début du XVIIe siècle dominé par une virilité fruste et une scatologie rabelaisienne. On note cependant chez l'enfant ombrageux une certaine pruderie, source de ses inhibitions et de sa misogynie futures. Il n'aimait pas embrasser et se mettait en colère quand on le faisait, rougissait vite aux propos crus ou indécents, et Dieu sait si dans son entourage, à commencer par son Vert Galant de père, on ne se gênait pas pour en tenir. Il condamnait, moralisait : « Cela n'est pas bien. »

Néanmoins, le jeune Dauphin adulait son « bon papa », éprouvait pour lui un attachement exclusif, des élans d'amour et d'admiration sans bornes. Il l'accueillait avec des cris de joie. C'était son dieu, son modèle en tout, au point de regretter de ne pas avoir reçu à son baptême le prénom d'Henri. Il avait confiance en lui, obéissait, cherchait à lui plaire. Quand on annonçait son arrivée, il jubilait, courait à sa rencontre, lui sautait au cou, le couvrait de baisers. Son départ au contraire déclenchait des sanglots.

Henri et le Dauphin

Reflet d'une attention nouvelle portée aux petits enfants qui allait s'amplifier dans la première moitié du siècle, le roi aimait sa progéniture. Il avait le don inimitable de s'amuser, de plaisanter avec eux tout en les taquinant. Qui ne connaît l'anecdote de l'ambassadeur d'Espagne, introduit en audience et trouvant le souverain à quatre pattes avec deux de ses fils sur le dos ? Scène mythique que quantité de gravures et de tableaux ont illustrée, surtout à l'époque romantique.

Les relations avec sa mère étaient loin de cette spontanéité joyeuse et fusionnelle. Marie, qui avait perdu la sienne à cinq ans, souffrait d'une carence affective qui la rendait distante et revêche, détestant les effusions. Lui préférant son dernier fils Gaston, elle ne cherchait pas à lui parler, à le comprendre. Elle n'était qu'autorité, entêtement. Ses ordres tombaient du haut de sa grandeur et ne se discutaient pas. S'étonnera-t-on après cela que Louis fût affligé de son arrivée et ravi de son départ ? Alors qu'il appelait son père « Papa », il ne la nommait jamais que « Mère ».

Henri aimait lui apprendre ses devoirs de futur roi, lui inculquer quelques grands principes d'autorité, lui faire assimiler le sens du cérémonial de la monarchie française. « Voyez-vous ces gens-là, lui dit-il un jour en désignant une délégation de magistrats du parlement de Rouen, vous les commanderez après moi. » Il s'appliqua à lui faire découvrir Paris en l'installant à la portière de son carrosse, son siège rehaussé d'un carreau : l'Arsenal, demeure de son principal ministre Sully, le faubourg Saint-Germain et le Pré-aux-Clercs, la foire Saint-Germain et ses échoppes multicolores, l'hôtel de Mercœur, lieu de résidence de son cousin le comte de Soissons, les belles demeures du faubourg Saint-Honoré, le Pont-au-Change, le Pont-Neuf – le premier pont à ne pas être recouvert de maisons –, la place Royale en cours d'aménagement, la Sainte-Chapelle renfermant la Sainte Couronne et un morceau de la Vraie Croix, Saint-Eustache, Notre-Dame. Parfois la promenade se poursuivait par la visite de quelques villages des environs, La Roquette, Le Roule, Le Clos, le bois de Vincennes et la garenne de Madrid (ou de Boulogne).

Très tôt, il initia ce fils chéri à la chasse. Le 18 septembre 1604, le petit n'avait pas encore trois ans qu'il assistait à la curée d'un cerf. Un peu plus tard, son père tint à le faire participer au dressage des jeunes chiens de meute qu'on laissait courir derrière les renardeaux, les blaireaux ou les marcassins. Puis il l'intéressa à la fauconnerie qui sera l'une de ses passions. Quand il fut un peu plus grand, il lui fit suivre de bout en bout ses chasses. Naturellement, l'apprentissage de l'équitation allait de pair avec tous ces exercices cynégétiques. Dès le 6 juin 1608, à Fontainebleau, avant sept ans, il abandonna la robe pour le pourpoint et les chausses, le manteau et l'épée. Sous l'Ancien Régime, l'enfant était du point de vue vestimentaire la copie d'un adulte. Le 24 janvier 1609, il quitta définitivement Saint-Germain, rejoignant son père au Louvre. Il laissait Mme de Montglat et les femmes pour « passer aux hommes », selon la formule du temps. Il eut droit alors à un gouverneur, Gilles de Souvré, marquis de Courtenvaux, gentilhomme d'une loyauté exemplaire qui avait refusé de rallier la Ligue.

C'est le roi encore qui choisit comme précepteur Nicolas Vauquelin, seigneur des Yvetaux, contre la volonté de la reine. Ce Normand lettré, ancien lieutenant général au bailliage de Caen, présenté au roi par le poète Philippe Desportes, avait d'abord été chargé de l'éducation de César de Vendôme. Dans l'espoir d'obtenir des fonctions auprès du petit Louis, il avait écrit des odes flagorneuses – *Sur la naissance de Monseigneur le Dauphin, Stances pour Monseigneur le Dauphin...* – ainsi qu'une *Institution du prince,* ou traité d'éducation, publié en 1604. Cet épicurien hardi, philosophe libertin, qu'on appellera plus tard le « petit bonhomme aux yeux de cochon », se révéla un éducateur plutôt médiocre, mais il ne tarda pas à cerner le caractère bien trempé du futur Louis XIII : « Je crois que toutes ses actions tendront à la bonté et à la gloire, mais ce sera peut-être par moyens mêlés d'une autorité fort absolue et de quelque promptitude violente. » « Sa colère et sa volonté étaient très fortes. Il était d'autant plus difficile à gouverner qu'il semblait être né pour gouverner et pour commander les autres ! Il avait une cuisante jalousie de son autorité. »

Le retour en grâce de Marguerite

Après le remariage d'Henri qui ne pouvait que la remplir d'aise puisqu'elle l'avait grandement facilité, Marguerite de Valois souffrait de son exil « parmi les déserts, les rochers et montagnes d'Auvergne » (Brantôme) et attendait impatiemment son retour à Paris.

Après avoir monnayé la complicité du gouverneur d'Usson, le marquis de Canillac, elle avait transformé sa prison-forteresse en résidence d'une comtesse souveraine, siège d'une nouvelle et brillante cour littéraire et artistique, fréquentée par les grands seigneurs de la région qu'elle avait réussi à gagner à sa cause, tels les La Rochefoucauld-Randan, les Noailles, les Chabanne-Curton, les Montmorin ou les La Fin. Elle composait des poésies et des chansons, qu'elle accompagnait de son luth. Elle était redevenue malgré son âge la « perle des Valois », à qui Honoré d'Urfé dédiera une partie de ses épîtres et dont il fera une héroïne de *L'Astrée*. En décembre 1599, elle avait reçu une première satisfaction : des lettres patentes lui accordèrent le droit de conserver le titre de reine et de duchesse de Valois. « Vous m'êtes et père, et frère et roi », écrivait-elle cinq mois plus tard à son ex-mari. Elle avait bataillé également pour faire respecter l'accord financier de 1599, suppliant Henri de poursuivre le versement de ses pensions, car elle se trouvait prise à la gorge par ses créanciers.

Elle fut malheureusement contrainte de rester quelques années encore à Usson, afin de s'opposer aux ambitions territoriales de son neveu germain Charles de Valois, comte d'Auvergne, qui avait fait main basse sur les immenses domaines situés dans cette province que Catherine de Médicis, furieuse de l'inconduite de sa fille, lui avait légués à son détriment.

Cette bataille et quelques autres retardèrent sa pleine réconciliation avec le roi, à qui elle écrivait encore le 16 octobre 1602 cette profession d'obéissance qui meurtrissait son orgueil : « Mon sexe ne permet que j'offre autre chose à Votre Majesté qu'une volonté toute soumise aux siennes et une résolution de n'avoir jamais autre loi à mes actions que ses commandements. »

En février 1605, en bons termes avec Henri IV, elle se décida à faire du Dauphin son héritier. C'était un événement politique d'importance : la dernière intronisation des Bourbons par la dernière des Valois. Pour suivre l'épineux procès engagé contre son neveu, elle obtint du roi de se rapprocher de la capitale, d'abord à Villers-Cotterêts, puis dans l'imposant château royal de Madrid au bois de Boulogne, construit sous François Ier*. Après dix-neuf ans passés à Usson, c'était le prélude à un retour en grâce, avec l'assurance d'être bien reçue et bien traitée à la Cour.

Henri vint à sa rencontre dans ce dernier lieu. Il y resta tout un après-midi et ne revint au Louvre qu'à dix heures du soir. Il lui donna des conseils. Qu'elle renonce pour sa santé à ses regrettables habitudes de vivre la nuit et de dormir le jour. Qu'elle gère mieux ses finances en diminuant sensiblement

* Déjà en mauvais état sous Louis XVI, ce bel édifice Renaissance sera loti sous la Révolution, puis totalement détruit au début du XIXe siècle.

Maximilien de Béthune, marquis de Rosny, duc de Sully,
prince souverain d'Henrichemont, est le plus fidèle compagnon
d'armes d'Henri IV et son principal ministre. Surintendant des Finances,
grand maître de l'Artillerie, grand voyer de France, gouverneur de la Bastille,
il œuvre activement au redressement de la France, après la signature
de l'édit de Nantes et la paix de Vervins en 1598.

Combat de Fontaine-Française remporté par Henri IV
sur les Espagnols le 5 juin 1595.

Absous le 17 septembre 1595, Henri IV reçoit
la bénédiction pontificale de Clément VIII le 23.

Tableau allégorique représentant Henri IV s'appuyant sur la religion pour donner la paix à la France.

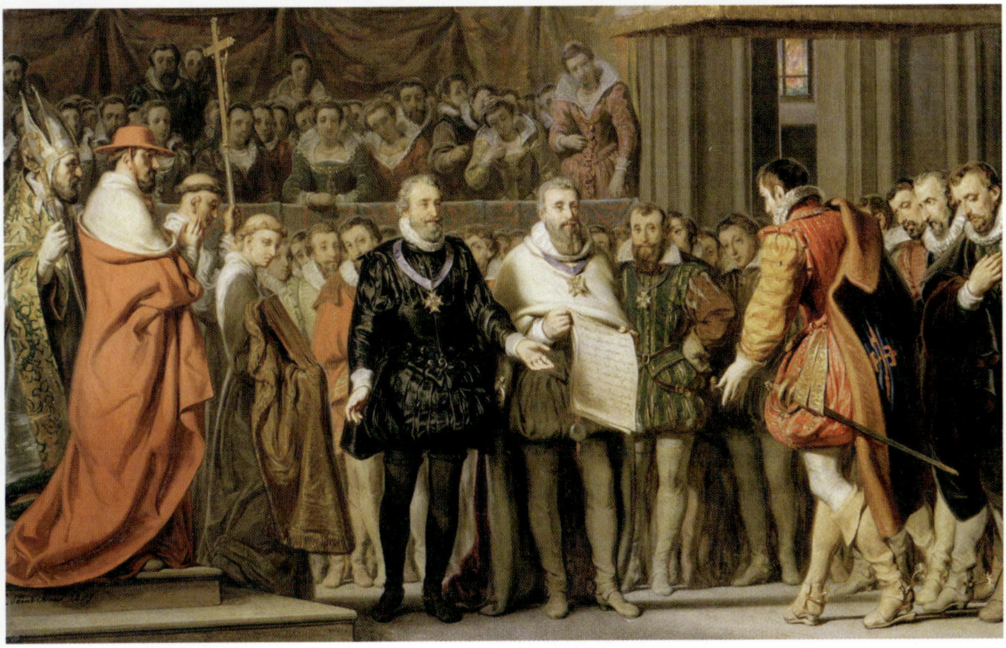

Signature du traité de paix de Vervins le 2 mai 1598.

Portrait équestre d'Henri IV.
Le conquérant.

Henri IV en costume sombre.
L'homme d'État.

Forte d'une promesse de mariage signée du roi, Henriette de Balsac d'Entragues, marquise de Verneuil, s'acharne à faire échouer le mariage de celui-ci avec Marie de Médicis, la « grosse banquière », comme elle la surnomme.

Henri IV épouse à Lyon Marie de Médicis, nièce du duc Ferdinand de Toscane, pour des raisons dynastiques et financières le 17 décembre 1600.

Naissance à Fontainebleau
du dauphin Louis,
futur Louis XIII,
le 27 septembre
1601.

Céramique
représentant
Henri IV, Marie
de Médicis et leurs enfants.

Henri IV se faisant présenter les plans
de la construction des galeries du Louvre.

Le début d'un mythe populaire : « Si Dieu me prête encore vie, je ferai qu'il n'y aura point de laboureur en mon royaume qui n'ait moyen d'avoir une poule dans son pot. »

Dans le Jeu de Bayard (XIXe siècle), Henri IV figure le roi des cœurs.

Dans l'après-midi du 14 mai 1610, rue de la Ferronnerie, Henri IV est assassiné par un « grand rouquin venu d'Angoulême », Jean François Ravaillac.

Blessé à mort, le roi est transporté au Louvre.

Scène d'affliction au Louvre où la Cour est bouleversée par l'assassinat du roi.

Après la mort du roi, le mythe henricien se déploie dans les écrits, les sermons, les odes, les gravures, les peintures ou les tapisseries. Il est le Jupiter, le Mars, l'Hercule gaulois (*ici*), l'Atlas, le Persée, le preux chevalier délivrant la France de ses ennemis.

ses folles dépenses. Sur le premier point, elle promit de se réformer, sur le second, elle répondit en bonne fille des Valois qu'elle n'avait jamais pu vivre autrement, « tenant cette libéralité de sa race », petite pique pour souligner la pingrerie de son ex-mari. Il fut convenu qu'elle verrait la reine au Louvre puis qu'elle rendrait visite au Dauphin.

Le 6 août après-midi, l'accueil du petit qui allait sur ses quatre ans fut spontané. Accompagné de son gouverneur, M. de Souvré, il alla en litière au-devant d'elle, en descendit, ôta son chapeau. Tous deux s'embrassèrent : « Vous soyez la bienvenue maman ma fille ! », lui dit-il. « Monsieur, répondit Marguerite, je vous remercie, il y a fort longtemps que j'avais désir de vous voir. » Elle le mignota de nouveau. Puis faisant « le honteux et le rieur », le garçonnet se cacha derrière son chapeau. Elle reprit : « Mon Dieu, que vous êtes beau ; vous avez bien la mine royale pour commander comme vous ferez un jour. » Le lendemain matin, Henri IV et Marguerite se promenèrent dans la galerie, l'enfant courant devant eux. Margot le rattrapa et lui fit de « grandes caresses ». L'après-midi, elle lui offrir un présent de valeur, un Cupidon orné de diamants, assis sur un dauphin, tenant un arc d'une main et un brandon de l'autre. Ainsi naquit l'attachement profond de l'enfant royal pour la princesse, qui faisait presque figure de mère de substitution.

De retour dans la capitale, elle choisit de s'établir à l'hôtel des Archevêques de Sens, rue du Figuier, qui existe toujours, près du pont Marie. Les Parisiens les plus âgés qui l'avaient connue dans sa jeunesse s'étonnèrent de cette revenante de cinquante-deux ans, obèse, au visage couperosé et coiffée d'une étrange perruque filasse.

La décision de débouter le bâtard d'Auvergne de la possession des biens de la succession de Catherine de Médicis la remplit d'aise. Elle entreprit alors la construction d'une résidence rive gauche dans le vaste lotissement du Pré-aux-Clercs, face au Louvre. Puis elle reprit ses habitudes d'antan, dépensant sans compter, y compris pour les œuvres pies, recevant, comme à Nérac, comme à Usson, artistes et poètes et incarnant par son esprit inimitable le raffinement culturel de l'ancienne cour des Valois, à jamais disparu.

22

LE ROI, LA COUR ET L'ÉTAT

La vie quotidienne

Le caractère indépendant du roi, son goût affiché pour la frugalité, la simplicité de son train de maison, ses rudes et longues habitudes de soldat lui interdisaient de se conformer aux institutions auliques des Valois et *a fortiori* d'adopter l'étiquette empesée qu'Henri III y avait ajoutée par son règlement de 1585. S'il acceptait de vivre en public, comme c'était son devoir de bon Capétien, il refusa toujours de soumettre sa vie quotidienne à un rituel trop entravant.

Nous voici donc à son lever au Louvre, où il avait installé sa chambre dans un modeste cabinet au premier étage du Grand Pavillon, à l'angle sud-ouest de la cour. À sept heures du matin, un petit groupe de familiers – Sully, Roquelaure, Lavardin, Montglas ou Bassompierre – pénétrait sans façon dans la pièce. Henri s'éveillait, tirait lui-même la courtine, sortait du lit et souhaitait le bonjour à l'assistance, tandis que la reine sous sa courtepointe cherchait paresseusement à prolonger la nuit. « Non, elle ne dort pas, assurait-il, elle est furieuse, toute la nuit elle n'a fait que me tourmenter ! Éveillez-vous, dormeuse, venez me baiser et ne grognez plus ! »

S'avançaient alors deux gentilshommes de la Chambre, escortés de deux archers, d'un écuyer tranchant, d'un garde-vaisselle et d'un sommelier de la paneterie royale, portant en procession deux bols de bouillon que Leurs Majestés prenaient au lit. Puis Henri passait dans son cabinet, où venaient le rejoindre ses médecins et écuyers. Avec l'âge, la goutte commençait à le travailler. Il esquissait une toilette sommaire, se lavait les mains, sans doute avec l'une de ces éponges à six livres chacune dont on a trouvé mention dans les comptes, et, d'un rapide coup de peigne d'ivoire, arrangeait ses cheveux gris en bataille. S'aspergeait-il de parfums empruntés à la pharmacie de sa femme, violette, ambre gris et musc ? Peut-être, mais le geste ne devait pas être fréquent.

Il passait ensuite dans la chambre de parade ou d'audience (aujourd'hui salle des Sept Cheminées) qui occupait l'angle de l'aile ouest, avec ses grandes fenêtres et son plafond de chêne sculpté d'après des dessins de Pierre Lescot. On l'appelait, en raison de sa riche décoration, la chambre dorée. Là se dressait le lit d'apparat, séparé par une balustrade. Le roi honorait le seigneur le plus titré en le priant de lui présenter sa chemise, mais quand il était pressé, ce qui était généralement le cas, il l'enfilait lui-même. Réservant ses costumes somptueux aux très grandes cérémonies, il endossait l'un des pourpoints « déchirés et sales » et l'une des vestes « usées, défraîchies par le soleil et la pluie » dont regorgeait sa garde-robe. Puis il pénétrait dans l'antichambre, récemment agrandie, où l'attendait la foule des courtisans. Révérences, échanges polis, propos compassés cédaient le pas à une atmosphère gaie et joyeuse qu'il savait créer par son affabilité naturelle et ses boutades.

Le Louvre n'était pas une forteresse inaccessible. Courtisans, bourgeois, nouvellistes, portefaix, solliciteurs et curieux s'y précipitaient dès l'ouverture des portes sur la rue d'Autruche à cinq heures du matin (six heures en hiver), traversaient la petite cour qui n'avait pas encore la dimension de la cour

Carrée actuelle, et, par l'escalier Henri II, montaient au premier étage dans la grande salle (salle Lacaze actuelle) qui jouxtait l'antichambre du roi, avec ses tapisseries, ses rangées de lustres et son plafond sculpté et doré. Ils pouvaient sans doute apercevoir le souverain après la courte cérémonie du lever, mais il leur était quasiment impossible de l'approcher. Le nonce Bentivoglio observa que maints petits seigneurs ou personnes de condition inférieure s'imaginaient que « s'avancer dans la chambre du roi jusque devant ses yeux et à ses côtés était une marque de grandeur extraordinaire et une grande pompe de majesté. Je me désespère quelquefois parce qu'à l'audience j'ai peine à trouver place pour parler au roi ».

Celui-ci réunissait le Conseil dans la salle d'angle du rez-de-chaussée, dans sa chambre ou encore dans le cabinet des livres, au premier étage. Il réglait parfois les affaires lors d'une promenade, arpentant d'un bon pas le jardin des Tuileries, la toute nouvelle galerie du bord de l'eau ou les charmilles bien taillées de Fontainebleau en compagnie d'un ou deux ministres, signant ses missives sur le dos d'un laquais.

Il consacrait volontiers du temps aux audiences diplomatiques, trouvant cet exercice très instructif. Les plus solennelles donnaient lieu à un déploiement de faste, avec haie de gardes françaises et suisses jusqu'à la porte du Louvre, puis de Cent-Suisses à chaque marche de l'escalier Henri II. À son habitude le monarque ne tenait pas en place. Un jour, l'ambassadeur anglais sir Robert Dallington perdit le fil de son discours en le voyant se lever, soulever lui-même son trône, le placer au bon endroit puis se rasseoir sans cérémonie.

Depuis sa conversion, Henri IV ne manquait jamais la messe quotidienne. Il allait l'entendre à la chapelle du Louvre, au bout de l'aile sud, à Saint-Germain-l'Auxerrois ou de l'autre côté du jardin des Tuileries, à la nouvelle église des Feuillants de la rue Saint-Honoré, construite avec les aumônes du jubilé de l'an 1600.

Les repas

Au dîner – notre déjeuner –, pris dans l'antichambre du premier étage du palais, le cérémonial était plus poussé, mais souvent bousculé par des horaires irréguliers, car tout dépendait des fâcheries de la reine ou des criailleries en coulisse de la marquise de Verneuil : deux archers marchaient en tête du cortège venant du service de la Bouche, suivis de l'huissier, du maître d'hôtel, du gentilhomme servant, du panetier et de pages portant « les viandes ». Un écuyer, un garde-vaisselle et deux gardes du corps étaient chargés de la sécurité.

Le décorum était somptueux : belle nappe marquée aux armes de France, serviettes en toile de Venise, vaisselle d'argent, verres de cristal. Selon l'étiquette, le roi, après s'être essuyé les mains avec un linge mouillé, mangeait seul à une table dressée sur une petite estrade et surmontée d'un dais. Devant lui était posée la nef d'argent appelée cadenas, qui contenait sa serviette, son couteau, sa cuillère et sa fourchette. À sa droite, la reine présidait le plus souvent une autre table réservée aux femmes. À sa gauche, les convives, quand il y en avait, se tenaient à une troisième. Mais il arrivait au Béarnais, désireux de boire et d'échanger avec quelqu'un, de partager son repas avec un invité.

Doté d'un solide appétit, il aimait la bonne chère et ne méprisait pas quelques grandes rasades de vin : « Quatre entrées, quatre potages, des viandes bouillies et des viandes rôties ; une pièce de bœuf, un dos de mouton, un chapon, une pièce de veau, trois poulets, une épaule de mouton, deux gibiers, une longe de veau, trois pigeons ; les dimanches et les jeudis, en plus, un pâté de chapon. » Aucun légume ; parfois de la mortadelle de Mantoue. Pour l'embarras de ses interlocuteurs et le malheur de ses maîtresses, il raffolait de l'ail. Au dessert, il se ruait sur les pâtisseries ou les melons dont il faisait grande consommation.

Ses convives et lui disposaient d'un setier (7,60 litres) de vin. Il prisait les coteaux de Jurançon naturellement, le bourgogne et le pinot à petit grain dit Vert d'Aÿ, cépage près d'Épernay (« Si je n'étais roi de France, s'exclama-t-il un jour, je voudrais être sire d'Aÿ »). Les bouteilles dans leur clisse d'osier étaient généralement disposées sur des dessertes ; le gentilhomme servant, placé derrière lui, lui présentait la coupe, après qu'elle eut été « tastée » par le premier médecin, tout comme avaient été « goustés » les plats, dans la crainte du poison.

Il ne fallait pas demander au monarque de respecter les règles du savoir-vivre. Il mangeait gloutonnement, parlait la bouche pleine, versait en paysan du vin dans sa soupe, suçait la lame de son couteau. Un jour, le Dauphin, que son père invitait parfois, se fit réprimander pour avoir trituré de la mie de pain et en avoir fait des boulettes : « Mais je fais comme papa ! », protesta-t-il.

De passage à la Cour, un seigneur vénitien, le marquis de Bassano, a rapporté le spectacle vivant d'un de ces repas : « Le roi avait le haut de la table, la reine était assise à une autre table, mais toute voisine ; le duc de Vendôme se tint au pied de la table de la reine debout et tête nue. La reine commença par manger quatre œufs à la coque qu'elle but en partie et qu'elle acheva de vider avec un morceau de pain ; le roi en fit autant, mais sans se hâter ; il tenait l'œuf à bras tendu pour le casser avec la pointe de son couteau ; il était visible que sa vue s'affaiblissait ; sa main tremblait. Ensuite la reine mangea du pain trempé et du barbeau, et le roi des petits pois avec du poisson bouilli et rôti sur le gril, des soles frites au gratin et des langues frites avec de la sauce. Le roi voulut faire manger la reine de ce dernier plat, mais celle-ci refusa à deux reprises ; il revint à la charge, la priant au moins d'en goûter ; elle trempa un peu de mie de pain et y porta le bout des lèvres, le roi lui tenant tout le temps l'assiette. Le vin était au frais dans un seau plein d'eau, semblable à ceux dont on se sert pour abreuver les chevaux. Leurs Majestés en buvaient, coupé de très peu d'eau et dans de grands verres unis et sans ornements ; à chaque fois, elles vidaient la moitié du verre qu'elles prenaient à pleines mains. Le roi se montrait plein d'attentions pour la reine sur laquelle il fixait à tout moment les regards ; il lui parlait constamment, mais en français. Le nain demeura tout le temps appuyé à la chaise de la reine. Pour les fruits, le duc de Vendôme vint prendre place entre le roi et la reine ; on leur présenta du pain, des poires, des griottes, des bigarreaux qu'ils mangèrent avec les doigts. Le repas fini, Leurs Majestés se levèrent pour entendre l'aumônier dire *Grâces* et elles lui répondirent *amen*, puis sans s'être lavé les mains, elles se retirèrent avec leur chien qui était demeuré tout le temps sous la table. »

L'après-midi, quand il n'avait ni travail à faire ni maîtresse à honorer, Henri se « désennuyait », selon son expression, en se livrant à de frénétiques parties de paume ou à des jeux de hasard. Il se dépensait sans modération et tempêtait furieusement quand il perdait. « Il était si fort adonné au jeu de dés et autres, écrivait Villegomblain, que souvent il jouait en son cabinet aux dés et à prime et allait chercher les joueurs dans Paris, gens de peu et de petite étoffe pour la plupart mais qui jouaient gros. »

Le souper était plus vite expédié, avec un cérémonial réduit. Le monarque se couchait ordinairement entre dix et onze heures, de rares fois après avoir écouté un concert de violons en compagnie de la reine, car il préférait, disait-il, « le chalumeau et la cornemuse ». Il se déshabillait seul et se mettait au lit. L'indolente Marie, qui avait passé une partie de la soirée à parler avec ses dames ou à écrire à sa famille d'Italie, venait alors le rejoindre.

Le système curial

Avec son sens rigoureux de l'administration, Henri III avait réglé le fonctionnement de sa maison le 11 août 1578 autour de quelques grands services, la Chapelle, la Bouche, la Chambre, la Grande et la Petite Écurie… Sous son successeur, le personnel aulique fut réduit, passant de 1 725 à 1 517 charges, dont 1 184 rétribuées, les autres étant honorifiques. Le service se faisait par quartier, autrement dit par roulement trimestriel, ce qui avait permis à la monarchie, aux abois sur le plan financier, de les quadrupler.

Les princes du sang et la très haute aristocratie monopolisaient les principales : grand maître de France, grand aumônier, premier aumônier, grand chambellan, grand écuyer, premier gentilhomme de la Chambre, grand maître des cérémonies, grand veneur… La noblesse moyenne se contentait des fonctions de premier maître d'hôtel, d'écuyer du roi, de premier médecin, grand fauconnier, grand louvetier, premier valet de chambre du roi… Le personnel domestique s'étendait à tout un petit peuple de portemanteaux, médecins, huissiers, valets de garde-robe, tailleurs, cuisiniers ou femmes de chambre.

Les portes du Louvre se fermaient à onze heures du soir, sauf les jours de fête. Ne restaient pour la surveillance que le capitaine des gardes en quartier, son lieutenant et 25 archers. Mais dans la journée, à l'intérieur ou autour du palais, on ne comptait pas moins de 400 gardes du corps, plusieurs compagnies de Suisses de 160 hommes chacune, une quinzaine de compagnies de gardes françaises de 200 hommes chacune, servant à tour de rôle.

La Cour restait tributaire des déplacements et des changements de résidence du souverain : le Louvre, Fontainebleau, Saint-Germain, Montceaux, Blois, Chambord… Après avoir disparu à la mort d'Henri III, elle avait ressuscité à l'automne de 1593 à Fontainebleau. Mais elle manquait de prestige et se complaisait dans la rusticité. La plupart des courtisans, loin des splendeurs raffinées et de la bienséance du langage des Valois, privilégiaient les propos rabelaisiens et la virilité grossière des camps dont ils avaient gardé l'habitude. La rudesse des mœurs interdisait par exemple de rendre la moindre civilité aux dames. On était loin de l'amour courtois. « À la Cour, écrivait en 1608 Pierre de L'Estoile, on ne parle que de duels, puteries et maquerellages ; le jeu et le blasphème y sont en crédit, la sodomie y règne. »

La Cour conservait toutefois un train de vie et même un luxe fort respectables. La maison de la reine par exemple comportait 460 personnes, 45 chevaux de carrosse, quinze chevaux de selle et 28 mulets. Marie de Médicis disposait de trois carrosses, l'un pour la parade « tout couvert de velours tanné avec clinquant d'argent, le dedans de velours incarnat en broderie », un autre rouge et or qualifié de « riche » et un troisième plus sobre pour les jours ordinaires. Son mari lui avait fait cadeau d'une galère, *La Régine*, pour laquelle le grand-duc de Toscane, son oncle, avait expédié 50 forçats turcs, qui n'y ramèrent jamais car elle resta à quai.

Le phénomène de cour sévissait au même degré qu'auparavant. Il fallait se faire remarquer, cultiver l'art du paraître. Prélats épicuriens, abbés mondains, grands seigneurs avides d'honneurs, vaniteux hobereaux de province, cadets de Gascogne impatients de faire fortune, à l'image de ce baron de Faeneste, « jeune esventé, demi-courtisan, demi-soldat », qu'Agrippa d'Aubigné a croqué en archétype de ces petits gentillâtres, tous venaient quémander un sourire du roi, glaner bénéfices, faveurs, honneurs, charges, pensions ou gratifications. Il fallait plaire servilement, imiter le maître jusque dans ses travers. « Les bons sujets sont à l'endroit de leur prince comme les bons serviteurs à l'endroit de leurs maîtresses, commentait François de Malherbe qui commençait alors sa carrière de poète officiel. Ils aiment ce qu'il aime, veulent ce qu'il veut, sentent ses douleurs et ses joies et généralement accommodent tous les mouvements de leur esprit à ceux de sa passion. » Dans sa grinçante *Confession catholique du sieur de Sancy*, d'Aubigné, encore lui, opposait à ces astucieux et artificieux flatteurs les anciens et bons compagnons d'armes, « maîtres de camp morfondus, chevau-légers estropiés, canonniers jambes de bois, pétardiers dévisagés, espions pieds nus », désormais dédaignés de leur maître et qui criaient famine sur le bord de la route.

La Cour inspirait la mode, dont les effets se propageaient jusque dans les lointaines provinces. On rivalisait d'atours colorés et flamboyants. Les gentilshommes paraissaient comme des scarabées luisants et empesés. Ruisselantes de perles et de diamants, à l'image de la reine, les dames ressemblaient à des libellules aux élytres iridescentes.

Les divertissements

La musique en premier lieu faisait partie des divertissements habituels. On jouait du luth, du chitarrone, du théorbe, de la viole et du violon, du cornet à bouquin. Le roi préférait les chansons à boire, celles notamment de Gabriel Bataille, éminent maître de musique qui avait mis les odes de différents auteurs en tablature de luth.

Marie de Médicis prisait les comédiens italiens, faisait venir des troupes réputées, celles de Julio Romano, de Fritelin et d'Arlequin. François Ier avait institué deux bals par semaine, le dimanche et le jeudi soir, avec l'arrière-pensée de retenir, loin des intrigues de province, les membres de la haute aristocratie. Henri IV se garda de supprimer ce qui était presque devenu une institution. Donnés au Louvre dans la grande salle du premier étage, ils commençaient en général à six heures du soir et déployaient, en présence des souverains, une variété de danses, branles, gaillardes ou courantes, auxquelles s'ajoutaient des spectacles costumés et masqués.

L'érudit provençal Nicolas Claude Fabri de Peiresc a narré en détail un de ces bals auquel il assista le 23 janvier 1605. La foule s'écrasait au Louvre, devant la porte de la grande salle du premier étage, où l'on avait installé des gradins. Vers minuit, avant le début du spectacle, le roi parut l'épée au côté, une écharpe blanche lui barrant la poitrine, une canne à la main droite, son manteau sur le bras gauche et à son chapeau une plume fixée par des pierres précieuses. Inspectant la salle, il jouait les maîtres de cérémonie, indiquant leur place aux ambassadeurs et, devant l'affluence, pointait sa canne en direction de certains spectateurs, que ses archers se chargeaient aussitôt d'évacuer. Une trentaine de violons entrèrent, habillés de soie rouge, suivis de treize joueurs de luth, vêtus de toile d'argent, et du chœur de la musique ordinaire du roi, en blanc et rouge, accompagnant une cantatrice italienne réputée. Le spectacle commença par un cortège conduit par un nain de la reine s'adonnant à des bouffonneries qui égayèrent l'assistance. Précédé de douze pages tenant un flambeau, César de Vendôme, dix ans, s'avança et s'inclina devant son père. Il était suivi de Marie de Médicis, accompagnée de onze princesses. À leur tour les musiciens s'approchèrent du roi, tandis que les vibratos de la prima donna emplissaient la salle de ses coruscantes harmonies.

De l'extérieur éclata soudain une marche guerrière jouée par des trompettes et des tambours. Elle accompagnait l'arrivée du duc de Nevers avec un petit singe et sept hommes costumés en chameaux. Après le spectacle, le bal dura jusqu'à quatre heures du matin. À la sortie, Peiresc fut impressionné par le nombre de carrosses, de litières, de chevaux, de gardes et de Suisses, mais aussi par la bousculade des laquais, des pages et des habituels coupeurs de bourses.

La grande affaire de la Cour à cette époque était l'art du ballet. Le fastueux *Circé ou le Ballet comique de la reine*, représenté le 15 octobre 1581 dans la salle du Petit-Bourbon pour les noces du duc de Joyeuse et de Marguerite de

Lorraine-Vaudémont, la propre belle-sœur d'Henri III, avait frappé les esprits. L'enchantement provoqué par ce spectacle avait été tel que pendant des années on s'était efforcé d'en imiter le style. De 1594 à 1610, on ne dénombrait pas moins de 156 ballets, qui empruntaient à cette œuvre et au-delà aux mascarades italiennes. Marie en raffolait. Parmi les plus célèbres notons le *Ballet des chevaliers françois et béarnais,* donné par Madame Catherine, celui de *Madame de Rohan,* celui des *fous,* celui des *barbiers-chirurgiens,* celui des *sorciers,* celui des *garçons de taverne,* le *Ballet et carrousel des quatre éléments,* le *Grand Ballet des étrangers* et celui de *la reine*... La plupart étaient des spectacles burlesques avec des personnages colorés ou grotesques – certains danseurs étaient déguisés en pots de fleurs ou en chats-huants –, mêlant dans des décors baroques danse, musique et poésie. D'autres étaient plus gracieux et recherchés, comme le *Ballet des cinq nations* donné pour le baptême d'Alexandre de Vendôme en 1606 ou le *Ballet de M. de Vendôme* en janvier 1610.

Il faudra attendre les années de Richelieu et de Mazarin pour atteindre un sommet dans le raffinement et la luxuriance d'un tel genre. Mais déjà, derrière ce déploiement de faste, de costumes et de machines, derrière ces intrigues plutôt conventionnelles, perçaient plusieurs messages politiques : on stigmatisait les tumultes provoqués par une néfaste enchanteresse – Circé, Médée, Alcine, Armide ou Ismène –, on exaltait les combats en faveur de l'ordre et de la paix, on magnifiait la bravoure du « roi sauveur » qui avait su recréer la France « dans une durée de bonheur, de richesse et d'abondance » (Denis Crouzet). C'était particulièrement frappant dans le dernier ballet joué devant Henri IV, celui de M. de Vendôme, dont Pierre Guédron, valet de chambre du roi et compositeur de sa Chambre, avait écrit les airs polyphoniques.

Henri IV voulut renouer avec la tradition des joutes chevaleresques, malgré la mort tragique d'Henri II qui restait dans les mémoires. Une première eut lieu le 27 février 1605 dans la cour du Louvre, qu'on avait dépavée à cet effet. Elle opposa plusieurs grands seigneurs, Guise, Joinville, Termes, Saint-Luc, le comte de Saulx et Bassompierre, à qui ce jeu violent faillit coûter la vie. Glissant sur l'armure, la lance de son adversaire se cassa et pénétra assez profondément dans son abdomen. On le crut mourant ; il se confessa, attendit pieusement la fin, mais guérit. Le roi, qui avait une grande affection pour ce joyeux compagnon, arrêta ce genre de combat.

On se rattrapa le 5 février de l'année suivante par un carrousel donné à minuit dans la même cour à la lumière des flambeaux et des lanternes. Une foule considérable assista ainsi à l'évolution gracieuse de quadrilles de cavaliers simulant des tournois, à des danses, des défilés de chars et à une cavalcade sortant par la voûte du Louvre.

Si, comme l'écrivait François de La Noüe, « la Cour est l'image du prince », elle est aussi le reflet de sa puissance. Et là, Henri IV péchait. Il ne savait pas tenir sa noblesse ni exploiter, comme le fera à la perfection son petit-fils Louis XIV, les vanités et les ambitions des Grands.

La haute administration royale

En tout cas, sa victoire avait été à la fois celle de l'État et celle du patriotisme d'un groupe central autour des Politiques, ces modérés qui avaient accepté de dissocier, sans les séparer pleinement, les intérêts de l'Église et ceux de la puissance publique. Hormis la paix religieuse, ô combien fragile, rien n'était vraiment résolu. Après des décennies de destructions, de désordres sociaux, de délabrement moral et intellectuel, on marchait sur des braises mal éteintes, au milieu d'un champ de ruines où la désolation s'étendait à perte de vue. Partout sévissaient des épidémies, des brigandages, des pillages, avec une autorité légitime universellement contestée. Quant aux morts de ces huit guerres civiles, personne aujourd'hui n'est capable d'en évaluer le nombre. « Qui aurait dormi quarante ans, écrivait l'avocat et historien Étienne Pasquier, penserait voir non pas la France mais un cadavre de France. »

Il va de soi qu'au sein de cette société disloquée, les rancœurs, les haines ne s'étaient pas envolées subitement. Les tensions restaient vives entre le « parti dévot », celui des catholiques ultramontains héritiers de la Ligue, aspirant à revenir à l'unité religieuse du pays, et le parti des calvinistes tenté par le repli communautaire. Il en allait de même entre le pouvoir royal et la haute aristocratie, entre le pouvoir royal et les cours souveraines. Face à ces forces centrifuges, un homme seul, avec l'appui d'une poignée de ministres de qualité, allait revitaliser une administration déliquescente et accomplir un chef-d'œuvre politique encore plus important que la paix religieuse : la restauration de l'État.

À la différence de notre société contemporaine caractérisée par une puissante et tentaculaire administration centrale aux effectifs pléthoriques, l'État à la fin du XVIe siècle se réduisait à un nombre relativement limité d'intervenants : 400 ou 500 agents royaux (gouverneurs, lieutenants généraux de province, conseillers d'État, maîtres des requêtes, commis, secrétaires, scribes et autres employés aux écritures…) et quelques milliers d'officiers, propriétaires de leur charge, eux-mêmes coiffant une société plurielle, lignagère, clanique, foisonnante de diversités, composée d'un enchevêtrement de statuts personnels, de corps et de compagnies jaloux de leurs privilèges et d'un fourmillement de franchises, de coutumes ancestrales. La prééminence du pouvoir législatif du roi était de règle, mais de règle seulement. L'avocat Étienne Pasquier avait beau dire que « la loi générale du Prince effaçait par un seul trait de plume toutes les coutumes particulières », il n'en allait nullement ainsi dans la réalité.

À la tête des institutions monarchiques on trouvait les grands officiers de la Couronne, particulièrement deux d'entre eux, dont la présence remontait aux origines de la monarchie, le connétable de France, premier en dignité, chef de l'armée, qui avait la garde symbolique de l'épée du souverain, et le chancelier de France, au sommet de la pyramide judiciaire. Chacun représentait dans son domaine la royauté autant dans sa pleine majesté que dans sa continuité.

Outre ses attributions guerrières, le connétable détenait de larges pouvoirs administratifs, financiers et disciplinaires, qu'il exerçait conjointement avec les maréchaux. Toutefois, après la trahison de Charles III, duc de Bourbon, sous le règne de François Ier, les Valois s'étaient méfiés de sa trop grande puissance. Laissé sans titulaire de 1523 à 1538, l'office fut occupé par le glorieux maréchal Anne de Montmorency, grand maître de France, jusqu'à sa mort en 1567. Il fut ensuite à nouveau vacant.

La dignité de connétable, comme celle de chancelier, premier magistrat du royaume, était inamovible. La principale attribution de ce dernier consistait à présider au scellement des actes royaux expédiés sous forme de lettres patentes (ordonnances, édits, nominations aux charges, lettres de commission, provisions d'office, lettres de légitimation, d'anoblissement ou de grâce...), lors d'une séance publique appelée l'Audience. Il portait sur lui symboliquement, suspendue au cou, la clé du coffre des sceaux.

Il pouvait, au nom de la justice ou de l'intérêt du royaume, refuser d'apposer le « grand sceau », ce qui avait pour effet d'ôter toute valeur exécutive à l'acte en question. Le roi, en revanche, était en droit de l'écarter de ses responsabilités, tout en lui conservant les honneurs attachés à son rang, et de désigner à titre de suppléant un garde des Sceaux plus souple, exerçant la majeure partie de ses prérogatives. Ainsi, en 1588, le chancelier Philippe Hurault de Cheverny s'était vu retirer les sceaux au profit de François de Montholon. Parmi ses autres attributions se trouvait une fonction de grande importance, le contrôle de la librairie et de la censure royale, qui n'allait cesser de croître jusqu'à la Révolution.

Placé sous l'autorité du chancelier, le travail judiciaire relevait de ses assesseurs, les maîtres des requêtes, dont Henri IV formalisa les conditions de recrutement dans un règlement de 1598 : ils devaient avoir au moins trente-deux ans, avoir été conseillers dans un parlement de province, lieutenants de bailliage pendant six ans ou avocats durant douze ans. Au nombre d'une cinquantaine, ces spécialistes du droit rapportaient les affaires de justice devant le Conseil du roi, sans en faire partie. Ils étaient parfois employés dans des missions temporaires en province.

Déclin du connétable et du chancelier

Henri IV prit grand soin de rogner les griffes de ces deux dignitaires en ne nommant que des hommes sans grande envergure. Pour la connétablie, il choisit en 1593 d'en gratifier « son compère » Henri Ier, duc de Montmorency-Damville, l'une des têtes du parti des Politiques, gouverneur du Languedoc, fils du dernier titulaire, Anne de Montmorency. Ce n'était qu'un hochet confié à un homme de peu de culture, sachant à peine signer son nom, car les deux principales fonctions dépendant de sa charge, la grande maîtrise de l'Artillerie et la surintendance des Fortifications, furent confiées à Sully. Après le retour à la paix, le roi ne l'entretint plus que de chevaux, de chiens de chasse et de battues en forêt, leurs passions communes.

À son avènement, Henri, afin de satisfaire le camp catholique, remit les sceaux à son jeune cousin Charles II de Bourbon, cardinal de Vendôme. Mais dès janvier 1590, craignant son ambition, il les restitua au chancelier en exercice Philippe Hurault de Cheverny. Le 2 août de la même année, trois jours après le décès de ce dernier, il désigna le vieux Pomponne de Bellièvre, excellent et dévoué technicien mais homme de robe inoffensif, qu'Henri III avait brutalement disgracié en 1588 après trente-quatre ans de bons et loyaux services dans la diplomatie en raison de sa trop grande proximité avec le duc de Guise. En 1604, un conflit l'opposa à Sully à propos de la création d'une taxe « révolutionnaire » frappant les titulaires d'offices, la paulette. Henri IV le mit à l'écart l'année suivante sous prétexte de sa vieillesse (soixante-seize ans) et désigna un garde des Sceaux en la personne de Nicolas Brûlart de Sillery, président à mortier au Parlement, qui avait négocié la paix de Vervins et l'annulation de son mariage. Pomponne de Bellièvre en fut fort marri. Le maréchal de Bassompierre, ami du roi, le croisa à Artenay, près d'Orléans, se promenant dans un jardin en compagnie de quelques maîtres des requêtes : « Monsieur, lui dit amèrement le chancelier, vous voyez un homme qui s'en va chercher une sépulture à Paris. J'ai servi les rois tant que j'ai pu le faire, et quand ils ont vu que je n'en étais plus capable, ils m'ont envoyé reposer et donner ordre au salut de mon âme, à quoi leurs affaires m'avaient empêché de penser. » Quelque temps plus tard, comme Bassompierre lui avait envoyé une aimable lettre soulignant qu'il ne perdait pas tout puisqu'il gardait la présidence du Conseil, il lui répondit : « Mon ami, un chancelier sans les sceaux est un apothicaire sans sucre. » Bellièvre décéda en septembre 1607 à soixante-dix-huit ans. Brûlart de Sillery ne connaissait pas le latin, ce qui avait l'heur de ravir le roi. « Tout peut me réussir, ironisait-il, par le moyen d'un connétable qui ne sait pas écrire et d'un chancelier qui ne connaît pas le latin ! »

Le Conseil du roi

Au centre de l'appareil gouvernemental se trouvait le Conseil du roi, héritier de la *curia regis* médiévale, qui commença à se spécialiser sous Henri IV en quatre grandes formations : le Conseil des affaires ou Conseil étroit, qu'on appellera sous Louis XIV le Conseil d'en haut, parce qu'il se réunira au premier étage du château de Saint-Germain puis de Versailles ; le Conseil d'État et des finances, qui traitait de la gestion administrative et réglait les contentieux ; le Conseil des finances, créé par le roi à la mort du surintendant d'O en 1594 ; enfin, le Conseil privé ou des parties, présidé par le chancelier, dont la mission était de s'occuper de la « justice retenue* ».

Les conseillers d'État qui peuplaient cet ensemble étaient plus d'une centaine. Beaucoup portaient le titre sans avoir de fonction. Le roi les avait nommés pour des considérations d'équilibre stratégique. On distinguait deux catégories de conseillers : d'un côté, les « politiques » – princes et membres de grands lignages, tels le comte de Soissons, les ducs de Montpensier, de Mayenne (après son ralliement à Henri IV), de Nevers, de Montmorency, de Retz et de Sully –, de l'autre les « techniciens », gens de robe, issus du corps des maîtres des requêtes ou du Parlement.

Le Conseil des affaires était l'instance politique suprême. C'est la raison pour laquelle il était toujours présidé par le roi. On a pu le comparer *mutatis mutandis* à nos Conseils des ministres actuels, à part le nombre des participants qui se réduisait à une dizaine, dont le chancelier et quelques proches conseillers. Son organisation obéissait à un règlement pris à Mantes le 23 mars 1590, qui constituait selon Roland Mousnier une étape importante dans la mise en place d'un « gouvernement de cabinet », trait caractéristique de la monarchie absolutiste ou monarchie administrative du XVIIe siècle.

Henri y conviait librement qui il voulait. On y lisait les dépêches des ambassadeurs, les rapports des gouverneurs de

* Autrement dit la justice que le monarque se réservait d'exercer à titre personnel, notamment par voie de lettres closes ou de cachet, à la différence de la « justice déléguée » à des organes judicaires (parlements, cours ordinaires...).

province, on y préparait les éléments de réponse et l'on y décidait des grandes orientations de la politique gouvernementale tant intérieure qu'extérieure.

Une fois arrêtées, les décisions étaient mises en œuvre par les quatre secrétaires d'État créés en 1547 par Henri II, qui, comme les maîtres des requêtes, rendaient compte de leurs dossiers devant le Conseil sans pour autant en être membres, à l'exception de Villeroy à partir de 1594. Leur travail principal consistait à rédiger les édits, ordonnances, dépêches et correspondances, conformément aux délibérations du Conseil, et à les contresigner à côté du roi. Dans ce dessein, ils se partageaient le royaume en zones géographiques, groupant chacune plusieurs provinces.

Notons qu'il n'y avait pas de cloison étanche entre les intérêts privés et l'administration royale. Les secrétaires d'État pouvaient établir par exemple, à la demande du souverain, le contrat de mariage d'un prince ou d'un Grand. À l'issue de leur mission, ils conservaient par-devers eux leurs archives. La notion de papiers publics n'apparaîtra vraiment qu'au temps de Richelieu.

Le pragmatisme du Béarnais se retrouvait dans le choix de ses proches collaborateurs. L'efficacité lui commanda de privilégier la continuité à la rupture. Après avoir fixé par règlement du 1er janvier 1589 les fonctions des secrétaires d'État, il reprit à son service les meilleurs robins d'Henri III, notamment les trois secrétaires d'État, Louis de Revol, Martin Ruzé de Beaulieu et Louis Potier de Gesvres. Le quatrième, Pierre Forget de Fresnes, l'avait servi en tant que secrétaire des finances lorsqu'il était roi de Navarre, avant de devenir ambassadeur en Espagne. À la mort de Revol en 1594, une réorganisation conduisit Ruzé de Beaulieu à prendre en charge la maison du roi et l'administration de la ville et généralité de Paris, et Villeroy à recevoir un département regroupant les affaires militaires et la diplomatie. À ce dernier incombait en outre la mise au point des traités, d'où sa présence impérative au sein du Conseil des affaires.

De son propre aveu, Henri n'avait « jamais eu l'humeur bien propre aux choses sédentaires ». Il aimait mieux revêtir un « harnais, piquer un cheval ou donner un coup d'épée » que rester assis dans son cabinet à signer des arrêts ou examiner des états de finance. La différence était flagrante avec son contemporain, l'austère et méthodique Philippe II, qui dirigeait ses États immenses enfermé dans sa chambre du monastère-palais de l'Escurial, lisant les rapports de ses agents et méditant patiemment ses offensives stratégiques.

Le Béarnais convoquait son Conseil de bon matin en fonction des nécessités, là où il se trouvait, sans lieu véritablement assigné. « Je m'estimerais plus malheureux en temps de paix qu'en temps de guerre, confiait-il à ses ministres, si je n'étais secouru de Bellièvre, de vous [il s'adressait à Sully], de Villeroy, de Sillery et de deux ou trois autres de mes serviteurs. » À la lecture d'un rapport il préférait la diversité des opinions, les discussions franches, une certaine vivacité dans les débats : elles lui étaient nécessaires pour approfondir une matière et découvrir les intentions cachées des uns et des autres. « Je connais tellement leurs fantaisies, avouait-il à Sully, que je tire même profit de leurs contestations et contrariétés, car par le moyen d'icelles toutes les affaires sont si bien épluchées et approfondies qu'il m'est facile de choisir la meilleure solution. » C'était toujours lui et lui seul qui décidait. Il lui arrivait parfois de se passer du moindre avis. « C'est chose que je veux et entends, sans le faire rapporter à mon Conseil », disait-il alors. Il n'y avait rien à répliquer.

De Rosny à Sully

Henri IV n'eut jamais de Premier ministre. Dans le cercle restreint des proches conseillers, il s'appuya essentiellement sur deux hommes de confiance, Nicolas de Neufville, sieur de Villeroy, grand serviteur des Valois durant vingt et un ans, ligueur modéré rallié, et surtout sur son confident et grand ami Maximilien de Béthune, baron de Rosny et futur duc de Sully. L'un était catholique fervent, l'autre protestant convaincu, l'un était de robe, l'autre d'épée, tous deux bourreaux de travail dévoués à leur maître, qui malicieusement les avait mis en rivalité, sachant qu'il serait d'autant mieux servi.

Sully allait occuper à partir de 1605 une place prééminente. Avec sa silhouette massive, son visage sévère et sa morgue de grand seigneur, Maximilien de Béthune était un homme austère, roide, bourru, impulsif, méfiant et surtout d'un orgueil farouche et d'une prodigieuse vanité – un « constipé », disait Pierre de L'Estoile. Habile, retors, dépourvu de compassion et de délicatesse, il était avide de richesses et d'honneurs. Pour se mettre en valeur il a enjolivé ses souvenirs dans ses *Œconomies royales*, où les historiens l'ont parfois pris en flagrant délit de mensonge.

Il reste que cette forte personnalité, douée d'une haute intelligence, fut l'un des hommes d'État les plus remarquables de son temps. Figurant à juste titre au premier rang dans notre panthéon national, il est aujourd'hui honoré par la République, ainsi qu'en témoigne sa statue trônant devant l'Assemblée nationale, côté Seine, en compagnie de celles des grands administrateurs Michel de L'Hospital, Colbert et le chancelier d'Aguesseau.

Né en décembre 1559 – six ans après le roi, peut-être le 13, le même jour que lui, prétendra-t-il – dans le manoir féodal de Rosny, près de Mantes, il appartenait à la branche cadette de la maison de Béthune, d'une modeste mais authentique noblesse d'épée originaire d'Artois. Il était le fils de

François de Béthune, chevalier, baron de Rosny, seigneur de Baye et Villeneuve-en-Chevrie, et de Charlotte Dauvet, issue d'une famille de robe par son père Robert Dauvet, seigneur de Rieux, président à la Chambre des comptes, de même que par sa mère Anne Briçonnet, nièce du cardinal Guillaume Briçonnet.

En 1572, à douze ans, il fut présenté au jeune roi de Navarre, qui le prit à son service. À Paris, il échappa aux massacres de la Saint-Barthélemy. À quinze ans, au décès de son père, il revint auprès du Béarnais. Il l'accompagna lors de sa fuite du Louvre. Il n'en poursuivit pas moins ses études sous la conduite de l'ancien précepteur de son maître, Henri Florent Chrétien, qui repéra son agilité d'esprit et son don pour les mathématiques. Après avoir appris comme tout jeune noble à monter à cheval, à tirer à l'arquebuse et à manier la pique, il servit dans l'armée huguenote, où il participa à de nombreux combats. Il y fut blessé à plusieurs reprises, parfois grièvement. Ce n'est qu'en 1578, à la mort de son frère aîné Louis, qu'il devint chef de la lignée et hérita de la baronnie de Rosny. Henri en fit un gentilhomme de sa Chambre et le nomma, le 1er janvier 1580, chambellan ordinaire et conseiller d'État de Navarre aux appointements annuels de 2000 livres.

Après le siège de Cahors, il lui permit d'entrer au service de Monsieur, duc d'Alençon puis d'Anjou. À la mort de ce prince en 1584, il rallia définitivement son ancien maître et participa à tous les combats, aussi bien à Coutras qu'à Arques ou Ivry. En 1589, après l'assassinat d'Henri III, il fut nommé capitaine d'une des prestigieuses compagnies d'ordonnance dite de « gens d'armes », créées par Charles VII. Henri IV appréciait la multiplicité de ses talents. Le plaçant un moment en rivalité avec Duplessis-Mornay, il lui confia plusieurs missions diplomatiques, dans lesquelles il se révéla habile négociateur.

En 1590, après la bataille d'Ivry, il fut fait chevalier de l'Accolade, titre honorifique qui le rattachait à l'ancienne chevalerie, puis il reçut une charge de conseiller d'État, que du reste il n'exerça pas immédiatement. Il aurait préféré un bon gouvernement de place. En tant que fidèle et totalement soumise « créature » du roi, il s'estima insuffisamment rétribué et s'en plaignit à plusieurs reprises. Pourtant il ne remit jamais en cause sa loyauté à l'égard de son souverain. Il n'était pas de ces Grands à invoquer le « devoir de révolte » à la moindre déconvenue, au moindre froissement de vanité. La mauvaise humeur faisait partie de son caractère, et Henri apprit à s'en accommoder.

Passionné par le génie militaire, il n'y avait homme plus efficace pour l'organisation des convois, la mise en place de l'artillerie, la pose de mines et les travaux de sape. Bref, Rosny devint indispensable dans les sièges que l'armée huguenote avait à mener.

L'ascension d'un fidèle

La mort, le 24 octobre 1594, du marquis d'O, dont Henri avait toléré les malversations, allait à terme déterminer son destin de ministre. Par un règlement du 25 novembre, en effet, le roi supprima la surintendance des Finances et la remplaça par un Conseil des finances composé de neuf membres, dont le chancelier de Cheverny et Pomponne de Bellièvre, ancien surintendant au temps d'Henri III, et présidé par le duc de Nevers. Cet organisme collégial s'appuyait naturellement sur la haute administration de ce département : intendants des finances, contrôleurs généraux, trésoriers de l'Épargne et officiers comptables. Ce fut la première tentative de substitution d'un « État de finance » à un « État de justice », qui ne trouvera son plein épanouissement, comme l'a noté Michel Antoine, qu'en 1661, avec la disgrâce de Nicolas Fouquet, la montée en puissance du Contrôle général sous Colbert et le déclin de la chancellerie sous Pierre Séguier.

Un personnage ambitieux, membre de ce conseil, Nicolas Harlay de Sancy, cousin germain du premier président au parlement de Paris, premier maître d'hôtel du roi, s'imposa rapidement, au point d'être considéré comme un surintendant des Finances sans en avoir le titre.

Malgré cette réorganisation, Henri IV se trouva vite pris à la gorge par de pressants besoins d'argent. L'armée criait misère ; il fallait payer la solde, entretenir la cavalerie et l'artillerie. Couvrir de cadeaux la belle Gabrielle coûtait cher. Le Conseil des finances n'avait que peu de prise sur l'administration des deniers publics, la complexe hiérarchie des trésoriers de France, organisés en bureaux des finances dans les vingt et une généralités ou circonscriptions fiscales, et des receveurs généraux et particuliers des finances. Le souverain décida donc d'y faire entrer Rosny à titre d'observateur. Celui-ci prit séance au début d'août 1596 et rendit compte directement à son maître.

Le Trésor royal était vide, mais il apparut que les trésoriers des finances conservaient par-devers eux des montants importants de l'impôt direct, la taille, et de son supplément, le taillon. En septembre, à dessein de couvrir les dépenses les plus urgentes, il désigna sept commissaires chargés de les récupérer et de les convoyer à Paris par charrettes escortées de la troupe. Parmi ces commissaires, l'un, chargé de visiter les bureaux des finances d'Orléans et de Tours, se fit remarquer par ses résultats spectaculaires : Rosny. Il rafla tout et rapporta au roi 300 000 écus. « En fait, écrivent Bernard Barbiche et Ségolène de Dainville-Barbiche, il avait matériellement vidé les caisses des comptables publics, au mépris de toute règle, et son expédition relevait davantage de la piraterie ou du coup de main armé que de la tournée d'un commissaire royal. » Sa brutalité suscita un concert de protestations chez les officiers concernés. Tout au contraire, l'impatient monarque apprécia cette méthode militaire, énergique, expéditive, d'une redoutable efficacité. Il introduisit son ami au Conseil des affaires et le chargea de diverses missions de confiance, comme la vente de nouveaux offices, la passation de marchés de vivres et de munitions, la mise au pas de la chambre des comptes de Bretagne. De militaire, il devint administrateur, et quel administrateur !

Quand en mai 1598 le riche et fastueux Harlay de Sancy, qui venait de faire édifier le magnifique château de Grosbois, fut disgracié à la demande de Gabrielle qui ne lui avait pas pardonné ses effronteries, Rosny lui succéda à la tête des affaires financières, relevant quelque temps plus tard le titre de surintendant des Finances.

À partir de ce moment, Maximilien, couvert de largesses, de libéralités, de gratifications, ne cessa d'accumuler titres et honneurs : surintendant des Fortifications, grand voyer de France, avec compétence pour administrer les travaux publics, grand maître de l'Artillerie en 1599, capitaine de cent hommes d'armes en 1600 et grand officier de la Couronne en 1601, capitaine-gouverneur de la Bastille, conseiller d'honneur au Parlement, surintendant des Bâtiments en 1602, avec la charge des châteaux royaux (à l'exception de Fontainebleau), voyer particulier de Paris et gouverneur du Poitou en 1603.

En 1601, le roi érigea sa terre de Rosny en marquisat. L'année suivante, Maximilien acheta la terre de Sully-sur-Loire, qui devint quatre plus tard, grâce à son protecteur, le siège d'un duché-pairie. Bref, Sully, puisqu'il faut désormais l'appeler par ce nom, édifia une grosse fortune, évaluée par Isabelle Aristide à 2,2 millions en 1610 et 5,1 millions à sa mort en 1641. Elle était constituée principalement de terres et de fiefs, dont un immense domaine allodial en Berry, appelé principauté souveraine de Boisbelle, où il bâtit la ville neuve d'Henrichemont.

Ses deux frères étaient devenus catholiques et l'un d'eux, Philippe, fut même un brillant diplomate, ambassadeur à

Rome. Maximilien, pour sa part, refusa toujours avec fermeté de se convertir, malgré les sollicitations d'Henri IV. Il se garda néanmoins de prendre la tête du parti protestant, demeurant ainsi la caution huguenote du roi.

Comment caractériser sa position politique au sein de l'État ? Malgré la puissance qu'il acquit après la disgrâce de Pomponne de Bellièvre en 1605, on ne peut le considérer comme un Premier ou principal ministre, selon l'expression du temps. Pas de comparaison avec la toute-puissance d'un Richelieu ou d'un Mazarin. Il n'eut jamais pleine autorité sur les autres ministres et secrétaires d'État, avec lesquels le roi travaillait directement. Neufville de Villeroy, homme de cabinet fidèle, doté lui aussi d'une grande puissance de travail, s'occupa jusqu'à la fin du règne des affaires étrangères et contrebalança son poids politique.

Pourtant, les historiens qui ont épluché sa correspondance, ses livres de comptes, Bernard Barbiche, Ségolène de Dainville-Barbiche, David Buisseret, l'Américain John Russell Major, ont été frappés par ce couple politique. Couple politique ne veut pas dire dyarchie. Les rapports étaient inégaux, disproportionnés, même si Sully ne reculait pas devant le parler franc. Entre eux régnaient une grande confiance, une solide amitié. Il était l'« homme du roi », le « fidèle » au sens fort du terme. Ce couple représentait une nouveauté : il ne s'agissait plus, comme au temps des Valois et des archimignons, de gérer au mieux les affaires du royaume sans avoir beaucoup de prise sur la société de corps et d'ordres, mais bien de mettre en pratique l'absolutisme royal. À cet égard, Maximilien de Béthune, homme d'autorité, joua un rôle essentiel dans la politique de centralisation voulue par son maître.

Les réseaux de fidélités

Reste une question. Comment, en douze ans, de 1598 à 1610, Henri IV parvint-il à remettre de l'ordre dans un royaume aussi dévasté et à le propulser parmi les premières nations européennes ? Ce mystère singulier a frappé l'opinion avant de questionner les chercheurs. Pour le comprendre, il importe de rappeler d'abord qu'Henri III avait établi sa capitale administrative à Tours. S'appuyant sur les titulaires d'offices restés loyalistes, il avait dédoublé les institutions traditionnelles. Aux parlements de Paris, Rouen, Toulouse, Dijon et Aix, qui avaient basculé du côté de la Ligue, il avait opposé de nouvelles instances à Tours, Châlons-en-Champagne, Caen, Carcassonne, Flavigny et Pertuis. La fragilité de l'édifice monarchique s'était accentuée avec l'accession au trône du Béarnais et les défections qui s'étaient ensuivies.

Malgré leur serment de servir le roi Bourbon, les Grands, derrière le marquis d'O, avaient posé des conditions mettant la monarchie sous tutelle. On sait qu'Henri IV, après avoir fait mine de se soumettre, s'était efforcé de retrouver sa liberté d'action en conquérant son royaume à la pointe de l'épée, de façon à se dégager par la force militaire des griffes de ses inquiétants protecteurs. Il n'avait que partiellement réussi et avait dû se convertir au catholicisme, contrairement à son plan d'origine. Mais, sans en avoir l'air, il avait élargi son système de fidèles, de clients et de « créatures » qui lui faisaient allégeance. Là était le point essentiel dans cette France quasiment dépourvue d'État.

Venait d'abord la vieille garde blanchie sous le harnois, les compagnons de la première heure, ceux qui avaient partagé la familiarité et la camaraderie des camps, ses chevauchées et ses charges guerrières, Philippe Duplessis-Mornay, Agrippa d'Aubigné, Sully, La Noüe, Jean d'Harambure, dit le Borgne, braves et désintéressés huguenots. Parmi les catholiques ou les convertis, il y avait Antoine de Roquelaure,

Jean de Beaumanoir, marquis de Lavardin, Louis de Berton des Balbes de Crillon, tous également insensibles au danger et prêts à se faire tuer pour leur vénéré maître. À ce premier cercle s'étaient agrégés deux personnages d'importance qui gardaient leur autonomie d'action, l'un en Dauphiné, l'autre en Languedoc : le catholique modéré Henri de Damville, duc de Montmorency, maréchal puis connétable, et le huguenot François de Bonne de Lesdiguières, lieutenant général de province puis maréchal de France*. Avec l'accession au pouvoir du Béarnais, ce groupe de fidèles évolua. Déçus de la volonté royale de réunir les deux France, plusieurs des compagnons huguenots de la première heure s'éloignèrent, comme Agrippa d'Aubigné et Philippe Duplessis-Mornay.

À ce noyau de fidèles se joignirent les ralliés. C'étaient soit de précieux hommes de loi, tels Villeroy, Pomponne de Bellièvre, le président Pierre Jeannin, Harlay de Sancy, Gaspard de Schomberg, très attachés au service de l'État, soit de grands aristocrates d'épée, comme les Biron père et fils, les ducs de Nevers et de Longueville, sans omettre les chefs ligueurs repentis, Mayenne ou Mercœur par exemple.

Les dernières années du règne virent éclore une nouvelle génération, celle des courtisans ardents et impétueux, des petits maîtres, aimables et joyeux, prisant autant la galanterie que les ripailles, la chasse que les chevauchées guerrières, tous fascinés par la figure du roi Bourbon, mais plus avides de récompenses encore que la génération précédente : Roger de Saint-Lary de Bellegarde, neveu d'un favori d'Henri III, Odet de La Noüe, fils du « Bayard huguenot », ou François de Bassompierre, « le plus poli de tous les hommes ».

---

* Il n'accédera à la dignité de connétable de France qu'en 1622, sous le règne de Louis XIII, après s'être converti au catholicisme.

Un absolutisme clientéliste

Chez Henri IV le trait dominant dans le choix des hommes était le souci de l'efficacité et la volonté d'unir le royaume autour de sa personne. Cela allait de pair avec la montée en puissance des robins souples et obscurs, au détriment des « conseillers naturels », princes du sang et grands seigneurs. Le phénomène s'observait déjà du temps d'Henri III, à la différence près que le système clientéliste du Béarnais ne se limitait pas à quelques « mignons » (au sens politique du terme), ou à de proches collaborateurs à l'influence limitée.

Au fur et à mesure de ses rencontres en province, il avait établi des liens d'homme à homme, des rapports de fidélité. Aucun souverain ne connut mieux son royaume que lui. Il l'avait des années durant arpenté, Bretagne exceptée. Là résidait sa supériorité, à côté bien entendu de sa vive intelligence et de son coup d'œil magistral, apte à saisir une situation en quelques secondes. « Je n'ai jamais couché deux fois dans un même lieu », confiait-il un jour en guise de boutade à son ami La Force. Il n'avait nul besoin de passer par des intermédiaires. Il savait tout de ses sujets, de leur mode de vie. Il avait fréquenté les palais, les hôtels de ville, les évêchés, les châteaux forts, mais également les chaumines, voire les cabanes de charbonniers. Son expérience était unique.

À chaque étape, lui qui aimait tant le contact humain et savait user à merveille de son charisme exceptionnel rencontrait les notables – évêques, membres d'un parlement, officiers de bailliage, trésoriers, échevins… Il jaugeait leur capacité et repérait ceux qui pourraient lui être utiles. Primordiales étaient donc les fidélités directes.

Le système réticulaire de la monarchie henricienne utilisait également de façon indirecte le réseau de ses ministres qui lui servaient de courtiers. Bernard Barbiche et Ségolène de Dainville-Barbiche ont montré l'étendue du clan Sully qui se mit au service de la monarchie. Il était composé des différentes clientèles couvrant ses multiples secteurs d'intervention, amis, compagnons d'armes, créatures, clients, vassaux, ingénieurs, contrôleurs, comptables, secrétaires, écrivains, poètes…

Ainsi s'ébauchait le système ministériel qui s'épanouira pleinement avec Richelieu, puis plus tard avec Colbert et Louvois, système sur lequel le monarque s'appuyait pour mettre en œuvre sa politique. La différence avec ses successeurs consistait dans le fait qu'Henri IV avait constitué sa propre clientèle. Sous son règne, la monarchie française, tout en se centralisant, gardait ainsi son aspect paternel qui disparaîtra à sa mort.

23

LA REMISE EN ORDRE

Gouverneurs et commissaires

Dans les provinces, la personne du roi était représentée par des gouverneurs dont les pouvoirs avaient été fixés par des ordonnances de Louis XII et Henri II. Ces hauts personnages avaient pleine autorité, y compris militaire, pour maintenir les sujets dans l'obéissance, pacifier les querelles, intervenir dans tout événement susceptible de menacer le bien public et prêter main-forte aux officiers royaux dans l'exécution des arrêts ou la levée des impôts. Deux d'entre eux, Jacques de Nompar de Caumont, marquis de La Force, dans le royaume de Navarre et la souveraineté de Béarn, qu'Henri IV s'était gardé de réunir à la Couronne afin d'éviter de nouveaux troubles, et François de Bonne, seigneur de Lesdiguières, maréchal de France, en Dauphiné, disposaient de pouvoirs plus étendus ; ils étaient en quelque sorte des vice-rois, autorisés à distribuer des charges et le cas échéant à réunir les états de leur province.

Ces fonctions étaient en général exercées par des princes du sang, des princes légitimés ou de puissants membres de la haute aristocratie. En 1610, par exemple, l'Île-de-France « appartenait » au duc de Mayenne, l'Auvergne à Charles de Valois, comte d'Auvergne, la Champagne à Charles de

Gonzague, duc de Nevers, le Dauphiné à Charles de Bourbon, comte de Soissons, la Guyenne à Henri II de Bourbon, prince de Condé, le Languedoc au connétable de Montmorency-Damville, la Picardie à Henri d'Orléans, duc de Longueville, la Provence à Charles de Lorraine, duc de Guise, etc.

Outre leurs appointements, les gouverneurs recevaient des autorités locales des gratifications et cadeaux. Propriétaires de grands fiefs et de hautes seigneuries, ils étaient en pleine capacité de se constituer des clientèles locales, qu'ils conservaient à leur service ou intégraient dans les réseaux de la monarchie selon leur degré de loyauté. On comprend qu'Henri IV, méfiant par nature, ait préféré les garder près de lui, à la Cour ou à l'armée, plutôt que de les laisser s'aigrir dans les villes closes de leurs contrées, en tête à tête avec la noblesse locale volontiers boudeuse et toujours prête à monter à cheval.

Pour mieux tenir en main les provinces, leurs fonctions furent progressivement dédoublées par la création des lieutenants généraux qui relevaient directement du monarque et assumaient l'intérim en leur absence. Furent notamment désignés Charles de Choiseul-Praslin en Champagne, le maréchal Antoine de Roquelaure en Guyenne, Hercule de Rohan, duc de Montbazon, en Bretagne… En les mettant en rivalité avec les gouverneurs, le Béarnais surveillait ainsi son monde et renforçait le pouvoir central.

Les intendants de police, justice et finances, ces commissaires résidant dans les lieux de leur affectation et représentant l'administration royale au plan local, ne firent leur apparition que sous le règne de Louis XIII. En revanche, la chancellerie pouvait confier à des maîtres des requêtes des missions temporaires, appelées chevauchées, dont l'objet était d'enquêter sur des plaintes ou des manquements aux ordonnances. Ces inspecteurs ne disposaient d'aucun pouvoir coercitif. Cependant, on prit peu à peu l'habitude de les charger de commissions « extraordinaires » préfigurant les responsabilités des intendants : ils enregistraient les édits ou les lettres patentes, exécutaient les arrêts du Conseil, établissaient un présidial, vendaient des charges, obligeaient les officiers comptables (trésoriers de France ou élus) à lever de nouvelles impositions, faisaient le procès de rebelles ou veillaient à l'exécution des condamnés... Par ce moyen, l'État central progressait face aux intérêts locaux, aux privilèges et aux réseaux clientélaires des Grands. Le processus était lent, tâtonnant, et les commissions étaient de courte durée. Le pouvoir de ces émissaires royaux, quelque soin que prît Sully à les rendre indépendants des autorités locales, demeurait limité au regard du prestige et de la puissance des gouverneurs.

La politique de centralisation

Peu habitué à voir ses ordres contestés, Henri avait une profonde aversion pour les discussions d'assemblée. Il supportait mal les remontrances des corps constitués, que ce fussent les états de Béarn et de Navarre, les assemblées générales calvinistes, celles du clergé ou, depuis son accession à la royauté, les parlements, chambres des comptes, cours des aides ou des monnaies.

Deux jours après son avènement, le 4 août 1589, il avait promis de réunir les états généraux : promesse de Gascon ! Ceux de Paris convoqués en 1593 par le duc de Mayenne l'avaient définitivement dégoûté de leurs délibérations brouillonnes et bavardes. En juillet 1596, à Rouen, pour résoudre la crise financière, il leur avait préféré une formation plus réduite de quatre-vingts membres désignés par les trois ordres (neuf du clergé, dix-neuf de la noblesse et cinquante-deux du tiers) : l'assemblée des notables. Mais cet aréopage avait commencé à outrepasser ses prérogatives en s'intéressant aux dépenses de sa maison, particulièrement à ses folles prodigalités envers Gabrielle d'Estrées.

Parmi les institutions qui lui avaient donné le plus de fil à retordre, certaines étaient impossibles à contourner. Il en allait ainsi des huit parlements du royaume, dont le plus puissant était celui de Paris. Dans un premier temps, Henri s'était servi de ces hauts magistrats qui par définition étaient ses conseillers naturels. Il les avait flattés lors de leur séjour à Tours pour faire enregistrer ses premières décisions. Une fois son trône assuré, il leur rogna les ailes. En 1597, un édit, reprenant la grande ordonnance de Blois d'Henri III de 1579, limita leur droit de remontrance, lequel ne pouvait plus s'exercer qu'*a posteriori*, après vérification et enregistrement des ordonnances.

Cela n'empêcha pas les frictions avec le pouvoir royal de repartir de plus belle à l'occasion de l'enregistrement de l'édit de Nantes, puis en 1603 lors du rappel des Jésuites en France. Comme au temps de François Ier, les membres des cours souveraines, en charge de rendre la justice au nom du roi, se prenaient pour de tout-puissants sénateurs romains aptes à décider de la politique du royaume. Le conflit durera jusqu'en 1789. Henri, de son côté, leur reprochait de rendre une justice à la fois mauvaise et lente. « Oh la méchante compagnie !, lança-t-il un jour à ces messieurs de Bordeaux. Qui gagne son procès à Bordeaux sinon celui qui a la plus grosse bourse ? Tous mes parlements ne valent rien, mais vous êtes les pires de tous… »

Outre les parlements, il fallait compter sur les états particuliers, nommés plus tard états provinciaux, qui étaient censés représenter la société de corps et d'ordres à cet échelon. Henri les considérait comme des entraves à sa propre autorité, incapables de comprendre les nécessités du bien commun. Aussi avait-il toujours pris de haut leurs représentants, qu'ils fussent hommes d'Église, grands seigneurs ou notables du tiers état. « Vos plus beaux privilèges, leur assénait-il, sont quand vous avez les bonnes grâces de votre roi. »

Sur le plan fiscal, rappelons-le, le royaume comportait deux catégories de circonscriptions, les pays d'élection, où l'administration dépendait directement des officiers royaux, et les pays d'états, qui réunissaient les délégués des trois ordres, votaient les impôts de la province, puis en administraient la levée. On trouvait des états provinciaux dans les grands fiefs périphériques, Bourgogne, Dauphiné, Provence, Languedoc, Guyenne, Bretagne, Normandie, sans compter le Béarn et la Navarre, en raison de leurs statuts particuliers à la lisière du royaume. Il y en avait également dans des provinces plus réduites, Vivarais, Velay, Gévaudan, Charolais, Agenais, Quercy..., ainsi que dans les minuscules pays pyrénéens, Labour, Soule, Bigorre, Nébouzan, Quatre-Vallées, Foix, tous arc-boutés sur leurs droits et leur autonomie fiscale.

Le choix délibéré du pouvoir royal de privilégier la perception directe des deniers publics allait conduire au long du XVIIe siècle à une lente dévitalisation de ces états et même à la disparition des plus fragiles*. Le mouvement s'amorça au temps d'Henri IV, preuve de l'émergence d'un nouveau monde, celui de la monarchie administrative.

Même les assemblées à caractère financier, moins dangereuses politiquement, ne trouvaient pas grâce à ses yeux. Pour juger les publicains et traitants prévaricateurs, il contourna les chambres des comptes, parfois suspectes de malversations, n'hésitant pas à quatre reprises à instituer des chambres de justice à titre extraordinaire en 1596, 1601-1602, 1605 et 1607. Cela se terminait en général par des transactions : les gens de finance préféraient être « rançonnés » plutôt que risquer de lourdes condamnations. Il n'y avait jamais que « quelques larronneaux » qui payaient pour tous les autres, disait Sully.

Le règne d'Henri IV représente assurément la première étape dans l'émergence de ce qu'on nomme ordinairement l'absolutisme, c'est-à-dire la force centralisatrice et modernisatrice de l'État. La volonté d'exaltation de la puissance royale

* Une des techniques utilisées consistait à installer des « élections », ces circonscriptions fiscales relevant de l'administration directe, en pays d'états, ce qui, outre la confusion créée, affaiblissait l'organisation financière de ces provinces. Il en fut ainsi de la riche Normandie.

s'exprimait à la fois dans les actes de la monarchie, mais également dans les écrits des historiographes, des légistes et des jurisconsultes : *L'Institution au droit des Français* de Guy Coquille (1607), *Les Antiquités et recherches de la grandeur et majesté des roys de France*, dédiées au Dauphin, d'André Duchesne (1609), *De l'excellence des roys et du royaume de France* de Jérôme Bignon (1610). Après la mort du roi, ce seront les *Maximes générales du droit français* de Pierre Du Berger (1612) et le *Traité de la souveraineté du roi et de son royaume* de Jean Savaron (1615).

Partout on magnifiait la France, « splendeur du monde, lumière de la chrétienté, sans aucune tache qui peut marquer sa réputation, renommée en fidélité et obéissance, florissante en piété et en religion » (André Duchesne), doux royaume agréable à Dieu, « petit œil et la perle du monde » (Jérôme Bignon). Son système héréditaire par lignage présentait la perfection même, conforme à l'ordre universel voulu par la divinité, contrairement à la dignité impériale qui n'était qu'élective.

Bien avant Bossuet, ces auteurs faisaient du roi de France l'élu de Dieu, son image sur terre, mieux encore un être presque divin. La croyance populaire en son pouvoir miraculeux se manifestait aux grandes fêtes (Pâques, Pentecôte, Trinité, Notre-Dame d'août, Toussaint, Noël, Chandeleur...) par le toucher des écrouelles. De là, bien sûr, se répandait l'idée que désobéir au roi était un péché, une atteinte à la majesté divine qu'il incarnait.

Ces écrits cachaient mal une réalité différente : loin d'être absolue au sens plein du terme, la monarchie française ne fonctionnait que par une série de compromis et d'accords laborieusement négociés avec les acteurs sociaux, attachés à garder leurs privilèges, voire à en conquérir de nouveaux : Église, Grands, parlements, états particuliers. Face aux multiples forces centrifuges, génératrices de tensions, on est frappé au contraire par la faiblesse de l'appareil étatique qui tentait de se faire entendre au sein d'une société largement éclatée.

Les villes

Un des objectifs du pouvoir central était d'étendre son autorité sur les villes. Avec leur population dense, leur rayonnement sur l'environnement local, leur milice, leurs remparts bien fortifiés, leurs églises ou leurs temples, les grandes cités avaient joué un rôle capital durant les guerres de Religion. Devant l'effondrement de l'État, par un phénomène de régression médiévale, elles s'étaient repliées sur elles-mêmes sous la direction de marchands et de bourgeois. Dès 1588, pas moins de 300 d'entre elles avaient été gagnées par la Ligue, les autres, minoritaires, étaient acquises à la Réforme. La Rochelle, Saint-Malo, Bordeaux étaient devenues de petites républiques indépendantes à la manière des cités italiennes. Il fallait impérativement contrer ces forces centrifuges qui menaçaient le pays d'implosion.

Dans son ouvrage *Henry IV and the Towns, The Pursuit of Legitimacy in French Urban Society*, l'Américaine Annette Finley-Croswhite a montré comment, durant la période de retour à l'ordre, l'absolutisme henricien parvint à prendre progressivement le contrôle des corps administratifs de ces puissances urbaines, échevinat, consulat, jurade ou capitoulat. La douceur, la clémence, le compromis, la coopération, parfois la fermeté usèrent les velléités de résistance des notables et renforcèrent l'emprise de l'autorité royale. Ce fut là encore en usant très largement des mécanismes de clientèles, en intervenant dans les élections locales, en écartant les candidats suspects, en plaçant aux postes clés des fidèles dont il ne doutait pas de la loyauté que le souverain imposa sa légitimité aux fières oligarchies municipales. Ses fidèles à leur tour convainquirent les peuples de l'importance de la stabilité apportée par le pouvoir central.

Chaudement recommandé aux jurats par le roi en personne, Alphonse d'Ornano, maréchal de France, ancien maire d'Aix-en-Provence, fut aisément désigné comme maire de Bordeaux en 1599. Son comportement exemplaire lui valut une immense popularité. Il fit établir les premiers quais, assécher les marais des alentours, élever des fontaines monumentales et, en 1604, lutta contre les conséquences désastreuses de la peste, aidant de sa bourse personnelle les pauvres et les miséreux.

Parfois, lorsque les résistances étaient trop fortes, le monarque imposait sa propre réforme. On a vu comment Amiens avait été punie. Lyon la ligueuse fut de même mise au pas. L'édit de Chauny du 13 décembre 1595 réduisit l'échevinat à cinq membres au lieu de douze, quatre échevins et un prévôt des marchands, placés sous la « protection » de Sa Majesté, autrement dit sa tutelle. Cette dernière fonction, substitut de celle de maire, fut exercée par un seigneur local fort dévoué, René de Thomassin, puis par Balthazar de Villars, conseiller du roi, lieutenant particulier, civil et criminel de la sénéchaussée.

Paris, qui avait donné tant de fil à retordre, fut l'objet de soins particuliers. En 1596, Henri IV cassa le dernier scrutin, pourtant valide, pour imposer le renouvellement du mandat de Martin Langlois, maître des requêtes, qui lui avait été très utile lors de la reddition de la ville. En 1604, s'il s'opposa à l'élection de François Miron, un fidèle, président du Grand Conseil, chancelier du Dauphin, conseiller d'État, lieutenant civil du Châtelet, c'était en raison de sa trop forte personnalité. Cette fois, il ne put l'empêcher. Il y eut entre eux deux quelques frictions, notamment au sujet du non-paiement des rentes de l'Hôtel de Ville, mais une franche coopération finit par s'établir à propos des projets d'embellissement de la capitale. Un homme de confiance, Jacques Sanguin, lui succéda à sa mort en 1609. L'important pour le roi était que les villes fussent « à lui » et non aux Grands.

Dans ce processus de contrôle des municipalités, le Béarnais avait utilisé judicieusement les notables les plus compétents et les mieux disposés qu'il avait repérés durant ses pérégrinations. Ceux-ci avaient mis à leur tour leurs liens de parenté ou d'affaires à son service.

Exaltation de l'absolutisme henricien

Politique du pardon et politique du symbole allaient de pair dans un pays où, après la désacralisation de l'autorité monarchique dans les dernières années du règne d'Henri III, la souveraineté politique était à refonder entièrement. Les entrées royales et solennelles avaient pour objectif d'y contribuer. Après Amiens en 1594, Lyon et Troyes en 1595, Rouen en 1596, Rennes, Orléans et Nantes en 1598, il y eut Metz en 1603, Sedan et Reims en 1606, certaines de ces cérémonies donnant lieu à l'édition de livrets explicatifs diffusés dans le public par les consuls et échevins. Ces solennités henriciennes, avec leur décorum, leur mise en scène, dessinaient en réalité deux mouvements se conjuguant parfois : les unes s'inscrivaient dans l'entreprise de reconquête du royaume, les autres dans la manifestation de la légitimité de l'État.

L'entrée d'Henri IV à Metz le 13 mars 1603 revêtit un caractère symbolique particulièrement fort, car la vieille cité épiscopale, partagée par moitié entre catholiques et protestants, demeurait une ville impériale tentée par l'autonomie au point de frapper sa propre monnaie ornée de l'aigle germanique. Ce fut à la vérité plus qu'une entrée, une chevauchée ! Il s'agissait de réaffirmer la pleine et entière souveraineté française sur les Trois-Évêchés, mieux encore de les franciser. Le roi avait fait le voyage à la suite de plaintes du maître échevin et des députés des trois états contre Roger de Comminges, sieur de Saubole, commandant de la citadelle, et son frère, qui pressuraient les habitants par leurs exactions et leurs rapines. Arrivé avec la reine, une partie de la Cour et de bonnes troupes en armes, il se conforma au rituel, admira les bustes, les blasons, les portiques décorés, passa sous les arcs de triomphe éphémères et assista à un spectacle de combat nocturne assorti de jeux pyrotechniques. Le lendemain, il somma les frères Saubole de déguerpir contre remboursement de la moitié de leurs dettes et imposa au duc d'Épernon, gouverneur de la ville et du pays messin, à qui il avait pardonné sa conduite plus qu'ambiguë en Provence, deux lieutenants, deux fidèles qui ne dépendraient que de lui, Antoine de La Grange, sieur d'Arquien, et son frère François, sieur de Montigny. Son objectif était d'empêcher l'ancien archimignon de s'emparer de la citadelle et de s'y claquemurer en cas de nouvelles velléités d'indépendance. Enfin, en 1608, à la mort du cardinal Charles II de Lorraine, complétant son dispositif de mainmise sur la ville, le Béarnais fit nommer son fils bâtard, le petit Verneuil, évêque titulaire de Metz.

On n'avait pas encore institué la politique des places royales, avec en leur centre une statue équestre du souverain, mais les villes avaient déjà adopté des programmes de représentation monarchique : bas-relief à l'hôtel de ville de Paris, en attendant la fameuse statue du Pont-Neuf, exécutée par Pietro Tacca et Pierre de Francqueville en 1614, buste à Aix-en-Provence, statue équestre à Laon, statue en pied au Capitole de Toulouse…

L'autorité royale devait être à la fois lointaine, pour souligner la transcendance de sa majesté, et proche des peuples, car Henri ne voulait pas se départir de l'image d'un monarque souriant et affable. Avec ce ferme absolutisme au gant de velours, il entrait de plain-pied dans l'âge baroque et en devenait – étrange paradoxe pour le fils de l'austère Jeanne d'Albret – l'une des figures de proue.

Parades spectaculaires et défilés rutilants tendaient à rendre visible l'incarnation monarchique et à restaurer sa dimension sacrale. Faire voir par l'image, faire savoir par les textes était fortement utile mais insuffisant. Il fallait jouer aussi sur la symbolique de la gloire et de la puissance, de manière à exalter le pouvoir royal, à le placer au-dessus de tous les autres. Il est singulier de constater que ce qui sera déployé sous le règne de Louis XIV, avec la créativité artistique et esthétique de la Petite Académie de Colbert, se trouvait en germe chez Henri IV, lequel n'avait fait d'ailleurs que reprendre quelques recettes de dame Catherine.

Destinés à frapper les visiteurs, les grands « portraits d'État » en majesté, dont Frans Pourbus le Jeune (1569-1622) s'était fait une spécialité, devaient, dans l'ambitieux projet de décor dynastique d'Antoine de Laval, gentilhomme humaniste et « géographe du roi », s'aligner dans la Petite Galerie du Louvre. À côté de ces représentations réalistes, on continuait de mobiliser – à la manière des compositions picturales de la voûte de la galerie d'Ulysse, commencée sous François Ier à Fontainebleau* – les divinités mythologiques, figures de l'Olympe, héros de *L'Odyssée* ou personnages tirés des *Métamorphoses* d'Ovide.

En littérature, on notait déjà l'ébauche de la querelle des Anciens et des Modernes. Aux tenants de la comparaison historique, tel l'écrivain Jean-Guillaume Stucki, pour qui Henri IV était le nouveau Charlemagne (*Carolus Magnus redivivus*..., Zurich, 1592), les tenants de la fiction poétique employaient le vocabulaire emblématique afin d'insister sur les valeurs héroïques et la thématique jupitérienne, herculéenne et martiale. Dans leur tentative d'héroïsation, le monarque devenait tour à tour Persée, Alexandre ou Achille : des exemples parlants pour une élite nouvelle formée dans les collèges royaux et pétrie de culture classique.

* Malheureusement détruite au XVIIIe siècle.

L'évolution de l'art des emblèmes, figures, titres et inscriptions, auquel Sully avait travaillé, était instructive. Elle se caractérisait par la montée progressive d'un appel à la gloire et même à la domination à une époque où la monarchie française ne faisait en réalité que se relever. En 1594, à l'issue de la cérémonie du sacre de Chartres, on distribua des médailles d'argent sur lesquelles se trouvait inscrite la formule *Invia virtuti nulla est via* (« Il n'est pas de chemin impossible à l'homme vertueux »). Avec la réunion à la couronne de France de la Navarre en 1606 naquit la devise *Duo protegit unus* (« Un même glaive pour deux sceptres »), inlassablement répétée sur jetons et médailles. Deux ans plus tard apparurent *Imperiis secura meis* (« La terre tient sa sécurité de mon empire »), *Tandem arbiter orbis* (« Le roi arbitre de l'univers ») et *Jam totum implevit orbem* (« Déjà son astre a rempli l'univers »). En 1609, on inventa *Caelum lilio liliumque terris* (« Le ciel est pour le lys ce que le lys est pour la terre »). Quelques semaines avant la mort du roi ce fut *Nusquam meta meis* (« Il n'y a plus de bornes au règne des miens »). On le voit, le fameux *Nec pluribus impar* (« À nul autre pareil » ou « Tout lui est possible »), souvent présenté comme le summum de l'orgueil louisquatorzien, n'était en réalité que la reprise d'une tradition vieille de plus d'un demi-siècle.

La réforme catholique

Églises aux voûtes effondrées, monastères incendiés, cures désertées, débauche, relâchement des mœurs du clergé séculier et régulier, inculture et progrès de l'irréligion jusque chez les desservants de paroisses, grande détresse spirituelle du peuple, déchristianisation massive des campagnes, telle était la situation lamentable de la religion catholique au sortir du chaos des affrontements de la guerre civile.

Vincent de Paul, ordonné prêtre en 1600, aumônier de la reine Marguerite en 1610, en fit la triste expérience dans ses premiers ministères. « J'ai horreur quand je pense que dans mon diocèse, lui dira un jour un évêque, il y a presque sept mille prêtres ivrognes ou impudiques qui montent tous les jours à l'autel et qui n'ont aucune vocation. » Nommée en 1598 abbesse de l'abbaye des Dames de Montmartre, la pieuse Marie de Beauvilliers, dont la sœur Claude, abbesse du même lieu, avait été la brève et scandaleuse maîtresse du Vert Galant, raconta que lors de son arrivée « le jardin était en friche, les murs par terre, le réfectoire converti en bûcher, le cloître, le dortoir et le chœur en promenade : peu de religieuses chantaient l'office, les moins déréglées travaillaient pour vivre et mouraient presque de faim ; les jeunes faisaient les coquettes, les vieilles allaient garder les vaches et servaient de confidentes aux jeunes ». Du fait de la longue crise entre Rome et Paris, à peu près 40 % des archevêchés et des évêchés étaient vacants.

Cependant, dans les dernières années du règne, se produisit une vigoureuse renaissance du catholicisme romain, qui se ressaisissait et se renouvelait sous l'effet à long terme du concile de Trente (1545-1563). Cette dynamique triomphante se caractérisait par une vague de conversions, de dévotion, de charité, de renouveau monastique et conventuel sans précédent.

Remédiant aux abus les plus choquants, approfondissant et précisant la doctrine par des définitions dogmatiques claires, ce grand concile œcuménique avait insisté sur le recours à la Sainte Écriture, le culte des saints, la pratique des sacrements, l'adoration eucharistique, la beauté de la liturgie, la splendeur de la pompe romaine, en réaction contre le dépouillement luthérien et calviniste. Un nouvel humanisme chrétien, axé davantage sur la Rédemption que sur le péché originel, contrairement à la Réforme, se forgeait ainsi, affectant l'ensemble de la société, de la littérature à l'architecture. En témoignait le prodigieux développement de l'art baroque, typique de l'exubérance triomphaliste de la Contre-Réforme. Dans les grandes nations européennes du monde catholique surgirent en quelques années des cathédrales, des églises, des couvents, des abbayes, des collèges, des maisons d'éducation. Afin d'étouffer l'hérésie, de reconquérir les masses chrétiennes, il fallait exalter l'idéal religieux, le rendre présent dans chaque acte de la vie quotidienne. Deux ordres s'étaient placés à la pointe de ce combat, les Capucins et les Jésuites.

Le renouveau en France

Bien que les décisions tridentines, hormis la partie dogmatique qui ne soulevait pas d'objections, n'eussent pas été admises au royaume des lys en raison de la résistance des officiers royaux et des parlements, attachés aux « libertés gallicanes », la vague du renouveau tridentin commença à se manifester dans les années 1580-1590, avec quelques décennies de retard sur l'Italie et l'Espagne, s'accéléra avec l'édit de Nantes et le retour de la paix intérieure, avant d'atteindre l'Église de France en profondeur au début de ce XVIIe siècle que l'on a qualifié parfois de « siècle des saints » ou « grand siècle des âmes ».

Des personnalités marquantes façonnèrent cette spiritualité revivifiée, tel François de Sales, né en 1567, sujet du duc de Savoie, évêque titulaire de Genève, qui prononça à Notre-Dame en avril 1602 l'oraison funèbre de l'ancien gouverneur de Bretagne pour la Ligue, le duc de Mercœur, « avec un grand apparat et le louangea hautement et magnifiquement », dit Pierre de L'Estoile. Impressionné par son talent oratoire, Henri IV lui proposa de devenir évêque de Paris, mais il refusa. Écartant le rigorisme desséchant de certains prêcheurs, cet exceptionnel maître spirituel fut, comme d'aucuns l'ont dit, le « saint de la douceur de Dieu », miséricordieux à l'égard de la faiblesse humaine. Son *Introduction à la vie dévote*, parue en 1608, traduite en une multitude de langues, eut un retentissement considérable. Publiée en France l'année suivante, *La Règle de perfection* du capucin Benoît de Canfield, anglican converti au catholicisme, insistait de son côté sur la nécessaire intériorisation de la prière dans la tradition de la mystique rhéno-flamande.

Une autre figure de proue de cette renaissance catholique fut le père Pierre de Bérulle, futur fondateur de l'Oratoire, dont la pensée était centrée sur la puissance du Verbe incarné, unique voie d'accès au Dieu trinitaire – thèse particulièrement novatrice à l'époque, au point qu'on a parlé de « révolution bérullienne » –, et sur la grâce divine, sans laquelle l'homme ne peut être sauvé. Ce grand mais austère théologien, très différent en cela de François de Sales, encouragea l'implantation en France de couvents de carmélites réformées, de spiritualité thérésienne. Fondatrice de plusieurs œuvres de charité, Barbe Acarie, mariée à l'un des chefs ligueurs, parvint, avec l'appui de Marie de Médicis, à ouvrir un premier couvent au faubourg Saint-Jacques en 1604, puis un second à Pontoise deux ans plus tard. En 1610, une douzaine existaient déjà. La spiritualité carme, axée sur l'oraison, la prière du cœur et la méditation, attirait alors nombre de jeunes femmes.

Bien que la Lorraine, comme la Savoie, fût à l'extérieur du royaume, on ne saurait oublier l'apostolat de Pierre Fourier, chanoine régulier de Saint-Augustin, curé à partir de 1597 de Mattaincourt, près de Mirecourt, paroisse qu'il transforma en profondeur par son dévouement envers les pauvres et où il créa en 1603 les chanoinesses de Saint-Augustin de la congrégation Notre-Dame en compagnie de la mystique Alix Le Clerc, en religion mère Thérèse de Jésus. Celle-ci fonda une première école destinée à l'éducation des filles qui essaima rapidement, avant d'instituer la congrégation de la Bienheureuse Vierge Marie.

Un des objectifs de la réforme conciliaire était de donner de bons prêtres. C'est ainsi que l'on vit apparaître les premiers essais de séminaires : Reims en 1567, Pont-à-Mousson en 1579, Avignon en 1586, Toulouse en 1590, Metz en 1608. En France, les anciens couvents, souvent en décadence, marqués par le laxisme et le désordre, revinrent à la clôture et à l'austérité de la règle primitive. En 1592, César de Bus, ancien chanoine de la cathédrale de Saint-Véran, créa à L'Isle-sur-la-Sorgue la Société des prêtres de la doctrine chrétienne, qui multiplia les missions populaires dans les campagnes. En 1594, le père Vincent Mussart réforma une communauté franciscaine, puis fonda en 1600 à Picpus un couvent modèle. Allaient dans le même sens la rénovation des Feuillants par Jean de La Barrière, qui revint à l'ascétisme rigoureux des fils de saint Bernard, celle des bénédictins de Saint-Vanne animés par le père Didier de Lacour, celle de l'ordre des Prémontrés par le chanoine Servais de Lairuelz et celle de la « congrégation occitane réformée » des dominicains du père Sébastien Michaëlis à Toulouse, qui s'établit à Paris, rue Saint-Honoré, en 1614.

De 1604 à 1606 fut construit dans le faubourg Saint-Honoré à Paris le premier couvent de Capucines, ou Filles de la Passion, par Marie de Luxembourg, veuve du duc de Mercœur, avec l'aide du père Ange de Joyeuse, capucin, frère du duc Anne de Joyeuse. Le pape avait donné son autorisation.

Fondée au XVe siècle par sainte Angèle Mérici, la Compagnie des Vierges de sainte Ursule essaima en France à la fin du XVIe siècle sous l'influence du père de Bus, à L'Isle-sur-la-Sorgue, Aix, Marseille et Valence. En 1607, une cousine de Mme Acaric, Madeleine Lhuillier, dame de Sainte-Beuve, veuve d'un conseiller au parlement de Paris, ouvrit faubourg Saint-Jacques un couvent d'ursulines, à la demande de Pierre de Bérulle.

À dix-huit ans, Jacqueline Arnauld, en religion mère Angélique, fille de l'avocat Antoine Arnauld, abbesse depuis l'âge de onze ans du petit couvent cistercien de Port-Royal, décida de ramener sa communauté à la pureté de ses origines et de fermer le monastère aux gens du monde, y compris à sa propre famille. Ce fut la fameuse « journée du guichet » du 25 octobre 1609, prélude à la grande réforme spirituelle selon la règle de saint Benoît, au cours de laquelle son père, sa mère, son frère Robert, venus la voir, trouvèrent porte close, malgré leurs supplications, leurs imprécations et leurs menaces.

Les transformations n'étaient pas toujours aisées à mettre en œuvre. En juin 1603, un prélat fit défoncer la porte du monastère des bénédictines de Tarascon et rétablir l'abbesse réformatrice, que les moniales avaient expulsée. En 1607, le parlement de Rouen interdit aux monastères de Normandie de modifier leurs règles. Ailleurs, il arrivait que les conflits fussent si violents entre rénovateurs et anciens que les juges devaient partager l'église et le réfectoire entre les deux factions.

La piété populaire, marquée davantage par la culture orale que par une religion livresque et savante, par les légendes locales, voire les superstitions qui avaient proliféré par suite de l'effondrement de l'appareil ecclésial, cherchait elle aussi la voie d'un renouveau dans les pèlerinages comme celui de Notre-Dame de Verdelais en Guyenne, où une vierge miraculeuse avait échappé à un incendie perpétré par les huguenots, Notre-Dame de Garaison dans les Pyrénées, où la Vierge était apparue en 1515 à la jeune bergère Anglèze de Sagasan, ou encore Notre-Dame des Ardilliers à Saumur, où une statue d'une pietà avait été découverte en 1454 dans de l'ardille (argile), près d'une source guérisseuse. Ce n'était encore que les prémices d'un vaste mouvement de recatholicisation de la société qui se prolongera au long du Grand Siècle.

Les protestants

Les huguenots, repliés sur eux-mêmes, barricadés dans leurs places de sûreté, auraient-ils pu prospérer face au rouleau compresseur du catholicisme conquérant ? Leurs forces n'étaient pourtant pas négligeables. Selon les estimations de Philip Benedict, il y avait à la fin du règne un peu plus de 900000 protestants dans le royaume de France (dont 80 % installés au sud de la Loire : en Poitou, Saintonge, Guyenne, Cévennes, Quercy, Vivarais…) et entre 100000 et 125000 en Béarn. On dénombrait 741 « églises » calvinistes en 1601, dont 68 en Île-de-France, 51 en Normandie et le reste au sud de la Loire, et 2468 familles nobles. Certains occupaient des positions fort enviables à la Cour ou à l'armée : les Rohan, les Bouillon, les Châtillon, les La Trémoille, les Clermont-Gallerande, les Caumont-La Force, sans compter Sully et ses principaux collaborateurs de l'Arsenal et de l'Artillerie. À ceux-ci s'ajoutaient les membres de la Chambre du roi, Aubéry Du Maurier et Beringhen, le secrétaire de cabinet Antoine de Loménie et le médecin attitré du Dauphin, Héroard. Une partie de l'élite intellectuelle était protestante, tels les architectes Jacques II Androuet Du Cerceau, Salomon de Brosse, l'ingénieur Salomon de Caus, le jardiniste Jacques Boyceau de La Barauderie, l'agronome Olivier de Serres, le peintre Jacob Bunel, le graveur Abraham Bosse, les financiers et banquiers Gédéon Tallemant et Nicolas Rambouillet…

Cependant, la dynamique n'était manifestement pas de leur côté. Une lente érosion gagnait le mouvement. Le travail des académies se perdait dans des discussions, voire des polémiques stériles plutôt qu'en réflexions doctrinales.

Ne croyons pas que l'édit de Nantes ait réglé comme par enchantement les difficultés nées de la coexistence de deux religions dans le royaume. Pour les huguenots le compte n'y était pas, malgré la reconnaissance de la liberté de conscience par son article 6 et l'instauration de quatre chambres mi-parties. Au synode de Sainte-Foy, qui avait suivi la promulgation de l'édit, bien des récriminations s'étaient exprimées. Son simple libellé qualifiant le calvinisme de « religion prétendue réformée » montrait le ton dédaigneux avec lequel la religion majoritaire entendait les traiter. Les lamentations avaient repris, assorties cette fois de menaces, au synode de Gap en 1602. Certains, comme le duc de Bouillon, s'éloignaient ostensiblement du monarque. Des tensions étaient apparues entre les notables bourgeois, marchands ou officiers légalistes, prêts avec les pasteurs à s'accommoder de leur statut, et une noblesse toujours bouillonnante qui aurait aimé repartir en guerre contre ses ennemis de naguère.

D'insupportables pressions s'exerçaient sur les plus en vue. Les honneurs, les promotions, les arguments financiers, tout était bon pour obtenir leur conversion. Financée par une dotation royale de 12000 écus et par l'assemblée du clergé, une Caisse des pensions destinées aux transfuges était dirigée par Nicolas Harlay de Sancy, membre du Conseil des finances, lui-même ancien de la Religion. Cette politique porta ses fruits. Des abjurations intervinrent, le plus souvent par opportunisme. Rares furent ceux qui, comme Sully à qui on avait fait miroiter l'épée de connétable, résistèrent.

Le Très Chrétien et l'Église

Devenu sincèrement, profondément catholique, Henri IV se sentait parfaitement à l'aise avec la transcendance divine et le caractère religieux du pouvoir thaumaturgique des rois de France. À l'étonnement de ses proches, il aimait les longues liturgies. Au matin du 12 juin 1606, jour de la Fête-Dieu, traversant à cheval le faubourg Saint-Marcel et rencontrant la procession du saint sacrement, au lieu de la saluer poliment, il sauta de cheval et se jeta à genoux en pleine rue, « donnant occasion au peuple, dit Pierre de L'Estoile, de louer et admirer sa dévotion ».

Parmi le personnel religieux de sa maison on remarquait tous ceux qui l'avaient aidé à parcourir le chemin de la conversion : Renaud de Beaune était son grand aumônier, Du Perron son premier aumônier, René Benoist, son confesseur. Les intérêts de l'Église étaient trop étroitement imbriqués dans ceux de l'État pour que le roi ne prît soin d'y développer ses propres réseaux d'amitiés et de fidélités. Afin de pourvoir aux grands bénéfices du royaume, un informel conseil ecclésiastique, qui s'institutionnalisera durant le règne de Louis XIV sous le nom de Conseil de conscience, vit le jour.

Or, ces clercs étaient tous convaincus de la nécessité de réformer le clergé séculier et régulier. Aussi n'y avait-il rien d'étonnant à voir Henri IV accompagner le mouvement de la Contre-Réforme, aidé en cela par sa femme, la très catholique Marie. C'est ainsi qu'il apporta son aide aux premières tentatives de remise en ordre de l'épiscopat français par le légat Alexandre de Médicis, cardinal de Florence, entre 1596 et 1598. Il encourageait la construction de nouvelles églises et soutenait les différents ordres religieux.

En décembre 1606 il promulgua un édit consacré à la discipline, aux mœurs ainsi qu'à la formation de prêtres et prédicateurs. Soucieux de discipline ecclésiastique, il s'attacha de son mieux à faire nommer de bons évêques et à tenir l'Église de France dans une stricte observance. C'est grâce à lui que de dévoués et fervents prélats comme Arnaud d'Ossat, qui avait tant œuvré à Rome en tant qu'ambassadeur pour obtenir son absolution et l'approbation de l'édit de Nantes, ou François de La Rochefoucauld, évêque de Clermont, qui s'était attaché à introduire les réformes tridentines au sein du clergé français, furent élevés au cardinalat, que Jean-Pierre Camus fut promu évêque de Belley, avant de recevoir la consécration épiscopale des mains de son maître spirituel et ami, François de Sales, qu'André Frémiot, frère de Jeanne de Chantal, fut intronisé archevêque de Bourges.

Aussi lui déplaisait-il d'entendre les critiques de certains membres grincheux du haut clergé. Lors de l'assemblée générale du clergé de 1605, il avait répliqué vigoureusement à Mgr Pierre de Villars, archevêque de Vienne : « Pour ce qui est des simonies et confidences, commencez à vous guérir vous-même et excitez les autres par vos bons exemples à bien faire ! Quant aux élections, vous voyez comme j'y procède. Je suis glorieux de voir ceux que j'ai établis bien différents de ceux du passé. Le récit que vous avez fait me redouble le courage de mieux faire à l'avenir. »

Dans son étude sur l'épiscopat français de 1589 à 1661, l'historien britannique Joseph Bergin constate que la période de transition d'Henri IV s'intégra parfaitement dans le processus d'extension de la Contre-Réforme catholique et la politique de restauration religieuse.

Depuis le concordat de Bologne de 1516, François Ier et ses successeurs avaient conservé leur droit de nommer aux bénéfices majeurs, évêchés et grandes abbayes, en dépit des pressions du Parlement, des chapitres et des assemblées générales du clergé, attachés à réclamer le retour au système électif. Une fois l'impétrant désigné, le souverain pontife donnait ou refusait son approbation, qui valait investiture canonique.

Avec l'effondrement de l'autorité de l'État et l'ascension de la haute aristocratie, Charles IX puis Henri III avaient eu bien du mal à résister aux pressions des groupes d'intérêt, des clans politiques et des lignages prestigieux impatients de caser leurs rejetons, car les évêchés étaient souvent sources de revenus substantiels, les bénéfices ecclésiastiques, qui, lorsqu'ils étaient tenus par des laïcs, se trouvaient dissociés de l'exercice effectif des fonctions religieuses. Pour les abbayes et prieurés, on parlait alors du régime de la commende. Sitôt que l'une de ces charges était déclarée vacante, les candidatures affluaient. De puissantes familles – les Montmorency, les Joyeuse, les

Matignon, les Fervaques... – avaient fait main basse sur la plupart des évêchés et en disposaient à leur gré, soit directement, soit par l'entremise de prête-noms ou « confidentiaires ». Des militaires, des enfants et même des femmes en étaient devenus les bénéficiaires. Le désordre s'était généralisé sous la Ligue : Mayenne revendiquait le droit régalien de pourvoir aux successions épiscopales, son cousin Mercœur s'estimait libre de nommer les évêques bretons, tandis le pape avait réussi, en dépit du concordat, à faire quelques désignations directes. Quant à Henri IV, surtout avant sa conversion, il se trouvait évidemment, du fait de son statut de huguenot, dans une situation où le Saint-Siège retardait les provisions des prélats choisis par lui. Renaud de Beaune attendit six ans la bulle entérinant sa nomination au siège de Sens. René Benoist ne fut jamais agréé pour Troyes, Rome ayant désapprouvé sa traduction de la Bible.

Dans sa reconquête du pouvoir, le roi fut contraint de transiger et de respecter les sphères d'influence des anciens ligueurs et des Grands dont il ne pouvait négliger les clientèles. L'édit de Folembray de 1596 découpa ainsi le Languedoc en deux lieutenances générales : Henri, duc de Joyeuse, eut le Haut-Languedoc avec douze évêchés ; Anne de Lévis, duc de Ventadour, gendre de Montmorency, reçut le Bas-Languedoc avec dix évêchés. Le duc d'Épernon, quant à lui, eut le droit de présentation au siège d'Aire, Noailles à ceux de Dax et de Saint-Flour, le seigneur de Bourdeilles à celui de Périgueux, Biron puis Nemours à celui d'Auch, et les Richelieu à celui de Luçon, qu'ils occupaient depuis 1584.

Malgré ses efforts, Henri IV ne mit pas fin à tous les abus et par faiblesse en créa de nouveaux. Il fit nommer son fils bâtard Henri de Verneuil évêque de Metz à sept ans et Charles de Lévis-Ventadour évêque de Lodève à quatre ans. Il continua de distribuer les bénéfices ecclésiastiques ou les commendes d'abbayes à des proches laïcs en guise de récompenses. Gabrielle d'Estrées et même un huguenot comme Sully, entre autres, en profitèrent.

Plus tard, Richelieu, investi évêque de Luçon en 1607, sur recommandation du roi et dispense d'âge par le pape, critiquera dans son *Testament politique* les usages et abus pratiqués sous son règne : « Quand je me souviens que dans ma jeunesse, écrivait-il en s'adressant à Louis XIII, j'ai vu des gentilshommes et d'autres personnes laïques posséder par confidence, non seulement la plus grande part des prieurés et abbayes, mais aussi des cures et des évêchés, j'avoue que je ne reçois pas peu consolation de voir que ces désordres ont été abolis sous votre règne. »

Catholique mais pas dévot

Si Henri IV soutenait sans ambages le mouvement de la Contre-Réforme, il refusait d'emboîter le pas des dévots, qui étaient souvent d'anciens chefs ligueurs. Il conservait un vieux fond protestant, fait de croyances et de réflexes, qui ne s'était pas évaporé avec son abjuration. Ainsi refusait-il de pratiquer le culte des saints et des reliques. Ses doutes sur l'existence du purgatoire subsistaient. Il gardait toute son amitié au vieux Théodore de Bèze, successeur de Calvin, et continuait de se poser des questions d'ordre théologique et dogmatique. Quelle différence y avait-il entre le catholicisme romain et la Réforme ? Cette dernière était-elle une hérésie ou un simple schisme ? La controverse organisée entre Philippe Duplessis-Mornay et Jacques Davy Du Perron, alors évêque d'Évreux, le 4 mai 1600 à Fontainebleau, à propos de la messe et de l'eucharistie, ne pouvait que le satisfaire, d'autant qu'elle se termina à la confusion du premier.

Sa grande liberté d'esprit et son perpétuel souci d'apaisement politique et religieux étaient remarquables. En 1599, pour ne pas se fâcher avec Rome et satisfaire les dévots, il avait été tenté dans un premier temps d'accepter les décrets disciplinaires du concile de Trente, mais devant la levée de boucliers du Parlement, il avait renoncé à faire enregistrer les lettres patentes préparées à cet effet. En 1608, le nonce Ubaldini lui demanda d'introduire l'Inquisition en France : il refusa avec fermeté. Dans le même esprit, il décida, contrairement à son engagement formel vis-à-vis du pape, de ne pas rétablir le catholicisme en Béarn.

D'un autre côté, il n'avait nullement le regard sévère des magistrats français à l'encontre des Jésuites, bannis de France depuis 1594. Fer de lance de la reconquête catholique en Europe, la Compagnie de Jésus déplaisait foncièrement aux gallicans, car ses membres devaient, en vertu de leur Constitution, une soumission absolue au pape : ils les considéraient comme des agents de l'étranger et jugeaient ce serment ultramontain incompatible avec les devoirs des sujets du roi. À cela s'ajoutaient les théories tyrannicides des jésuites les plus extrémistes. Henri avait désapprouvé leur expulsion à la suite de l'attentat de Jean Chastel. Poussé par sa femme et les catholiques zélés, mais aussi par le sentiment qu'ils étaient à peu près les seuls à pouvoir dispenser une excellente éducation dans les collèges, il passa outre à l'opposition des protestants, Sully compris, et des parlements et décida de les faire revenir en France. En mai 1603, plusieurs pères jésuites furent invités à Fontainebleau. L'un d'eux, Pierre Coton, connu pour ses qualités oratoires et sa parfaite courtoisie, fut nommé prédicateur ordinaire du roi. Cela sonna pour beaucoup comme une provocation. En tout cas, c'est cet ecclésiastique qui négocia le retour des membres de la Compagnie, sous réserve d'engagements à prendre vis-à-vis du roi. Le 3 septembre, l'édit les concernant fut signé et enregistré par lettres patentes, d'abord au parlement de Rouen, pour contourner la vive opposition de celui de Paris conduite par le premier président Achille de Harlay, qui rappela au roi les objections, à savoir l'attentat de Jean Chastel et la crainte de voir les Jésuites humilier par leur arrogance l'enseignement de l'Université et des autres collèges. « J'ai toutes vos conceptions et cervelles dans la mienne, lui rétorqua le roi, mais vous n'avez pas la mienne dans les vôtres. »

Le 2 janvier 1604, le Parlement enregistra donc en maugréant l'édit les rétablissant. Ils étaient autorisés à ouvrir des collèges dans quatorze villes, dont Paris, Lyon, Bordeaux et Toulouse. Par prudence, dans la capitale on se contenta de leur restituer le collège de Clermont, dont l'ouverture fut remise à plus tard.

Le roi était si enchanté de leur arrivée qu'il leur fit présent du Château-Neuf édifié à La Flèche par sa grand-mère Françoise d'Alençon, veuve de Charles de Bourbon. Le succès aidant, en mai 1607 il signa à Fontainebleau l'édit de fondation à La Flèche d'un nouveau collège et d'une église, dont la construction fut confiée à Louis Métezeau.

Cependant, fidèle à sa politique d'équilibre, il avait continué de s'entourer de huguenots, mettant toute sa confiance en Sully et conservant à Duplessis-Mornay son gouvernement de Saumur. En 1608, il accepta, malgré ses préventions à l'égard de la démocratie à la huguenote, de proroger pour quatre ans leur possession des places de sûreté au-delà des huit années prévues par l'édit de Nantes. Ce fut encore au nom de sa position d'arbitre suprême et dans un désir d'accommodement qu'il décida sans vergogne de contourner l'interdiction faite aux protestants de célébrer la Cène à moins de cinq lieues autour de Paris : il autorisa l'édification d'un temple d'abord à Ablon, à quatre lieues du centre de la capitale, puis à Charenton, à une lieue. À ceux qui s'en offusquèrent, il répliqua avec son humour habituel : « À partir de maintenant, il y aura cinq lieues entre Charenton et Paris ! » Il n'empêche, cette libéralité envers les « hérétiques » ne sera pas oubliée du petit peuple catholique.

24

RÉNOVATIONS ET RÉFORMES

Le royaume de la diversité

La France des traités du Cateau-Cambrésis et de Vervins était loin de ressembler à la figure familière de l'hexagone que l'on connaît. La Flandre, l'Artois, la Franche-Comté, la Cerdagne, le Roussillon restaient espagnols. En Lorraine, englobée dans le Saint Empire romain germanique – tout comme l'Alsace et le comté de Montbéliard –, seuls les Trois-Évêchés, Metz, Toul et Verdun, étaient des enclaves royales. La maison de Savoie qui régnait sur la principauté de Piémont, avec Turin pour capitale, possédait la Savoie proprement dite, ainsi que le comté de Nice, de sorte que sur la Méditerranée la frontière française se situait en deçà du Var. Avignon et le Comtat Venaissin relevaient toujours des États pontificaux. Propriété des Gonzague de Nevers, Charleville restait une principauté souveraine, tandis que Sedan appartenait au duc de Bouillon et Orange à la famille de Nassau. Située hors du champ de l'influence française, la Corse demeurait une colonie de la république de Gênes.

Si la fière Bretagne avait accepté d'être rattachée à la France, deux autres provinces périphériques, la Navarre et le Béarn, n'y étaient associées que par un lien d'union personnelle. On a vu qu'Henri IV par le traité de Lyon avait agrandi le royaume de la Bresse, du Bugey, du Valromey et du pays de Gex, cédant en échange au Savoyard le marquisat italien de Saluces.

L'ensemble comptait environ 470 000 km² contre 544 000 pour la France métropolitaine actuelle. Les frontières du royaume, limitées par la Somme, la Meuse, la Saône et le Rhône, n'étaient pas sûres. Installés en Artois, les *tercios* espagnols campaient à moins de 100 kilomètres de Paris et étaient susceptibles de recevoir si nécessaire des renforts des Pays-Bas catholiques. L'invasion pouvait surgir aussi aux confins des Pyrénées orientales ou de la Franche-Comté.

Il est malaisé de fixer le nombre d'habitants en France pour cette époque, les rôles des tailles, dressés dans les paroisses par les asséeurs et collecteurs, les registres de catholicité (baptêmes, mariages, sépultures) étant inexistants ou lacunaires. Selon les travaux de Jacques Dupâquier, la population atteignait 16 à 18 millions d'âmes dans les frontières actuelles. Seul le Saint Empire la dépassait avec 19 à 20 millions d'habitants. Il n'y en avait probablement pas plus de 13 pour l'ensemble de la botte italienne, de 12 pour la Russie. L'Espagne, en y incluant les Pays-Bas, devait en compter 9, la Grande-Bretagne 4,5, la Pologne 3,5 et les Provinces-Unies protestantes 1,7. Cela montre la relative puissance de la France. Après avoir accusé un creux aux environs de 1590, la démographie était repartie dans une phase ascendante, comblant les vides provoqués par les ravages des guerres de Religion.

La structure familiale se caractérisait par la prédominance écrasante des familles nombreuses, avec des naissances hors mariage rares, de l'ordre de 1 % (contre 62 % en 2020). Il était fréquent de trouver des familles de huit, neuf ou dix enfants en vingt ans de mariage. Malheureusement, la mortalité infantile et juvénile était telle que la moitié seulement des petits parvenait à l'âge adulte. L'espérance de vie moyenne s'établissait à moins de vingt-cinq ans. Les chiffres restent toutefois malaisés à interpréter, car nombre de curés négligeaient d'inscrire les décès d'enfants en bas âge, de sorte que la hausse du taux de fécondité dans certains villages ne tenait qu'à l'amélioration de l'enregistrement des baptêmes.

L'hygiène était quasi inexistante et la médecine fort ignorante, limitée aux clystères, saignées et remèdes de bonne femme. Les enfants travaillaient avec leurs parents dès huit ou dix ans. L'âge du mariage était tardif, particulièrement chez les humbles, non pour des raisons de contrôle des naissances mais pour des causes économiques : vingt-six/vingt-sept ans pour les hommes, vingt-quatre/vingt-cinq ans pour les femmes. Les remariages étaient nombreux et intervenaient moins d'un an en général après le décès du premier conjoint.

Plus de 85 % de la population étaient constitués de ruraux. Bien que l'édit de Villers-Cotterêts, pris en 1559 par François Ier, ait imposé l'usage du français dans les actes de justice, la majorité ne parlait que le patois ou les divers dialectes locaux, picard, normand, champenois, poitevin, berrichon, saintongeais, bourguignon, morvandiau, lyonnais, lorrain, ou encore des langues régionales comme le breton ou le gallo (une langue romane et non celtique). Au sud de la Loire, le basque et surtout l'occitan, avec ses variantes, auvergnate, limousine, gasconne, languedocienne ou provençale, prévalaient.

La France était une juxtaposition de provinces et de « pays » (hérités des *pagi* gallo-romains et carolingiens) caractérisés par la multiplicité des coutumes et des usages ancestraux, l'infinie diversité des terroirs, l'heureuse variété des paysages, avec des particularismes mieux typés dans les régions périphériques du fait de l'agrégation tardive de ces territoires au royaume.

Rien de commun entre les pays de langue d'oïl au nord et de langue d'oc au sud, entre les pays de droit coutumier germanique au nord et ceux de droit écrit romain au sud, entre les grandes plaines à blé de Picardie, les campagnes tourangelles ou berrichonnes et les bocages de l'Ouest, entre les terrasses cévenoles et les rivages languedociens ou les garrigues méditerranéennes. Surprenante était l'extrême variété dans l'habitat : fermes fortifiées de Thiérache, bastides gasconnes, hameaux de Bretagne, plantés au milieu de leurs landes d'ajoncs ou de genêts, villages méridionaux pierreux, corsetés de murailles, juchés sur leur rocher pour se protéger des razzias des barbaresques. L'horizon ordinaire des Français ne dépassait pas les cinq ou six paroisses avoisinantes, marché local compris, soit deux lieues (huit kilomètres). Bien souvent, c'était le curé qui apprenait à lire et à écrire en même temps qu'il donnait les premières leçons de catéchisme. Alphabétisation et instruction religieuse allaient de pair. Néanmoins, la tâche était encore immense puisque plus des trois quarts des ruraux étaient illettrés.

Les fragilités économiques

Campagnes livrées aux brigands et aux mercenaires, villes pillées dont les habitants avaient été passés au fil de l'épée ou étaient morts de peste ou de faim, le monde à l'orée du XVIIe siècle n'avait rien de comparable au nôtre. Accompagnées d'atteintes aux personnes, de déprédations, de confiscations et d'incendies, les guerres de Religion avaient semé ruine et misère jusque dans les lointaines provinces, jetant sur les chemins des dizaines de milliers de pauvres déracinés. Tenaillés par la faim, ces malheureux se nourrissaient de pain d'orge ou d'avoine, de racines de fougères, de graines moisies, de glands pilés, de feuilles ou d'écorce d'arbre. Ils vagabondaient, mendiaient. Certains, organisés en bandes, se faisaient voleurs de grand chemin, rejoignant les filous et larrons habituels. Des nobliaux prédateurs semaient la terreur, notamment en Bretagne, dans le Poitou et en Bourgogne.

Le cœur du royaume, l'Île-de-France, avait été particulièrement touché. À la fin du règne du premier Bourbon on y voyait encore de multiples fermes en ruine, des villages entiers désertés, des champs en friche. La région était réduite à une agriculture de survie.

« Dieu m'a baillé mes sujets pour les conserver comme mes enfants », écrivait Henri IV à Sully. Toujours et partout dans ses déplacements il s'arrêtait, parlait aux habitants, s'intéressait aux labours, aux cultures, mais aussi à la justice qui leur était due. Ses premières décisions furent bien entendu des mesures de police. C'est ainsi qu'il prit des arrêts sévères punissant les exactions des gens de guerre, réglementa le port d'armes. Sur son ordre, des châteaux féodaux, des fortifications, des tours d'enceinte furent abattus.

Le pays se remettait peu à peu des horreurs passées, malgré les effets meurtriers du « petit âge glaciaire » – cette dépression climatique mise en évidence par Emmanuel Le Roy Ladurie, qui s'étendit du début du XIVe siècle au milieu du XIXe (de 1570 à 1620, la mer de Glace progressa de 1 265 mètres) : gels précoces ou tardifs, hivers redoutables, printemps noyés, étés pourris (1595, 1603, 1608), qui culbutaient si facilement le fragile équilibre de l'économie rurale. Après une excellente année 1600, 1604 et 1607 donnèrent de mauvaises récoltes.

Toutefois, le début du siècle, avec ses hivers pluvieux et ses étés assez chauds, avait été moins rigoureux (excepté l'hiver glacial de 1608), ce qui avait conduit à des années « relativement heureuses » (Le Roy Ladurie) depuis la paix intérieure de 1595. Le prix des blés s'était calmé : huit à neuf livres le setier. Bref, la remontée était lente, mais certaine. Les périodes de forte disette, de famine ou de « peste » (c'est-à-dire d'épidémies en général) s'éloignaient. L'amélioration, grâce à la stabilité politique, au volontarisme du roi et de Sully et bien entendu à une conjoncture favorable, était visible. L'espoir renaissait. La fameuse phrase d'Henri au duc Charles-Emmanuel de Savoie, rapportée par Mgr Hardouin de Péréfixe, en témoigne : « Si Dieu me prête encore vie, je ferai qu'il n'y aura point de laboureur en mon royaume qui n'ait moyen d'avoir une poule dans son pot. » La poule était en effet le mets de choix de la paysannerie, moins cher que le bœuf ou le mouton. Le monarque avait aussitôt ajouté, répondant à l'arrogance du duc qui lui disputait une partie de paume : « Et je ne laisserai pas d'avoir de quoi entretenir des gens de guerre pour mettre à la raison tous ceux qui choqueront mon autorité. »

L'économie du royaume restait essentiellement agricole. Même dans les plaines les plus riches – Picardie, Beauce, Champagne, Brie –, où alternaient les variétés de céréales (avoine, orge, blé, froment mêlé de seigle), on pratiquait la jachère triennale. Ces contrées manquaient de bovins, utiles pour les labours, donc de fumier pour enrichir les champs. Les mutations de terres et de propriétés rurales, fermes, maisons ou châteaux, avaient été fort nombreuses durant les dernières décennies, comme l'attestent les archives notariées.

Les communications étaient lentes : il fallait six jours à un courrier pour se rendre de Paris à la frontière espagnole, sept pour parvenir en poste à Bordeaux, quatre pour atteindre Londres, deux pour rejoindre Rouen ou Orléans. Les échanges étaient difficiles, parfois d'un village à l'autre. Les charrettes attelées transportaient le bois, le vin, le foin, le fumier. Grâce aux chemins de halage, les coches d'eau remontaient les rivières avec leurs chargements de pierres, de briques, de sable ou de blé.

Les grands travaux publics

La plupart des voies de communication avaient été dégradées, voire anéanties durant les décennies de guerre, notamment le grand réseau routier en étoile tracé à partir de Paris par Louis XI, François Ier et Henri II. Sully, qui exerçait la charge de grand voyer de France, s'attaqua à sa réparation. Il contraignit les seigneurs locaux à restaurer les chaussées, à empierrer et entretenir les chemins, les vieux fossés, les chenaux, à repeupler les rivières. Il ordonna le désensablement des fleuves et rivières, la Loire en particulier.

L'organisation de la Poste fut confiée à Guillaume Fouquet de La Varenne, proche conseiller du roi et gouverneur de La Flèche puis d'Angers. Les premières lignes de voyageurs en coche de Paris à Amiens, Rouen et Orléans virent le jour. La France commença en même temps à se couvrir de relais de chevaux mis à la disposition du public. On changeait d'époque.

Ce ne fut pas suffisant. Curieux des techniques nouvelles, Henri IV entreprit une politique de grands travaux et d'aménagement du territoire, malgré les résistances locales. En peu d'années de nombreux ouvrages d'art furent édifiés : le Pont-Neuf à Paris, le pont de Saint-Cloud, ceux de Mantes, Rouen, Toulouse, Bayonne, Avignon, Grenoble, Amboise, Orléans, Saumur, Blois. Long de 137 mètres, celui de Châtellerault, sur la Vienne, fut considéré comme un exploit technique. Conscient des avantages du transport de marchandises par voie fluviale, Sully, de son côté, multiplia les efforts pour faciliter la navigation sur la Seine, l'Aisne, la Vienne et quelques autres rivières.

Afin de creuser des canaux et assécher les marais, il fit appel à un ingénieur flamand d'origine anglaise, fort réputé, spécialiste en hydraulique, Humphrey Bradley. En avril 1599, le roi le nomma maître des Digues et Canaux, étendant sa mission aux paluds et marais du royaume. Avec plusieurs associés huguenots venus de Hollande ce savant technicien entreprit le drainage et l'assèchement du marais de la Petite Flandre en Aunis, intervint en Auvergne et dans le Languedoc. Grâce à ses conseils, des prairies artificielles et des villages furent créés sur le littoral atlantique.

En outre, en 1605, Bradley, qui avait acquis la nationalité française, étudia à la demande du roi le projet du canal de Bourgogne reliant Paris à la Méditerranée par la Saône.

Sully en privilégia un autre moins ambitieux, celui du canal de Briare, d'une longueur de douze lieues (près de 50 kilomètres) avec utilisation d'écluses à sas imaginées par Léonard de Vinci. Commencés en juin sous la direction de l'entrepreneur Hugues Cosnier, les travaux furent ralentis par la mort du souverain, les troubles de la régence et achevés seulement en 1642.

Le roi s'intéressa également à redonner son activité au port d'Aigues-Mortes en faisant percer un canal d'accès à la mer, appelé le « grau Henry », hélas vite ensablé. Une autre étude, abandonnée faute de financement, concernait l'aménagement de Sète en grand port militaire et commercial. On préféra concentrer les efforts sur la rade de Toulon, fortifiée à cette époque par Raymond de Bonnefons, et la construction d'une flotte de galères pour courir sus aux pirates barbaresques qui ravageaient la côte méditerranéenne. En 1610, cette flotte comptait déjà une douzaine de bâtiments.

Cette politique de grands travaux, jamais entreprise à une telle échelle, explique l'émergence à cette époque de plusieurs catégories d'ingénieurs : cartographes et topographes chargés d'établir les cartes régionales destinées au cabinet du roi, ingénieurs des ponts et chaussées, architectes-ingénieurs ayant mission de superviser les fortifications des villes et des citadelles de la frontière. Dans cette dernière catégorie, les plus célèbres furent Jean Errard, originaire de Bar-le-Duc, Jean de Bens, Raymond de Bonnefons et son fils Jean, tous précurseurs de Vauban.

Politique agraire et industrialisation

Outre le développement de quelques activités minières dans l'ensemble peu rentables (or, argent, plomb, étain, fer...), dont la surintendance avait été confiée à son premier valet de chambre, Pierre de Beringhen, Henri IV favorisa les investissements agricoles. Faut-il rappeler la célèbre phrase de Sully, qui figurait autrefois dans les manuels scolaires : « Le labourage et le pâturage sont les deux mamelles dont la France est alimentée et vrais mines et trésors du Pérou » ?

On prit des mesures pour protéger les paysans des saisies des créanciers. En mars 1595, le bétail, les bêtes de trait et les instruments aratoires furent déclarés insaisissables en cas de poursuites. Trois ans plus tard, le roi remit 20 millions de livres d'arriérés de la taille. L'année suivante, les communautés paroissiales furent encouragées à racheter leurs « communaux », autrement dit leurs terrains de pâture collectifs indispensables à la vie des petits exploitants.

De sensibles efforts furent entrepris pour renouveler les plantations d'essences forestières. En homme prévoyant, Sully fit planter des ormes le long des routes pour les besoins futurs de la marine et de la construction. Il prit soin aussi des travaux de la vigne dont l'aire s'étendait jusqu'en région parisienne. Sous son impulsion, l'élevage se répandit près des centres urbains, gros consommateurs de viande de boucherie. De nouveaux haras furent créés.

Particulièrement attentif à la politique agraire, Henri IV prit sous sa protection un gentilhomme calviniste du Vivarais, Olivier de Serres, seigneur du Pradel, dont *Le Théâtre d'agriculture*, paru en 1600 et qui lui était dédié, connut un immense succès. C'était à la fois un manuel d'agriculture et un traité d'économie domestique. Les conseils prodigués pour le choix des bonnes terres, la culture des céréales, des légumes, des herbes médicinales, de la vigne, pour l'élevage du cheval, l'aménagement des poulaillers, ruchers, pigeonniers, garennes, parcs et jardins furent fort prisés de la petite noblesse et de la riche bourgeoisie, intéressées par ce mouvement de retour à la terre. C'est ainsi que la culture du maïs, du houblon ou de la betterave prit son essor.

Des courants d'échanges nourris s'organisèrent entre provinces grâce à la baisse des péages intérieurs, désenclavant peu à peu les régions. Les blés d'Île-de-France et de Picardie permettaient l'acquisition des cerises et prunes d'Aquitaine, des châtaignes du Limousin, des tissus d'Anjou ou de Normandie. Cette lente remontée de l'enfer, suivie d'une conjoncture plutôt heureuse, ne profita sans doute pas à toutes les catégories sociales. La hausse des fermages, celle des impôts seigneuriaux payables en nature (champart, appelé aussi terrage, arage ou gerbage selon les provinces) pénalisaient les paysans les plus démunis.

Influencé par les idées mercantilistes et le souci d'indépendance économique, Henri IV encouragea de même le développement du commerce et de l'industrie. Son ancien tailleur et valet de chambre, le protestant Barthélemy de Laffemas, dit Beausemblant, nommé contrôleur général du Commerce en 1602, joua à cet égard un rôle essentiel.

Il estimait que la France était un pays suffisamment grand et diversifié pour vivre en autarcie ou presque. Il fallait donc produire français, objectif principal que se donna le Conseil du commerce créé à ce moment-là. On interdit ainsi l'entrée dans le royaume des soieries somptueuses ou des lamés de Milan, dont seigneurs et dames aimaient se parer dans les ballets de cour. On acclimata la culture du mûrier sur une large échelle et on encouragea les propriétaires terriens à construire partout des magnaneries. À la demande du roi, Olivier de Serres rédigea un manuel, généreusement diffusé, *La Cueillette de la soie par la nourriture des vers qui la font*. Cet ingénieux agronome lança une ferme modèle dans son domaine de Pradel, à Mirabel, en Vivarais. Quatre millions de pieds furent plantés dans la région et dans le Dauphiné. Le roi, quasi obsédé, à la différence de Sully, plutôt sceptique, donna l'exemple en disposant plus de 15 000 pieds de mûriers, dont les graines provenaient de Valence, en Espagne, sur la terrasse nord des Tuileries et en installant une magnanerie dans l'orangerie.

En outre, il facilita la création de manufactures, accorda des monopoles à certaines entreprises : tapisserie des Gobelins dont le privilège fut confié à deux Flamands, Marc de Comans et François de La Planche, savonnerie de Chaillot, ateliers de tissage de la soie et du satin, cristalleries, industrie des faïences. On se devait de concurrencer les crêpes fins de Bologne, les satins de Bruges, les cuirs dorés de Cordoue, les verreries de Venise, les tapis de Turquie. C'est ainsi qu'à Paris, en 1604, dans la partie nord du domaine royal des Tournelles, cet hôtel médiéval où était mort Henri II après le tournoi de la rue Saint-Antoine et que Catherine de Médicis avait fait démolir, le roi fit élever une manufacture de fils de soie, d'or et d'argent façon Milan, où travaillèrent bientôt 200 ouvriers italiens. Gérée par un syndicat de financiers, l'affaire ne donna malheureusement pas les résultats escomptés.

Cette poussée du monde artisanal et ouvrier nécessita l'instauration de règles strictes. Ainsi un édit de 1597 fixa les conditions de travail et la qualité de la production, généralisant l'organisation des métiers en corps et maîtrises, mais cet encadrement corporatif ne fut jamais complet.

Sans être devenu le pays le plus riche et le plus prospère d'Europe – la zone des Flandres connaissait à la même époque un développement foudroyant –, la France était parvenue en quelques années à des résultats appréciables. La reprise était incontestable. Le paysage rural avait pansé ses plaies et s'était repeuplé. Cultures et élevages étaient revigorés. Toutefois, cette relative prospérité demeurait fragile, soumise aux aléas climatiques et aux vicissitudes des temps.

Commerce extérieur et colonisation

C'est également sous le règne d'Henri IV que le commerce extérieur, laissé durant des décennies aux marchands anglais, connut une remarquable renaissance. Des traités de commerce et de libre-échange, réduisant notamment les droits de douane, furent signés avec l'Angleterre, l'Espagne, la Ligue hanséatique de la Baltique (Lübeck, Hambourg et Brême), l'Empire ottoman, le Maroc. En application de ces accords, la France se mit à exporter du blé, du vin, des fruits comme jamais auparavant. Anglais et Écossais recherchaient les cépages du Bordelais, les eaux-de-vie du Sud-Ouest. Les cordages de chanvre, les toiles vendéennes et bretonnes étaient appréciés des marines étrangères. Le sel de Brouage se vendait bien.

Dans la quête mercantiliste de l'or, de l'argent, pourquoi aurait-on négligé la constitution d'un empire colonial, à l'exemple des Portugais, des Espagnols, des Anglais et des Hollandais ? Le dessein était à la fois de trouver de nouvelles ressources ou de nouveaux débouchés, et de propager la foi chrétienne parmi les populations des contrées lointaines. L'élan missionnaire s'ajoutait à la perspective de gagner des marchés.

Les efforts antérieurs entrepris du côté de l'Acadie et du Canada par le Malouin Jacques Cartier (1491-1557) n'avaient pas été soutenus. Pendant longtemps, les pêcheurs de morue, les chasseurs de baleine, les trafiquants de fourrures saintongeais, bretons ou normands s'étaient contentés de fréquenter les eaux de Terre-Neuve et l'estuaire du Saint-Laurent, sans chercher à s'y implanter.

C'est sous le règne d'Henri IV, avec beaucoup de retard par rapport aux Hispano-Portugais et à ses alliés anglais et hollandais, que les premiers établissements coloniaux virent le jour, et encore ce ne fut pas sans quelques échecs, en particulier l'essai d'implantation au Brésil des capitaines Pois de Mil et Toussaint Conen de La Villaudoré, celui en Amérique du Nord de Troilus de La Roche de Mesgouez, ancien page de Catherine de Médicis devenu armateur, à qui le monarque en janvier 1598 avait conféré le titre pompeux de « lieutenant général des pays de Canada, Hochelaga, Terre-Neuve,

Labrador, rivière de la Grande Baie de Norembergue et autres pays adjacents ».

En 1603, sur les traces de Jacques Cartier, un marchand et capitaine malouin, François Gravé, sieur du Pont, entreprit la reconnaissance en barque des rives du Saint-Laurent, de Tadoussac au grand « sault Saint-Louis », près du mont Royal. Il était accompagné à titre d'observateur d'un jeune et enthousiaste cartographe de Brouage, Samuel Champlain.

La même année, le roi nomma un capitaine saintongeais, Pierre Du Guast, sieur de Monts, lieutenant général en Amérique septentrionale, avec le monopole du commerce des fourrures. En mars 1604, celui-ci prit la tête d'une expédition, à laquelle participèrent François Gravé, le Picard Jean de Biencourt, baron de Poutrincourt, et à nouveau Samuel Champlain, dont le roi avait fort apprécié les travaux. Un premier établissement fut créé dans l'île Sainte-Croix, en Acadie. Malheureusement, la moitié des 79 colons fut emportée par le scorbut. Les Français se fixèrent alors sur un site appelé Port-Royal, qui connut un meilleur sort, avant d'être pris par les Anglais en 1710 et rebaptisé Annapolis-Royal (aujourd'hui dans la province canadienne de Nouvelle-Écosse). Ce fut seulement au cours du troisième convoi que Champlain établit un nouveau comptoir ou « poste de traite » au pied du cap aux Diamants, au confluent du Saint-Laurent et de la rivière Saint-Charles, appelé à devenir la capitale du Canada français, Québec.

Sceptique sur l'expansion outre-mer, Sully était resté en retrait. Seul Henri IV avait soutenu l'entreprise, mais très insuffisamment face à l'hostilité constante des marchands et pêcheurs du Pays basque, de La Rochelle, de Bretagne et de Normandie. Faute de capitaux suffisants, les autres compagnies, comme celle pour le commerce avec les Indes orientales, avaient échoué.

L'urbanisme parisien

Avec ses 230000 ou 250000 habitants, Paris faisait figure d'exception quelque peu monstrueuse. Aucune autre ville en France ne dépassait 60000 habitants. Rouen devait en avoir 55000, Marseille aux environs de 40000 ou 45000, Lyon 35000, comme Toulouse et Bordeaux, Amiens 30000, Nantes 25000, Angers 24000, La Rochelle 20000, Blois et Montpellier 16000.

La capitale du royaume était alors la plus grande ville du monde occidental, devançant Naples, Londres et Amsterdam, mais dans quel état de vétusté ! Enclose dans l'enceinte de Charles V, elle craquait de toutes parts, avec ses 500 ou 600 rues, ses ruelles putrides, ses maisons de bois étroites aux étais fragiles, ses culs-de-sac obscurs, ses 38 paroisses, ses 80 clochers, ses tours, ses hôpitaux, ses halles, ses échoppes en toile, ses cabarets aux enseignes grinçantes.

Henri IV, passionné d'architecture, voulut créer un nouvel urbanisme, non plus « épisodique » mais « global », comme l'atteste le règlement de 1609. Il y plaçait une partie de sa gloire. « J'aime la ville de Paris comme ma fille aînée », disait-il. D'où les ordonnances sur la voirie, la police et l'insalubrité des rues, les alignements, les saillies, enseignes et auvents intempestifs, établies avec l'aide de Sully, surintendant des Bâtiments depuis 1602 et voyer de France depuis 1603.

En vue de relier la pointe de l'île de la Cité aux deux rives de la Seine, Henri III en 1578 avait jeté les fondations du Pont-Neuf, qui ne fut achevé qu'en juillet 1606. Le souverain décida qu'à la différence des autres ponts surchargés, il ne porterait pas de maisons, alors que le projet primitif en prévoyait. Une autre innovation fut ses trottoirs surélevés. Cette réussite urbanistique deviendra pour les artistes du monde entier l'un des endroits les plus prisés de la capitale.

Créée par le Flamand Lintlaër à dessein d'alimenter en eau le Louvre et les Tuileries, la fontaine de la Samaritaine fut installée en retrait sur la deuxième arche du pont, côté rive droite. Répliquant aux critiques des édiles parisiens avec sa vivacité coutumière, Henri pria Sully de leur rappeler ses droits : « Sur ce que j'ai entendu que le prévôt des marchands et échevins de ma bonne ville de Paris font quelque résistance à Lintlaër, Flamand, de poser le moulin servant à son artifice en la deuxième arche du côté du Louvre, sur ce qu'ils prétendent que cela empêcherait la navigation, je vous prie les envoyer quérir et leur parler de ma part, leur remontrant en cela ce qui est de mes droits, car, à ce que j'entends, ils les veulent usurper, attendu que ledit pont est fait de mes deniers et non des leurs. »

La Samaritaine ne fut pas sa seule œuvre pour l'approvisionnement en eau de la capitale. Soucieux du bien-être des Parisiens, il fit restaurer la plupart des fontaines, malheureusement trop rares, et chargea le prévôt de retrouver les fondations de l'aqueduc de Cachan et d'en rénover les canalisations.

Remplaçant place de Grève la vieille « maison des piliers », le bâtiment de l'Hôtel de Ville avait été commencé sous François Ier dans le style Renaissance. Les travaux furent achevés en grande partie sous Henri IV grâce à l'énergique François Miron qui réalisa le pavillon central, avec sa façade du côté de la place de Grève et sa grande salle ornée de sa majestueuse cheminée, ainsi que le pavillon nord.

Par lettres patentes de juillet 1605, le roi lança le chantier d'une grande place carrée sur le reste du domaine des Tournelles, la place Royale (future place des Vosges). Laissée à l'initiative de riches particuliers, la construction des hauts pavillons identiques, juxtaposés, fut soumise à des normes précises donnant à l'ensemble majesté et régularité. Elle ne sera achevée qu'en 1612. Elle inspira l'aménagement de la place ducale de Charleville.

En mars 1607, Henri IV s'attela à l'édification d'une nouvelle place parisienne, la place Dauphine, de forme triangulaire, située à la pointe de l'île de la Cité, entre le Palais et le Pont-Neuf. Le lotissement des 32 maisons identiques en chaînage de pierre blanche, brique et combles en ardoise, fut confié, par bail à cens et à rentes du 10 mars 1607, à Achille de Harlay, premier président du Parlement, en récompense de sa conduite fidèle durant la Ligue. De ces bâtiments, construits de 1608 à 1611, il ne reste que les deux pavillons d'angle s'ouvrant sur le Pont-Neuf.

Enfin, lors de l'épidémie de peste de 1605-1606, le monarque décida, pour pallier l'insuffisance du vieil Hôtel-Dieu, dont la création remontait selon la tradition à saint Landry vers l'an 650, l'érection de l'hôpital Saint-Louis : sa belle chapelle et ses hauts bâtiments de pierre et de brique, élevés par Claude Vellefaux, subsistent de nos jours.

Les châteaux royaux

Le monarque, qui avait fixé à Paris sa résidence habituelle, avait besoin d'un palais digne de ce nom pour y loger la Cour et le gouvernement, raison pour laquelle il entreprit la rénovation du vieux Louvre, désuet et malcommode, achevant notamment l'aile sud de la cour Lescot. Il fallait aller audelà. Dès le printemps de 1594, il lança la construction de la Grande Galerie, ou Galerie du bord de l'eau, reliant, parallèlement à la Seine, le Louvre au pavillon appelé sous Louis XIV pavillon de Flore, lui-même jouxtant le corps des Tuileries. Le projet avait d'abord été conçu par Catherine de Médicis. Pour rompre la monotonie de ce bâtiment long de 470 mètres, Henri IV choisit de confier la réalisation de chacune des moitiés à un architecte différent, Louis Métezeau, côté Tuileries, et Jacques II Androuet Du Cerceau, côté Louvre. Il y installa ses collections qui n'avaient cessé de s'enrichir d'œuvres de la Renaissance italienne (Léonard de Vinci, Titien, Raphaël...) ainsi que les artistes et métiers d'art : peintres, tapissiers, orfèvres, horlogers, armuriers, sculpteurs, graveurs...

En même temps que ce chantier, le Béarnais acheva la Petite Galerie qui allait du Louvre à la Seine, faisant ériger sur la terrasse des appartements de Charles IX la galerie des Rois, qui deviendra la galerie d'Apollon, « véritable musée historique de la monarchie française » (Michel Carmona). La décoration représentant les différents souverains, avec emblèmes, devises, figures et titres, réalisée par Toussaint Du Breuil et surtout Jacob Bunel, disparaîtra hélas dans l'incendie de 1661.

Henri avait des projets plus vastes encore, ainsi que l'attestent des plans conservés à la Bibliothèque nationale de France et un tableau de la galerie des Cerfs de Fontainebleau. Il s'agissait de relier le Louvre aux Tuileries par une aile doublant la Grande Galerie (préfiguration de celle qui sera construite par Napoléon III), de raser les maisons à l'intérieur de l'espace dégagé et d'y édifier une cité royale dotée de plusieurs cours, dont la cour Carrée qui multiplierait par quatre l'espace existant, et enfin d'aménager autour de splendides jardins. Conçu en 1604, ce « Grand Dessein » visant à faire de ce palais « la plus belle maison du monde », selon l'expression du chroniqueur Palma Cayet, ne sera que partiellement repris par Louis XIV, avant que la passion architecturale de ce roi, aussi intense que celle de son grand-père, ne se tournât vers d'autres cieux.

Henri IV appréciait énormément Fontainebleau, haut lieu des Valois, avec ses grands espaces et ses forêts giboyeuses. Il y multiplia les séjours, d'abord avec Gabrielle, puis avec Marie, et y fit entreprendre de luxueux aménagements : galeries de la Volière, des Chevreuils et des Cerfs, la seule qui subsiste. Il remodela en outre la cour Ovale, construisit la grande chapelle de la Trinité dans la cour du Cheval-Blanc et les longs pavillons de la cour des Offices.

À Saint-Germain-en-Laye, les travaux furent plus impressionnants encore : alors que le vieux château, restauré par François Ier, était consacré à la « nursery » de ses enfants légitimes et illégitimes, dès 1594, autour d'un petit pavillon bâti en bordure de la terrasse par Philibert de l'Orme, le Béarnais chargea Étienne Dupérac d'élever le Château-Neuf, dominant la vallée de la Seine de son éblouissant jardin suspendu, créé sur cinq étages de terrasses, ornées de fontaines allégoriques et de grottes dues aux Francini, ces hydrauliciens toscans avec leurs automates et leurs jeux d'eau facétieux : une féerie inspirée de la villa d'Este qui passait selon *Le Mercure françois* de 1610 pour l'une des cinq merveilles de la France.

Même Blois n'échappa pas à la passion du premier roi Bourbon, qui demanda à Arnaud de Saumery d'imaginer un péristyle de 200 mètres le long. Inachevé, il s'écroula sous le règne de Louis XV. Henri fit encore aménager deux grands châteaux pour ses deux principales favorites, Montceaux-en-Brie et Verneuil-sur-Oise. Partout, l'art des jardins, renouvelé par Pierre Le Nôtre, père d'André, et surtout par Claude Mollet, avec ses parterres en broderie, venait rehausser l'architecture henricienne, illustrée particulièrement par Louis Métezeau, Jacques II Androuet Du Cerceau et Salomon de Brosse.

Rétablir les grands équilibres financiers

Sully était présent sur tous les fronts. En réaction aux désordres des marchés liés à la raréfaction des métaux précieux d'Amérique et à la crise frappant durement l'économie espagnole, la spéculation des monnaies faisait rage. Les pièces d'or françaises traitées plus avantageusement à l'étranger quittaient le royaume. Un édit de 1609 fixa donc un nouveau rapport entre l'or et l'argent, décida la frappe des « henris » et l'échange des pièces étrangères qui circulaient à foison.

Malheureusement, cette réforme fut un échec. Se heurtant à l'opposition conjuguée de la Cour des monnaies et du

Parlement, trop heureux de dénoncer une sensible dévaluation (7,65 %), Henri et Sully durent y renoncer.

S'il n'y avait que cela ! À la fin des troubles, en 1594-1595, l'endettement de la France était gigantesque : près de 300 millions de livres. Le budget annuel était fort déséquilibré avec des dépenses de 16 millions et des revenus de 10. On était au bord du gouffre. Pourtant, grâce à Sully qui prit le problème à bras-le-corps, les comptes furent remis en bon ordre.

Homme de chiffres, rigoureux et méthodique, il établit, bien avant Colbert, des registres comportant les états des recettes et des affectations des fonds, les états prévisionnels du budget, puis les « états au vrai » intégrant ce qui était effectivement réalisé. À chaque étape du processus, il impliquait le monarque, soit dans des séances de travail, soit en lui remettant des mémoires sur lesquels celui-ci notait ses observations paragraphe par paragraphe.

En vue d'éponger les dettes, le ministre ne s'embarrassait pas de délicatesse. Il usait tantôt de ruse, tantôt de brutalité envers les créanciers – banquiers italiens, cantons suisses, princes germaniques, villes de France, traitants et financiers français... –, concédant quelques remboursements fractionnés pour mieux faire traîner le solde en longueur, abusant de la patience de ses interlocuteurs, les épuisant de promesses, discutant, rognant sur les intérêts, puis négociant une réduction massive des sommes restantes que ceux-ci de guerre lasse finissaient par accepter, de crainte de tout perdre.

Il agit de même avec Élisabeth d'Angleterre qui avait donné de larges avances au roi. Quant au duc de Toscane, qui avait prêté 3 millions de livres, la dot de Marie de Médicis servit à en éponger une bonne partie.

Les rentes de l'Hôtel de Ville – mécanisme par lequel l'État, dont la signature était totalement discréditée, empruntait indirectement auprès des Parisiens – n'étaient payées que très sporadiquement. Sully prit des mesures drastiques, contestant le bien-fondé de certains titres (un bon nombre en effet étaient falsifiés), puis en 1604 tenta un coup de force en abolissant l'arriéré et réduisant la masse des intérêts dus. Les rentiers, soutenus par les édiles parisiens, particulièrement le prévôt François Miron, poussèrent les hauts cris, contraignant le ministre à reculer. Celui-ci en profita pour racheter à vil prix bon nombre de rentes dépréciées, jouant comme toujours sur tous les tableaux.

Parallèlement, il s'occupa de faire rentrer les recettes, dont le système avait été totalement désorganisé par les troubles. Là encore une remise en ordre s'imposait. Un édit de janvier 1598 supprima rétroactivement toutes les lettres d'anoblissement accordées pour raison fiscale depuis vingt ans, réintégrant ainsi 35 000 ou 40 000 sujets parmi les assujettis à la taille.

À la demande du contrôleur général Charles de Saldaigne, sieur d'Incarville, des commissaires chargés du « régalement » de la taille – maîtres des requêtes, conseillers d'État, trésoriers de France, conseillers des Aides... – furent envoyés dans les bureaux de finance ou au siège des élections des généralités avec mission de traquer fraudeurs et mauvais payeurs, de punir les exactions commises par les agents locaux, receveurs des tailles, sergents des élections et des greniers à sel (car la commission s'occupa également de la gabelle), et de constater les inégalités dans la fixation de l'assiette de l'impôt de chaque paroisse. Cette irruption d'agents royaux, placés sous la supervision directe du Conseil, dans l'administration traditionnelle des finances – nouveau signe de la poussée de centralisation absolutiste – mécontenta naturellement les cours financières, chambres des comptes et cours des aides, à qui incombaient normalement ces contrôles.

L'enquête des commissaires, dont on connaît le résultat grâce à une étude de Bernard Barbiche, permit la promulgation en mars 1600 d'un important édit relatif à la répartition de la taille. L'idée de Sully n'était nullement d'accroître les rentrées de cet impôt, qui pesait essentiellement sur la paysannerie, mais de rendre sa perception plus équitable et d'en diminuer le taux. Le brevet de la taille, comme on appelait son montant global, passa ainsi de 17,9 millions de livres en 1598 à 16,2 en 1610. En compensation de la diminution de ce principal impôt direct, le ministre accrut les impositions indirectes (aides, traites, gabelle, etc.).

La paulette

À l'origine, les offices – ces charges de fonction publique rémunérées par gages, qui consistaient pour certaines d'entre elles en des dignités conférant la noblesse – étaient gratuits et fort courus. Ce fut sous Louis XII que l'on commença à les vendre et à doubler ou tripler leur nombre de façon à en tirer de lucratives ressources fiscales.

À partir de cette époque les offices firent partie du patrimoine de leurs titulaires. Après avoir créé une catégorie ou un lot d'offices, le roi les mettait en vente en bloc par adjudication à des traitants, qui les proposaient au détail aux intéressés avec une marge confortable. Si à leur tour ceux-ci désiraient les céder, l'administration donnait son agrément moyennant un droit de mutation à verser au trésorier d'une caisse spéciale, les Parties casuelles.

Afin de rendre impossibles les cessions précédant de peu le trépas du titulaire, ce qui empêchait les services du roi d'agréer le nom du successeur, une règle les interdisait pendant les quarante jours s'écoulant entre la délivrance de la nouvelle lettre de provision et le décès de l'ancien propriétaire. Par cette clause dite des « quarante jours », le pouvoir bloquait l'hérédité automatique des offices. En cas de mort du titulaire pendant cette période, la charge revenait au roi. Dans la pratique, les familles préoccupées d'en conserver la valeur patrimoniale tournaient cet interdit par des subterfuges plus ou moins cocasses : déclarations de décès postdatées, cadavre conservé pendant six semaines dans un saloir, « comme on ferait d'un pourceau ».

En 1602, Sully proposa au Conseil d'abolir la règle des quarante jours et de la remplacer par le versement d'une taxe annuelle égale au soixantième de la valeur de l'office (et donc indexée en fonction de cette valeur). Cela revenait à légaliser pleinement la vénalité des charges. Une telle mesure avait à la fois des conséquences fiscales et sociales. C'en était fini du contrôle exercé par le roi sur leur transmission. À la vénalité s'ajoutait la pleine hérédité, avec pour conséquence le renchérissement du prix des offices, qui devenaient plus rarement vacants, et la formation d'une caste de propriétaires inamovibles, caractérisée par l'endogamie.

Pareil dispositif heurtait la vieille noblesse d'épée qui voyait s'élever face à elle des dynasties économiquement plus dynamiques, se partageant jalousement les offices les plus élevés (présidents à mortier, conseillers au Parlement, trésoriers généraux de France, maîtres des requêtes de l'Hôtel...). Le vieux chancelier Pomponne de Bellièvre, ardent défenseur de la monarchie traditionnelle, s'y opposa vigoureusement, arguant que des fils de bourgeois incapables s'installeraient dans les différents corps d'officiers, au risque d'affaiblir l'administration de Sa Majesté.

Sully, au contraire, défendait son projet bec et ongles, pour des raisons fiscales (la taxe nouvelle pesait sur des sujets qui pour la plupart ne payaient pas la taille), et surtout sociales : cet impôt bloquait l'infiltration du clientélisme aristocratique qui commençait à naître à l'occasion des décès imprévus des titulaires. Henri IV fut finalement sensible à ce dernier aspect et donna son accord pour l'institution du « droit annuel » par une déclaration du 12 décembre 1604. C'est alors que Pomponne de Bellièvre se vit retirer les sceaux au profit de Nicolas Brûlart de Sillery.

L'État n'ayant pas le personnel suffisant pour procéder au recouvrement de cette ingénieuse prime d'assurance contre la mort inopinée, celle-ci fut affermée pour six ans renouvelables, moyennant 900000 livres, à la compagnie d'un habile financier, secrétaire du roi, Charles Paulet, d'où le surnom de « paulette » que prit la nouvelle taxe.

Les craintes de la noblesse immémoriale, mais aussi de la bourgeoisie pauvre, qui n'avait pas les moyens de pénétrer dans le monde clos des titulaires d'offices, se réalisèrent. La paulette permit l'émergence d'une nouvelle élite, avec à sa tête la noblesse de robe. Le système, en introduisant l'argent dans la hiérarchie des rangs fondée sur l'honneur, le service de Dieu ou celui du roi, bousculait la société d'ordres et de corps sur laquelle la monarchie capétienne avait assis sa puissance. À terme, les conséquences furent incalculables.

Le bilan financier

Au total, Sully, jonglant avec la complexité du système financier, composant au mieux avec les gens de finance, menant une politique à la fois rigoureuse et brutale de réduction des dépenses et d'accroissement des recettes, parvint en 1610 à contenir la dette à 196 millions de livres (contre près de 300 en 1600), à équilibrer le budget et même, ce qui était proprement prodigieux, à économiser environ 5 millions de livres, qu'il entassa à la Bastille, ainsi qu'une réserve complémentaire de 11 millions. Le volume des dépenses était passé de 16,2 millions en 1601 à 33,5. Ce gonflement du budget était une nouvelle preuve d'une avancée de l'État absolutiste.

Si les abus les plus flagrants avaient disparu, on était loin d'avoir atteint la perfection. Malgré les chambres de justice à répétition, le ministre n'avait pas mis fin aux désordres financiers, pas plus qu'aux collusions entre trésoriers, contrôleurs et autres officiers comptables, et ce, malgré les dénonciations régulières des « donneurs d'avis » et autres gens bien intentionnés... et intéressés.

La rémunération des compagnies de traitants, adjudicataires et fermiers privés (les futurs fermiers généraux du XVIIIe siècle), chargés de recouvrer les impôts indirects (gabelle, aides sur les boissons, entrées ou octrois des villes) et les « affaires extraordinaires » (ventes d'offices, paulette, reprise des parties aliénées du domaine royal...), se faisait par des remises à des taux impressionnants, de l'ordre de 20 à 30 %, voire davantage.

Comme il n'existait pas en France de banque d'État (la première, celle d'Amsterdam, fut créée en 1609) et que le recouvrement des impôts directs prenait deux à trois ans, le roi, pour trouver la trésorerie courante, devait recourir à des avances, à des taux là aussi usuraires, auprès des traitants et partisans et même de ses propres officiers comptables qui disposaient de solides avoirs.

Une des complications du système venait de l'absence de règles claires, malgré les efforts de Sully de dresser des « états au vrai » *a posteriori*. Les chevauchements d'une année sur l'autre des recettes et des dépenses rendaient particulièrement délicat ce genre d'exercice.

Constamment sollicités, les gens de finance prospéraient aux dépens de l'État, confondant aisément leurs propres deniers et ceux du souverain. Ainsi était apparue au tournant du siècle une caste de très riches publicains au statut envié, roulant carrosse, collectionnant terres, châtellenies et seigneuries, ornant leurs hôtels de splendides œuvres d'art, et auxquels les gens de la noblesse n'hésitaient pas à proposer leurs filles en mariage. Tels étaient Sébastien Zamet, Oudart Colbert, Nicolas Rambouillet, Roland Brisacier, Pierre Sainctot, Philippe de Coulanges, Gédéon Tallemant et bien d'autres.

L'impôt royal en temps de paix, dans son principe même, était mal accepté. Dans leur majorité, les Français considéraient que le souverain n'avait pas à y recourir pour couvrir ses dépenses ordinaires : il n'avait qu'à mieux gérer son domaine propre. Bref, pour le petit peuple, contribuer aux dépenses du roi revenait à être injustement dépouillé de ses revenus.

C'est dire si la phénoménale poussée des dépenses budgétaires et par voie de conséquence la hausse de la pression fiscale avaient suscité de vives réactions dans les provinces, la paysannerie répondant parfois par la violence à la ponction de l'impôt. Soudées par des liens serrés de sociabilité, les communautés rurales estimaient que toute taxe ou imposition indirecte nouvelle – qualifiée du terme générique de gabelle – constituait une rupture du pacte social implicitement passé avec le pouvoir central. Des bandes armées s'organisaient alors pour lutter à la fois contre le passage des troupes ou le pillage des derniers seigneurs ligueurs et contre les agents du fisc qui payaient parfois de leur vie la politique du roi.

Éclatèrent ainsi des « émotions populaires », soulèvement général d'une région, dont le point culminant fut la disette de 1594-1595. Bonnets rouges en Bourgogne, Croquants et Tard-Avisés en Limousin et en Périgord, partout existait le même type d'émeutes. L'ordre fut d'abord rétabli par le marquis de Pisani, puis le maréchal de Matignon, mais la situation demeurait explosive. En août de l'année suivante, Henri de Bourdeilles, sénéchal de Périgord et maréchal de camp, dut livrer bataille à Saint-Crépin-d'Auberoche et s'emparer en septembre de Condat-sur-Vézère. Un soulèvement à Limoges en avril 1602 à propos de l'impôt de la pancarte, qui prévoyait de lever un sol par livre sur les marchandises entrant dans les villes, éveilla les soupçons du roi : derrière cette « émotion populaire », où l'on vit jusqu'à 12000 hommes en armes sous la conduite de gentilshommes factieux, ne fallait-il pas reconnaître l'implication des grands seigneurs possessionnés, Biron, le comte d'Auvergne et le duc de Bouillon, qui disposaient dans la région de vastes clientèles ? En avril et mai, il fit un voyage à Blois, Tours et Poitiers. Bientôt tout s'apaisa.

Culture et enseignement

La lecture n'était pas son fort : Henri, on le devine, n'était ni poète ni esthète, et les subtilités littéraires tant appréciées des Valois le laissaient plutôt de marbre. On sait combien sa première femme, Marguerite, en avait souffert lors de leur long séjour commun à Nérac. Toutefois, il ne dédaignait pas le soir de se faire lire quelques chapitres par l'un de ses proches. Sa préférence allait aux œuvres touchant à l'art militaire, aux fortifications ou à l'agronomie. Trois exceptions à noter néanmoins, son goût pour *Lancelot du lac* de Chrétien de Troyes, pour *Amadis de Gaule,* roman de chevalerie de Garci Rodríguez de Montalvo traduit en français en 1540, et pour *L'Astrée,* pastorale romanesque d'Honoré d'Urfé, dont le premier des cinq volumes parut en 1607.

Hormis cela, il resta assez largement en dehors des courants littéraires de son temps, fréquentant peu les poètes et littérateurs de cour, tels Jean Bertaut, Honorat de Porchères, Antoine de Nervèze, Alphonse de Rambervillers ou encore Mathurin Régnier, dont il goûtait les vers. Il nomma cependant l'homme de lettres libertin Nicolas Vauquelin des Yveteaux précepteur de César de Vendôme puis du Dauphin. Quant à François de Malherbe, dont l'« harmonie classique » marqua une rupture capitale dans l'art poétique du Grand Siècle, il fut présenté au Béarnais en 1605. Après avoir rédigé à sa demande *Une prière pour le roi allant dans le Limousin* qui plut énormément à l'intéressé, il devint le chantre quasi officiel et l'hagiographe exaltant ses exploits.

Henri IV contribua à l'enrichissement de la Bibliothèque royale en réunissant à Paris en 1595, d'abord au collège de Clermont, puis au couvent des Cordeliers, le fonds de son oncle le cardinal de Bourbon conservé au château de Gaillon et celui de la Librairie royale de Fontainebleau, confiant au magistrat et historien Jacques Auguste de Thou le soin de s'occuper de l'ensemble, avec le titre de grand maître de la Librairie du roi.

C'est ce même de Thou que le souverain chargea, en compagnie de l'archevêque de Tours, le fidèle Renaud de Beaune, et du premier président Achille de Harlay, de lui présenter un rapport détaillé sur la réforme de l'Université, tombée en totale décadence durant les guerres de Religion. Ce travail permit en 1598 à l'université de Paris d'être dotée de nouveaux statuts, supprimant ceux de 1452, écartant la tutelle pontificale et intégrant, assez timidement il est vrai, la scholastique, quelques enseignements nouveaux sur les arts mécaniques et militaires. Les différentes facultés de la Sorbonne vécurent selon cette charte durant cent soixante ans, malgré les querelles intestines entre régents, boursiers et écoliers, les rivalités pour les nominations et les charges, que le Parlement s'efforça de régler.

Le roi, attaché à un enseignement de qualité et de prestige, porta ses efforts sur le Collège royal fondé par François Ier et rebaptisé Collège de France. De nouvelles chaires y furent créées, celles de la botanique et de l'anatomie notamment. Enfin il rappela en France la Compagnie de Jésus.

25

LE RETOUR DES GRANDS RAPACES

La multiplication des mécontents

La politique d'apaisement et de retour à l'ordre, conjuguée aux efforts de centralisation monarchique, avait fortement indisposé la haute noblesse, qui s'affligeait des restrictions portées à ses libertés et privilèges. D'où chez certains la nostalgie de la Ligue. Un manifeste ultracatholique au plus fort des désordres n'avait-il pas affiché l'ambition radicale de remettre les provinces « dans l'état où elles étaient du temps de Clovis » ? Les griefs se multipliaient. Selon Jean de Saulx-Tavannes, ancien partisan du duc de Mayenne, un nombre croissant de Grands se plaignaient de la volonté du pouvoir d'appauvrir le second ordre au détriment des gens de robe*, de raser les forteresses privées et de contrôler les gouverneurs de province. Henri de Bourbon, duc de Montpensier, gouverneur de Normandie, avait supplié son royal cousin de supprimer le mode d'attribution des gouvernements de province par commission, de façon que leurs titulaires les « pussent posséder en propriété, en les reconnaissant [dépendants] de la Couronne

* À noter qu'aux états généraux de 1614, la noblesse de robe, fraction supérieure de ce groupe social, faisait encore partie du tiers état.

par un simple hommage lige ». Le procédé de la commission, révocable à volonté, était évidemment un efficace moyen de centralisation, alors que la propriété privée d'un grand fief ramenait aux temps féodaux. Bref, le « vieux levain », le mot était d'Henri IV, fermentait encore et se manifestait par une insubordination chronique.

Pour les seigneurs de vieille roche, à l'orgueil à fleur de peau et à l'ambition carnassière, la paix était source d'une déplorable oisiveté. « Presque tous les Grands, observait Jacques Auguste de Thou, étaient mécontents, les uns parce qu'ils s'ennuyaient du présent, les autres par crainte de l'avenir, tous, pour mieux dire, parce que le repos ne leur était pas soutenable et qu'ils voulaient être occupés. » Pour un noble de ce temps, qu'il fût un Grand ou membre de la noblesse seconde, ne plus pouvoir sauter à cheval ni se battre pour la gloire réduisait ses activités aux duels et aux cabales. La guerre était l'exutoire naturel des humeurs noires de ces têtes brûlées.

Les duels ? Le pays en était infesté. Entre 1588 et 1608, plus de 10000 gentilshommes restèrent ainsi sur le pré, victimes de la fièvre du « point d'honneur ». Leur nombre avait fortement augmenté depuis la fin des guerres de Religion, 2000 en 1606, avec un pic de 4000 en 1607. En avril 1602 et en juin 1609, dans le prolongement d'un arrêt du Parlement de juin 1599, le monarque avait signé deux édits réprimant cette affligeante pratique. Mais comment cette simple prohibition, dépourvue de sanction dans les faits, aurait-elle pu enrayer ce fléau ancré dans les habitudes aristocratiques, qui coûtait au royaume des lys la fleur de sa jeunesse ? Le Béarnais, lui-même si friand de tirer l'épée au long de sa vie tumultueuse, pardonnait avec une magnanimité coupable ce genre d'homicide : 7000 lettres de grâce en dix-neuf ans. Sully, qui avait toujours en tête le bien commun, s'en affligeait : « La facilité du roi à pardonner les duels les multiplia tellement que ces funestes exemples perdirent la Cour, la ville et tout le royaume. » Quant au tribunal de la connétablie et maréchaussée de France, habilité à traiter ces sortes d'affaires, son laxisme était légendaire. Bref, les temps implacables de Louis XIII et de Richelieu étaient encore loin.

Les cabales non plus ne manquaient pas, et pas seulement de confus et misérables conciliabules d'arrière-cour visant à pousser un ambitieux ou écarter un rival importun. Parmi les plus dangereuses, on relève trois grandes conspirations, s'emboîtant comme des poupées gigognes, dont les principaux protagonistes furent le maréchal de Biron, le comte d'Auvergne, le sieur Balsac d'Entragues, sa fille, la marquise de Verneuil, et le duc de Bouillon.

Biron, insatiable condottiere

Dans la relation entre le fidèle et son maître, entre le client et son patron, essentielle en ce début du XVIIe siècle, on sait l'importance que revêtaient les notions de loyauté, de rétribution et de services réciproques. Le contrat de confiance à double sens, protection d'un côté, soumission de l'autre, entraînait tensions et dissidences. Le mécontentement d'un obligé, s'estimant abandonné, voire trahi, était à l'origine d'une rupture brutale du lien d'amitié ou de la relation de clientèle. Or, bien des vieux soldats qui s'étaient tant dépensés pour le roi s'estimaient délaissés, floués au profit des petits muguets et mirliflores de cour inexistants dans les moments difficiles.

Biron, Auvergne et Bouillon s'enorgueillissaient d'avoir été de proches compagnons d'armes d'Henri de Navarre, d'avoir partagé avec lui la familiarité des camps. Ils souffraient de son changement de statut : de vaillant et joyeux troupier à la verdeur de langage, avec lequel ils avaient eu le sentiment de vivre presque sur un pied d'égalité, il était devenu l'icône visible de Dieu sur terre, le Très Chrétien, soucieux d'ancrer sa légitimité dans le Ciel, vivant ici-bas cette élection christique par une pratique distanciée de son autorité. Quelles que fussent les rondeurs de son caractère, il se situait désormais au-dessus des simples mortels.

L'affaire Biron est un cas extrême, presque pathologique, celui d'un homme comblé d'honneurs et de gloire, mais éternel insatisfait, se jetant à corps perdu dans une conjuration avec l'étranger, convaincu que le maître avait manqué à ses devoirs, alors que c'était à lui seul et au « prix de son sang » que cet ingrat devait son trône. « Sans moi, le roi n'aurait eu qu'une couronne d'épines », raillait-il.

Il y eut deux Biron : Armand de Gontaut, baron de Biron en Agenais, maréchal de France, héros des guerres d'Italie, qui avait longtemps combattu en Guyenne contre les protestants avant de rallier le roi de Navarre à la mort d'Henri III et de le servir loyalement, quoique sans affection particulière, jusqu'à ce qu'il eût, en 1592, au siège d'Épernay, la tête emportée par un boulet, et son fils Charles, lui aussi maréchal de France, soldat non moins valeureux, qui posera la sienne sur le billot.

Compagnon d'Henri IV à Arques et à Ivry, ayant participé activement aux sièges de Paris et de Rouen, ce Charles, né en 1562, avait commencé sa carrière comme simple cadet avant de devenir à vingt et un ans colonel. Il s'était couvert de gloire, d'abord dans l'ombre de son père, puis seul. Une ascension prodigieuse. Admirable guerrier, plein d'entrain, aimé de ses hommes, cumulant récompenses, bienfaits et honneurs, il avait gravi tous les échelons militaires, à l'exception de la dignité de connétable, échue au duc de Montmorency.

En 1592, le roi lui avait octroyé le titre honorifique d'amiral de France et de Bretagne, mais le lui avait repris deux ans plus tard afin de le confier à Villars-Brancas : c'était le prix à payer pour obtenir la reddition de Rouen. Pour autant, Biron n'avait pas été maltraité. En échange, il avait reçu le prestigieux bâton fleurdelisé. Puis étaient venus le gouvernement de Bourgogne, l'érection de sa baronnie de Biron en duché-pairie et la charge prestigieuse de maréchal général des camps et armées du roi qui lui donnait la prééminence sur les autres maréchaux de France. Henri lui avait sauvé la vie lors de la bataille de Fontaine-Française. Au siège d'Amiens, il lui avait confié, en son absence, le commandement général des troupes. Enfin, lors de la guerre de Savoie en 1600, il lui avait promis le gouvernement de la Bresse.

Biron avait accompli deux missions diplomatiques. En juin 1598, il s'était rendu à Bruxelles afin de porter pour ratification l'original du traité de Vervins à l'archiduc Albert de Habsbourg. En septembre 1601, il avait transmis à Londres les compliments du roi à sa « très loyale sœur et fidèle alliée » Élisabeth. La vieille souveraine l'avait reçu avec magnificence. Selon une anecdote souvent contée, celle-ci, mieux informée que son compère français, l'aurait emmené à la Tour et lui aurait montré le chef rongé de vers de son ancien favori, Robert Devereux, deuxième comte d'Essex, qu'elle avait fait trancher à la hache sept mois auparavant pour haute trahison. « Si j'étais à la place du roi mon frère, aurait-elle commenté, il y aurait autant de têtes coupées à Paris qu'à Londres. Dieu veuille toutefois qu'il se trouve bien de sa clémence. » Cette macabre historiette, controuvée dès le XVIIIe siècle par un historien des plus sérieux, le père d'Avrigny, mérite-t-elle quelque créance ?

Le maréchal était un homme sombre, brutal, atrabilaire, à l'ambition d'un condottiere de la Renaissance sans foi ni loi, se moquant de la messe comme de la Cène, avec, à en croire Sully, un esprit marqué par une « légère teinture de folie ». Caustique et vantard (il ne fallait point lui contester la réalité de ses 32 blessures), ce bravache était connu pour ses excès de langage. S'il n'avait aucune passion pour les femmes – d'aucuns ont parlé d'homosexualité –, une inextinguible soif d'honneurs et de grandeur le hantait. En compagnie de son secrétaire et peut-être amant, Jacques Beauvoir, seigneur de La Fin, vil aventurier couvert de dettes, qui avait d'abord suivi le duc d'Anjou aux Pays-Bas, puis s'était attaché à Marguerite de Valois, il fréquenta les astrologues, devins et nécromanciens, fanfaronna même, dit-on, avec le diable.

Au physique, il était brun, râblé, avec des yeux enfoncés d'où perçait sous des sourcils broussailleux un regard soupçonneux. Lorsqu'elle le vit pour la première fois à Lyon, Marie de Médicis en fut à ce point saisie qu'elle lui trouva une tête de traître et une âme de fripon. Son intuition féminine ne l'avait pas trompée.

Biron franchit le Rubicon

Les guerres de Religion avaient habitué les factions à se tourner vers l'étranger. Le refus d'Henri IV de lui donner le gouvernement de Laon en 1594 jeta Biron au comble de la colère. À partir de ce moment, il commença à se répandre contre son maître, laissant échapper des propos outrageants qui dépassaient ses gasconnades et hâbleries habituelles. Dès l'année suivante, son orgueil familial meurtri par les lazzis dont le roi accablait la mémoire de son père (un jouisseur, un radoteur qui ne connaissait rien à l'art de la guerre) et la médiocrité de ses origines, il était entré en rapport avec les agents espagnols. En 1598, lors de son voyage à Bruxelles, refuge des ligueurs les plus enragés, qui ne cessaient de ruminer la mort du souverain, il avait rencontré un nommé Picotté, natif d'Orléans, à qui il avait demandé de le mettre en relation avec Philippe III. Il bascula alors dans la rébellion.

Les historiens ont longtemps hésité sur son degré de culpabilité, jusqu'à la découverte en 1965 par Alfred Soman de pièces accablantes dans les archives d'État de Turin et le fonds Milan-Savoie des archives de Simancas. Ce premier travail fut complété en 1970 par un professeur de l'université de Valladolid, José Luis Cano de Gardoqui. Des correspondances secrètes, des mémoires codés, mais vite déchiffrés, confrontés aux données fragmentaires figurant dans le réquisitoire du procureur Jacques de La Guesle et les Mémoires de Sully permettent aujourd'hui de s'en faire une idée plus précise.

Cette conspiration, dans laquelle trempèrent le comte de Fuentes, gouverneur du Milanais pour le compte de Philippe III, et Charles-Emmanuel de Savoie, visait à fomenter une nouvelle guerre civile en incitant les protestants à se soulever, puis, avec l'aide des voisins étrangers, à démembrer le royaume : l'Espagne arracherait la Guyenne, le Languedoc et la Bretagne ; le duc de Savoie ferait main basse sur la Bresse, la Provence, le Dauphiné et le Lyonnais, en vue de former un « royaume allobroge » allant du Jura à la Méditerranée.

De son côté, Biron constituerait à son profit une principauté souveraine autour de son gouvernement de Bourgogne, augmenté de ce qu'il prendrait par les armes en Champagne. Il ne voulait pas mourir, assurait Tallemant des Réaux, « avant d'avoir vu son effigie gravée sur un écu ». Comme il était célibataire, il fut aussi question de marier ce nouveau Charles le Téméraire à une des filles du duc de Savoie, richement dotée de 500 000 écus, ce qui eût fait de lui le neveu du roi d'Espagne et le beau-frère de l'empereur. Les Anglais, qu'on solliciterait, seraient autorisés à reprendre Calais et quelques ports de la Manche.

Le sort de la France, du reste, n'était pas parfaitement défini, à ceci près qu'on devrait restreindre les prérogatives du pouvoir royal, annuler le mariage de Marie de Médicis, déclarer le Dauphin illégitime et désigner un nouveau titulaire de la couronne, sans doute le jeune Henri II, prince de Condé.

Quant à Henri IV, on lui ferait subir un mauvais sort. Au moment où s'élaboraient ces projets, la guerre avait éclaté entre la France et la Savoie au sujet du marquisat de Saluces. Biron, au courant de tous les plans d'action, fournissait au duc de Savoie des conseils stratégiques ainsi que des renseignements militaires de la plus haute importance. L'idée lui vint de faire arquebuser le roi lors d'une inspection des abords du fort Sainte-Catherine à Viry. Afin que les tireurs ne pussent se tromper de cible, il précisa dans un courrier secret que le Béarnais montait un petit barbe noir et portait un panache de même couleur. Mais Nicolas La Salle, gouverneur du fort pour le compte du duc de Savoie, avait trop le sens de l'honneur pour se prêter à un crime aussi lâche.

Cinq princes avaient donné au maréchal leur parole de le suivre, du moins s'en vanta-t-il, le comte de Soissons, le duc de Montpensier, le prince de Joinville, le comte d'Auvergne et le duc de Bouillon. Il est sûr en tout cas que le complot ne se limitait pas à la personnalité paranoïaque du maréchal qui cristallisait autour de lui la plupart des mécontents : des catholiques furieux de devoir cohabiter avec les protestants depuis l'édit de Nantes, des aristocrates frustrés de leurs chevauchées guerrières, des paysans exaspérés par l'impôt de la pancarte et des réformés désabusés, indignés d'être dédaignés et oubliés, alors que le roi dépensait sans compter pour ses maîtresses et ses jeux.

Rien ne se passa comme prévu. Le refus d'Henri IV de donner à Biron le commandement de la toute nouvelle citadelle de Bourg-en-Bresse, une merveille d'architecture hexagonale réputée imprenable, entrava une première fois son projet. À la fin de 1600, l'impossibilité pour l'armée espagnole de franchir les Alpes en raison des fortes chutes de neige et la prise par les Français de la forteresse de Montmélian le réduisirent à néant. Tout était à repenser.

Au début de janvier 1601, le roi eut vent de ses dernières brigues. Il l'interrogea tout de go à Lyon, alors que tous deux, emmitouflés dans leurs capes, déambulaient sous les voûtes ogivales du cloître de Saint-Bonaventure. Biron se récria : certes, à la suite de sa déconvenue d'avoir manqué le gouvernement de Bourg, il avait noué des contacts avec le duc de Savoie, mais seulement au sujet de son mariage futur avec l'une de ses filles. Il se confondit en excuses, implora le pardon de son maître. Celui-ci, bon prince, le lui accorda et l'embrassa. « Bien, maréchal, lui dit-il, ne te souvienne de Bourg, et ne me souviendrai du passé ! »

L'atrabilaire conspirateur ne tint aucun compte de cette magnanimité. Peu après, il envoya son homme de confiance, Jacques de La Fin, à la rencontre du duc de Savoie et du comte de Fuentes au château de Somma, résidence d'été des ducs de Milan, au sud du lac Majeur. Il s'agissait de mettre au point l'accord de partage des territoires. Dans une lettre à Philippe III faisant part des grandes lignes du projet, le gouverneur du Milanais insistait sur la modestie des prétentions de Biron, qui n'aspirait qu'à gouverner un duché de Bourgogne élargi : n'ambitionnant pas la couronne de France, comme autrefois Mayenne, il serait plus aisé à soutenir. L'accord allait être conclu lorsque arriva la nouvelle de la signature le 17 janvier 1601 du traité de Lyon mettant fin à la guerre franco-savoyarde. Les plénipotentiaires du duc de Savoie avaient passé outre son contrordre de dernière minute. Philippe III, se rendant compte que le complot tournait court, incita son beau-frère à ne pas tenter le diable et à ratifier sans tarder le traité.

L'arrestation

Les mois passèrent. Henri IV continuait de recevoir des avis inquiétants sur son vieux compagnon de combat, notamment un mémoire d'un ministre du duc de Savoie, le comte de Martinengo. En janvier 1602, ayant appris que les Espagnols faisaient monter dans le Milanais d'importants contingents de Napolitains, il envoya des troupes fraîches en Provence, puis ordonna la levée de 6000 Suisses. En mars, La Fin fut appréhendé. Terrorisé à l'idée de périr sur l'échafaud, il livra tout, y compris les copies des lettres de son maître au duc de Savoie, sous condition d'impunité et d'une bonne indemnité.

Pendant ce temps, le traître, craignant d'avoir été démasqué, se terrait en Bourgogne. Il convenait d'endormir sa méfiance. Il reçut une missive de La Fin, sans doute inspirée par Henri IV, l'avertissant que les papiers en sa possession avaient tous été brûlés et que les soupçons étaient écartés. Puis, le roi envoya à son « cher Biron » des lettres débordant d'amabilité. Le 14 mai, évoquant les bruits qui à nouveau circulaient sur son compte, il affecta de les tenir pour pures calomnies dont il ne lui serait tenu nulle rigueur. Deux semaines plus tard, après lui avoir dépêché le président Jeannin à seule fin de le rassurer une dernière fois, il l'invita à se rendre à Fontainebleau.

Négligeant les mises en garde de ses amis, le maréchal arriva au château le 13 juin à six heures du matin. La froideur du monarque le doucha. « Vous avez bien fait de venir, lui lança-t-il, car autrement je vous allais quérir ! » Au cours d'une promenade dans les allées du parterre, le secrétaire d'État Villeroy en tiers, Henri se contenta de l'observer du coin de l'œil. Au dîner, l'inquiétude de Biron grandit. Dans l'après-midi, invité à jouer à la prime* avec la reine, il parut si troublé qu'après avoir gagné une partie il omit d'empocher son argent. S'approchant de lui discrètement, le comte d'Auvergne lui chuchota : « Il ne fait pas bon ici pour nous. » Peut-être était-ce le moment de déguerpir ? Il n'osa.

Le lendemain matin de bonne heure, nouvelle promenade, cette fois dans le petit jardin de la volière. Henri s'ouvrit à lui des soupçons pesant sur sa conduite. Qu'il avoue ce qu'il savait, sans rien omettre, et il lui garderait toute sa confiance ! L'obstiné, une fois de plus, nia.

Vers minuit, le roi le fit appeler dans son cabinet. Il revint à la charge. Qu'il n'hésite pas à parler en toute sincérité ! Cette fois, Biron le prit de haut, s'emporta et rétorqua qu'il n'avait rien à révéler. Henri IV, conte Villegomblain, était alors « sur sa chaise percée, et le maréchal tout devant lui, l'épée au côté,

* Jeu de cartes, ancêtre du poker.

qui paraissait en colère de ce que le roi lui avait dit, [...] en état de malfaire ». Le monarque réalisa-t-il qu'il se trouvait dans la même position que son prédécesseur à Saint-Cloud lorsque Jacques Clément avait pénétré dans sa chambre ? Vite, il se leva, rompit la conversation et lui donna cavalièrement le bonsoir : « Adieu, *baron* de Biron, fit-il comme pour lui ôter le duché-pairie dont il l'avait gratifié. Vous savez ce que je vous ai dit ! » Réuni très tôt le matin même, le Conseil, où avaient pris place le chancelier Pomponne de Bellièvre, Sully, Villeroy et Brûlart de Sillery, avait donné son accord pour l'arrêter et le déférer devant des juges sous l'accusation de haute trahison.

Quelques instants plus tard, Vitry, capitaine des gardes, pénétra dans la chambre avec quelques soldats, s'approcha du maréchal et glissa la main dans la poignée de son épée, signe de son arrestation immédiate. Au même moment, Charles de Choiseul-Praslin, autre capitaine des gardes, arrêta le comte d'Auvergne. Charles de Valois, d'abord titré duc d'Angoulême, puis comte d'Auvergne, était, selon Tallemant des Réaux, un personnage dangereux, d'inclinations perverses, concussionnaire et aigrefin, « toujours bouffonnant, *capréolant* et sautant ». Le lendemain matin, les prisonniers, qui avaient passé la nuit chacun dans une chambre verrouillée, montèrent dans deux carrosses qui les conduisirent jusqu'à un embarcadère sur la Seine. De là, ils gagnèrent en bateau la Bastille, dont Rosny était gouverneur. Le plus hypocritement du monde, Philippe III et Charles-Emmanuel félicitèrent leur homologue français d'avoir déjoué une si détestable conspiration. N'étant pas dupe, Henri IV chargea le maréchal de Lavardin de prendre le contrôle du pont stratégique de Grésin sur le Rhône – un vrai coup de force, en violation manifeste du traité de Lyon –, pour empêcher le passage en Franche-Comté des Napolitains du Milanais. Sa détermination était totale. Selon l'ambassadeur de Venise, il était prêt à entrer en guerre.

Le procès

Au même titre que les grands événements politiques étudiés par les historiens de l'école « cérémonialiste » – sacres, lits de justice, entrées solennelles ou funérailles royales –, un procès pour crime de lèse-majesté était, comme le dit Alfred Soman, un « grand spectacle de la liturgie monarchique ».

En confiant celui de Biron au parlement de Paris et non à une commission extraordinaire, le roi voulut lui donner le maximum d'éclat et de transparence. Il s'agissait de faire un exemple redoutable à l'attention des Grands, des ultra-catholiques et des anciens ligueurs qui mobilisaient déjà les libellistes en faveur de leur héros, l'« Aigle de France » comme ils l'appelaient. L'instruction fut confiée au premier président Achille de Harlay, au président Nicolas Potier de Blancmesnil ainsi qu'à deux conseillers de la Grand Chambre, sous le contrôle du chancelier Pomponne de Bellièvre.

Le procès dura quarante jours. L'accusation s'appuyait principalement sur les aveux et les documents fournis par Jacques de La Fin et les deux secrétaires du maréchal. Lors de la procédure orale, celui-ci s'entêta à nier l'évidence, accusant La Fin de l'avoir envoûté. Un jour, raconta-t-il, cette âme damnée avait percé d'une aiguille chauffée une figure de cire représentant le roi, en prononçant une formule incantatoire : « Roi impie, tu périras et comme la cire fond tu mourras ! » Cela relevait indiscutablement du crime de lèse-majesté. Mais que n'avait-il dénoncé son serviteur à ce moment-là ? Bref, toutes les preuves étant réunies, il ne restait qu'à conclure. Le 29 juillet, Biron fut condamné à l'unanimité des 127 magistrats présents à avoir la tête tranchée.

Ce procès revêtait la dimension d'une crise d'État. Le maréchal était l'un des plus éminents personnages du royaume. Il jouissait d'une extrême popularité, alors que depuis quelque temps le roi concentrait tous les mécontentements sur sa personne. Il disposait d'une vaste clientèle dans l'armée et la gentilhommerie, tant à Paris qu'en province, particulièrement en Périgord. Par solidarité de caste, les ducs et pairs avaient refusé de siéger au Parlement afin d'éviter d'avoir à se prononcer sur son sort.

Sitôt la sentence prononcée, des voix s'élevèrent, relayant les supplications de sa famille et de son beau-frère le duc de La Force, autre compagnon du roi : ne fallait-il pas traiter avec clémence le brave Biron, ce magnifique héros empanaché, courageux, qui avait rendu tant de services à la Couronne ? Cette fois, Henri, qui avait épuisé son indulgence à Fontainebleau, par trois fois prêt au pardon au moindre soupir de regret, ne pouvait se soustraire à ses devoirs. Aux membres du Parlement venus solliciter sa grâce, il répondit que si le maréchal avait offensé leur grandeur, il y a longtemps qu'ils l'auraient expédié au supplice, mais comme il ne s'agissait que « du roi et de l'État, c'était trop peu de chose à eux pour le condamner » ! Non, il n'y aurait pas de grâce pour un homme qui avait menacé l'existence même du royaume de France. « Je ne puis remettre ce crime sans perdre moi-même, la reine ma femme, mon fils et mon État. »

Quand le 31 juillet, vers onze heures du matin, le chancelier et sa suite vinrent à la Bastille lui signifier son arrêt, le dégrader et lui reprendre le collier de l'ordre cousu sur son manteau, Biron éclata en imprécations contre ce monarque ingrat, sans pitié ni miséricorde. Durant les six heures précédant son exécution, il parut comme enragé, alternant supplications et malédictions. « Il marchait à grands pas par la chambre, relate L'Estoile, ayant le visage extrêmement *conturbé* et affreux. » La seule grâce royale accordée à la famille fut de ne pas le faire mourir en public, place de Grève, comme le prévoyait l'arrêt, mais à l'intérieur de la Bastille, en présence de quelques personnes triées sur le volet. Mesure qui répondait aussi à un impératif de sécurité. Il fallait prévenir tout mouvement de foule en sa faveur. Sur l'échafaud, à deux reprises, le condamné se leva, dénoua le bandeau de ses yeux pour gagner du temps, dans l'espoir de voir surgir sous la herse intérieure de la prison un cavalier au galop porteur de sa grâce. « Menaçant le pauvre bourreau de terribles rodomontades », écrit l'ambassadeur d'Angleterre, il tenta d'arracher sa longue épée, puis s'effondra, voyant qu'il ne pourrait échapper à son destin. « Consolez-moi, je n'en puis plus », dit-il en sanglotant à l'exécutant, puis, en s'agenouillant : « Boute, dépêche, je meurs innocent. » La lame siffla comme un éclair.

Pour un homme qui, dans le feu des combats, n'avait jamais reculé devant la mort, on trouva son attitude pitoyable. « En cette conjoncture, observait de Thou, il fit paraître un amour de la vie plus grand qu'il ne convenait. » Un héros se devait de mourir en héros. Henri IV en fut lui-même étonné. Sa fin, écrivit-il à Lesdiguières, « a été plus brutale que chrétienne, car ses furies et vanités naturelles l'ont accompagné jusqu'à la mort, et bien qu'il ait voulu dire que je le faisais mourir seulement pour ce qu'il était trop bon catholique, toutefois il a montré qu'il ignorait son *Pater* et son *Credo,* tant il était mal instruit en notre religion ».

Nouvelles révélations et répercussions

L'exécution, à quarante ans, du plus prestigieux chef militaire français provoqua une violente secousse au sein de la noblesse. Un choc voulu par le roi, mais qui risquait de se retourner contre lui en raison de la persistance des rumeurs doutant de la culpabilité du maréchal. Il était si facile d'accuser Henri IV d'ingratitude et de vengeance ! L'ambassadeur d'Espagne, Philippe de Ayala, jugeait qu'à l'avenir celui-ci « serait plutôt redouté qu'aimé ». En tout cas, le monarque alluma vite des contre-feux. Le jour même de l'arrestation, dans une lettre circulaire aux villes et aux ambassadeurs, il expliqua les motifs graves qui l'avaient conduit à cette décision : « J'ai été contraint à mon grand regret d'arrêter le duc de Biron et le comte d'Auvergne, ayant découvert non seulement par indices, conjectures ou rapports incertains et douteux, mais par bons mémoires écrits de la propre main dudit duc qu'il voulait entreprendre contre ma personne et mon État... » Il avait tant de mal à se faire entendre qu'il profitait de chaque occasion pour répéter à ses interlocuteurs : « Cela est aussi vrai qu'il est vrai que Biron était traître ! »

La répression fut limitée. Le comte d'Auvergne fut relaxé et quitta la Bastille le 2 octobre. Le monarque pouvait-il laisser mourir le demi-frère d'Henriette d'Entragues, alors qu'il avait prêté serment à Henri III de lui servir de père ? Henri, toujours épris de son effrontée et ne songeant qu'à la revoir, préféra passer l'éponge sur le clan Entragues. Un autre proche du maréchal, Edme de Malin, baron de Lux, lieutenant général en Bourgogne, échappa aux poursuites judiciaires grâce à des révélations précises sur la participation de l'Espagne au complot. Quant à Jacques de La Fin, il paiera de sa vie sa trahison de façon singulière, trois ans et demi plus tard : le 20 avril 1606, en plein jour, au bout du pont Notre-Dame, une douzaine de cavaliers inconnus – sans doute d'anciens partisans du maréchal – le désarçonnèrent et le couvrirent « de feu et de sang » avant de s'enfuir « au grand galop, l'épée nue en une main, avec la bride et le pistolet de l'autre » (L'Estoile).

Sur la scène internationale, le retentissement fut non moins grand. La reine Élisabeth approuva pleinement l'exécution. « Les sceptres, déclara-t-elle sentencieusement, sont des tisons enflammés qui doivent brûler les mains de ceux qui ont fantaisie d'y toucher. » Philippe III et son beau-frère Charles-Emmanuel jurèrent leurs grands dieux de n'avoir jamais eu l'intention de faire la guerre à la France. Comment Henri aurait-il pu les croire ?

Survenu en juillet 1601, un incident diplomatique extérieur à l'affaire l'avait déjà conduit à rappeler son ambassadeur à Madrid, le comte de La Rochepot. Quatre ans après la paix de

Vervins, les griefs ne cessaient de s'accumuler entre les deux pays. Le Roi Catholique se plaignait de l'aide apportée en sous-main aux rebelles calvinistes des Provinces-Unies par le Très Chrétien, notamment lors du siège d'Ostende. Le Béarnais de son côté reprochait au petit-fils de Charles Quint les mauvais traitements infligés à ses marins et les lourdes taxes grevant les marchandises importées par l'Espagne. Inutile de dire que le nouvel outrage courrouça plus encore Henri. Le 17 novembre 1602, il écrivit à Philippe de Béthune, son ambassadeur à Rome : « Je découvre tous les jours davantage le fait des conspirations et menées du duc de Biron et de ses adhérents et associés. J'ai vérifié qu'elles ont été fomentées non seulement par le duc de Savoie et le comte de Fuentes, mais par le roi d'Espagne même [...]. Je suis dûment informé que ledit roi et ses ministres poursuivent et continuent tous les jours lesdites menées aussi ardemment avec les uns et les autres qu'ils faisaient du vivant du feu duc de Biron. » En décembre, on découvrit encore que Claude de Lorraine, prince de Joinville, jeune frère du duc de Guise, avait reçu quelques sacs de doublons afin de relancer les projets de soulèvements nobiliaires.

La conspiration du comte d'Auvergne

Après la libération de son demi-frère, Henriette d'Entragues retrouva son statut de favorite et reçut même, à la fureur de la « grosse banquière », le privilège inouï de monter dans le carrosse royal. « Il est certain, notait le chanoine Giovannini le 2 juillet 1602, que s'il arrivait malheur à la reine actuelle, elle le serait. Il faut que celle-là soit sans cesse sur ses gardes. Le roi est complètement enchaîné par l'amour de cette femme. On raconterait cela à quelqu'un, cela passerait pour une fable. » En février 1603, son fils Gaston Henri de Verneuil, âgé d'un an, fut légitimé par lettre patente sous le nom de Gaston de

Foix (titre qu'il ne portera d'ailleurs jamais, préférant celui de Bourbon-Verneuil).

C'était la faute à ne pas commettre. À partir de ce moment, en effet, la mère, vindicative à son habitude, obnubilée par ses prétendus droits découlant de la promesse de mariage, réclama un gouvernement pour lui. En outre, se sentant menacée par certains propos de Marie de Médicis qui lui étaient revenus, elle exigea des places de sûreté. C'était extravagant ! De son côté, le comte d'Auvergne se lança avec son beau-père Balsac d'Entragues dans une nouvelle conspiration dont l'objectif était clairement d'assassiner le roi, de se débarrasser du Dauphin, de porter sur le trône le petit Verneuil et d'instaurer une régence. Les deux hommes savaient que lorsqu'il se rendait chez sa maîtresse, Henri IV était accompagné seulement de cinq ou six gardes. Un guet-apens était aisé à organiser. Henriette et son père en parlèrent à l'ambassadeur d'Espagne à Paris, don Balthazar de Zuñiga. Ils étaient également entrés en relation avec Thomas Morgan, catholique anglais exilé qui se trouvait au cœur des réseaux de renseignements espagnols en France. L'incorrigible Philippe III, ravi de cette nouvelle aubaine, promit à la mère des pensions et deux places fortes, envisageant même pour le petit Verneuil, lorsqu'il serait reconnu roi, la main de l'infante doña Ana*, son aînée de quelques semaines.

Ce complot insensé fut découvert grâce à l'arrestation et aux aveux de Thomas Morgan. Balsac d'Entragues fut aussitôt conduit à la Conciergerie. Trois lettres du roi d'Espagne, saisies en son château de Malesherbes, étaient accablantes. Seul le pacte échappa aux recherches : un autre agent secret, Chevillard, jeté à la Bastille, l'avait avalé avec sa soupe. Le père d'Henriette avoua que la fameuse promesse de mariage se trouvait dans une boîte de cristal, « ainsi qu'une relique », enclose dans un mur de sa demeure de Marcoussis, vieux

* La future Anne d'Autriche, femme de Louis XIII.

château seigneurial près de Montlhéry. On l'y trouva en effet le 2 juillet 1604.

Pendant ce temps, le comte d'Auvergne, sans sol ni maille, s'était réfugié dans la province dont il portait le nom, passant tel un proscrit de village en village, séjournant dans les bois, changeant chaque nuit de gîte. De son exil d'Usson, Marguerite de Valois apprit ses déplacements et les signala aux autorités. Elle reçut en récompense ce dont elle rêvait depuis tant d'années : le droit de revenir à Paris. Arrêté, conduit à Aigueperse, puis incarcéré à la Bastille le 20 novembre 1604, le comte passa aux aveux et livra le nom de ses complices, n'hésitant pas à charger sa machiavélique demi-sœur.

La belle, à qui l'effronterie n'avait jamais manqué, refusa de s'expliquer devant le Parlement, jurant crânement de sa totale innocence. Non, elle ne craignait pas la mort ! Elle était la vraie reine de France. Si on l'exécutait, on finirait par dire que le roi avait fait mourir sa femme. Pensant dominer la situation et obtenir l'indulgence des juges, elle ne demandait que trois choses : un pardon pour son père, une corde pour son frère et la justice pour elle-même. Le 2 février 1605, les magistrats rendirent un verdict fort différent. Le père et le frère furent condamnés à la décollation, la marquise à avoir le crâne rasé et à finir ses jours chez les bénédictines de Notre-Dame de Beaumont-lès-Tours.

Accusant le coup, Henriette demanda à revoir une dernière fois son « mari ». C'était prendre le malheureux par le défaut de la cuirasse : sa pathétique faiblesse devant la chair. Henri, qui avait pourtant appris de l'instruction que la perfide avait partagé ses faveurs avec un des poètes de la Cour, Charles Timoléon de Beauxoncles, sieur de Sigogne, céda. En quelques minutes, la voluptueuse diablesse le retourna.

Il fallait malgré tout sauver les apparences. Il la supplia de faire au moins amende honorable et tout serait oublié. Elle refusa. Pourquoi demander pardon puisqu'elle était innocente ? Son royal amant lui intima l'ordre de se retirer à

Verneuil quelques mois. Et naturellement, il ne tarda pas à renouer avec elle. Esclave de ses sens, il la retrouvait telle qu'en elle-même, cynique, narquoise, calculatrice, la langue acérée, sûre de ses droits, mais – ventre-saint-gris ! – belle et tellement désirable !

Il lui donnait des rendez-vous discrets au château de Marcoussis ou à celui de Malesherbes. Son carrosse cahotait discrètement à la nuit tombée sur les chemins pierreux. Après de capiteux abandons dans les bras de l'ensorceleuse, il consentit à lui faire un premier versement de 20000 écus en guise d'indemnisation et l'autorisa à rencontrer discrètement son père à la Conciergerie. « L'on n'a rien su du tout de votre voyage, lui mandait-il. Aimez-moi, mon menon, car je te jure que tout le reste du monde ne m'est rien auprès de toi, que je baise et rebaise un million de fois. »

Malgré l'opposition de son Conseil, il gracia Balsac d'Entragues, qu'il assigna à résidence à Malesherbes, et commua en prison perpétuelle la sentence de mort prononcée à l'encontre du comte d'Auvergne*. Mettant un terme à la procédure judiciaire, des lettres royales déclarèrent le 16 septembre 1605 la marquise de Verneuil pleinement innocente. Se calma-t-elle ? Nullement. Elle chercha à plusieurs reprises à renouer les liens avec l'Espagne. Mais cette fois, Philippe III, échaudé, indiqua à son représentant qu'il n'était plus opportun de lui donner « autre chose que de bonnes paroles ».

Le dernier maillon : le duc de Bouillon

Le Béarnais n'avait aucune raison de témoigner pareille indulgence à l'égard du duc de Bouillon. Henri de La Tour d'Auvergne, vicomte de Turenne, duc de Bouillon, maréchal

* Celui-ci restera douze ans en prison et sera libéré en 1616, sous le règne de Louis XIII.

de France et premier gentilhomme de la Chambre, faisait office de protecteur des Églises réformées depuis que, par la nécessité d'appartenir à tous ses sujets, Henri de Navarre avait abandonné la fonction. La vicomté de Turenne, à la limite du Bas-Limousin et du Quercy, était un grand fief d'origine médiévale dont les titulaires, profitant de l'affrontement des Capétiens et des Plantagenêts, lui avaient donné une large autonomie confinant à la souveraineté. Exemptée de toute fiscalité royale, elle levait ses propres impôts et réunissait ses propres états. Les vicomtes, qui jouissaient du droit de battre monnaie et d'anoblir, étaient seulement tenus à l'hommage lige envers le roi de France. C'était dire la puissance d'Henri de La Tour d'Auvergne, renforcée par la présence de l'imposant château de Turenne et de sa double enceinte bastionnée, achevée au XVIe siècle, dominant la vallée de la Tourmente.

De son premier mariage avec Charlotte de La Marck, morte en couches à dix-neuf ans en 1594, il avait acquis le duché de Bouillon et surtout la principauté de Sedan, petit État souverain aux confins de la Champagne et des territoires du prince-évêque de Liège, trouvant appui là aussi sur une forteresse massive, l'une des plus imposantes d'Europe, édifiée sur un promontoire en bordure de Meuse. Son amitié avec la reine d'Angleterre, ses liens de parenté avec Maurice de Nassau, stathouder des Provinces-Unies, et Frédéric IV, comte palatin du Rhin, faisaient de ce prince, au demeurant aimable, séduisant, moins hautain et emporté que Biron, un personnage d'importance sur la scène internationale.

En novembre 1602, à la suite des dernières révélations de La Fin, Bouillon avait été convoqué par le roi en des termes mesurés et conciliants, afin de s'expliquer. Au lieu de se soumettre, il avait fait le tour des communautés protestantes du Languedoc, y confortant ses clientèles. Dans un premier temps, Henri IV, le jugeant moins coupable que Biron, avait fermé les yeux. De Montpellier, le maréchal s'était rendu ensuite à Genève puis à Heidelberg auprès de son beau-frère, avant de s'enfermer dans sa citadelle de Sedan.

Son complice, le comte d'Auvergne, dont on instruisait alors le procès, occupé à sauver sa tête, livra le pacte secret l'unissant à Biron et Bouillon, aux termes duquel les trois hommes s'étaient engagés à se porter mutuellement secours et à se défendre « contre tous, nul excepté » : autant dire que leur entreprise représentait une menace redoutable, relevant du crime de lèse-majesté. À nouveau invité à la Cour, le maréchal refusa de s'y rendre.

L'arrestation en Auvergne de son intendant Jean Blanchard lui fut fatale. Celui-ci révéla en effet que son maître, grâce à l'argent espagnol, se préparait à soulever les protestants du Limousin, du Périgord, du Quercy et de Guyenne. Cette fois, il n'y avait plus à hésiter. À la mi-septembre 1605, Henri IV, tout guilleret à l'idée d'endosser sa cotte de chef de guerre malgré ses cinquante-deux ans, se mit à la tête des 3 000 hommes du régiment des gardes et d'une cavalerie de 800 chevaux, chargeant parallèlement le duc d'Épernon de conduire un contingent d'infanterie équivalent ainsi que six pièces de canon.

À Limoges, il fit une entrée solennelle, de façon à montrer sa détermination aux commandants des places rebelles qui dépendaient de Bouillon. Prenant peur, celui-ci leur ordonna de se soumettre, ce qui n'empêcha pas le roi d'instaurer une commission dite des Grands Jours, choisie au sein du Parlement et destinée à les juger. Sur douze condamnations à mort par décapitation, six furent exécutées. Deux fuyards furent pendus en effigie et déchus de la noblesse, leurs châteaux saisis et rasés, leurs enfants frappés d'indignité. Ces mesures suffirent à ramener l'ordre dans les provinces du Centre, du Quercy à la Marche. Les Églises réformées n'avaient pas bougé, preuve que la politique de l'édit de Nantes commençait à porter ses fruits.

Pendant ce temps, Bouillon, qui se sentait en sûreté derrière les épaisses murailles de son refuge ardennais, refusait toujours de se rendre. Il avait cherché à intéresser à son sort plusieurs princes allemands et quatre des treize cantons suisses, mais Henri IV fit sèchement savoir à leurs députés qu'ils n'avaient pas à s'immiscer dans ce différend.

La reddition

Au printemps suivant, les routes à nouveau praticables, une expédition militaire forte de 10000 hommes, dont 6000 Suisses, et 45 canons – un équipage d'artillerie énorme pour l'époque, mobilisé par l'infatigable Sully –, s'avança jusqu'au bourg fortifié de Donchery, à deux lieues de Sedan. Les moyens militaires mis en œuvre montraient que le roi ne minimisait pas le danger. Bouillon fut plus intelligent que Biron : le 6 avril 1606, il capitula, reconnut ses fautes et demanda pardon. De bon matin, il se rendit au camp afin de rencontrer le roi. Le trouvant au lit, il se jeta à ses pieds, en présence de la reine. Henri lui fit grâce. L'acte signé fut envoyé à Paris pour enregistrement au Parlement, le duc étant dispensé de comparution. Son « très cher ami cousin » était confirmé dans tous ses « états, titres, dignités et qualités », « sans aucune altération ni diminution ». Aussitôt après, le roi fit son entrée dans la place, y installa provisoirement une garnison, avant de la restituer quelques mois plus tard à son détenteur légitime. Malherbe, dans son ode au *Roy Henri le Grand*, exultait :

> Nos prières sont inouïes ;
> Tout est réconcilié ;
> Nos peurs sont évanouies
> Sedan est humilié.

Méthode de pacification longue, coûteuse, douloureuse parfois, mais efficace. « Méfions-nous des brouillons et des Bouillon ! », avait persiflé le Béarnais. De tout son règne, le seul Grand à payer de sa vie sa rébellion fut Biron l'entêté.

Le souverain revint tel un général romain victorieux à la tête de son armée, traînant le vaincu dans son cortège jusqu'à Paris, où il fit son entrée par la porte Saint-Antoine au milieu des réjouissances habituelles et des coups de canon. Il ne manquait que le char de triomphe et la couronne de lauriers ! En route, durant la Semaine sainte, il avait fait halte à Reims, la ville des sacres, où il n'avait malheureusement pu célébrer le sien. Pour montrer son respect de ce haut lieu de la catholicité, il avait ôté ostensiblement ses bottes avant de pénétrer dans la cathédrale et, pour souligner une fois de plus la continuité du « miracle capétien » en sa personne, il avait accompli la cérémonie du toucher des écrouelles.

Pourtant, face à la farouche volonté royale, les velléités d'indépendance de la haute noblesse paraissaient sans fin. Après Biron, après Auvergne et Bouillon, il y eut encore Lesdiguières qui devint suspect. Compagnon du roi de Navarre, grand chef de guerre protestant, lieutenant général en Dauphiné en 1598, maréchal en 1606, François de Bonne de Lesdiguières avait été l'un des plus brillants capitaines, vaillant et grand connaisseur en l'art militaire, ce qui n'avait pas empêché ce rapace turbulent et calculateur de bâtir une prodigieuse fortune.

Aimé des Grenoblois jusqu'à l'idolâtrie, exerçant une pesante autorité sur le parlement de la ville et la noblesse dauphinoise, il entretenait des liens épistolaires avec de grandes familles suisses et allemandes, avec le doge et même – lui, huguenot convaincu – avec la papauté. Son entourage se plaignait de sa poigne de fer et de son ambition immodérée. Voulait-il à son tour se constituer une souveraineté indépendante ? Henri IV s'inquiétait de la puissance de son arsenal de Vizille, où s'entassaient des milliers de cuirasses, de casques et de piques, de sa fonderie de canons de Serres, de ses projets de travaux à Puymaure, sa forteresse qui dominait Gap. Ne disait-on pas qu'il cherchait à rattacher sa famille à Guignes Ier, seigneur d'Albon, premier dauphin de Viennois ? Après les réponses de l'intéressé, Henri voulut bien admettre la loyauté de ce hautain « roi des Alpes », mais, restant sur le qui-vive, il le contraignit à réduire sensiblement le nombre de ses gardes. Par sa politique de fermeté et de prudence, le premier Bourbon avait dispensé quelques précieuses années de repos à son royaume.

26

RÊVES DE PUISSANCE ET DE GLOIRE

Le « grand dessein »

Il est impossible d'aborder la politique étrangère d'Henri IV après la paix de Vervins sans évoquer en premier lieu son « Grand Dessein », cette vision grandiose d'une Europe unie et pacifiée, réorganisée sur la base d'une « République très chrétienne », de forme fédérale, dont son ami Sully a donné la description dans ses *Œconomies royales* : une « Europe des quinze », excluant la Moscovie, lointaine et de religion orthodoxe. Elle devait comprendre six monarchies héréditaires, France, Espagne, Angleterre, Danemark, Suède et Lombardie (cette dernière groupant la Savoie et le Milanais espagnol), six monarchies électives, Rome (incluant Naples, Ferrare et Urbino), Venise, le Saint Empire romain germanique, la Pologne, la Hongrie et la Bohême, trois républiques « confédératives », une grande Helvétie englobant l'Alsace, la Franche-Comté et le Tyrol autrichien, les petits États italiens réunis, ainsi qu'un ensemble unissant les Pays-Bas espagnols et les Provinces-Unies. Afin d'instaurer l'harmonie et résoudre les différends entre ces « dominations » (dont la France était censée devenir l'élément moteur), six conseils régionaux seraient instaurés, eux-mêmes coiffés d'un Conseil général de

40 membres représentant les États. Dans cet espace uni, où le catholicisme, le luthéranisme et le calvinisme seraient tolérés, les conflits, les révolutions et les rivalités interreligieuses seraient déclarés hors la loi. Une armée commune forte de 220 000 hommes de pied, 53 000 cavaliers et 217 pièces d'artillerie et une marine de 117 vaisseaux de guerre, financées par des contributions de chaque entité associée, auraient pour objectif de lutter contre les Turcs mahométans et de les chasser d'Europe. Préalablement à cette croisade, menée sous l'égide de la papauté, une guerre générale contre la maison d'Autriche aurait permis d'anéantir l'hégémonie espagnole et de répartir les territoires entre « dominations » différentes.

Cette somptueuse utopie suscitera quelque intérêt auprès du cardinal de Richelieu qui cherchait, lui aussi, les moyens de réorganiser l'Europe, et, au siècle suivant, l'enthousiasme naïf de l'abbé de Saint-Pierre (auteur d'un *Projet pour rendre la paix perpétuelle en Europe*, 1713), de Jean-Jacques Rousseau, de Jacques Necker et d'Emmanuel Kant (*Vers la paix perpétuelle*, 1795).

La plupart des historiens, de Charles Pfister à Bernard Barbiche, ont écarté depuis longtemps l'idée qu'Henri IV ait été l'auteur de ce plan pour l'attribuer à Sully, un Sully vieillissant, aigri et amer, mais toujours vaniteux, n'hésitant pas à recomposer *a posteriori* la réalité, à affabuler et même à falsifier des documents pour les besoins de sa cause. Dans son texte, on relève des incohérences et des contradictions, laissant deviner qu'il a échafaudé puis remanié à plusieurs reprises ce dessein imaginaire et fantaisiste bien après la mort de son vénéré maître.

Sa conception du Conseil européen venait probablement d'un ouvrage d'Émeric Crucé, professeur de rhétorique au collège du Cardinal-Lemoine, paru en 1623, *Le Nouveau Cynée*, sous-titré : *Discours d'Estat représentant les occasions et moyens d'establir une paix générale et la liberté du commerce par tout le monde*. Ces idées généreuses et pacifiques étaient dans l'air, après tant d'années de guerre. On en discernait des traces chez Francis Bacon à Londres, Ottavio Pallavicino à Rome ou Isaac de La Peyrère à Bordeaux. Il est possible aussi, si l'on en croit Jean-Raymond Fanlo, que Maximilien en ait trouvé l'inspiration dans le tome III de l'*Histoire universelle* d'Agrippa d'Aubigné, paru en 1620.

Henri diplomate

À la vérité, le roi n'était ni un théoricien en chambre ni un homme de cabinet, mais un chef passionné d'action, pragmatique, éloigné des spéculations intellectuelles, même s'il lui arrivait d'avoir des discussions prospectives avec ses principaux ministres. En politique extérieure, il naviguait à vue, modelant ses réactions selon les circonstances, cherchant toujours à avoir un coup d'avance ou une solution de rechange en cas d'échec, n'hésitant pas à recourir à des expédients au mieux de ses intérêts, sans s'embarrasser de ses propres contradictions. Bouger, changer, s'adapter au terrain, surprendre l'adversaire sans jamais se laisser brider démontraient à la fois l'agilité de son esprit vif-argent et son sens paysan des réalités.

Quelques idées directrices guidaient néanmoins son action : l'indépendance du royaume vis-à-vis de la maison d'Autriche, le souci d'une paix juste et la quête d'une politique de grandeur consistant non à remplacer l'implacable *Pax Hispanica* par une hégémonie française, mais à se placer en position arbitrale au sein d'une Europe rééquilibrée. C'est à peu près la seule idée à retenir du prétendu « Grand Dessein » que lui attribuait Maximilien de Béthune.

Le domaine de la diplomatie lui paraissait d'une telle importance qu'il se l'était entièrement réservé. S'il s'appuyait sur des hommes compétents et travailleurs, mais aux orientations souvent opposées – d'un côté, Villeroy, grand connaisseur des affaires européennes depuis plus de trente ans, le président Pierre Jeannin, dont il appréciait la rectitude des jugements, le chancelier Nicolas Brûlart de Sillery, proche de Marie de Médicis, tous trois désireux de se rapprocher de l'Espagne, et de l'autre son inséparable Sully, partisan d'une politique de fermeté à l'égard de Madrid –, c'était lui et lui seul qui fixait le cap, décidait, lui seul qui recevait les ambassadeurs, lui seul qui prenait connaissance des rapports des agents français ou dictait les dépêches. Il avait les qualités d'un habile négociateur, avec cette subtilité, cette dose de rouerie et ce sens de la séduction qu'on lui connaît. Avec aisance et finesse il cajolait ses interlocuteurs étrangers, se dépensait en courtoisie, plaisantait avec eux, les enrobait de paroles melliflues, parlait de ses jeux, de ses chasses, de ses amours, de ses bâtiments ou de ses jardins avant de porter l'estoc. Il savait à merveille écarter les importuns d'une jonglerie ou d'un évasif « Je verrai », rabrouer les fâcheux d'une repartie vive ou d'une raillerie. Il est vrai qu'il lui arrivait de s'échauffer au cours d'une discussion et de perdre son sang-froid. Il lui fallait alors rattraper ses bévues.

En dehors des réceptions solennelles des ambassadeurs présentant leurs lettres d'accréditation, qui se tenaient au premier étage du Louvre dans la chambre d'audience, à côté de la chambre de parade du roi, il n'avait pas de lieu arrêté pour les entretiens informels. Ce pouvait être dans la Grande Galerie, dans le parc de Fontainebleau, à Saint-Germain, sur le Pont-Neuf, chez Sully à l'Arsenal ou chez Gabrielle d'Estrées quand elle régnait sur son cœur et ses sens.

« La tromperie est partout odieuse, avait-il dit aux membres du Parlement lors de l'enregistrement de l'édit de Nantes, mais elle l'est davantage aux princes dont la parole doit être immuable. » Belle déclamation qui ne l'empêchait pas de retrouver, par des chemins détournés, la route sinueuse d'un Machiavel ou d'une Catherine de Médicis. Lorsqu'il s'agissait de respecter les traités, son attitude frisait, disons-le, la mauvaise foi. À Vervins, il s'était engagé à ne plus aider les insurgés des Provinces-Unies. Simple clause de style, s'amusait-il, dont il ne fallait tenir aucun compte ! De fait, il ne cessera de leur apporter son soutien militaire, encourageant même des gentilshommes français à aller combattre dans leurs rangs.

Ne lui dénions pas tout sens de la loyauté. Certains de ses proches, par exemple après la révolte du duc de Bouillon, lui avaient conseillé de rattacher Sedan à la Couronne ; il avait refusé, déclarant non sans noblesse que « si la bonne foi était bannie de toute la terre, elle devrait se retrouver dans le cœur des rois ». Son penchant pour la clémence et la réconciliation lui évita en cette occasion de commettre pareille imprudence qui aurait pu avoir des conséquences incalculables. Dans la mentalité du temps, priver un souverain légitime de ses terres était une vraie félonie. Tel sera d'ailleurs le raisonnement de Louis XIV lorsqu'il s'interdira d'annexer la Lorraine du duc Charles V, dont il était pourtant fort mécontent.

Toutefois, il n'avait pas renoncé à de nouvelles avancées territoriales, bien au contraire. La France était mal verrouillée au nord et à l'est. Dans une lettre au pape, au moment de l'affaire Biron, il écrivait : « Si nous voulons que la paix dure, il faut que chacun se contienne dans ses limites, sans empiéter sur autrui, rechercher par *moyens illicites* de s'accroître et avantager au dommage de ses voisins. » Moyens illicites : tout était là. En revanche, rien n'empêchait d'agir en usant des bonnes vieilles recettes matrimoniales qui avaient fait les délices de mère Catherine et de beaucoup d'autres.

L'hyperpuissance habsbourgeoise

Pour l'heure, la paix de Vervins et celle de Lyon n'avaient rien résolu. Si les Espagnols avaient déposé les armes, leur ambitieux projet de domination mondiale était toujours dans leurs visées. La France, malgré le léger déplacement de ses frontières vers l'est au traité de Lyon, continuait de se sentir

pour partie les Allemagnes. Elle n'avait pas la cohésion de l'ensemble espagnol, qui, lui, était héréditaire. Selon une règle définie par la Bulle d'or de 1356, les souverains étaient élus, d'abord sous le titre de roi des Romains, puis couronnés empereur à la mort du précédent titulaire par un collège de sept princes-Électeurs (trois clercs séculiers : Mayence, Trêves et Cologne, et quatre princes d'États laïques : Bohême, Palatinat, Saxe et Brandebourg). Les couronnes de Bohême et de Hongrie, étroitement liées à celle du Saint Empire, étaient également électives (Prague fut la capitale de l'Empire sous le règne de Rodolphe II). Dans la pratique, ces trois couronnes étaient dans les mains des Habsbourg. Cette seconde branche de la famille, moins puissante que la première, possédait en propre des États héréditaires, l'Autriche, la Styrie, la Carniole, la Carinthie et le Tyrol, d'où elle tirait l'essentiel de ses revenus. Entre les deux branches, malgré des approches parfois différentes des affaires internationales, existait un profond sentiment de solidarité.

Henri IV ne changea pas les grandes orientations de la diplomatie française arrêtées depuis des années. Les alliances protestantes, les réseaux d'amitié qu'il avait contractés du temps où il était chef du parti huguenot à la conquête de son royaume perdurèrent, mais transformés en communauté d'intérêts destinée à contrer l'« ambition insatiable » de Philippe III. La difficulté venait de ce qu'il devait désormais trouver de nouveaux équilibres.

Henri IV et la papauté

Vis-à-vis du souverain pontife, sa position était délicate en raison de son passé de relaps excommunié, pardonné et réintégré dans la communauté catholique. Il était tenu de se montrer un serviteur loyal. De même qu'il s'était coulé à la perfection dans la tradition capétienne, il adopta aisément le comportement officiel des rois Très Chrétiens à Rome, apportant sa protection aux fondations relevant du royaume, tels l'ensemble conventuel de la Trinité-des-Monts et l'église Saint-Louis-des-Français, achevée l'année de son avènement. En 1483, Louis XI avait fait don à la basilique Saint-Jean-de-Latran, l'église cathédrale de l'évêque de Rome, « mère et tête de toutes les églises de la ville et du monde », des revenus de l'abbaye de Clairac, en Aquitaine, en vue de sa restauration. Mais les malheurs du temps et l'essor du protestantisme dans la région en avaient empêché la perception. En 1604, le calme une fois revenu, Henri IV confirma cette affectation de fonds et en rétablit le financement. En remerciement, le chapitre lui attribua le titre de « premier et unique chanoine honoraire de l'archibasilique » et décida de célébrer le 13 décembre de chaque année, jour de la Sainte-Lucie et date anniversaire du Béarnais, une messe « pour la prospérité de la France », chargeant en outre le Lorrain Nicolas Cordier d'ériger dans la basilique une statue du souverain. Depuis, ce titre canonial est transmis à tous les chefs d'État français jusqu'à aujourd'hui ; la messe anniversaire continue à être célébrée et la statue du roi subsiste toujours.

Au-delà des symboles, les ajustements politiques étaient malaisés à réaliser. En France, le roi demeurait sous la surveillance des milieux dévots qui ne lui avaient pardonné ni son abjuration ni son absolution. Il ne lui seyait point de rallumer la vieille querelle capétienne du spirituel et du temporel, sans trop en faire pour ne pas indisposer cette fois les milieux gallicans de l'Église et du Parlement.

En 1597, il avait donné pleine satisfaction à Clément VIII en soutenant ses droits sur le duché de Ferrare à l'extinction de la branche légitime, à l'encontre des prétentions de César d'Este, appuyé par l'Espagne. L'année suivante, néanmoins, le fils aîné de l'Église l'avait mis devant le fait accompli de l'édit de Nantes. Dans sa lettre d'explication, il insistait sur sa « droite intention » de rétablir la religion catholique en son royaume. Malheureusement, soulignait-il, « tous les pas que j'ai faits pour parvenir à ce mien désir ne sont pas approuvés par tous ». Il avait dû se plier à une exigence morale très forte : faire cesser les conflits religieux. Il insistait donc sur le caractère provisoire de l'édit. « Très Saint-Père, quand mon ambassadeur vous dit que mon intention est de réduire mon royaume *avec le temps* à la seule religion catholique et de tirer profit de l'édit dernier que j'ai fait pour contenir mes sujets en paix et concorde, il dit vrai. » « Avec le temps » était l'expression clé : plus tard, on verrait ; pour le moment, il fallait être réaliste et s'accommoder de cette anomalie de deux religions dans un seul État.

Les années passées, la diplomatie du Saint-Siège n'était pas restée inactive. Sa médiation avait contribué à l'instauration des paix de Vervins et de Lyon. Clément VIII, qui suivait non sans inquiétude la montée des tensions au sein de la chrétienté, multiplia les efforts pour empêcher les deux principaux souverains, Henri et Philippe, d'en venir aux armes, exhortant le premier à libérer le passage du Rhône, qui risquait de devenir un *casus belli*. Par calcul politique, le Béarnais accepta et annula même la levée des 6000 Suisses supplémentaires. En choisissant de préserver la paix européenne au détriment de ses intérêts immédiats, il évitait de se lancer dans des efforts de guerre difficilement compatibles avec l'état de son royaume et il s'attirait la reconnaissance du pontife romain, qui par ailleurs avait appris avec colère la collusion de Philippe III et du défunt duc de Biron. Un climat de bonne entente entre la papauté et le royaume des lys s'ensuivit, malgré la persistance de la politique française d'ouverture en direction des Infidèles et, de façon plus générale, son souci d'indépendance. Attaché à l'Église romaine sur le plan dogmatique, il n'était pas question pour Henri IV de s'aligner sur la politique extérieure du Vatican. D'où, par exemple, son refus d'intervenir en faveur des catholiques anglais qu'on surnommait les « appelants ».

Selon Bernard Barbiche, le souci de contrecarrer l'influence espagnole au sein de la Curie fut l'une de ses préoccupations constantes. Envoyé dans la Ville Éternelle, l'habile Philippe de Béthune, conseiller d'État, aussi catholique que son frère Sully était ardent protestant, s'attacha à relever le parti français au sein de la cour pontificale en versant aux cardinaux italiens 68 500 livres de pensions, presque autant que les subsides distribués aux amis de Genève.

Cette politique fut couronnée de succès : deux papes pro-français furent successivement portés sur le trône de Pierre. En avril 1605, Alexandre de Médicis, cardinal de Florence, ancien légat à Paris, succéda sous le nom de Léon XI au bienveillant Clément VIII. Il décéda malheureusement vingt-sept jours plus tard (ce fut l'un des pontificats les plus courts de l'Histoire) et fut remplacé par Camillo Borghèse, Paul V, candidat des prélats français, qui achèvera la basilique Saint-Pierre.

Le pape, le Grand Turc et Venise

Comme son grand-oncle François Ier, Henri IV entendait garder des relations privilégiées avec la Porte. Son ambassadeur à Constantinople, François de Brèves, un des plus célèbres orientalistes du temps, était un remarquable négociateur. Ce fut par son entremise qu'en 1604 fut conclue avec le sultan Ahmed Ier une « capitulation », autrement dit un traité réglant le statut des étrangers dans l'Empire ottoman. Ce traité était fort avantageux pour la France puisqu'il faisait d'elle l'intermédiaire commercial unique, afin, disait le texte, que « les Vénitiens, les Anglais, les Espagnols, Portugais, Catalans, Ragusois, Genevois, Anconitains, Florentins et généralement toute autre nation quelle qu'elle soit, puissent généralement venir et trafiquer par nos pays, sous l'aveu et la sûreté de la bannière de France ».

Être l'ami du pape et du sultan obligeait le roi à des contorsions singulières. Il en fut ainsi lorsque Clément VIII appela les États de la catholicité à la croisade contre les Turcs, dont les janissaires ravageaient les provinces frontières de l'Europe. Sa lettre à son ambassadeur à Rome, le cardinal d'Ossat, du 20 janvier 1601 était un modèle du genre. Il y rendait compte de sa dernière conversation avec le légat Aldobrandini : « J'ai remontré audit cardinal que je devais me gouverner en ce fait avec plus de circonspection que les autres, à cause de l'alliance ancienne [avec la Porte] que les rois mes prédécesseurs ont contractée. » Même s'il avait donné sa parole de rejoindre la ligue projetée par le Vatican, il ne le ferait que « quand Sa Sainteté y aurait engagé les autres princes chrétiens », de façon à se « départir doucement de ladite alliance afin d'entrer librement et honorablement dans l'autre ». Bref, prudence, prudence, on verrait plus tard.

Les bons rapports avec le Saint-Siège se poursuivirent sous le pontificat du rigoureux Paul V, y compris lors de l'épineux conflit de juridiction qui éclata avec la riche et fort indépendante Sérénissime République, alliée traditionnelle du roi. En 1605, deux Vénitiens, détenteurs laïques de bénéfices ecclésiastiques, accusés d'outrages et de violences, avaient été emprisonnés et cités à comparaître devant le Conseil des Dix. Au nom de son droit de juridiction sur les affaires de l'Église, le pape envoya le 10 décembre au doge Marino Grimani une protestation par laquelle il exigeait que les coupables lui fussent livrés, de façon à les traduire devant un tribunal ecclésiastique. Grimani, malade, mourut. Élu en janvier 1606, le nouveau doge, Leonardo Donà, refusa de se plier à l'ultimatum romain. L'affaire s'envenima. Le combatif magistrat fut excommunié et avec lui l'ensemble du Sénat. La République répliqua par l'expulsion des Capucins, des Théatins et des Jésuites. À la « guerre des écrits » risquait de succéder un conflit armé, dans lequel le roi d'Espagne ne resterait nécessairement pas neutre. Après le droit canon, les coups de canon !

Dans le fameux arsenal de la cité, le doge renforça en toute hâte sa flotte de guerre, craignant une attaque espagnole et romaine. Le ton montait. L'Angleterre et les princes allemands lui offraient des secours militaires. À la demande du pape, Henri IV dépêcha le cardinal François de Joyeuse, archevêque de Rouen, afin d'apaiser les tensions. L'affaire fut réglée au bout d'un an, en avril 1607. Les Vénitiens acceptèrent finalement de livrer les deux malfaiteurs et de rappeler les ordres religieux, en contrepartie de quoi Rome leva ses censures. Ce fut un triomphe pour la diplomatie henricienne.

Fidélité à l'alliance avec les Suisses

À l'égard de Genève et des cantons suisses, tant catholiques que protestants, Sully et l'ambassadeur Dominique de Vic, ancien compagnon d'armes du roi, négocièrent un accord de remboursement partiel de l'énorme dette française. Là encore, ce fut une réussite diplomatique de premier ordre. L'accord signé à Soleure le 31 janvier 1602 par onze des treize cantons, rejoints un peu plus tard par celui de Berne, permettait le recrutement futur de 16000 nouveaux soldats. En octobre de la même année, la venue à Paris d'une ambassade suisse donna lieu à un déploiement de fastes comme on en avait rarement vu, tant dans la rue Saint-Honoré qu'au Louvre, à Notre-Dame ou à l'archevêché. Henri IV parut revêtu de vêtements somptueux, barrés d'une écharpe étincelante de diamants. Les députés suisses, habillés de velours, chaîne d'or au col, furent honorés et gavés au point de ressortir de ces agapes plus que généreuses avec « bonne trogne et face cramoisie ».

Moins de deux mois plus tard eut lieu l'épisode de l'Escalade, folle entreprise du duc de Savoie contre la seigneurie de Genève, commémorée aujourd'hui encore par des festivités populaires. Charles-Emmanuel, l'éternel brandon de discorde de l'Europe, qui n'avait pas digéré l'échec du traité de

Lyon, avait imaginé de s'emparer de la Rome du calvinisme, d'en chasser les hérétiques et d'y établir sa capitale. Malgré l'opposition du pape et de ses alliés espagnols, dans la nuit du 21 au 22 décembre 1602, à deux heures du matin, 300 soldats savoyards, revêtus de cuirasses teintes en noir, conduits par Charles de Simiane d'Albigny, ancien chef de la Ligue du Dauphiné passé à son service, escaladèrent les murailles de la ville. L'alarme fut promptement donnée et un des défenseurs suisses coupa la corde retenant la herse de la Porte Neuve, empêchant ainsi le gros de la troupe de pénétrer dans la ville. Ce fut un échec cuisant pour le duc. Henri IV intervint fermement en faveur des Genevois, contraignant son belliqueux cousin à signer le traité de Saint-Julien (21 juillet 1603) qui assurait à la cité du Léman un glacis démilitarisé de quatre lieues.

Il se soucia également de verrouiller les voies d'accès stratégiques par la Suisse aux Espagnols. Tout-puissant qu'il fût, le système hispano-impérial se heurtait aux difficultés de la géographie. Afin d'envoyer en Flandres catholiques des troupes destinées à combattre les calvinistes révoltés des Provinces-Unies, il fallait des mois entiers. De lourds vaisseaux partaient de Barcelone pour Gênes, république indépendante mais amie, d'où les soldats espagnols remontaient avec leurs canons et leurs équipements vers leur territoire milanais. Pour parvenir à destination deux routes étaient possibles, soit en traversant les terres savoyardes, leur province de Franche-Comté puis la Lorraine, soit en empruntant la haute vallée de l'Adda (la Valteline) et les terres d'Empire. Cette dernière route était la plus fréquemment empruntée, mais elle nécessitait de franchir les défilés alpins par le col du Stelvio, avant de gagner le Tyrol et le Danube, ou celui du Splügen par la route du Palatinat.

La Valteline intéressait au plus haut point les Français. Il leur fallait barrer cette route à leurs adversaires. Les Trois Ligues grisonnes, encore autonomes à cette époque, contrôlaient la région. Elles avaient signé un premier accord avec les Habsbourg. Elles en signèrent un autre en 1602-1603, totalement contraire, avec le roi de France et son allié vénitien, pour leur réserver le droit d'accès aux vallées. Furieux, le comte de Fuentes, gouverneur du duché de Milan, répondit par la construction en six mois – les ouvriers travaillèrent nuit et jour – d'un fort portant son nom au débouché de la Valteline, au nord du lac de Côme, et par un embargo sur les denrées alimentaires à destination des populations montagnardes, ce qui accrut une fois de plus les tensions franco-espagnoles.

Provinces-Unies et Allemagne

Avec les Hollandais, l'entente n'était pas toujours aussi cordiale qu'avec les Suisses. Le Béarnais ne cessait de leur conseiller de déplacer leurs opérations militaires vers le sud, notamment en direction de Dunkerque d'où partaient les corsaires espagnols, de façon à faire leur jonction avec ses propres troupes. Pas plus le stathouder Maurice de Nassau que l'avocat des États de Hollande, Johan Van Oldenbarnevelt, n'étaient dupes de cet empressement. Ils comprenaient que le Bourbon lorgnait sur la Flandre maritime et ses places francophones. En 1602, il s'ensuivit quelques frictions et une scène violente entre le roi et le rigide envoyé des Provinces-Unies à Paris, François Van Aerssen.

Henri IV se tournait aussi vers les souverains réformés d'Allemagne avec lesquels les relations étaient peut-être moins tendues, mais guère plus faciles. Pourtant, il échangea une chaleureuse et volumineuse correspondance avec Maurice, landgrave de Hesse-Cassel, dit le Savant, luthérien puis calviniste : un érudit de la Renaissance, à la fois philologue, littérateur, théologien, poète, mathématicien, chimiste, musicien et compositeur. Cette correspondance nous renseigne sur les efforts du roi à mettre sur pied avec les princes allemands, jaloux de leur indépendance, une confédération destinée à affaiblir la puissance impériale. Seuls les calvinistes Frédéric IV, dit le « Juste », comte palatin du Rhin, Joachim Ernst de Brandebourg, margrave d'Anspach, et le Magistrat protestant (autrement dit le collectif des échevins) de Strasbourg répondirent à son appel. Ce projet n'eut pas de suite immédiate, pas plus que celui du landgrave de Hesse-Cassel et de quelques princes germaniques qui auraient aimé voir Henri IV ceindre la couronne de Charlemagne. Le Bourbon fut à plusieurs reprises tenté par ce vieux rêve qu'avaient autrefois caressé François Ier et Henri II. Il finit par y renoncer, comprenant que, dans les équilibres géostratégiques fort compliqués des Allemagnes à cette époque, sa candidature était vouée à l'échec. Pour sa compréhension du Saint Empire, il était puissamment aidé par son délégué outre-Rhin, Jacques Bongars, diplomate, grand connaisseur des réalités germaniques.

Jusqu'en 1606, le roi eut du mal à faire de ses anciens alliés protestants de Germanie des instruments de sa lutte contre la maison d'Autriche. Beaucoup lui reprochaient le retard apporté au remboursement de ses dettes. C'est pourquoi il aborda avec prudence certaines questions, celle de la succession de l'évêché de Strasbourg, par exemple, opposant l'un des fils de l'Électeur de Brandebourg, évangélique, à Charles de Lorraine, évêque de Metz, catholique, querelle dans laquelle il se garda d'intervenir par crainte de remous internes et externes.

Ses idées avançaient néanmoins. En mai 1608, à la suite de l'occupation par le duc Maximilien de Bavière de la ville libre de Donauworth, en Souabe, occupation effectuée à la demande de Rodolphe II qui voulait y garantir l'exercice du culte catholique violemment bafoué par des manifestants luthériens, les principaux princes luthériens et calvinistes – l'Électeur palatin, les ducs de Neubourg et de Wurtemberg, les margraves de Kulmbach et de Baden-Durlach – formèrent une Union évangélique à l'initiative du prince Christian d'Anhalt, lui-même partie prenante dans l'accord. Ces efforts enchantèrent le roi, qui eut la prudence, malgré l'avis contraire de Sully, de rester à distance, afin de ne pas donner l'impression de provoquer la puissance impériale.

Depuis fort longtemps, Henri IV s'intéressait à la Lorraine, ce duché indépendant, tampon entre la France et les Allemagnes, d'où était issue la redoutable branche des Guises. Les liens avec la famille ducale s'étaient resserrés grâce à l'union de sa sœur Catherine avec Henri, marquis de Pont-à-Mousson, héritier du duché, lequel succéda à son père Charles III en 1608 sous le nom d'Henri II. Malheureusement, Catherine était décédée sans enfants (le ménage n'avait guère été heureux, lui étant profondément catholique, elle restant farouchement huguenote). Le prince s'était alors remarié avec Marguerite de Mantoue, nièce de Marie de Médicis, ce qui assurait le maintien des liens. Henri, soucieux de donner à la France des frontières sûres, ne désespérait pas, à plus ou moins longue échéance, d'annexer ce territoire hautement stratégique.

Henri IV et l'Angleterre

La farouche et excentrique fille d'Henri VIII, Élisabeth, était morte le 24 mars 1603. Sous son règne, l'entente cordiale n'avait pas été un chemin parsemé de roses. Henri de Navarre, tout en lui étant reconnaissant de son aide, avait pesté contre la modestie des secours accordés et parfois ses dérobades. Plus tard, il avait critiqué les actions de la piraterie anglaise en Méditerranée ou aux abords des ports toujours convoités par elle, Calais et Le Havre. De son côté, la souveraine ne cessait de se plaindre de la lenteur des remboursements des sommes avancées dans les temps difficiles. Tous deux restaient des alliés fidèles, mais ne s'estimaient qu'à l'aune de leurs intérêts. La reine d'Angleterre n'était-elle pas, comme l'écrivait Henri à

Sully, « l'ennemie irréconciliable de nos irréconciliables ennemis » ?

Son successeur fut le fils de Marie Stuart qu'elle avait fait décapiter après dix-huit ans de captivité. Baptisé catholique, élevé dans le rite presbytérien de l'Église d'Écosse, Jacques VI d'Écosse monta sur le trône sous le nom de Jacques Ier, réunissant sur sa tête les couronnes d'Angleterre, d'Irlande et d'Écosse. Quelle orientation le nouveau souverain d'outre-Manche, qui manifestait le désir de renforcer le caractère absolutiste de son pouvoir, allait-il donner à sa politique étrangère ? La question était capitale pour l'équilibre européen. Les cours de Madrid et de Vienne songeaient déjà à le détacher de l'alliance avec les Hollandais et les Français.

Conscient de l'enjeu, le Bourbon lui dépêcha en juin son ami le plus sûr, « celui, disait-il, qui avait le plus de connaissance de l'intérieur de mon cœur », Sully en personne, qui intervenait ainsi, une fois de plus, dans le domaine réservé de Villeroy. Cette ambassade en grand arroi, comprenant environ 80 gentilshommes et 300 domestiques, fut reçue avec magnificence au palais de Greenwich. Elle avait pour objectif principal de persuader le souverain d'Angleterre, orgueilleux et craintif, au naturel ombrageux, de poursuivre la guerre contre l'Espagne en lui faisant miroiter une aide militaire et un mariage entre son fils le prince de Galles et Élisabeth, la fille du roi qui n'avait alors que quelques mois.

Un accord financier, avantageux pour la France, fut ratifié au palais de Hampton Court le 30 juillet 1603 : sur la subvention de 450000 écus qu'Henri IV envoyait annuellement aux Provinces-Unies, 150000 viendraient en déduction de la dette qu'il avait à l'égard des Anglais. Toutefois, Jacques, loin de suivre les conseils guerriers de son cousin français, fit la paix avec l'Espagne au traité de Madrid du 28 août 1604, s'engageant à cesser toute aide directe ou indirecte aux Hollandais. La politique de rapprochement avec l'Angleterre allait du reste mettre en porte-à-faux Henri IV, Rome et la chrétienté.

En effet, à la suite de la conspiration des Poudres de 1605, une législation anticatholique fut mise en place par le très protestant fils de la très catholique Marie Stuart*.

L'Espagne, la paix sans l'« amitié »

Après la signature du traité de Vervins en 1598, les relations diplomatiques furent officiellement régularisées entre la France et l'Espagne. Jean-Baptiste de Tassis puis Balthazar de Zuñiga occupèrent successivement le poste d'ambassadeur à Paris. En réalité, à la guerre ouverte entre les deux pays avait succédé une paix conflictuelle, on dirait aujourd'hui une guerre froide.

En effet, le traité avait été entaché de l'affaire Biron, du complot du comte d'Auvergne et du sieur Balsac d'Entragues, de la révolte du duc de Bouillon côté espagnol, des soutiens apportés à la cause hollandaise côté français. Les intérêts économiques interféraient également. Dans l'entourage du roi, les mercantilistes s'opposaient vivement à l'impérialisme commercial espagnol, qui se réservait le monopole absolu des échanges avec l'empire colonial. Français comme Anglais tournaient les interdits par une active contrebande. S'ajouta bientôt à ces griefs une guerre des tarifs protectionnistes. Au droit de douane de 30 % mis sur les marchandises françaises pénétrant en Espagne, les Français rétorquèrent en novembre 1603 par une mesure identique frappant les produits importés, à l'exception des vins et des grains. Les rapports s'envenimaient. Le 8 février 1604, Henri IV interdit tout commerce

* Dans la nuit du 4 au 5 novembre 1605, un soldat catholique nommé Guy Fawkes fut découvert dans les caves du palais de Westminster. Il se préparait, avec des complices, à faire exploser 36 barils de poudre au moment de l'ouverture solennelle de la session du Parlement qui devait se tenir en présence du roi et de sa famille.

avec l'Espagne, menaçant même d'« épouser la cuirasse » et de remonter à cheval. Finalement, le traité de Paris du 12 octobre, signé grâce à la médiation de Jacques Ier d'Angleterre et du nonce en France, le cardinal Innocenzo Del Bufalo, mit fin à cette guerre tarifaire.

On apprit à ce moment-là la trahison de Nicolas Lhoste qui choqua beaucoup à Paris. Pendant plus de trois ans, ce principal commis du secrétaire d'État aux Affaires étrangères Villeroy, dont il était le filleul, corrompu par l'or espagnol et – comme dans toute bonne histoire d'espionnage – par les charmes d'une trop belle Castillane, avait livré au duc de Lerma les secrets les mieux gardés de la diplomatie royale. Agissant sous le nom de code d'*el Andalou*, disposant du chiffre des ambassadeurs et ayant accès à l'ensemble des dépêches, l'habile espion avait pénétré le « cœur des centres de décision de l'État » (Alain Hugon). Démasqué en avril 1604, il parvint à s'enfuir avec un courrier flamand de l'ambassadeur Zuñiga. Poursuivi, il fut retrouvé noyé dans la Marne dans des conditions inexpliquées. Qu'à cela ne tienne ! Pour mettre en garde le peuple contre ce crime, il fut ramené à Paris, traîné sur une claie en place de Grève et tiré à quatre chevaux.

La tension était à son comble. Dans sa dépêche du 27 avril, l'ambassadeur de Venise assurait que le Conseil du roi s'était interrogé sur l'opportunité de déclarer la guerre à l'Espagne. Un jour qu'un grand seigneur ibérique, envoyé à Paris à titre d'ambassadeur extraordinaire, se plaignait devant Henri IV de ce qu'il faisait à son maître la « guerre en renard », au risque de le contraindre à la lui faire « en lion », celui-ci lui rétorqua avec fermeté que si son maître « lui faisait la guerre en bête, il la lui ferait en homme qui saurait encore mieux assommer les bêtes qu'il n'avait châtié les hommes » (Villegomblain). Il ne fallait point trop chatouiller le Béarnais !

L'opinion française était divisée, saturée de libelles contradictoires. *Au soldat françois*, d'orientation belliciste, lu par des soldats désœuvrés, répondait *L'Anti-Soldat françois*, qui plaisait aux bourgeois pour son éloge de la paix. Certains étaient anonymes, d'autres comme *Polémandre* vendus sous le nom des fous du roi censés s'opposer à la politique de leur maître, Mathurine, Maître Guillaume, Chicot, Cadet et Angoulvent. Ce n'était que « fadèzes et bagatelles », assurait Pierre de L'Estoile, friand pourtant de ces feuilles polémistes qu'on achetait pour un ou deux sous dans les échoppes de toile blanche du Pont-Neuf.

Malgré ces difficultés, il y avait, tant du côté d'Henri IV que de Philippe III, un désir d'apaisement et la volonté de donner des gages. Dans les relations internationales de l'époque, la notion de paix allait de pair avec celle d'« amitié ». Ces démonstrations publiques entre têtes couronnées – caractéristiques de cette « société des princes » décrite par Lucien Bély – évoluaient en général vers des unions dynastiques destinées à resserrer davantage les liens. Or, ce genre d'effusion manquait à la boiteuse paix de Vervins.

À la fin de 1602, un prélat italien, Mgr Roberto Ubaldini, qui deviendra nonce apostolique à Paris, avait lancé le premier l'idée d'un mariage entre le Dauphin et doña Ana (Anne d'Autriche), nés à quelques jours d'intervalle (le 27 et le 22 septembre 1601). Quel meilleur gage de l'« amitié » indéfectible entre les deux plus grandes nations de la chrétienté ? Cela paraissait prématuré. Henri avait une aversion naturelle pour l'Espagne, son caractère, ses goûts, qui remontait à son enfance pyrénéenne. L'opinion elle-même n'était pas prête. Si les anciens ligueurs, inquiets de la persistance des alliances protestantes du roi, poussaient au rapprochement avec l'Espagne et le Saint-Siège, les protestants et les catholiques modérés, qu'on appelait toujours les « bons Français », répondaient par une campagne de libelles et de pamphlets dénonçant Villeroy, déstabilisé par l'affaire Lhoste, comme agent à la remorque de Madrid.

Bref, la guerre froide continuait de sévir. En réponse aux intrigues espagnoles, en particulier au soutien apporté à Biron et aux autres conspirateurs, le roi tenta de susciter des difficultés internes à l'Espagnol en soutenant la résistance des morisques de Valence, ces populations arabes mal converties, soumises à la réprobation universelle, que le cabinet de Madrid persécutait. Il en accueillit quelques centaines, de même qu'il avait ouvert ses portes aux marranes, ces juifs eux aussi mal convertis, et aux réfugiés portugais. Plusieurs agents français incitaient les mécontents à la révolte. L'un d'eux, Pascal de Saint-Estève, envoyé par le duc de La Force, gouverneur du Béarn, fut dénoncé à Philippe III par un Anglais. Torturé, il fut condamné à mort et pendu en septembre 1605.

Dès ce moment, la déportation des morisques fut décidée et préparée en grand secret. Un premier édit, le 4 août 1609, les expulsa du royaume, un second, le 22 septembre, annonça la mobilisation à cet effet de la flotte. Environ 900 000 morisques quittèrent leur pays natal, désorganisant grandement l'industrie et le commerce qui n'en avaient guère besoin. Certains trouvèrent refuge en France, en Italie, au Maroc ou en Turquie, d'autres périrent en mer ou s'échouèrent sur les plages de Barbarie. L'administration espagnole fonctionnant mal ou étant corrompue, de nombreux autres survécurent cachés, échappant au sort tragique de leurs compatriotes. En février 1610, Henri IV fit savoir aux exilés que « ceux qui voudraient vivre en la religion catholique auraient permission de s'installer en deçà des rivières de la Gironde et de la Dordogne ».

L'apaisement enfin

À partir de 1606, la situation européenne évolua. Le redressement intérieur de la France était devenu sensible. Le trésor de guerre amassé par Sully permettait de parler haut et fort à l'Europe, au moment où l'Espagne, empêtrée plus que jamais dans ses difficultés économiques et financières et ne rencontrant aucun soutien du côté du lymphatique empereur Rodolphe II, se montrait toujours incapable de mettre fin à la rébellion néerlandaise.

La naissance en 1605 à Valladolid d'un héritier mâle – le futur Philippe IV – avait ôté à Charles-Emmanuel de Savoie son espérance de succéder à son beau-frère Philippe III sur le trône espagnol. Mettant fin à son balancement perpétuel entre les deux puissances de la chrétienté, le duc finit par basculer définitivement du côté français. Signé le 25 avril 1610, quelques semaines avant l'assassinat du souverain, le traité de Brussol prévoyait une alliance offensive et défensive entre les deux pays ainsi que le mariage d'Élisabeth de France et du prince héritier, Victor-Amédée.

Pendant ce temps, la lassitude avait gagné les sept Provinces-Unies, où les aspirations à la paix d'une large partie de la population se faisaient de plus en plus pressantes. L'avocat des États-Généraux, Van Oldenbarnevelt, représentant du parti des patriciens, des bourgeois et des négociants, imposa au stathouder Maurice de Nassau de négocier avec Philippe III et les archiducs.

Cette démarche eut pour effet d'inquiéter Henri IV, qui, n'étant pas partie prenante dans les discussions, se sentit exclu. La reconnaissance de la pleine indépendance des Provinces-Unies paraissait à terme inéluctable, car l'Espagne n'avait plus les moyens de soutenir une guerre qui se prolongeait depuis quatre-vingts ans. Toutefois, la fin des hostilités pouvait se faire au détriment des intérêts français. C'est la raison pour laquelle le Bourbon envoya le président Pierre Jeannin en mission à Amsterdam, afin de gagner par des promesses de subsides des députés des États.

Un accord franco-hollandais, conclu le 23 janvier 1608, consolida l'alliance et assura les insurgés calvinistes du soutien français en cas de rupture des pourparlers de paix (envoi d'argent, de munitions et même d'un contingent de 10000 hommes). Cette rupture n'était pas à exclure : une armée espagnole venait en effet de remonter d'Italie vers les Pays-Bas par la Valteline. Maîtrisant ses pulsions bellicistes, Henri avait opté pour la paix. « Ces pantalons, disait-il, me veulent mener à la guerre, mais je ne m'y mettrai pas de sitôt. »

Entamés à La Haye sous la médiation de l'Angleterre et de la France, les pourparlers aboutirent à la signature par les belligérants à Anvers le 9 avril 1609 d'une trêve de Douze Ans, qui équivalait, par ses conditions, à une indépendance de fait. Philippe III et les archiducs reconnaissaient les provinces confédérées comme « pays libres, États et provinces sur lesquelles ils n'avaient rien à prétendre ». La liberté de commercer avec les territoires ne faisant pas partie de l'Empire espagnol était reconnue aux anciens rebelles. C'était un coup porté à la domination habsbourgeoise. De cet accord, dont Henri IV et Jacques Ier se portèrent garants dès le mois de juin suivant, allait émerger en peu d'années la formidable puissance maritime et navale batave.

Le projet de mariage du Dauphin Louis avec l'infante doña Ana Mauricia (Anne d'Autriche) refit alors surface, poussé par les dévots, le nonce Ubaldini et le cabinet espagnol. Pour beaucoup le destin de la petite semblait tracé puisqu'il était la clé de la paix de la chrétienté. Le roi de France, si attaché à la gloire de sa lignée, pourrait-il négliger pour son fils aîné la première princesse de l'univers ? Néanmoins, l'arrivée à Paris en juillet 1608 de l'ambassadeur don Pedro de Toledo, marquis de Villafranca, personnage déplaisant à la morgue castillane, retarda la conclusion d'un accord. Percevant une manœuvre, le Bourbon repoussa ses offres.

À la fin de 1609, celui-ci s'ouvrit à son vieux compère Lesdiguières, qu'il venait de faire maréchal de France, des combinaisons matrimoniales qu'il avait en tête, afin de conforter la grandeur de la France et d'« établir sa propre famille au-dessus des princes du sang de toutes les autres maisons ». Le Dauphin Louis n'épouserait pas l'infante Ana, mais Nicole, la fille du duc Henri II et de Marguerite de Gonzague, princesse héritière de Lorraine, qui venait de naître l'année précédente, de façon à permettre à la génération suivante d'incorporer cette province essentielle, où par chance la loi salique n'existait pas ; sa fille aînée Élisabeth s'unirait à Victor-Amédée, prince de Piémont, héritier du duché de Savoie (comme le prévoira le traité de Brussol) ; Chrétienne se marierait à un infant d'Espagne ; son second fils, Monsieur d'Orléans, épouserait Mlle de Bourbon-Montpensier, l'une des plus riches héritières de France* ; sa dernière fille Henriette-Marie deviendrait reine d'Angleterre.

Finalement, les mariages des enfants royaux se firent sous le règne suivant, pas tous dans le sens souhaité par le Béarnais, mais tous prestigieux et utiles aux intérêts nationaux. Conclue en 1612, sous la régence de Marie de Médicis, l'union de Louis XIII et doña Ana Mauricia fut célébrée à Bordeaux le 21 novembre 1615. Élisabeth de France épousa le même jour le futur roi d'Espagne Philippe IV. C'était la concrétisation du rapprochement franco-espagnol dans lequel Henri avait hésité à s'engager. Le 10 février 1619, Christine de France lia son destin à celui de Victor-Amédée, futur duc de Savoie. Gaston, duc d'Anjou puis d'Orléans, épousa Mlle de Montpensier, remplaçant ainsi son frère aîné décédé. Quant à la dernière fille, Henriette-Marie de France, née en 1609, elle se maria avec Charles, prince de Galles et futur roi d'Angleterre, le 13 juin 1625 dans la cathédrale de Canterbury. Les Bourbons réussirent ainsi à se nicher dans les principales familles régnantes d'Europe.

Si l'on fait le bilan des dix dernières années de la politique étrangère du roi, on peut être impressionné par les résultats. La paix avec la Savoie s'était transformée en alliance ; la trêve de Douze Ans, qui allait modifier durablement la donne

* L'enfant, frère cadet de Louis XIII, simplement ondoyé à sa naissance, n'avait pas reçu de prénom. Il devait mourir le 17 novembre 1611 à l'âge de quatre ans.

géopolitique dans l'Europe du Nord, avait été signée grâce à son entremise ; Venise, la Suisse, l'Angleterre avaient conclu des traités d'amitié, et une force d'opposition aux prétentions impériales des Habsbourg, l'Union évangélique, était née en Allemagne. Tout était en place pour le dernier acte, la crise majeure de succession des duchés de Clèves et Juliers.

27

LE MORTEL ENGRENAGE

Le javelot de l'amour

Le monarque vieillissant se laissa prendre une fois de plus aux charmes vénéneux de sa mythomane diabolique, la châtelaine de Verneuil. À l'automne de 1607, il l'autorisa à revenir à la Cour avec ses enfants, à la grande fureur de la reine. Ne pouvant la voir à son gré, car elle restait la plupart du temps à Verneuil ou à Marcoussis, il lui adressait des épîtres enflammées. « Mon inclination et toutes mes résolutions me portent tellement à vous aimer qu'il faudrait de grands efforts d'ingratitude pour m'ébranler » (20 octobre). « Hors de votre présence, je n'ai pas plus de joie qu'il y a de salut hors de l'Église » (23 octobre). « J'aurai le contentement de vous voir demain sans faillir. Je le désire plus que vous, car je vous aime plus que vous ne m'aimez. [...] Je finis baisant mes petits garçons » (3 novembre). Les mois passaient et la passion ne s'émoussait pas : « Je donnerai le reste de la journée à mon contentement, qui sera de vous aller voir, vous baiser et vous embrasser » (courant 1608).

Elle faisait de lui ce qu'elle voulait, pendant qu'elle combinait son propre mariage avec son amant, le duc de Guise. Un jour qu'elle était en colère, elle osa lui jeter à la face qu'« elle tenait sa vie entre ses mains ». Henri, de son côté, reprit ses récriminations : « Vous êtes une moqueuse, et à partir de là vous dites que vous me connaissez bien. Vous vous êtes si mal trouvée de me vouloir mener à la baguette que vous vous devriez être faite sage. Vous me menacez de vous en aller à Verneuil ; faites ce qu'il vous plaira. Si vous ne m'aimez pas, je serai fort aise de ne vous point voir. Si vous dites m'aimer, c'en est un mauvais témoignage de vous en aller quand j'arrive... » Mais, à la fin de 1608, le charme se rompit. Elle tomba définitivement en disgrâce. Trop de brouilles et de disputes avaient eu raison de l'envoûtement royal. Il ne la revit plus que de temps à autre. Elle allait sur la trentaine, maigre et jaune. Or on sait qu'il était porté sur « le blanc et le gras ». Cela ne l'empêchait pas, malgré les atteintes du temps et les lazzis de ses maîtresses qui s'entendaient à le berner, de poursuivre sa quête amoureuse échevelée. Cœur tendre et voluptueux, il était capable de s'enflammer pour une amourette et prêt à se perdre par des promesses inconsidérées.

Le 17 janvier 1609, au palais du Louvre, Marie de Médicis s'activait à préparer le *Ballet des nymphes de Diane*, une féerique création sur un livret de Pierre Guédron et une musique d'Antoine Boesset, composée de quatre danses et d'une courante, qui devait se jouer deux semaines plus tard dans la salle haute de l'Arsenal. Le palais était en effervescence. Gardes du corps, laquais en livrée soulevant de lourds décors, musiciens transportant leurs instruments, demoiselles en tenue légère se croisaient fébrilement dans les couloirs et les antichambres. La reine devait y incarner la figure allégorique de la déesse chasseresse, entourée de douze nymphes, ses demoiselles d'honneur.

Contrairement à son habitude, Henri avait refusé d'assister aux répétitions. Il boudait parce que sa femme lui avait refusé d'inclure dans le corps des danseuses sa favorite du moment, Jacqueline de Bueil, comtesse de Moret. Comme il traversait la salle haute du Louvre, son grand écuyer Bellegarde lui souffla à l'oreille : « Voyez, Sire, Mlle de Montmorency est admirable ! » Levant la tête, il vit une troupe de danseuses légèrement drapées d'étoffes aux couleurs vives – un simple crêpe « fort délié » qui ne cachait rien – brandissant des javelots dorés qu'elles faisaient mine de lancer. Celui de la demoiselle la plus proche s'arrêta net. Henri fut ébloui.

Dernière fille du connétable Henri de Montmorency-Damville et de sa seconde femme, Louise de Budos, Charlotte Marguerite avait un teint merveilleusement nacré, comme on les appréciait à l'époque, des cheveux blonds encadrant un front haut, de grands yeux azuréens et une bouche petite : un lys éblouissant et fragile au charme irrésistible. Cette jouvencelle de quatorze ans, aux formes délicatement accomplies, semblait animée d'un air de tendre fierté. « C'était, disait Pierre de L'Estoile, la plus belle dame, non de la Cour seulement, mais de la France. »

Le vieux faune fripé de cinquante-cinq ans, aux traits fatigués, aux dents jaunies, aux cheveux grisonnants, perclus de rhumatismes, souffrant constamment de migraines dues à des excès de table, fut soudain submergé par une violente, une folle et sénile passion. Paralysé le soir même par une attaque de goutte, il vécut durant une semaine dans l'exaltation du geste mutin de cette demoiselle aux grâces encore enfantines. Il en perdit le sommeil, l'appétit et jusqu'à sa gaieté naturelle. L'inaction ne fit qu'entretenir l'imagination et l'imagination la passion. De bons compagnons, Bellegarde, Bassompierre et Gramont, se relayèrent à son chevet pour lui lire des passages de *L'Astrée*, le roman à la mode d'Honoré d'Urfé, qu'il affectionnait particulièrement.

La Cour, bien sûr, rendit visite au malade. La petite nymphe chasseresse parut elle aussi, accompagnée de sa tante âgée, Diane de France, duchesse d'Angoulême, qui remplaçait sa mère décédée. Elle devait épouser prochainement l'élégant Bassompierre, seigneur lorrain de vieille roche et vaillant compagnon d'Henri. Les fiançailles avaient été célébrées avec faste. Brûlant de fièvre, épuisé par les insomnies, le roi obtint le retrait du fiancé : « Bassompierre, je suis devenu non seulement amoureux, mais furieux et outré de Mlle de Montmorency. Si tu l'épouses et qu'elle t'aime, je te haïrai ; si elle m'aimait, tu me haïrais. » Il fallait à la belle un mari consentant et « inoffensif ». Il avait le candidat rêvé sous la main : Henri II de Condé, premier prince du sang, fils posthume de son cousin germain, dont il avait douté de la légitimité. Ce blondinet de vingt ans, petit, laid, mou, timide, maussade, insignifiant, dépourvu de fortune et de relations, avait l'avantage de s'intéresser davantage à la chasse qu'aux dames. On lui prêtait des penchants homosexuels.

Le mariage avec Monsieur le Prince

Le 28 janvier au soir, relevé de sa crise de goutte, Henri IV se précipita à la dernière répétition du ballet de la reine. Le 31, il assista à la première à l'Arsenal, où l'on avait aménagé trois étages d'estrades, ravi de voir danser sa jolie nymphe au javelot enchanteur. Bientôt, il lui envoya des stances galantes, rédigées par Malherbe, et des lettres enfiévrées. La fille du connétable, flattée, comblée, sûre de sa beauté et de ses charmes, goûtant l'enivrant bonheur d'être adulée, en fut remuée. À son tour, elle prit la plume. Romanesque, l'esprit empli des œuvres de Cervantès et d'Urfé, elle était prête, malgré son âge tendre, à répondre à l'élan du chenu Vert Galant. Il était ridé ? Qu'importe, puisque chacune de ses rides portait la marque d'une victoire ! Elle en oubliait sa crasse repoussante, son insupportable odeur, sa chevelure négligée, son profil de gargouille. La future mère du Grand Condé admirait non pas tant le monarque tout-puissant que le héros empanaché, auréolé de bravoure et de gloire, le vainqueur de Coutras, d'Arques et d'Ivry. Et cette image de jeunesse et de grandeur qu'elle lui renvoyait augmentait encore l'exaltation royale. Henri se sentait rajeunir, ramené au temps de ses amours avec Corisande.

Leur correspondance secrète était alambiquée, emplie de symboles et de pseudonymes. On était dans les premières fleurs de la préciosité. La petite y faisait figurer son monogramme tout neuf : deux C affrontés affectant la forme d'un X (analogues aux deux D opposés de Diane de Poitiers) ainsi que des « fermesses » – des S fermés, tranchés obliquement –, signes de cœurs embrasés et d'amours indéfectibles que l'on trouve dans l'emblématique espagnole, notamment dans le *Don Quichotte* de Cervantès, paru quatre ans auparavant. Ces lettres truffées de surnoms (l'« esprit », l'« astre », la « déesse », la « fée », la « Dulcine », la « moutonne », le « sabin », le « sage »...) prouvaient que leurs sentiments étaient partagés. Il était son « Tout », son « cher et divin Astre ».

Le chétif Condé, fort cupide et ignorant l'intrigue, ne fit aucune difficulté à accepter l'épouse et la riche pension qui lui serait allouée. Sully avait bien tenté de s'opposer à cette nouvelle et folle aventure, mais comment résister à un tel torrent ? Le lundi 2 mars, jour des accordailles, le contrat de mariage fut signé au Louvre par le roi et les hauts dignitaires. Le connétable donnait à sa fille 300 000 livres et une pension annuelle de 5 000 livres. Le futur époux, pour sa part, lui constituait en douaire le château de Vallery, non loin de Sens, et celui de Muret, près de Soissons, à prendre sur la succession à venir de sa mère. Quant à Henri IV, il gratifiait son jeune cousin d'une pension de 150 000 livres qui devait entrer dans la communauté de biens. Il clamait qu'il voulait assurer un bel établissement à son cousin et combler de faveurs la fiancée. Bien peu étaient dupes. La passion de ce Géronte faisait l'objet de conversations mi-indignées, mi-ironiques.

La noce fut célébrée dans l'intimité le 17 mai au château de Chantilly. Aucun prince du sang ne vint. Le roi, qui se trouvait à Fontainebleau, y avait dépêché son maître écuyer Antoine de Pluvinel pour lui en conter le détail. Puis les jeunes mariés s'installèrent à Paris. Marie de Médicis se réjouit auprès du connétable de l'« heureuse consommation » du mariage. Consommation, peut-être, mais heureuse, sûrement pas. Charlotte, follement éprise du « divin Astre », loin de fondre dans les bras de son mari, suscita sans tarder sa colère. Commençant à deviner le rôle que son parrain lui réservait, il se mit à la traiter avec hauteur, à la persécuter, dira-t-elle. « Le prince est méfiant, brutal et ne semble pas vouloir entendre la plaisanterie », écrivait l'envoyé de Toscane à Paris.

Les amoureux, qui ne parvenaient pas à se voir, continuaient de s'écrire des lettres enflammées, qu'ils s'enivraient à lire et relire. La crise éclata le 12 juin à Fontainebleau, où Condé et sa femme avaient été impérativement conviés. Le prince sollicita du roi son congé, afin de se retirer avec Charlotte dans l'un de ses châteaux. Le monarque ayant refusé avec brusquerie, il le traita de tyran, et celui-ci de rétorquer : « Jamais je n'ai fait acte de tyrannie, sauf quand je vous ai fait reconnaître pour ce que vous n'êtes pas ! » Il ajouta méchamment que quand il voudrait, « il lui montrerait son père à Paris », faisant allusion au soupçon d'adultère de sa mère, Charlotte de La Trémoille. Et il donna ordre à Sully de suspendre le paiement du quartier d'avril de sa pension et de ne régler aucune de ses créances. Condé ne décolérait pas. Il confia à Villeroy qu'il était prêt à se « démarier » plutôt que d'accepter le déshonneur. De par les lois divines et humaines, n'avait-il pas sur son épouse tous les droits ?

Pendant ce temps, le roi multipliait les extravagances. Un soir, toujours à Fontainebleau où le couple était retenu, le Roméo à barbe blanche se glissa sous le balcon de sa blonde Juliette. À sa supplication, elle apparut entre deux flambeaux, les cheveux au vent. Il manqua de s'évanouir. « Mon Dieu, qu'il est fou ! », s'écria-t-elle en éclatant d'un rire cristallin, au comble du ravissement. « C'est une telle furie d'amour, écrivait le duc de Nevers au duc de Mantoue, et qui tient ses sens si embarrassés que quasi il n'est capable d'autres affaires, sinon celles qui concernent cette affection. »

L'« enlèvement innocent »

Le 17 juin, soudainement, Condé emmena sa femme au château de Vallery, dans l'espoir que son éloignement la conduirait à de meilleurs sentiments. Henri IV en fut inconsolable. Le mariage de son fils César de Vendôme avec Mlle de Mercœur devant avoir lieu trois semaines plus tard, il exigea de son filleul de revenir à Fontainebleau avec sa femme. Il fallut s'exécuter.

Le Vert Galant semblait rajeuni. L'amour, un amour fou, une envoûtante exaltation, comme il n'en avait peut-être jamais connu, l'avait métamorphosé. Pour accueillir sa belle, l'*Astre* s'était lavé – oui, lavé ! –, parfumé, avait ajusté avec recherche des vêtements élégants et taillé sa barbe. « Il fit toutes folies que pouvaient faire les jeunes gens, conte Tallemant des Réaux. Il courait la bague avec un collier de senteur et des manches de satin de Chine. » Marie de Médicis, exaspérée, craignait d'être exilée, répudiée, empoisonnée peut-être. Elle multipliait les scènes fracassantes. Le roi et Condé se querellèrent à nouveau.

Ne doutant plus que Charlotte, qui l'avait pris en aversion, allait fondre dans les bras de son soupirant, le prince décida de quitter la Cour sans autorisation et de se réfugier dans sa demeure de Muret en Soissonnais, près d'Oulchy-le-Château. Le couple participa ainsi aux chasses d'automne en Picardie. Alors qu'il était invité par le comte de Trigny, gouverneur d'Amiens, à fêter la Saint-Hubert en son château près de Breteuil-sur-Noye, Henri IV, accouru clandestinement, se cacha derrière une tapisserie d'où, par un trou, il vit la jeune femme « tout à son aise ». Celle-ci avait été avertie. Un jour qu'elle partait en promenade en carrosse avec sa belle-mère, elle vit de sa portière un curieux fauconnier qui attendait dans la cour, un oiseau de proie sur le poing. Elle étouffa un cri et se rejeta au fond de la voiture. Encore lui ! Ne se rendant compte de rien, la princesse douairière donna l'ordre de se mettre en route. Au retour, lors d'une halte, Charlotte aperçut un homme vêtu en postillon, un bandeau sur l'œil gauche. Lui, encore lui ! Quelle folie ! Elle était traquée par son amoureux éperdu... et ravie de l'être ! Le vieux muguet ne reculait devant aucune extravagance. À la Cour aussi bien qu'à la ville on fit des gorges chaudes de cette escapade. « On ne bruiait [*sic*] d'autre chose, écrivait L'Estoile, mais secrètement et à l'oreille pour le danger qu'il pouvait y avoir d'en parler. »

Le 29 novembre, à quatre heures du matin, à Muret, Condé invita Charlotte à prendre place dans son carrosse de campagne et, sous prétexte de lui montrer comment on rabattait un sanglier dans les toiles, emprunta avec elle la route des Pays-Bas espagnols. Le Bourbon sauvait son honneur. Rapt de légitime défense, « enlèvement innocent », selon la formule du secrétaire du prince, Claude Enoch Virey, qui faisait partie de l'équipée. Certes ! Il n'en restait pas moins que, poussé par l'ambassadeur d'Espagne, le cousin venait de commettre une faute grave, très grave : il s'était enfui à l'étranger sans l'autorisation de son seigneur et maître.

Henri IV s'emporta. Il savait qu'aussi bien à Madrid qu'à Bruxelles beaucoup contestaient son second mariage et sa descendance légitime. La présence à l'étranger de son cousin, premier prince du sang, son héritier indirect, allait renforcer le parti espagnol. Il fallait montrer de la fermeté en menaçant de guerre l'archiduc Albert et sa femme l'infante Isabelle, gouverneurs des Pays-Bas catholiques, s'ils hébergeaient les fuyards.

Blessés par ces menaces, les archiducs décidèrent, ne fût-ce que pour faire pièce à l'arrogance royale, de leur réserver à Bruxelles un accueil digne de leur rang. Puis Condé, à leur demande, prit la route d'Aix-la-Chapelle et de Cologne, où les

Magistrats, ravis de jouer un mauvais tour au roi de France, lui offrirent l'hospitalité.

Henri, fou furieux, était convaincu que les Flamands et derrière eux les Espagnols allaient soutenir la candidature de son cousin au trône de France, comme ils l'avaient fait avec le petit Verneuil lors du complot du comte d'Auvergne. Il menaça l'ambassadeur don Iñigo de Cárdenas d'aller chercher lui-même son « neveu » avec 50000 hommes de pied et 10000 cavaliers. Il tenta d'intimider Peckius, l'envoyé des archiducs à Paris, lui laissant entendre que si ses maîtres ne renvoyaient pas le couple princier et notamment la princesse, retenue contre son gré, un gros orage pourrait fondre sur la paisible Bruxelles.

Il n'eut aucun scrupule à pousser le père de la princesse et sa belle-sœur, la duchesse d'Angoulême, à protester contre les prétendus mauvais traitements dont Charlotte était victime. En parallèle, par l'intermédiaire de Mme de Berny, l'habile et intrigante femme de l'ambassadeur de France à Bruxelles, il entretenait une correspondance avec la jeune captive. À ses lettres ardentes, la jeune femme répondait par de longues épîtres débordantes d'amour.

N'en pouvant plus, le roi chargea le marquis de Cœuvres, frère de la belle Gabrielle, de tenter un enlèvement avec une douzaine de gentilshommes venus spécialement de Paris. Mais l'affaire échoua, tout simplement parce que Henri IV, incapable de tenir sa langue, avait dit à sa femme que la princesse de Condé assisterait peut-être à son prochain couronnement. Marie, piquée au vif, s'était précipitée chez le nonce Ubaldini. Celui-ci avait prévenu ses correspondants à Bruxelles. Charlotte, qui résidait à l'hôtel de Nassau, fut dès lors conduite au palais de Coudenberg et placée sous la garde personnelle des archiducs, tandis que Condé partait pour Milan, où il espérait être en sûreté sous la protection du comte de Fuentes, gouverneur du Milanais pour Philippe III.

Clèves et Juliers

Le 25 mars 1609 mourait sans héritier direct le souverain des duchés de Clèves et de Juliers, Jean Guillaume le Simple. Clèves était un petit État germanique formé par la réunion de six grands fiefs : Clèves, les duchés de Juliers et de Berg, les comtés de Mark, de Ravensberg et la seigneurie de Ravenstein. Juliers était situé sur la rive gauche du Rhin, Berg, Mark, Ravensberg sur la rive droite, et Ravenstein était enclavée dans le territoire des Provinces-Unies. La proximité immédiate de la France, de l'évêché de Münster, de l'électorat de Cologne, des Pays-Bas espagnols et des Provinces-Unies leur conférait une importance stratégique capitale. La succession du défunt, de religion catholique, était donc un enjeu de taille au sein de la mosaïque du Saint Empire, divisé en trois confessions, catholique, luthérienne et calviniste.

L'héritage soulevait bien des convoitises. Plusieurs prétendants s'étaient fait connaître : Jean Sigismond, Électeur de Brandebourg, gendre de la sœur aînée du défunt, Philippe Louis de Bavière, comte palatin de Neubourg, fils de la sœur cadette du défunt, Christian II, Électeur de Saxe, d'autres encore, comme Charles d'Autriche, duc de Burgau, Frédéric IV, comte palatin du Rhin, Charles de Gonzague, duc de Nevers…

À Prague, Rodolphe II, chef de la maison d'Autriche et empereur du Saint Empire, se préoccupa de cet imbroglio juridique en vertu du droit féodal et de son autorité impériale. Au lieu de se prononcer pour l'un ou l'autre des candidats, il décida en juin le séquestre à titre conservatoire des territoires contestés et envoya son cousin Léopold, archiduc d'Autriche et évêque de Strasbourg, occuper les duchés avec quelques régiments. En juillet, la puissante citadelle de Juliers tomba. Rodolphe II allait-il profiter de la vigueur des antagonismes pour faire main basse sur ces territoires ? Se sentant victimes de cette intrusion, l'Électeur de Brandebourg et le comte palatin de Neubourg firent taire leurs rivalités.

La France, elle aussi, apprit avec émotion l'occupation de Juliers. L'équilibre germanique était fragile. On ne pouvait laisser la maison d'Autriche s'étendre ainsi. Mais les principaux conseillers du roi tergiversaient. Avait-on les moyens de se lancer dans une nouvelle guerre ? L'Espagne, puissance dominante en Europe, n'allait-elle pas voler au secours de l'empereur ? Par solidarité religieuse avec les princes protestants germaniques, Sully et Lesdiguières poussaient à une rapide ouverture des hostilités. Le surintendant et grand maître de l'Artillerie en particulier rêvait d'annexer les duchés, de s'emparer du Luxembourg espagnol et de partager les Pays-Bas catholiques avec les Hollandais. Sans aller jusque-là, le résident français auprès des princes germaniques, Jacques Bongars, lui aussi du camp des bellicistes, écrivait : « Il ne faut point de Léopold dans Juliers : c'est un furet dans une garenne ! » À l'opposé, certains ministres, tels Villeroy et le chancelier Brûlart de Sillery, évoquaient à nouveau le projet des mariages espagnols.

Par précaution, Henri IV envoya quelques unités de cavalerie et déclara qu'il apporterait son soutien aux princes protestants. Pour l'heure, il ne voulait pas de guerre et souhaitait seulement s'interposer, afin de faire prévaloir une solution favorable à ses intérêts. Il pensait qu'une conférence internationale entre toutes les parties prenantes serait de nature à régler la question. Le pacifique archiduc Albert œuvrait en ce sens, offrant ses bons offices et déclarant qu'il n'aiderait pas son frère Rodolphe. Venant à peine de signer la trêve de Douze Ans avec les Hollandais, les Pays-Bas catholiques ne pouvaient se permettre un nouveau conflit à leurs frontières. À Paris, le nonce Ubaldini s'efforçait lui aussi de ramener le calme.

Il reste que la situation internationale se tendait et menaçait les équilibres géostratégiques essentiels. L'empereur et son allié le roi d'Espagne étaient déterminés à empêcher le Très Chrétien de venir troubler leur jeu. Les princes allemands formaient désormais deux camps opposés : à l'Union évangélique, constituée l'année précédente, les papistes répliquèrent par la fondation à Munich le 10 juillet 1609 de la Sainte Ligue catholique. Les petits États germaniques, principautés, duchés ou villes libres, redoutaient à la fois la puissance de l'empereur et l'appétit de la France désireuse de s'instaurer leur protectrice.

À terme, cependant, le vainqueur d'Ivry était bien décidé à rouvrir les hostilités. « La guerre de Clèves, disait Duplessis-Mornay, porte en croupe la guerre d'Espagne. » Il lui fallait auparavant renforcer ses armements et consolider ses alliances. Les discussions avec le duc de Savoie reprirent. Charles-Emmanuel, qui avait perdu tant de territoires à l'ouest, lorgnait du côté du riche Milanais espagnol. Les négociations se poursuivirent avec la Hollande, la Suède, la Suisse, Venise et même avec le pape Paul V, à qui l'on faisait miroiter le royaume de Naples.

Le tournant

L'« enlèvement innocent » allait grandement modifier la donne. Psychologiquement, Henri avait évolué. Sa détermination était totale. Il se plaignit à l'ambassadeur d'Espagne d'être outragé. De Madrid, le duc de Lerma répondit avec raideur que Sa Majesté Catholique avait coutume d'accueillir et de protéger les « opprimés ». Lui-même n'avait-il pas fomenté la guerre de Hollande, reçu les « rebelles fugitifs d'Espagne », tel l'ancien secrétaire et homme de main du roi, Antonio Perez, disgracié et poursuivi par l'Inquisition ?

La dissidence du premier prince du sang, installé à Milan, donnait aux Espagnols un atout exceptionnel. L'audacieux vice-roi du Milanais, le comte de Fuentes, ancien gouverneur des Pays-Bas catholiques, qui avait été le maître d'œuvre, côté espagnol, des complots du maréchal de Biron et du comte d'Auvergne, se trouvait en possession d'un meilleur candidat au trône que le fils de la marquise de Verneuil, Gaston Henri. Il poussait le jeune Condé à contester la légitimité du Dauphin en invoquant l'invalidité de l'annulation du mariage de Marguerite de Valois. Bien vite pourtant il apparut que le prince, pusillanime de tempérament, était un mauvais rebelle : il avait franchi les Alpes, mais reculait devant le Rubicon. Les agents d'Henri IV le poussaient à partir pour Rome, un émissaire du pape également. Fuentes, au contraire, freinait des quatre fers, le persuadant que la Ville Éternelle regorgeait de Français prêts à l'enlever.

L'appui apporté aux princes protestants raviva en France la fièvre des fureurs ligueuses. On accusait le Béarnais de ruiner le catholicisme romain par son soutien aux princes protestants et de menacer les malheureuses populations catholiques d'Allemagne. L'Avent de 1609, prêché à Saint-Gervais par le père jésuite Gonthier et à Saint-Jacques-la-Boucherie par le capucin Basile, donna lieu à de virulentes charges contre les huguenots, l'édit de Nantes et le monarque lui-même, preuve que la situation politico-religieuse était loin d'être stabilisée. Le père Basile, faisant allusion au voyage du roi en Picardie à l'automne, osa dire que si dans les temps anciens on avait vu des rois s'en aller masqués et déguisés, c'était « pour apprendre du petit peuple ce qu'on disait d'eux et de leurs États, pour y donner ordre, s'amender et les réformer » et non pour rencontrer « leurs maîtresses, débaucher les femmes de leurs sujets et commettre des paillardises et adultères ».

Le père Gonthier prononça devant la Cour le sermon de Noël, puis deux autres prônes, les samedi et dimanche suivants, qualifiant les huguenots de vermine, de canailles que les catholiques ne devaient point souffrir. Était-ce le signal d'une nouvelle Saint-Barthélemy ? Se tournant vers le roi, il lança du haut de sa chaire : « S'il en est ainsi, Sire, comme ils veulent faire croire que le pape soit l'Antéchrist, que sera-ce de votre mariage ? Où en est la dispense ? Que deviendra Monsieur le Dauphin ? » Henri, de marbre, bouillait intérieurement.

Pendant ce temps, Charlotte de Montmorency continuait de vivre claustrée au palais ducal de Bruxelles, logée dans une petite chambre sous les toits, où elle se morfondait malgré les plaisirs qu'on organisait pour elle. La boudeuse nymphe *Galatée* commençait à indisposer sérieusement l'infante, qui se mettait en mille pour la distraire. Les seules joies de cette femme-enfant étaient les missives du roi, que lui remettait Mme de Berny. Dans ses réponses, elle protestait d'être retenue contre son gré.

Cet éloignement faisait souffrir pareillement son amoureux, qui semblait prostré, submergé de chagrin. Le 14 mars 1610, don Iñigo de Cárdenas dressait à son maître un tableau pathétique : « L'on m'a conté que si on lui donnait la princesse de Condé, il donnerait le dauphin et tous ses autres fils, ce qui me fait croire que ce roi risquera tout pour ses amours ; il en a la santé très altérée, a perdu le sommeil et donné à croire à quelques personnes qu'il perd la tête ; lui, qui cherche toujours la compagnie, reste maintenant seul deux ou trois heures à se promener mélancoliquement. On dit que, la nuit, il veille quelquefois en parlant et disant : ma princesse, [ajoutant les noms] de la Sérénissime Infante ou du roi d'Espagne, d'autres fois du comte de Fuentes, d'autres fois de l'ambassadeur d'Espagne… »

Au marquis de Châteauneuf, qui servait d'agent de liaison avec Bruxelles, Henri ne cachait pas sa détresse : « Je déchois si fort de mes meranguolyes [mélancolies] que je n'ai plus que la peau et les os ; tout me déplaît, je fuis les compagnies… » Méfions-nous cependant de l'insaisissable Béarnais, toujours prêt à duper son monde. Il avait beau jouer les hypocondriaques, cela ne l'empêchait pas de déployer une ardeur belliqueuse et une activité diplomatique exceptionnelles, ni d'ailleurs, entre deux séances du Conseil, de galoper gaillardement après quelques cotillons. Chez le Vert Galant, le démon de midi s'attardait paresseusement. Pour l'heure, il recherchait une demoiselle d'honneur de la reine, Charlotte de Fontlebon, qui lui résistait. Marie de Médicis résolut de l'éloigner de la Cour. Furieux, son mari lui déclara qu'« il la ferait sortir, elle, du royaume, et la renverrait en Italie avec son Conchine » ; propos en l'air, bien sûr, mais si grande était sa mauvaise humeur qu'il partit bouder à Fontainebleau.

L'aggravation des tensions

Pendant ce temps, la situation internationale évoluait comme une mer houleuse avant l'orage. Le 30 janvier 1610, les membres de l'Union évangélique apportèrent leur soutien à l'Électeur de Brandebourg et au prince palatin de Neubourg. Le 3 février, ils conclurent une alliance militaire : les troupes avaient été placées sous le commandement d'un général unique, élu par tous, Christian von Anhalt. L'envoyé français auprès de l'Union, Jean de Thumery, sieur de Boissise, obtint que ces unités entrassent rapidement en campagne contre l'archiduc Léopold. Le 10, après une longue délibération, le Conseil du roi résolut d'aider les princes de Brandebourg et de Neubourg en envoyant 4000 fantassins, 6000 Suisses et Valaisans et 1500 cavaliers. Deux semaines plus tard, Henri IV signa avec l'Union un traité d'alliance offensive et défensive prévoyant une intervention de son armée pour le mois de mai.

La correspondance diplomatique – particulièrement les dépêches du nonce Ubaldini, de l'ambassadeur espagnol don Iñigo de Cárdenas, du résident des Pays-Bas catholiques à Paris Petrus Peckius – permet de suivre l'exacerbation des tensions. Le 10 mars 1610, ce dernier fit part à l'archiduc Albert de sa profonde inquiétude. Le lieu de rassemblement des troupes était Montcornet, aux frontières de la Champagne. On disait que le roi en personne avait l'intention de se rendre à Châlons, où il faisait acheminer des canons, des boulets et de grandes quantités de poudre. Peckius ne savait pas avec certitude si cette armée passerait par la Lorraine ou le Luxembourg (cette dernière province relevait de la souveraineté des archiducs), mais il avait reçu des avis alarmants : le roi projetait d'envahir les États des archiducs et de rompre avec le roi d'Espagne, à cause du prince de Condé.

Le 17 mars, le nonce Ubaldini, attentif à sauver la paix de la chrétienté, fut reçu en audience par Henri IV. Celui-ci lui exposa que ce n'était pas une affaire de religion, mais de volonté hégémonique de la maison d'Autriche. Il était résolu à assister ses amis les princes protestants d'Allemagne. Parler d'accommodement était dépassé. Il ne cacha pas son extrême mécontentement du comportement des archiducs, qui insultaient à son honneur en retenant la princesse prisonnière en leur palais et en la privant du service de ses deux dames de compagnie.

Le 27 mars, Peckius continuait de renseigner Albert sur les préparatifs de guerre : on cuisait à Paris le pain de munition, on faisait des levées en province, des mousquets à long canon partaient pour Châlons, des unités de cavalerie se déplaçaient le long de la Meuse... Il avait appris en outre que le roi avait examiné avec ses officiers de grandes cartes des pays de Liège et de Luxembourg. Si les princes allemands refusaient de laisser passer son armée, ce serait indubitablement à travers les États de Leurs Altesses que celle-ci avancerait.

Le 1er avril, Henri eut une entrevue orageuse avec le fougueux ambassadeur d'Espagne. Toutefois, à ce moment-là encore, il hésitait. Don Iñigo confiait qu'en dépit de ses rodomontades son interlocuteur avait « autant envie de faire la guerre que de se jeter à l'eau ». « Nous voulons et nous ne voulons pas, ironisait Épernon ; nous faisons et nous ne faisons pas. »

Mais une lettre de Charlotte, écrite le jour de Pâques (11 avril), renversa la situation. Le désespoir de la petite, les expressions relevées – « mon cœur », « mon chevalier » – rallumèrent l'incendie. Henri avait fait acheter pour elle de belles et riches étoffes de drap d'or par son grand écuyer. Elles devaient lui être portées à Bruxelles. La romance d'un quinquagénaire affolé et d'une nymphette enjôleuse risquait bel et bien de mettre l'Europe à feu et à sang. Au père Coton, aux représentants impériaux, au nonce Ubaldini, tous décontenancés, le Béarnais avait déclaré qu'il ne remettrait l'épée au fourreau que lorsqu'il serait en possession de la princesse de Condé. Ainsi son dessein était double : à la fois établir les héritiers protestants dans les duchés et ravir la « Belle Hélène ». Mais la guerre de Troie aurait-elle lieu ?

Alea jacta est

Le président Jeannin avait averti Peckius que « si l'on pourvoyait au fait de ladite princesse, ce serait arracher la plus grosse épine qui cause le mal et donner un acheminement à mieux accommoder tout ». Henri s'était fait faire deux cuirasses à l'épreuve des tirs d'arquebuse et de pistolet, avait commandé trois collets de buffleteries, trois casaques de velours liserées d'or, où il avait fait broder sa devise et « peut-être celle de ladite princesse ».

Le 30 avril, le nonce sollicita encore une audience. Il s'étonna des importants préparatifs de guerre et ajouta prudemment que personne ne doutait que « le principal sujet de ses armes était Madame la Princesse qu'il voulait ravoir ». Le roi, en colère, répondit non par son « Ventre-saint-gris ! » habituel, mais par un « Mordieu ! » qui sonna désagréablement aux oreilles de l'Éminence. « Mordieu ! Il la voulait ravoir et il la raurait, personne ne le pourrait empêcher, non pas le lieutenant de Dieu lui-même ! »

Malgré tout, l'offensive diplomatique du souverain français n'avait pas donné les résultats escomptés. Le grand-duc de Toscane, la Sérénissime République, alliés pourtant fidèles, s'étaient montrés attentistes, voire réservés, comme le duc de

Lorraine, les rois de Danemark et de Suède. Les Provinces-Unies s'étaient dérobées, craignant de rompre la trêve de Douze Ans et surtout de laisser la France s'installer en zone rhénane près de leurs frontières. Elles feraient donc le minimum dans le cadre du traité d'assistance. Le pusillanime roi d'Angleterre Jacques Ier avait accueilli favorablement la proposition d'unir le prince de Galles à la petite Henriette de France (alors âgée de quelques mois), mais il ne souhaitait pas pour le moment participer à une entreprise militaire sur le continent. La Confédération suisse et les Ligues des Grisons avaient renouvelé leurs accords permettant de recruter des mercenaires, tout en refusant de s'engager. Même l'Union évangélique des princes allemands, qui trouvait un intérêt évident à voir Henri IV prendre si à cœur ses intérêts et contrebalancer l'influence de l'empereur catholique, marchait à reculons sur le sentier de la guerre. Elle avait finalement consenti à aligner 10000 hommes sous le prince d'Anhalt. Seul Charles-Emmanuel de Savoie, qui venait de signer le 25 avril le traité d'alliance offensive et défensive de Brussol, s'était engagé à soutenir la coalition antiespagnole et à envahir le Milanais au printemps, de façon à empêcher le comte de Fuentes d'envoyer des troupes sur le Rhin.

Le 30 avril, Peckius, affolé, assurait avoir reçu confirmation par diverses sources de l'intention du roi d'aller jusqu'à Bruxelles, qu'il voulait « pétarder » puis surprendre par des régiments de cavalerie. Or, depuis la signature de la trêve avec les provinces du Nord, les Pays-Bas espagnols se trouvaient à peu près dépourvus de moyens de défense.

Grâce aux efforts de Sully, l'armée française représentait pour l'époque une force impressionnante, largement libérée du service de l'ost médiéval. Ainsi, le roi avait pu réunir à Châlons 32000 hommes de pied (dont 12000 Suisses et lansquenets), 5000 cavaliers, sans compter les 4000 Français toujours en Hollande, une artillerie de 30 canons attelés. Une deuxième armée de 14000 hommes se formait en Dauphiné, avec à sa tête le maréchal de Lesdiguières, et une troisième de 10000 hommes en Navarre, aux ordres du marquis de Caumont-La Force.

En France, des cliquetis d'armes retentissaient depuis des mois. Les routes se couvraient de troupes et d'équipages qui marchaient vers leurs lieux de rassemblement. Dans les paroisses les plus reculées, on savait que le roi se préparait à une guerre contre la maison d'Autriche, distribuait des commissions d'officiers et organisait des levées. Ce conflit navrait évidemment les « bons catholiques », entendez les ultras, les anciens ligueurs, amis de l'Espagne, d'autant que la plupart des généraux étaient protestants, Lesdiguières, La Force, Bouillon, Rohan, et que le principal conseiller et ministre, Sully, l'était aussi. Pour eux, Henri IV, ce monarque jamais vraiment converti, révélait sa vraie nature de huguenot impénitent : il allait soutenir en Allemagne ses alliés protestants contre l'empereur et le roi d'Espagne, les deux plus fermes champions du catholicisme romain. Il allait mettre l'Europe à feu et à sang. Parmi ces gens se trouvait un « grand rousseau natif d'Angoulême », dont l'esprit exalté par les prêches incendiaires des nostalgiques de la Ligue commençait à s'égarer dans les vertiges de la folie. Il s'appelait Jean François Ravaillac.

Le couronnement de la reine

Afin d'assurer le gouvernement du pays en son absence, le roi avait décidé de constituer autour de sa femme, qui devait être proclamée régente provisoire, un conseil de quinze ministres et personnalités proches, officiers généraux et grands seigneurs, chargés de prendre les décisions à la majorité, sans laisser à Marie, inapte aux affaires, de voix prépondérante. Les cardinaux de Joyeuse et Du Perron, le duc de Mayenne, l'ancien ligueur (il fallait bien respecter les équilibres politiques), le connétable de Montmorency, le duc d'Épernon, le chancelier Brûlart de Sillery, le premier président Achille de Harlay, Jean de Nicolaï, président de la Chambre des comptes, en feraient partie, mais le président Jeannin, qu'il appréciait beaucoup, l'accompagnerait à l'armée.

Henri IV se méfiait de la complaisance de la reine envers l'Espagne et la maison d'Autriche. N'était-elle pas une Médicis-Habsbourg, petite-nièce de Charles Quint ? Il savait qu'avec l'insinuant nonce Roberto Ubaldini, avec le résident de Toscane Matteo Botti, le couple Concini, des courtisans comme le duc d'Épernon, elle était le centre d'un parti hispano-ultramontain qui poussait à la négociation et au rapprochement avec Madrid. Il n'ignorait pas non plus que certains membres de son Conseil, dont Villeroy et Brûlart de Sillery, y étaient favorables.

Marie n'éleva aucune objection. Depuis longtemps elle insistait pour être couronnée reine – comme ses devancières Catherine de Médicis et Élisabeth d'Autriche, la femme de Charles IX – et faire son entrée solennelle à Paris. Ces deux cérémonies, envisagées au lendemain de son mariage, avaient été différées pour des raisons financières. En vérité, le roi n'y tenait guère. Il ne lui plaisait pas de céder une parcelle de son autorité. Couronner la reine, c'était dans son esprit envisager la régence, et envisager la régence revenait à évoquer sa propre mort, idée qui lui était intolérable. « Le commencement de votre gouvernement, lui avait-il dit un jour dans un mouvement de colère, sera le malheur de la France ! »

La Florentine obstinée insista. Son mari partant en guerre, ne fallait-il pas conforter son autorité au moment où elle allait prendre en main les affaires du royaume ? Elle ne le disait pas, mais elle avait toujours en tête la jeune captive de Bruxelles qui n'était pas une courtisane comme les autres, une « rouffiane ». Elle se félicitait de la savoir sous bonne garde, craignant d'être un jour ou l'autre, surtout si le roi prenait la direction de Bruxelles, répudiée et remplacée. Le prince de Condé n'avait-il pas accepté de « se démarier » ?

Une autre raison la poussait : sa voyante préférée, la nonne Passitéa, une extatique Florentine, lui avait annoncé du fond de son couvent siennois que son mari n'irait pas au-delà de ses cinquante-huit ans. Superstitieuse, elle attachait grande importance à cette prophétie. Elle voulait donc assurer ses arrières, en cas de malheur. Henri IV objecta quelques incompatibilités de calendrier, puis céda à contrecœur.

Dans ses *Œconomies royales*, Sully a insisté sur le pressentiment de sa prochaine disparition. « Hé, mon ami, lui avait-il confié, que ce sacre me déplaît ! Je ne sais ce que c'est, mais le cœur me dit qu'il m'arrivera quelque malheur. » Il s'était assis, tambourinant sur son étui à lunettes. Il se frappa les cuisses des deux mains et se releva tout à coup. « Pardieu, je mourrai en cette ville et je n'en sortirai jamais. Ils me tueront, car je vois bien qu'ils n'ont d'autre remède que ma mort. Ah, maudit sacre, tu seras cause de ma mort ! » Il semblait las. Il avoua à son cher ministre qu'on lui avait prédit qu'il serait frappé en carrosse, « à la première grande magnificence qu'il ferait ». Et d'ajouter : « C'est ce qui me rend si peureux. » À qui songeait-il ? À un demi-fou comme Jacques Clément ? Aux anciens ligueurs ? Aux Espagnols, qu'il menaçait de guerre ? Aux archiducs aux abois, qui refusaient de lui rendre Charlotte ?

Le 12 mai, enfin, après divers reports, on annonça dans Paris que le couronnement de Marie se déroulerait à Saint-Denis le lendemain et que son entrée aurait lieu le 16. Le jeudi 13 mai donc, en début d'après-midi, le cortège se forma sous un soleil radieux. Le grand prévôt de l'Hôtel et ses archers ouvraient la marche, suivis des Suisses aux couleurs de la reine, violet et céleste, avec bonnets noirs et panaches blancs, des gentilshommes d'honneur du roi, en satin blanc et violet, et des chevaliers du Saint-Esprit dans leur manteau de velours noir soutaché de flammes d'argent. Tambours et trompettes arboraient des casques de velours bleu. Les hérauts d'armes avaient revêtu leur costume violet semé de lys d'or. La florissante Florentine, cuirassée de broderies, de dentelles raides et empesées, parut dans une robe de velours bleu doublée d'hermine, brodée de lys d'or, toute scintillante de pierreries. Le Flamand François Pourbus l'a peinte ainsi dans un tableau célèbre.

Ce fut le dernier couronnement d'une reine de France. Marie lentement s'avança sous le dais porté par les cardinaux de Gondi et de Sourdis. Le Dauphin, âgé de huit ans et demi, était vêtu de blanc et de bleu, avec manches à crevés et trousses de brocart, fraise imposante et toque emplumée. Après avoir traversé la nef, la reine s'agenouilla au pied du maître-autel, embrassa le reliquaire du saint, puis alla s'asseoir sur le trône au centre du chœur.

Henri avait pris place dans une loge vitrée spécialement aménagée à droite de l'autel. Il avait oublié ses craintes de la veille. Ému et ravi, il admirait l'élégante prestance de sa femme. « Bien qu'elle ait dû se lever de bonne heure, remarqua-t-il, elle n'a jamais eu le teint plus beau, plus frais ni plus net. » Il observait tout. L'esprit vif, prompt à la plaisanterie, il parlait à ses voisins, l'archevêque de Reims, les ducs d'Épernon, de Montbazon, de Retz, de Bellegarde, MM. de Praslin, Du Bellay et de Vic. Il plaignait le cardinal de Joyeuse d'avoir dû jeûner, la reine Marguerite de s'être levée de bon matin.

Marie, les larmes aux yeux, reçut l'onction des huiles saintes sur le front et la poitrine, puis le sceptre et la main de justice. Le Dauphin et sa sœur Élisabeth apportèrent la couronne au doyen des cardinaux français, Mgr de Joyeuse. Celui-ci la posa sur la tête de leur mère. Rubens a immortalisé la scène dans une toile saisissante de mouvement. À la différence des autres compositions de la série du Luxembourg, il s'était attaché à la restituer avec un souci d'exactitude. La cérémonie s'acheva par le traditionnel jet de médailles d'or et d'argent, toujours apprécié de la foule. Elles étaient à l'effigie de la Florentine.

Henri, facétieux, s'amusa à l'asperger d'eau d'une fenêtre du palais abbatial. Marie exultait, sûre enfin de ne pas être répudiée.

Tout en participant à la dignité royale et à sa transmission, les fonctions de la reine demeuraient étroitement encadrées. N'étant pas détentrice de la moindre parcelle de l'autorité souveraine, son sacre différait sur des points majeurs de celui du roi. Elle n'avait pas à prononcer de serment à l'Église ni au royaume, ni bien entendu à recevoir les insignes chevaleresques, les éperons et l'épée. L'onction fut faite avec une simple huile bénite et non avec le baume de la sainte ampoule. Elle se limita à deux signes de croix, à la tête et à la poitrine. Naturellement, elle n'était pas censée bénéficier du pouvoir thaumaturgique de son époux. Le sceptre qu'on lui remit était plus petit et ne symbolisait aucun pouvoir de commandement. La grande couronne que l'on plaça au-dessus de sa tête était celle de Jeanne d'Évreux, femme de Charles IV le Bel, non celle dite de Charlemagne. Enfin, les pairs de France ne jouèrent aucun rôle dans ce couronnement.

Les craintes de régicide

Henri et Marie revinrent au Louvre dans le même carrosse. Tard dans la soirée, le duc de Vendôme apporta à son père un avertissement d'un sieur de La Brosse, mathématicien et médecin du comte de Soissons, qui lui conseillait de se garder de la journée du lendemain. S'il en réchappait, il vivrait encore vingt-cinq ou trente ans. « C'est un fou, et vous, vous en êtes un autre ! », lui avait répondu le roi. Vendôme le supplia d'écouter La Brosse. Il refusa et intima à son fils de le taire à la reine.

Rejetant les frayeurs qui l'assombrissaient, Henri parfois se persuadait qu'il était protégé par sa bonne étoile ou plutôt par la Providence qui l'avait toujours tiré des situations les plus périlleuses. Combien de fois n'avait-il pas échappé à une tentative d'assassinat après celles de Pierre Barrière et de Jean Chastel ?

Pierre de L'Estoile a consigné au fil des années quelques-unes de ces menaces dans son précieux *Journal*. Ainsi, note-t-il au début de janvier 1595, avait-on recherché un nommé Chateaufort, soldat de la garnison de Bruxelles, arrivé à Paris dans ce dessein. Au même moment, un certain Guignard, régent de collège à Paris, âgé de trente-cinq ans, soupçonné d'un projet de régicide, était arrêté et exécuté. Le 10, un vicaire de Saint-Nicolas était pendu et brûlé en place de Grève pour avoir déclaré en public qu'il voulait faire un « coup de saint Clément ». Le 25, on enfermait un jésuite nommé Varades, accusé d'avoir poussé au crime Pierre Barrière en août 1593. Le 1er mars, c'était au tour de sept hommes, dont six avaient été formés par les jésuites, puis, le 2, d'un ancien prêtre, Merleau, devenu capitaine de la Ligue. Le 19 janvier 1596, un Espagnol était rompu vif après avoir avoué qu'il avait été envoyé par le roi d'Espagne afin de tuer son cousin de France. Le 16 février, l'avocat Jean Guesdon, pour la même raison, était pendu à Paris et son corps brûlé. Il avait entrepris le voyage d'Angers à Chartres pour commettre son acte et s'était fait au préalable absoudre du serment de fidélité qu'il devait au roi. Quelques mois plus tard, le 9 septembre, un Italien, pensionnaire du cardinal André d'Autriche, dont il percevait 22 écus par mois, était pareillement exécuté à Meaux. Il devait occire Henri IV avec une arbalète spéciale. Le 4 janvier 1597, on mettait à mort Claude Barie qui s'était vanté de vouloir tuer son souverain et avait souhaité une épitaphe semblable à celle de Jean Chastel. Un peu plus tard, on incarcérait encore un chartreux, Pierre Ouin, puis un jacobin flamand de Gand, Charles Ridicauwe, en religion Charles d'Avesnes, envoyé par le nonce Innocenzo Malvasia, à l'insu, il est vrai, de la cour de Rome. Cet individu était occis en place de Grève le 11 avril 1599 en même temps qu'un autre jacobin, Augier, et qu'un capucin du diocèse de Toul, Nicolas Lenglois. On rechercha en vain un misérable venu de Milan. En juin 1600, une certaine Nicole Mignon, femme d'Antoine La Loy, cuisinier, avait confié au comte de Soissons son intention d'empoisonner le monarque. Une simple intention, car elle n'avait en réalité aucun moyen de l'approcher. Le Parlement la condamna néanmoins à périr sur le bûcher.

Après le mariage du roi et de Marie de Médicis, le nombre des tentatives diminua. On interna au Château-Trompette, à Bordeaux, un prêtre et un gentilhomme soupçonnés de fomenter un attentat. Proférer un faux témoignage pouvait conduire aussi à un juste châtiment : ainsi Michelle Morin, qui avait voulu nuire à son mari, Pierre Juer, avocat à Villeneuve-le-Roi, fut condamnée à faire amende honorable et à finir sa vie à l'abbaye de Saint-Martin-des-Champs entre quatre murailles. Le 19 décembre 1605, un déséquilibré, Jean ou Jacques Des Isles, se précipita sur sa proie, une dague à la main, en disant : « Rends-moi mon royaume ! » Heureusement, il fut arrêté dans son élan par des valets de pied. « Au moins, s'écria le forcené, je vous ai fait une belle peur ! » Conduit au For-l'Évêque, à Paris, il fut pressé de questions : il assura descendre de Pharamond (le premier ancêtre mythique des rois de France) et être « roi de tout le monde », Henri de Navarre n'étant qu'un vil usurpateur. Né à Vineux, près de Senlis, il avait occupé les fonctions de praticien et de procureur, ce qui ne manqua pas d'étonner vu son état psychique. Le roi décida de ne pas lui intenter de procès. Une lettre de cachet régla son sort. Il mourut en prison.

Le 3 mai 1608, le sieur Saint-Germain de Rocqueville, gentilhomme normand, était décapité pour avoir piqué une image représentant le roi et avoir cherché à le supprimer par la magie noire. Un curieux chirurgien qui se faisait passer pour mage fut pendu avec lui. Il portait une épaisse chevelure grise et une barbe qu'il avait fait pousser jusqu'à la ceinture. Au total, pas moins d'une vingtaine d'arrêts pour régicide figurent dans les registres du Parlement. Symptômes évidents d'une société qui n'était nullement apaisée.

28

LES MYSTÈRES D'UN CRIME

Rue de la Ferronnerie

Le vendredi 14 mai, peu après quatre heures de l'après-midi, Henri quitta le Louvre en carrosse, accompagné de quelques proches. Il se rendait à l'Arsenal chez Sully, alors souffrant, afin d'évoquer avec lui les dernières mesures à prendre avant son départ le 19 pour Châlons-en-Champagne, où l'attendaient 37 000 hommes de troupe, prêts à prendre la direction du Luxembourg malgré la fureur de l'archiduc Albert.

Marie de Médicis devait faire son entrée solennelle le 16 par la rue Saint-Denis. Henri voulut profiter de ce déplacement pour voir les apprêts de la fête : poteaux fleuris, arcs de triomphe festonnés, rochers en carton et inscriptions allégoriques. Il faisait un temps radieux. Le roi avait refusé l'escorte que lui proposait Vitry : « Il y a cinquante et tant d'années que je me garde sans capitaine des gardes ; je me garderai bien encore tout seul ! » Le carrosse joliment décoré, mais sans suspension ni confort, dont les ridelles de cuir avaient été relevées, était escorté de quelques gentilshommes à cheval et de valets de pied. Sur la banquette du fond le duc d'Épernon s'était assis à la droite du monarque. De part et d'autre de la portière droite, dos à la rue, avaient pris place le maréchal de Lavardin et M. de Roquelaure, à celle de gauche les ducs de Montbazon et de La Force, et sur la banquette de devant, face au roi, Nicolas d'Amerval, sieur de Liancourt, et Jacques Chabot, sieur de Mirebeau. Après la rue Saint-Honoré, au-delà du carrefour de la Croix du Trahoir, le véhicule s'engagea dans la rue de la Ferronnerie, un boyau rétréci par les échoppes des marchands d'ustensiles de cuivre et de fer-blanc. Il s'immobilisa à peu près à l'angle de la rue de la Lingerie : une charrette de foin et un tombereau chargé de lourds tonneaux de vin obstruaient le passage. Là se trouvait la maison du notaire Poutrain et de l'autre côté une auberge à l'enseigne du *Cœur couronné percé d'une flèche*. Nom prémonitoire !

Ce n'était pas un guet-apens, le roi n'ayant indiqué cette voie au cocher qu'au dernier moment. Henri avait passé nonchalamment le bras sur les épaules du duc d'Épernon qui lui lisait une lettre, car il avait oublié ses lunettes. Dans cette position, il découvrait assez largement le buste. Les valets de pied, qui s'étaient tenus jusque-là aux portières, venaient de descendre afin de passer par le cimetière des Saints-Innocents qui longeait la rue.

Un étrange personnage à la carrure athlétique, à la barbe rousse, aux cheveux fauves, habillé d'un « pourpoint vert à la flamande », sauta alors sur l'un des rayons de la roue, appuyant son autre pied sur un montoir. Il se pencha à l'intérieur et, de la main gauche, plongea à trois reprises sa lame effilée dans le corps du souverain. Le premier coup atteignit le roi entre la deuxième et la troisième côte ; le deuxième, plus violent, pénétra entre la cinquième et la sixième ; le troisième se perdit dans la manche du duc du Montbazon. « Ce n'est rien, ce n'est rien », répéta le malheureux. Mais bientôt un flot de sang lui envahit la bouche.

Le drame n'avait duré que quelques secondes. L'agresseur resta planté là, comme hébété, son long couteau tranchant à la main, sans chercher à se perdre dans la foule des badauds qui s'agglutinaient autour du carrosse. Un des officiers de l'escorte,

Jacques Pluviers de Saint-Michel, s'apprêtait à le transpercer quand il fut arrêté par le cri du duc d'Épernon : « Ne frappez pas, il y va de votre tête ! » Les autres seigneurs présents dans la voiture firent chorus. Il s'agissait d'éviter l'erreur commise lors de l'assassinat d'Henri III : le moine fanatique Clément avait été massacré avant que l'on pût connaître les motifs de son crime et le nom de ses complices.

Le moment de panique passé, les familiers du roi se répartirent les rôles. La Force regagnerait le Louvre avec la victime ; Épernon irait à l'Hôtel de Ville calmer les esprits, tandis que le baron de Courtomer, qui faisait partie de l'escorte à cheval, se rendrait à l'Arsenal avertir Sully. Le carrosse fit donc demi-tour et pénétra à vive allure dans la cour du palais. C'était l'affolement. Henri, transporté avec précaution dans le cabinet de la reine, fut assis dans un fauteuil, puis étendu sur un lit. Le pourpoint dégrafé, la chemise maculée, il ouvrit les yeux trois fois et expira. Marie de Médicis sortit de ses appartements. « Le roi est mort, le roi est mort ! », répétait-elle, désemparée. Surmontant sa propre émotion, le chancelier Brûlart de Sillery lui rétorqua en lui montrant son fils Louis, âgé de huit ans et demi : « Votre Majesté m'excusera, mais le roi ne meurt point en France ! Voilà le roi vivant, Madame ! »

La « grande peur de 1610 »

Dans la capitale, gonflée de nombreux provinciaux venus pour le couronnement et l'entrée de la reine, la désastreuse nouvelle se répandit. « Les boutiques se ferment, notait Pierre de L'Estoile, chacun crie, pleure, se lamente, grands et petits, jeunes et vieux. Les femmes et les filles s'en prennent aux cheveux. » L'affliction était universelle. À l'indignation s'ajoutait l'angoisse. Des gentilshommes armés galopaient en tous sens, l'épée à la main. Des pelotons de soldats étaient accourus confusément vers le Louvre, où les portes s'étaient brusquement fermées, accroissant la panique. La séance du Parlement avait été interrompue. Colonel général de l'infanterie française, le duc d'Épernon arrêta avec sang-froid les premières mesures de sécurité. Il rassembla les compagnies des gardes et les Suisses, mobilisa les chevau-légers, fit poster des troupes aux principaux carrefours et aux ponts de la capitale. Des rumeurs de conspiration espagnole s'étant mises à courir, il fallut protéger la résidence de l'ambassadeur que le petit peuple voulait saccager.

Grâce aux dispositions prises, la transition politique s'opéra dans le calme. Le lendemain matin, le Parlement se réunit dans la salle du couvent des Grands-Augustins. Dans le chatoiement des robes écarlates et noires et l'éclatante blancheur des fraises godronnées, se tint alors un lit de justice présidé par le petit Louis XIII en majesté. Au cours de cette séance solennelle la régence fut confiée officiellement à sa mère. Le texte de l'arrêt fut expédié à toutes les autorités du royaume, gouverneurs de province, magistrats des villes, bailliages et sénéchaussées.

En 2010, l'historien Michel Cassan a publié le résultat d'une enquête sur la diffusion à travers la France de la désastreuse nouvelle dans les jours qui suivirent, montrant le traumatisme dans les différents milieux et les méthodes de communication du pouvoir royal. Délibérations des corps municipaux, avis placardés, correspondances privées, livres de raison en formaient la documentation.

Comme une onde de choc, en effet, la nouvelle se propagea en province, en cercles plus ou moins concentriques selon la rapidité des coursiers et la configuration du terrain. Les cartes établies par Cassan montrent qu'en une dizaine de jours la France fut au courant et en premier lieu les métropoles stratégiques. Un tel résultat était dû à l'amélioration du réseau routier par Sully. Certains gouverneurs ou lieutenants généraux de province, comme en Bourgogne ou en Languedoc, dissimulèrent le plus longtemps possible l'issue de l'attentat, de façon à s'assurer l'allégeance de la noblesse locale. Sur les 240 villes composant la France du début du XVIIe siècle, 128 évoquèrent le régicide dans leurs registres. Il en fut de même dans 25 gros bourgs, notamment du Midi.

Le pays, qui n'éprouvait pas une admiration sans bornes pour le roi, ressentit brusquement la peur tragique du vide. Personne ne voulait revivre les guerres de Religion. La plupart des autorités assumèrent une communication politique d'urgence. Entre les 15 et 25 mai, les magistrats municipaux, sans attendre la confirmation de l'édit de Nantes, imposèrent des « pactes d'amitié » entre les communautés et même d'une ville à l'autre.

À la mi-juin, la reprise en main était effective à peu près partout. On observera que la crise de 1610, pour traumatisante qu'elle fût, n'eut pas la même ampleur que celle de 1589 : le problème de la succession royale ne se posait pas. Le pouvoir ne souffrit aucun drame de la légitimité, et les Français prirent soudainement conscience que ce qui les unissait était plus important que ce qui les divisait.

Le procès de Ravaillac

Qu'était devenu l'assassin ? Le 14 mai, immédiatement remis aux mains des archers de la garde, il avait été conduit à l'hôtel de Retz, rue Saint-Honoré. On trouva sur lui de menues pièces de monnaie, un chapelet, un « cœur de coton » pour ses dévotions, quelques papiers, dont un poème d'un ami parlant d'un criminel que l'on conduisait au supplice. Il n'avait pas d'autre arme que celle du crime. On l'interrogea, on le tortura en plaçant ses pouces entre les chiens de deux carabines dont on avait ôté les pierres et en tournant les vis. Sous la douleur, il lâcha quelques bribes de sa vie. Il s'appelait Jean François Ravaillac. Célibataire, âgé de trente-deux ans, il était originaire d'Angoulême, où il avait exercé le métier d'instituteur-catéchiste. Quand on lui parla du roi Très Chrétien, il se mit à ricaner. « C'est la question de savoir s'il était véritablement très chrétien, car, s'il l'avait été, il aurait fait la guerre aux sectateurs de la religion réformée, qu'il protégeait ! »

On comprit qu'il était un de ces ultracatholiques héritiers de la Ligue qui reprochaient au Bourbon d'avoir changé plusieurs fois de religion et de ne pas avoir contraint par la force les protestants hérétiques. Il était persuadé qu'en soutenant les princes luthériens dans l'affaire de Clèves et Juliers, en s'attaquant à l'empereur, le Béarnais allait combattre le pape. On lui demanda si quelqu'un l'avait incité à commettre ce crime abominable. Il répondit qu'il n'avait été « mû ni induit par personne », mais « poussé par une mauvaise et diabolique tentation ». Il avoua qu'il était venu à Paris dans l'intention d'« attenter contre Sa Majesté » et reconnut avoir volé le couteau fatal dans une hostellerie proche des Quinze-Vingts.

C'était un déséquilibré, tourmenté de visions et de pulsions obscures. À l'hôtel de Retz, chacun put le voir, lui parler même. Les curieux ne s'en privèrent pas. Pierre Coton, confesseur du roi, lui conseilla de ne pas mettre en peine les gens de bien : il craignait naturellement pour son ordre, les Jésuites. D'autres membres de la Compagnie se relayèrent et l'adjurèrent de ne pas proférer de calomnies. « Vous seriez bien étonnés, leur lança-t-il insolemment, si je soutenais que ce fût vous qui me l'aviez fait faire ! »

Dans la nuit du 15 au 16 mai, le prisonnier fut transféré à la Conciergerie et mis au secret. D'ordre de la régente, l'instruction de son procès commença sous la conduite du parlement de Paris et de son premier président, le vieil Achille de Harlay. Du 16 au 19, il subit quatre interrogatoires, dont les procès-verbaux ont été conservés. Il donna des précisions sur sa famille, son père Jean, ancien greffier de la mairie d'Angoulême, tombé dans l'ivrognerie et la misère, sa mère Françoise, obligée de vivre seule, dans le dénuement. À douze ans, il avait été placé comme valet chez un procureur. Il raconta ses différents voyages à Paris afin d'avertir le roi qu'il devait impérativement combattre les huguenots. Il ne cacha pas les visions extravagantes qui traversaient son cerveau, les hosties qui s'élevaient dans les airs et les voix du Ciel, les trompettes de guerre qu'il entendait résonner. Il raconta être entré comme frère convers chez les Feuillants de Paris, mais en avoir été chassé pour hallucinations au bout de quelques jours. À dix-sept ou dix-huit reprises, il nia farouchement avoir eu des complices. Il reconnut cependant avoir été influencé par les théories tyrannicides. À la question : « Qui vous a poussé ? », il répondit sans hésiter : « Les sermons que j'ai ouïs pour lesquels il était nécessaire de tuer les rois. »

La Grand Chambre, la Tournelle et la Chambre de l'Édit réunies se dépêchèrent de rendre leur sentence. Le 27 mai au matin, Ravaillac fut conduit dans la salle de la Buvette. Là, en présence des présidents et de plusieurs conseillers, le greffier le fit mettre à genoux et lui lut l'arrêt : « Dûment atteint et convaincu du crime de lèse-majesté divine et humaine au premier chef, pour le très méchant, très abominable et très détestable parricide commis en la personne du feu roi Henri IV, de très bonne et très louable mémoire », il était condamné à subir la question préalable, à faire amende honorable devant la porte principale de Notre-Dame, à être supplicié en place de Grève, puis « tiré et démembré à quatre chevaux, ses corps et membres consumés au feu, réduits en cendres, jetés au vent ».

Ses biens étaient confisqués au profit du roi. Sa maison natale serait démolie. Dans la quinzaine suivant la publication de l'arrêt à son de trompe et annonce publique, son père et sa mère quitteraient le royaume et ses frère, sœurs, oncles et autres membres de sa famille cesseraient de porter le nom de Ravaillac.

Le supplice

Le 27 mai, vers trois heures de l'après-midi, après avoir subi le supplice des brodequins au cours duquel il n'avoua rien de nouveau, il quitta la Conciergerie pour le terrifiant rituel de l'exécution. Quand on ouvrit les portes de la prison, une foule houleuse l'attendait, vomissant mille injures : « Au traître ! Au chien ! » Il monta dans le tombereau destiné à transporter la boue et les immondices de la capitale. « Or, écoutez de par le roi ! », clama le greffier. Le calme se fit dans la rue à la lecture de l'arrêt, jusqu'à ces mots : « Tué le roi par deux coups de couteau. » Alors, les vociférations redoublèrent. Le tombereau s'ébranla. Sur le parvis de Notre-Dame Ravaillac s'agenouilla, entendit derechef lecture de son arrêt puis demanda pardon à Dieu, au roi et à la justice. En signe de repentance, il baisa la torche qu'il serrait dans les mains avant de remonter dans le tombereau qui traversa le pont Notre-Dame et arriva place de Grève.

Les aides-bourreaux l'attachèrent. Dans sa main gauche qui avait porté le coup fatal, on plaça un couteau semblable à celui du meurtre. On commença ensuite à la lui brûler, en la saupoudrant de soufre et de poix enflammés, jusqu'à ce qu'elle fût calcinée. Selon les récits, il supporta tout. Puis l'exécuteur tenailla au fer rouge le buste et les cuisses, en agissant avec lenteur dans l'espoir d'obtenir enfin la vérité. Mais il ne tira du supplicié que des « cris d'épouvante ». On lui arracha les tétins et, sur les plaies, on jeta du plomb et du soufre fondus, « de sorte qu'on lui voyait presque les os et les entrailles avec le sang qui jaillissait comme de petites fontaines ». Le malheureux criait : « Jésus Maria. » Il demanda à la foule de chanter un *Salve Regina*. Elle refusa : on n'avait pas à prier pour un damné comme lui.

Au confesseur, il implora l'absolution de ses péchés, seul moyen d'échapper à la mort de son âme. Celui-ci lui répondit qu'il ne pourrait la lui donner que s'il livrait le nom de ses complices. Il n'en avait aucun, il l'avait répété. « Donnez-la-moi au moins à condition que ce que je dis soit vrai. – J'y consens, répondit le prêtre, mais à cette condition qu'au cas qu'il n'en serait pas ainsi, votre âme, au sortir de cette vie, s'en aille tout droit en enfer. – Je l'accepte et la reçois à cette condition. » Ainsi fut fait.

On étendit le supplicié sur une claie. Les chevaux encordés aux membres commencèrent à tirer, soulevant le corps à chaque ruade. Le supplice s'éternisa. Les os craquaient, les muscles se tordaient, mais les membres n'arrivaient pas à se disjoindre. Ravaillac était une force de la nature. Au bout d'une demi-heure, un valet de l'exécuteur s'avança avec un glaive et découpa à vif la chair. Un dernier effort des animaux et le malheureux expira. « Tout cela dura bien deux heures, écrit le résident de Florence Matteo Botti, sans qu'on l'entendît pousser un seul cri, sauf à chaque atteinte des tenailles. »

Comme le bourreau s'apprêtait à jeter les membres et le tronc dans le bûcher, la foule, bousculant la garde, se précipita sur ces pauvres restes sanguinolents et leur donna des coups d'épée ou de poignard. On les coupa en morceaux. Une femme en saisit un et le mordit à pleines dents. D'autres en emportèrent par les rues et les villages alentour.

Tout semble clair dans cette horrible affaire. Et pourtant… Avant de périr, Ravaillac s'était écrié : « *On* m'a bien trompé quand on m'a voulu persuader que le coup que je ferais serait bien reçu du peuple… » Qui « on » ?

Les étrangetés du procès

À lire les interrogatoires de Ravaillac, muré dans ses fantasmes et sa psychose, ses réponses brèves, hachées, on a le sentiment que tout n'a pas été dit. La hâte avec laquelle on s'était empressé de clore le procès en onze jours et d'exécuter le coupable paraît bien singulière. On avait omis de faire venir son père et sa mère, son frère aîné Geoffroy, ses sœurs, ses amis, ses relations, particulièrement un notable d'Angoulême, Hélie Belliard, chez qui, le 10 avril 1610, veille de Pâques, Ravaillac aurait résolu de tuer le roi. On n'avait pas interrogé non plus le supérieur des Feuillants qui l'avait expulsé, ni le religieux d'Angoulême qui avait reçu en confession ses intentions homicides. On avait négligé de rechercher ses logeurs et les soldats du régiment des gardes qu'il avait rencontrés à l'auberge des *Cinq Croissants*, faubourg Saint-Jacques, notamment un nommé Saint-Georges qui lui avait confié, comme pour exciter sa fureur, qu'il devait obéissance au roi même s'il se trompait en faisant la guerre à l'empereur et aux princes catholiques. On ne s'était pas intéressé au propriétaire de l'hostellerie des Quinze-Vingts, où le couteau avait été dérobé, ni au tourneur Barbier qui en avait refait le manche. On ne s'enquit pas véritablement des croyances du régicide.

Non moins surprenant fut le refus d'organiser des confrontations avec les suspects arrêtés peu après le drame et incarcérés à la Conciergerie, à quelques pas de son cachot. Citons le prévôt des marchands de Pithiviers, Thomas Robert, ultra-catholique, ancien ligueur, connu pour avoir participé au complot du comte d'Auvergne. Alors qu'il jouait aux boules le 14 mai après-midi, cet homme, apparemment bien informé, s'était exclamé devant ses amis étonnés : « Le roi est mort ! Il vient d'être tué tout maintenant, n'en doutez point ! » Quelques jours plus tard, on le retrouva étranglé dans sa cellule avec les cordons de son caleçon.

Citons le cas encore plus troublant de ce soldat du régiment des gardes nommé Saint-Martin, lui aussi jeté en prison. Huit jours avant l'assassinat, il avait conseillé à une veuve de sa connaissance de quitter Paris au plus vite, car, assurait-il, de terribles événements se préparaient. Accompagnant ensuite cette femme au temple de Charenton, il lui avait laissé entendre que, peu de temps auparavant, il avait vu à l'entrée de cet édifice un homme habillé de vert, « qui estoit Ravaillac », au milieu des faux mendiants et agents espagnols qui s'y trouvaient toujours pour insulter les huguenots... Les noms de Thomas Robert et de Saint-Martin ne sont même pas mentionnés sur le registre d'écrou de la Conciergerie conservé dans les archives de la préfecture de police de Paris. Leur interrogatoire avait été escamoté. Secret d'État.

Épernon et la marquise de Verneuil compromis

Quelques mois plus tard, l'affaire rebondit. Le 11 janvier 1611, alors qu'elle faisait ses dévotions dans une chapelle de l'église Saint-Victor, Marguerite de Valois était abordée par une petite femme boiteuse, légèrement bossue, qui voulait lui parler seule à seule. Elle insista. La reine Margot finit par accepter de la recevoir en son hôtel particulier de la rue de Seine. Sortant de prison pour affaire privée, la femme dévoila son identité. Elle s'appelait Jacqueline Le Voyer, épouse d'un soldat aux gardes, Isaac d'Escoman. Elle en vint au motif de sa visite, à savoir la dénonciation du puissant duc d'Épernon et d'Henriette d'Entragues, marquise de Verneuil, comme instigateurs de l'assassinat. Elle-même, à la demande de cette dernière, dont elle assurait avoir été la proche confidente, aurait hébergé le criminel durant huit semaines. C'est dire si elle le connaissait.

Marguerite prit ces propos suffisamment au sérieux pour avertir les autorités de police. La femme d'Escoman fut arrêtée et jugée. Ne parvenant pas à prouver ses assertions, elle fut condamnée pour diffamation à finir ses jours aux Filles repenties, rue Saint-Denis. Naturellement Épernon et Mme de Verneuil s'étaient acharnés à la perdre. C'était eux ou elle !

En 1619, un soldat de fortune, Pierre du Jardin, dit le capitaine de La Garde, raconta à son tour une étrange histoire et la publia dans un manifeste. Alors qu'il se trouvait en 1608 de passage à Naples, il fit la connaissance de Français nostalgiques de la Ligue qui complotaient la mort d'Henri IV. Il gagna si bien leur confiance qu'ils lui firent rencontrer un père jésuite nommé Alagon, parent du duc de Lerma, favori du roi d'Espagne, lequel lui proposa tout de go de tuer son souverain. Un jour, il vit arriver un inconnu, vêtu d'« écarlate violette », qui apportait des lettres du duc d'Épernon au comte espagnol de Benavente, vice-roi de Naples. Cet homme, assurait La Garde, était Ravaillac, qui avait servi comme lui dans la compagnie du maréchal de Biron.

Ces révélations ont troublé plus d'un historien. À un siècle de distance, Jules Michelet dans son *Histoire de France* (1857) et Philippe Erlanger dans son *Étrange Mort d'Henri IV* (1957) arrivèrent à la conclusion qu'une vaste conspiration avait été menée par le duc d'Épernon, aux sentiments pro-espagnols affirmés, la marquise de Verneuil, désireuse de se venger d'avoir été abandonnée, Concino Concini et sa femme, Leonora Galigaï, conseillers de Marie de Médicis, avec la complicité passive de celle-ci. Tout ce monde agissait en plein accord avec le cabinet de Madrid, impatient de se débarrasser du roi de France qui s'apprêtait à partir en guerre contre l'empereur, allié des Espagnols. Sans s'en rendre compte, Ravaillac, l'exalté incontrôlable, aurait été sous leur influence.

Que penser de cette thèse ? Si l'on scrute attentivement les pièces du procès de la d'Escoman conservées aux Archives nationales, comme l'a fait Robert Muchembled, on s'aperçoit que ses dépositions comportent davantage de zones d'ombre que de lumière. Quand on lui demanda de décrire Ravaillac, qu'elle prétendait avoir nourri et hébergé durant huit semaines, elle désigna un valet un peu chétif, noir de barbe et de visage, qui se trouvait là. Difficile de le comparer à l'Hercule rouquin ! Quand on lui réclama le billet de la marquise de Verneuil la priant de s'occuper du futur assassin, billet dont elle avait fait grand cas, elle dit l'avoir confié à une certaine demoiselle demeurant à Paris. Renseignements pris, on s'aperçut que cette personne, paralysée et très âgée, n'était pas venue dans la capitale depuis sept ans. Plus accablante enfin fut la déposition de Mathurin Renaudin, aumônier de la marquise, qui assura avoir vu l'accusée demander à plusieurs reprises la « charité » à sa maîtresse. C'était donc une simple solliciteuse et non l'amie intime, la confidente de la jeune femme. Bref, la d'Escoman, femme galante qui avait abandonné son enfant sur le pont Notre-Dame (d'où son emprisonnement en 1610), n'était pas un témoin fiable, mais une mythomane, experte en intrigues.

Quant à la déposition très tardive du capitaine de La Garde, elle était tout aussi suspecte. Outre qu'il paraît difficile d'admettre que l'illuminé d'Angoulême ait été le messager du duc d'Épernon (ce rustre savait-il monter à cheval, lui qui fit à pied son dernier voyage à Paris ?), sa présence dans sa ville natale en 1608 était attestée à plusieurs reprises par des actes notariés. L'officier avait peut-être entendu à Naples cette année-là des ennemis du roi discourir de sa disparition – le fait était hélas banal en soi –, mais ce ne fut que dans une seconde version de son récit qu'il ajouta les noms de Ravaillac et d'Épernon, sans doute à seule fin de se faire valoir. Son premier *factum*, signé de sa main, ne les mentionnait nullement.

Au reste, il est fort douteux que Madrid ait été au courant de l'attentat. À cette époque, le duc de Lerma, favori et principal ministre, menait une politique pacifiste à l'égard de la France. Quand on réveilla Philippe III pour lui annoncer la mort d'Henri IV, il tomba des nues et témoigna une sincère émotion. Quelque temps auparavant, il s'était indigné des intentions d'un paysan du Rouergue venu spécialement à Madrid lui proposer d'occire le Béarnais. Philippe III n'était pas Philippe II !

Dans sa thèse sur la diplomatie et les services secrets du Roi Catholique pendant les années 1598-1615, Alain Hugon, qui a fouillé méthodiquement les archives de Simancas, étudié les rapports des ambassadeurs et des nombreux espions madrilènes, arrive à cette conclusion formelle : « Aucun document probant n'indique une quelconque implication espagnole. »

La piste flamande

Alors, faut-il considérer que Ravaillac a agi seul et qu'il n'y a pas eu de complot ? Il est une autre piste plus sérieuse qu'il convient d'explorer. Si l'on en croit Pierre de L'Estoile, sur un « maraud de maçon », arrêté le 29 mai près du Temple et incarcéré à la Conciergerie, on avait trouvé un long couteau et des lettres compromettantes permettant d'affirmer qu'il était « pensionné de l'archiduc ». L'archiduc en question était Albert de Habsbourg. Henri IV en effet s'apprêtait à prendre la tête d'une immense armée et à traverser sans vergogne le Luxembourg, qui faisait partie de la souveraineté que l'archiduc exerçait conjointement avec son épouse, l'infante Isabelle, afin d'assiéger Juliers. Il était déterminé à faire un crochet par Bruxelles, où la princesse de Condé se trouvait retenue. Comme par hasard, les interrogatoires du suspect ont disparu et le « maraud de maçon », dont le nom ne figure pas non plus sur le registre d'écrou de la Conciergerie, ne fut jamais jugé. Personne n'en entendit plus parler.

L'existence de la piste flamande semble confirmée par plusieurs autres documents. Négligée par les chercheurs, une lettre du 23 mai 1610 de l'ambassadeur de la république de Genève en France, Jacob Anjorrant, généralement très bien informé, citait les noms du comte de Sallenove et de son adjoint La Motte* et précisait qu'un « certain » autre individu, membre de la même équipe, avait juré à l'archiduc qu'il ne

* Charles Emmanuel de Marmier, comte de Sallenove, colonel de cavalerie et d'infanterie en Franche-Comté, l'autre grande possession des archiducs. Il était officier d'état-major de Bruxelles. Il décéda en 1643. Deux de ses cousins

faillirait pas quand il devrait attaquer le roi au Louvre. Un rapport du 1er juin de l'ambassadeur de Venise à Paris, Antonio Foscarini, indiquait que Marie de Médicis, examinant les papiers de son mari après sa mort, aurait trouvé une dernière lettre de Charlotte écrite au palais ducal de Coudenberg, conjurant son « cher astre » de se garder de ses ennemis qui « aspiraient à lui ôter la vie, ne voyant d'autre moyen de se préserver de ses armes ».

À ces pièces on ajoutera l'enquête menée en 1611 par un magistrat français, Jean de Villiers-Hotman, de laquelle il ressortait que, huit, dix, douze jours avant le drame, on savait dans les Pays-Bas espagnols et la zone rhénane de Cologne que le roi de France allait être poignardé. D'honorables commerçants, des banquiers, des hommes d'affaires en parlaient dans leur correspondance comme d'un fait accompli, révélant même que le tueur était parti de Bruxelles, où il avait vécu, et que des prières publiques et privées avaient été dites pour la réussite de l'« entreprise ».

Enfin, parmi les dépenses enregistrées par la chambre des comptes de Lille, qui regroupait celles de la cour de Bruxelles, figure pour l'année 1610 la mention d'une somme exceptionnelle de 15 000 livres versée à des personnes chargées de mission en France, « dont on ne veut plus ample déclaration être faite ». Or, pour les années précédentes, les dépenses relatives aux affaires secrètes de « Leurs Altesses les archiducs » ne dépassaient pas quelques centaines de livres.

Menacé par une attaque imminente, scandalisé du comportement du roi de France qui projetait d'enlever de force une jeune femme légitimement mariée qui était son hôte, l'archiduc Albert aurait-il commandité une équipe de tueurs ? Ceux-ci, à en croire Jacob Anjorrant, seraient arrivés à Paris vers le 23 avril. Leur mission, semble-t-il, était d'assassiner le roi entre

---

exerçaient des charges importantes au palais de Coudenberg. L'identité de son adjoint La Motte n'a pu être établie.

le couronnement de sa femme et son départ pour l'armée. Le report à plusieurs reprises du sacre de Marie de Médicis, d'abord prévu le 1er mai, décalé au 6, puis au 10 et enfin réalisé le 13, la veille du drame, expliquerait pourquoi on crut que dès le début de mai le souverain français était mort.

Ravaillac, bien entendu, n'a pas été l'agent stipendié de cette conspiration. La question est de savoir si les tueurs flamands n'avaient pas rencontré, au hasard des auberges, l'halluciné d'Angoulême, lui-même arrivé dans la capitale le 18 avril, et, voyant sa farouche détermination, ne l'avaient pas habilement poussé à agir à leur place. Cette réflexion, le philosophe Condillac, qui ne disposait pourtant d'aucune information sur la piste flamande, la notait déjà au XVIIIe siècle : « Quelques-uns croient que Ravaillac n'avait point de complices, parce qu'ils prétendent qu'il l'a déclaré lui-même sans varier. Quand cela serait, ce ne serait pas une preuve qu'il n'y a pas eu de conspiration. Il faudrait seulement conclure que les conspirateurs n'ont pas été assez maladroits pour lui conseiller d'assassiner, et que connaissant à quoi son fanatisme le pouvait porter, ils se sont bornés à lui persuader que le roi armait pour détruire la religion catholique. » Rien de plus facile ensuite que de le surveiller dans ses déplacements et de se débarrasser de lui une fois son forfait accompli.

Le jour du drame, aussitôt après l'arrestation de Ravaillac par les gentilshommes escortant la voiture royale, un curieux incident s'était produit rue de la Ferronnerie. Le baron de Courtomer, chargé d'avertir Sully à l'Arsenal, s'était heurté à un groupe de huit à dix hommes à pied et de deux à cheval, tous armés, qui, au lieu de porter secours au monarque agonisant, hurlaient à l'encontre de l'assassin : « Tue, tue, il faut qu'il meure ! » Quand il leur cria que le roi n'était que blessé, l'étrange commando s'évanouit dans la foule. Jamais on ne le retrouva.

Tous ces faits, connus en haut lieu, notamment par les magistrats du parlement de Paris, expliquent le silence et la prudence des autorités. « Il semble qu'on craigne de trouver ce qu'on cherche », remarquait Pierre de L'Estoile. La France, affaiblie par la mort de son roi, pouvait-elle, sans créer une crise diplomatique d'envergure, mettre en cause un prince souverain de la maison d'Autriche ? Quand on demanda à Achille de Harlay s'il n'avait pas la preuve que Ravaillac avait des complices, il s'exclama : « Des preuves ! Il n'y en a que trop, il n'y en a que trop... Plût à Dieu que nous n'en vissions pas tant ! » Mais il se garda de donner la moindre précision*.

Les funérailles

Il était d'usage dans l'ancienne France d'enterrer les rois quarante jours après leur trépas, de façon à pourvoir aux préparatifs de la pompe funèbre à Saint-Denis. Pour Henri IV, cela prit un peu plus de temps. Le lendemain de sa mort, samedi 15 mai, sa dépouille fut lavée et autopsiée. Le procès-verbal, signé le même jour à quatre heures du soir par les quatorze médecins et treize chirurgiens accrédités, établit que le deuxième coup de couteau, en tranchant le tronc de l'« artère veineuse », provoqua le décès immédiat du roi dans son carrosse. Les récits contemporains, dont celui de Pierre Matthieu, contant qu'à son arrivée au Louvre Henri IV, invité par son médecin Petit à implorer la miséricorde divine, aurait par trois fois ouvert les yeux en signe d'acquiescement, avant de les fermer définitivement, semblent donc de nature apologétique. Il s'agissait de montrer que le Très Chrétien, qui avait si longtemps erré dans la foi, avait eu en son palais, entouré des siens, une « bonne mort ». On essayait ainsi de donner une dimension christique à un prince pieux, certes, mais nullement dévot.

* Pour davantage de détails sur cette « piste flamande », voir notre étude *L'Assassinat d'Henri IV, mystère d'un crime*, Paris, Perrin, 2009.

Depuis Philippe le Bel en 1314, on prélevait le cœur et les entrailles. Ces dernières, placées dans un vase scellé, furent déposées à Saint-Denis sans cérémonie par un exempt des gardes du corps et six soldats. Le cœur, après avoir été ouvert, nettoyé, trempé dans de l'esprit-de-vin, de l'huile de térébenthine rectifiée et couvert d'aromates divers, fut enfermé dans une petite urne en argent. Pour répondre à la volonté du défunt, celle-ci fut portée en grande pompe dans un char funèbre à la chapelle Saint-Louis du collège des jésuites de La Flèche. L'escorte composée de près de 1 200 cavaliers sous la conduite du duc de Montbazon quitta Paris le 31 mai et arriva à destination le 4 juin. Le voyage fut ralenti par les fortes pluies qui avaient transformé les routes en bourbiers. Dans chaque localité traversée on assista à d'intenses et attendrissantes démonstrations de piété. Le curé et ses assesseurs, en surplis, arrivaient en chantant des cantiques funèbres, leur haute croix se balançant dans le vent et les cieux d'orage. « On n'entendait que pleurs et gémissements des villageois de tous sexes et âges », relate *Le Mercure françois*. À La Flèche, le père Coton prononça l'oraison funèbre « entrecoupée de soupirs et de larmes ». Le monument destiné à recevoir l'urne ne sera érigé dans la chapelle du collège qu'un demi-siècle plus tard.

Au Louvre, la dépouille, lavée avec du vin balsamique, fut remplie d'étoupe, apprêtée de plusieurs plantes aromatiques et substances odoriférantes destinées à empêcher la putréfaction, puis ointe de myrrhe, de térébenthine et d'aloès. Elle fut ensuite déposée dans un cercueil de plomb, renforcé d'une bière de bois mastiquée aux jointures, avant d'être porté dans la chambre du roi et placé sur son lit couvert d'un drap d'or, sous la garde de deux hérauts d'armes. Les *regalia*, couronne, sceptre, main de justice, étaient disposés sur la couche funéraire. D'épais cierges brûlaient dans des chandeliers d'argent, tandis que chaque jour des prêtres célébraient des messes aux autels provisoires dressés dans la chambre ou la galerie attenante.

Pour l'ultime fois de l'histoire de la monarchie, on fit usage d'une effigie royale, ce mannequin d'osier dont le visage représentait les traits du défunt. La pratique, apparue lors des funérailles de Charles VI en 1422, a donné lieu à diverses interprétations. Longtemps, l'école des historiens « cérémonialistes » a voulu y voir une illustration de la théorie des « deux corps du roi », telle qu'Ernst Kantorowicz et ses disciples américains Ralph E. Giesey et Richard A. Jackson l'avaient conçue : d'un côté la dépouille mortelle de l'être humain, de l'autre le corps politique, en majesté, qui ne meurt jamais, la mystérieuse effigie servant d'« icône d'interrègne », jouant un « rôle rituel et constitutionnel dans le transfert officiel de la souveraineté ». Il semble plutôt que la mystérieuse effigie royale, destinée surtout « à émouvoir le peuple », comme l'écrivait le greffier du Parlement Jean Du Tillet, était la représentation médiévale du corps vivant du roi, sans qu'il fût besoin de marquer à travers son existence symbolique la continuité de l'État.

Ce ne fut qu'à partir du 10 juin que l'effigie, enfin confectionnée, fut installée sur un catafalque au rez-de-chaussée, dans la grande salle des Caryatides tendue de noir et ornée des écussons de France et de Navarre. Couronne sur la tête, vêtu des habits royaux et du manteau de velours cramoisi semé de lys d'or, avec le collier du Saint-Esprit en sautoir, le mannequin avait les mains jointes, le sceptre à sa droite, la main de justice à sa gauche. Sa ressemblance avec le défunt était saisissante (en témoignent les masques funéraires qu'on en tira).

Durant ce temps, on procéda à l'étrange cérémonial du service de table, qui remontait aux temps médiévaux. Deux fois par jour, midi et soir, à côté du catafalque, placé sous la surveillance des hérauts d'armes et des archers, les titulaires des offices de la Bouche, potagers, écuyers, garde-vaisselle et commis, dressaient la table sur instruction du grand panetier de France, Charles de Cossé, duc de Brissac, et y déposaient le pain et les viandes. « Le roi est servi ! », s'exclamaient alors par trois fois les hérauts, puis quelques instants après : « Le roi est mort ! » On remportait ensuite aux cuisines les mets, qui étaient distribués aux pauvres.

Une autre tradition exigeait de procéder, avant les funérailles du roi défunt, à l'inhumation de son prédécesseur. Le corps d'Henri III reposait depuis 1589 en l'abbaye Saint-Corneille de Compiègne. D'ordre de Marie de Médicis, une troupe à cheval avec à sa tête le duc d'Épernon alla l'y chercher le 22 juin pour le conduire à Saint-Denis. Le lendemain, le cardinal de Joyeuse célébra à sa mémoire un service funèbre *a minima,* sans pompe particulière ni oraison funèbre. Puis son cercueil fut déposé dans la rotonde des Valois, au nord de l'abbatiale, où reposaient les restes d'Henri II, de Catherine de Médicis et de leurs enfants. Cette rotonde inachevée et en mauvais état sera détruite en 1719. Les dépouilles seront transférées à l'intérieur de l'église.

L'effigie d'Henri IV fut ôtée le 21. Le 25, Louis XIII, revêtu du manteau de deuil violet, accompagné de ses frères, des princes du sang, des évêques, des chevaliers du Saint-Esprit et des principaux seigneurs de la Cour, alla jeter de l'eau bénite sur le cercueil. Cette cérémonie, qui dérogeait à l'interdiction usuelle faite à un souverain régnant d'approcher la dépouille de son prédécesseur, remontait à Louis XII lorsqu'en 1498 celui-ci était venu s'incliner sur la bière de son père Charles VIII. Elle se répéta le lendemain et les jours suivants par les membres du Parlement, de la Chambre des comptes, de la Cour des aides, du prévôt de Paris, du prévôt des marchands et des échevins de la ville. Les 21, 22 et 23 juin, au son lancinant du glas, les orateurs sacrés des paroisses et couvents de la capitale s'associèrent en prononçant maintes oraisons funèbres.

L'étape de Notre-Dame

La reine désira donner à la cérémonie une « magnificence au-delà de tout ce qui s'était fait auparavant ». Après avis du Conseil, le chancelier ordonna que dans les proclamations publiques le défunt serait surnommé Henry le Grand. Le lundi 28 juin donc, les 24 sergents crieurs jurés parcoururent les rues et les places en faisant tinter leur clochette d'argent : « Nobles et dévotes personnes, priez Dieu pour l'âme de très haut, très puissant et très excellent Prince Henri le Grand, par la grâce de Dieu Roy de France et de Navarre, très chrétien, très auguste, très victorieux, incomparable en magnanimité et clémence, lequel est trépassé en son palais du Louvre ; priez Dieu qu'il ait son âme… »

Dans la soirée du 28 et la journée du 29, les ouvriers de la ville tapissèrent de tentures sombres les rues que devait emprunter le cortège en partant du Louvre. Le 29, celui-ci se mit en branle. « La foule du peuple, notait L'Estoile, était si grande à le voir passer qu'on s'y entretuait. »

La pompe baroque, avec sa puissante théâtralisation, constituait en elle-même une représentation du pouvoir. Comme d'habitude sous l'Ancien Régime, malgré le soin extrême pris pour régler l'ordre processionnel des honneurs et dignités, le rang de chaque corps, de chaque institution donna lieu à des querelles de préséance assorties de coups de poing, gourmades, horions et bousculades, qui pour les plus graves se réglèrent par un arbitrage de la reine régente. Cette longue procession du Louvre à Notre-Dame, puis de Paris à Saint-Denis était plus qu'un banal défilé des corps constitués. Elle visait à associer pleinement ces derniers à l'ordre monarchique, y compris dans son rituel public de déploration.

En tête marchaient les officiers de la maison de Ville, en robe et capuchon noir, l'épée au côté. Venaient ensuite les trois bataillons d'archers, arbalétriers et arquebusiers. Les gens d'Église et religieux des différents ordres réguliers les suivaient :

capucins, minimes, cordeliers, jacobins, augustins, carmes et feuillants, récollets, tiers ordre de Saint-François, escoliers pauvres du collège de Montaigu, religieux réformés « de Pique-Puce », sans oublier les 500 pauvres portant une torche allumée, dont plusieurs « estropiés de guerre », les 24 crieurs jurés, la compagnie du guet et son lieutenant, les sergents du Châtelet et de l'Hôtel de Ville, les notaires, les commissaires de quartier, procureurs et avocats, les commis, greffiers, bourgeois de la ville en robe et bonnet carré. On remarquait aussi la présence du clergé des 32 paroisses, des chantres de la chapelle royale, des messagers jurés, des maîtres de poste, des pages de l'écurie, des musiciens, des officiers des gardes et des principaux régiments, des archers et Cent-Suisses, des deux compagnies de ses gentilshommes d'honneur, des médecins, chirurgiens, huissiers, gentilshommes servants, officiers des Monnaies, Cour des aides et Chambre des comptes.

Enfin, tiré par six chevaux harnachés de velours noir croisé de satin blanc, s'avançait le « chariot d'armes du Roy », c'est-à-dire le char funèbre, recouvert d'un crêpe de deuil. Accompagné de huit trompettes et de M. de Rhodes, grand maître des cérémonies, portant le grand guidon de velours violet à fleurs de lys, il contenait le cercueil, dissimulé sous un drap de velours noir croisé au milieu de satin, autour duquel étaient disposées 24 armoiries de France et de Navarre brodées d'or.

Suivaient les trois capitaines des gardes et les valets de pied menant par la bride douze coursiers montés par des pages. Ils précédaient des écuyers, vêtus de robes et chaperons de deuil, présentant les « pièces d'honneur », attributs chevaleresques du « roi de guerre » : éperons et gantelets dorés, écusson de France et de Navarre, cotte d'armes, heaume cerclé de la couronne royale, mantelet de velours violet semé de lys d'or et paré d'hermine. Peu après apparurent les hautes mitres blanches des évêques, les chapeaux rouges des cardinaux et des deux nonces, puis, entouré de dix hérauts d'armes, le cheval d'honneur de Sa Majesté et le coursier du grand écuyer arborant le collier de l'ordre du Saint-Esprit.

Installée sur une « litière portative », l'effigie n'était pas oubliée, bien au contraire. Plus on était proche d'elle, plus on avait un rang élevé. Soutenue par huit « hanouars » des halles (porteurs de sel), elle était escortée du comte de Saint-Paul, représentant le maître des cérémonies, du chevalier de Guise, figurant le grand chambellan, qui portait la bannière de France – trois lys d'or sur fond d'azur –, et de ces messieurs du Parlement en robe écarlate. Incarnant la fonction souveraine et permanente de la justice royale, ces derniers n'étaient pas en deuil. Les quatre présidents à mortier tenaient les coins du drap mortuaire. Enfin, la somptueuse escorte s'achevait par le défilé des princes, ducs et pairs, chevaliers des ordres du roi, des douze pages de la Chambre, des hallebardiers et arquebusiers, armes pointées vers le sol.

Et quelle solennelle lenteur ! Parti du Louvre à deux heures de l'après-midi, le cortège emprunta le Pont-Neuf, longea le couvent des Grands-Augustins, traversa le pont Saint-Michel et le Marché neuf, avant d'arriver vers dix heures du soir devant le grand portail de Notre-Dame, dont l'intérieur avait été tapissé de velours noir. Partout brillaient des forêts de cierges. Le cercueil, à nouveau surmonté de l'effigie, fut placé dans le chœur, sous une chapelle ardente de cinq mètres de large sur près de douze de haut, soutenue par huit colonnes et se terminant en voûte. La cérémonie, à laquelle assistèrent seulement les princes, cardinaux, évêques, prélats, ambassadeurs, hauts dignitaires de la Cour, magistrats du Parlement et échevins, se limita aux vêpres et vigile des trépassés chantées.

Le lendemain 30 juin, vers huit heures et demie, la messe d'enterrement commença. Philippe Cospeau, évêque d'Aire, prononça l'oraison funèbre. À trois heures de l'après-midi, le convoi repartit, franchit le pont Notre-Dame et emprunta la rue Saint-Denis, où les maisons étaient elles aussi tapissées de noir et ornées des armes du roi et de la ville. Très sourcilleux sur ses prérogatives, le clergé de Saint-Denis prit la relève de celui de Paris à la Croix penchée, dans la plaine de Lendit, qui marquait la fin des « voiries et justices » de Paris.

Saint-Denis, lieu du dernier séjour

Le cortège parvint après dix heures du soir à l'abbatiale, de noir tendue. On avait peine à imaginer qu'un mois et demi auparavant s'était déroulé en ce lieu le joyeux couronnement de la reine. Le cercueil surmonté de l'effigie fut placé dans une chapelle ardente aménagée au milieu du chœur. Un cérémonial identique à celui de Notre-Dame se déroula avec vêpres et vigile des trépassés. Puis on ôta l'effigie. Seule la bière demeura sous la chapelle ardente, couverte du drap d'or, avec la couronne, le sceptre et la main de justice. Lentement l'assistance se retira en silence, laissant le corps du roi dans la longue attente de son successeur. Dans la nuit, tremblante et fragile, la lumière de centaines de cierges projetait sur les murs les ombres d'une sorte de fantasmagorie sépulcrale.

Le lendemain, jeudi 1er juillet, vers neuf heures du matin, après les quatre premières messes introductives, les obsèques commencèrent par la *Missa pro defunctis quinque vocum* d'Eustache Du Caurroy, sous-maître de la Chapelle royale et compositeur de la Chambre du roi, que célébra le cardinal de Joyeuse. Rédigée vers 1597 dans une austère mais somptueuse écriture contrapuntique, cette œuvre polyphonique de style Renaissance préfigurait en certains passages les élans saisissants du baroque. Elle deviendra la messe de requiem des rois de France jusqu'à la Révolution. Au moment de l'élévation, on y inséra un *Pie Jesu* du même auteur, décédé l'année précédente, qu'on avait surnommé le « prince des musiciens ».

Après l'offertoire, Charles Miron, évêque d'Angers, prononça l'éloge funèbre.

Commença alors le rituel traditionnel de mise au tombeau sous la direction du comte de Saint-Paul, faisant en la circonstance office de grand maître des cérémonies de France en lieu et place de M. de Rhodes. Le cercueil, dont on avait ôté la couronne, le sceptre, la main de justice et le drap d'or, fut porté par les archers et les gentilshommes servants jusqu'au caveau des rois, qui se trouvait en retrait à droite du maître-autel, près de la porte du chœur. Le cardinal de Joyeuse et les prélats s'avançant au bord de la fosse récitèrent les dernières prières, puis jetèrent une poignée de terre symbolique sur le cercueil qu'ils aspergèrent d'eau bénite.

D'une voix forte, un héraut d'armes appela par leurs nom et qualité chacun des seigneurs qui portaient les pièces d'honneur : les cottes d'armes des hérauts, l'enseigne des gardes suisses, les quatre enseignes des compagnies des gardes du corps, les deux enseignes des compagnies de gentilshommes à bec de corbin, les éperons, les gantelets, l'écu du roi, sa cotte d'armes, son heaume timbré à la royale, son pennon, son épée, la bannière de France, les bâtons des maîtres d'hôtel, celui du grand maître, la main de justice, le sceptre royal et la couronne. Ces pièces furent déposées au fur et à mesure dans le caveau. La foule redoublait de cris de douleur.

Le comte de Saint-Paul frappa le sol du bâton de grand maître et dit à voix basse : « Le roi est mort ! » Faisant trois pas, le héraut d'armes reprit par trois fois d'une voix forte qui résonna sous les voûtes : « Le roi est mort ! Le roi est mort ! Le roi est mort ! Priez tous pour son âme. » Chacun, dans ce moment d'intense émotion, se mit à genoux. Le grand maître frappa à nouveau le sol de son bâton : « Vive le roi ! » Le héraut répéta haut et fort : « Vive le roi ! Vive le roi ! Vive le roi ! Louis treizième de ce nom, par la grâce de Dieu roi de France et de Navarre, très chrétien, notre très souverain Seigneur et bon maître, auquel Dieu *doint** très heureuse et très longue vie. Vive le roi Louis ! » Éclatèrent alors par trois fois, sous les hautes voûtes de l'abbatiale, les intonations joyeuses des trompettes, hautbois, flûtes, clairons et tambours. De la fosse, le héraut lentement releva la bannière de France timbrée de ses trois lys d'or, symbole de la souveraineté, manifestant ainsi la renaissance, tel le phénix, du pouvoir royal.

* Formulation ancienne de la troisième personne du singulier du présent du subjonctif du verbe donner.

29

LE MYTHE HENRICIEN

Les conséquences du régicide

L'Histoire a ses lois implacables, ses logiques fatales, ses entraînements inévitables, et pourtant, c'est presque une constante, elle ne se déroule jamais comme prévu. L'illuminé d'Angoulême croyait accomplir un geste salutaire, attendu de tout un peuple. Il déchanta radicalement au sortir de la Conciergerie et plus encore au moment de son supplice en place de Grève, lorsque la foule se mit à déverser sur lui injures et cris de haine. Toutefois, dans les premiers temps qui suivirent sa mort, son but parut avoir été atteint. La politique d'Henri IV, fondée sur la paix religieuse à l'intérieur et l'entente avec les princes protestants à l'extérieur, afin de contrer l'Espagne et l'Empire habsbourgeois, connut un sensible fléchissement sous la régence de Marie de Médicis. Après une brève incursion en Allemagne et la prise de la citadelle de Juliers par le maréchal de La Châtre, pour respecter ses engagements immédiats, la France se rapprocha du cabinet de Madrid, avec lequel le duc de Savoie fut prié de se réconcilier. En 1612, le mariage de Louis XIII et de l'infante doña Ana, celui du prince des Asturies (futur Philippe IV) et de la princesse Élisabeth furent conclus puis officialisés trois ans plus tard.

Pourtant, la disparition du Béarnais ne mit pas fin au dualisme religieux, comme son meurtrier le souhaitait si ardemment. Certes, une fois Marie de Médicis exilée, Louis XIII et Richelieu adoptèrent une politique d'hostilité à l'égard des réformés, en menant des guerres en Béarn et en Languedoc, en assiégeant La Rochelle. La vérité est que ces expéditions militaires étaient tournées non contre la foi réformée, mais contre le parti protestant formant un État dans l'État avec ses places de sûreté et ses assemblées politiques. La paix d'Alès de 1629 se contenta de confirmer l'édit de Nantes sans les brevets et annexes. Le monarque et son principal ministre souhaitaient convertir les huguenots par la persuasion. Ils étaient à cet égard sensiblement plus tolérants que ne le sera Louis XIV.

L'assassinat d'Henri IV eut de plus durables conséquences. Par le traumatisme profond qu'il créa chez les gouvernants, il contribua au renforcement de l'absolutisme monarchique. Les théoriciens du droit monarchique se mirent à exalter comme jamais la puissance absolue des rois, leur entière majesté, la plénitude de leur souveraineté, leur indépendance face au pouvoir temporel des papes : ainsi les traités de Jérôme Bignon, de Pierre de L'Hommeau, sieur du Verger, du président Savaron vantaient unanimement la supériorité de la monarchie absolue et héréditaire.

Le « crime de lèse-majesté divine et humaine », assorti de « parricide », commis sur la personne du premier souverain Bourbon, renforça à la fois le culte du secret, le « mystère de la monarchie » et la volonté d'élever les rois au rang de personnes sacrées et inviolables. Il nourrit l'épanouissement de la doctrine du droit divin au Grand Siècle. L'onction de Reims qu'ils recevaient, la croyance en leur pouvoir miraculeux, particulièrement leur faculté de guérir les écrouelles, participaient de cette exaltation. On plaça si haut le trône que l'on finit par considérer que désobéir au roi, cette image du divin sur terre, était désobéir à Dieu même, et par conséquent commettre un sacrilège. Sans Ravaillac, y aurait-il eu Bossuet ?

Aussi, la moindre menace à l'égard de la majesté royale devint-elle une obsession tout au long des XVIIe et XVIIIe siècles, et la moindre atteinte à l'image ou à la personne du roi fut impitoyablement réprimée. Les archives de la Bastille et de la Conciergerie regorgent d'affaires de ce genre. De pauvres diables, des mythomanes, des déséquilibrés, instigateurs ou dénonciateurs de complots imaginaires payèrent de leur liberté, voire de leur vie, leur légèreté, leur imprudence ou leur inconséquence. En mars 1757, le coup de canif porté à Louis XV par un domestique déséquilibré, Robert François Damiens, en fut la parfaite illustration. Le malheureux, qui avait voulu seulement donner un avertissement salutaire au roi, fut exécuté de la même façon que Ravaillac.

L'envol de la légende et de l'Histoire

Deuxième régicide en vingt et un ans, l'assassinat d'Henri IV a été ressenti comme un immense séisme politique, jetant la désolation universelle, bouleversant la destinée de tout un peuple et transfigurant la personnalité complexe de ce monarque, mélange assurément de lumière et d'ombre, en un héros, alors même que dans les derniers temps sa popularité était en nette baisse. « Sa fin tragique, constatait Chateaubriand dans son *Analyse raisonnée de l'histoire de France*, n'a pas peu contribué à sa renommée : disparaître à propos de la vie est une condition de la gloire ! » La légende henricienne en effet allait faire du Béarnais le plus aimé, le plus chéri des rois de l'ancienne France : un homme débonnaire, simple, proche des humbles, pacifique, vertueux, relevant le pays exsangue de ses ruines et restaurant l'autorité qui avait tant manqué durant les guerres civiles. Sa popularité traversa les régimes.

Le mythe prit son envol dès la régence de Marie de Médicis. Obéissant à la loi du genre, imprimées et largement répandues, les oraisons funèbres idéalisèrent le défunt, effaçant jusqu'à ses défauts les plus apparents. Pas moins de 38 d'entre elles nous sont connues. La plupart furent regroupées en un volume, publié en 1611 par l'abbé Guillaume Du Peyrat, aumônier du roi : *Déplorations, Larmes et sanglots de la désolée France, Discours lamentable, Recueil de vers lugubres, La Chemise sanglante*, etc. Elles témoignent de cette métamorphose glorieuse qui prit naissance dès la déploration religieuse. Parmi leurs auteurs, on trouvait nombre de jésuites désireux de se désolidariser de ceux qui au sein de leur ordre avaient approuvé les théories tyrannicides. Ces apologies exaltaient en des envolées lyriques et mystiques – d'où la politique n'était nullement bannie – la piété, la dévotion, la clémence de ce grand converti, restaurateur de la paix du royaume, inlassablement soutenu par la volonté divine... On le comparait à Salomon, au roi David, aux empereurs Constantin et Théodose, et bien entendu à son ancêtre Saint Louis.

Les panégyriques, les dithyrambes, les parallèles avec les grands hommes de l'Antiquité, les biographies riches d'anecdotes savoureuses, les tragédies en prose ou en vers fleurirent ensuite, participant à la construction d'un monument hagiographique que rien n'égale dans l'histoire de la France, hormis la légende napoléonienne. Écrits, sermons, odes flatteuses, gravures, peintures, tapisseries, médailles, toutes les grandes disciplines artistiques furent mobilisées pour y contribuer. Il était le Jupiter, le Mars, l'Hercule gaulois, l'Atlas, le Persée, le preux chevalier couronné de lauriers, délivrant la France de ses ennemis. Oubliées les faiblesses du héros, son exubérance brouillonne, ses fanfaronnades, son avarice de « ladre vert », sa conduite inconséquente avec ses maîtresses qui avait mis l'État en péril, sa constante duplicité dont beaucoup souffrirent et se plaignirent ! Pensait-on encore à son autoritarisme, à son mépris des libertés locales et des franchises provinciales ?

Disparus également le souvenir des difficultés de son règne, les mécontentements des paysans devant la cherté du pain, les « émotions populaires », l'exaspération contre les impôts nouveaux, les gabelles et la pancarte, les exactions des traitants, des partisans et des officiers de finance.

Sous la Fronde, quand les peuples avaient à se plaindre à peu près des mêmes maux, caractéristiques de la poussée de l'absolutisme, on le regretta pourtant comme le « restaurateur des libertés », le père de l'unité française. Partout – à en faire tressaillir le cheval de bronze du Pont-Neuf ! – on chantait le *Vive Henri IV !* dont le thème musical, emprunté à un noël populaire du XVIe siècle, et les couplets, enrichis de quelques propos gaillards, traversèrent les siècles. De la légende henricienne aux multiples arabesques jaillit un flot d'anecdotes, de bons mots « historiques », certains apocryphes, d'autres enjolivés en *fioretti* (le panache blanc, la poule au pot, « Paris vaut bien une messe », etc.).

Le temps de l'Histoire commença lui aussi très tôt, du vivant du roi si l'on retient que le poète et dramaturge Pierre Matthieu, nommé historiographe, produisit en 1605 une *Histoire de France et des choses mémorables advenues aux provinces estrangères durant sept années de paix* et, l'année suivante, une *Histoire des derniers troubles de France*. En 1611, il faisait encore paraître une *Histoire de la mort déplorable de Henri IIII, Roy de France et de Navarre,* fort utile pour la compréhension de ses derniers moments. On n'oubliera pas non plus les travaux de l'érudit et controversiste Pierre Victor Palma Cayet, professeur au collège de Navarre, ramené au bercail du catholicisme par le cardinal Du Perron : *Chronologie novenaire, contenant l'histoire des guerres sous le règne du très chrétien roi de France et de Navarre Henri IIII* (1605) et *Chronologie septenaire de l'histoire de la paix entre la France et l'Espagne* (1609).

Au sein de ce corpus, trois témoins du règne apportèrent une contribution majeure : l'éminent Jacques Auguste de

Thou, auteur des *Historiae sui temporis* en plusieurs volumes, parues d'abord en latin à Paris de 1604 à 1608, puis en français à Londres en 1734 sous le titre d'*Histoire universelle depuis 1543 jusqu'à 1607*, le fougueux Agrippa d'Aubigné à qui l'on doit également une *Histoire universelle* en onze volumes (1616-1630), enfin l'Italien Enrico Caterino Davila, dit Henri Catherin, ancien page du roi, auteur de l'*Histoire des guerres civiles en France, contenant tout ce qui s'est passé de mémorable en France jusqu'à la paix de Vervins* (1644).

À côté de ces premiers travaux, ajoutons les souvenirs et Mémoires de certains acteurs privilégiés : Duplessis-Mornay, Bassompierre, Brantôme, Tavannes, Bouillon, Villegomblain et, bien entendu, Sully, dont les *Œconomies royales*, essentielles pour la connaissance du règne, paraîtront clandestinement en 1638. L'édition scientifique, due à David Buisseret et Bernard Barbiche, sera publiée en deux volumes en 1970 et 1988.

À la vérité, ces ouvrages manquaient de recul pour apporter un regard à la fois critique et synthétique. Si l'on néglige l'*Histoire de Henry le Grand IV du nom, roy de France et de Navarre*, d'assez médiocre facture, parue en 1633 sous la plume de Scipion Dupleix, précepteur du petit comte de Moret, l'écrit marquant une vraie rupture fut l'*Histoire du roy Henry le Grand* de Mgr Paul Philippe Hardouin de Beaumont de Péréfixe.

La première grande synthèse

Né en 1606, ce fils d'un maître d'hôtel de Richelieu avait fait ses études chez les jésuites puis à la Sorbonne, où il avait passé sa licence et son doctorat. À la mort du grand cardinal, dont il avait été le maître de la chambre privée, l'abbé de Beaumont passa tout naturellement dans la clientèle du cardinal Mazarin. L'homme était souple, intelligent et s'était fait une réputation de bon prédicateur. Aussi accumula-t-il fonctions et charges prestigieuses : précepteur du roi en 1644, évêque de Rodez en 1646, académicien en 1654, chancelier de l'ordre du Saint-Esprit en 1661, président du Conseil de conscience du roi et archevêque de Paris en 1662, où il se fit remarquer par son zèle antijanséniste et sa lutte contre les libertins (l'interdiction du premier *Tartuffe* de Molière en fut la conséquence).

Son *Histoire du roy Henry le Grand* fut composée pour servir à l'édification et à la formation politique du jeune Louis XIV, qui avait manifesté un vif intérêt pour son aïeul. Ce « miroir des princes », ainsi qu'on appelle ce genre de traité pédagogique, parut en janvier 1661, quelques semaines avant le décès de Mazarin.

« Péréfixe, observait Voltaire, émeut tout cœur né sensible et fait adorer la mémoire de ce prince, dont les faiblesses n'étaient que celles d'un homme aimable, et dont les vertus étaient celles d'un grand homme. » Écrit dans une belle et sobre langue classique, l'ouvrage connut un immense succès : dix-sept éditions jusqu'en 1789, dont trois en 1661 et cinq en 1662 – sans compter les contrefaçons des Elsevier à Amsterdam et de François Foppens à Bruxelles –, dix-huit sous la Restauration, des traductions allemande, anglaise, hollandaise et italienne, mais aucune en espagnol, car le « roi de guerre », vainqueur de Fontaine-Française, y était par trop exalté.

Le livre resta longtemps la référence en matière historiographique, devenant, comme le dit Jacques Perot, « la vulgate de la mémoire henricienne et la source principale de nombreuses publications ». Avec lui la légende continua sa progression. Tel était du reste l'un de ses objectifs, renforcé par l'addition dès la deuxième édition d'un *Recueil de quelques belles actions et paroles mémorables de ce prince*. On aurait tort néanmoins de ne voir dans ce travail de pédagogie qu'un florilège d'ana, de bons mots édifiants ou d'anecdotes controuvées. Le prélat ne cachait pas les défauts du truculent Béarnais, qui « n'était pas exempt de taches, non plus que le soleil ». Il ne recula pas devant l'évocation de ses aventures légères et de ses liaisons adultères. Comment du reste aurait-il pu éviter des incartades notoirement connues ? « La passion des femmes, soupirait-il, fut le faible et le penchant de notre Henri, et peut-être la cause de son dernier malheur... » Il lui trouvait toutefois des circonstances atténuantes : l'attitude trop libre de sa première épouse, le caractère acariâtre de la seconde. Il n'hésitait pas à dénoncer son « excessive volupté », son « libertinage scandaleux », son intempérance, son incapacité à maîtriser ses sens, où « il ne paraissait rien moins que Henri le Grand ». Il voulait pour son élève tirer une leçon de morale.

On notait aussi dans la préface des conseils au jeune Louis XIV que n'aurait pas reniés Mazarin : faire « ses délices » de son devoir de roi, « tenir lui-même le timon de son État, afin de le conduire avec vigueur, sagesse et justice ». Plus fondamentalement, la leçon magistrale du précepteur consistait en une défense et illustration de la monarchie absolue, une justification de la pratique gouvernementale fondée sur l'autorité personnelle du souverain, telle qu'Henri IV, « le plus actif et le plus laborieux de tous nos rois », l'avait pratiquée : il décidait seul, avec l'aide de Dieu, après avoir interrogé séparément ses conseillers et ministres. Il avait rétabli l'ordre grâce à ses hauts faits d'armes, il avait mis au pas les parlements et les villes avant d'afficher sa ferme volonté unificatrice. La démonstration était intelligente, claire, convaincante, même s'il est vrai que, par contraste, le règne d'Henri III était noirci à l'excès et le rôle de Sully volontairement minimisé. Péréfixe en faisait un « favori » plus qu'un principal ministre.

Quant à l'édit de Nantes, le grand mérite de l'ouvrage est de nous épargner les beaux discours anachroniques sur la « tolérance » : le prélat savait pertinemment qu'il s'agissait d'un équilibre fragile fondé sur un compromis politique. Tous ces points méritent d'être soulignés, car les siècles suivants, négligeant l'apport de ce livre précieux, déformeront sa vision du règne, peut-être un peu idéalisée, mais fondamentalement juste.

La vogue henricienne sous Louis XV

La mort de Louis XIV donna un nouvel élan au mythe. Son neveu Philippe d'Orléans, qui assura la régence, aimait être comparé à son arrière-grand-père, se flattant d'imiter sa sagesse, sa philanthropie... et son libertinage. Il est vrai qu'on retrouvait en lui bien des traits de son caractère, sa vive intelligence, sa capacité à débrouiller les affaires les plus complexes, sa finesse d'esprit, son goût des pirouettes et des bons mots, son courage à la guerre, son pardon des injures, jusqu'à son indécision.

Mais c'est à Voltaire, alors jeune auteur frénétiquement ambitieux, que l'on doit ce regain de popularité posthume. Réfléchissant à ce qui pourrait le hisser au sommet du panthéon littéraire universel, François Marie Arouet choisit de se mesurer aux plus hauts sommets de la gloire – *L'Iliade* d'Homère, *L'Énéide* de Virgile, le *Roland furieux* de l'Arioste, *La Jérusalem délivrée* du Tasse, *Le Paradis perdu* de Milton... – en abordant le genre le plus prisé, mais aussi le plus risqué de la production littéraire, la poésie épique et dramatique. Le sujet s'imposa de lui-même : la figure d'Henri IV, dont la popularité avait déjà traversé un bon siècle. Il commença à en rédiger les premiers vers au château Saint-Ange, chez son protecteur, l'intendant des finances Louis Urbain Lefebvre de Caumartin, avant de poursuivre les suivants à la Bastille, où il séjourna de mai 1717 à avril 1718, sous l'accusation d'avoir écrit des vers satiriques contre le Régent et sa fille.

À sa sortie, son *magnum opus* prit du retard en raison du succès de sa pièce *Œdipe*, adaptée de Sophocle, dont la première le 18 novembre 1718 à la Comédie-Française fut suivie de 44 représentations. À ce moment-là il prit le pseudonyme de Voltaire. Il se préoccupa alors de faire éditer son poème épique en neuf chants et 4300 vers, d'abord intitulé *La Ligue ou Henri le Grand,* avant de prendre son titre définitif, *La Henriade.*

Ce n'était pas un simple exercice de rhétorique : l'œuvre avait bien entendu un contenu philosophique et une finalité moralisatrice. La dédicace au roi ayant été refusée par le Régent, Voltaire, persuadé non sans raison que les autorités le priveraient également du privilège de l'impression, fit paraître une première édition clandestine à Rouen, prétendument datée de Genève, puis une édition complétée par un dixième chant à Londres en 1728. Cette dernière était magnifiquement illustrée de dix grandes figures et onze vignettes, dues à des artistes renommés comme Jean-François de Troy, François Lemoyne ou Nicolas Vleughels.

Ce fut un triomphe. Rien que du vivant de l'auteur, le livre connut une soixantaine d'éditions, dont certaines complétées ou remaniées, avec notes et remarques, sans compter les inévitables contrefaçons et plagiats. Historiquement, ce poème épique était contestable. Voltaire faisait de son héros un homme des Lumières, un souverain éclairé, un roi-philosophe, champion de la liberté de conscience, éteignant le « feu des guerres civiles » et imposant aux fanatiques le règne de la tolérance.

Le théâtre, alors en plein développement et en quête de sujets populaires, aurait-il pu se désintéresser d'un tel sujet ? *La Partie de chasse d'Henri IV*, de Charles Collé, qui donnait au Béarnais l'image d'un prince familier, proche du petit peuple, plein d'entrain, contribua largement à entretenir le mythe henricien au long du XVIIIe siècle et même au-delà. « C'est, si l'on veut me pardonner cette expression, le héros en déshabillé que j'ai essayé de peindre », écrivait l'auteur dans la préface de l'édition de 1766. Un des thèmes de l'œuvre était la rencontre du roi, perdu dans la forêt de Sénart, trouvant refuge avec sa « bonhomie adorable » chez le meunier Michau au village de Lieusaint. Sous le titre *Le Roi et le Meunier*, la pièce fut jouée pour la première fois à Bagnolet le 8 juillet 1762, au petit théâtre du duc d'Orléans. Louis XV accepta de la voir le 2 septembre 1771, lors de l'inauguration du pavillon de Mme Du Barry à Louveciennes, mais refusa de la livrer au public, redoutant le parallèle désagréable que des esprits malintentionnés établiraient inévitablement entre son règne et celui très populaire de son ancêtre.

Il n'en demeure pas moins que les éloges du bon roi se multiplièrent. En 1762, Michel Jean Sedaine reprit le thème de Collé dans un opéra-comique en trois actes, *Le Roi et le Fermier*. Les autorités veillaient. Écrite cinq ans plus tard par Antoine Alexandre Poinsinet, *Gabrielle d'Estrées et Henri IV*, tragédie en forme d'épître, ne fut publiée qu'à l'étranger, tandis que le *Henri IV ou la Réduction de la Ligue* de P. de Valigny fut refusé par la censure. En 1771 parut à Amsterdam, sur une musique de Bornet l'Aîné, le livret d'une comédie en un acte d'un jeune auteur, Maximilien Jean Boutillier, *Le Laboureur devenu gentilhomme, anecdote de Henri IV*, où l'on voyait le Béarnais anoblir un brave paysan en lui donnant des armes parlantes, une « dinde en pal », parce qu'il l'avait régalé d'un de ces volatiles rôtis au cours d'une halte. Attendrissante imagerie frôlant la mièvrerie ! Réécrite en 1789 en collaboration avec Desprez de Walmont sous le titre *Le Souper d'Henri IV ou le Laboureur devenu gentilhomme*, la pièce fut encore jouée par la troupe du théâtre de Monsieur.

Au sommet de la vague

Le règne de Louis XVI fut une période plus faste encore pour la légende henricienne. On comparait volontiers le jeune roi à son ancêtre, et son nouveau contrôleur général des Finances Turgot au grand Sully, tenu à cette époque pour le « parangon du bon ministre » (Laurent Avezou), particulièrement par les physiocrates qui admiraient sa politique de mise en valeur de la terre. Au pied de la statue équestre du premier Bourbon sur le Pont-Neuf, un enthousiaste n'avait-il pas placé un écriteau sur lequel on pouvait lire : *Resurrexit* (« Il est ressuscité ») ? À l'aube de ce nouveau règne, la France, heureuse, débordait de sensibilité et d'espérance, ce qui n'empêcha pas un sceptique d'écrire :

> D'Henri ressuscité, j'aime assez ce bon mot
> Mais pour en être sûr j'attends la poule au pot.

Sur un modèle de tabatière, un artisan avait placé les médaillons de Louis XII, le « père du peuple », du « bon roi Henri » et au-dessus de celui de Louis XVI cette légende : « XII et IV font XVI. »

Le 14 novembre 1774 fut interprété pour la première fois au théâtre des Comédiens-Italiens le drame lyrique *Henri IV*, de Barnabé Farmian Durozoy, sur une musique de Martini, auteur de la célèbre romance *Plaisir d'amour*. La pièce fut reprise à Versailles le 16 décembre en présence du souverain et de Marie-Antoinette, devenant *La Bataille d'Ivry*. D'autres œuvres ne tardèrent pas à éclore sur les planches. En novembre 1780, Monsieur, comte de Provence, faisait représenter devant son frère l'œuvre de son secrétaire et bibliothécaire Desfontaines-Lavallée, *La Réduction de Paris par Henri IV*, que les Comédiens-Français par flagornerie s'empressèrent d'inscrire à leur répertoire. Puis vint en 1783 *La Clémence d'Henri IV* de l'inépuisable Durozoy.

En 1783, le comte d'Angiviller, directeur général des Bâtiments, passa commande à la manufacture des Gobelins d'une suite de *La Vie de Henri IV*. Des peintres le représentèrent bien entendu (Jean Bardin, Jean-Jacques Le Barbier, Michel-Honoré Bounieu, François-André Vincent...). Le thème de la réconciliation légendaire du roi et de Sully dans le parc de Fontainebleau fut privilégié aux Salons de 1785, 1787 et 1789. Parallèlement, la mode des pendules « à la Henri IV » commença à faire fureur.

Si, comme le reconnaissait Diderot, le premier Bourbon apparaissait comme le « plus grand de nos rois », pouvait-on aborder sa vie de façon plus sérieuse, par une analyse rigoureuse de son règne ? Dans l'atmosphère de légèreté du temps, cela parut difficile tant l'imprégnation légendaire était déjà profonde. Un siècle après l'ouvrage de Mgr de Péréfixe, un juriste, historien à ses heures, Richard de Bury, tenta de le faire dans un ouvrage soigné, assez bien écrit, *Histoire de la vie de Henri IV, roi de France et de Navarre*, publié en 1765 chez Saillant. « L'historien, expliquait-il dans la préface, doit rapporter les faits tels qu'ils sont, sans y mêler des circonstances inutiles ; il doit se servir des termes les plus propres et n'en employer aucun qui sente la bassesse ou la frivolité ; il doit éviter les figures trop éloquentes ou trop recherchées, la pompe ou les affectations [...]. L'Histoire ne doit pas être un recueil de bons mots et d'épigrammes, encore moins de satires et de médisances, auxquelles se livrent les historiens qui veulent donner de l'esprit et le font souvent aux dépens de la vérité. » Point de fioritures, point de pédantisme donc. L'auteur aurait pu s'arrêter là : il eut le malheur de faire référence à Tacite, de Thou et Mézeray, ce qui déclencha la réaction indignée de Voltaire, de La Beaumelle et de Grimm, pour qui Bury n'était qu'un « polisson », un « écrivain détestable » au dire de Diderot. Soyons indulgent. C'était plutôt un polygraphe comme il en existait beaucoup.

Est-ce la raison pour laquelle ses judicieux conseils furent peu suivis ? En tout cas, cinq ans plus tard paraissait, sous le nom de Louis-Laurent Prault, une compilation parfaitement en phase, elle, avec les fastes légendaires du Vert Galant avidement attendus par le grand public, *L'Esprit d'Henri IV ou Anecdotes les plus intéressantes, traits sublimes, reparties ingénieuses et quelques lettres de ce prince*. Près de 2000 entrées, historiettes, bons mots, consolidaient le mythe sans rien apporter de nouveau à l'Histoire. Le succès fut au rendez-vous et l'ouvrage maintes fois réédité.

L'éclipse de la légende sous la Révolution et l'Empire

Au début de la Révolution, la figure tutélaire du héros bourbonien persista. Joël Cornette signale la parution en 1789 d'un petit pamphlet intitulé *Harangue du cheval de Henri IV à tous les ânes de France, interrompue par un coup d'éperon du héros qui le monte*. Le ton était donné par le conseil de l'équidé : « Précipiter l'engeance financière, la fausse noblesse, le vil froc et la robe dans le limon fangeux de la Seine. » Au soir du 6 octobre, l'astronome Bailly, nouveau maire de Paris, recevant Louis XVI à l'Hôtel de Ville après le retour forcé de la famille royale, ne put s'empêcher de faire allusion au modèle des rois qui avait fait une entrée glorieuse dans Paris : « Henri IV avait reconquis son peuple ; ici, le peuple a reconquis son roi. »

Le 15 janvier 1790, célébrant joyeusement la Saint-Henri, les habitants de l'île de la Cité élevèrent un autel devant la statue du Pont-Neuf et chantèrent un *Te Deum* en présence du clergé, du bataillon du district et des autorités civiles. Le 3 septembre de l'année suivante, lors de la fête de la Constitution, les autorités locales installèrent des rochers artificiels devant le piédestal avec cette inscription : « Il (Henri IV) eut l'amour du peuple. Louis XVI est son héritier. »

En revanche, après la chute de la monarchie le 10 août et la prise de pouvoir des éléments les plus radicaux, l'homme de la poule au pot n'eut plus droit au moindre traitement de faveur. Il n'échappa pas à la destruction de sa statue le 11 août. Quelques morceaux furent jetés dans la Seine, la majeure partie fut envoyée à la fonte pour être convertie en « bouches à feu ». Le journaliste Chamfort était stupéfait de « la facilité avec laquelle les danseurs jacobins passaient de l'air de *Ça ira* à l'air du *Vive Henri IV !* Eh bien !, ajoutait-il, cet air est proscrit ; et, au moment où je vous parle, la statue de ce roi est par terre : rien ne m'a plus étonné de ma vie ».

Le 14 août, un décret de l'Assemblée législative, ou du moins ce qu'il en restait, ordonna l'enlèvement sans délai de tous les signes monarchiques, statues équestres ou pédestres, bustes, bas-reliefs, tableaux, dessins et autres « restes de la féodalité ». Il s'agissait d'éradiquer toute trace des « tyrans couronnés ». Aussitôt, la section Henri IV se soumit et prit le nom de section du Pont-Neuf.

Le 21 septembre, enfin, la royauté était abolie. Au Val-de-Grâce, la chapelle Sainte-Anne qui abritait les cœurs de 45 rois et reines fut profanée, les cœurs jetés sur le pavé et les enveloppes d'or et d'argent récupérées. Certains cœurs embaumés furent vendus à des peintres qui les recherchaient pour leur « mummie », ou brun de momie, donnant de la brillance à leurs glacis à l'huile.

Ceux d'Henri IV et de Marie de Médicis connurent un sort tout aussi funeste. Conservés dans leur reliquaire de la chapelle Saint-Louis du collège de La Flèche, ils furent brûlés sur la place publique le 28 septembre par ordre du représentant du peuple Didier Thirion et du général Fabrefond, dit « Moustache ». Un ancien chirurgien du collège en récupéra subrepticement les cendres.

La fureur iconoclaste s'amplifia l'année suivante à Saint-Denis avec la destruction le 1er août 1793 des effigies couronnées, gardées dans les armoires du trésor de l'abbaye. Le même jour, la Convention nationale, sur le rapport de Bertrand Barère, l'« Anacréon de la guillotine », adopta le principe de la démolition des « mausolées fastueux » de ces « porte-sceptres qui avaient fait tant de maux à la France », à commencer par celui du bon roi Dagobert. Plusieurs de ces tombeaux furent néanmoins épargnés en raison de leur qualité artistique.

En septembre, toujours à la demande de l'implacable Barère, on procéda à l'élimination des « cendres impures » de ces souverains et souveraines exécrés. Cette opération de désacralisation radicale avait pour prétexte la récupération du plomb des cercueils pour en faire des balles. Elle eut lieu du 12 au 25 octobre, toujours à la basilique de Saint-Denis, qui changea de nom pour devenir « Franciade ». Les 157 cercueils royaux ou princiers furent ouverts, les corps exhumés et jetés dans une fosse commune.

Dans le caveau des Bourbons, le premier d'entre eux, posé comme les 53 autres sur des tréteaux de fer rouillés, renfermait celui d'Henri IV. Son corps, enveloppé d'un linceul blanc, apparut en assez bon état de conservation, le visage parcheminé et creusé, reconnaissable à sa barbe presque blanche. Il dégageait une insupportable odeur d'aromates séchés. Il fut dressé contre un pilier dans le passage des chapelles basses, et de nombreux curieux purent le voir. D'un coup de sabre, un grenadier trancha une de ses moustaches en s'écriant : « Quand on a une moustache comme celle-là, on doit être invincible ! » Une femme « à la figure haineuse » s'avança avec des intentions moins pures vers le corps momifié. Elle le souffleta au point de faire basculer le cercueil. Plus respectueux, Alexandre Lenoir, gardien du dépôt de la rue des Petits-Augustins, racontait : « J'ai pris ses mains avec un certain respect dont je n'ai pu me défendre, quoique je fusse vrai républicain. » Les restes du Béarnais furent d'ailleurs mieux traités que ceux de Marie de Médicis : les ouvriers chargés d'ouvrir sa sépulture l'injurièrent et lui arrachèrent les cheveux en l'accusant du meurtre de son mari.

Dans l'après-midi du 14 octobre, les restes d'Henri IV et de Louis XIII furent précipités dans une fosse commune creusée dans le cimetière de l'ancienne abbaye royale.

Personne ne précisa alors si le chef du roi avait été découpé. La controverse récente est née autour d'une tête momifiée, acquise à l'hôtel Drouot en octobre 1919 par un brocanteur, Joseph-Émile Bourdais. Depuis un article paru dans la *Gazette des arts* du 15 août 1924, elle passa pour être celle du Béarnais, qui aurait été subtilisée, sans que personne s'en aperçût, soit dans la fosse, soit avant. En 2010, une étude paléopathologique d'une équipe pluridisciplinaire de dix-neuf scientifiques autour du médecin légiste Philippe Charlier, du laboratoire d'anthropologie médicale et médico-légale de Montigny-le-Bretonneux, aboutit à la mise en évidence d'une vingtaine de points de concordance. Une restitution en 3D de la tête par l'infographiste Philippe Froesch était particulièrement troublante.

Parue dans le numéro du 18-25 décembre 2010 du *British Medical Journal*, cette étude, qui concluait à l'authenticité du crâne à « 99,9 % de certitude », fut remise en cause par l'historien Philippe Delorme et un certain nombre de chercheurs, qui soulignèrent les lacunes de l'enquête historique de cette prétendue relique ainsi que les contradictions qu'elle présentait avec la technique d'embaumement utilisée et le rapport d'autopsie. À une première analyse ADN, entreprise en 2012 à la demande de Philippe Charlier par l'Institut de biologie évolutive de Barcelone, constatant l'existence d'un patrimoine génétique commun entre un échantillon prélevé sur la tête momifiée et un échantillon sanguin provenant ou censé provenir d'un mouchoir trempé au pied de l'échafaud de Louis XVI, répondit une seconde diamétralement opposée, réalisée par deux généticiens de l'université catholique de Louvain, Maarten Larmuseau et Jean-Jacques Cassiman : les chromosomes Y de la tête présumée d'Henri IV différaient de ceux de trois princes Bourbons vivants. En l'état actuel de la question, les arguments des opposants à l'authenticité semblent l'emporter.

Renaissance du mythe henricien

Sous la Restauration, où la monarchie bourbonienne avait besoin de ressourcer sa légitimité face à la figure écrasante de Napoléon, le culte henricien repartit de plus belle avec la charge émotionnelle et symbolique que lui conféraient de surcroît la période romantique et le style troubadour. Ce fut d'ailleurs la figure du Béarnais qui remplaça celle de l'Empereur sur les croix de la Légion d'honneur.

Après la translation solennelle dans la basilique restaurée de Saint-Denis des restes de Louis XVI et Marie-Antoinette le 21 janvier 1815, les ossements trouvés dans la fosse des Bourbons y furent placés dans un unique et vaste cercueil le 19 janvier 1817.

Le 25 août de l'année suivante, on inaugura sur le Pont-Neuf une nouvelle statue équestre d'Henri IV. Inspirée de l'ancienne, elle était due au sculpteur François-Frédéric Lemot et avait été financée par une souscription nationale. Lors de sa restauration en novembre 2004, on trouvera dans le ventre du cheval de bronze un exemplaire de *La Henriade* de Voltaire, un autre des *Œconomies royales* de Sully et de l'*Histoire du roy Henry le Grand* d'Hardouin de Péréfixe.

Au théâtre, le Béarnais revint également à la mode et avec lui la fameuse et inévitable *Partie de chasse* de Collé : dix-sept représentations en 1814 au théâtre Feydeau, quatorze en 1815 (le roi et la famille royale assistant à l'une d'elles le 30 janvier). Réécrite par M.-N. B. Rougemont, la comédie édifiante du *Laboureur devenu gentilhomme* de Boutillier fut jouée le 23 avril 1814 au théâtre des Variétés sous le titre *Le Souper d'Henri IV ou la Dinde en pal.*

Et les peintres se mirent à composer des reconstitutions des grandes scènes mythiques du règne : Jean Auguste Dominique Ingres (*Henri IV jouant avec ses enfants au moment où l'ambassadeur d'Espagne est admis en sa présence,* 1817), François Gérard (*Entrée d'Henri IV à Paris,* 1817), Nicolas Antoine Taunay (*Henri IV rencontrant Sully blessé,* 1821), Eugène Devéria (*Naissance d'Henri IV,* 1827), Alexandre Hesse (*Le Corps d'Henri IV exposé au Louvre,* 1837).

Exploitant la même veine légendaire, les manuels d'histoire élémentaire de l'école républicaine jusqu'à la première partie du XXe siècle ont donné d'Henri une image extrêmement positive : un monarque brave, tolérant, juste, bon, ayant le souci des humbles, particulièrement des paysans. Ils étaient en phase avec la France rurale de cette époque. « En forçant à peine le trait, écrit Claude Lelièvre, on peut dire qu'Henri IV apparaît sous la figure (royale) d'un chef d'État radical-socialiste idéal, champion du bon compromis, de la pacification, de la tolérance, proche du petit peuple et son protecteur. »

En quête de références glorieuses et de valeurs historiques sûres pour asseoir sa légitimité, le régime de Vichy ne pouvait que récupérer le « bon roi » et l'intégrer dans sa galerie des héros de la France éternelle, comme du reste ceux du catéchisme républicain : Vercingétorix, Clovis, Charlemagne, Philippe Auguste, Du Guesclin, Jeanne d'Arc, Richelieu, Louis XIV, Colbert, Turenne, Bonaparte... Il était facile de brosser la comparaison entre la période de reconstruction après la débâcle et celle de la fin des guerres de Religion et la restauration de l'État par le Béarnais.

Tout naturellement, le rapprochement du maréchal Pétain avec Henri IV venait à l'esprit. Accueillant le héros de Verdun, le 20 novembre 1940, dans la primatiale de Lyon, le cardinal Gerlier rappelait que « Saint Louis y passa et Henri IV y fut marié ». En 1941, la librairie Plon publia un recueil des *Œuvres de Henri IV. Lettres et harangues*. Parut la même année *Henri IV, libérateur et restaurateur de la France*, du romancier et essayiste François Duhourcau, dédié au Maréchal « libérateur et restaurateur de la France dès 1940 comme le fut Henri IV dès 1589 ». *Le Miracle d'Henri IV* (1942), de Jean d'Elbée, rédacteur en chef de la *Revue d'histoire diplomatique*, insistait lui aussi sur les leçons à en tirer. « Ce rappel du passé ne sera pas seulement pour nous une satisfaction platonique, mais quelque chose de parfaitement vivant, d'utile, de profitable pour aujourd'hui même. » Le très sérieux Marcel Reinhard, alors professeur au lycée Louis-le-Grand, auteur du

Miracle d'Henri IV, n'hésitait pas à prendre l'exemple de ce roi : « Aujourd'hui que la France est aussi éprouvée qu'elle le fut de son vivant, il est légitime – et peut-être bienfaisant – de se tourner vers lui, de relire sa vie et de dégager les pensées maîtresses de son esprit. » En juillet 1944 paraissait encore un *Henri IV lui-même, l'homme*, dû à l'avocat et biographe Raymond Ritter.

L'œuvre du grand Sully, l'homme des « Labourage et pâturage... », dont on fêta avec faste le tricentenaire de la mort en 1941, inspira bien entendu la politique agrarienne de la Révolution nationale. Ce fut dans ce contexte du « retour à la terre » et de l'aménagement du territoire que furent diffusées en 1943 la brochure de la chartiste Marie-Madeleine Martin, préfacée par Louis Salleron, *Aspect de la renaissance française sous Henri IV*, et l'étude de Pierre Pinsseau sur *Le Canal Henri IV ou canal de Briare (1604-1943)*.

Les travaux d'Olivier de Serres furent également mis à l'honneur. Des pages de son *Théâtre d'agriculture et mesnage des champs* furent rééditées avec – s'il vous plaît ! – une préface du Maréchal. Un prix Sully-Olivier de Serres vit même le jour sous les auspices de Jacques Le Roy Ladurie, ministre de l'Agriculture et du Ravitaillement.

Plus les mois passaient, plus l'image du vainqueur de Verdun était assimilée à celle du « bon roi », rassembleur et sauveur de la France, miraculeusement désigné par la Providence divine. Plus le régime s'enfonçait dans la Collaboration, plus l'imposture sautait aux yeux.

De la IVe à la Ve République : la continuité

On aurait pu penser qu'une telle compromission posthume du vainqueur d'Arques et d'Ivry serait fatale au culte henricien. Il n'en fut rien. À trois reprises la République célébra de grands anniversaires, en 1953, 1989 et 2010. Preuve de la plasticité de l'image du roi à travers les âges, adaptable quasiment à tous les régimes. Le 28 juin 1953, à Pau, pour le quadricentenaire de la naissance du Béarnais, se déroula la fête de l'Unité française, au cours de laquelle on entendit le président de la République Vincent Auriol, ancien ministre des Finances du Front populaire, faire un vibrant éloge du premier monarque absolu des temps modernes : « La force d'Henri IV, c'est en effet le sentiment national. Sa tâche, quand l'assassinat d'Henri III fait de lui, en 1589, le roi légitime de la France, apparaît surhumaine. Tout est contre lui : la Ligue, Paris, la Sorbonne, les parlements, le duc de Lorraine, le duc de Savoie, le pape et Philippe II, le puissant roi d'Espagne, qui réclame tout le royaume pour sa fille Isabelle. [...] Voilà l'exemple du redressement national que nous offre le plus justement populaire de nos princes. [...] Nous avons connu, nous aussi, la ruine et le chaos : deux guerres atroces suivies de l'invasion et de l'épuisement de notre pays. Ces vertus qu'Henri IV mit au service de la France sont celles qu'exige encore la France d'aujourd'hui. Ainsi les Français exprimeront-ils de la façon la plus haute leur gratitude au roi Henri dont le cœur battit si fort pour la France et dont l'exemple nous guérira. »

En 1989, le quadricentenaire de l'avènement d'Henri IV, sous le haut patronage du président de la République François Mitterrand, fut célébré grâce à l'Association Henri IV-1989, qui deviendra en 1993 la Société Henri IV. Outre une exposition à Pau et aux Archives nationales, un concert spirituel à la cathédrale de Lescar, nécropole des rois de Navarre, et un vaste banquet, où à côté du représentant du gouvernement Alain Decaux, ministre de la Francophonie, on remarqua la présence de la comtesse de Paris et d'une douzaine de princes descendant en ligne masculine d'Henri IV, cette commémoration donna lieu à plusieurs colloques internationaux qui mirent en lumière certains aspects du règne : la bataille de Coutras, les provinces et pays du Midi, le roi et la reconstruction du royaume, les Lettres et les Arts.

En 2010, l'« année Henri IV » rappelant le quatrième centenaire de sa mort fut l'une des plus importantes célébrations nationales de l'année. Elle commença par un discours du chef de l'État Nicolas Sarkozy lu par l'ambassadeur de France auprès du Saint-Siège devant la statue du roi à Saint-Jean-de-Latran : « Parce qu'il a vu naître l'esprit de tolérance, si moderne malgré ses quatre cents ans, celui qui oblige à accepter l'autre dans sa différence, le règne d'Henri IV reste un repère essentiel dans la longue histoire de la France. »

Ce texte reproduisait la même erreur de perspective que celle de Voltaire et de ses successeurs : si l'édit de Nantes ménageait en effet la liberté de conscience, comme l'avaient fait d'autres édits, celle-ci était placée sous l'autorité et le bon vouloir de l'État et n'était pas considérée comme un droit fondamental. Quant à l'égalité civile des catholiques et des protestants, elle était loin d'être acquise.

Toujours est-il que cette commémoration, organisée par Jacques Perot, président de la Société Henri IV, se poursuivit par de multiples hommages, colloques, expositions de documents et d'œuvres aux Archives nationales, aux châteaux de Pau et de Chantilly, lecture de textes à la basilique Saint-Denis, avec interprétation de la messe de mariage du roi et de Marie de Médicis et du *Requiem* de Du Caurroy, et même le lancement d'un site multimédia : « Henri IV, le règne interrompu. »

Histoire et mémoire

Au long du XXe et du début du XXIe siècle furent publiés de solides travaux historiques, parmi lesquels on notera ceux de Pierre de Vaissière, *Henri IV* (1928), d'Yves Cazaux, *Henri IV ou la Grande Victoire* (1977), consacré à la période charnière

1594-1604, *Henri IV* de Janine Garrisson (1984, deuxième édition 2008), et surtout *Henri IV* de Jean-Pierre Babelon, première grande et remarquable synthèse du règne (1982, deuxième édition 2009).

Comme au temps des Lumières, notre époque ne put s'empêcher d'enrôler la personne du Béarnais dans les combats politiques du moment. En 1994, François Bayrou faisait de son héros, *Henri IV, le roi libre*, un prophète, un visionnaire, qui aurait posé les bases du principe de laïcité, prévu l'Union européenne, inventé le centrisme, bref une référence pour l'action présente.

Revenant à l'histoire pure, on n'omettra pas de mentionner le *Dictionnaire Henri IV*, de Jean-Claude Cuignet (2007), le *Henri IV, roi d'aventure*, de Jean-Marie Constant (2010), le *Henri IV, roi de cœur*, de Jean-Paul Desprat (2018) et le *Henri IV et la Providence*, de Simone Bertière (2020). À ces travaux, il convient naturellement d'associer ceux de Bernard Barbiche, professeur émérite, ancien président de la Société de l'École des chartes et de la Société de l'histoire de France, qui a labouré des décennies durant le champ archivistique du règne, publié deux ouvrages fondamentaux sur Sully, le dernier avec son épouse, Ségolène de Dainville-Barbiche.

Ainsi, la mémoire collective a retenu les différentes facettes d'« Henri le Grand », personnage assurément hors du commun : libérateur du territoire, prince pacificateur mettant fin aux guerres de Religion et rétablissant la paix civile, restaurateur d'un pays menacé de disparition, réconciliateur des Français, fédérateur des énergies nationales, grand bâtisseur, réorganisateur de l'État, et en même temps proche de ses sujets, rejetant le sectarisme et le fanatisme religieux de son temps, capable de pardon, sans oublier bien entendu dans cet étrange kaléidoscope la figure pittoresque mais parfois pitoyable du Vert Galant. Si son règne a marqué si durablement la France, c'est sans doute que le premier roi Bourbon avait su restaurer entre la couronne et le peuple l'« ordre de l'amour », si brutalement déchiré par Charles IX et Catherine de Médicis en août 1572, lors du massacre de la Saint-Barthélemy, en dépit de la dérive autocratique ultérieure de son propre pouvoir.

Ce qui explique peut-être le mieux qu'Henri IV demeure aujourd'hui encore le plus populaire de nos rois tient à la mystérieuse alchimie de ses qualités propres, faisant de lui malgré ses défauts une personnalité profondément attachante, vivante, presque un ami proche. « Le roi, disait sa belle-sœur Éléonore de Médicis, est un homme à se faire aimer par les pierres elles-mêmes. » Est-il plus belle oraison funèbre que puisse retenir l'Histoire ?

BIBLIOGRAPHIE

Correspondances, journaux, mémoires, biographies anciennes

ANTOINE DE BOURBON et JEANNE D'ALBRET, *Lettres*, annotées par le marquis de Rochambeau, Paris, Renouard, 1877.

AUBIGNÉ, Théodore Agrippa d', *Mémoires*, annotés par Ludovic Lalanne, Paris, Charpentier, 1854.

—, *Histoire universelle*, éd. André Thierry, Genève, Droz, 1981-2000, 11 vol.

BARBICHE, Bernard, « Lettres inédites de Sully à Henri IV et à Villeroy », in *Annuaire-Bulletin de la Société de l'histoire de France*, 1974-1975, p. 81-117.

—, « Lettres originales de Henri IV à Clément VIII conservées dans les archives de la Compagnie de Jésus », in *Miscellanea in onore di Monsignor Martino Giusti*, Città del Vaticano, 1978, t. I, p. 35-71.

BASSOMPIERRE, François de, maréchal, *Journal de ma vie, Mémoires*, publié par le marquis de Chantérac, Vve Jules Renouard, 1870-1877, 4 vol.

BEAUVAIS-NANGIS, *Mémoires*, édités par Monmerqué et Tallandier, Paris, Société de l'histoire de France, 1872.

BENTIVOGLIO, cardinal Guido, *Histoire générale des guerres de Flandres et relation de la fuite de Henry de Bourbon, prince de Condé*, Paris, Promé, 1669.

BOUILLON, Henry de La Tour d'Auvergne, duc de, *Mémoires*, Collection des mémoires relatifs à l'histoire de France, t. 37, Paris, Foucault, 1823.

BRANTÔME, Pierre de Bourdeilles, seigneur de, *Œuvres complètes*, Paris, A. Desrez, 1838.

CANESTRINI, Giuseppe, et DESJARDINS, Abel, *Négociations diplomatiques de la France et de la Toscane*, Paris, Imprimerie nationale, 1885, t. V.

CATHERINE DE MÉDICIS, *Correspondance et négociations*, Paris, Imprimerie nationale, 1877.

CHEVERNY, Philippe Hurault, comte de, *Mémoires*, Collection des mémoires relatifs à l'histoire de France, t. 36, Paris, Foucault, 1823.

CONDÉ, Henri II de Bourbon, prince de, *Mémoires*, Paris, J. Trapart, 1672.

CONTI, Louise Marguerite de Lorraine, princesse de, et BELLEGARDE, Roger de, *Histoire des amours du grand Alcandre*, Cologne, P. Marteau, 1663.

DAVILA, Henri Caterin, *Histoire des guerres civiles de France sous les règnes de François II, Charles IX, Henri III et Henri IV*, Amsterdam, 1754, 3 vol.

DEL BUFALO, Innocenzo, évêque de Camerino (1601-1604), *Correspondance*, éd. Bernard Barbiche, *Acta nunciaturae Gallica*, 4, Rome et Paris, de Boccard, 1964.

DESJARDINS, Abel, *Négociations de la France et de la Toscane*, Paris, Imprimerie impériale, 1859-1886, 6 vol., t. 5.

DUPLEIX, Simon, *Histoire de Henri le Grand*, Paris, 1623.

DUPLESSIS-MORNAY, Philippe, *Mémoires*, éd. Jean Bureau, Paris, A. Laforest, 1624.

FONTENAY-MAREUIL, François du Val, marquis de, *Mémoires*, éd. Monmerqué, Nouvelle Collection des mémoires pour servir à l'histoire de France, Paris, Guyot frère, 1850.

GAL, Stéphane, *L'Europe d'Henri IV : la correspondance diplomatique du secrétaire d'État Louis de Revol, 1588-1593*, éd. S. Gal, J. de Monts de Savasse, Y. Soulingeas, Grenoble, PUG, 2004.

HAAN, Bertrand (éd.), *Correspondance du nonce en France Gasparo Silingardi, évêque de Modène, 1599-1601*, Rome, École française de Rome, Université pontificale grégorienne, 2002, p. III-134.

HALPHEN, Eugène, *L'Enlèvement innocent, ou la Retraite clandestine de M. le Prince avec Mme la Princesse sa femme hors de France (1609-1610), vers itinéraires et faits en chemin par Claude Enoch Virey*, Paris, Aubry, 1859.

—, *Lettres inédites du roi Henri IV à M. de Béthune, ambassadeur de France à Rome*, Paris, Champion, 1872-1883.

—, *Lettres inédites du roi Henri IV au chancelier Bellièvre*, Paris, Aubry, 1888.

HARDOUIN DE PÉRÉFIXE, Paul Philippe, *Histoire du roi Henry le Grand*, Paris, Renouard, rééd. 1816.

HENRI IV, *Correspondance avec Maurice le Savant, landgrave de Hesse*, publiée par C. von Rommel, Paris, Renouard, 1840.

—, *Recueil des lettres missives de Henri IV*, éd. J. Berger de Xivrey et Joseph Guadet, Paris, Imprimerie nationale, 1843-1876, 9 vol.

—, *Lettres au comte de La Rochepot, ambassadeur en Espagne (1600-1601)*, publiées par Pierre Paul Laffleur de Kermaingant, Paris, Chamerot, 1889.

—, *Lettres concernant les relations du Saint-Siège et de la France (1595-1609)*, éd. B. Barbiche, Città del Vaticano, Biblioteca apostolica vaticana, Studi e tesi, 250, 1968.

—, *Lettres d'amour et écrits politiques*, publiés par Jean-Pierre Babelon, Paris, Fayard, 1988.

—, *« J'ai tellement envie de vous. » Lettres d'amour, 1585-1610*, présentation par Françoise Kermina, Paris, Tallandier, 2012.

HÉROARD, Jean, *Journal*, Madeleine Foisil (dir.), préface de Pierre Chaunu, Paris, Fayard, 1989, 2 vol.

HOTMAN, François, *Francogallia*, trad. attribuée à Simon Goulart, *La Gaule françoise de François Hotman jurisconsulte*, Cologne, Hiérome Bertulphe, 1574, éd. Antoine Leca, Aix-Marseille, Presses universitaires d'Aix-Marseille, 1991.

HURAULT, Philippe, *Mémoires*, coll. Petitot, t. 26, Paris, Foucault, 1823.

JEANNIN, Pierre, *Mes négociations et œuvres meslées, de M. le Président Jeannin*, Paris, 1656, t. I.

JOUAN, Abel, *Recueil et discours du voyage du roi Charles IX*, 1566.

LA FORCE, Jacques Nompar de Caumont, duc de, *Mémoires authentiques de Jacques de Nompar de Caumont, duc de La Force, maréchal de France, et de ses deux fils, les marquis de Montpouillan et de Castelnau*, éd. La Grange, Paris, Charpentier, 1843.

LA FOSSE, Jean de, *Les « Mémoires » d'un curé de Paris (1557-1590)*, éd. Marc Venard, Genève, Droz, 2004.

LA HUGUERYE, Michel de, *Mémoires*, annotés par le baron de Ruble, Paris, Renouard, 1877-1880, 3 vol.

LAJEUNIE, J. E. M., « Correspondance entre Henri IV de France et Philippe de Béthune, ambassadeur de France à Rome, 1602-1604 », *Mémoires de la Société d'histoire et d'archéologie de Genève*, t. 38, 1952, p. 189-475.

LA MOTHE-FÉNELON, Bertrand de Salignac de, *Correspondance diplomatique*, Londres, Purton, 1840.

LA NOÜE, François de, *Correspondance*, Paris, réimpr. Slatkine, 1971.

L'ESTOILE, Pierre de, *Journal pour le règne de Henri IV et le début du règne de Louis XIII*, annoté par A. Martin, Paris, Gallimard, 1960, 3 vol.

LONCHAY, Henri, et CUVELIER, Joseph, *Correspondance de la cour d'Espagne sur les affaires des Pays-Bas au* XVII*e* *siècle*, t. I, *Précis de la correspondance de Philippe III*, Bruxelles, Kiessling et Imbreghts, 1923.

MALHERBE, François de, *Œuvres*, annotées par L. Lalanne, Paris, Hachette, 1862, 5 vol.

MARGUERITE DE VALOIS, *Mémoires et autres écrits, 1574-1614*, éd. critique par Éliane Viennot, Paris, Honoré Champion, 1999.

MATTHIEU, Pierre, *Histoire de la mort déplorable de Henri IIII roy de France et de Navarre*, chez Guillemot et Thibaud, 1611.

—, *Histoire générale des règnes des Roys Très-Chrestiens Henri IV et Louys XIII*, Montbéliard, 1625.

MÉZERAY, François Eudes de, *Histoire de France*, Paris, Thierry, 1685, t. III.

PALMA CAYET, Pierre Victor, *Chronologie novénaire*, coll. Petitot, Paris, 1823-1824.

PASQUIER, Étienne, *Œuvres*, Amsterdam, Libraires associés, 1723, t. II.

PEIRESC, Nicolas Claude Fabri de, *Lettres*, éd. Philippe Tamizey de Larroque, Paris, Imprimerie nationale, 1888-1898, 7 vol.

PETITOT, Claude-Bernard (éd.), *Négociations du président Jeannin*, Paris, Foucault, 1822.

PONTCHARTRAIN, Paul Phélypeaux de, *Mémoires concernant les affaires de France sous la régence de Marie de Médicis*, éd. Michaud et Poujoulat, Paris, 1837, t. V.

RITTER, Raymond, *Lettres du cardinal de Florence sur Henri IV et sur la France (1596-1598)*, Paris, Grasset, 1955.

ROMMEL, Mgr de, *Correspondance inédite de Henri IV, roi de France et de Navarre, avec Maurice le Savant, landgrave de Hesse*, Paris, Renouard, 1840.

SAINT-SIMON, Louis de Rouvroy, duc de, *Parallèle des trois premiers rois Bourbons et autres récits*, éd. Yves Coirault, Paris, Gallimard, 1996.

SERRES, Olivier de, *Le Théâtre d'agriculture et mesnage des choses*, Paris, Jamet Métayer, 1600.

SULLY, Maximilien de Béthune, duc de, *Mémoires des sages et royales œconomies d'Estat, domestiques, politiques et militaires de Henry le Grand*, annotés par Louis Raymond Lefèvre, Paris, Gallimard, 1942.

TALLEMANT DES RÉAUX, *Historiettes*, annotées par Antoine Adam, Paris, Gallimard, « Bibliothèque de la Pléiade », 1960, 2 vol.

TAVANNES, Jean de Saulx, vicomte de, *Mémoires*, Nouvelle Collection des mémoires pour servir à l'histoire de France, t. VIII, Paris, Guyot frères, 1851.

THOU, Jacques Auguste de, *Histoire universelle depuis 1543 jusqu'à 1607*, Londres, 1734, 16 vol.

VAULTIER, Jean, *Histoire et discours d'une partie des choses faites et passées en ce royaume qui ont eu cours depuis le 13 mai 1588 jusqu'au 16 juin 1598*, éd. A. Bernier, Monuments inédits de l'histoire de France, Paris, 1834.

VILLEGOMBLAIN, François Racine de, *Mémoires des troubles arrivés en France sous les règnes de Charles IX, Henri III, Henri IV*, Paris, s.n., 1667.

VILLEROY, Nicolas de Neufville de, *Mémoires d'Estat*, Paris, Jean Houzé, 1622.

Biographies et études historiques

Allen, Paul C., *Philip III and the Pax Hispanica, 1598-1622 : the Failure of Grand Strategy*, Londres, New Haven, Yale University Press, 2000.

Anderson, Alison Deborah, *On the Verge of War : International Relation and the Jülich-Kleve Succession Crisis (1609-1614)*, Studies in Central European Histories, Boston, Humanities Press, 1999.

Andrieux, Maurice, *Henri IV*, Paris, Fayard, 1955.

Angelo, Vladimir, *Les Curés de Paris au* XVIe *siècle*, Paris, Le Cerf, 2005.

Anquez, Léonce, *Histoire des assemblées politiques des protestants (1573-1622)*, Paris, A. Durand, 1859.

—, *Henri IV et l'Allemagne, d'après les Mémoires et la correspondance de Jacques Bongars*, Paris, Hachette, 1897.

Aristide, Isabelle, *La Fortune de Sully*, Paris, Comité pour l'histoire économique et financière de la France, 1990.

Les Arts au temps d'Henri IV. Avènement d'Henri IV. Quatrième centenaire. Volumes des actes du colloque de Fontainebleau, octobre 1992, Pau, J&D Éditions-Association Henri IV-1989, 1992.

Avezou, Laurent, *Sully à travers l'histoire. Les avatars d'un mythe politique*, préface de B. Barbiche, Paris, École des chartes, 2001.

—, « Du retour aux sources à la nostalgie du bon vieux temps : Sully dans les arts de Louis XVI à Louis-Philippe », *Bibliothèque de l'École des chartes*, 2005, 1623-1, p. 51-78.

Babelon, Jean-Pierre, *Henri IV*, Paris, Fayard, 1989, 2e éd. 2009.

—, *Demeures parisiennes sous Henri IV et Louis XIII*, Paris, Hazan, 1991.

Bailbé, Jacques, « Le courtisan français au temps d'Henri III et d'Henri IV », in *Bulletin de l'Association Guillaume Budé*, 1980, t. 3, p. 305-320.

Barbiche, Bernard, « Les commissaires députés pour le *régalement* des tailles en 1598-1599 », *Bibliothèque de l'École des chartes*, 1960, t. 118, p. 58-96.

—, « Une tentative de réforme monétaire à la fin du règne d'Henri IV : l'édit d'août 1609 », in XVIIe *siècle*, n° 61, 1963, p. 3-17.

—, « L'influence française à la cour pontificale sous le règne d'Henri IV », in *Mélanges d'archéologie et d'histoire*, t. 77, 1965, p. 277-299.

—, *Sully*, Paris, Albin Michel, 1978.

—, « Henri IV et la surintendance des Bâtiments », in *Bulletin monumental*, t. 143, 1984, p. 19-39.

—, « Une révolution administrative : la charge de grand voyer de France », in *Pouvoir et institutions en Europe du XVIe siècle*, Actes du 27e colloque international d'études humanistes, Tours, juillet 1984, sous la dir. d'André Stegmann, Paris, 1987, p. 283-296.

—, « De l'État de justice à l'État de finance : le tournant de l'année 1605 », in *Henri IV : le roi et la reconstruction du royaume*, Actes du colloque de Pau-Nérac, 14-17 septembre 1989, Pau, 1990, p. 95-109.

—, « Henri IV et la première "monarchie administrative" », in *Proceedings of the seventeenth annual meeting of the Western Society for French History*, 18-21 octobre 1989, New Orleans, Louisiana, Auburn, 1990, p. 10-23.

—, « Le legs politique d'Henri IV à Marie de Médicis », in *Marie de Médicis et le palais du Luxembourg*, publ. par Marie-Noëlle Baudouin-Matuszek, Paris, 1991, p. 26-29.

—, « L'exploitation politique d'un complot : Henri IV, le Saint-Siège et la conspiration de Biron (1602) », in *Complots et conjurations dans l'Europe moderne*, Actes du colloque de Rome 30 septembre-2 octobre 1993, École française de Rome, 1996, p. 271-288.

—, « L'administration centrale des finances au temps de Sully », dans *L'Administration des finances sous l'Ancien Régime*, Actes du colloque de Bercy, 22-23 février 1996, publ. par Françoise Bayard et François Monnier, Paris, 1997, p. 17-29.

—, « Le grand artisan du traité de Vervins : Alexandre de Médicis, cardinal de Florence, légat "a latere" », in *La Paix de Vervins, 1598*, textes réunis par Claudine Vidal et Frédérique Pilleboue, Laon, 1998, p. 65-72.

—, « Une journée des Dupes en 1605 ? », in *Le Second Ordre : l'idéal nobiliaire. Hommage à Ellery Schalk*, Paris, Presses de l'université Paris-Sorbonne, 1999, p. 183-188.

—, « L'édit de Nantes et son enregistrement : genèse et publication d'une loi royale », in *Paix des armes, paix des âmes*, Actes du colloque de Pau, 8-11 octobre 1998, réunis par Paul Mironneau et Isabelle Pébay-Clottes, Paris, 2000, p. 251-260.

—, « Le lit de justice de 1597 », in *Études sur l'ancienne France, offertes à Michel Antoine*, textes réunis par Bernard Barbiche et Yves-Marie Bercé, Paris, École des chartes, 2003, p. 15-24.

—, « Le bannissement et le rappel des Jésuites (1594-1603) », in *Henri IV et les Jésuites*, Actes de la journée d'études universitaires organisée le samedi 18 octobre 2003 à La Flèche, La Flèche, 2004, p. 27-37.

—, « Henri IV et l'outre-mer : un moment décisif », in *Champlain. La naissance de l'Amérique française*, Raymonde Litalien et Denis Vaugeois (dir.), Sillery et Paris, Nouveau Monde éditions/Septentrion, 2004, p. 24-32.

—, *Bulla, legatus, nuntius. Études de diplomatique et de diplomatie pontificales (XIIIe-XVIIe siècle)*, Mémoires et documents de l'École des chartes, 85, Paris, École des chartes, 2007.

—, « Henri IV et Sully : un "couple politique" exemplaire ? », in *Henri IV. Le premier roi Bourbon*, Actes de la XVIIe session (juillet 2010) du Centre d'études historiques, Tours, 2011, p. 21-35.

—, « Le Grand Dessein d'Henri IV et de Sully : un projet de réorganisation politique et religieuse de l'Europe au début du XVIIe siècle », in *Face à une économie « sans foi ni loi ». Les religions et le droit*, sous la dir. de Christine Mengès Le Pape, Toulouse, Centre universitaire de Tarn-et-Garonne, 2012, p. 113-124.

—, « Les traités conclus entre le roi de France et ses sujets rebelles (fin XVIe-XVIIe siècle) », in *Diplomatique et diplomatie. Les traités (Moyen Âge-début XIXe siècle)*, Olivier Poncet (dir.), Actes du colloque de Paris, 28 janvier 2011, Paris, École des chartes, 2015, « Études et rencontres de l'École des chartes », 45, p. 91-103.

—, « Le cardinal et le huguenot. Rigueur et réalisme de la diplomatie pontificale au temps de Clément VIII », in *Incorrupta monumenta Ecclesiam defendunt. Studi offerti a mons. Sergio Pagano, prefetto dell'Archivio segreto Vaticano*, Cité du Vatican, Archivio secreto Vaticano, 2018, 4 vol., Collectanea Archivi Vaticani, 108, t. III, p. 35-46.

BARBICHE, Bernard, et DAINVILLE-BARBICHE, Ségolène de, *Sully, l'homme et ses fidèles*, Paris, Fayard, 1997.

BARDON, Françoise, *Le Portrait mythologique à la cour de France, sous Henri IV et sous Louis XIII, mythologie et politique*, Paris, Picard, 1971.

BARNAVI, Élie, *Le Parti de Dieu : étude sociale et politique des chefs de la Ligue parisienne (1585-1594)*, Bruxelles-Louvain, Publications de la Sorbonne, 1980.

BARNAVI, Élie, et DESCIMON, Robert, *La Sainte Ligue, le juge et la potence : l'assassinat du président Brisson (15 novembre 1591)*, Paris, Hachette, 1985.

BASCHET, Armand, *Les Comédiens italiens à la cour de France sous Charles IX, Henri III, Henri IV et Louis XIII*, Paris, Plon, 1892.

BATIFFOL, Louis, *Le Louvre sous Henri IV et Louis XIII. La vie de la cour de France au XVIIe siècle*, Paris, Calmann-Lévy, 1930.

—, *La Vie intime d'une reine de France au XVIIe siècle*, Paris, Calmann-Lévy, 1931, 2 vol.

BATZ-TRENQUELLÉON, Charles de, *Henri IV en Gascogne*, Paris, Oudin, 1885.

BAUDRILLART, Alfred, « La politique d'Henri IV en Allemagne », *Revue des questions historiques*, t. 3, 1885, p. 406-484.

BAYROU, François, *Henri IV. Le roi libre*, Paris, Flammarion, 1984.

BÉGUIN, Katia, *Les Princes de Condé. Rebelles, courtisans et mécènes dans la France du Grand Siècle*, Seyssel, Champ Vallon, 1999.

BÉLY, Lucien, *La France moderne, 1498-1789*, Paris, PUF, 1994.

—, « La polémique autour de l'ambassade de Jean Hotman : culture et diplomatie au temps de la paix de Lyon », *Cahiers d'histoire*, 2001, n° 2.

BENEDICT, Philip, « The Saint Bartholomew's Massacres in the Provinces », *The Historical Journal*, t. XXXI, n° 2, 1978, p. 205-225.

BENOIST, Élie, *Histoire de l'édit de Nantes*, Delft, A. Benan, 1693-1695, 5 vol.

BERCÉ, Yves-Marie, *La Naissance dramatique de l'absolutisme, 1598-1661*, Paris, Seuil, 1992.

—, « Les enjeux de la paix en Italie du Nord : le rôle du comte de Fuentes (1600-1610) », in *La Paix de Vervins, 1598*, textes réunis par Claudine Vidal et Frédérique Pilleboue, Amiens, Paris, Fédération des sociétés d'histoire et d'archéologie de l'Aisne, 1998.

BERGER, docteur Henry, « Henri IV à la bataille de Fontaine-Française », *Bulletin de la Société historique et touristique de Fontaine-Française*, Dijon, 1957.

BERGIN, Joseph, *The Making of the French Episcopate, 1589-1661*, New Haven et Londres, Yale University Press, 1996.

BERTIÈRE, Simone, *Henri IV et la Providence, 1553-1600*, Paris, De Fallois, 2020.

BIET, Christian, *Henri IV. La vie, la légende*, Paris, Larousse, 2000.

BITSCH, Caroline, *Vie et carrière d'Henri II de Bourbon, prince de Condé, 1588-1646, exemple de comportement et d'idées politiques au début du XVIIe siècle*, Paris, Champion, 2008.

BONDOIS, Paul-M., *Le Maréchal de Bassompierre*, Paris, Albin Michel, 1925.

BORDONOVE, Georges, *Henri IV le Grand*, Paris, Pygmalion, 2002.

BOUCHER, Jacqueline, *La Cour de Henri III*, Rennes, éd. Ouest-France, 1989.

BOURGEON, Jean-Louis, *L'Assassinat de Coligny*, Droz, Genève, 1992.

—, *Charles IX devant la Saint-Barthélemy*, Genève, Droz, 2000.

BOURQUIN, Laurent, *La France au XVIe siècle : 1483-1610*, Paris, Belin, 2007.

BOUTIER, Jean, DEWERPE, Alain, et NORDMAN, Daniel, *Un tour de France royal. Le voyage de Charles IX (1564-1566)*, Paris, Aubier, 1984.

BRAUDEL, Fernand, *La Méditerranée et le monde méditerranéen à l'époque de Philippe II*, Paris, Armand Colin, 1966.

BRUNET, Serge, « Anatomie des réseaux ligueurs dans le sud-ouest de la France (vers 1562-vers 1610) », in *Religion et politique dans les sociétés du Midi*, Nicole Lemaître (éd.), Paris, CTHS, 2002, p. 153-191.

—, « Philippe II et la Ligue parisienne (1588) », *Revue historique*, 2010, 4, n° 656, p. 795-844.

BUISSERET, David, *Henri IV, King of France*, New York, Routledge, 1992.

—, *Ingénieurs et fortifications avant Vauban. L'organisation d'un service royal aux* XVI*e*-XVIII*e* *siècles*, Paris, Éd. du Comité des travaux historiques et scientifiques, 2002.

CANO DE GARDOQUI, J.-L., *Tensiones hispanofrancesas en el siglo XVII : la conspiración de Biron (1602)*, Valladolid, Facultad de filosofía y letras de la Universitad, 1970.

CAPEFIGUE, Jean-Baptiste Honoré, *La Ligue et Henri IV*, Paris, Belin-Leprieur et Morizot, 1836, 3e éd.

CARMONA, Michel, *Marie de Médicis*, Paris, Fayard, 1981.

CARPI, Olivia, « Les noix, les espions et les historiens. Réflexion sur la prise d'Amiens (11 mars 1597) », *Histoire, Économie et Société*, 2004, n° 23-3, p. 323-348.

—, *Une république imaginaire, Amiens pendant les troubles des guerres de Religion, 1559-1597*, Paris, Belin, 2005.

—, *Les Guerres de Religion (1569-1598), un conflit franco-français*, Paris, Ellipses, 2012.

CARRÉ, Henri, *Sully, sa vie, son œuvre (1559-1641)*, Paris, Payot, rééd. 1980.

CARROLL, Stuart, *Noble Power During the French Wars of Religion. The Guise Affinity and the Catholic Cause in Normandy*, Cambridge, Cambridge University Press, 1998.

CASSAN, Michel, *Le Temps des guerres de Religion. Le cas du Limousin (vers 1530-vers 1630)*, Paris, Publisud, 1996.

—, *La Grande Peur de 1610 : les Français et l'assassinat d'Henri IV*, Seyssel, Champ Vallon, 2010.

—, « L'assassinat d'Henri IV. Un essai d'histoire immédiate », *Europa Moderna. Revue d'histoire et d'iconologie*, 2011, n° 2, p. 14-24.

CASTARÈDE, Jean, *Henri IV le roi vengé*, Paris, France-Empire, 1996.

CASTELOT, André, *Henri IV*, Paris, Perrin, 1986.

CAZAUX, Yves, *Henri IV ou la Grande Victoire*, Paris, Albin Michel, 1986.

—, *Henri IV, les horizons du règne*, Paris, Albin Michel, 1986.

CHAMPEAUD, Grégory, *Le Parlement de Bordeaux et les paix de religion. Une genèse de l'édit de Nantes (1563-1600)*, Nérac, éd. d'Albret, 2008.

CHANET, Jean-François, et WINDLER, Christian (dir.), *Les Ressources des faibles. Neutralités, sauvegardes, accommodements en temps de guerre (XVIe-XVIIIe siècle)*, Rennes, PUR, 2010.

CHAREYRE, Philippe, *La Formation d'un État protestant. Le Béarn au XVIe siècle*, Pau, CEPN, 2010.

CHARTIER, Jean-Luc A., *Le Duc d'Épernon*, Paris, Éd. des Écrivains, 1999, 2 vol.

CHATELAIN, Jean-Marc, « Morale de l'histoire, immoralité de la fable : un projet de galerie royale à l'âge du gallicanisme », *Revue d'histoire moderne et contemporaine*, 1992, 39-3, p. 449-464.

CHÂTELIER, Louis, *Le Catholicisme en France, 1500-1650*, t. I, *Le XVIe siècle*, Paris, SEDES, 1995.

CHEVALIER, Bernard, *Les Bonnes Villes de France du XIVe au XVIe siècle*, Paris, Aubier, 1982.

CHEVALLIER, Pierre, *Henri III*, Paris, Fayard, 1985.

—, *Les Régicides : Clément, Ravaillac, Damiens*, Paris, Fayard, 1989.

CHICHKINE, Vladimir, *La Cour royale de France et les luttes politiques aux XVIe-XVIIe siècles*, Saint-Pétersbourg, Eurasia, 2004.

CHRISTIN, Olivier, *La Paix de religion : l'autonomisation de la raison politique au XVIe siècle*, Paris, Seuil, 1997.

CLOULAS, Ivan, *Catherine de Médicis*, Paris, Fayard, 1979.

—, *Philippe II*, Paris, Fayard, 1992.

COCULA, Anne-Marie, *Brantôme. Amour et gloire au temps des Valois*, Paris, Albin Michel, 1986.

—, « Les trois dimensions de la conspiration de Biron dans les lettres au temps de Henri IV », *Actes du colloque Les Lettres au temps de Henri IV*, Agen-Nérac, 18-20 mai 1990, Pau, p. 341-360.

—, « Le premier séjour de Marguerite de Valois à la cour de Nérac du 28 juillet au 1er août 1565 », *Albineana, Cahiers d'Aubigné*, 2012, vol. 24, p. 33-43.

CONSTANT, Jean-Marie, *Les Français pendant les guerres de Religion*, Paris, Hachette, 1984.

—, *Les Guise*, Paris, Hachette, 1984.

—, *La Vie quotidienne de la noblesse aux XVIe-XVIIe siècles*, Paris, Hachette, 1985.

—, *La Ligue*, Paris, Fayard, 1996.

—, *Henri IV, roi d'aventure*, Paris, Perrin, 2010.

CORMIER, Maxime, « Le mariage d'Henri IV et de Marie de Médicis, vu par Clément VIII et ses agents », *XVIIe siècle*, 2012, 3, n° 256, p. 533-543.

CORNETTE, Joël, *Chronique de la France moderne*, Paris, Colin, SEDES, 2000, t. II.

—, *Henri IV à Saint-Denis, de l'abjuration à la profanation*, Paris, Belin, 2010.

—, *L'Affirmation de l'État absolu, 1492-1652*, Paris, Hachette, 2012.

COSANDEY, Fanny, *La Reine de France. Symbole et pouvoir*, Paris, Gallimard, 2000.

COTTRET, Bernard, *L'Édit de Nantes : 1598. Pour en finir avec les guerres de Religion*, Paris, Perrin, 1997.

—, *La Renaissance, 1492-1598. Civilisation et barbarie*, Paris, Édition de Paris, 2000.

COTTRET, Monique, *Tuer le tyran ? Le tyrannicide dans l'Europe moderne*, Paris, Fayard, 2009.

COUZARD, R., *Une ambassade à Rome sous Henri IV (septembre 1601-juin 1605)*, Paris-Tonneins, Picard et Ferrier, 1900.

CRÉTÉ, Liliane, *Coligny*, Paris, Fayard, 1985.

CROUZET, Denis, *Les Guerriers de Dieu, la violence au temps des troubles de Religion*, Seyssel, Champ Vallon, 1990, 2 vol.

—, *La Nuit de la Saint-Barthélemy. Un rêve perdu de la Renaissance*, Paris, Fayard, 1994.

—, *Le Haut Cœur de Catherine de Médicis. Une raison politique au temps de la Saint-Barthélemy*, Paris, Albin Michel, 2005.

—, *Dieu en ses royaumes, une histoire des guerres de Religion*, Seyssel, Champ Vallon, 2008.

CUIGNET, Jean-Claude, *L'Itinéraire d'Henri IV : les 20 597 jours de sa vie*, Bizanos, Héraclès, 1997.

—, *Dictionnaire Henri IV*, Paris, Grancher, 2005.

DARTIGUE-PEYROU, Charles, *Jeanne d'Albret et le Béarn, d'après les délibérations des états et les registres du Conseil souverain (1555-1572)*, Mont-de-Marsan, Jean Lacoste, 1934.

—, *Un petit pays souverain au XVIe siècle. La vicomté de Béarn sous le règne d'Henri d'Albret (1517-1555)*, Paris, Les Belles Lettres, 1934.

—, « Henri de Navarre dans l'Aunis et la Saintonge (1568-1577) », *Bulletin de la Société de l'histoire du protestantisme français*, Paris, 1954, p. 45-63.

DAUBRESSE, Sylvie, *Le Parlement de Paris ou la voix de la raison (1559-1589)*, Genève, Droz, 2005.

DAUSSY, Hugues, *Les Huguenots et le roi. Le combat politique de Philippe Duplessis-Mornay, 1572-1600*, Genève, Droz, 2002.

—, *Le Parti huguenot, chronique d'une désillusion (1557-1572)*, Genève, Droz, 2014.

DAUVEN, Bernard, et ROUSSEAUX, Xavier (dir.), *Préférant miséricorde à rigueur de justice, Pratique de la grâce (XIIIe-XVIIe siècles)*, Actes de la journée d'études de Louvain-la-Neuve du 17 octobre 2007, Louvain-la-Neuve, Presses universitaires de Louvain, 2012.

DE CRUE DE STOUTZ, Francis, *Le Parti des Politiques au lendemain de la Saint-Barthélemy*, Paris, Plon, 1892.

—, *Henri IV et les députés de Genève Chevalier et Chapeaurouge, Relations diplomatiques de Genève avec la France*, Genève-Paris, Jullien et Picard, 1901, rééd. Hachette-BnF, 2018.

DEJEAN, Jean-Luc, *Marguerite de Navarre*, Paris, Fayard, 1987.

DELABORDE, Jules, *Gaspard de Coligny, amiral de France*, Paris, Sandoz et Fischbacher, 1879-1882, 3 vol.

DELORME, Philippe (dir.), *Regards sur Henri IV, du XVIIe siècle à nos jours*, Roularta, 2010.

—, *Henri IV, les réalités d'un mythe*, Paris, Archipel, 2010.

DELUMEAU, Jean, et WANEGFFELEN, Thierry, *Naissance et affirmation de la Réforme*, Paris, PUF, 1997, 8e éd.

DESCIMON, Robert, « Milice bourgeoise et identité citadine à Paris au temps de la Ligue », *Annales ESC*, n° 4, juillet-août 1993, p. 885-906.

DESCIMON, Robert, et RUIZ IBÁÑEZ, José Javier, *Les Ligueurs en exil. Le refuge catholique français après 1594*, Seyssel, Champ Vallon, 2005.

DESCLOZEAUX, Adrien, *Gabrielle d'Estrées, marquise de Montceaux, duchesse de Beaufort*, Paris, Champion, 1889.

DESPRAT, Jean-Paul, *Les Bâtards d'Henri IV. L'épopée des Vendômes, 1594-1727*, Paris, Perrin, 1994.

—, *Henri IV, roi de cœur*, Paris, Tallandier, 2018.

De Waele, Michel, « Clémence royale et fidélité française à la fin des guerres de Religion », *Historical Reflexions, Réflexions historiques*, vol. 4, n° 2, 1998, p. 231-252.

—, *Les Relations entre le parlement de Paris et Henri IV*, Paris, Publisud, 2000.

—, « Autorité, légitimité, fidélité : le Languedoc ligueur et la reconnaissance d'Henri IV », *Revue d'histoire moderne et contemporaine*, 2006, 53-2, p. 5-34.

Dickerman, Edmund H., *Bellièvre and Villeroy : Power in France under Henri III and Henri IV*, Providence (Rhode Island), Brown University Press, 1971.

—, « Henry IV and the Juliers-Clèves crisis : the psychohistorical aspects », *French Historical Studies*, t. 8, 1974, p. 626-653.

Dubost, Jean-François, *Marie de Médicis. La reine dévoilée*, Paris, Payot, 2009.

Ducos, Blaise, *Frans Pourbus le Jeune (1569-1622). Le portrait d'apparat à l'aube du Grand Siècle. Entre Habsbourg, Médicis et Bourbons*, Dijon, Faton, 2011.

Dufayard, Ch., *Le Connétable de Lesdiguières*, Paris, Hachette, 1892.

Dufour, A., « La paix de Lyon et la conjuration de Biron », in *Journal des savants*, 1965, p. 428-435.

Duhourceau, François, *Henri IV, libérateur et restaurateur de la France*, Paris, Plon, 1941.

Dumoulin, Maurice, « Jacques de La Fin : études et documents sur la seconde moitié du XVIe siècle », *Bulletin historique et philologique du Comité des travaux historiques et scientifiques*, 1895, p. 149-187.

Dupâquier, Jacques, *Histoire de la population française*, t. II, *De la Renaissance à 1789*, Paris, PUF, 1988.

Duquenne, Frédéric, *L'Entreprise du duc d'Anjou aux Pays-Bas de 1580 à 1584*, Lille, Presses universitaires du Septentrion, 1998.

El Hage, Fadi, « Sortir d'une crise multiple. La France et la sortie de la crise de la Ligue sous le règne d'Henri IV », *Sortir de crise. Les Mécanismes de résolution de crises politiques*, Jérôme Grévy (dir.), Rennes, PUR, 2010.

El Kentz, David, *Les Bûchers du roi. La culture protestante des martyrs (1523-1572)*, Seyssel, Champ Vallon, 1997.

Elbée, Jean d', *Le Miracle d'Henri IV*, Lyon, Lardanchet, 1942.

Erlanger, Philippe, *L'Étrange Mort d'Henri IV*, Paris, Le Livre contemporain, Amiot Dumont, 1957.

—, *La Vie quotidienne sous Henri IV*, Paris, Hachette, 1958.

—, *Le Massacre de la Saint-Barthélemy*, Paris, Gallimard, 1960.

—, *Gabrielle d'Estrées femme fatale*, Paris, Jean Dullis, 1975.

Escallier, Émile, *Lesdiguières, dernier connétable*, Marseille, Laffitte, 1981.

Estailleur-Chanteraine, Philippe d', *Henri IV, roi de France et de Navarre*, Paris, Robert Laffont, 1954.

Fanlo, Jean-Raymond, « Les fictions du Grand Dessein d'Henri IV chez Sully et chez Agrippa d'Aubigné », dans *Albineana, Cahiers d'Aubigné*, 2014, 26, p. 181-192.

Faure, Christian, « Pétainisme et retour aux sources », *Cahiers d'histoire*, n° 4, t. 28, 1983, p. 3-32.

Ferrer, Véronique, Magnien, Catherine, et Servet, Marie-Hélène, « La cour de Nérac au temps de Henri de Navarre et de Marguerite de Valois », *Albineana, Cahiers d'Aubigné*, n° 24, 2012.

Finley-Croswhite, Annette, *Henry IV and the Towns, The Pursuit of Legitimacy in French Urban Society, 1598-1610*, Cambridge, Cambridge University Press, 1999.

Forneron, Henri, *Les Ducs de Guise et leur époque, étude historique sur le XVIe siècle*, Paris, Plon, 1893.

Francalanza, Éric, « Deux *Henri* en concurrence : "La partie de chasse de Henri IV" et "La Bataille d'Ivry" de Durosoi (1774) », in *Charles Collé (1709-1783) au cœur de la république des lettres*, Marie-Emmanuelle Plagniol-Diéval et Dominique Quéro (dir.), Rennes, PUR, 2013, p. 191-209.

Fréville, Ernest de, « Notice historique sur l'inventaire des biens de Gabrielle d'Estrées », *Bibliothèque de l'École des chartes*, 1842, 3, p. 148-171.

Froeschlé-Chopard, Marie-Hélène, *Dieu pour tous et Dieu pour soi. Histoire des confréries et de leurs images à l'époque moderne*, Paris, L'Harmattan, 2007.

FUMAROLI, Marc, *L'Âge de l'éloquence. Rhétorique et « res literaria » de la Renaissance au seuil de l'époque classique*, Paris, Champion, 1980.

GAL, Stéphane, *Grenoble au temps de la Ligue : étude politique, sociale et religieuse d'une cité en crise, vers 1562-vers 1598*, Grenoble, PUG, 2000.

—, *Lesdiguières : prince des Alpes et connétable de France*, Grenoble, PUG, 2007.

—, *Charles-Emmanuel de Savoie. La politique du précipice*, Paris, Payot, 2012.

GANDILHON, René, « Henri IV et le vin », *Bibliothèque de l'École des chartes*, Droz, 1987, t. 145-2, p. 383-406.

GARNIER, Armand, *Agrippa d'Aubigné et le parti protestant*, Paris, 1928, Slatkine Reprints, 2011.

GARNIER-PELLE, Nicole, et PEROT, Jacques, *Henri IV, portraits d'un règne*, Paris, Michel de Maule, 2010.

GARRISSON, Janine, *Tocsin pour un massacre, ou la Saison des Saint-Barthélemy*, Paris, Le Centurion, 1968.

—, *Protestants du Midi, 1559-1598*, Toulouse, Privat, 1980, rééd. 1991.

—, *Henri IV*, Paris, Seuil, 1984, nouv. éd. 2008.

—, *Marguerite de Valois*, Paris, Fayard, 1994.

—, (éd.), *L'Édit de Nantes*, Biarritz, Atlantica, 1997.

—, *La Saint-Barthélemy*, Bruxelles, Complexe, 2000.

—, *Les Derniers Valois*, Paris, Fayard, 2001.

—, *Catherine de Médicis. L'impossible harmonie*, Paris, Payot, 2002.

GEISENDORF, Paul Frédéric, *Théodore de Bèze*, Genève, Labor et Fides, 1949.

GEYL, Pieter, *The Netherlands in the Seventeenth Century, 1609-1648*, Londres, Cassell History, 1989.

GREENGRASS, Mark, *Governing Passions. Peace and Reform in the French Kingdom, 1576-1585*, Oxford, Oxford University Press, 2007.

GRINTCHENKO, Marie-Hélène, *Catherine de Bourbon, 1559-1604 : influence politique, religieuse et culturelle d'une princesse calviniste*, Paris, Champion, 2009.

GUTH, Paul, *Henri IV*, Paris, Berger-Levrault, 1962.

HAAN, Bertrand, « Le traité de Paris (27 février 1600) : un traité pour rien ? », *Cahiers René de Lucinge*, n° 33, 1999.

—, *Une paix pour l'éternité. La négociation du traité du Cateau-Cambrésis*, Madrid, Casa de Velázquez, 2010.

—, « La paix en question. Le *valimiento* de Lerma à l'épreuve d'un *modus vivendi* avec la France », XVIIe *siècle*, 2012-3, n° 256, p. 473-485.

—, *L'Amitié entre princes. Une alliance franco-espagnole au temps des guerres de Religion (1560-1570)*, Paris, PUF, 2015.

HANLEY MADDEN, Sarah, « L'idéologie constitutionnelle française : le lit de justice », *Annales E.S.C.*, 1982, 37-1, p. 32-63.

HARAN, Alexandre, *Le Lys et le Globe. Messianisme dynastique et rêve impérial en France aux* XVIe *et* XVIIe *siècles*, Seyssel, Champ Vallon, 2000.

HAUSER, Henri, *François de La Noüe*, Paris, Hachette, 1892.

—, *La Prépondérance espagnole*, Paris, Félix Alcan, 1938, rééd. 1973.

HAZON DE SAINT-FIRMIN, Jane, *Deux témoins de l'assassinat du duc de Guise*, Blois, Imprimerie Breton, 1913.

HENNEQUIN, Jacques, *Henri IV dans ses oraisons funèbres ou la Naissance d'une légende*, Paris, Klincksieck, 1977.

Henri IV à Fontainebleau. Un temps de splendeur, catalogue de l'exposition, Paris, Flammarion, 2010.

HILDESHEIMER, Françoise, *Du Siècle d'or au Grand Siècle. L'État en France et en Espagne*, XVIe-XVIIe *siècle*, Paris, Flammarion, 2000.

HOLT, Mack P., *The French Wars of Religion, 1562-1629*, Cambridge, New York, Melbourne, Cambridge University Press, 1995.

HUCHARD, Cécile, LEGRAND, Marie-Dominique, et SCHRENCK, Gilbert (dir.), *Sully, le ministre et le mécène*, Actes du colloque international des 23 et 24 novembre 2012, *Albineana, Cahiers d'Aubigné*, 2014, n° 26.

HUGON, Alain, « L'affaire L'Hoste ou la tentation espagnole (1604) », *Revue d'histoire moderne et contemporaine*, 1995, 42-3, p. 355-375.

—, *Au service du Roi Catholique, « honorables ambassadeurs » et « divers espions », représentation diplomatique et service secret dans les relations hispano-françaises de 1598 à 1635*, Madrid, Casa de Velázquez, 2004.

JACQUART, Jean, *La Crise rurale en Île-de-France sous Henri IV*, Paris, Armand Colin, 1975.

JARRY, Louis, *Henriette d'Entragues et son vœu singulier à Notre-Dame de Cléry*, Orléans, Herluison, 1897.

JOUANNA, Arlette, *Le Devoir de révolte. La noblesse française et la gestation de l'État moderne, 1559-1661*, Paris, Fayard, 1989.

—, *Histoire et dictionnaire des guerres de Religion, 1559-1598*, Paris, Robert Laffont, « Bouquins », 1998.

—, *La Saint-Barthélemy. Les mystères d'un crime d'État*, Paris, Gallimard, 2007.

JOURDA, Pierre, *Marguerite d'Angoulême, duchesse d'Alençon, reine de Navarre (1492-1549)*, Paris, Champion, 1930, 2 vol.

JOUSSET, abbé, *Henri IV et son temps*, Tours, Mame, 1893.

JOUTARD, Philippe, ESTÈBE, Janine, LABROUSSE, Élisabeth, et LECUIR, Jean, *La Saint-Barthélemy ou les Résonances d'un massacre*, Neuchâtel, Delachaux et Niestlé, 1976.

JOXE, Pierre, *L'Édit de Nantes. Une histoire pour aujourd'hui*, Paris, Hachette, 1988.

KAISER, Wolfgang (dir.), *L'Europe en conflits. Les affrontements religieux et la genèse de l'Europe moderne vers 1500-vers 1650*, Rennes, PUR, 2009.

KELLEY, Donald R., *The Beginning of Ideology : Consciousness and Society in the French Reformation*, Cambridge, Cambridge University Press, 1981.

KERMAINGANT, P.-L. de, *Le Siège de Rouen par Henri IV et ses préliminaires*, Rouen, Cagniard, 1891.

KERMINA, Françoise, *Marie de Médicis, reine, régente et rebelle*, Paris, Perrin, 1979.

KETTERING, Sharon, *Patrons, Brokers and Clients in Seventeenth-Century France*, New York, Oxford, Oxford University Press, 1986.

KINGDON, Robert M., *Geneva and the Consolidation of the French Protestant Movement, 1564-1572*, Genève, Droz, 1967.

KNECHT, Robert, *Catherine de Médicis. Pouvoir royal, amour maternel*, Bruxelles, Le Cri, 2003.

LABOURDETTE, Jean-François, POUSSOU, Jean-Pierre, et VIGNAL, Marie-Catherine (dir.), *Le Traité de Vervins*, Paris, Presses universitaires de la Sorbonne, 2000.

LA BRIÈRE, Yves de, *La Conversion de Henri IV*, Paris, Bloud, 1905.

LAFOLLYE, A., *Le Château de Pau. Histoire et description*, Paris, A. Morel, 1882.

LANUX, Pierre de, *La Vie de Henri IV*, Paris, Gallimard, 1927.

LARCADE, Véronique, « La clientèle du duc d'Épernon dans le sud-ouest du royaume », *Annales du Midi*, 1996, 108-213, p. 29-37.

LAZARD, Madeleine, *Pierre de Bourdeille, seigneur de Brantôme*, Paris, Fayard, 1995.

LEBIGRE, Arlette, *La Révolution des curés : Paris, 1588-1594*, Paris, Albin Michel, 1980.

LEMOINE, Georges, SALLOIS, Jacques, et DESCHAMPS, Didier (dir.), *1594. Le Sacre d'Henri IV à Chartres*, Chartres, Musée des Beaux-Arts, 1994.

LE PERSON, Xavier, *« Practiques » et « practiqueurs ». La vie politique à la fin du règne de Henri III (1584-1589)*, Genève, Droz, 2002.

LE ROUX, Nicolas, « L'exercice de la fidélité entre loyauté et rébellion : le parcours politique du maréchal de la Ligue Claude de La Châtre », *Revue d'histoire moderne et contemporaine*, 1996, 43-2, p. 195-213.

—, *La Faveur du roi. Mignons et courtisans au temps des derniers Valois (vers 1547-vers 1589)*, Seyssel, Champ Vallon, 2000.

—, *La Faveur du roi*, Seyssel, Champ Vallon, 2001.

—, « Ce sont les rois qui ont les jetons à la main. Henri IV, la noblesse et la guerre autour de 1600 », in *Le Traité de Lyon. Cahier d'histoire*, Denise Turrel (dir.), 2001, n° 2.

—, *Un régicide au nom de Dieu. L'assassinat d'Henri III, 1er août 1589*, Paris, Gallimard, 2006.

—, *Les Guerres de Religion, 1559-1629*, Paris, Belin, 2009.

LE ROY LADURIE, Emmanuel, *L'État royal. De Louis XI à Henri IV, 1460-1610*, Paris, Hachette, 1987.

LESCURE, Adolphe Mathurin de, *Les Amours de Henri IV*, Paris, Achille Faure, 1864.

LESTRINGANT, Frank, et MÉNAGER, Daniel (éd.), *Études sur la* Satyre Ménippée, Genève, Droz, 1987.

LÉVIS-MIREPOIX, duc de, *Henri IV, roi de France et de Navarre*, Paris, Perrin, 1971.

LEVRON, Jacques, *Henri IV*, Tours, Mame, 1950.

LIGNEREUX, Yann, *Lyon et le roi, de la bonne ville à l'absolutisme municipal (1594-1654)*, Seyssel, Champ Vallon, 2003.

—, « Henri IV dévoilé. Le corps *dé-voué* du souverain ou la royauté sans sacrifice », *Chrétiens et sociétés*, n° spécial II, 2013, p. 85-120.

LOISELEUR, Jules, *Questions historiques du* XVIIe *siècle : Ravaillac et ses complices – L'évasion d'une reine de France – La mort de Gabrielle d'Estrées – Mazarin et le duc de Guise*, Paris, Didier, 1873.

MANESCH, Scott M., *Theodore Beza and the Quest for Peace in France, 1572-1598*, Leyde, Brill, 2000.

MARCHAND, Romain, « Conciliation et réconciliation : un exemple politique, l'affaire Biron-Bouillon, 1602-1606 », in *Conciliation, réconciliation aux temps médiévaux et modernes*, Franck Collard et Monique Cottret (dir.), Presses universitaires de Paris-Nanterre, 2012.

MARIÉJOL, Jean-Hippolyte, *La Réforme et la Ligue, l'édit de Nantes (1559-1598)*, Paris, Hachette, 1904.

—, *Henri IV et Louis XIII (1598-1643)*, Paris, Hachette, 1905.

MARTINET, Suzanne, « Le siège de Laon sous Henri IV, 1594 », in *Société historique de Haute-Picardie*, 1978, t. 23, p. 83-95.

MELLET, Paul-Alexis, *Les Traités monarchomaques. Confusion des temps, résistance armée et monarchie parfaite (1560-1600)*, Genève, Droz, 2007.

MÉNIEL, Bruno, *Renaissance de l'épopée. La poésie épique en France de 1572 à 1623*, Genève, Droz, 2004.

MERKI, Charles, *La Marquise de Verneuil (Henriette de Balzac d'Entragues) et la mort d'Henri IV d'après les Mémoires du temps et des documents manuscrits*, Paris, Plon-Nourrit, 1912.

MÉTHIVIER, Hubert, *L'Ancien Régime :* XVIe-XVIIe-XVIIIe *siècles*, Paris, PUF, 1981.

MICHELET, Jules, *Histoire de France au* XVIIe *siècle, Henri IV et Richelieu*, Paris, Chamerot, 1857.

MILOVANOVIC, Nicolas, *Henri IV, l'unité de la France*, Rennes, éd. Ouest-France, 2012.

MIQUEL, Pierre, *Les Guerres de Religion*, Paris, Fayard, 1980.

MIRONNEAU, Paul, *Henri IV*, Paris, Jean-Paul Gisserot, 2005.

MOISAN, Michel, *L'Exil auvergnat de Marguerite de Valois, la reine Margot*, Nonette, éd. Créer, 1999.

MONGRÉDIEN, Georges, *Leonora Galigaï*, Paris, Hachette, 1968.

MONTS DE SAVASSE, Jacques de, GAL, Stéphane, et SOULINGEAS, Yves (éd.), *L'Europe d'Henri IV : La correspondance diplomatique du secrétaire d'État Louis de Revol, 1588-1593*, Grenoble, Presses universitaires de Grenoble, 2004.

MOUSNIER, Roland, *L'Assassinat d'Henri IV. Le problème du tyrannicide et l'affermissement de la monarchie absolue*, Paris, Gallimard, 1964.

—, *Les Hiérarchies sociales de 1450 à nos jours*, Paris, PUF, 1969.

—, *La Vénalité des offices sous Henri IV et Louis XIII*, 2e éd., Paris, PUF, 1971.

—, *Les Institutions de la France sous la monarchie absolue*, Paris, PUF, 1974, 2 vol.

MOUTON, Léo, *Un demi-roi, le duc d'Épernon*, Paris, Perrin, 1922.

MUCHEMBLED, Robert, *Passions de femmes au temps de la reine Margot, 1553-1615*, Paris, Seuil, 2003.

MURAT, Inès, *Gabrielle d'Estrées*, Paris, Fayard, 1992.

NARBONNE, Bernard, *Jeanne d'Albret, reine des Huguenots*, Paris, Hachette, 1945.

NOAILLES, vicomte de, *La Mère du Grand Condé, Charlotte-Marguerite de Montmorency, princesse de Condé, 1594-1650*, Paris, Émile-Paul, 1924.

NOUAILLAC, Joseph, *Villeroy, secrétaire d'État et ministre de Charles IX, Henri III et Henri IV (1543-1610)*, Paris, Champion, 1908.

ORIEUX, Jean, *Catherine de Médicis ou la Reine morte*, Paris, Flammarion, 1986.

Paix des armes, paix des âmes. Actes du colloque international organisé par la Société Henri IV pour la commémoration de l'édit de Nantes et de la paix de Vervins à Pau en 1998, Paris, 2000.

PARROTT, David, « A prince souverain and the french crown : Charles de Nevers, 1580-1637 », *in* Robert Oresko, G. C. Gibbs et H. M. Scott, *Royal and Republican Sovereignty in Early Modern Europe*, Cambridge, Cambridge University Press, 1997.

PÉDELABORDE, Cindy, « Henri IV à la reconquête du royaume de France : les légendes en faveur du premier roi Bourbon, en musique », *Les Cahiers de Framespa*, n° 11, 2012.

PERNOT, Michel, *Les Guerres de Religion en France (1559-1598)*, Paris, SEDES, 1987.

—, *Henri III, le roi décrié*, Paris, De Fallois, 2013.

PEROT, Jacques, « Henri IV après Henri IV », in *Henri IV, le premier roi Bourbon*, Actes de la XVIIe section du Centre d'études historiques, Tours, 2011.

PERRENS, François-Tommy, *Les Mariages espagnols sous le règne de Henri IV et la régence de Marie de Médicis (1602-1615)*, Paris, Didier, 1869.

PETITFILS, Jean-Christian, *Louis XIII*, Paris, Perrin, 2008.

—, *L'Assassinat d'Henri IV, mystère d'un crime*, Paris, Perrin, 2009.

PETRIS, Loris, *La Plume et la Tribune, Michel de L'Hospital (1599-1562)*, Genève, Droz, 2002.

PFISTER, Charles, « Les *Œconomies royales* de Sully et le grand dessein de Henri IV », *Revue historique*, 1894, t. 54, p. 300-324 ; t. 55, p. 67-82, 291-302 ; t. 56, p. 39-48, 304-339.

PICOT, Georges, *Histoire des états généraux*, 2e éd., Paris, Hachette, 1888, 3 vol.

PILLORGET, René et Suzanne, *France baroque, France classique, 1589-1715*, Paris, Robert Laffont, 1995, 2 vol.

PINSSEAU, Pierre, *Le Canal Henri IV ou canal de Briare (1604-1943)*, Orléans, R. Houzé, 1943.

PITTS, Vincent J., *Henry IV of France. His Reign and Age*, Baltimore, The Johns Hopkins University Press, 2009.

POIRSON, Auguste, *Histoire du règne de Henri IV*, 2e éd., Paris, Didier, 1862-1867, 4 vol.

PONCET, Olivier, *Pomponne de Bellièvre (1529-1607). Un homme d'État au temps des guerres de Religion*, Paris, École des chartes, 1998.

POTON, Didier, *Duplessis-Mornay, 1549-1623, le « pape » des Huguenots*, Paris, Perrin, 2006.

PRÉVOST-PARADOL, Lucien Anatole, *Élisabeth et Henri IV*, Paris, A. Durand, 1863.

PRUNIÈRES, Henri, *Le Ballet de cour en France avant Benserade et Lully*, Paris, H. Laurens, 1914.

Réconciliations : Henri IV, Rome et la France, catalogue de l'exposition, Pau, Musée national du château, RMN, 2020.

REINHARD, Marcel, *La Légende d'Henri IV*, Paris, Hachette, 1936.

—, *Henri IV ou la France sauvée*, Paris, Hachette, 1943.

RICHET, Denis, *L'Esprit des institutions : La France moderne*, Paris, Flammarion, 1980.

RITTER, Raymond, *Le Château de Pau. Étude historique et archéologique*, Paris, 1919, rééd. 2003, Librairie des Pyrénées et de Gascogne.

—, *Henry IV lui-même : l'homme*, Paris, Albin Michel, 1944.

—, *Charmante Gabrielle*, Paris, Albin Michel, 1947.

—, *Une dame de chevalerie : Corisande d'Andoins, comtesse de Guiche*, Paris, Albin Michel, 1959.

—, *La Sœur d'Henri IV, Catherine de Bourbon, 1559-1604*, Paris, Jean Touzot, 1985, 2 vol.

ROELKER, Nancy Lyman, *Jeanne d'Albret, reine de Navarre, 1528-1572*, trad., Paris, Imprimerie nationale, 1979.

—, *One King, One Faith. The Parlement of Paris and the Religious Reformations of the Sixteenth Century*, Berkeley, University of California Press, 1996.

ROOT, Hilton, *La Construction de l'État moderne en Europe. La France et l'Angleterre*, Paris, PUF, 1994.

RUBLE, Alphonse de, *Antoine de Bourbon et Jeanne d'Albret*, Paris, Labitte, 1885-1886, 2 vol.

RUSSELL MAJOR, John, *From Renaissance Monarchy to Absolute Monarchy : French Kings, Nobles and Estates*, Baltimore (Maryland), The Johns Hopkins University Press, 1994.

SAINT-RENÉ TAILLANDIER, Madeleine, *Henri IV avant la messe : l'école d'un roi*, Paris, Grasset, 1934.

—, *Le Cœur du roi : Henri IV après la messe*, Paris, Grasset, 1937.

SAMARAN, Charles, « Henri IV et Charlotte de Montmorency », *Annuaire-Bulletin de la Société de l'histoire de France*, 1950-1951, p. 53-119 et tiré à part.

SANDBERG, Brian, *Warrior Pursuits : Noble Culture and Civil Conflict in Early Modern France*, Baltimore (Maryland), The Johns Hopkins University Press, 2010.

SAUPIN, Guy, « Le corps de la ville de Nantes sous Henri IV (1598-1610), outil de réconciliation politique », in *État et société en France aux XVII*e *siècle et XVIII*e *siècle, Mélanges offerts à Yves Durand,* Jean-Pierre Bardet, Dominique Dinet, Jean-Pierre Poussou et Marie-Catherine Vignal (dir.), Paris, Presses universitaires de Paris-Sorbonne, 2000, p. 489-505.

—, « Les corps de ville dans la France moderne : tendances historiographiques récentes », *Bulletin de la Société d'histoire moderne et contemporaine,* 3/4, 2000, p. 123-135.

SAUZET, Robert, *Henri III et son temps,* Paris, Vrin, 1992.

SAVINE, Albert, *La Vraie Reine Margot, d'après les documents d'archives et les Mémoires,* Paris, Michaud, 1908.

SEALY, Robert J., *The Myth of the Reine Margot, toward the Elimination of a Legend,* New York, Peter Lang, 1994.

SEGRETAIN, Esprit-Adolphe, *Sixte Quint et Henri IV, introduction à l'histoire du protestantisme en France,* Paris, Quentin Moreau, rééd. 2016.

SERBAT, Louis, *Les Assemblées du clergé de France. Origines, organisation, développement, 1560-1615,* Paris, Champion, 1906.

SEWARD, Desmond, *The First Bourbon,* Boston, Gambit Inc., 1971.

SHIRRMEISTER, Albert, « La grande guerre qui n'a pas eu lieu – agir au futur dans l'historiographie », in *Les Dossiers du GRIHL,* janvier 2017, mis en ligne 1er mars 2017.

SIMONIN, Michel, *Charles IX,* Paris, Fayard, 1995.

SLOCOMBE, Georges, *Henri IV, 1553-1610,* Paris, Payot, 1933.

SOLIGNAT, Anne-Valérie, « L'exil auvergnat de Marguerite de Valois. La cour d'Usson, 1587-1605 », *Hypothèses,* 2009, 1 (12), p. 39-49.

SOLNON, Jean-François, *Henri III,* Paris, Perrin, 2001.

—, *Catherine de Médicis,* Paris, Perrin, 2009.

SOMAN, Alfred (éd.), *The Massacre of St. Bartholomew. Reappraisals and Documents,* La Haye, M. Nijhoff, 1974.

SOULIÉ, Marguerite, « La Saint-Barthélemy et la réflexion sur le pouvoir », *in* Simone Franco (éd.), *Culture et politique en France à l'époque de l'humanisme et de la Renaissance,* Turin, Accademia delle scienze, 1974.

STEGMANN, André, *Édits des guerres de Religion,* Paris, J. Vrin, 1979.

SUTHERLAND, Nicola Mary, *The Massacre of St Batholomew and the European Conflict*, Londres, Macmillan, 1973.

—, *The Huguenot Struggle for Recognition*, New Haven et Londres, Yale University Press, 1980.

TACHOUZIN, Patrick, *Les Hommes du roi. Les compagnons de route d'Henry de Navarre de 1576 à 1589*, Nérac, éd. d'Albret, 2011.

TALON, Alain, *La France et le concile de Trente (1518-1563)*, Rome, École française de Rome, Palais Farnèse, 1997.

—, *Conscience nationale et sentiment religieux en France au XVIe siècle*, Paris, PUF, 2002.

THARAUD, Jérôme et Jean, *La Tragédie de Ravaillac*, Paris, Émile-Paul Frères, 1913.

THIBAU, Jacques, et DESPRAT, Jean-Paul, *Henri IV, le règne de la tolérance*, Paris, Gallimard, 2001.

THOMAS, Danièle, *Henri IV, images d'un roi entre réalité et mythe*, Bizanos, Héraclès, 1996.

THUILLIER, Jacques, « Peinture et politique : une théorie de la galerie royale sous Henri IV », *in* Albert Châtelet et Nicole Reynaud (éd.), *Études d'art français offertes à Charles Sterling*, Paris, PUF, 1975.

TIERCHANT, Hélène, *Henri IV, roi de France et de Navarre*, s.l., éd. du Sud-Ouest, 2010.

TUCOO-CHALA, Pierre, *Catherine de Bourbon. Une calviniste exemplaire*, Biarritz, Atlantica, 1997.

TURREL, Denise, *Le Blanc de France. La construction des signes identitaires pendant les guerres de Religion (1562-1629)*, Genève, Droz, 2005.

—, (dir.), « Le traité de Lyon (1601) », *Cahiers d'histoire*, n° 2, 2001.

VAISSIÈRE, Pierre de, « La conversion d'Henri IV », *Revue d'histoire de l'Église de France*, 1928, t. 62, p. 43-58.

—, *Henri IV*, Paris, Fayard, 1928.

—, *Scènes et tableaux du règne d'Henri IV*, Paris, Gautier-Languereau, 1935.

VALOIS, Noël, *Inventaire des arrêts du Conseil d'État, règne d'Henri IV*, Paris, Imprimerie nationale, 1886-1893, 2 vol.

VENARD, Marc, « Henri IV et la Réforme catholique », in *Henri IV, le roi et la reconstruction du royaume*, Actes du colloque de Pau-Nérac, 14-17 septembre 1989, Pau, 1989, p. 301-315.

—, *Le Catholicisme à l'épreuve dans la France du* XVIe *siècle*, Paris, Le Cerf, 2000.

VIDAL, Claudine, PILLEBOUE, Frédérique (éd.), *La Paix de Vervins, 1598*, Fédération des sociétés d'histoire et d'archéologie de l'Aisne, diff. CDI, 1998.

VIENNOT, Éliane, *Marguerite de Valois. Histoire d'une femme, histoire d'un mythe*, Paris, Payot, 1993.

—, « À propos de la Saint-Barthélemy et des Mémoires de Marguerite de Valois », *Revue d'histoire littéraire de la France*, n° 5, septembre-octobre 1996, p. 894-917.

VINCENT, Marylène, *Henri IV et les femmes. De l'amour à la mort*, Bordeaux, Sud-Ouest Éditions, 2010.

VIVANTI, Corrado, *Guerre civile et paix religieuse dans la France d'Henri IV*, Paris, Desjonquères, 2006.

VRAY, Nicole, *Jeanne d'Albret et Henri IV. Mère et fils, reine de Navarre et roi de France. La foi et l'ambiguïté*, Lyon, Olivétan, 2013.

WAGNER, Marie-France (présentation et annotation), *Les Entrées royales et solennelles du règne d'Henri IV dans les villes françaises*, t. I, *1594-1598*, t. II, *1598-1605*, Paris, Classiques Garnier, 2010.

WANEGFFELEN, Thierry, *L'Édit de Nantes. Une histoire européenne de la tolérance du* XVIe *au* XXe *siècle*, Paris, Livre de Poche, 1998.

—, *Catherine de Médicis. Le pouvoir au féminin*, Paris, Payot, 2005.

WEIL, Georges, *Les Théories sur le pouvoir royal pendant les guerres de Religion*, Paris, Hachette, 1892.

WOLFE, Michael, *The Conversion of Henri IV : Politics, Power and Religious Belief in Early Modern France*, Cambridge (Mass.), Londres, Harvard University Press, 1993.

WOOD, James B., *The King's Army. Warfare, Soldiers and Society During the Wars of Religion in France, 1562-1576*, Cambridge, Cambridge University Press, 1996.

YARDENI, Myriam, *La Conscience nationale en France pendant les guerres de Religion (1559-1598)*, Paris-Louvain, Nauwelaerts, 1971.

ZARKA, Yves-Charles (dir.), *Raison et déraison d'État. Théoriciens et théories aux* XVIe *et* XVIIe *siècles*, Paris, PUF, 1994.

Henri IV

ZELLER, Berthold, *Henri IV et Marie de Médicis, d'après des documents nouveaux tirés des Archives de Florence et de Paris*, Paris, Didier, 1877.

—, *Henri IV et Biron, Sully et l'alliance anglaise*, Paris, Hachette, 1888.

—, *Henri IV, le Saint-Siège et l'Espagne*, Paris, Hachette, 1888.

—, *La Fin de Henri IV, le grand dessein*, Paris, Hachette, 1888.

GÉNÉALOGIES

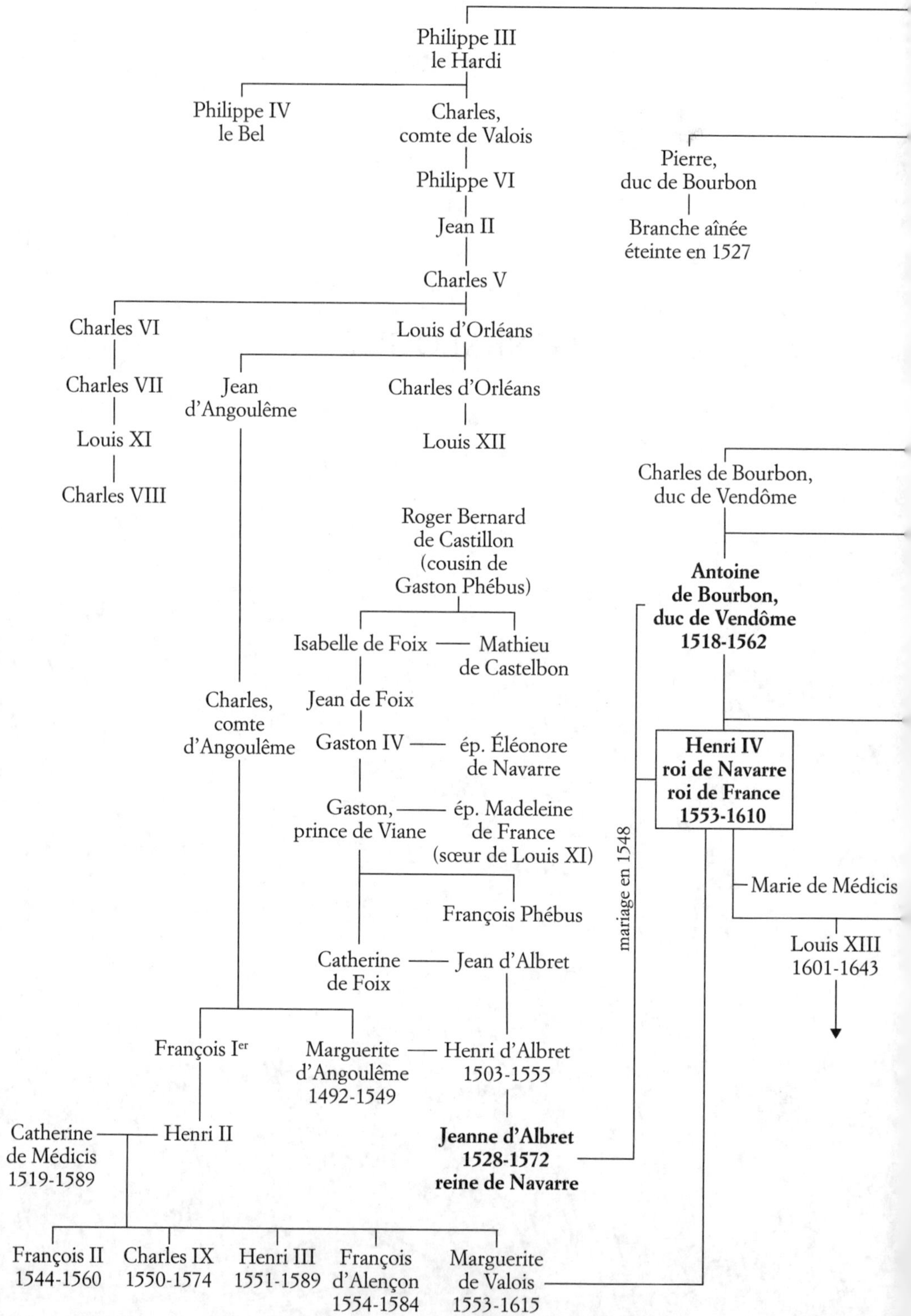

Philippe III
le Hardi
Philippe IV
le Bel
Charles,
comte de Valois
Philippe VI
Jean II
Charles V
Charles VI
Charles VII
Louis XI
Charles VIII
Louis d'Orléans
Jean
d'Angoulême
Charles d'Orléans
Louis XII
Pierre,
duc de Bourbon
Branche aînée
éteinte en 1527
Charles de Bourbon,
duc de Vendôme
Antoine
de Bourbon,
duc de Vendôme
1518-1562
Roger Bernard
de Castillon
(cousin de
Gaston Phébus)
Isabelle de Foix
Mathieu
de Castelbon
Jean de Foix
Charles,
comte
d'Angoulême
Gaston IV
ép. Éléonore
de Navarre
Gaston,
prince de Viane
ép. Madeleine
de France
(sœur de Louis XI)
Henri IV
roi de Navarre
roi de France
1553-1610
mariage en 1548
Marie de Médicis
François Phébus
Catherine
de Foix
Jean d'Albret
Louis XIII
1601-1643
François Ier
Marguerite
d'Angoulême
1492-1549
Henri d'Albret
1503-1555
Catherine
de Médicis
1519-1589
Henri II
Jeanne d'Albret
1528-1572
reine de Navarre
François II
1544-1560
Charles IX
1550-1574
Henri III
1551-1589
François
d'Alençon
1554-1584
Marguerite
de Valois
1553-1615

GÉNÉALOGIE D'HENRI IV

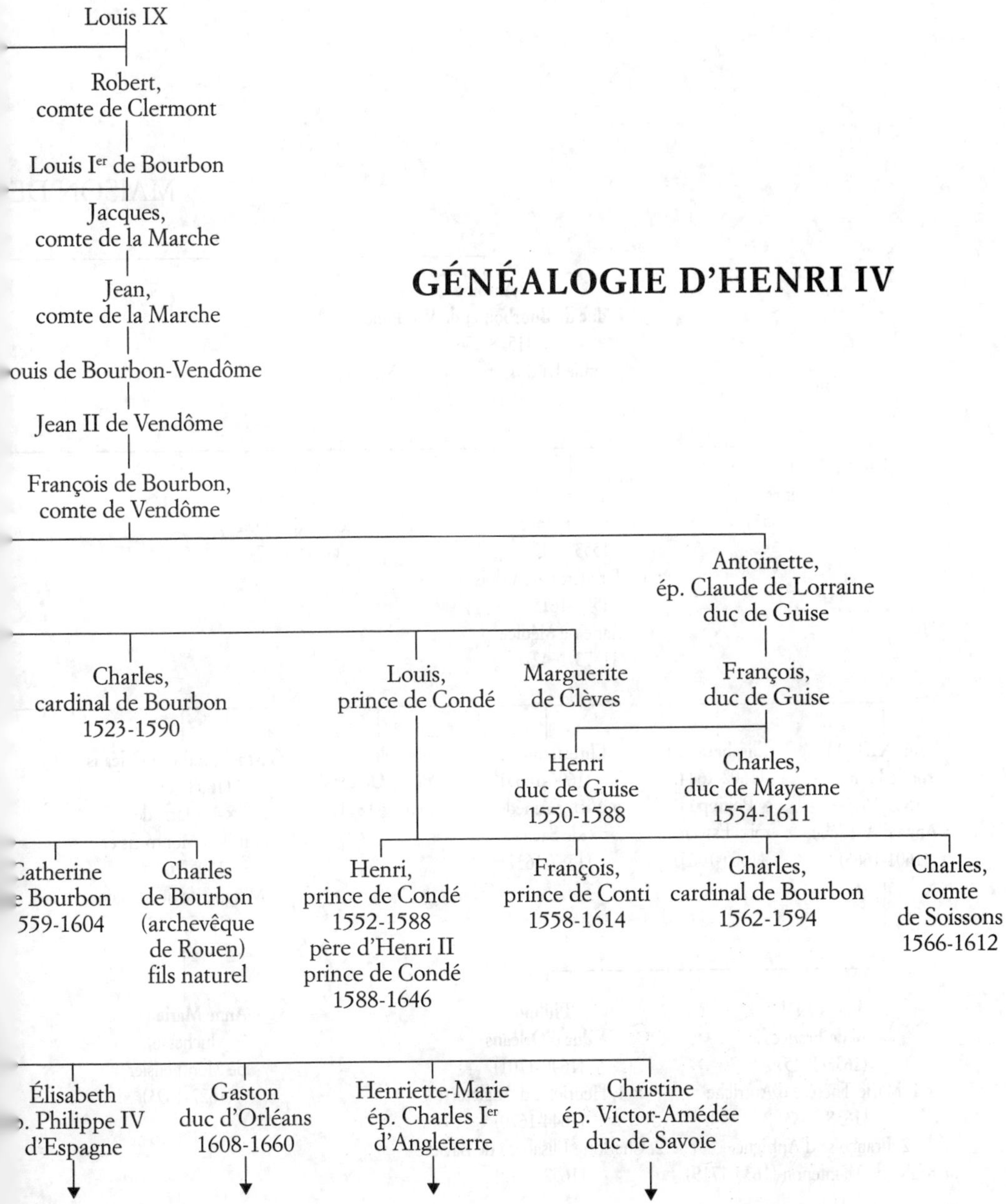

MAISON DE

Antoine
duc de Bourbon et de Vendôme
(1518-1562)
∞ Jeanne III d'Albret, reine de Navarre
(1528-1572)

Henri
(1551-1553)

Henri IV
roi de France
(1553-1610)
∞ 1. Marguerite de Valois
(1553-1615)
2. Marie de Médicis
(1573-1642)

Louis
comte de Marle
(1555-1557)

Louis XIII (2.)
roi de France
(1601-1643)
∞ Anne d'Autriche
(1601-1666)

Élisabeth (2.)
(1602-1644)
∞ Philippe IV
roi d'Espagne
(1605-1665)

Chrestienne (2.)
(1606-1663)
∞ Victor Amédée Ier
de Savoie
(1587-1637)

Nicolas (2.)
duc d'Orléans
(1607-1611)

Gaston (2.) **duc d'Orléans**
(1608-1660)
∞ 1. Marie de
Bourbon-Montpensier
(1605-1627)
2. Marguerite de Lorraine
(1615-1672)

Louis XIV
roi de France
(1638-1715)
∞ 1. Marie-Thérèse d'Autriche
(1638-1683)
2. Françoise d'Aubigné
marquise de Maintenon (1635-1719)

Philippe
duc d'Orléans
(1640-1701)
∞ 1. Henriette d'Angleterre
(1644-1670)
2. Charlotte Élisabeth de Bavière
(1652-1722)

Anne Marie (1.)
duchesse
de Montpensier
(1627-1693)

Louis (1.)
le Grand Dauphin
(1661-1711)
∞ Marie de Bavière
(1660-1690)

BOURBON

Louis Ier
prince de Condé
(1535-1569)
∞ Françoise de Longueville
(1549-1601)

Catherine
(1559-1604)
∞ Henri II
de Lorraine
(1563-1642)

Henri Ier
prince de Condé
(1552-1588)
∞ Charlotte
de La Trémoille
(1568-1629)

François
prince de Conti
(1558-1614)
∞ Louise de Guise
(?-1631)

Charles
comte de Soissons
(1566-1612)
∞ Anne de Montafié
(1577-1644)

Henriette (2.)
(1609-1669)
∞ Charles Ier
roi d'Angleterre
et d'Écosse
(1600-1649)

Henri II
prince de Condé
(1588-1646)
∞ Charlotte
de Montmorency
(1594-1650)

Louis
comte de Clermont
comte de Soissons
(1604-1641)

Marie
(1606-1692)
∞ Thomas de
Savoie-Carignan

Charles II
roi d'Angleterre
(1660-1685)

Anne Geneviève
(1619-1679)
∞ Henri duc
de Longueville

Louis II
le Grand Condé
(1621-1686)
∞ Claire Clémence
de Maillé-Brézé (1628-1694)

Armand
prince de Conti
(1629-1666)
∞ Anne-Marie Martinozzi
(1637-1672)

Henri Jules
prince de Condé
(1643-1709)
∞ Anne de Bavière
(1648-1723)

Louis Armand Ier
prince de Conti
(1661-1685)
∞ Anne (Mlle de Blois)
(1666-1739)

François Louis Ier
prince de Conti
(1664-1709)
∞ Marie-Thérèse de
Bourbon-Condé

CARTES

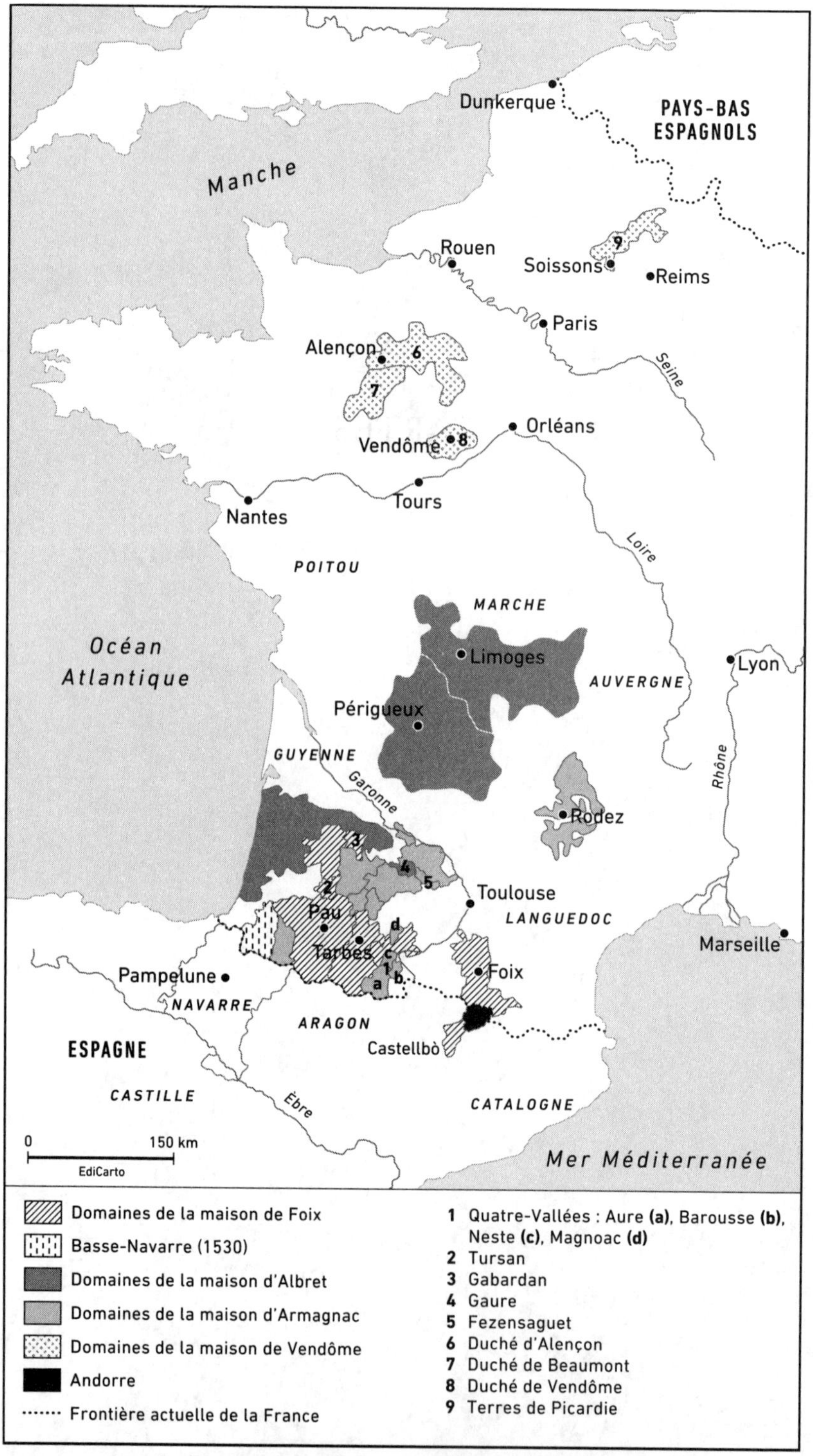

LES POSSESSIONS DES BOURBONS-NAVARRE EN 1589

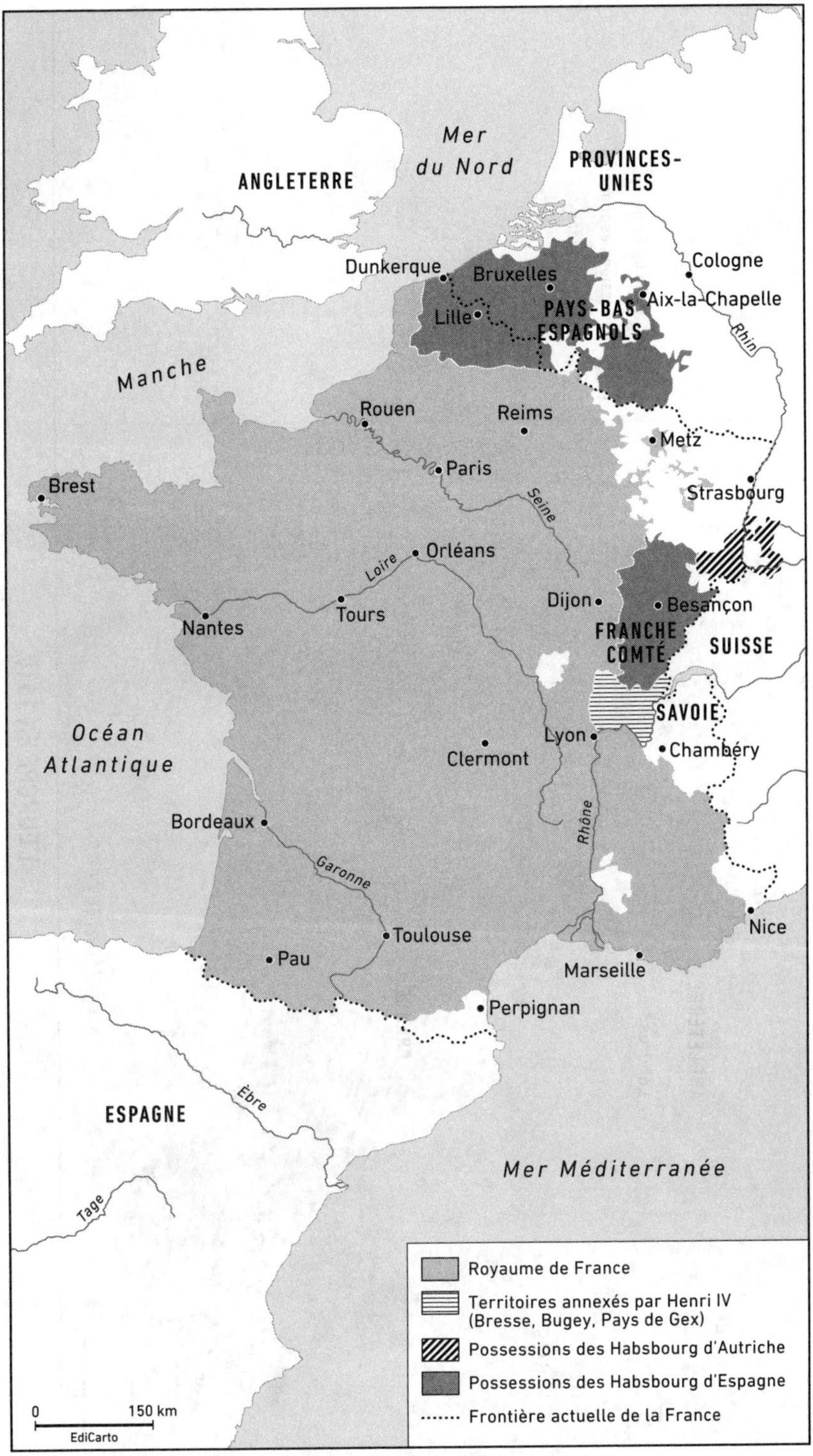

LA FRANCE D'HENRI IV

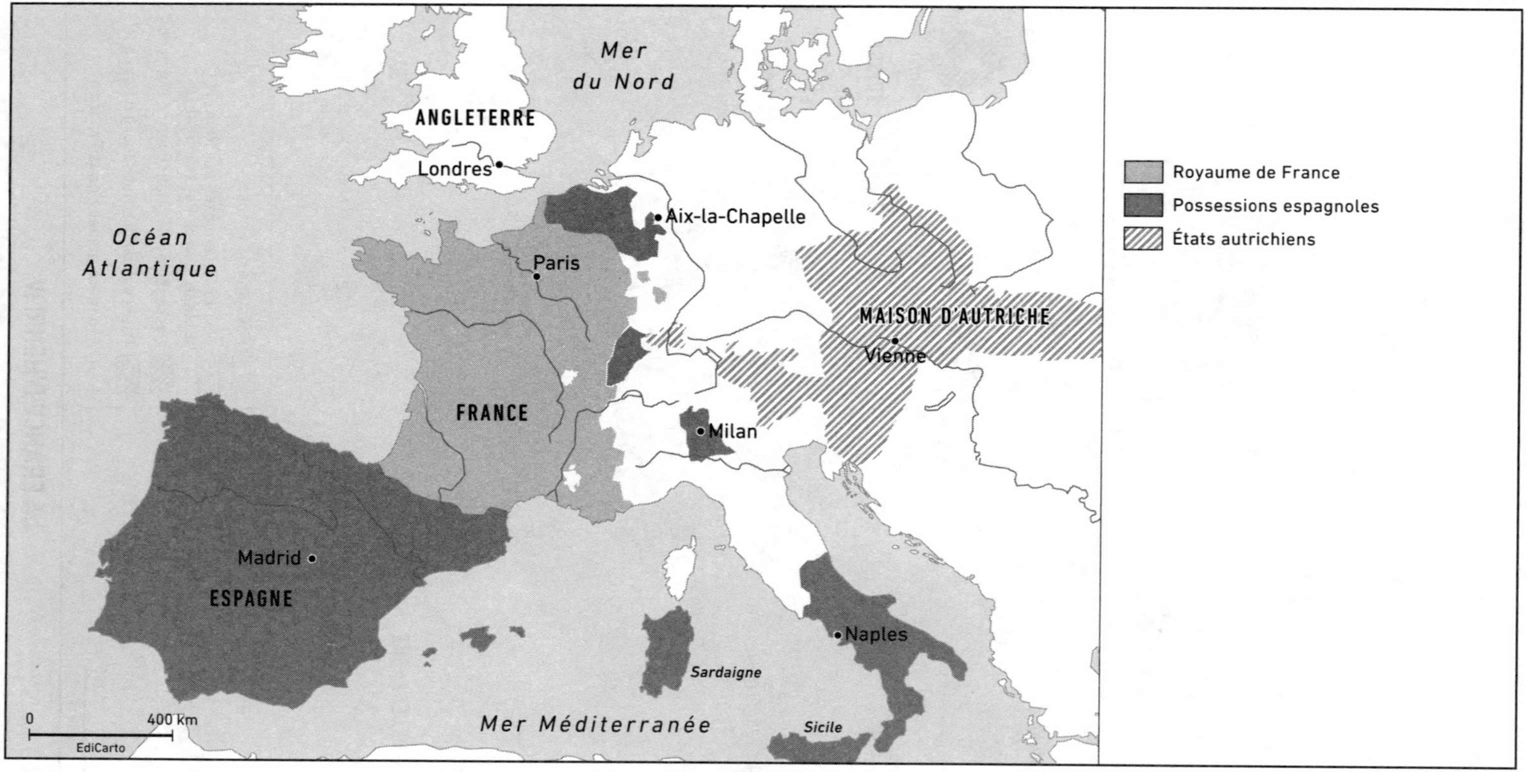

L'EUROPE EN 1610

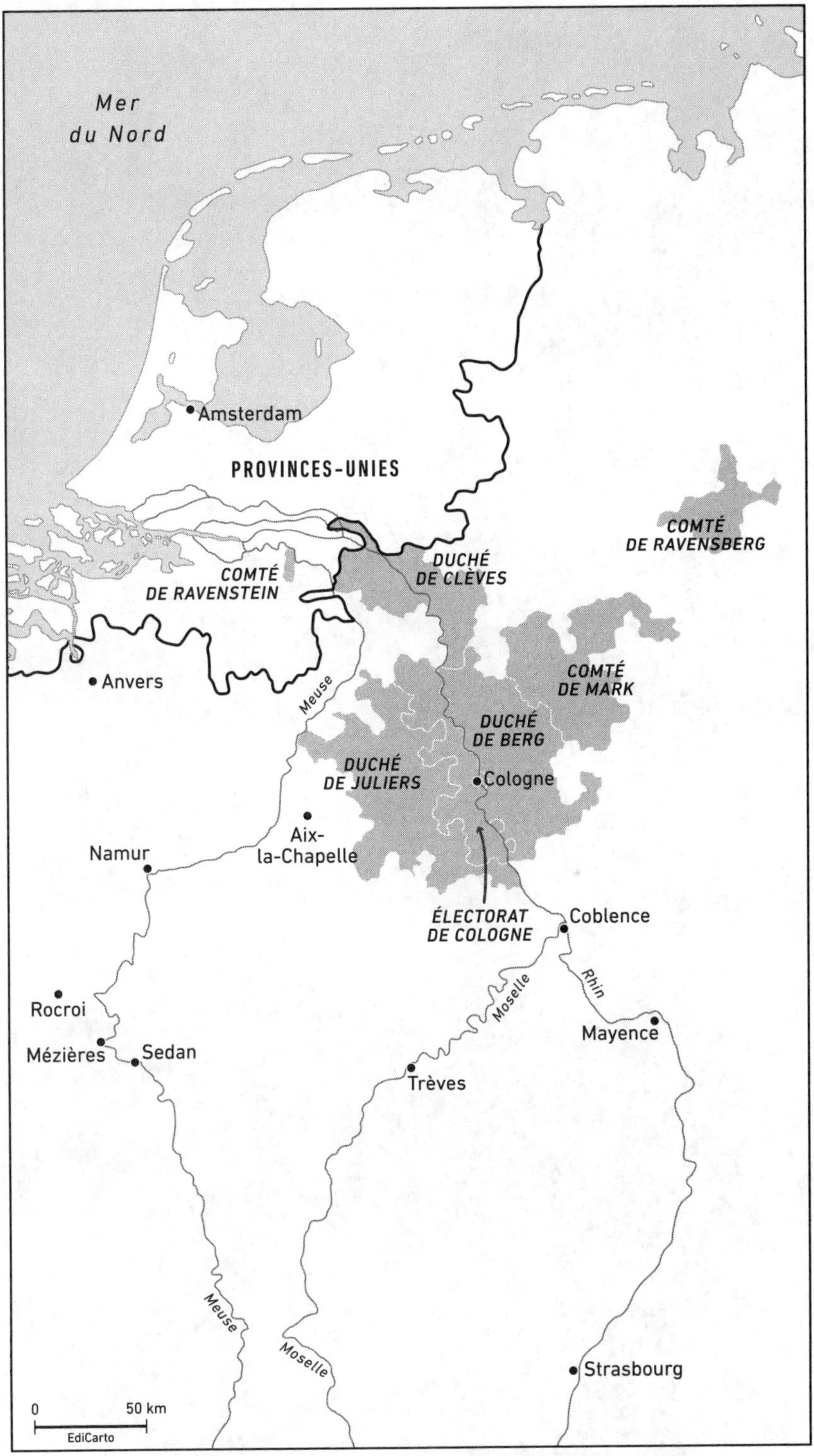

LES POSSESSIONS DE JULIERS ET CLÈVES EN 1589

INDEX

C

D

E

F

G

H

I

M

N

Q

R

S

T

U

V

W

X–Z

REMERCIEMENTS

Mes remerciements vont d'abord à Jean-Pierre Babelon, auteur de la première grande biographie d'Henri IV (1983) qu'on pourrait qualifier de « moderne ». On ne peut guère écrire sur la vie et le règne de ce roi, le plus aimé de l'histoire de France, sans cet ouvrage de référence de 1 100 pages, solidement documenté. C'est d'ailleurs la raison pour laquelle j'ai moi-même longtemps hésité à me lancer à sa suite, tant son travail, ses jugements pertinents et équilibrés font un point exhaustif sur les travaux parus sur le sujet jusque dans les années 80 du siècle dernier. Depuis, les recherches, les études henriciennes – monographies, articles, colloques – se sont poursuivies tant en France qu'à l'étranger, particulièrement en 1998, lors du quatrième centenaire de l'édit de Nantes, et en 2010, à l'occasion du même centenaire de la mort du souverain. Des pistes nouvelles se sont ouvertes en matière d'histoire sociopolitique et institutionnelle, d'histoire religieuse, d'histoire des mentalités et des représentations ; l'école cérémonielle, qui s'est penchée sur la politique de communication de la monarchie d'Ancien Régime, y a également apporté sa pierre. Toutes ces études permettent de cerner mieux encore l'entreprise de rénovation politique d'Henri, fondatrice de la France moderne. En quarante ans, les progrès de l'historiographie ont été considérables. J'ai donc pensé qu'une synthèse nouvelle s'imposait, afin de clore le cycle des rois Bourbons jusqu'à la Révolution que j'ai entrepris à partir de 1995 avec la publication chez Perrin de mon *Louis XIV*.

Je remercie bien amicalement Bernard Barbiche, le grand historien de Sully et le meilleur connaisseur de cette époque, dont les travaux qui font autorité m'ont été fort utiles.

Ma gratitude va aussi à mon éditeur et ami Laurent Theis, auprès duquel j'ai trouvé comme toujours encouragements, soutien et conseils chaleureux. Je n'oublie pas bien entendu l'équipe Perrin dans son ensemble, mobilisée pour la réalisation de cet ouvrage, particulièrement son directeur général Benoît Yvert, qui depuis tant d'années m'accorde sa confiance, son adjoint Christophe Parry, Athina Ysos, Marie de Lattre, Marguerite de Marcillac, Marlène Teyssedou et Delphine Wojciek.

Enfin, je voue comme d'habitude une vive reconnaissance à ma femme, Emmanuelle, première lectrice de tous mes livres, pour sa patience, son aide constante et précieuse dans la mise au point de ce manuscrit. Que tous trouvent ici l'expression de ma gratitude.

TABLE

DU MÊME AUTEUR
(suite)

CHEZ D'AUTRES ÉDITEURS

La Droite en France de 1789 à nos jours, PUF, 1973, 5e éd. 1994.
Le Gaullisme, PUF, 1977, 4e éd. 1994.
Les Socialismes utopiques, PUF, 1977.
La Démocratie giscardienne, PUF, 1981.
Le Véritable d'Artagnan, Tallandier, 1981, 3e éd. 2002, couronné par l'Académie française.
La Vie quotidienne des communautés utopistes au XIXe siècle, Hachette, 1982, « Pluriel », 2011.
L'Extrême droite en France, PUF, 1983, 3e éd. 1995.
Le Régent, Fayard, 1986, édition revue et corrigée, « Pluriel », 2013.
Madame de Montespan, Fayard, 1988, « Tempus », 2009.
Louis XIV, Tallandier, t. I : *L'ordre et la gloire*, t. II : *La grandeur et les épreuves*, 2001, éd. revue et corrigée 2006, prix de la ville de Woippy.
Versailles, la passion de Louis XIV, Timée éditions, 2005.
Louis XIV expliqué aux enfants, Seuil, 2007.
Testaments et manifestes de Louis XVI (présentation), préface de Jacques de Saint-Victor, Les Équateurs, 2009.
Jésus, Fayard, 2011, Le Livre de Poche, 2013.
Le Frémissement de la grâce. Le roman du Grand Meaulnes, Fayard, 2012, Le Livre de Poche, 2013, grand prix de la Critique du P.E.N. Club français.
Dictionnaire amoureux de Jésus, Plon, 2015, prix Spiritualités d'aujourd'hui.
La Bastille, mystères et secrets d'une prison d'État, Tallandier, 2016.
Histoire de la France, le vrai roman national, Fayard, 2018.